建築の前夜

前川國男論

松隈 洋

みすず書房

建築の前夜　目次

建築の前夜　前川國男論

序章

敗戦で二分された生涯

前川國男（一九〇五―八六年）の建築家としての生涯は一見華やかなものに映る。彼は東京帝国大学を卒業した直後の一九二八年からの二年間、二十世紀に世界的なスケールで展開された近代建築運動の最大のリーダーと称されるル・コルビュジエ（一八八七―一九六五年）のパリのアトリエに日本人として最初に学び、帰国後は日本近代建築の父とも呼ばれるアントニン・レーモンド（一八八八―一九七六年）の事務所での実務経験を経て一九三五年十月一日にみずからの事務所を設立して独立する。そしてそれ以降、半世紀におよぶ建築家としての活動を通して、竣工したものだけでも二百をこえる建物を残した。なかでも代表作と呼ばれる神奈川県立図書館・音楽堂（一九五四年）や東京文化会館（一九六一年）をはじめ、紀伊國屋ビルディング（一九六四年）や埼玉会館（一九六六年）、東京海上ビルディング（一九七四年）や東京都美術館（一九七五年）など、その多くは都市の景観を形づくる公共性の高い建築であるため、それとは知らずに接している人も多いと思う。また、それらの仕事に対しては史上最多となる六度におよぶ日本建築学会作品賞と、初となる日本建築学会大賞をはじめ日本芸術院賞やオーギュスト・ペレー賞、朝日賞や毎日芸術賞など数多くの賞を受賞する。さらに日本建築家協会の会長や建築家の国際組織であるＵＩＡの日本人初の副会長を務めている。そして彼の事務所からは丹下健三（一九一三―二〇〇五年）、大髙正人（一九二三―二〇一〇年）、鬼頭梓（一九二六―二〇〇八年）など戦後の建築界をリードする建築家たちが育っていく。その意味で、前川はまぎれもなく日本の近代建築を主導した建築家のひとりだった。

しかし、前川の生まれた一九〇五年五月十四日は、日本が日露戦争を闘っていたまっただなかであり、その八十一年の生涯はちょうど一九四五年の敗戦で二分されている。それは、すなわち敗戦時に四十歳を迎えた前川にとって、その人間としての精神形成も建築家としての前半生もすべて断続的に続く戦争とともにあったことを意味する。また四歳から東京に暮らし、終生をそこで送った前川は、一九二三年九月一日の関東大震災と太平洋戦争末期の一九四五年三月十日の米軍による東京大空襲によって東京の二度にわたる焦土を経験し、続く五月二十五日の空襲では銀座にあったみずからの事務所を焼失させている。さらに、その仕事がいまだ職業として定まっていなかった在野の建築家という立場であったことも考え合わせると、前川の歩んだ道のりは、けっして平坦ではなかったことも見えてくる。

そして長い建築家としての歩みから簡潔にまとめてみれば、前川は次のようなテーマを掲げていたのだと思う。日本の近代建築を欧米と同じスタートラインに立たせることを目標に、戦争によって壊滅的に疲弊して立ち遅れた建築技術を復興させて軌道に乗せること、近代建築を実現するための構造デザインの原理を確立すること、時間のなかで成熟することのできる誰もが安心して共有することが可能な工業化された素材と建築を組み立てる構法を開発すること、さらには日本の気候風土に適合し、木造の長い伝統とも接続する日本独自の内発的な近代建築のあり方を模索することだった。そしてその根底には、日本においてみずからが可能性を信じた工業化を前提とする近代建築（＝モダニズム建築）を人々の心のよりどころとなる確かな存在へ育てあげたいとする切実な願いが込められていた。

こうして前川の遺した建築には、けっしてぶれることのなかった大河のような一筋の流れが確認できるのではなかろうか。そして、晩年の代表作である埼玉県立博物館（一九七一年）や熊本県立美術館（一九七七年）に象徴されるように、奇をてらうような斬新なデザインもなく豪華な素材も使われておらず、簡素でありながら確かな骨組みと内と外をつなぐ空間の広がりが実現されており、そこには人々を等しく迎え入れる大らかさが共通して感じられる。

「はがゆさ」と「抵抗」と

だが、このような堅実な建築を求めた前川國男の姿勢には繰り返し、なぜ、という疑問符が投げかけられてきた。たとえば現代建築の最前線を走る建築家のひとりである伊東豊雄（一九四一年―）は、一九八六年六月二十六日に前川國男が没した際、建築雑誌に寄せた追悼文で中学生時代に東京新宿にあった木造の紀伊國屋書店（一九四七年）を訪れた際の経験にふれて、その空間の「心地良さに軽く酔い、妙に気分が昂揚するのを意識していた」と回想する。そして大学入学した年に竣工した東京文化会館をあげて前川建築の特質を次のように記していく。

「学生時代のわれわれにとって、前川國男も、そして東京文化会館も強い横綱のような存在であった。押しても引いても、それは微動だにしなかった。丹下健三やメタボリストたちの活動が華々しくジャーナリズムを賑わせ、若者特有の観念論で、これら新興建築家たちのコンセプトを論じていた時にも、前川國男の建築が俎上に乗ってくることはほとんどなかった。あの文化会館の重く垂れ込めた屋根や洗い出しコンクリートのヴォリュームは、われわれの皮相な議論からは常に超然としていた、それはそのような議論以前の、建築が、特に公共建築が備えているべき絶対的なモラルとでも呼べるような、ある質に支えられていた。この空間的質を建築の社会性などと言ってしまうと誤解されてしまうのだが、それはともかく、どのような建築的議論でも決して否定できないものであった。

　ヨーロッパの都市や建築を訪れた時、われわれは往々にして安堵と苛立ちの入り混じった感情を味わう。それは日本の都市がいかに異なる空間から成立し、異なる特異性や感受性に支えられているかを、どれほど納得させてみたところで、否定し切れない成熟さのような質を味わった時の感情に近いものである。私が体験した前川國男の二つの建築は、いずれも、際立ってそうした質を備えていた。それは建築以上でもなく、建築以下でもない、建築そのものとしか言いようのない安らぎと昂まりを覚える建築であった。

　しかし、私が前川國男という建築家を考える時に、常に不可解に思われてきたことは、この建築家の後衛性についてである。二十代前半にして、二〇年代のパリに走って、最もアグレッシブな時代のコルビュジエに学び、不屈なまでに近代建築家の精神を貫き通したこの建築家から、私は一度も建築自体にアヴァンギャルドの破綻を感じたことがない。その建築は着実すぎるほどに着実であり、村野藤吾の後衛性とは全く異質でありながら、絶えず抑制のきいた建築をつくり続けたことに驚き、畏敬の念を抱き、そして時に苛立ちを覚えさえした[1]」

　伊東は、前川の建築を「建築以上でもなく、建築以下でもない、建築そのものとしか言いようのない安らぎと昂まりを覚える建築」だとして高く評価しながらも、その建築自体に前衛としての建築にありがちな実験的で冒険的な「アヴァンギャルドとしての破綻」を感じたことはなく、その着実すぎるほど着実な「後衛性」への「苛立ち」を記さずにはいられない。じつは伊東の抱いた苛立ちは、一九三八年四月から一九四一年十二月まで前川國男に学んだ丹下健三が同じく感じていたことでもあった。一九五九年に前川の特集記事が建築業界紙に掲載された際、そこに寄せた文章のなかで丹下は次のような証言を残している。

「私は学校を卒業してすぐ、四年間ほど前川さんのところで勉強させていただいた。その頃の私は、前川さんのゆっくりとした足どりがはがゆく、またときに、抵抗さえ感じることがあったことを思い出す。(…)いわゆる近代建築といわれる、何か仮設的な、臨時的な感じのするうすっぺらな建築や、ただ豆腐に穴のあいたような建築とはちがって、そこでは、建築を構成する要素が、すべて機能的な、また構造的な、意味をもって現れている。

しかもその表現は、恒久的な重厚な性格をもっている。この重厚さが、前川さんの持ち味だと思うのだが、しかしそのなかに、一歩退いたといった要素が感じられなくもなく、それが私には、はがゆさを感じさせたのではないだろうか(2)」

日中戦争下に前川と身近に接した若き丹下健三がこのような感想を抱いたのも無理はない。彼は前川事務所在職中の一九三九年に発表した著名な論文「MICHELANGELO頌——Le Corbusier論の序説として」(『現代建築』一九三九年七号)のなかで「Le Corbusierも今やMichelangeloと同じ時刻を生き、同じ歴史の使命を担うのである」と記し、「Le Corbusierは唯一人、無限の進路を開きつつ、造型の公道を歩むのである」と評して同時代の先頭にいたル・コルビュジエの造形力に心酔していたからだ。丹下はル・コルビュジエに直接師事した前川から彼の建築がもつ「人の心を動かす何か(3)」を学ぶことができるのではないかと強く期待していた。だからこそ、当時の近代建築にみられるような「うすっぺらな建築」や「ただ豆腐に穴のあいたような建築」とは違う「恒久的な重厚な性格」が前川の「持ち味」だと理解しながらも、そこに「はがゆさ」と「抵抗」を感じざるをえなかったにちがいない。それでは、丹下の言う前川の「ゆっくりとした足取り」や「一歩退いた」態度の背景にはどんな思いがあったのか。前川の求めた建築は、丹下が期待した近代建築の姿とはもともと違うものだったのではないだろうか。

そのような未解明な課題をもちながらも、前川國男の仕事の歴史的評価は定まっているといえる。生誕百年の節目となった二〇〇五年から二〇〇六年にかけては初の回顧展となる「生誕百年・前川國男建築展」が東京ステーションギャラリーをはじめ全国五ヵ所で開催され、延べ五万七千人以上の人々が訪れた。それに先立つ二〇〇三年には日本を代表する近代建築として選定されたDOCOMOMO百選に、共同設計を含めると最多の合計七点が選ばれている。その後、そのなかから、前川二十七歳の処女作として青森県弘前市に建てられた木村産業研究所（一九三二年）と弘前市庁舎（一九五八年）、再開発による取り壊しの危機を乗りこえて改修された東京麻布の国際文化会館（一九五五年、坂倉準三、吉村順三との共同設計）が国の有形登録文化財に指定された。さらに二〇一一年に開館五十周年を迎えた東京文化会館は記念誌や特殊切手も発売され[4]、二〇一六年に向かい側にあるル・コルビュジエの国立西洋美術館（一九五九年）のユネスコ世界遺産登録に連なるべく国の重要文化財をめざす方針も検討されはじめているという。

けれどもその一方で、ここ数年来、前川の手がけた建築は人知れず次々と姿を消しつつある。日本建築学会作品賞の受賞作六件の建物のうち民間のビルであった最初の日本相互銀行本店（一九五二年）は二〇〇八年に、最後の蛇目ミシン本社ビル（一九六五年）は二〇一〇年に再開発のためにあっけなく取り壊されてしまった。また、一九五五年に発足した日本住宅公団の草創期にケース・スタディの先駆的な実験住宅として前川が設計を手がけ、赤い屋根のテラスハウス群が建ち並ぶ公団阿佐ヶ谷団地（一九五八年）も、民間の再開発計画の実施によって二〇一三年に緑豊かに成熟した周辺環境も含めて根こそぎ失われてしまった。そしてやはり日本建築学会作品賞を受賞し、DOCOMOMO百選にも選ばれた京都会館（一九六〇年）も、二〇一〇年十二月に京都市が突如掲げた「世界水準の総合舞台芸術の利用も可能となるような[5]」という過剰な事業計画によって二〇一六年に建物の半分以上を占める第一ホールをすべて取り壊し、前川が求めた周辺環境との調和という考え方を否定する巨大な墓石のような舞台をもつ建物へと建て替えられてしまった。このような前川建築への歴史的評価の定着とあいつぐ取り壊しの進行という引き裂かれた構図を、私たちはどう受けとめればよいのだろうか。

ここに横たわるのは建築をめぐる共有された価値観の不在という事態だと思う。そこには二十世紀初頭に始まるモダニズム建築以降、現代へと続くテーマとしてあった、工業化を前提とする生活空間の再編成による持続的で良好な人工環境の創出というミッションの何を共有するのか、という議論の蓄積のなさが露呈している。二〇一一年三月十一日に起きた東日本大震災による甚大な被害といまなお続く福島第一原子力発電所の過酷な事故によって、建築のあり方も厳しく問いなおされるなかで、建築に何ができるのか。しかし、それは工業化以降の建築の歴史を理解することのなかからはじめて見えてくるものだと思う。

抵抗から転向へという構図

ここで戦前期の仕事の全体像を確認しておきたい。戦後に作成された作品目録[6]によれば前川國男が戦前期（一九二八—四五年）に設計を手がけた建物の数はおよそ百二十件あり、そのなかで実現したと推定できるものは約八十件になる。戦争へ突き進む時代と三十歳の若さで独立した前川の社会的立場を反映してのことなのだろう。仕事の大半は木造の住宅やアパートが占めている。また後半になるとそのほとんどが満州や軍関係の仕事に集中していったこともわかる。前川の回想もそれを裏づけている。

そんな状況下における前川の活動を象徴するのが建築競技設計（コンペ）への連続挑戦である。時流への抵抗として前川の名を一躍有名にした東京帝室博物館（一九三一年）に始まり、和風のデザインで問題作とされた在盤谷《バンコク》日本文化会館（一九四三年）にいたるそれらのコンペ案は、前川が「自分の主張をまがりなりにも主張するたった一つの許された場所」[7]だったと回想しているように、機会あるごとに応募すると心に決めて作成したものだった。ちなみに前川の戦前期におけるコンペの応募数はわかっているものだけでも二十一件にのぼり、一等五回、二等一回、三等二回、入選三回という成果を残している。しかし戦争にも阻まれて実現したのは明治製菓銀座売店（一九三三年）一棟にすぎなかった。さらに前川はみずからの考えを文章にして積極的に発表しており、座談会や講演会も含めるとその数は四十にのぼる。前川の主張はコンペ案とこれらの言説によって建築界に広まっていくことになる。

それでは、このような活動を続けた前川國男の戦前期についてはどう評価されてきたのだろうか。順を追ってみていきたい。生前の長い親交から前川を論じつづけた編集者の宮内嘉久（一九二六—二〇〇九年）は一九八一年、前川との共著に寄せた文章のなかで次のように記している。

「前川自身もまた、積極的な聖戦賛美こそしなかったとはいえ、戦争協力者の道を歩んでいた。（…）前川は上海と奉天（現・瀋陽）とで仕事をした。その経緯はどうであれ、このことは日本帝国主義の中国侵略戦争への加担にほかならず、免責の余地はない。何もつくるべきではない状況の中で前川はものをつくったのである。ここに、職業としての建築家の限界がはっきり見えている。帝室博物館コンペに示された前川の抵抗精神は、しかし、現実の場においてついに建築家の枠組を超ええなかったということになる」[8]

ここで宮内は、前川の中国の仕事を指して「侵略戦争への加担」だと批判する。そしてそこに東京帝室博物館コンぺで示した前川の「抵抗精神」の限界をみている。また、宮内は前川没後の一九九〇年に前川にとって最初の作品集を企画編集するなかでより詳細な前川論を執筆し、戦前期にふれて次のように指摘する。

「この時期の前川に際立つ独自性として挙げるべき第三の点は、日本的伝統への沈潜であろう。もとよりまわりはナショナリズム一色の秋、インテリゲンチャの日本的回帰はざらであった。(…)「帝室博物館」から「在盤谷日本文化会館」へ、前川國男もまたついに大きく転向した。(…)だが、その史実と、それが前川の犯した重大な誤りであることとを認めたうえで、ぼくはその前川のうちに、転向論および戦争責任論の水準とは別の、ものつくりの創造意識の面において、他の誰とも異なる独自の伝統解釈を見ることができると思う[9]」

宮内は、和風の屋根をかけた在盤谷日本文化会館コンペ案は「転向」であり、「重大な誤り」だと指摘する。その一方で、そこには「独自の伝統解釈」をみることができるとしている。残念ながら宮内はそれ以上の考察をおこなってはいないが、伝統の理解に前川の特質を読みとろうとする点には留意する必要があるだろう。

じつは前川にとどまらず建築界における戦争協力と転向の問題は、繰り返し論じられてきた。ここでは太平洋戦争下の一九四二年に建築学会が主催し、前川も審査員に加わって丹下健三が一等になった架空の構想を求めた大東亜建設記念営造計画と、一九四三年、タイに実施を目的に計画され、丹下が一等、前川が二等になった在盤谷日本文化会館に言及した稲垣栄三(一九二六―二〇〇一年)と村松貞次郎(一九二四―九七年)の文章をとりあげておきたい。

「太平洋戦争の進展がまだ日本に有利と信じられていたころ、二つの設計競技があった。一つは「大東亜建設記念営造計画」もう一つは「在盤谷日本文化会館」であった。両者とも八紘一宇と大東亜共栄圏の構想を基軸として企てられたことはいうまでもない。この種の露骨なモニュメントの造形に対して、近代建築を頭上に掲げる人々はむしろ積極的に参加したのである。(…)ここに現れた作品の群は、近代建築の信条をむりやりにねじまげた苦渋の姿である[10]」

「二つの建築設計競技は、そのテーマと、その時期と、そこに発現した日本の建築家たちの姿勢とによってきわめて注目すべきものとなった。当時すでに軍関係工事以外にはまともな建築は建てられなかった。この二つの競技設計はその渇きをいやすものであったが、同時に挫折あるいは屈服していった日本の近代建築家たちの踏絵にも等しいものであった[11]」

いずれも戦時下のこれらのコンペは近代建築本来の意志

を曲げたものであるという認識で共通する。こうして宮内も含めて戦前期における前川の位置づけとしては、ル・コルビュジエに学んだモダニズム思想をもとに「日本趣味」を求めた東京帝室博物館コンペに自由なデザインで応募して「抵抗」したはずの前川が戦時体制のもとで転向し、屈服し、苦渋のなかで設計したのが在盤谷日本文化会館である、との構図が長いあいだ定着していたことになる。

井上章一の問題提起から

そんななか、評論家の井上章一（一九五五年―）は一九八七年、「帝冠様式や「大東亜建設記念営造計画」に関する一般通念を、くつがえす[12]」ことを目的に著書[13]を出版し、衝撃的な問題提起をおこなった。

「日本趣味は、しばしば「日本ファシズム」が推し進めた建築様式だと評される。だが、そうした位置付けは、まちがっている。日本趣味は、戦時体制による国家宣伝とは無縁である。勿論、国家からの強制はただの一度もない。日本趣味は、国家の意向とかかわりのないところで成立した意匠である。建築家たちだけの閉鎖的な文脈のなかで生み出されたデザインなのである」

「多くの論者は「大東亜建設記念営造計画」へのコミットをもって、戦争協力と位置づける。ファシズムへの加担と評する者もいる。しかし、それはどのような意味において、戦争の遂行を助けたのか。具体的には、どういったやりかたでファシズムに加担していたのか。この点は、全く明らかにされていない。大抵の議論は、戦争協力があったという言辞を、漠然と繰返すに留まっているのである。(…)「大東亜建設記念営造計画」は、決して「真のファシズム」を目指したものではない。むしろそれとは全く逆のもの、すなわち、「真のファシズム」から逃避している企画なのである」

「日本趣味」を求めた東京帝室博物館コンペは戦時体制とは無縁であり、大東亜建設記念営造計画コンペもファシズムとは関係なく、そこから逃避したものにすぎないとの主張である。そのうえで前川の東京帝室博物館コンペ案には「日本趣味」以上に「ナショナリズムへの傾斜」があるとも指摘する。在盤谷日本文化会館についても「前川の日本回帰は、おおげさに語られるのが常である。つまり、それだけ、帝室博物館のプロテストが、神格化されているということなのだろう」と分析し、稲垣と村松の転向を余儀なくされたという見解を強く否定する。こうして井上は、それまでの解釈の構図を転倒させてしまったのである。

そしてこれ以降、前川の態度は戦争への抵抗ではなく、むしろ積極的な加担だったのではないか、との論調が支配的になっていく。前川没後十年にあたる一九九六年には、前川の言説を集めた文集が出版される。そのなかで建築評論家の布野修司（一九四九年―）は前川論を執筆し、井上の問題提起を受けた形で次のように記している。

「前川國男が最後までフラットルーフの国際様式によってコンペに挑み続けたというのは事実ではない。また、日本ファシズム体制に抗し続けた非転向の建築家であったというのは神話にすぎない。前川國男が侵略行為に決して加担しなかった、というのも神話に過ぎない。まして、戦争記念建築の競技設計へ参加しなかった、というのは史実に反する。その歴史は必ずしも栄光に満ちた歴史ではないのである[14]」

布野は井上の論点を評価しながらも、「日本の近代（社会）のあり方との関係で近代建築のあり方を問う前川の視点からすると、あまりに乱暴である。前川國男における日本回帰の問題は、もう少し掘り下げられる必要がある」と指摘する。一方、建築史家の藤森照信（一九四六年―）は一九九三年に出版された通史のなかで、前川のコンペ案にふれて次のように記していた。

「昭和六年の東京帝室博物館、昭和十二年の建国記念館、そして昭和十八年の在盤谷日本文化会館と六年ごとに変ってゆく前川のコンペデザインは、日本のコルビュジエ派が昭和十年代という時代にたどった軌跡の暗い側を示している[15]」

この論調にも明らかに井上の影響が読みとれる。さらに藤森は、二〇〇二年に執筆した丹下健三の評伝のなかで前川が戦時下の一九四二年に記した難解な長文の「覚え書」をとりあげ、踏みこんだ考察をおこなっていく。

「「覚え書」によって、前川はモダニズムの理論的な基盤を踏み破ってしまった。まず、原子論的、抽象的なものの見方を否定し、鉄とコンクリートの構造は歴史に学んだにすぎないといい、モダニズムの無国籍性を克服し具体的な形や様式で伝統を把握するよう求める。加えて文化統制も。前川の口から国家による文化統制の必要性を聞く日がこようとは。（…）前川のモダニズムからの転向宣言といって構わないが、このようなことになってしまった直接の契機は、大東亜コンペ丹下案に相違ない[16]」

ここで藤森は、「覚え書」こそ前川の「転向宣言」だと指摘する。また前川が審査員を務め、丹下健三案を一等に選んだ大東亜建設記念営造計画コンペ案こそ前川がモダニズムから転向した直接の契機だったと記している。そして二〇〇五年、藤森はより率直な言葉で次のように断言する。

「前川さんは、ここで、個人的な学術研究や芸術表現はやめて、国家の強制によって文化を作るべきだ、と言っている。(…) これは決定的な問題で、前川さんは、間違いなくこの時期、右翼だった」[17]

こうしてここ数年にいたっては、前川國男の思想性が完全に従来の戦争への抵抗者としての位置づけから戦争への加担者へと変化していることがわかる。さらにこれらの論点と重なるように、建築家で建築批評家の八束はじめ(一九四八年―)は、前川が日本万国博覧会建国記念館コンペ案(一九三七年)の説明書に記した「神妙の建築」というキーワードに注目して、その思想性そのものを問おうとする。[18]

「基本線は「日本趣味」との対決だが、前川はこの議論を思想的な文脈まで拡げている。しかしそれは「日本趣味」=ファシズムの表現という定式化ではない。(…) 前川は「国民精神総動員とは一種の厳然たる思想革命でさへ」あると断言し、(…) それこそ自らの求めようとする建築のあり方に沿うものだと主張しているのだ。(…) 前川は統制経済による物資の欠乏を引き受けるリアリズムを主唱し、応募案に最小限の鉄骨使用で済ませ得る緩勾配の勾配屋根をかけた。(…) こうした生き方を前川は「神妙の建築」と呼び、それをもって「国民精神総動員」という革命に赴こうとする。「建築か革命か」ではなく「神妙の建築」こそは革命の建築なのだ。弁護するにせよ批判するにせよ、これを前川の政治的風土への屈服と受取るべきではない。むしろ真摯に受け止めるべき発言なのだ」[19]

この八束の指摘は、前川の建築思想のなかに戦争へ同調する質を読みとろうとする点で藤森とも重なる。一方、こうした論点の推移を受けたのだろう。建築評論家の長谷川堯(一九三七―二〇一九年)は二〇〇八年、近著のなかで前川の戦前期をめぐる近年の議論を整理し、「あまりに単純化した、(…)「前川(戦時下)右翼説」には、とても与する気持ちにはなれない」とみずからの立場を表明したうえで「覚え書」を次のように読みといていく。[20]

「「覚え書」の中には、権力からの威圧的な目が光っている中で書かれた論文であったとはいえ、今読んでみると、たしかに「前川は右翼であったのでは?」と思わず言いたくなってしまうような文言に各所で出会うことになるが、しかしそうした煩雑な、本音の在り場所を官憲の目から隠そうとするために、あえて彼らが喜びそうな修辞が羅列されている中を、慎重に言葉を掻き分けながら読んでいくと、前川の〈文化〉は〈政治〉とは自ずから別の価値体系にあり、「形とか意匠とか絵空事」の世界(つまり「文化」)と、そうした世界を現出させる表現者の主体性を、国家権力から守ろうと必死になっている姿が朧げながらも浮び上ってくるのである」

これは藤森や八束とはまったく正反対の理解である。前川の戦前期をめぐる解釈は、「覚え書」ひとつをとってもいまなお動きつづけているのである。戦後の回想だが、次のような前川自身の言葉が残されている。

「大学卒業後すぐにコルビュジエの事務所に行き二年間勉強して、帰国したのが私が二十五歳の時であったが、当時の日本はファシズムの抬頭期で、まことに不愉快な時代であった。しかしこの渦中にあった当時は不幸であったが、やはりその経験は得がたいものがあったと思っている」[21]

前川の語る「得がたいもの」とはなんだったのだろうか。この発言からは前川にとって戦前と戦後は一続きのものとして経験されていたことが読みとれる。そして前川によって生きられた道筋に沿って戦時下という閉ざされた時空に踏みこまないかぎり、その建築思想の内実に肉迫し、戦前期という難問を解き明かすことはできないと思う。

I　ル・コルビュジエと出会う

父の背中と大正デモクラシー

「うちを建てる人」

前川國男は、日露戦争下の一九〇五年五月十四日、内務省の土木技師だった父・前川貫一（一八七三―一九五五年）と母・菊枝（一八八五―一九七五年）の長男として新潟市の学校町二番丁（現・学校町通二番町）に生まれている。旧・彦根藩（現・滋賀県彦根市）藩士のひとり息子であった貫一は一八九七年、東京帝国大学工科大学土木工学科を卒業して内務省土木局に入り、大阪の土木監督署に淀川改修工事のための技手として勤務した後、翌年の一八九八年八月に新潟へ技師として転任する。(1) この慣れない新任地で二十五歳の若き貫一を待ち受けていたのが、信濃川に分水路をつくるための調査と計画立案という仕事だった。

越後平野を流れる信濃川は、新田開発が進んで水田が大幅に増加した江戸時代の後期以降、豊かな実りをもたらす「母なる川」であると同時に、洪水による水害を繰り返し、米作農家を永年にわたって苦しめてきた「暴れ川」でもあった。明治政府は、早くも明治三年（一八七〇年）には信濃川に人工的な支流の大河津分水路をつくって水害を防止する事業へと乗りだしている。しかし経費不足や土木技術の未熟さもあり、さらには反対の一揆も起きて、わずか五年で工事は廃止を余儀なくされてしまう。(2) その後一九〇二年には、地元新潟県議会内部のいわゆる山党（道路港湾派）と川党（河川堤防派）との勢力争いから、突如「大河津分水中止ノ建議案」が県議会で採択されて大混乱に陥る事態も発生する。(3) ようやく一九〇七年になって、政府はあらためて国の直轄工事として予算案を帝国議会で可決し、十五年におよぶ継続事業として総工費一千万円、現在のお金に換算すると一兆円をこえる国家的プロジェクトのスタートにこぎつける。貫一はこの壮大な治水事業の根拠となる地道な実測調査と基本計画の作成業務を担当することになるのである。(4) 一八九八年の着任以来、その仕事は工事が着工する一九〇九年まで十一年におよんでいく。

一方、母の菊枝は、旧・津軽藩（現・青森県弘前市）の藩士だった田中坤六の次女として山形県に生まれている。(5) 坤六は各地の警察官としての仕事を経て新潟県へ書記官として赴任し、「大河津分水中止ノ建議案」が県議会で提案された際には「政府が県会の建議や陳情を受け入れて信濃川を含む四大河川の大改修工事を国費で実施することを決定したにもかかわらず、これを否定する建議案が議決されれば「本県の面目」を失う」(6)と述べて撤回を要望したという。人の縁とは不思議なものだ。おそらく大河津分水をめぐるこの騒ぎのなかで、坤六は前川貫一を知り、その人柄を見込んで娘の菊枝を嫁がせることにしたのだろう。信濃川に分水路をつくる国家的事業がなければ貫一と菊枝が出会うこともなかったにちがいない。一九〇四年に結婚した当時、菊枝は一九〇〇年に設立された新潟県高等女学校（現・新潟中央高等学校）を第一期生として卒業したばかりだった。なお菊枝の実兄で外交官・佐藤愛麿の養子になったのが佐藤尚武（一八八二―一九七一年）である。

前川貫一・菊枝夫妻と國男（1906 年）

こうして前川國男が生まれた一九〇五年は、貫一にとって大河津分水の計画書を作成する最後の追いこみの時期にあたる。晩年の座談会での発言によれば彼の技術的な進言も実施案に採用されたという。(7) また、現在の信濃川大河津資料館には一九〇六年に貫一が作成したと思われる「信濃川改修開鑿《かいさく》工事平面図」も現存する。残された当時の家族写真からもうかがえるように、多忙な、しかし充実した毎日だったことだろう。この生誕地・新潟での幼年時代を振り返って前川國男は次のような回想を述べている。

「僕はね、建築家になりたいと思ったのは、ずいぶん小さい時からなんですよ。(…)親父が土木でしょう、しょっちゅう出張するんだな。それで親父がいないと、なんとなく悲しくなるんだね。それで僕は、大きくなったら出張のない商売をやりたいと思っていたわけなの。(…)それとね、新潟にいる頃、夜、炬燵の中で、親父のあぐらに腰掛けさせられてね、そして親父は絵を描いてくれた。汽車の絵とか、家の絵を描いてくれた。「お前は大きくなったら、うちを建てる人にならないかなあ」って、まあ冗談半分にいったんです。それがいつの間にか、そういうことになるのが当り前のような気がしちゃって。だから僕は、途中で一度も迷わなかったんです[8]」

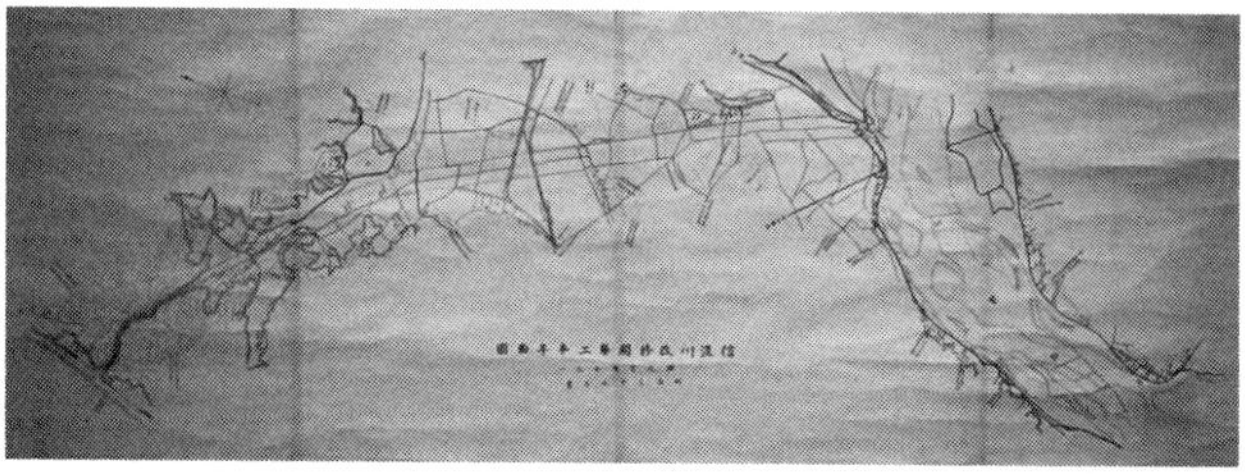

上・「信濃川改修開鑿工事平面図」(1906年、信濃川大河津資料館蔵)。
下・信濃川大河津資料館から大河津分水路を望む(2006年撮影)

前川一家が新潟に暮らしたのは、大河津分水計画の目途が立ち、それが着工する一九〇九年七月を目前に貫一が利根川の改修計画を担当するために東京土木出張所へと転勤する一九〇九年五月までであり、前川は四歳になるかならないかの時期にあたる。その言葉どおり「ずいぶん小さい時」に建築家を志したことになる。貫一が幼い息子に何を望んでこう語りかけたのかはわからない。けれども、水害に苦しめられていた農民たちを救うための百年単位の土木工事を担っていた貫一の後ろ姿は前川の精神形成に何がしかの影響を与えたにちがいない。前川は晩年に収録された対話[9]のなかで、宮内嘉久の「前川さんはどちらかといえばお父さん児ではないかって思うんですが」との問いに「そうね。当ってるだろうね」と答えている。貫一は最晩年に、長い年月と巨費を投じ、多数の犠牲者を出したこの苦難の大事業を振り返って次のように記している。

「分水工事の結果として、本川洪水の大部分は此の放水路により取除かれ、（…）二万町歩に亘る水田の湛水《たんすい》を著しく軽減し、穀倉たるの実を挙げ、殊に河口の流砂を防止し新潟港の発展を促したる等、其の利益は巨多の犠牲を償って余りあるものと思うのである[10]」

貫一は、土木技師として明治後期から昭和初期にいたる土木の近代化という転換期に淀川、信濃川、利根川、木曽川などの河川改修工事に携わった。一九一一年には最新の土木技術の視察にフランスなど欧米各国にも出かけている。

貫一が転々とした各地の河川改修工事の現場を最終的に離れて、本省の内務省土木局に第一技術課長として戻ったのは一九二八年四月である。それは、おりしも息子の前川國男が東京帝国大学建築学科を卒業し、シベリア鉄道経由でパリのル・コルビュジエのもとへ旅立った直後のことだった。同じ年の九月にある機関誌に寄せた文章のなかで、貫一は次のような言葉を記している。

「河は人類生活上一日も欠く可からざる水を供給する役目を遂げて居るけれども一朝豪雨沛然《はいぜん》として至れば、洪水を惹起し人畜の死傷は勿論、万頃の青田をも滄海に変する事多く、其損害実に測り知るべからざるものあるは世人の記憶に新たなる所である。維新以前に於ても各藩共治水治山に対しては特に力を注ぎ、其制度並《ならびに》施工に就ても大に敬服すべきものがある。（…）立派なる治水家を輩出し其工法の如きも今尚資料として珍重すべきもの少なくない。明治政府に至りても、治水事業は特に重要視し、疾《と》くに外国技師を招聘し治水の根本策を樹立せしめ、明治廿年頃より木曾信濃利根淀等諸大川の改修に着手し今尚盛に改修事業に当り年々巨万の国帑《こくど》を投して居るが国家財政緊縮の際は何時も治水事業には斧鉞《ふえつ》を加えられ殆んど癌の如く取扱われて居るかの如く見ゆるのは甚だ心外である。日本米なくては生活出来ない我国民の生命たる糧の生産を確保し人類生活の基本となるべき河川を保全し国土保安上最も大切なる河川修築費として総歳出の僅に百分の一の国帑を投するが過分であろうか[11]」

生活の根本を支える水を守る治水事業が、なぜ国家財政が緊縮した途端に考慮されることなく予算を大幅に削られてしまうのか。現場の苦労を見つづけ、治水のむずかしさを痛感してきた貫一だからこそ、こうして国の無策への怒りを記さずにはいられなかったにちがいない。一九三四年、内務省を定年で退官するにあたって最後に記した文章においても、貫一は次のような言葉で締めくくっている。

「河川は国土に於ける雨水の排出路であって水の淵源である。普通の場合に在りては安全なる内地の航通に便し灌漑の利を与え水力の資源となり飲料水並に工業用水をも供給するものなれば人類の福祉増進上欠くべからざる要素を形造るものであるから用悪水路改良の促進に資するは勿論有ゆる方面に於ける産業の発展民力増進に寄与する様格段の注意を払いたきものである。

之を要するに改修計画に当りては予期し得べからざる突飛なる暴雨に対する用意を施し工作物は絶対的堅牢を期する事不可能にして完全なる維持修繕に待たざれば其目的を完うする事能わざるを以て維持費を備え可成巨費を投じたる改修工事を荒廃に帰せしめざる様渾身の努力を為し其効果を完うする事は我々技術者に課せられたる重大なる責務として肝銘すべきものと思考す」(12)

ここで貫一が切実に訴えたのも、「人類の福祉増進上欠くべからざる要素」として巨費を投じて改修された河川を維持修繕していくことの大切さであり、「渾身の努力」によってその効果をまっとうすることは技術者に課せられた「重大なる責務」であるという強いメッセージだった。退官にあたってこう記さざるをえなかった貫一には、地道な維持修繕がないがしろにされる現実が見えていたにちがいない。

ラスキン『建築の七燈』

残念なことに、このような父の背中を見て育ったであろう前川國男の精神形成をうかがい知ることのできる資料はほとんど現存しない。そんななか、一九二一年十二月、十六歳になった前川が旧制・東京府立第一中学校（現・東京都立日比谷高等学校）時代に記した次のような作文がある。

「人生は趣味によりて美化せられ意義ある人生は趣味を生ず。草木にはそれを美化する花なるべからず、人生と趣味とに於ても其の間必ず離るべからざる関係を有すべきなり。汗馬に鞭ちて陣頭を馳する中にも、和歌の応酬をなせる衣川の勇士や、さては半夜霜白き能州の野に月明の過雁を望みて「霜満軍営」と歌える不識庵謙信の如き、彼等が人格は彼等が韻事によりて一層高潔化せられ、人をして一種の懐しみを生ぜしむるものなり。家陋なりと雖《いえど》も、貧なりと雖も、一家挙りて或は音楽に或は園芸に趣味を有する時、そこに真の融合を生じ、そこに真の平和を生ずると同時に、人をして益々その家庭の床しさを感ぜしむるものなり。

希臘《ギリシャ》は国民の文芸趣味によりて燦然たる文化を生じてその名千古に高く、独逸はその科学趣味によりてゲルマン文明を生じ、その名宇内に喧伝せらる。何人か趣味の力の大なるを否定せんや。然れども現今跋扈せる成金者流の如きは、一硯に万鑑を投じて趣味とせし、一瓶に千金を擲ちて趣味と称す。其の愚遂に及ぶべからず。吾人の趣味は徒に炉辺を飾り、梧右を飾る趣味ならざるべからず。吾人の趣味は少くとも吾人が実生活を美化し、而して奢侈に流れざる健実なる趣味たることを要す。ああ趣味なき人生は無聊なり趣味なき家庭は不幸なり。而して趣味なき国家は禍なり」[13]

この雑誌の目次を見ると、題名の「人生と趣味」は共通に与えられた作文のテーマだったと推測されるが、前川は強い調子で「現今跋扈せる成金者」の愚を批判し、「吾人の趣味は少くとも吾人が実生活を美化し、而して奢侈に流れざる健実なる趣味たることを要す」と記し、「趣味なき国家は禍なり」と結語している。ちなみにこの文章は佳作に入賞しており、「一篇簡浄、筆力剣よりも鋭し」と評された。当時は「富者の奢侈廃止をもって貧乏退治の第一策とし」、「奢侈」を厳しく戒めた河上肇（一八七九―一九四六年）の『貧乏物語』（一九一七年）が評判を呼び、米騒動（一九一八年）や労働争議が続くなか、第一回メーデー（一九二〇年）が開催されるなど大正デモクラシーと呼ばれる時代である。前川もまた、社会的問題への関心を育んでいたのだろうか。残念なことに前川の自宅の書斎に残された蔵書類は大学入学以降のものに限られており、そのなかに『貧乏物語』は確認できない。しかし、この本の序には次のような一節が出てくる。これは前川が東京帝国大学建築学科に提出した卒業論文のなかで「人はパンのみにて生くる〔ママ〕ものに非ず」と記したことに影響を与えたと思われる。

「人はパンのみにて生くるものにあらず、されどまたパンなくして人は生くるものにあらずというが、この物語の全体を貫く著者の精神の一である。思うに経済問題が真に人生問題の一部となり、また経済学が真に学ぶに足るの学問となるも、全くこれがためであろう。（…）一部の経済学者は、いわゆる物質的文明の進歩――富の増殖――のみをもって文明の尺度となすの傾きあれども、余はできうるだけ多数の人が道を聞くに至る事をもってのみ、真実の意味における文明の進歩と信ずる。（…）ラスキンの有名なる句にThere is no wealth but life（富何者ぞただ生活あるのみ）ということがあるが、富なるものは人生の目的――道を聞くという人生唯一の目的、ただその目的に達するための手段としてのみ意義あるに過ぎない。しかして余が人類社会より貧乏を退治せんことを希望するも、ただその貧乏なるものがかくのごとく人の道を聞くの妨げとなるがためのみである」[14]

続く旧制の第一高等学校時代に、前川は河上肇に学んだラスキン研究者の御木本隆三（一八九三―一九七一年）の著書に誘われてジョン・ラスキンの『建築の七燈』と出会い、大きな影響を受けることになる。[15]前川もまた河上の『貧乏物語』によって、経済と芸術の視点から社会を論ずるラスキンの思想へと導かれていったのかもしれない。

東京帝国大学建築学科

工学化と「ヴァスムート」の時代

前川國男は一九二五年（大正十四年）四月、東京帝国大学工学部建築学科に入学する。同級生には建築家として活躍する谷口吉郎や市浦健、構造設計家として前川のよきパートナーとなる横山不学《ふがく》らがいた。入学時の建築学科は教授が伊東忠太、関野貞、塚本靖、佐野利器《としかた》、内田祥三《よしかず》であり、助教授が岸田日出刀《ひでと》と長谷川輝雄という陣容だった[16]。谷口の回想によれば入学当時は伊東が学科主任で日本建築史を講じ、塚本が建築計画、内田が建築構造と都市計画、佐野が耐震構造、岸田と長谷川が設計製図を教えていた[17]。象徴的なのは伊東と関野が一九二六年度で定年退職し、前川の卒業年度となる一九二七年四月時点では教室の中心が佐野と内田に移ったことである。それは建築教育の重点が歴史学から構造と計画という技術重視の実学へシフトしたことを意味する。建築評論家の藤井正一郎はこの転換を「工学化」と名づけ、次のように論じていた。

「伊東忠太の提唱によって、造家学科が建築学会に改称された明治三十年ごろ以後から、わが国建築界は、一時特にボザールの色彩を強めたが、しかし、わが国の場合、すべての技術が、富国強兵・殖産興業という、国家使命に奉仕することが求められた当時においては、西欧的建築様式が、国家の威信を高めるためのものである限りにおいては、ボザールの色彩も許されたが、要は、そのような国家的使命に役立つ即効的技術を、器用に使いこなすことの方が重要であったという面がある。特に建築の場合、耐震という点で独自の技術をつくり上げていかなければならないという

前列中央に岸田日出刀（左）、佐野利器（右）。その右隣に塚本靖。中列左から3人目に前川國男、4人目に横山不学。右から3人目に谷口吉郎。後列右から3人目に市浦健（1925年4月ごろ）

ところから、やがてその「工学化」の傾向が強化される時代を迎える。それは、佐野利器が活躍する明治末から大正にかけての時期であり、そしてその方向を決定的にしたのは、関東大震災であった(18)」

前川は、このような転換期に建築を学びはじめたのである。残念ながら東京大学に保管されている卒業設計を除き、前川が学生時代に描いた図面類はひとつも残っていない。そうしたなか、学生時代の前川を知る手がかりとして、同級生の西村源与茂が戦後に記した次のような回想がある。

「前川が設計家としての素質を見せ出したのは僕一人だけの見方かもしれないが、確か二年生の中頃だったと思う。ある学校の設計製図が一寸異彩を放っていた。それまでの彼の製図は東京工大の谷口君を除いて我々と大同小異であった。その頃から彼は漸次頭角をあらわして来た様に思う。

製図についてもう一つの思い出は故佐野先生との事件である。（…）課題は忘れたがある設計製図が教室の廊下に張り出された。講評は佐野先生である。番が廻って前川の図面の前に立たれた。開口一番、佐野先生は「前川君、この図面は何だ。君は正気かね。ふざけている。」「僕は正気です。真面目です。」と前川。

瞬間二人は殺気だった。居合せた一同は思わず「ハッ」となった。しかし前川は一歩も退かなかった。彼の強情は

講義室にて。前川國男（中央白衣）と同級生たち（1925-27年ごろ）

強情をもって鳴る佐野先生をも圧倒した感があった。彼の強情は今も尚止むことを知らない。この強情こそ今日の建築家前川を完成した原動力に他ならないと僕は思っている[19]」

　佐野が激昂したのも無理はない。彼は「国家の建築的要求は実利を主としたる科学体であり又あるべき事は当然である無意味の贅事に浮身をやつして居られる時ではない」とし、「日本の建築家は主として須《すべから》く科学を基本とせる技術家であるべき事は明瞭である」と主張していたからだ[20]。

　ところで西村の回想にもあるように、同級生のなかで設計をリードしていたのは谷口吉郎だった。前川も後年、「じつにうまいんだね。僕らの手のつけ方とは違うんだね。彼自身の方法論をもってたよ」と回想している[21]。しかしその一方で、同級生の市浦健は「学校に居るときからはっきりと建築家を志して居たのは前川君だけだったということを想い起さざるを得ない。勿論谷口吉郎君も将来デザインの方へ進むことが誰からも期待されていたが、そのたどったコースは前川君のように純粋な建築家としてのそれとは大分違っていた[22]」と証言しており、前川の建築家を志す一途な姿勢が伝わってくる。そして前川自身は戦後、先輩格の堀口捨己《すてみ》が出席した座談会で大学時代の教育について次のような感想を述べている。

「私個人の経験をお話しますと、学校で教えられたことに関して、どうも一向に情熱を感じなかった。いまにして思うのですが、例えば建築歴史を様式史といった形でしか教えられなかったのは残念だったと感じるのです。もう少し文化史的な背景をもった教え方をしていただいたらもっと当時学校に対して情熱をもっただろうということをつくづく感じるのです。当時先輩の方は大体分離派以後の方ですが、そういう方がいろいろ議論もし、作品も作られていることも知っておりましたけれども、堀口先生をここにおいてそういうことを申すのは何ですが、これにもあまり情熱を感じなかったのは事実です。当時学校でわれわれのクラスでは「バスムーツ〔ヴァスムート〕」というドイツの雑誌がありましたが、あれが毎月くる。あれにはコンテだか4Bだかの柔らかい鉛筆でえらく勢いのいいスケッチが書いてある。そういうデザインの図面がいっぱい載った雑誌がくるのです。クラスでも「バスムーツ」が大体中心だったと思いますが、みんな熱を上げている。これも率直な話、私自身はどうもあまりピンとこなかった。(…)僕達はヨーロッパの建築を様式史として教わってきたが、例えばギリシアの神殿であるとか、ゴシックのお寺であるとか、その時代のシンボル的なそういう建築を中心にした建築史というものは教わったけれど、それを生んだ背景に関する知識は何もなかったわけです。ギリシアにしても、ローマにしても、中世にしても、その時代の普通の人間がどういうふうにして生きていたか、という日常生活の問題、その底辺をなしている人間の日常生活について全然知識がないということはえらく片輪のような気がするのです[23]」

ここには、前川が学生時代に抱いた建築教育に対する根本的な疑問が語られている。当時の前川は華々しく活躍していた堀口ら分離派の仕事からも、同級生が「熱を上げていた」ドイツ建築の流行からも離れていたのである。

「告白」を諳んじる

前川自身の発言によれば、ル・コルビュジエに最初に惹かれたのは建築雑誌に掲載された小さな住宅だったという。「〈ヴィヴァント〉にね、ヴォークレッソンのヴィラの写真が出てね、びっくりしたといえばびっくりしたけど。ま、しかし、とりこになったのは彼の本を読んでからだね[24]」

その写真とは、前川が建築学科の図書館で手にしたであろうフランスの建築雑誌「アルシテクチュール・ヴィヴァント」一九二三年冬号に掲載された、「ル・コルビュジエ」という名前ではじめて発表した建築家としての第一作、ヴォークレッソンのヴィラ(ベスヌス邸)の模型写真のことを指している。その後も、この雑誌にはル・コルビュジエ

上・「ヴァスムート」誌1926年6月号掲載の図版。
下・ベスヌス邸模型(ル・コルビュジエ、1923年)

の主要な建築作品とテクストが繰り返し紹介されていく。前川も、この最初の出会い以降、その記事に注目していったにちがいない。けれども、この発言にもあるように本格的に関心を抱いたのは彼の本を読んでからだった。次のような回想がある。

「私の先生に岸田日出刀先生という方がおられて、助教授のころ、ヨーロッパに行かれたわけです。で帰りにね、コルビュジエの本を買って来られた。それでぼくに、お前はフランス語が読めるんだからこれを読んでごらんと貸していただいたのが、まとまったものを読んだ初めてですね。それでこれも一冊読んだら次から次へと、何となく惹かれましてね、四冊か五冊あったと思うんですが、読んじゃった。(…)四、五冊読んだおかげで、こりゃどうしてもコルビュジエの所へ行こうと決心して、それから手紙を書いてね、実は自分はどうしても貴方の所へ行きたいんだと。そしてパリには幸いぼくの伯父がいるから、行けば生活だけは何とかなるだろうなんてね、勝手なことを書きまして、手紙を出したンです。そしたらそれが、瓢簞から駒が出ましてね、本当になっちゃったんです。(…)その返事にぼくはびっくりしたんだけれども、実はお前の手紙を受け取ってから間もなく、お前の伯父にジュネーブで会ったっていうんです。で伯父さんも賛成しているから来いという手紙が来ましてね……当時はエアーメールなんてないから、シベリア経由で往復してたわけです。まあそういうことで行くことになりまして、ぼくは学校を卒業したその卒業式の晩にシベリア鉄道でパリに行ったわけです[25]」

前川は、大学の恩師で当時はまだ二十代後半の若い助教授だった岸田日出刀[26](一八九九―一九六五年)が海外出張中の一九二六年五月にパリで購入し、貸し与えたル・コルビュジエの五冊の本を読んで、彼に強く惹かれていったのである。後年、前川は次のように記している。

『建築へ』、『ユルバニスム』、『今日の装飾芸術』、『近代絵画』等、主として「エスプリ・ヌーボー」から再録された初期の彼の著書は建築の設計とはどうやってやるものか五里霧中で迷っていた学生の私にとって文字通り闇夜の灯であった。

「…青年達にとって大都会はその扉にとざされて、人はそのなかにフォークの響きを耳にし乍らも空しく飢に死なねばならぬ沙漠であった…」

『今日の装飾芸術』の巻末に誌されたコルビュジエ半生の「告白」を諳んじる程読み返した私はついに矢も盾もたまらなくなって一九二八年三月三十一日卒業式の夜、東京を発ってシベリヤの荒野をパリにはしった[27]」

前川はル・コルビュジエの建築家としての姿勢に惹かれたのである。そして、その背景に何があったのかについては、後年次のような回想を残している。

「コルビュジエは書いたものなどを通してみると、徹頭徹尾、合理主義者だが、合理主義そのものの価値が問われはじめている時節に、なぜ僕はそういう彼のところへ行ったのだろうかと考えてみると、もちろん、パリの華やかさに対する憧れと、社会的関心というか、建築家はたとえば、住宅難解決に対する強烈な使命感のようなものがあった。私が学生の頃にはドイツ表現派はなやかな頃で、「ワスムート〔ヴァスムート〕」という建築雑誌が争って読まれたけれど、そういう影響はぜんぜん受けなかった。もっと理づめに考えなければいけないと思っていた。

まだ高等学校の時、ジョン・ラスキンの『建築の七燈』、とくにその第二章「真実の燈」を読んだことが影響あると思う。考えてみると、建築家としての僕の今日までの仕事は、つまるところ「建築の真実」とは何か、という自問自答の苦行であったということに尽きていたと思う。

「…度重なる戦火もゴシックの建築を滅ぼすことはできなかった。しかしゴシックがその建築の真実を喪った時に、ゴシック建築は滅びた…」といったラスキンの言葉が、今日に至るまで僕の脳裡に灼きついて離れない[28]」

前川は高等学校時代に読んだジョン・ラスキンの『建築の七燈』を通して「建築の真実」とは何かという視点を得ており、ル・コルビュジエの本のなかに、それと連なる理性的なものがあると直観的に感じとったにちがいない。実際に、『今日の装飾芸術』にはル・コルビュジエがラスキンにふれた文章が綴られている。あるいは前川は、ル・コルビュジエの本のなかにラスキンについての記述を見つけたことがきっかけとなって彼に惹かれたのかもしれない。上記の回想はその可能性を示唆している。

ところで、前川がパリへと渡る際にその身元引受人として自宅に預かることになった伯父の佐藤尚武は、次のような回想を残している。おりしも佐藤は一九二七年から一九三〇年まで国際連盟帝国事務局長を務めていた。

「何かの委員会でジュネーブのホテル・メトロポールに泊まっていたところ、はからずも当時パリで有名であった若手建築家のル・コルビュジエの訪問を受けた。初対面のこの人の来た目的は、当時懸賞募集中であった国際連盟の殿堂の建築のことについてであったが、彼は私にたいし、初対面ではあるが、多少の関係がないわけではないといって、思いがけなく甥の前川國男から来た手紙を見せてくれた。それによると、なんでも國男は在学中から、新しい構想を持ったコルビュジエに大いに私淑していたらしく、卒業と同時にパリに来て、コルビュジエのアトリエで勉強さしてもらいたい、幸いにパリには伯父の佐藤がいるから、生活の方はなんとかしてくれるであろう——という趣旨であった。そしてコルビュジエは、自分のアトリエは世界各国の若い建築家に開放しているのであるから、前川君も喜んで引き受けるということであった(29)」

図らずも一九二七年に起きた国際連盟コンペのル・コルビュジエ案をめぐる騒動が、前川とル・コルビュジエを結びつける触媒のような役割を果たしたのだ。同時に、時代の偶然が引き寄せた幸運な人と人との出会いがあってはじめて前川はル・コルビュジエに学ぶことができたのである。

前川が建築を学んだ一九二五年から一九二八年の日本は、けっして明るい未来を思い描けるような時代ではなかった。関東大震災直後の混乱と将来への不安、戦争の足音、自由な言論の制限など不透明さに閉ざされつつあった時代である。しかし、だからこそ無名に等しかったル・コルビュジエの言葉にふれて、そこに時代の可能性を直感したのだろう。戦後の対談のなかに次のような発言が記録されている。

「どういう点で影響をうけたということになると、それはコルビュジエに弟子入りした人の個人個人によってずい分違うと思います。けれども私個人の場合から考えてみますと、その人となりや、個々の作品自体から、非常に感銘を受けるものが多いわけです。いや、そう申し上げるよりも、コルビュジエという人間そのものの生活態度というか、その物の考え方のほうに、より以上心をひかれたといったほうがいいでしょう(30)」

この言葉からも読みとれるように、前川はル・コルビュジエの人間性とその考え方に自分の生涯を重ねようと思い定めたのである。一九二七年、前川は二十二歳だった。

卒業論文にみる初心

「大戦後の近代建築」

ル・コルビュジエに師事することを決意した前川國男は、一九二七年十二月に東京帝国大学に提出する卒業論文で彼のことを本格的に論じることになる。すでにふれたように、岸田がル・コルビュジエの本をパリで購入し、前川に手渡したのは一九二六年六月ごろと推測される。だから、前川がこれら五冊の原書を読んで論文執筆に費やすことができたのは、一年半にすぎない。その間にル・コルビュジエに手紙を送ってアトリエ入りの内諾もとりつけたのだろう。前川の集中力と一途な思いがみえてくる。「大戦後の近代建築（ル・コルビュジエ論）」という論文の表題は当時の建築雑誌[31]にも掲載されたが、現物は長らく紛失して現存しないものと思われてきた。[32]しかし近年、豊川斎赫《さいかく》氏によって東京大学建築学科の所蔵が確認された。[33]

綴じされた論文の表紙には「昭和三年　卒業論文　大戦後ノ近代建築　ル・コルビュジエ論　前川國男」と記され、続くページには次のような「御断り」が書かれている。

「最初の計画は欧州大戦後の新建築運動の最も大きな流れ「構成」精神について各国に亙って調べて見る心算でしたが、材料の不足と私自身の不勉強と殊にロシヤ構成派については予備知識の欠乏により御覧の通り範囲を縮少して論文題の三分の一にのみ値せぬものとなりました。折角御指導頂いた伊東先生、岸田先生に御詫する次第でございます。もっと新しい方法論による建築史研究の必要を痛感します」

ここには、前川が第一次世界大戦後の新建築運動を「構成」精神」を軸に調べたこと、しかし文献や知識不足によって「ロシヤ構成派」については不十分な検討に終わったという反省の弁が記されている。その一方で前川がこのテーマを前にぶちあたったのが、「様式史」という枠組みでしか教えられていなかった当時の建築史の限界である。だからこそ「新しい方法論による建築史研究の必要を痛感します」と記さずにはいられなかったのだろう。新建築運動を思想として理解し、その方法を見定めようとする前川の姿勢が読みとれる。また前川は、指導教官として伊東忠太と岸田日出刀の名前をあげているが、伊東は一九二七年三月で退官しており、実質的には岸田ひとりだった。興味深いことに、指導の内容をうかがい知ることのできる一九二七年五月二十日付の次のような岸田の文章がある。

「最近世界の建築界の趨勢を観察して感ぜられることは、(…)欧州大戦後相当長い期間の間、最近に至るまで非常の勢力を持っていた(…)表現主義的精神が次第に傾いて、それに代わって新しい建築精神が抬頭してきて、それが非常な勢で全世界に広がりつつあるという事実である。(…)この新建築精神の最も特徴的な点は、それの課題が、秩序ということと経済という点にある。この秩序ということ、及び経済的ということを極度に強調している点で、この新建築精神は、過去の如何なるものよりも区別づけられる特徴をもつものである。此の如きものの重要性を最近の建築家に痛切に自覚させた根本の原因は、何であるかというに、それは機械である。(…)ここに注意さるべきことは、現代建築家が機械を讃美する結果、それを建築にとり入れる際に二つの相異った行き方があると言うことである。一つは機械のもつ立派な形体に外形的に驚嘆させられる結果、例えば飛行機の、汽車の、汽船の如き機械のもつ動的表現をそのまま、また少しく変改して――それは当然のことであるが――建築のフォルムとして表出するというもの。他は、機械のもつ、前に述べたような抽象的の感念を準拠として建築を全然新しい要素的の立場から考え、そして作るというもの。前者の最も代表的な例は、ロシアの構成派その他の、主として構築物に見ることができる。(…)この東欧における構成派と並んで、より以上注目されるべきものは、西欧フランスのコルビュジエ一派によりて代表される新建築精神である」[34]

卒業論文のタイトルである「大戦後の近代建築」という時代の設定や、「機械」をキーワードにロシア構成主義とル・コルビュジエを検討していく背景には岸田の助言があったことがわかる。あるいは順序は逆で、岸田のほうが、前川から報告を受けてこの文章を記したのかもしれない。

論文は第一篇「序論」と本論の第二篇「ル・コルビュジ

エ論」から構成され、繊細な文字で縦書きされた論文の総ページ数は一四二ページ、そのうちの一二六ページがル・コルビュジエ論である。また、本文の約四割は「主なる参考書」にあげられたル・コルビュジエの五冊の本から前川が翻訳した引用で占められている。なかでも第十章は『今日の装飾芸術』終章の「告白」だけで全二八ページが構成されており、三年後の一九三〇年十月には全訳して出版することになる。[35] さらに章立てをみると二三ページが割かれた第八章のル・コルビュジエの「建築観」と第九章の「都市観」にいたるまでに「新時代観」「機械観と幾何学観」「経済観」「芸術観と自然観」「装飾芸術観」という視点を導入しながら、「彼」の思想と方法に検討を加えていく形になっている。

　注目したいのは、ル・コルビュジエを論ずるにあたって前川が何を評価の前提としたかである。というのも、五冊の原書の内容からは目次にあるような論文構成は想起されないからだ。つまり、目次の組み立て方にル・コルビュジエをどのような視点から理解し、何を評価するのか、前川の近代建築の理解の方向性と初心が読みとれるのである。また、そこには新しい建築運動のなかでル・コルビュジエだけが他の建築家に比べてこれらの視点からの厳しい検討に耐えることができ、もっとも可能性をもつ方法を提示していることを確認したい、という思いも見え隠れする。

「新建築運動以来」と副題がつけられた「序論」では、十九世紀末から二十世紀初頭にかけて始まった「新建築運動」を概観し、ル・コルビュジエを論ずる前提条件が示されていく。その書き出しは「亡ぶべきものは遂に亡びる。絶え間なき変転　そこに生きた「世界の相」がある」で始まる。続く文章で前川は、急激に移り変わる世界では時代の要請に応えられないものは亡びるしかなく、そこには必然的に「過渡期の苦悶」が伴うこと、だからこそ各時代を代表する芸術の「形式を模倣する事」は無駄であり、人間にとって「普遍な」ものを見つめなおす必要があると指摘している。そして次のような考えと時代認識を提示する。

「然らば古の各大時代の有したる永遠の芸術より我等は何を学ぶべきであろうか？　是即ち彼等の有する論理である。希臘《ギリシャ》は希臘の「論理」を、そして天平時代は天平時代の論理を有っていた。そして或時代の芸術がその論理を失う時、そこに混沌とした恐怖時代が生れる。十九世紀初頭の産業革命が芸術に及せる大衝撃は遂に此の論理の根底を破壊して此処に未曾有の混沌たる芸術の恐怖時代を現出したのであった。建築はその失える論理を再発見せんがため、惨憺たる暗中模索の時代に入った」

　ここで前川は、学ぶべきは各時代の芸術がもっていた

「論理」であるとしたうえで、十九世紀初頭の産業革命によって芸術の「恐慌時代」が現出し、建築もまた「暗中模索の時代」に入ったことを確認しようとする。続いてそうした時代のなか新たな「論理」を求めて十九世紀末に始まった新建築運動の「雄々しき開拓者」としてオットー・ワグナーやベルラーへらの名前をあげて論じている。さらに二十世紀に入ると新建築運動はアメリカからF・L・ライトの「機能主義」と工業力を背景にした「大工場建築」の新鮮な息吹がヨーロッパにもたらされたことによって深化し、「伝統的外面的建築」から「内面的妥当性」を有する「建築原型への還元」という共通目標を掲げたことを跡づけていく。そして「未曾有の大戦乱」となった第一次世界大戦（一九一四―一八年）の経験によって新建築運動が新しい次元に入ったとして、次のような考えを展開する。

「建築は要するに社会要求に対する建築家の解釈であり、解答である。此の或時代に於ける建築家の解釈解答の洗練はやがてそこに此の時代に必然なる建築様式の誕生を将来する。然るが故に高度の社会的関心を有する建築家に非ざれば遂に彼の時代の様式を決定する事は不可能である」

前川はこう整理し、新時代の建築に求められるのは「社会的関心」に裏づけられた「論理」であり、大戦後の思索のなかから自覚され、明晰な目標として急浮上した「構成」という考え方にこそその可能性が開かれている、と結論づける。そしてこの「「構成」時代」において、「未完成」で「不完全さ」を有するにもかかわらず、それまでの新建築運動にはなかった「深き社会的関心」を有するからこそ、ロシアの「構成主義」とル・コルビュジエの「新精神」に新たな希望を見いだそうとする。こうして、続く第一章の短い「序」で、ル・コルビュジエが一九二〇年に出版した雑誌「新精神《エスプリ・ヌーヴォー》」の冒頭に掲げた「新しき精神、そは構成の精神である」を引用し、「かくて彼は新建築運動の第一歩を踏み出した」と結ぶのである。

造形言語の探究、今日の装飾芸術

本論第二章「立体派とピューリスム」では、ル・コルビュジエの出発点を確認するうえで必要だと考えたのだろう、キュビスム（立体派）とピュリスムについて概観されていく。前川はピカソやブラックに代表されるキュビスムへいたる絵画の流れについては参考文献の一氏義良『立体派・未来派・表現派』（アルス社、一九二四年）に拠って記述している。そのうえでル・コルビュジエとオザンファンの共著『近代絵画』から多くの文章を訳出して引用し、彼らの提唱するピュリスムには、キュビスムを「出発点」としながらも、それを乗りこえようとするものがあるとする。そして音楽を例にあげて、次のように考察している。

「音楽はそれが純粋なる生理的機能に訴える芸術（…）なるが故に普遍である国際的である。ピアノと称する国際的表現手段を有した音楽は幸福であった。（…）立体派は絶対絵画に近きものかもしれないけれどレジェにせよピカソにせよ未だ絶対音楽程に題目（sujet）を脱する事は出来なかったのである。ピューリスムは、此の立体派の脱し得なかった絶対絵画の最後の一線を越えて、絵画のピアノと称すべき表現手段を決定して国際化された調和の絵画、普遍的なる造型言語の探究を主題とする」

「国際的表現手段」としてのピアノと同じように、絵画における「普遍的なる造型言語の探究」を主題とするのがピュリスムであり、ル・コルビュジエの芸術理解が普遍性を求める点でキュビスムを乗りこえる地平を切り開いている、と前川は評価する。そして芸術の目的は「人の心を動かす」ことにあるというル・コルビュジエの言葉を引用することで芸術がめざすべきものを確認しようとする。

それでは、ル・コルビュジエは産業革命以降の時代をどのようにとらえていたのだろうか。次の第三章「彼の新時代観」でそのことが論じられていく。前川は『近代絵画』と『近代建築名鑑』からル・コルビュジエの言葉を引きながら、その考えを次のように抽出する。すなわちル・コルビュジエは「鉄」に代表される近代工業が日常生活におよぼした「恐るべき断層」を「明朗明快なる衛生法によって此の傷ける無数の人類を救わんとする」のであり、近代文明の所産である「飛行機」「汽船」「自動車」にこの断層を埋める可能性を読みとっていたという。そして彼が無名の技術者たちによって生みだされたこれらの所産から学んだのは、新しい技術に即した「選択」というプロセスの確かさであり、形体を決定する際に基準とした「純粋」と「経済的」という明晰な視点だったとする。

第四章「彼の機械観と幾何学観」では、「機械の美」に人々が魅せられたなかにあってル・コルビュジエはどのように「機械」という存在を見つめていたのかが考察されていく。前川は彼の機械観について次のように記している。

「彼は機械を見て同時に新しき芸術の行くべき道を見い出さんとした。然し乍《なが》ら彼は合理主義者である。彼はロシヤ構成主義者の如く「機械の様なもの」に憧憬しているのではない。従って「芸術は一の機械に構成する事なり」という構成主義の理論は之を肯んじない。彼は熱情家であると共に一面冷静なフランスの理智を有っている。彼は決して機械に溺愛しない。彼の求むる処は機械の理解である」

ル・コルビュジエにとって「機械」はあくまで「人間の必要のために人間によって考案された」ものであり、そこに備わる「純粋さ」や「正確さ」、「経済性」、「人類普遍の言葉」としての「幾何学」は、何よりも現代の問題を解くための「ベースライン」、「手段」であるにすぎなかった。こうして前川は、ル・コルビュジエがロシア構成主義者のように機械の目新しいフォルムに溺愛することなく、そのまなざしが機械の理解を通して発見した知見によって新時代の建築をどう組み立てるのかという時代が求める切実な目的へ注がれていることを共感をもって確認するのである。

そしてさらに、彼の思想の根底に流れる経済についての理解を考察するべく、続く第五章で「彼の経済観」をとりあげ、次のような理解を提示する。

「私が彼の経済観と称するものは決して小六ケ《こむずか》しき理窟ではない。その根本は極めて簡単である。即ち「如何にして安価に建築を建てるべきか？」と云う事である。近代に於ける最も重大なる構造法に鉄筋コンクリート造がある。如何にも鉄筋コンクリート造はよき建築構造であろう。然し乍ら如何によき建築をつくる事が出来ても、もし此が極少数者の所有に止まるならば社会一般の人間にとって竟に無用の長物に過ぎぬであろう。如何にして安価に建築して新時代の健康な衛生的な生活を民衆に味わしむべきか？　此処に私の云う彼の経済観なるものの根本問題がある」

ル・コルビュジエにとってすべての問いは「健康な衛生的な生活を民衆に味わしむべきか？」という時代が要請する社会問題の解決に向かって掲げられたのであり、そのために経済を重視する必要がある、という自覚があったことを前川は見つめている。そしてル・コルビュジエの言葉、「もしも十万の個人の要求に副うものを作り得たならば、即ち多数の人間性の中に共通なる表現を確定し得た事となる。芸術とは人間要求の根本的満足を以てその根底となすべきである」を引用し、大量生産による低廉で純粋な標準型の建築が人間の要求の根本的な満足をめざす芸術でもあることを確認しようとするのである。

前川は繰り返しル・コルビュジエの過去と未来という正反対の方向性に対する思想の深度を確かめようとしている。それは「機械」に象徴される新時代への信頼を前提にしながらも、そのことがどうしたら人間の変わらない要素と新しい調和を生みだすことができるのかという問題意識にこそ、ル・コルビュジエが他の誰よりも可能性をもつ理由なのだという確信が前川にあるからなのだろう。第六章「彼の芸術観と自然観」で前川は次のように書きはじめる。

「ル・コルビュジエは徹底的な機械時代の讃美者である。然し乍ら彼は決して性急で早合点ないわゆる都市主義者でもなく、（…）構成主義者の如き芸術否定論者でもない。彼は構成主義者と別の意味で「田園の勝利」を叫ぶ。アパートメントには必ず空中庭園（…）を作り緑の木を植える事を忘れぬ自然人である、と同時に彼は又自己の人生観生活観から芸術の存在を主張する」

　続く文章で前川は、ル・コルビュジエがスイスの自然豊かな風土で育ったことにふれながら、そうした生活に根ざした原体験があったからこそ、芸術と自然に対するバランスのとれた理解が得られたことを確認しようとする。同時に、そこにはル・コルビュジエの根本にある、余分なものを剝ぎ落とし、自然が垣間見せる「幸福なる偶然」を引きだすことによって人間に「歓喜」をもたらすことが芸術の目的だという考え方への共感が読みとれる。そして、この章の結語で次のように記すのである。

「「人はパンのみにて生くるものに非ず。」ル・コルビュジエは又生産的な労働時間と静寂なる冥想の時間とを与える事を唱えた。「冥想の時間」は即ち「自己の時間」である。「詩の時間」である。彼は機械主義者ではあるが「人間機械」を之を厭忌する。彼は決して散文的な人間を好まない。各人が各人の「冥想の時間」を持つべき事を望む。そして「芸術」は実に此の冥想の対称として重大な役目を演じる。さればとて彼の云う「詩」は、「芸術」は、決して「月光詩人」のそれではない。既成芸術のそれではない。輝ける鋼鉄の玉を抱きて近代の抒情を求める逞しき詩人のそれである」

　第七章「彼の装飾芸術観」は、建築へと向かうル・コルビュジエがその前提として装飾芸術に対してどのような理解を示していたのかを確認するために置かれたのだろう。次のような書き出しで始まる。

「「装飾芸術の終る処に建築は始まる。」とはル・コルビュジエの装飾芸術に対する根本的信條である。（…）何が故に彼は装飾芸術を否定したであろうか？　彼の告白によれば彼が若年の頃独逸《ドイツ》の工業都市を遍歴中、或工場重役の言に、装飾芸術家は竟に機械の奴隷にすぎざるべしとの疑問を起し現代の装飾芸術の創造的自由に対し大なる懐疑家となったものと思われる。又彼が遍歴せる各古建築に於て人問の最内部の感情をゆり動かすものは竟に「装飾」ではなかったと述べている。（…）ル・コルビュジエは決して彼の先輩であるラスキンやモリスを一足飛びに越して装飾芸術を否定したのではなかった。彼の頭を養い育てたものは矢張モリスの「工芸論」であり、ラスキンの『建築の七燈』であった」

　続く文章で前川は、ル・コルビュジエがラスキンの『建築の七燈』にふれた言葉、「我々の少年時代、青年時代はラスキンによって鼓舞される事が多かった。（…）彼の「建築の七燈」七章の論文中最も光輝をはなてるは「犠牲の燈」「真実の燈」とそして「人間性の燈」とである」を引用している。モリスやラスキンが宿命としてもっていた時代的制約を理解しながらも、工業化時代の装飾は機械製品の欠陥を隠すアリバイにすぎず、装飾を排することが現代の装飾芸術の真の姿であり、そこから新時代の建築は始まるというル・コルビュジエの主張を前川は共感をもって確認しようとするのである。

「構成」の建築、「必然」の建築

ル・コルビュジエの「建築観」を検証した第八章では全体の六割近くがル・コルビュジエの最初の著書『建築をめざして』からの訳出で占められている。前川は冒頭で、次のような要約から検討を始めていく。

「装飾芸術に鳴る弔鐘はやがて建築芸術の黎明を告ぐる暁鐘である。一九一二年ルース（Loos〔アドルフ・ロース〕）は有名な論文「装飾と罪悪」を書いた。オーギュスト・ペレー（Auguste Perret）が新材料鉄筋コンクリートによってギャラージュ・ポンチウ（le garage Ponthieu〔ポンテュ街のガレージ〕）を建てたのは一九〇六年であった。

「装飾は多くの場合構造の欠点を蔽う。」の声はやがて新しき構造体系と造形体系とへの精進を慫慂する啓示であった。然し乍ら一の構造体系より必然に発生すべき新しき造形の体系について、今日未だ人々は明確な観念を把握しておらぬ。

ワグナー、ベルラーヘェ、メンデルゾーン、ペルチッヒ、ライト、等々、皆彼等の情熱をもって現われた。彼等の情熱は沈滞せる建築の桎梏を破るには役立ったけれど、彼等の建築形式は果して二十世紀の建築様式たり得るであろうか？

彼等は諸芸術中最も変革困難なる建築をしてその本格の道を歩ましむる為めに憔悴した。彼等は如何に勇猛であったとは云うものの遂に疲労せざるを得なかったであろう。彼等は遂に最後の一歩に於て、引き緊めた手綱をはなして「退転」を希ったのではなかったか？「建築劇場」のホリゾントの下に彼等は彼等の役目を演じて幕は下りた。「芝居」はまだ終らない」

前川は、装飾が時代への意味を失ったという前章の考察を受けて、「新材料」である「鉄筋コンクリート」による「構造体系」と、そこから発生すべき「造形体系」を見つけることが建築の新たなテーマになったことを確認する。また、ワグナーら先人たちの情熱をもってしても「二十世紀の建築様式」は実現できていないと指摘する。続く文章で前川は、「人々は「幕間」の焦燥を以て待っている。ル・コルビュジエは如何に彼の役目を演ずるか？」と問いかけたうえで次のように記していく。

「「構造の表現」「合目的主義」此等の言葉は近代建築家達の間の最も根本的なる信條の一であった事を私達は知っている。ル・コルビュジエも亦二十世紀の建築家である。従って「構造の表現」も「合目的主義」も共に建築家としての彼にとっては常識である。然し乍ら彼にとって此は決して「至上命令」ではなかった」

　前川はル・コルビュジエのめざすものが彼以前の建築家たちの掲げた「構造の表現」や「合目的主義」の先にあることを見定めようとする。そして次のようにまとめる。

「構造は要するに建築の「方法」である。(…)ル・コルビュジエにとっては構造は要するに文章家に対する「文法」であった。(…)建築は時代の感情が実体的形式の裡に定着せるものとして此が最高の芸術性を信じ、装飾芸術を否定し、構造は一手段に過ぎずと喝破せる時其処に生ずべき彼の所謂《いわゆる》建築芸術は即ち彼が「新精神」第一号に叫ぶ「新しき精神！　そは構成の精神なり。」という命題に帰着する」

「構成の精神」こそ新しい時代を切り拓く「建築芸術」の命題であることを前川はル・コルビュジエから受けとる。さらに『建築をめざして』の次の一節を引いていく。

「時代は「構成の時代」である！　そして経済的、社会的条件に適応すべき秋である。

我等の船は一つの岬を通過した。然し乍ら今日の「方法」の徹底的再検討と、正しき論理の上に立てられた新しき構成的基礎の決定と、による事なくしては、遂に建築が進むべき正しき水脈を発見する事は出来ないであろう」

　注目したいのは、冒頭にある「構成」という訳語だ。原著では「construction」となっており、後に出版される邦訳では「構造」[36]、あるいは「建設」[37]という訳語が充てられる。前川は意識的に「構成」という訳語を採用したのだろう。前川が共感し、読みとろうとしたものを象徴している。続いて前川は、ル・コルビュジエの建築の特質について次のように指摘する。

「彼の建築作品は徹底的に幾何学的形体を持って居る。最も第一次的な幾何学形、即ち直角と円とが優越を与えられて居る。思わせぶりな所謂機能主義者の曲線は彼の建築には見られない。故にと云って功用主義者の生硬な造詣は勿論彼のいさぎよしとする所ではない。彼の建築は飽まで調和の建築である。論理の建築である。そして経済の建築である」

　前川は、ル・コルビュジエのめざす建築が時代と芸術に対する明晰な分析によって生まれ、始原的な「幾何学的形体」を用いた「調和の建築」「論理の建築」「経済の建築」であることを評価している。そして彼が掲げた方法について次のように分析する。

「彼の機械時代礼讃はやがてエンジニーヤの歩んだ道に彼の注意を惹いた。そして其処に彼の発見したものは偉大なる近代エンジニーヤの問題の呈出と解決との過程に於ける論理的妥当性である。

茲に於て怪しげな歩調に辿り行く近代の建築を見て、彼の悟り得たる事は即ち「問題呈出」に於ける根本的誤謬であった。彼の頭にゆくりなくも浮んだ言葉は「人間は鳥の真似をして羽搏きして居る間は遂に飛行出来なかった。」と云う事であった。

近代の建築も亦竟に羽搏きして飛ばんとした人間の轍を履むものではないか？

かくて彼は遂に一切の建築問題の「建直し」を叫ぶに到ったのである」

機械時代の技術者たちから学んだ「問題の呈出と解決との過程に於ける論理的妥当性」による「一切の建築問題の「建直し」」という態度こそル・コルビュジエの建築思想の根底にあることを前川は見つめようとしている。続いて前川は、彼がそうした方法によって具体的にとりくんだ住宅建築について次のように記している。

「かくして茲に人間生活の一切の要求、即ち寝食、遊戯、労働等の要求するものの再吟味は行われ生み出されたものは彼の所謂「住居機械」(Machine à habiter) である。

機械を讃美して新生活の武器を創作せんとした彼は勿論精巧なる近代的機械に多くの暗示を得たものであるが、その諸暗示中最強きものは機械の中に見出される規範であり規格である。完全なる機械生産は正確なる「規格」(standard) に基礎を置く事実は彼をして先ず住宅建築の一切に於ける規格の研究と確立とを唱えたのである」

技術者たちが飛行機を発明するにあたって、鳥の羽ばたきをまねすることから脱して飛ぶための原理を追究したように、人間生活の要求の再吟味を通して「住宅機械」をつくりだすこと、そのために規格の研究と確立が必要であることをル・コルビュジエは唱えたとしている。

「然し未だ茲に問題がある。即ちル・コルビュジエが個性の没却者ではないかと云う点である。近代生活は如何にそれが簡明なものであっても個性をその統一の中に吸収して了うものであってはならぬ筈である。「集団」の裡に如何にして「個」を生かすべきか？ 之が今日の芸術の一大問題ではないか？ ル・コルビュジエが唱える「スタンダリゼーション」なるものは決して之を「個性の没却」と視てはならない。彼にとって規格の唱道は要するに音楽に於る「ピアノ」を創造せんが為に外ならない」

ここでもまた、音楽におけるピアノを手がかりとしながら、ル・コルビュジエの唱える「スタンダリゼーション」が個性を奏でるための普遍的な道具として自覚されていたことを前川は見定めようとしている。さらに、彼が提示する方法の先に新しい時代の建築様式が生まれるとして次のように整理する。

「建築様式なるものは決して意匠を容易ならしめる為の粉本に非ざる事は論を俟たない。要するに建築様式は思考形式の表現である。或る時代の社会的要求に対する建築家の解釈であり、解答である。客観的形態のドグマにはあらずして内的な一の主観である。思考の過程である。その思考過程の「時日による洗練」はやがて或る統一せる思考過程を生み出し茲に必然的に一の様式が生れ出づる筈である」

建築様式は「思考形式の表現」であり、それは、ある時代の「社会的要求」に対する建築家の「解釈」であり、「解答」であることによって成り立ち、その「洗練」によって、「必然的に」生みだされるものだという明快な解釈を前川は下すのである。そして章の最後で、ル・コルビュジエの建築観を簡潔な形で次のようにまとめる。

「かくて彼の考える「明日の様式」の「決定者」は一人の天才ではない。多数の無名の工業技術家の群である。デモクラシーな工業が「明日の様式」を定着せしむ時、そこに生まれ出づるものは主観的意義に於ける「国際様式」と名付くべきものであろう。(…)彼の建築には装飾はない。然しそこには正確な秩序的な必然的な調和の美がある。彼の建築は新材料及び新構造による建築の必然化であり、又規格による「完全」と「経済」とへの精進である。此の事はやがて建築の普遍化への欲求である。そして之が社会の「問」に対する建築家としての彼の答案である」

ここまでみてきたように、前川はル・コルビュジエの建築思想を検討するにあたって、周到な順序で検討項目を掲げてきた。そしてそのふるいにひとつひとつかけながら、他のどの建築家よりも射程距離の長い、原理的で普遍的なその建築思想の核心部分を抽出しようと試みている。それも一方的な解釈で終わらせるのではなく、彼に向けられると予想される批判についても自問自答の形で提示して、彼と対話するかのような形で論を展開していく。こうして前川は、社会が求めるものを実現させるために建築を必然的なものへと高めていくル・コルビュジエの考え方にどこまでも連なろうとするのである。

卒業論文の最後で考察されるのがル・コルビュジエの都市観である。これもまた、建築を社会の問いに対する「答案」と考える前川にとってふれる必然性があったのだろう。「建築家、殊に社会的に大なる関心を持てる建築家がやがて彼の情熱を近代の偉大なる現象、大都市問題に向って放散すると云う事は洵《まこと》に当然の事と見なければならない。(…)ル・コルビュジエの建築家として幾多の近代的社会苦より民衆を救わんとする自覚は彼を嘗って大都市問題の解決に向わしめたのであった。(…)彼を馳って此の問題に向わしめた動機は勿論広く云えば近代都市の社会苦である。そして具体的に云えば主として大都市に於る交通問題と衛生問題とであった」

ル・コルビュジエが「近代都市の社会苦」を見つめ、「民衆を救わん」とする自覚をもっていたこと、その解決を要する具体的な問題が都市化に伴う交通事故の多発と高層ビルに囲まれた日の当たらない道路であることを前川は指摘する。また、それは遠いヨーロッパだけの問題ではないことを次のような言葉で伝えようとする。

「人或は彼の改革案を以って余りに空想的となすかもしれない。余りに乾燥なりとするかもしれない。然し乍ら日本橋街頭に今日道路の横切り難きを歎ずる君子は又世界大都市巴里が今日かかる改革案を考えしむるに至れる事実に再考三思をなすべきであろう」

さらに住宅建築と同様に、要請される社会的な問題をいかにしてル・コルビュジエが解こうとしているのかをこの後のページで概説していく。そして前川は、最後にル・コルビュジエの都市論である『ユルバニスム』から次の言葉を引用して考察を終えるのである。

「「都市」は人間活動の道具である。今日最早我等の都市はその機能を充さない。今日の都市は無能である。彼女は人間の体力を消耗し精神を消磨する。今日の都市は何れも既に時代に値せぬ。既に我等のものではない。(…)我等は今日茲に「近代都市」について沈思する事が出来る。何故ならば愈々その時代が来たからである。最も力づよき必要によって集団の情熱が醱酵せしめられ、「真理」によって指導されて育てられて来たからである。「精神」の眼覚め、は已《すで》に社会状況を改革したではないか?「経験」は解決を教え、「統計」の真理は「仮設」の母となる。今や「集団の情熱」が時代を支持し得る時代となった」

前川は、ル・コルビュジエが人間をないがしろにする都市の現実への疑問を抱き、その解決をめざそうとしていることに共感し、切実に求められている課題に応えることこそ人々を結びつけ、時代を変えていくことができる建築の使命だとの思いを共有しようとしたにちがいない。同時に、彼の著書をたんなる理論書としてではなく、建築に向かう建築家としての基本的姿勢を示すものとして読みこもうとしていた。前川にとって卒業論文は、生涯を賭けて追究することになる近代建築のあり方を考えるための大きな手がかりとして、その出発点をなすものなのだと思う。

前川國男の卒業設計「10キロ放送局」立面図
（東京大学大学院工学系研究科建築学専攻蔵）

卒業設計「一〇キロ放送局」

前川の卒業設計は、現在も東京大学建築学科に保管されている。「一〇キロ放送局」と題され、図面の内訳は平面図（二百分の一）二枚、立面図（百分の一）二枚、断面図（百分の一）二枚、詳細図（二十分の一）一枚、透視図一枚の計八枚である。当時の卒業設計の提出要領は不明だが、前川の図面の構成や縮尺を見ても、平面図よりも立面図や断面図、詳細図により重きが置かれていたことがわかる。ちなみに、前川と同期で一九二八年三月に卒業した学生は計二十八名、提出図面の平均枚数は約九枚であり、前川のものは少なめだったことになる。また、他の同級生の題材をみると劇場、図書館、博物館といった文化施設だけでなく倉庫、工場、市場、製鉄所などの産業施設や郵便局、停車場、事務所が多く含まれており、学生たちの興味の対象が記念碑的な様式建築からより日常的な近代建築へ変化している様子がうかがえる。前川が選んだのも一九二五年に本放送が開始されたばかりの放送局という最先端のビルディングタイプだった。それにしても、建築家の原点とも言われる卒業設計について前川はどう思っていたのだろうか。最晩年のインタビューに次のような発言がある。

「卒業設計の中に原点を確かめるって考えは、ぼくはおか

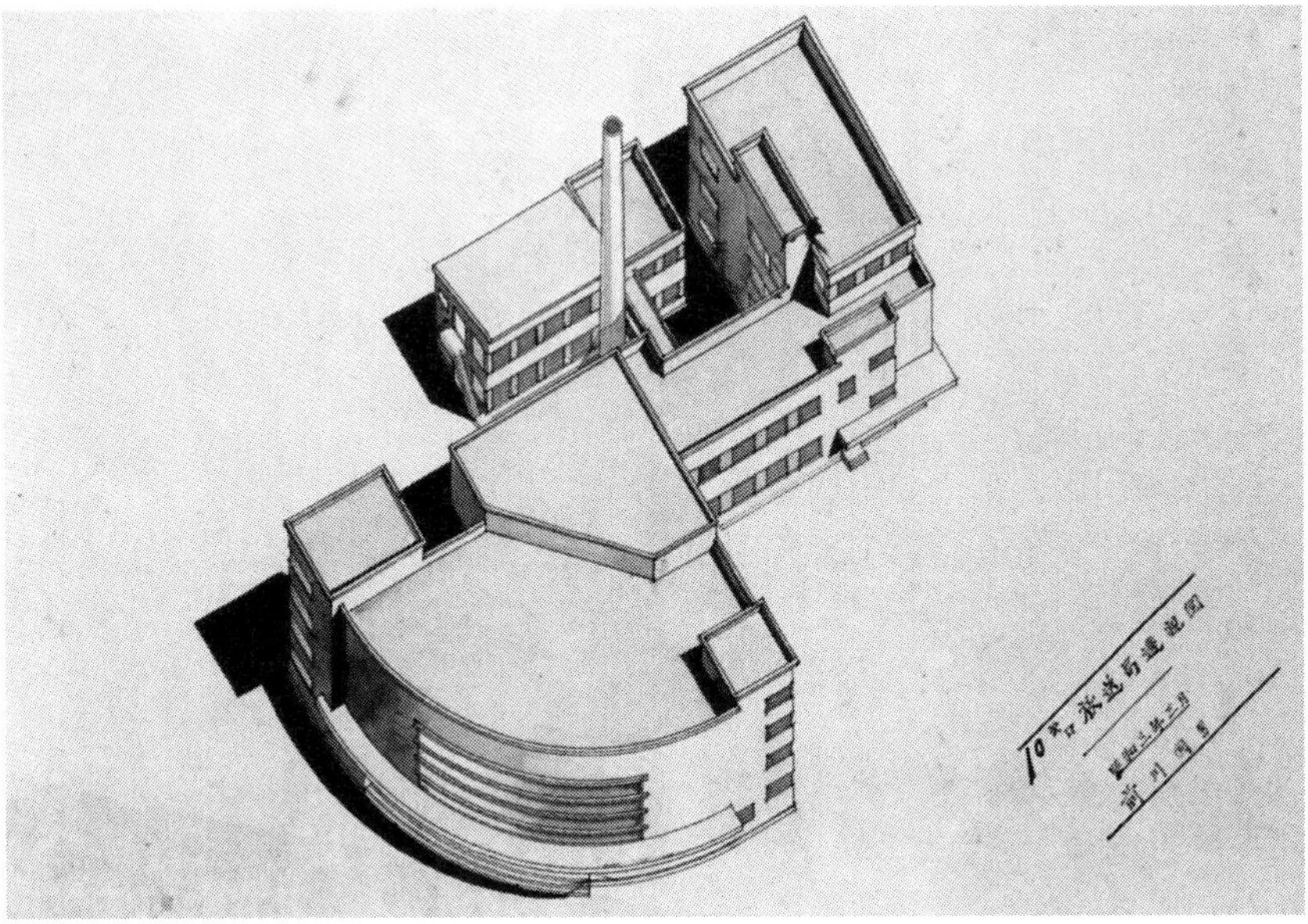

「10 キロ放送局」透視図（東京大学大学院工学系研究科建築学専攻蔵）

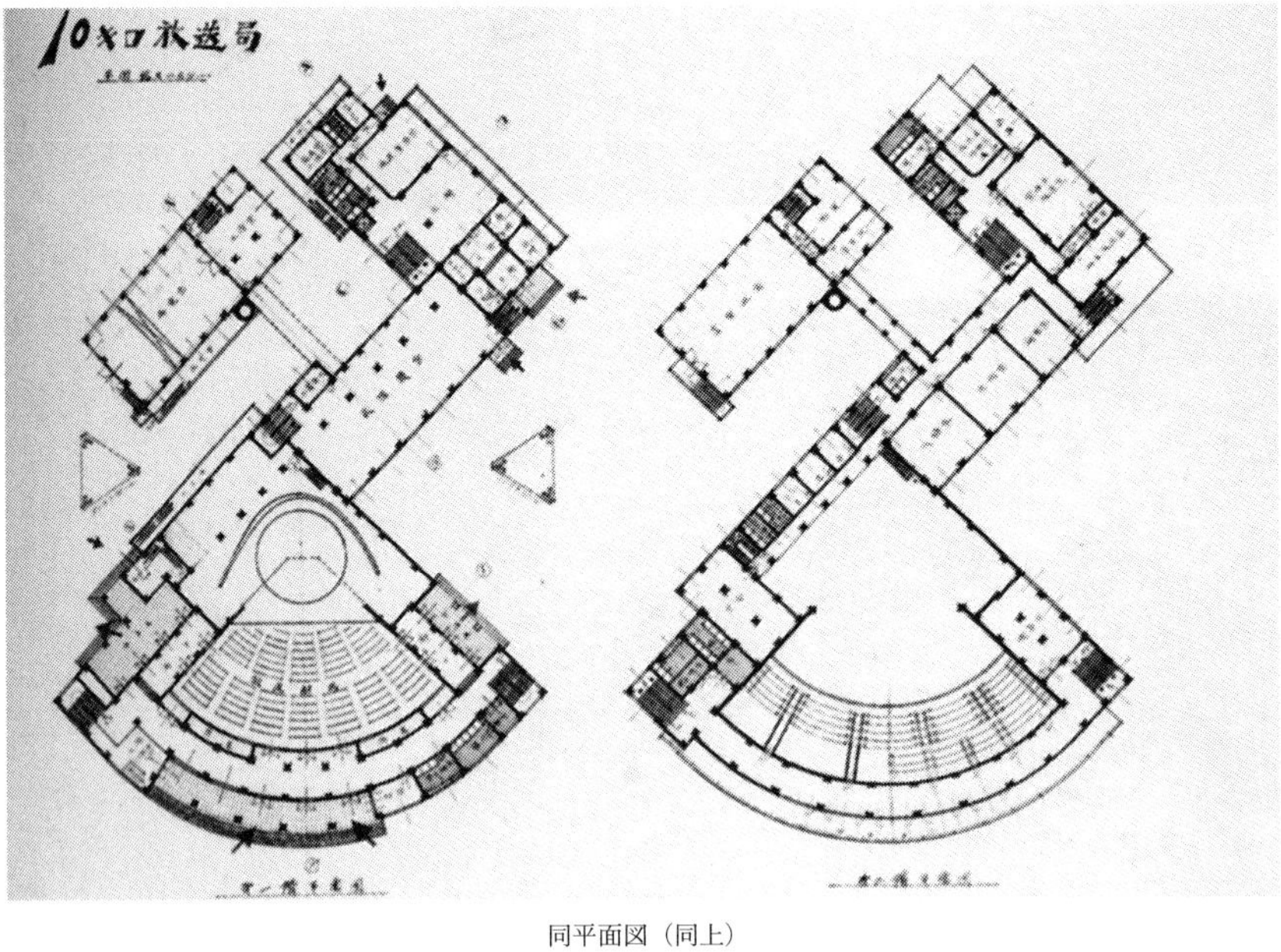

同平面図（同上）

しいと思うな。(…)ぼくがやった卒業設計の放送局、今から思うとひどいものなんだ。話にできるような代物じゃないんだよ。(…)よく卒業できたもんだと思う。…建築なんてどうやって設計するもんだか、誰も教えてなんかくれやしなかった。まるでわかってないで、卒業設計もやっていたんだからねえ……」(38)

前川は同じインタビューで「そんなもの、今さら引っ張り出さんでくれよ、困るんだ」とまで言っている。たしかに、卒業論文の提出が一九二七年十二月であり、卒業設計に割くことができたのは一九二八年の一月から三月までの正味三ヵ月足らずだった。前川には卒業設計は未熟なレベルのものにすぎなかったとの苦い思いがあったのだろう。

透視図を見ると、建物は、扇型の劇場棟と、舞台から伸びるL型の付属棟、付属棟とブリッジで連結された機械室棟の三棟から構成されていることがわかる。全体の印象は、装飾のない典型的な白い近代建築のデザインである。しかし、平面図を見るとラーメン構造の柱が整然と立ち並んで部屋は細かく仕切られており、独立柱も丸柱ではなく角柱描かれている。立面図や透視図では横長に切りとられた水平連続窓も、平面図では柱から離れておらず食い違っている。また、開口部やパラペットの上部にはあざやかな赤に塗られた水平庇やコーニス(軒蛇腹)が描かれている。さらに、なぜか配置図もなく敷地境界線すら描かれていないので、建物の配置計画の工夫や内部と外部とのつながりを意識した空間構成を読みとることはまったくできない。

こうして、当時の前川が近代建築の設計方法についてほとんど自覚していなかったことがわかる。そのことに関連して後に前川が在学中に「よく目を通していた」と回想しているフランスの建築雑誌「アルシテクチュール・ヴィヴァント」の一九二七年秋号を開いてみると、興味深いことに気づかされる。そこにはル・コルビュジエの「近代建築の五原則」ならぬ六つの特徴、屋上庭園、ピロティ、水平連続窓、自由な平面、自由な立面、そしてコーニスの禁止があげられている。しかし前川の卒業設計では、これら項目のなかで水平連続窓しか表現されていない。時間的なタイミングからも、この雑誌に目を通していなかったのだろう。なお「建築雑誌」一九二八年九月号には、東京帝国大学の代表作品として谷口吉郎「製鉄所」、吉村辰夫「埠頭」、横山不学「中央郵便局」が掲載された。前川の卒業設計は代表作品にも選ばれなかったのである。

学生時代の前川國男は、著作の精読を通してル・コルビュジエの建築思想をみずからのものとし、共感と憧れを抱いた。しかし、それを実現するための具体的な設計方法についてはほとんど知らず、未熟な理解にとどまっていた。

セーヴル街のアトリエで

「外人部隊の事務所」

前川國男は一九二八年三月三十一日の卒業式の夜に東京を夜行列車で旅立ち、四月一日正午に同級生に見送られて神戸港から出航する船で大連へと渡る。さらに汽車で奉天を経て、長春からシベリヤ鉄道でモスクワを経由してパリへと向かう。四月十七日、長旅を終えてようやくパリに到着し、ヴィクトル・ユーゴー通りにあった伯父の佐藤尚武の官舎に落ち着く。そして翌日の四月十八日、前川はさっそくセーヴル街の古い僧院のなかにあるアトリエを訪ね、ル・コルビュジエとの歴史的な対面を果たしたのである。そのときのことを後年、前川は次のように回想している。

「あくる日に行きましたが、言葉がよく通じない。現場に行くから一緒にこいというので、ヴォアザンという自動車で連れていってくれたのがガルシュの家です。それができたばかりでまだ人が入っていなかったのですが、その現場に行って、裏庭の方から見たときには感激しました(39)」

ここに出てくる「ガルシュの家」は前川の個人アルバムにも写真が残されている。感激したのも無理はない。学生時代に雑誌に掲載された写真でしか見たことがなかったうえに、この時点におけるル・コルビュジエの自信作だったであろう、完成直後の現物にいきなりふれたからだ。しかし前川は、別の回想で次のような感想も述べている。

「あの裏面にまわって後ろを振り返ったときの感激はいまだに忘れられないけどね。だけどペンキが相当もうはげてたね、できたてなのに(40)」

ル・コルビュジエのめざすモダニズム建築が抱える時間

「ガルシュの家」スタイン邸（前川國男のアルバムより）

工事中のサヴォア邸（同上）

ル・コルビュジエのアトリエにて。前川國男の右手はホセ・ルイ・セルト

に耐えられないという宿命的なジレンマにも、前川は最初の時点で直面していた。興味深いことに、同じ前川のアルバムにはサヴォア邸の工事中の写真も残されており、白く仕上げられた壁がじつはコンクリートブロックを積んだものであることも目撃していたのである。ところで前川が入所した当時のアトリエはどんな様子だったのだろうか。それを知る手がかりとして、前川に遅れること一ヵ月半、一九二八年五月末にアトリエに入所した牧野正巳（一九〇三—八三年）の書きとめた次のような文章がある。

「アトリエももとは廊下だったろう。幅四米、南に面して窓があり、一方はずうっと漆喰壁になっている。白壁と言いたいが、汚点と楽書でよごれている。その壁に針金を張って干物はさみで、図面を吊下げてある。入ったところ、七米位は応接間で、右手に一九二五年の「三百万人都市」の透視図を引伸して縦三米半、横四米半程にしたのがかけてあり、左手には国際連盟の図面が額にして飾ってある」[41]

当時のル・コルビュジエは、前年の一九二七年に開催された国際連盟本部コンペをめぐる大きな論争の渦中にいた。よく知られているように、このコンペでは上位九案にル・コルビュジエの案が入選したにもかかわらず、折衷様式を信奉するアカデミズムに属する審査員たちの妨害によって、些細な要項違反を指摘されて失格とされてしまう。そこでル・コルビュジエは一連の顚末を記録して広く社会に伝えようと『住居と宮殿』という一冊の本にまとめ、ちょうど前川がアトリエに入った一九二八年の十一月に出版する。[42]また、このコンペ案は、前川の入所直後の一九二八年六月にはパリのギャラリーに展示され、一般公開もされた。[43]こうして前川は、図らずもコンペにおけるル・コルビュジエの闘う姿を目撃することになったのである。この経験こそ、前川がみずからコンペ連続挑戦を決意する大きなきっかけになったのだと思われる。前川は、アトリエでどんな形で仕事を始めたのだろうか。前川の回想がある。

「私が行きましたときには、誰もいなかった。誰もいなかったっていうと語弊がありますけれども、ジャンヌレーという従弟と、(…)アルフレッド・ロット〔ロート〕と、もう一人マダム・シャルロット・ペリアン(…)その三人しかいない。(…)そのうちに若いのがだんだん増えていきましてね、それでセントル・ソルっていうモスコーの、軽工業のお役所みたいのもんですがね、それのヘッドクォーターのコンペをやったときには、十三か国の人間が集まって、コルビュジエと従弟のジャンヌレーの二人を除いてはフランス人は一人もいないっていうおかしな外人部隊の事務所が出来上がっていたんです[44]」

当初のアトリエには仕事も少なかったが、前川の入所直後にさまざまな仕事が増えて、アルバムに残る写真のように次第に活況を呈していった様子がわかる。

担当した建築と描いた図面

前川はどんな建築を担当し、どんな図面を描いたのか。そのことについてはル・コルビュジエ財団に保管されている図面作成帳簿を調査した山名善之氏の研究[45]からほぼ明らかとなっている。それによれば、図面作成帳簿に前川のサインが確認できたのは合計五十枚の図面で、具体的にはベゾー邸、カネール邸、セントロソユース、救世軍(浮かぶ避難所)、ベステギのアパート、ルシュール住宅、マンドロー邸、ゴールデンベルグ邸、ポルト・マイヨの九つのプロジェクトだという。ただし山名氏によれば、帳簿に担当者がサインすることが習慣化するのは一九二九年五月以降のことであり、それ以前については本人の証言から推測するしかない。前川の回想に次のような発言がある。

「僕がコルビュジエの所で最初にやった仕事は、パリの博覧会に出品したアパートメントのモデルの図面描きです。その頃は悪い癖がありましてね、何となく建築家はアーティストだというような変な自負があって、それで烏口をズボッとインキ瓶に突っ込んで、そのままスッと線を引くんですよ。そうすると墨の玉が出来るでしょう、それがかえって元気のある図面だなどと得意がっていたところがあったんですよ。ところが、それをコルビュジエに怒られましてね。日本人はもっと繊細な図面を引くはずだ、お前はそういうリピュテーションに留まっていちゃいかん、というわけです。それで、芯だけの鉛筆の先を尖らせて細い線を引いて、図面を書き換えたことを覚えています[46]」

「とにかくコルビュジエというのは、たとえばムンダニウムの計画をやるとき、敷地を五等分して、何か例によってトラセ・レギュラトゥールでもってこうやって、ピラミッドの頂点はここで、図書館の壁はここだという、こう決めていったわけね。（…）これはぼくが画いたの。このパースもご真筆なんだよ（笑）…ほんとにこれはあっさりできちゃったんです。彼のこういうプロジェは、もうプランができちゃうとすぐエレベーションができちゃうからね。アクソノメトリーでいきなりね。ピラミッドの頂点をちょっときめて、パッパッとね[47]」

前川は学生時代の乱暴な線の描き方をル・コルビュジエに叱られるなど製図の基本から叩きなおされたのである。ちなみに前者の「パリの博覧会に出品したアパートメントのモデル」とはエスプリ・ヌーヴォ館（パリ万博）を原型とするアパルトマンの図面[48]を指し、後者の「ご真筆」のパースとはル・コルビュジエの作品集に「〈世界都市〉のジオラマ[49]」として掲載されたものだ。また、図面にサインした作品では、救世軍とポルト・マイヨの都市計画について前川は次のような回想を残している。

「私が直接担当してやったのはセーヌ河畔に住みついているクロシャール（浮浪者）を収容する施設で、実はこれは戦時中、鉄不足のために造ったコンクリート製の船を改造するというものだった[50]」

「私のコルビュジエのアトリエでの最後の仕事となった、このマイヨー広場の再開発のプロジェクトも夢のあとかたもない。ただそこにあるものは営利社会の建築見本のような高層建築に埋もれたゴーストタウンである[51]」

さらに、担当した図面としてとくに印象に残ったのだろう。前川事務所に保管されている前川の個人アルバムには次の三点の写真が残されている。

・「ルシュール型住宅」の室内居間の透視図。
・「セントロソユース」の外観透視図。
・同上アクソメの説明図。

こうして前川がアトリエで担当した建築の全体像が見えてくる。前川のサインが残る九件のプロジェクトで前川の描いた図面がどんな種類のものだったのかについて、*The Le Corbusier Archive*（Garland Publishing Inc, 1991）の掲載図版を確認すると、次のようになる。

・ベゾー邸（四枚）。各階の平面詳細図（五十分の一）。
・カネール邸（八枚）。各階の基本設計平面図、立面図、断面図（五十分の一）、室内透視図、外観透視図。
・セントロソユース（二十四枚）。平面詳細図（五十分の一）、窓まわり断面詳細図（十分の一）、建具原寸図、立面図、断面図（五十分の一）、空調設備説明図
・救世軍＝浮かぶ避難所（三枚）。外観透視図、立面図と断面図（五十分の一）、家具ベンチの図面（五分の一）。
・ベステギのアパート（一枚）。図版掲載なし。
・ルシュール住宅（三枚）。平面詳細図（二十分の一）
・マンドロー邸（三枚）。図版掲載なし。
・ゴールデンベルグ邸（二枚）。立面図（五十分の一）、外観アクソメ図。
・ポルト・マイヨ（二枚）。交通動線が記入された都市計画の全体平面図（五百分の一）。

これらを見ると、都市計画の全体平面図のほか基本設計の一般図、実施設計の詳細図、説明用の透視図やアクソメ図、家具や設備の図面までおよんでおり、大きな都市的スケールから家具や建具など原寸に近いものまであらゆる図面が含まれていることがわかる。前川は、卒業設計とは比較にならないほど幅の広い図面を描かされたのである。

ル・コルビュジエに学んだこと

二年間のアトリエ在籍中に多くのプロジェクトに携わるなかで前川は何を学んだのだろうか。日本の大学では教えられることも考えることもなかった設計の方法論、とに平面計画を通した建築を総体としてとらえる空間構成の方法、すなわちプランニングという方法こそ前川にもっとも影響を与えたものではないかと思う。牧野正巳の次の証言からもル・コルビュジエの方法がうかがえる。

「ル・コルビュジエ氏は透徹した理智と、近代人的な、多少神経質な感覚を持っている。彼の理論は純粋な理知的展開であると同時に、彼の作品には繊細な情緒が感ぜられる。彼の構成する平面は合理的な配置と機能主義的な寸法とを持ち、近代人の要求する設備や経済や又情感を満足することを目的としている。（…）彼のプランニングは彼の言う通りの純粋な精神的創作である。（…）

彼の事務所に一つの住宅を依頼したとする。プランの第一案が出来るまでに先ず一ヶ月近くかかることを覚悟しなければならない。その間に下書き用のトレーシング紙は二巻も三巻も使われ彼とピエル〔ジャンヌレ〕とは鉛筆の粉と木炭の粉とでまっくろになった指で刻煙草を巻き乍ら毎日毎日争論をつづけるであろう、当初の案が全く変改されてしまうことも少なくない。

彼は先ず第一案を作る時に、いつもずうっと前から考えていた腹案を書下す様に見える。こんどはこんな配置をやって見ようと、いつも考えている様に見える。

こうして先ず第一案が出来依頼者に見せる為清書する。私達に渡されるスケッチは鉛筆の上に木炭でなすった乱雑極まるもので要処々々寸法が記入されている他、何等の書き入れもない。然し、壁厚も廊下の幅も乃至は入口の大きさも、悉く規準が決まっているから、決して困らないのである。窓は一杯にとればいいのだし、柱は隔壁の如何に拘らず等間隔に配置されているので、一々聞きに行く必要もない。

かくて依頼者の希望を入れて漸次に変改し、その間に立面図や断面図も作るのであるが、平面さえ定めればあとはわけは無いのである。

まことに彼の言う通り、(…)すべてはプランによって定められる。(…)彼の建築はプランの建築である。彼のプランは実際的の要求の合理化、数学の方法式を解く如き理性的な解決である。併も、そのプランから伸びていった立面には数学的な比例の調和の他に、何か近代人的な情緒が洗練された繊細さが匂っている様に見える」(32)

前川はル・コルビュジエのプランニングという方法が建築を合理的に考えていくための大切な道筋であることを学んだのだ。また、そこに求めるべき法則性、システムのようなものがあることも教えられていく。

そして前川がそのことを考える大きなきっかけとなったのが、一九二九年にドイツのフランクフルトで開催されたCIAM（国際建築家会議）の第二回大会のテーマとして建築家たちが図面を持ち寄り最小限住宅案のル・コルビュジエ案へと結実する一連の量産化住宅の計画案を担当した経験だった。そのことが頭に深く刻まれたのだろう。前川は後年そのことを繰り返し回想しており、ある鼎談では、最小限住宅案の平面図を前に次のように述べている。

「ぼくはこのルシウール法案による最小限住宅をやらされてね。(…)これはぼくの御真筆なんだよ。それでね、この石ね、ぼくが描いたの。「お前、石を画くのうまいからやれ」なんておだてられて画いたことを思い出す。(…)七メートル、七メートルの四九平方メートル、夫婦と子供四人のスタンダードの家族の入る家を、ルシウールのプログラムに従ってやったわけ。シアムの第二回のコングレスが「最小限住宅」というテーマで、ドイツのフランクフルトでやった。そのときにこれを出したわけ。そしたらそのあとでね、アテネで会議をやったとき、ぼくは行かなかったんだけど、これに対する反省が出てね、「なるほどこの家には何一つ欠けたものはない」と。生活に必要な全部がそろっているけどもね、たった一つ足りないものはスペースであると。空間が足りないということがその結論だったわけ。(…)このプランをやっている最中に、コルビュジエが、ぼくのところにやって来て、構造がこういうふうにまとまる前に、要するにこの構造は、この家だけを目当てに考えられた構造じゃまずいぞということをしきりに言っとったね。だから、これを組合せて大きな家もつくれるんだぞということをいってたと思うんです[53]」

また、別の対談では、よりみずからの生涯に引きつけて、次のように回想している。

「コルビュジエのところで、ぼくは最小限住宅をやらされたろう。CIAMに出すまで、ずっとあれをいじっていた。そのときコルビュジエがこう言ったんだ。これは最小限住宅のプランだが、これだけで完結しては困るんだ、と。これが核になって、いろんな展開が、住宅としてだけではなくて、だね、建築の空間として、ヴァリエーションをつくり出せるようなものでなくてはだめだ、ってそう言ったんだよ。その言葉が妙に頭にこびりついて、ふりかえってみると、どうもぼくのやってきたことってのは、そのところから一歩も出ていないんじゃないかって気がするんだよ[54]」

前川がいかにル・コルビュジエの方法に影響を受けつづけていたのかがわかる。その空間構成のシステムは、ル・コルビュジエが一九一四年に発表した空間概念ドミノにまでさかのぼることができる。前川も次のように述べている。

「ぼくはね、コルビュジエの思想の中でドミノ形式というのは非常に高く評価しているし、自分では好きなものなんだね。しかしあれもね、マダム・マンドローの家くらいのスケールで実現されている時にはいいけれども、ジュネーヴの国際連盟みたいなものでやられたら、みんな迷惑するんじゃないかという気がするんだよ[55]」

前川はドミノ形式を評価しつつも、それをある適正な大

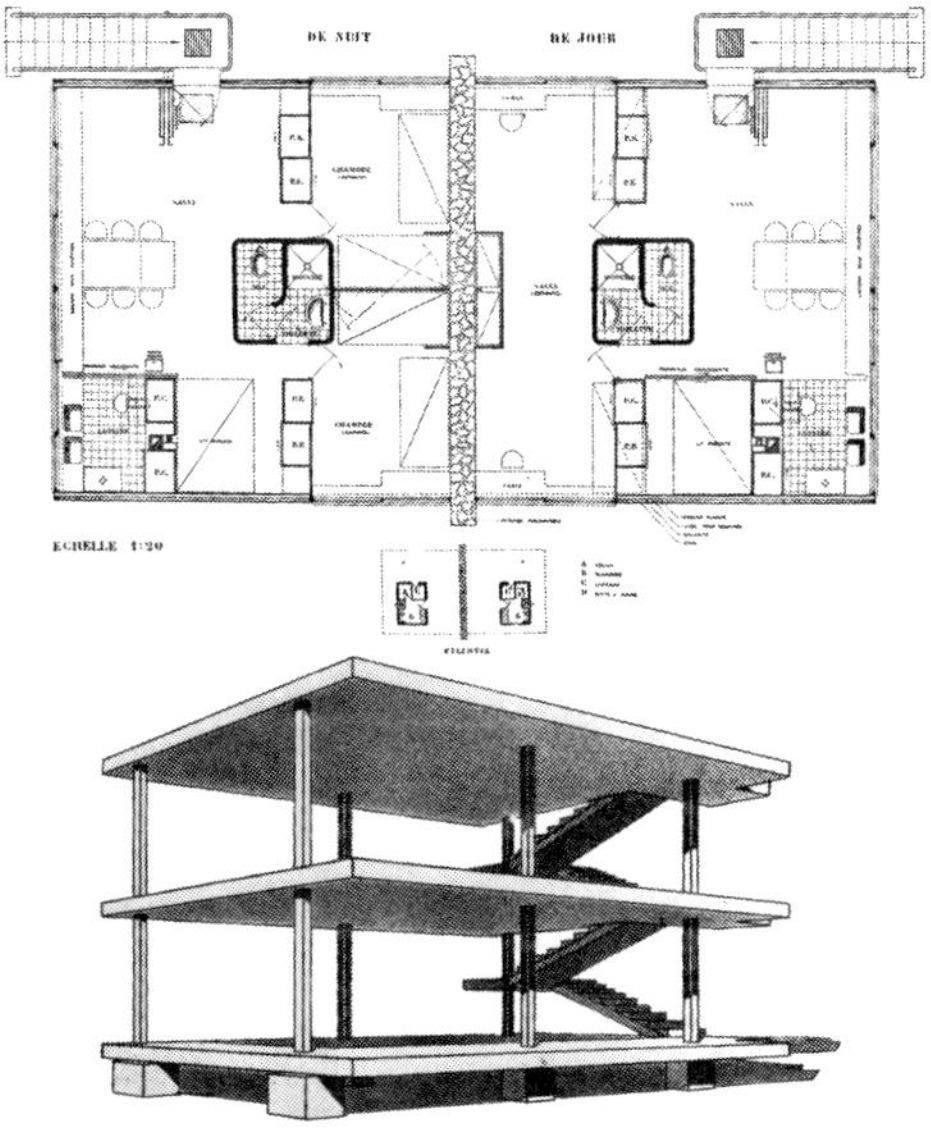

上・ル・コルビュジエ「最小限住宅案」(1929年)。
下・同「ドミノ住宅案」(1914年)

きさをもった単位として修正発展させる方法を発見することをみずからのテーマとしたのである。このテーマについて前川は戦前においてもさまざまな形で繰り返し試みていくことになる。さらに次の発言から読みとれるように、前川は近代建築を着実なものとするために工業化技術の育成が必要であることもル・コルビュジエから学んでいた。

「要するにどんな建築でもね、それができ上がるためにはそれ相応の技術的な基盤というものがなきゃダメでしょう。だからプレコニゼされた、つまり「実験ずみ」のエレメントを使って仕事をするのが建築家の役目であるということを、彼ははっきりいっているわけよ、コルビュジエが。建築家の仕事というのは何も無から有を生ずるような奇術じゃないっていうんだよ。技術的な裏づけというものがあって、その地方あるいはその時代に、各々の持っている手法を駆使してつくるより他に方法はないんだと[56]」

　こうして二年間という短い期間ながら、前川がル・コルビュジエのアトリエで得た視点はきわめて原理的なものであった。何よりも建築を、さまざまな要素の構成から明晰な形で生みだされるものとして総合的にとらえることの大切さを学んだのである。しかし、その視点は、同時代の日本においては理解されることのないものであり、このことが帰国後の前川の立ち位置を決定づけていくことになる。

「遠く巴里からも」

名古屋市庁舎コンペに応募する

前川はル・コルビュジエのアトリエに学ぶかたわらで、早くも同僚たちとチームを組んで公開コンペへの挑戦を始めていた。残念ながらその詳細はわからないが日本へ帰国した一九三〇年十月に開催された第八回創宇社建築制作展覧会にコンペ案が展示された。展覧会を紹介した「国際建築」一九三〇年十一月号によれば次の三つの建物である。

（A）ガブロンツ町役場コンペチション応募図案（一九二八年）

（B）ザグレップ公共建築コンペチション応募図案（一九二九年）

（C）名古屋市庁舎コンペチション応募図案（一九二九年）

これらのうち図版が掲載されているのはBとCのふたつのコンペ案であり、Aについては不明である。またBには次のような説明がつけられていた。「ユーゴスラヴィア、ザグレップ広場計画（合作）／日本・前川國男氏、ユーゴースラヴィア・ワイスマン氏、北米・ライス氏」

この記述からこのコンペ案は、アトリエの同僚だったユーゴスラヴィア出身のワイスマンが祖国の公共建築のコンペ募集の情報を得て前川らとチームを結成して応募したものであることがわかる。その造形には、明らかに彼らがアトリエで担当していたル・コルビュジエのセントロソユースからの影響を読みとることができる。また「ライス氏」とは、やはり同僚で、あのルイス・カーンのペンシルヴェニア大学の同級生だったノーマン・ライスのことを指している。後年、前川は次のように回想している。

ザグレップ公共建築コンペチション応募図案

「パリにいって、コルビュジエのアトリエで二年間修業したが、当時ヨーロッパでは、いろいろなコンペチションがありました。同じアトリエで一緒に働いていた私の友人達と一緒に、そういうコンペチションに応募したようなことがたびたびあったわけです。そうしているうちに日本の名古屋市役所のコンペがありましたが、私はなんとかして自分の力で二年以上パリにいたいという希望もあって、このコンペに応募したのですが残念ながら落選しました。

それで二年間修業して日本へ帰って来たわけです。その時は私はまだ二十五でしたが、帰ってきてみると西も東もわからない若僧にとっては、どうやって今後生きていったらいいか、かいもく見当がつかない。かたがた、日本はその当時は、ナショナリスティックな傾向が強くて、おそらく舞台裏では満州事変のお膳立ができていたんじゃないかと思いますが、相当そういう傾向が強くなっておった。私どもがパリのコルビュジエのアトリエにいて、考えたり学んだりした建築とは、おそらく正反対の傾向に建築界の主張が進みつつある。そしてまた、なかなか不景気で、働きたくても口がおいそれとあるわけにはいかなかった。今後どうやっていったらいいかということ、それに自分の建築に対する考えは大分日本の建築の現実とかけはなれており、これを一体どうやって推進していくかということについて、正直のところ途方にくれたという感じでした。

自分を主張する道は、コンペチション以外にはないんじゃないかという気がしました。それでまあ千人斬りの悲願じゃないけれども、コンペチションにはすべて応募するというプリンシプルを立てたわけです。どんな状況のもとにおいても、とにかく自分は応募するという覚悟をきめたわけです。それからずっと機会ある毎にコンペチションには応募してきました。またその度に落選を続けてきたわけですが、とにかくその当時自分の主張をまがりなりにも主張するたった一つの許された場所というのは、コンペチション以外にはないと考えて、人からは「懸賞屋」だと悪口をいわれながら、あらゆる機会を捉えて応募するという方針でやってきました[37]」

すべてのコンペに応募するという「プリンシプル」は、ル・コルビュジエに学んだことを主張するための唯一の方法との認識から前川が自覚的に選びとったものだった。また名古屋市庁舎コンペへの応募には、伯父の佐藤尚武との約束[58]で二年間と決められていたパリ滞在を自力で延長するための資金稼ぎという動機が込められていたのである。このコンペでは前川と入れ替わるようにル・コルビュジエに学ぶことになる坂倉準三も手伝っている。

「建築様式ハ任意トス」ではありながら

前川にとってはじめての日本国内のコンペ挑戦となった「名古屋市庁舎建築意匠設計図案懸賞募集」の募集期間は一九二九年十月一日から一九三〇年一月十五日までであり、ル・コルビュジエのアトリエに在籍した最後の時期に重なる[59]。審査員は次のメンバーから構成されていた[60]。武田五一（京都帝国大学教授）、土屋純一（名古屋高等工業学校教授）、佐野利器《としかた》（東京帝国大学教授）、佐藤功一（早稲田大学教授）、鈴木禎次（建築士、工学士）、三澤寛一（名古屋市助役）。

募集要項の要点は次のようにまとめられる。「各階平面図縮尺三百分之一」、「立面図縮尺二百分之一」、「建築様式ハ任意トス」、「庁舎ハ将来拡張ノ予定ニ付考慮セラレタシ」、「各階平面略図（縮尺三百分ノ一）」、「平面図ハ其ノ根本ヲ変更セラル限リ設計ノ都合ニヨリ多少異動ハ差支ナシ」。

この要項からは、当時のコンペで求められていた設計案の水準が読みとれる。まずコンペの前提として「各階平面略図」という参考図があらかじめ与えられていた。そのために提出を求められた平面図の縮尺が三百分の一なのに対して立面図は二百分の一となっており、外観を重視したものであることがわかる。また、そうした制約がある一方で注目されるのは、当時としてはめずらしいことに建築様式が「任意トス」として自由なデザインが認められていた点である。このコンペは、庁舎建築としては一九二六年の神奈川県庁舎以来であったことも大きく作用したのか、応募数が五百をこえる空前の規模となった。提出締切日の様子を記した新聞の記事がその盛況ぶりを伝えている。

「この日市建築課では申込み者の殺到するを予想して市役所玄関西脇に臨時受付を設けて待ち構へていたところ、果たせるかな早朝より東京、横浜、大阪、神戸、京都の各地から名古屋駅に下車して自動車で図案を持ち込んで来るという素晴らしい景気で、中には大連市から飛行郵便で送って来たものやパリーから普通便で送って来たものなどがあり却々《なかなか》大がかりな申込みで締切り時間の正午までに累計五百三十名の申し込みがあった[61]」

この新聞記事の見出しにある「遠く巴里からも応募した」ものこそ前川國男だった。しかし前川案は落選し、留

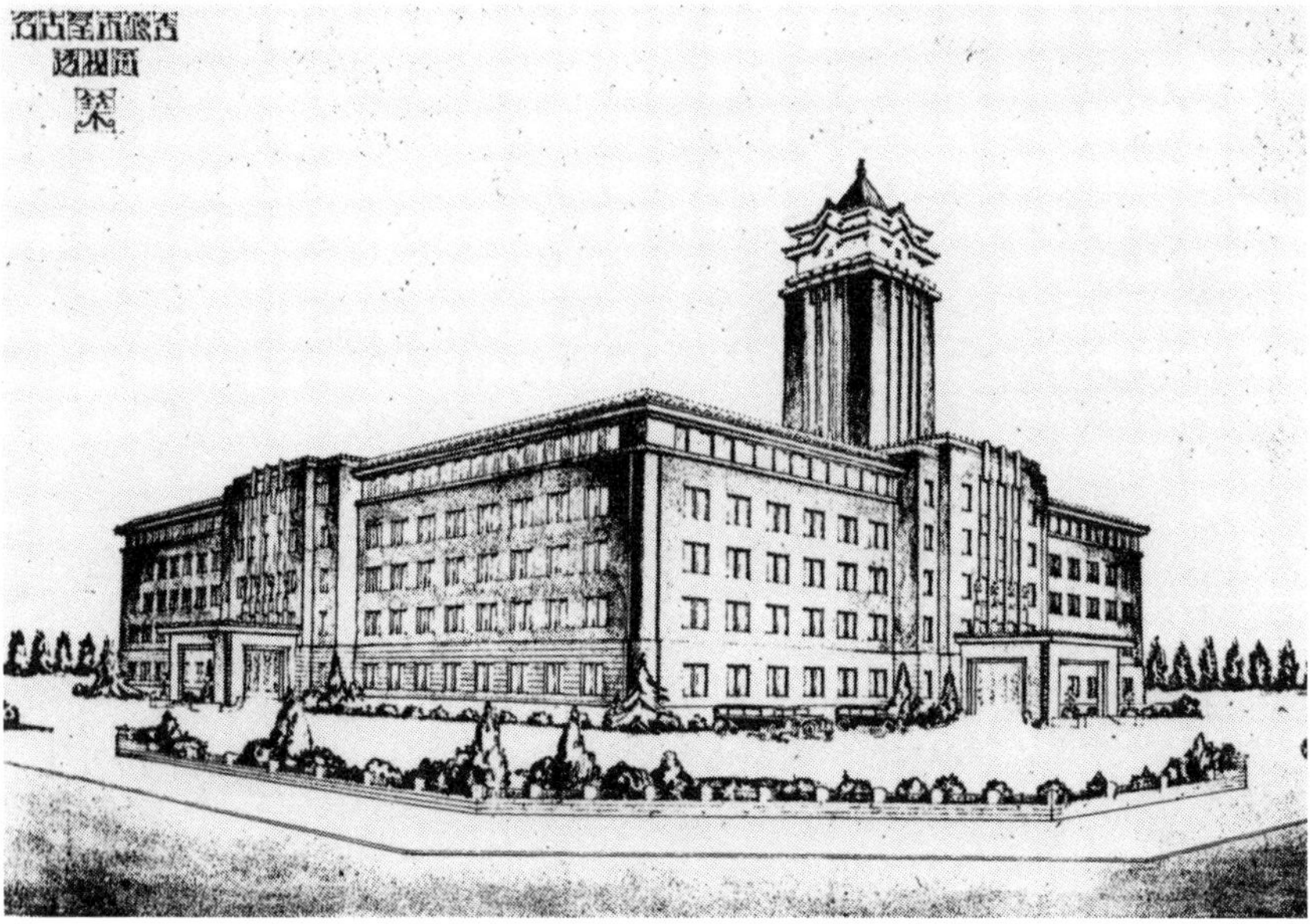

名古屋市庁舎コンペ・平林金吾案（金賞）、外観透視図

同前川國男案、外観透視図

学の延長を果たせなかった前川は、予定どおり二年間の修行を終えて一九三〇年四月、日本へ帰国することになる。

金賞には瓦屋根を載せた平林金吾案が選ばれた。その説明書には「外観意匠」について次のように記されていた。

「本庁舎は中京の主要公館区域に位し而も西及北の二面に大道路を有する敷地に建設せられ将来名古屋市の標識となるべき大建築物であると信ぜらるゝが故に一仰一瞰直ちに名古屋市庁舎たるの容姿を備え市民の庁舎としての親み市民の庁舎としての美しさを保ち且市民の誇りとする金鯱城の剛健さを表現せしむことに創意をこらしたり(62)」

平林は新聞のインタビューに答えて次のようなコメントも残している。

「私の願ったのは和洋建築を如何なる程度に案配するかにありました。尚名古屋の特色を出すために金鯱城の型を現したいと思いましたが塔の上にお城をしつらえました。若しいゝとするならそんな事が通ったのでしょう(63)」

平林案にみられる造形は名古屋城の天守閣に倣ったデザインであったことがわかる。一方、審査員の土屋純一も同じ新聞紙上で次のようにコメントしている。

「近来洋風建築に於て日本趣味を加味してこれを現わそうとする傾向にあるが今度一等当選した市庁舎図案もこの点が立派に現われ中央の高塔が名古屋城天守閣をかたちどったもので非常に興味のある優れたものであった」

この発言から、審査の要点に「日本趣味」をどのようにあらわしたのかという見方があったことがわかる。しかし同じく審査員だった鈴木禎次は別の見解を述べている。

「かく多数の応募者があったにもかかわらず、成績として余り良好でなかった、それは一般に東京市協議会館、神奈川県庁、早大講堂、大阪府庁などの最近に建築された代表的な建物を模倣している傾向がある、今少し設計図案に対して創意、創作的な点に意を用いてもらい度いと思った」

ここで鈴木は、先行して実施されたコンペの当選案を安易に模倣したデザインが多くみられるというコンペの形骸化について指摘しており、創意が感じられないと不満を表明している。審査員の佐藤功一は次のように記していた。

「先ず総ての図案のエレベーションだけを見た。いつもの審査では、プランは特に重要視せられるもので、これが考察に相当の時間を要するのであるが、此度の名古屋市庁舎の懸賞に於ては審査規定や心得をみても分る通り、大体其プランは当局者が決めたようなもので、殆ど其定められたプランに基いて立面図を作成せねばならぬものであった。

(…)要するに此懸賞図案はエレベーションを主として居るものなのであるから、審査は立面図の巧拙不適を見出すことに集注せられたものである。此の点は在来の審査とは余程変ったものであった」[64]

この佐藤の言葉からも、当時のコンペが立面を重視する外観だけを求めるものであったことがわかる。また佐藤は「在来の審査とは余程変ったものであった」と記すことで審査方法への違和感も表明している。この佐藤の姿勢は、東京帝室博物館コンペの募集要項作成の議論のなかでの主張へとつながるものだった。制約された枠組みのもとでのコンペであったことを象徴するかのように、実施設計は平林案をもとに名古屋市土木部建築課で進められ、一九三一年十一月八日に起工、一九三三年九月六日に竣工する。竣工時の記事が載った「名古屋市公報　百八十七」によれば設計者は「名古屋市土木部建築課」と表記され、様式は「日本趣味を基調とせる近世式」として発表された。[65]

こうして当時のコンペは「建築意匠設計懸賞図案募集」と題されていたことからもわかるようにたんなる図案の募集であり、建築の全体を設計するものでもなく当選者の著作権を保障したものでもなかった。そして当然ながら、このようなコンペのやり方には建築界から反発が噴出する。結果発表後、当選図案をまとめた作品集[66]が出版されるが、「代序」のなかで編集にあたった米田兵三郎は「本懸賞設

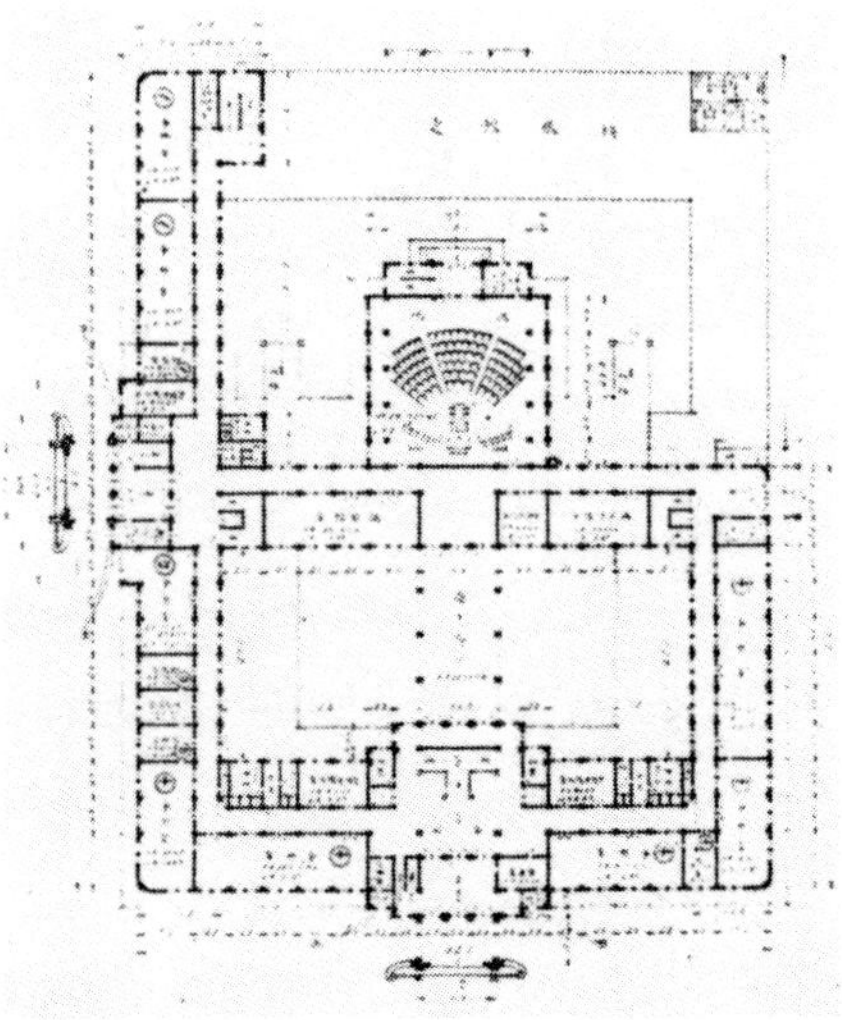

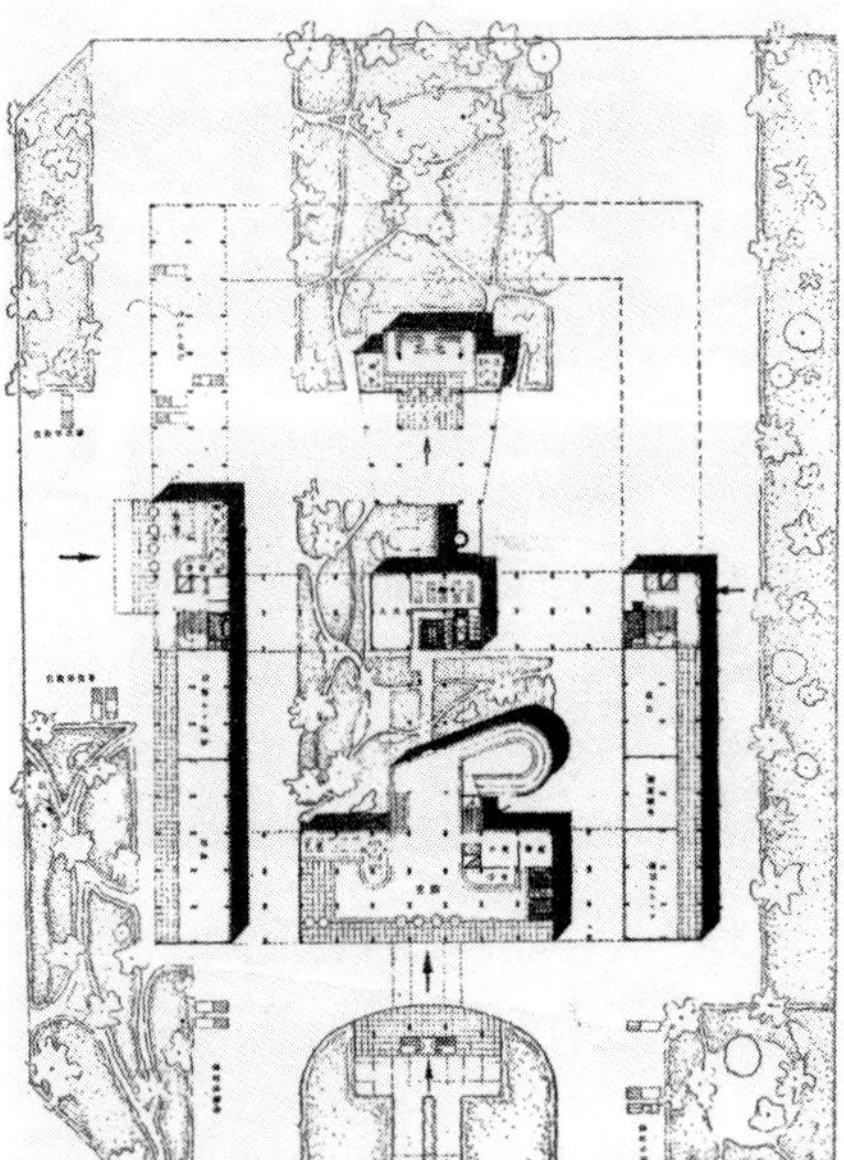

上・名古屋市庁舎コンペ・平林金吾案、1階平面図
下・同前川國男案、1階平面図

計の入選図案の形式に対して、各方面に種々の賛否論が生じて居る折柄である。吾々は斯界現代の大家が選ばれたるものを否むべきものではないが、又然しそれを無条件に受け入れるべき考えもない」と批判している。また同じ本の「感想集」には次のようなコメントが寄せられた。

「「西洋風のものに大分いいのがあったが今更西洋風でもあるまいと思ったから、日本風のばかりを採用した。」のだそうである。日本の伝統的形式をもじって、木に竹を接いだ様な附加物をくっつけることが、「日本風」ならば、之は又、何と安価な無雑作な解決法だらう。大正乃至明治への逆戻りだ、とは思わないか。優秀でもない平面計画を押附けて、格好のいい立面図をかぶせろというのは、註文の仕方がまちがっている、と思わないか。僕は平面計画こそ建築家の第一義的な仕事だと思っていたのに。第一平面と立面とが別々に考えられるということは不思議だ」（牧野正巳）

「「名物お城式」を支持する人々よ、果たして帝冠式の子供っぽい幼稚さと、安価な国粋主義を笑うことが出来るだろうか？――「日本的」（拙い云い方だが）だと云う理由で採用された神奈川県庁舎が、*Neues Bauen in der Welt.* bund 2. Amerika von R. Neutra. の挿絵に「ライトの影響下にある」ものとして収録されている。この皮肉な事実は吾々に何を語るか？――没落を宣告された古いイデオロギーは、今や猛烈な最後の足掻きを始めた。必然的に消滅するだろうが、恐ろしい反動だ！　現代建築の悲劇！」（岡村蚊象）

いずれも安易な日本風のデザインに対する厳しい批判であり、後の東京帝室博物館コンペで大きく問題となる火種がすでにくすぶりはじめていたことがわかる。なおこの「感想集」には、ほかに伊藤正文、川喜田煉七郎、瀧澤眞弓、石原憲治も感想を寄せていた。また牧野正巳は、後に名古屋市庁舎コンペについて次のように論じている。

「近頃所謂国粋的建築というものが流行しはじめた。（…）建物の性質の如何にも拘らず所謂国粋的様式を採用する様になったのは一昨年（一九二九年）あたりからの流行である。この流行の端緒をなしたものは名古屋市庁舎の懸賞設計であった。その募集規定には、「建築様式ハ任意トス」とあったにも拘らず審査の結果は所謂国粋的様式を偏重して、優れた作品があったにも拘らず、然らざるものは悉く落選した」[67]

続いて前川案の特徴をみておきたい。残念ながら原図など一次資料は残っておらず、「国際建築」に掲載された一階平面図と外観透視図の二枚が唯一の手がかりとなる。また、募集要項についても現物が残っておらず、添付されていた「各階平面略図（縮尺三百分ノ一）」もどこにも掲載されていない。参考となるのは、与えられた線図に依ったという平林案の平面図である。細長い事務室が「日」の形に配置されて中庭を囲んでいる。

これに対し前川案は、その平面図を踏襲しつつも、各所にピロティを設けることで閉じられた中庭をすべてなくし、風を通し、車と人が自由に通り抜けられるようになっている。また、こうすることによって奥の中央二階に配置された議事堂へのアプローチを正面玄関とはまったく独立する形で確保することができている。そしてこれらの工夫によって、閉じた箱ではなく、自然光が降り注ぎ、視線が奥まで抜ける軽快な外部空間をつくりだし、敷地全体をひとつのランドスケープとして扱っている。

一方、外観透視図を見ると、平林案や他の入選案に見られたような塔は存在せず、水平連続窓と白い壁によって均質にまとめられ、車寄せのキャノピーやバルコニーなどによって正面性を表示しようとデザインされている。また、屋上には人が描かれており、屋上テラスが想定されていることが読みとれる。こうして、前川案は機能的な解決と抽象的な象徴性を求めた方法によってまとめられた。これらの特徴は明らかにル・コルビュジエのアトリエで学んでいたことの実践であることがわかる。前川は、学んだことを具体的なコンペ案としてまとめてみようと思ったにちがいない。そしてここで試みた方法は、一年後の東京帝室博物館コンペにおいて、さらに追求されていくことになる。

II　レーモンド事務所の時代

東京帝室博物館コンペ前史

昭和恐慌下の日本で

一九三〇年の春、前川國男は二年間の修行を終え、ル・コルビュジエに学んだ最前線の建築思想を携えて帰国する。不運にも日本の経済は最悪の状態に陥っていた。前年の一九二九年十月、ニューヨーク株式市場の大暴落から始まった世界大恐慌が日本へと波及し、「昭和恐慌」と呼ばれる時代が一九三四年ごろまで続いていく。一方で関東大震災からの復興も進み、前川が帰国する直前の三月二十六日には帝都復興完成式典が盛大に挙行されている。「大東京」という呼称が使われはじめ、モダン都市東京への変貌が急速に進みつつあったのである。たしかに、日比谷公園前に三信ビル（横河公務所、一九二九年）が建ち、東京朝日新聞社（一九二五年）でデビューした分離派建築会の石本喜久治の手がけた白木屋（一九三一年）が日本橋に、吉田鉄郎の東京中央郵便局（一九三一年）が東京駅前に建設中だった。そんななか、当時の前川を振り返った山口文象（一九〇二―七八年）の次のような回想が残されている。

「私が石本事務所で白木屋の設計をしているときに、前川君がコルビュジエのところから帰ってまいりました。不景気だったものですから、さっそく私のところへヨーロッパから手紙が参りましたし、帰ってきてからも電話がかかってきていろいろ相談して、石本事務所に入りたいと前川がいっていました。だから、「とんでもないぞ、石本事務所へなんか入ってみろ、とんでもない人間になる。せっかく最高のところで勉強してきたんだから、これを生かさなあいかん」「そうかァ、石本ってのはだめか」「いや、だめと

帰国して船を降りる前川國男（1930年）

東京中央郵便局（吉田鉄郎、1931 年）

白木屋百貨店日本橋本店（石本喜久治、第 2 期 1931 年）

かだめじゃないとかでなくて、建築のものの考え方が違うんだ。立っているフィールドが違うんだからだめだよ」「そうか、それじゃどうしようか」というので、いろいろ建築家を思い浮かべて二人で相談をいたしまして、結局レーモンドのところへ行こうというので、彼はレーモンドのところへ参りました[1]」

この証言を裏づけるように、一九八二年、山口の没後に出版された作品集に寄せた文章のなかで、前川自身も次のような言葉を記している。

「僕が卒業と同時に巴里へむかい、そして二年ほどコルビュジエのところにいて、帰国したのが一九三〇年五月だった。(…)なにしろ当時は不景気で、帰ってきてみたものの職がない。そこで片岡石本建築事務所にいた山口君を訪ねた。どうだろうかと、まあ売り込みにいったわけだ。そうしたら、山口君は、よした方がいいよ、ということだった[2]」

こうして前川は、山口の忠告にも従い、本郷の実家に居候しながらル・コルビュジエの著書『今日の装飾芸術』の翻訳と、明治製菓本郷売店に始まるコンペ連続挑戦というひとりでもできる設計活動でしのいでいたのである。

ル・コルビュジエ財団には図面のほかに書簡類も保管されている。そのなかに帰国直後の「一九三〇年六月一日」付で前川がル・コルビュジエとピエール・ジャンヌレに送った手紙が含まれていた。当時の前川の心情を知ることのできる貴重な記録として全文を引用しておきたい。

「親愛なるル・コルビュジエ先生とP・ジャンヌレ先生へ

数日前、ライス氏が手紙を下さって、ヴァイスマン氏が一ヵ月間の旅行を終えてパリに戻られたとのことでした。ヴァイスマン氏がまたアトリエに居られることを知って、私はうれしく思います。そして、彼の事務所が、今、にぎやかになっているだろうと想像します。私は、彼らと仕事をするために今すぐにでもそこに戻りたいです。

ヴェネチアの浮島のプロジェクトはなされるのでしょうか。ポルト・マイヨーのお話はどうなりましたか。ブエノスアイレスの都市計画はどうなりましたか。もしあなた方がその大仕事の実現を達成されるのなら、私は現地で働きたいです。私がスペイン語を学ぶのは、そのためだけです。とにかく、日本は、私にとって狭すぎるということをお忘れないように!

東京に戻って、すでに一ヵ月半が経ちました。そして、現在、私は、私がいない間の日本で、何が起って何が起ろうとしてるのかを理解しようとし始めています。見るもの聞くものすべてが恐ろしいほど嫌気がさします。今日では、もし私たちが真剣に、取り巻くすべての現実の条件と状況を見つめるなら、私たちには、二つの選択肢しか残されていません――ニヒリズムになるか、左翼になるか。

　心を込めて　前川國男」

「あなた方にある若者を思い出していただきたいのです。彼は、私たちの同僚の一人である坂倉氏なのですが、彼はアトリエにあなた方からのアドバイスを聞きに行ったと思います。今、おそらく彼は、パリでの留学生活を始めました。ヨーロッパには、あと数年間滞在する予定のようです。とても真面目な学生ですので、必要な時に、あなた方から彼にアドバイスをしていただければ幸いです」

　手紙を投函した六月には、明治製菓本郷売店の募集要項が発表される。「ニヒリズムになるか、左翼になるか」との結語は、そうした前川の絶望的な心情をよくあらわしている。一方、追伸では、前川と入れ替わるようにアトリエに入所することになる坂倉を思いやることも忘れていない。こうして、ようやく八月にレーモンド事務所への就職がかなうことになる。そして、四ヵ月後の十二月からは、応募要項が発表された東京帝室博物館建築設計図案懸賞募集という大きな節目となるコンペにとりくんでいく。

　ここでは、このコンペにいたるまでの設計競技の前史についてふれておきたい。というのも、このコンペで大きな議論を巻き起こすことになる「建築様式」をめぐる問題はそれ以前から長く燻りつづけていたからである。また、東京帝室博物館の募集要項は、それに先立って実施されたいくつかのコンペで審査員を務めた同じ人格によって作成されていく。そのため、審査員となるメンバーが審査を手がけたコンペの内容と経緯を振り返ることによって、建築様式をめぐってどのような問題が議論されていたのかが理解できる。四つのコンペについてみていくことにしたい。

神奈川県庁舎、一九二六年三―六月

　横浜港を望む場所に計画されたこの庁舎のコンペの審査員は、長老格の片岡安と、その後も繰り返し審査員として顔を合わせることになる佐野利器、佐藤功一、大熊喜邦の東京帝国大学の同級生三人、そして岡田信一郎、内田祥三《よしかず》らだった。佐藤と内田は東京帝室博物館の審査員を務めることになる。三百九十八通もの「空前の応募数」を記録したこのコンペに勝利したのは東京市の技手だった小尾嘉郎であり、三等一席には大倉土木に在籍していた土浦亀城《かめき》が入選している。実施設計は佐野を設計顧問に一等案をもとに進められ、一九二八年に竣工する。応募要項には参考平面図の「間取略図」が添付され、「設計心得」には次のように記されていた。

「応募設計図案は船舶出入りの際港外よりの遠望を考慮し

成る可く県庁舎の所在を容易に認識し得る意匠たることを望む」

「添付間取略図は建物内に配置すべき各室の配列関係及大さを参考として示したるものなるにより応募者は必しも之に拘束せらるる要なきものとす。間取の計画につきては充分なる研究を望む」(3)

興味深いことに、このコンペでは建築様式についての具体的な規定はなかったのである。審査員の内田と佐野は、審査評のなかで建築様式について次のように記していた。

「従来の懸賞では大抵コンペチションスタイルと称してルネサンスとかゴシック風の建築が多かったが、今度のにはきわめて少くて新らし味を出している。これらは日本の建築の時代思潮を物語るものであろうと思う。(…)一等図案は形の上にかなり東洋趣味を表している。外人が始めて日本の土地に第一歩を入れる横浜の県庁舎としてはファーストインスピレーションとして最も適わしいものである」(内田祥三)(4)

「様式は日本風を帯びて単純の内に荘重味のあるアメリカ流の事務所建築に基づいている様であるが軒廻りや其他の凹凸の具合から何とはなしに日本風を加味して居る、更に又塔に於てそうである。神奈川県庁舎が此の図案によって建てられたならそれは横浜埠頭の一異彩で横浜に入港して日本の土地に第一歩を踏む外人に対して独特の印象を与えるであろう。(…)今度の神奈川県庁舎の懸賞図案は意匠の上にオフィス風に日本風を加味したものとして我国建築界に刺激を与えるであろうと思う」(佐野利器)(5)

内田と佐野に共通するのは、これまでの西欧風の建築様式の踏襲ではなく、「東洋趣味」や「日本風」を盛りこんだ新しい建築様式を創造したいという強い思いである。同時に、そこには平面計画を重視する姿勢はなく、外観のデザインに重きが置かれていた。しかし、そうしたコンペの枠組み自体に建築界からは次のような反論が寄せられた。

「応募者がプランを根底的に考える根拠がなさすぎる。(…)結果はファサードの意匠競技に過ぎないハメに立ち至るということになっている。(…)建築設計の懸賞は根本の創作である処のプランから立始められる様な規定にしなければ応募者は間取略図によることが懸賞上の得策として之を墨守する傾向に陥入易い、云換ると芸術の創作というもの大体が骨抜きの形になり易いのである」(中村順平)(6)

「この作が一等の栄冠をかち得たのは東洋風(?)であったためではないかと思う。——横浜は我国の玄関である。そこでそこに建てられる県庁は、日本を代表する固有の形式を持ってしなければならない——もしこれが審査員諸氏の希望であったとすれば、残念乍ら結果はそれと幾何《いくばく》の距

上・神奈川県庁舎コンペ１等・小尾嘉郎案（1926 年）。
下・日本生命館コンペ特選・高橋貞太郎案（1930 年）

離があった様である。不幸にして私はこの作品に、日本的なまとまった何物をも見出すことは出来なかった」（岡村蚊象）[7]

あらかじめプランを与えることの是非と応募要項に記載される建築様式についての文言に混乱が生じていたことがわかる。また、次のような編集者の言葉にも注目したい。

「今迄の応募者は大学卒業間もない若手又若い技手級のみでありましたが、今度の懸賞図案には大学卒業の中年者が多数応募したのは建築界のため喜ばしいことです。懸賞図案に応募するのは如何にも沽券に関わるような卑怯な考というもむしろ臆病というかぜをさらりと捨てて今後は進んで応募する様になりたいものです。（…）当落は時の運ということもあります。審査後の展覧会などでは却って選に洩れたものが好評なこともあります。落選したら審査員の色盲による錯覚かなと思えば鼻も折れない訳です」[8]

「懸賞」という言葉からも明らかなように、当時のコンペは社会性をもつものとはみなされていなかったのである。

日本生命館、一九三〇年三—四月

四百二通の応募があり、三百九十通を審査したというこのコンペの審査員は伊東忠太、武田五一、塚本靖、佐藤功一、片岡安らで、片岡を除き東京帝室博物館の審査員になるメンバーから構成されていた。特選に高橋貞太郎、入選に西村好時、選外に安田清らが入賞し、高橋案で一九三三年に竣工する。ここでも「各階略平面図」が与えられており、応募要項には次のように記されていた。

「本館の容姿は落着きあり、品位ありて自ら大衆の心を誘致する風貌を備うることを要す。東洋趣味を基調とする現代建築の創案に努めたるものは之を重視す。各階各室の配置は別紙添付の線図に準拠すべし」[9]

注目すべきは、ここではじめて「東洋趣味を基調とする」という建築様式の枠組みが明示された点である。おそらく伊東忠太の意向が強く働いた結果だと思われる。また、募集要項が掲載された「建築雑誌」には、無記名の編集者による次のような前書きが記されていた。

「近来懸賞募集は応募者の労力が大変少なくなって来た傾向がある。その労力が少なくなったと同時に擬賞数が多くなってきた。(…)賞与金の多い金額が当選者に均等せらるることになった。これは社会的の言葉で云えば、懸賞のデモクラシーである。こう云うことから名古屋市庁舎の懸賞募集の如きも後れたものも入れて全部で五七〇通程の応募を見た。これは建築界の為めによろこぶべき現象であると思う。(…)プランが定まって居るのであるから、姿図を募るのである。(…)在来の懸賞と異る点が二つばかりある。其の一は、建築様式は其の容姿に落着きがあり、品位あり、自ら大衆の心を誘致する風貌を備うることを要す。東洋趣味を基調とする現代建築の創案につとめたるものはこれを重視すと云うことである。これは建築主の希望によって、かように定められたのである。他の一は一立面図には陰影を付すべく、透視図には色彩を施すべしと云うこと、在来の懸賞の条件に於ては、立面図には陰影を付すことを得ずと云うこと、立面図に陰影を付すことを阻げずと云うことを透視図に於ては之れを彩色することを阻げず、と云う条件であったのを、今回の懸賞には必ず行うべしと云う違いがある。此等の条項も余程実際的になって来たのであることを証する」[10]

ここではコンペが合理化、簡略化されたことによって応募数が急増したこと、立面図に陰影をつけ、透視図に色彩を施すことが条件になって「実際的になって来た」と肯定的に書かれている。しかしその一方で、次第に「姿図」を募る方法が固定化されていく様子も読みとれる。また、このコンペの審査報告では次のように記されていた。

「要求されたる東洋趣味を基調とする現代建築の外観は近来余り研究されたるものなき故か応募図案の何《いず》れにも相当な苦心の跡が見えて居た。或ものは木造建築の外観を無批判に取り入れたる外形のもの或は、印度、サラセン、支那の建築様式等を其姿の儘取入れたる外形のものあったが之等は余り審査会の歓迎する所となりなかった。何れにしても審査会の理想に全然合致するものはなかったようであった。(…)しかし此種競技の第一回の、試には決して無収穫ではなかったと信ずる。虹梁《こうりょう》、破風《はふ》、蛙股《かえるまた》、枓栱《ときょう》等の細部の日本風を使用せるものは多かりしも横縞式、横線をたくみに応用せる東洋独特の外形を試みたものが意外に鮮〔ママ〕かったことは多少の遺憾がなくもなかった」[11]

この審査報告からは、「東洋趣味を基調とする現代建築」

という与えられたテーマに応えるために応募案に「相当な苦心の跡」があったことがうかがえる。しかし、こうしたコンペの枠組み自体にはなんら疑問が出されることはなかった。そしてここで共有された認識が東京帝室博物館の要項作成へとつながっていったのだと思われる。

京都市美術館、一九三〇年五月―七月

応募数二百七点を数えたこのコンペの審査員は伊東忠太、岡田信一郎、片岡安、佐藤功一、武田五一、清水六兵衛らで、伊東、佐藤、武田は東京帝室博物館の審査員となるメンバーである。一等案には前田健二郎が入選し、その原案をもとに京都市土木局営繕課の設計によって一九三三年十月に竣工する。また竣工時点は、その様式は「日本趣味を基調としたる近世式」[12]と表記されることになるが、応募要項の「設計心得」では「建築様式は四囲の環境に応じ日本趣味を基調とすること」[13]と記されていた。

ここでも、伊東が設計に携わった平安神宮(一八九五年)など周辺環境を考慮してなのか、「日本趣味を基調とする」という建築様式の条件が課せられた。日本生命館に続き、伊東が指示した設計条件だと思われる。興味深いのは審査報告である。そこには次のように記されているからだ。

「本懸賞募集の結果について見るに本募集案の骨子とも見るべき「日本趣味を基調とすべき」要求に対して応募者は可なりの苦心を払いたるもののようであった。或者は現存の此種の建物に範を取り或は純日本木造建築の様式を其儘再現し或は支那印度薩珊《ササン》等の様式を採用せるものもあり、或は全然新様式の創案を得んと努力せるものもあった。しかし流石は国際建築と称する様式のものは一通もなかった」[14]

この文面には新しい日本独自の建築様式を模索することの意義が強調されている。また「国際建築と称するものは一通もなかった」とあるように、明らかに「国際建築」への批判的な視点がうかがえる。そして続く審査報告では、東京帝室博物館の募集要項作成の議論へとそのままつながるような形で「様式及び手法」として応募案が次の四つに分類されて分析がおこなわれていく。

まず、応募案には「純日本式の建築物を模倣せるもの」として仏塔、城郭、仏殿(鳳凰堂、唐招提寺金堂等)、社殿(伊勢大廟、出雲大社本殿その他の神殿)、桜門、校倉、土蔵に倣ったものがみられたという。

次に「日本式を基調とせる左記建築物の様式を模倣せるもの」として明治神宮宝物殿懸賞一等当選図案、神奈川県庁舎、奈良ホテル、東京歌舞伎座、京都南座、東京宝生会館、京都先斗町《ぽんとちょう》歌舞練場、東京帝国ホテルがあげられており、これらのうち「帝国ホテル様式は最も多くの模倣者を出だし之に次いでは明治神宮宝物館一等当選案を模倣せるものが多かった」とし、「其プランに於て東京市美術館に類似せるものが多数であった」と記されている。ちなみに明治神宮宝物館一等当選案とは、伊東忠太、佐野利器、

上・京都市美術館コンペ1等・前田健二郎案（1930年）。
下・軍人会館コンペ1等・小野武雄案（1930年）

塚本靖、黒板勝美ら東京帝室博物館とも重なる審査員によって一九一五年におこなわれた公開設計競技で当選した大森喜一案を指し、大江新太郎の設計で一九二一年に竣工する。また東京市美術館とは、一九二六年に東京上野に竣工した岡田信一郎の東京府立美術館を指している。

さらに、残るふたつとしては「日本式を基調とせりと認め得ざりしもの」と、「外観が余りに奇矯であって美術館として適当なりと認めることが出来なかったもの」があげられる。こうした分析からも、「日本趣味」をどのように創造したのかが審査の焦点になっていたことが読みとれる。そして審査報告は次のような言葉で締めくくられる。

「吾人が最も翹望《ぎょうぼう》して居るものは日本の意匠を基調とし、しかも先きに米国ライト氏の試みた帝国ホテルに表現せる以上に日本様式の精神を木材以外の材料を以て表現して、しかも京都岡崎公園の地に建築して其場所の伝統的風致を助長する如き様式であったのであるが今回も終に之を見出し得なかったことは多少の失望がなくもなかった。しかし（…）日本生命館入賞案に比較して数段の進境を見たことは今後我邦建築様式の創案に対し多少たりとも貢献をなし得たと信じて疑わなき次第である」[15]

残念ながら誰がこの文章を執筆したのかは不明だが、文面からは、日本生命館コンペの結果を受けてさらにその先

をいく建築様式を模索しようとしていた伊東忠太と武田五一の強い意志を読みとることができるだろう。

軍人会館、一九三〇年九—十二月

審査員は伊東忠太、大熊喜邦、塚本靖、中村達太郎、内田祥三、佐藤功一であり、大熊と長老格の中村を除き東京帝室博物館の審査員を務めるメンバーで構成されていた。応募数は不明だが、一等は小野武雄、三等三席に前田健二郎、選外佳作に渡辺仁、小尾嘉郎らが入賞している。建物は一等案をもとに技術顧問の伊東忠太の指導で実施設計が進められ、一九三四年三月に竣工する。ちなみに竣工時点では建築様式は「日本趣味を基調とせる近代式」と表記されることになる。また各階参考平面図が与えられており、応募要項の「設計心得」には次のように記されていた。

「建築の様式は随意なるも容姿は国粋の気品を備え壮厳雄大の特色を表現すること」

「添付平面図は各室の配列関係及大さを参考として示したるものなるに依り応募者は必ずしも之れに拘束さるる要なく間取の計画につき十分なる研究を望む[16]」

ここでは「随意」とはいえ「国粋の気品」という言葉によって建築様式が規定された。また参考平面図については神奈川県庁舎とほぼ同じ内容で、案を拘束するものではなく、応募者が研究するようにと促している。こうした文言からは、すでに形骸化しつつあったコンペの実態がうかがえる。また、審査結果は東京帝室博物館の募集要項の発表後に公表されるが、次のような厳しい批評が寄せられた。

「軍人会館の当選図案が発表されている。一等五千円以下佳作に至るまで総計一万五千円の賞金を懸けて、所謂《いわゆる》国粋的にして何とかなるものを集めて、選び出されたのが之であるには少々唖然たらざるを得ない。現在の我邦に於て所謂日本趣味建築が、種々の形に於て行われんとしていることは事実であり、之に対して論難攻撃が若い人々に依って加えられていることも亦明な事実であるが、今日の図案を眺める時、此等の非難攻撃が決して無理からぬ事を思わすに十分なものがある。(…)よくも揃いも揃って裃チョン髷式な建物である事よ。(…)目下募集中の上野の博物館もこの調子ではあぶないものだ。誰か具眼の士が出て、日本趣味でもよいから、もっと真面目な本格的な図案を選んで欲しいものだ[17]」

文中の「目下募集中の上野の博物館」とは、東京帝室博物館のことを指している。この文面からも、建築様式をめぐる混乱とコンペ募集要項の規定に関する疑問や不満がかなりの水位まで達しつつあったことがわかる。そして、少数の限られた審査員にコンペの審査が独占されている点にも当時の問題があったと思われる。同時に、そこには一九二九年の世界大恐慌による不況も影を落としていたにちがいない。仕事を得る手段として公開コンペが切実さを増していたからである。そうした状況は、「建築世界」がおこなった「建築設計図案懸賞競技方法の改革の有無について」という誌上アンケート(18)からもうかがえる。

そもそもこのアンケート自体、募集要項の発表直前だった東京帝室博物館に合わせて急遽実施されたものだろう。編集者はアンケートの主旨について「立面図のみの設計募集は不合理なりとか、又は建築界が不況にして失業者の激増せる折柄なれば出来得る限り懸賞募集を多くすべしとか、百人百様の説を唱えている現状」があり、「かくの如き慣行の改革は建築家の利害と建築界の進歩発展に至大の影響を及ぼす重大問題である」としている。そして昭和五（一九三〇）年度の東京府下居住の建築学会正会員九百九十三名に往復はがきで意見を求め、返答のあった八十名の意見を掲載したのだという。回答のいくつかをみておきたい。

「プランを与えて立面の単なる図案を求むる競技は結局応募者層を低下せしめる」（佐藤功一）

「プラン作成を重要視すること」（佐藤武夫）

早稲田大学で師弟関係でもあったいずれの佐藤も、後にコンペの審査員をたびたび務めることになるが、プラン軽視に不満を抱いていたことがわかる。また、岸田日出刀《ひでと》は東京帝室博物館の募集要項の議論の最中だったのだろう。より直裁に問題点を指摘している。

「現行競技設計の組織方法中改革を要する点多々あり。されどそれらは比較的容易に改善し得るものと信ず。小生の痛切に考ふるに組織方法が完備せる後の競技設計の結果なり。審査は多数決なり。故に審査員の過半数の動向によって、競技設計の動向が決定さる。問題は実に審査団を構成する過半数の動向如何にあり、区々たる組織方法に非ずと考う」

岸田は、コンペを改善するためには審査員こそが問題であることを実感していたのだろう。また、佐野利器は次のように記している。

「応募者に対して要求が過重なること。指名競技を廃して一般募集とすること。応募図面に日本趣味を固守する必要なし。当選者を以て必ずしも施工者たらしむる必要なし」

「日本趣味を固守する必要なし」は意外にも聞こえるが、佐野は「趣味」という言葉の響きに強い反発をもっていたのだと思う。「趣味」という言葉を重視する伊東忠太との違いは明らかだ。そして後の戦時下において、この佐野の姿勢はコンペにおけるテーマが「日本趣味」から「日本精神」へ転換していくなかで大きな意味をもつことになる。

「負ければ賊軍」

伊東忠太の建築進化論

前川が帰国する一九三〇年までの建築界の状況について、いくつかのコンペを通じてみてきた。そこにうかがえるのは建築様式をめぐる新旧世代の考え方の違いによる確執である。背景には、一九二一（大正十）年に「明治時代の建築は、大正建築の完成にいたる単なる序幕のようなものであった」[19]と佐藤功一が記したように、西欧から移入されたレンガ造の様式建築の習熟を終えたという時代認識の変化があったのだと思われる。同時に、一九二三年九月一日の関東大震災による壊滅的な被害をきっかけに建物の耐震化が求められるなか、鉄筋コンクリート構造への転換が緊急課題となっていく。さらに、欧米列強と肩を並べたという自負心もあったのだろう。西欧直輸入の模倣を脱して日本独自の建築様式を創出したいという願望が切実さを増していた。そしてそこに、一九二〇年代に始まるモダニズム建築思想というまったく新しい潮流が吹きこんだのだ。

こうして、建築様式というテーマがコンペをめぐる議論の焦点に浮上する時代を迎える。しかし当時のコンペには旧弊が横たわっていた。与えられた参考平面図と指定された建築様式に従って外観デザインだけが募られる形式が支配的だったのである。また審査員も固定化し、「懸賞募集」と謳われていたことからも明らかなように、デザインだけを募り、それを参考に主催者の裁量で実施に移されるものばかりであり、当選者に著作権は与えられていなかった。

また、別の意味で当時の状況をうかがい知ることのできる興味深い文献が残されている。『日本趣味を基調とせる最近建築懸賞図集』（日本建築協会、一九三一年）と題された図面集だ。ここには日本生命館、京都市美術館、軍人会館、そして東京帝室博物館のコンペの募集規定と入選図案が解説なしで紹介されている。「日本趣味を基調とせる」というタイトルからもわかるように、これはコンペに応募して当選するための攻略本として出版されたものにほかならない。逆にいえばこうした文献からは、「国粋的な日本様式を要求するもの[20]」という建築様式の強制があったとする理解は戦後的視点からの深読みにすぎないことも見えてくる。

服部時計店（渡辺仁、1932 年）

おそらく一九三〇年前後は様式建築からモダニズム建築への移行期とでも呼べる混沌とした時代であり、建築デザインが戦争へ直接動員されていく太平洋戦争下の過酷な様相とは異なるどこか牧歌的ともいえる状況だったのである。そしてこうした新旧の価値観のせめぎあいのなかで、求められたデザインをたくみな折衷様式で形にしていた建築家の代表格が、東京帝室博物館コンペで一等を獲得することになる渡辺仁（一八八七—一九七三年）だった。その証拠として、横浜のホテルニューグランド（一九二七年）や東京銀座の服部時計店（一九三二年）、お濠端の第一生命（一九三八年）や現代美術館に転用された品川の原邸（一九三八年）などいまも現存する彼の代表作をあげるだけでいいだろう。そこには国粋主義という皮相なレッテルとはおよそ無縁な、自由でスタイリッシュなセンスが感じられる。また、東京帝室博物館の当選案について渡辺は説明書のなかで次のように記していた。

「従来しばしば企てられたる日本趣味のコンクリート建築は木造表現に重きを置かれたれども、かかる大建築に於いては構造上むしろ、石造表現を至当と信じ詳細に至るまでこれに留意して設計せり[21]」

ここに読みとれるのも冷静なデザイン論であり、国粋主義への屈服などではない。それでは、渡辺が巻きこまれた歴史的事件ともいえる東京帝室博物館コンペとは、どのような構図のなかでおこなわれ、何が問われたのだろうか。

　もともとこのコンペの企画は、関東大震災によって主要な建物を失った旧・東京帝室博物館（J・コンドル設計、一八八二年）の復興事業計画に始まる。[22] 震災から徐々に立ちなおりつつあった一九二九年六月、「東洋美術の優秀とわが国美術の精華を内外に普及すべき施設として東京帝室博物館の本館を復興建築し皇室に献上」し、「一大東洋古美術博物館」とするために、財団法人大礼記念帝室博物館復興翼賛会が設立認可された。そして九月には翼賛会に建築設計調査委員会が設置される。メンバーは、委員長の侯爵・細川護立のほか建築系の委員として伊東忠太、武田五一、塚本靖、内田祥三、佐藤功一、北村耕造（宮内技師）、岸田日出刀、文科系の委員として瀧精一（美術史家）、黒板勝美（歴史学者）ら二十一人だった。なお、コンペの審査員もこの委員のなかから選ばれることになる。

上・東京帝室博物館コンペ1等・渡辺仁案（1931年）。
下・1937年竣工時の東京帝室博物館

　こうしてコンペの募集規定の検討を含む審議が一九二九年九月から一九三〇年十二月まで十五ヵ月にわたって続いていく。募集規定は一九三〇年十二月十七日に発表され、応募の締切は一九三一年四月三十日だった。またコンペ終了後、実施設計は渡辺仁の一等当選案をもとに、引きつづき調査委員会が検討を加えながら宮内省内部で進められ、一九三四年二月に着工、一九三七年十一月に竣工する。

　このコンペでも建築様式は「内容と調和を保つ必要あるを以て日本趣味を基調とする東洋式とすること」と明記される。一方で、「平面略計画案は参考的試案に止まるを以て応募者は設計心得熟読の上各其の理想とする計画案を提出すべし」と応募者の自由裁量を認める指示も併記されていた。こうした規定はどのような議論を経て決定されたのか。東京国立博物館に保管されている詳細な議事録からみえてくるのは、建築系委員の代表者だった伊東忠太の新しい建築様式を創造したいという願望と、文科系委員の底流に流れる建築家不信とでも呼べる考え方との交錯である。

伊東は「建築様式に関する調査」をテーマとする第三部特別委員会の主査を務めるが、その第一回委員会(23)の冒頭でいきなり次のように問いかけてみせた。

「懸賞募集とする場合には重大な影響をもって来て特殊な様式を規定することは応募者を苦しめ優秀な設計を得られない様な結果になりはしないかと云う若い建築家の意見もあるから様式を自由として様式問題を撤回しては如何」

伊東は建築様式を規定することに執着していなかったのだろうか。しかし、各委員から「様式を論究しないと云うことは面白くない」といった意見が多数出されたため、審議継続が決定される。そして第二回委員会(24)で伊東は「日本趣味を基調とする東洋式とすること」という決議案を示し、その主旨を次のように説明したのである。

「根底を日本趣味として建上げた東洋式と云うことで法隆寺や唐招提寺等をその儘持って来ると云う様な純日本式にすることとでも無く、又支那式印度式或は西洋のクラシック等を基礎とするものでもない。支那風に近くなる所もあるであろうし、印度風に近くなる所もあるかも知れない。併しどこまでも日本趣味を根底としてその上に建て上げた東洋式と云うことである」

この決議案に対しては委員の佐藤功一から、「着物」のように建築様式を規定するのではなく「骨組」の根本の差異や平面や断面も含めて検討すべきとの意見が出された。それでも伊東は、みずから設計顧問を務め建設中だった震災記念堂（一九三〇年）や設計中の遊就館（一九三一年）などの参考例を紹介しながら、木造をコンクリートに翻案する形で日本趣味の建築を実現できることを力説する。いずれの建物も伊東の手がけた自信作だった。先の唐突な発言とは異なり、こうした建物の延長線上で帝室博物館の建築様式を考えようとしていたのである。しかし、この伊東の考えに対しては委員外委員として出席した園伊能《いのう》から次のような疑問が投げかけられた。

「木造から発達して来た様式を工作的に出来るからと云って其の形を別の材料で造ると云うことは材料構造に忠実な所以ではない。(…)木の様式を其の儘鉄筋コンクリートで作り出すことは如何云うものであろうか」

木造の様式をそのまま鉄筋コンクリートに置きかえることは材料構造に忠実とはいえないとする根本的な批判であった。これに対して伊東は自説をさらに展開して反論する。

「其の問題は（明治）四十二年に建築雑誌に論じたことが

震災記念堂（現・東京都慰霊堂、伊東忠太、1930 年）

ある。様式は原則として材料から出て来る。木造であるから日本趣味の好い形が出来て来る。新材料が出来れば昔の伝統を振り返りつつ新しい形が出来上がって来ると云う説で進化論と名付けた。所が夫《それ》は悪く云うと机上の空論で大成する時期がわからぬ。創作しろと云っても急には出来ない。今の所では昔の形を復原するより道がない。但しコピーするのではない。何事も理屈で片付ける一派もあるが理屈詰めには行かない。理屈以外の情が加らねばならぬ。情とは既往の形材料に執着する心である。お寺の如きものは昔風の屋根の大きいのがよいのであって鉄筋コンクリートで造るとしても矢張りそうするのがよいと思う。何故かと云えば形そのものに意義があるからである。博物館の如きも東洋古美術を入れるのであるから東洋美術の形をまねしてもよいのである」

発言中の「進化論」と名づけた論考とは、「建築進化の原則より見たる我が邦建築の前途」[25]を指している。伊東はそのなかで「若し日本国民が自ら進んで欧化主義を唱えるならば、それは日本国民が自殺したものであります」と強い危機感を表明し、「結論」では次のように記していた。

「建築進化の原則に順って其の材料と構造を改善し、其の意匠を変更して形式手法を革新して行ったならば、庶幾《こいねがわ》くは他日一種独殊の完美なる新スタイルと大成することを得るであろうと想像する。（…）何処までも日本古来の建築を本位として、これを進化せしむるの主義を取るべきであろうと思います」

伊東には西欧の建築様式への追随から一刻も早く脱し、日本古来の建築をもとに、それを進化させて新しい日本の建築様式を創造することへの強い思いがあったのである。

募集規定をめぐる内外の攻防

一方、瀧や黒板ら文科系の委員が執着したのは平面図だった。このことについては塚本靖が主査を務め、前川の恩師である岸田日出刀も加わった「建築設計の方針に関する調査」をテーマに設置された第四部特別委員会で議論されていく。焦点となったのは、従来のコンペで踏襲されてきた参考平面図を決めて外観だけを募集することの可否だった。伊東と武田五一が欠席したからなのか、興味深いことに土壇場の一九三〇年十月二十日に開かれた第八回委員会[26]で主査の塚本は、次のような提案をおこなっている。

「線図を一つに決めて出すと之に拘束されてしまうから今回の懸賞募集には審査には骨が折れるが、第一次には平面計画に重きを置き自由なプランを出させ、立面図はスケッチ位に止め、第二次にはエレヴェーションに力を入れさせる様にしては如何か。従来の懸賞募集は多く単なる着物丈の問題であるから力の入れ様がないと云う意見が多い」

これを受けて、従来のコンペに不満を抱いていた佐藤功一も次のような情報を伝える。

「先日建築学会に懸賞募集に対する批判会があったが、プランから作らしてもらいたいと云う意見が多かった」

発言にある「批判会」とは、この委員会の直前に開催された建築学会の講演会を指しており、学会機関誌の「建築雑誌」には、次のような記事が掲載された。

「十月十四日午後六時より本会事務所を会場とした第一回の通常講演会が開催された。准員前川國男君及び同岡村瀧造〔山口文象〕君の「懸賞設計競技の合理化」、准員齋藤寅郎君の「新興建築とジャーナリズム」の演題の下に熱弁をふるわれ、最後に佐藤功一博士よりも一場の講演があって盛会裡に九時半散会した[27]」

佐藤はこうした動きに注目して講演会に参加し、前川らの意見を直接見聞していたのである。また「国際建築」一九三〇年十一月号では、この直前の十月に結成されたばかりの「新興建築家連盟」の「宣伝部川喜田生記」として、ロシアのウクライナ劇場コンペの応募案を作成中だった若い会員の川喜田煉七郎が次のような報告をおこなっていた。

「連盟では去る十月十四日の建築学会講演会に会員前川、岡村両君をおくりコンペチション問題について会を代表して暴露、批判、改革の講演をしてもらった。その速記は恐らく学会雑誌には載るまいと思われるが、ともかく連盟では当面のこの問題について、相当な運動を始めてしかも相当の成功をおさめつゝある」

気負いを含んだこの記事からは、東京帝室博物館コンペをめぐる緊張感が伝わってくる。ふたたび第八回委員会の議論に戻りたい。塚本や佐藤の自由なプランを出させるという意見に対して、文科系委員の瀧が次のように反論する。「アーティストとしてかかる要求をなすのはもっともと思う。しかし今回の博物館には色々特殊な要求があってそれについて今日迄調査して来たのである。プランを作ると云うことは事務的の問題である。応募者はアーティストとしてするのであるから条件を示した丈ではこちらの望み通りのものが出来ない」

自由なプランを募る方法では求めているものができないとの指摘だ。また、「プランを作ると云うことは事務的の問題である」という発言からは、プランが建築の空間構成を決定づける重要なものとの認識を読みとることはできない。一方、岸田は「第一次はプランに重きを置くと云うことは決めてもよかろう」と発言し、なんとか第一次段階をプラン重視にする方針だけでも決めようと提案する。しかし賛同は得られなかった。

こうして、その後も佐藤を中心に自由なプランを求める意見が活発に出されたが、結局、瀧や黒板ら文科系委員の強い反対にあって内田祥三と岸田が作成を担当した「参考平面略計画案」を募集要項に添付することが決定されてしまうのである。せめてもの救いは、要項に「平面略計画案は参考的試案に止まるを以て応募者は設計心得熟読の上各其の理想とする計画案を提出すべし」と表記されたことだ。ここには文案の作成を任された内田と岸田、ことに岸田の意志が込められていたのだと思う。しかし、一方で慣例となっていたとおり、次のふたつの条項も明記されてしまう。「応募図案に付き応募者に属する一切の権利は当選と同時に当会に帰属するものとす」

「当選図案は実施に当り之を変更し又は全然採用せざることあるべし」

募集要項は、建築の意匠を自由に任せると建物の機能を保障できないとする瀧や黒板ら文科系委員と、新しい日本趣味の建築様式を創造したいとする伊東ら建築系委員の思惑が重なって生みだされた妥協の産物だったのである。

一九三〇年十二月十七日、東京帝室博物館の募集規定が公表される。しかし、翌年早々に騒動が起きてしまう。日本インターナショナル建築会による応募拒否という抗議行動だった。この会は石本喜久治、上野伊三郎、中尾保、新名種夫、伊藤正文、本野精吾、竹内芳太郎ら関西を中心とする建築家によって一九二七年に結成され、一九三三年にはドイツの建築家ブルーノ・タウトを桂離宮に案内する。彼らは一九三一年一月十五日付で会員十九名、准会員十三名、賛同者七十名、計百二名の名前とともに次のような声明文を発表する。

「我々は現に公募されつつある東京帝室博物館の懸賞設計に対し応募しない事を声明する。

理由

（一）偏狭なる個人的趣味を意匠の規準とし之によって一律の審査を為さんとする審査方針及び募集規定の一部に反対である。

（二）最近数回の建築懸賞設計の経過より観て技術的立場から該競技の審査員会に信任を置くことが出来ぬ[28]」

よほど成果を急いだのだろう。彼らは返答ハガキを同封した要請状を一月五日付で一方的に送りつける強引な方法をとっていた。ちなみに賛同者には佐藤武夫、今井兼次、市浦健、川喜田煉七郎、土浦亀城、海老原一郎、山田守らの建築家や、板垣鷹穂、小池新二、原沢東吾、藤島亥治郎らが名を連ねた。また新聞報道によれば声明の発表は一月十四日であり、翌十五日の「東京朝日新聞」には次のような伊東忠太のコメントも載った。

「応募規定に東洋風の意匠と制限を与えたことは内容と外観との調和を計る考えから博物館の復興翼賛会の決議によって出来たものだから私個人としての考えは今いうべき時ではない」

一方、インターナショナル建築会の会員で声明にも署名した石本喜久治は、次のようなコメントを建築雑誌に寄せている。

「懸賞募集の規定の中にある様式の東洋趣味を中心とすると云う註文などは最も現代の独創的な新しき建築家達を無視した心理で殊に帝室博物館など将来に永久保存されるべき建築物としてもあたら旧式な審査により現代の新様式を無視することは残念です。吾々には恩師でもある老大家達ですが、この際我が国建築界の為に古い観念を打破したいと思うのです[29]」

分離派建築会の一員であり、東京朝日新聞社を完成させ、代表作となる白木屋が完成しつつあった石本だからこその発言である。同じ雑誌には伊藤正文と竹内芳太郎が次のような文章を記している。

「真に日本の伝統を表示しようとするならば、もっと簡素に、構造そのものの美、材料そのものの美しさを素直に示す様な意匠の方が、どれ程効果的か知れない。のき先に、瓦をのせたり、コンクリートの破風を作ったりすることは、形骸を真似て、精神を捨てた態度である。（…）素直に、昭和時代の文化的背景に適しい正直な建築を作るならば、却って時代に即した日本趣味も結果としてあらわれて来るのだ。遮二無二、日本趣味、東洋趣味と、言葉で力んで見ても、ほんとうの日本趣味や東洋趣味は消えてしまう。伝統とは何かと云う、思索が、今建築界に要望されている。国粋的態度でそれを高唱することは、政治と技術の混乱であり、反動的無智の曝露であるだけである[30]」

「鉄筋コンクリートの近代建築に唐破風や天守閣を附加することによって日本趣味の高次の表現価値が普遍妥当的に認識さるるものならば、再び云うが葬儀自動車にこそ現代建築様式の先覚的価値が容認されて良い筈だ。（…）建築の国際性も呼ばれる今日、妙な処へ力瘤をいれて日本趣味なんて薄っぺらな理念に囚われることもあるまいじゃないか[31]」

いずれの文章もコンペ要項への手厳しい批判である。そこには「東洋趣味を基調とする日本式」という規定を盛りこんだ審査員たち、ことに中心にいた伊東忠太への抗議の意味が込められていた。また、孤軍奮闘していた岸田にも次のような批判が寄せられてしまう。

「岸田博士建築学会の懸賞競技批判講演会への出席を御都合によって御辞退せられた。新興建築家連盟の同種の講演会に御出席の筈だったが、幸にも（!）連盟は解散した。此度帝室博物館の国粋的建築設計懸賞の審査員に同博士の御芳名を見出し同氏の御出世の為に祝福するものである[32]」

ここにある「懸賞競技批判講演会」とは、先にふれた建築学会の前川と岡村による講演会を指している。ちなみに新興建築家連盟は、一九三〇年十月二十日に創立総会を開催したものの、有名な「建築で「赤」の宣伝」と記された「読売新聞」十一月十二日の記事によって年末には瓦解する[33]。また連盟の結成には創宇社のメンバーの他に吉田鉄郎、山田守、岸田日出刀、今井兼次、佐藤武夫、谷口吉郎、市浦健、前川國男らが参加していた。後年、渦中にいた竹内芳太郎は次のような証言を残している。

「弾圧の第一弾は佐野利器教授からであって、岸田氏などは、直ちに脱会届を出さない限り、大学に置くことはできないとさえ強い叱責を受けたと、巷間伝えられた[34]」

こうした経緯から判断すると、岸田は東京帝室博物館の調査委員として微妙な立場にいたうえに、急転したこの間の状況を察して急遽出席を辞退したと思われる。また前川國男も、後に岡村蚊象（山口文象）の追悼文のなかで次のように回想している。

「新興建築家連盟は、一九三〇年六月に設立準備会を発足させ、七月に設立総会をし、十月に結成された。そして、その年のうちには解消している。その瓦解の早さに、僕はあっけにとられてしまった。何とまた、すごい世の中になったものだと思った。学校の先生など、内容証明付きの手紙でもって、退会届を出していた。僕は帰国早々だったから、そうしたことがよくわからず、何のことだかさっぱりわからないうちに谷口吉郎君に引っぱっていかれた。(…)僕もそこで幹事にさせられたが、全体は山口君がリードしていた。僕にしてみれば、帰国していきなりのことだから、違和感なんてものではない。まるで血がつながっていないような感じだった[35]」

　帰国直後の前川國男は、わけもわからず谷口吉郎や山口文象ら友人たちに誘われて、建築様式をめぐる議論の中心へと導きだされていったのである。こうして東京帝室博物館コンペの幕は上がっていく。

「一応募者の計画」をめぐって

　一九三一年四月三十日に締め切られた東京帝室博物館コンペは応募総数二百七十三点を数え、審査は五月五日から十五日にかけておこなわれていく。もちろん審査は暗号によって匿名で進められたが、審査員のひとりだった内田祥三の遺した資料ファイル[36]のなかに前川案の設計説明書が差し挟まれており、表紙に記載された暗号「朶」が建築雑誌に掲載された配置図にも表記されていることによって、私たちは前川案の内容を正確に把握することができる。

　本審査に先立って下審査員を委嘱された佐藤功一、北村耕造、岸田日出刀の三名によって下審査がおこなわれた。興味深いのは、この下審査で暗号「朶」の前川案は高い評価を得て入選対象となる甲級十二点に選ばれていたことだ。評価一覧表の備考欄には「製図良」、平面計画を「全然変更」し、「順序通風を自由ならしむ」とまで特記されている。しかし、続く本審査で涙を呑むことになる。本審査では、まず伊東忠太、武田五一、塚本靖、内田祥三ら審査員十三人によって下審査で選外となった二百四十七点について二度の再審査をおこない、三点を乙級に救いあげる。そして合計十七点となった乙級について審査を進め、八点だけを残す。続いて甲級十二点の審査に移り、半分の六点を残し、六点は乙級へ転落させる。じつはこの乙級に転落した六点のなかに前川案も含まれていた。それは岸田、佐藤ら下審査員が評価して甲級をつけた前川案が本審査員の支持を得られず、降格されたことを意味する。こうして最終審査には、甲級六点、乙級十四点の合計二十点が残され、審査員がひとり五点を投票し、その結果から上位五等までの五作品を決定、その後、残り十五点で佳作の投票がおこなわれる。この時点で前川案は十五点の佳作候補に残って

東京帝室博物館コンペ・前川國男案（1931年）

いたが、各委員が一票ずつ投票した結果、前川案は得票数三で次点となる。前川案はあと一歩のところで佳作入選に届かず、落選となったのである。

審査結果は五月十六日の理事会に報告されて公表され、翌十七日の「東京朝日新聞」などに掲載された。また、五月三十日から六月一日までの三日間、東京銀座の建築会館で展覧会も開催されている。しかし、トラブルを避けようとしたのだろうか、審査報告[37]には審査経過しか記されず、踏みこんだ審査評は含まれていなかった。

コンペの結果が発表され、入選案の展覧会が催された直後に批評が出はじめる。美術評論家・黒田鵬心の新聞記事がその口火を切った。

「帝室博物館の懸賞設計当選案が建築会館に展観されたのを一見し所感を述べてみる。設計募集の最初から大体の平面が与えられており、かつ様式として我が国風をとり入れたものという制限があるので、自由に創造さるべき建築の設計意匠としては、ひどく窮屈のものであった。（…）全体を通じて、昭和の建築として後世に誇るべきものとは思われない。ここにおいて私は矢張り設計条件として日本風をいれるという事を加えたのが問題であると思う[38]」

黒田は「洋画に日本風を強いるのは無理」という視点から、日本風という条件を加えたことが設計意匠を窮屈にしたと批判している。建築以外の人間からみてもコンペの内容には疑問があったのである。一方、建築雑誌では「国際建築」と「建築世界」が一九三一年六月号に、「新建築」が七月号にとりあげ、いずれの誌面も落選した前川案に焦点を当てた。「国際建築」では編集者が次のように記している。

「応募案の全部が殆ど同趣のプランと姿図であった中に、僅か二案だけと云う審査規定の所謂日本趣味基調の要求に対し敢然示威の気勢を示して全く自由な創意の提案者である前川、蔵田（周忠《ちかただ》）両氏の力作を主として紹介することにしました」

また、神奈川県庁舎以来、何度もコンペ特集を組んできた「建築世界」では長野宇平治ら四人の批評文を掲載し、編集者も「主張　禍根を去れ」で次のように記している。

「募集規定中には特にプランの如何を重要視するとの但書をしているにも関らず、その大部分は応募者側より提出した参考図をその儘採用して、それに只一個の外装を附加する事のみ努力し、それ以外には一歩もふみ出まいとしているではないか、それのみではない、聞くところに依れば博物館建築中もっとも重要視すべき採光交通の計画を、極めて巧妙にとり扱っていた一応募者の計画が只その外装が指定せられたる東洋趣味に反するとの理由で審査員に惜しまれつつも、全く等外に落とされたとの事である。斯くの如き事がはたして事実とすればそれは如何なる影響を建築界に与えるであろうか。建築進化の最大要因たる科学的、合理的探究はそこでは全く排除され、それと遊離した外装のみが計画の王座を占めつづけるであろう。人はよく現在の我が建築界が徒らに欧米建築へ模倣する事を慨嘆している。東洋趣味の募集規定もかかる弊害を除かんが為に特に添加せられたのかも知れないが、いづくんぞ知らん、以上の如き競技の態度こそが模倣の弊害を呼び起こす一大要因であろうとは——多大の費用と幾百人もの月余に亙る労苦とは我建築界の進展にとっては障害以外の何物でもない」

文中の「等外に落とされた」「一応募者の計画」とは、明らかに前川案のことを指している。また冒頭の「特にプランの如何を重要視するとの但書」への言及は、佐藤と岸田が募集要項に込めた思いを的確にすくいあげたものであることもわかる。少なくとも建築界では、このような意識が共有されていたのである。

残念ながら前川案の提出原図は現存しない。建築雑誌に断片的に掲載された図版が唯一の資料となる。けれども、審査員のひとり内田祥三のファイルには、前川案の計画説明書の控えが残されており、記載されたリストによれば、前川案は配置図一枚、平面図三枚、断面図一枚、立面図二枚、透視図二枚、詳細図一枚、交通組織図一枚の合計十一枚から構成されていた。これらの図面には意識的に追加されたものが含まれている。それは交通組織図と名づけた動線計画の説明図と、画面や視点の高さを決められた通常の外観透視図とは別に作成された上野公園までを含めた広い範囲を俯瞰したアクソメ図法による透視図の二枚である。後者は募集要項の「他に鳥瞰図的の透視図を添えることを妨げず」との但書に応えて追加した図面だった。

前川案には、与えられた条件を根本から考えなおして提案された他の案にはない特徴がみられる。その最たるものが、配置図とアクソメ図法による透視図に表現された敷地

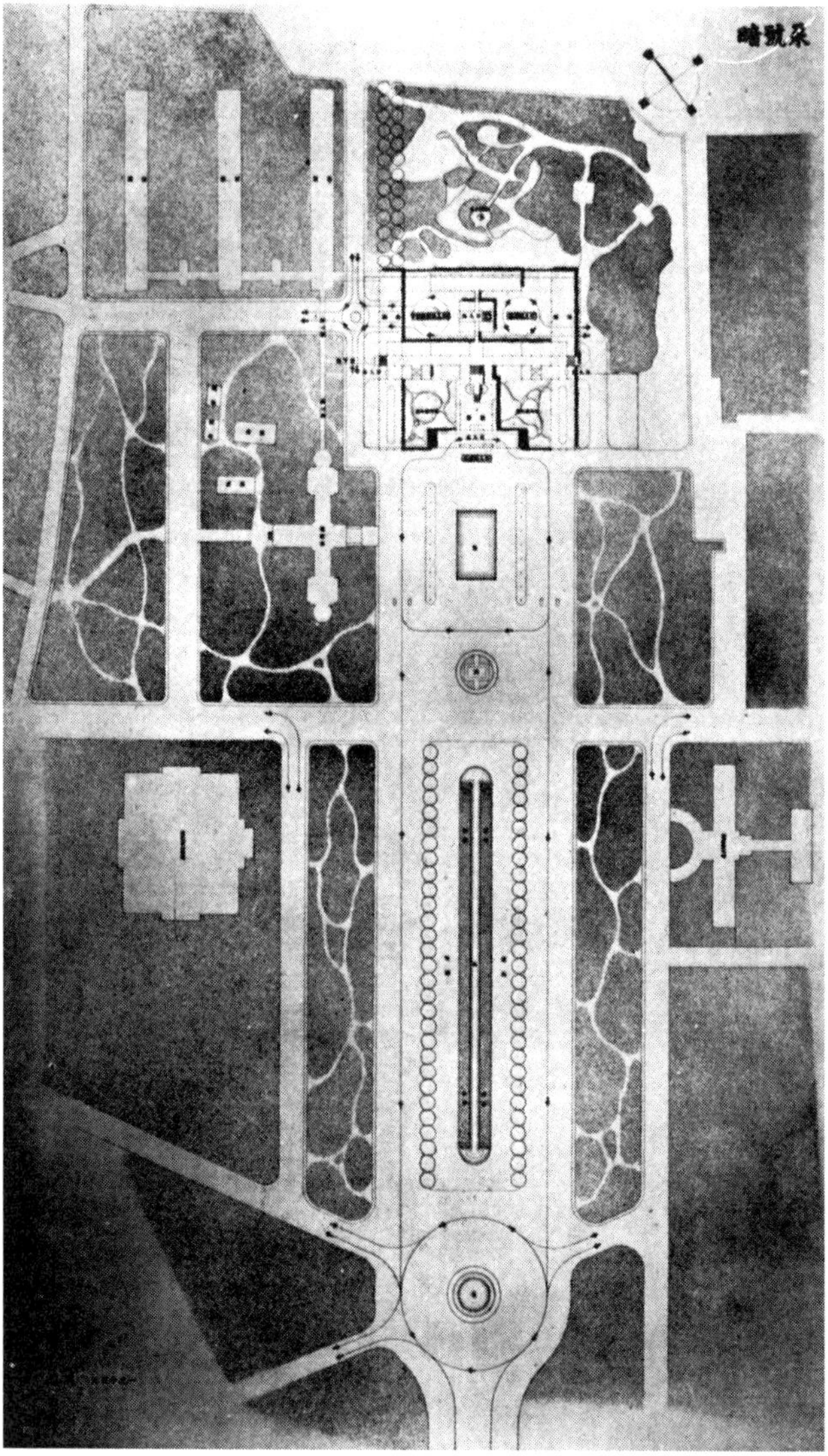

東京帝室博物館コンペ・前川國男案、配置図（1931年）

をこえる平面計画である。これらの図面は、敷地略図には掲載されていない上野公園の範囲まで二倍以上の大きさで描かれている。それは敷地南西端に現存する表門（黒門）を独立させて凱旋門のように扱いつつ、敷地内の道路も整理することによって自動車が車寄せに直接アプローチでき、搬入車両もスムーズに出入りできること、そして何よりも建物を公園全体に位置づけ、都市的スケールに置きなおすことをめざして提案されたものだった。説明書で前川は次のように記している。

「現代交通の主要機関自動車を利用して然かも建築計画の

不備の為に直接「入口」に達する事を得ずして悪天候の隙など雨にぬれつつ自動車を捨てて入口まで辿りつかねばならぬと云う事は愚の骨頂である。当帝室博物館が現在の如く自動車の通り抜け得ざる寛永寺黒門によって永久に交通を妨げらるべき何等の理由をも見出し得ざる故に本計画者は此の黒門を取除くか然らずんば本計画の如く此を史蹟として全然独立せしめ別に自由なる交通広場を作る事を主張するものである[39]」

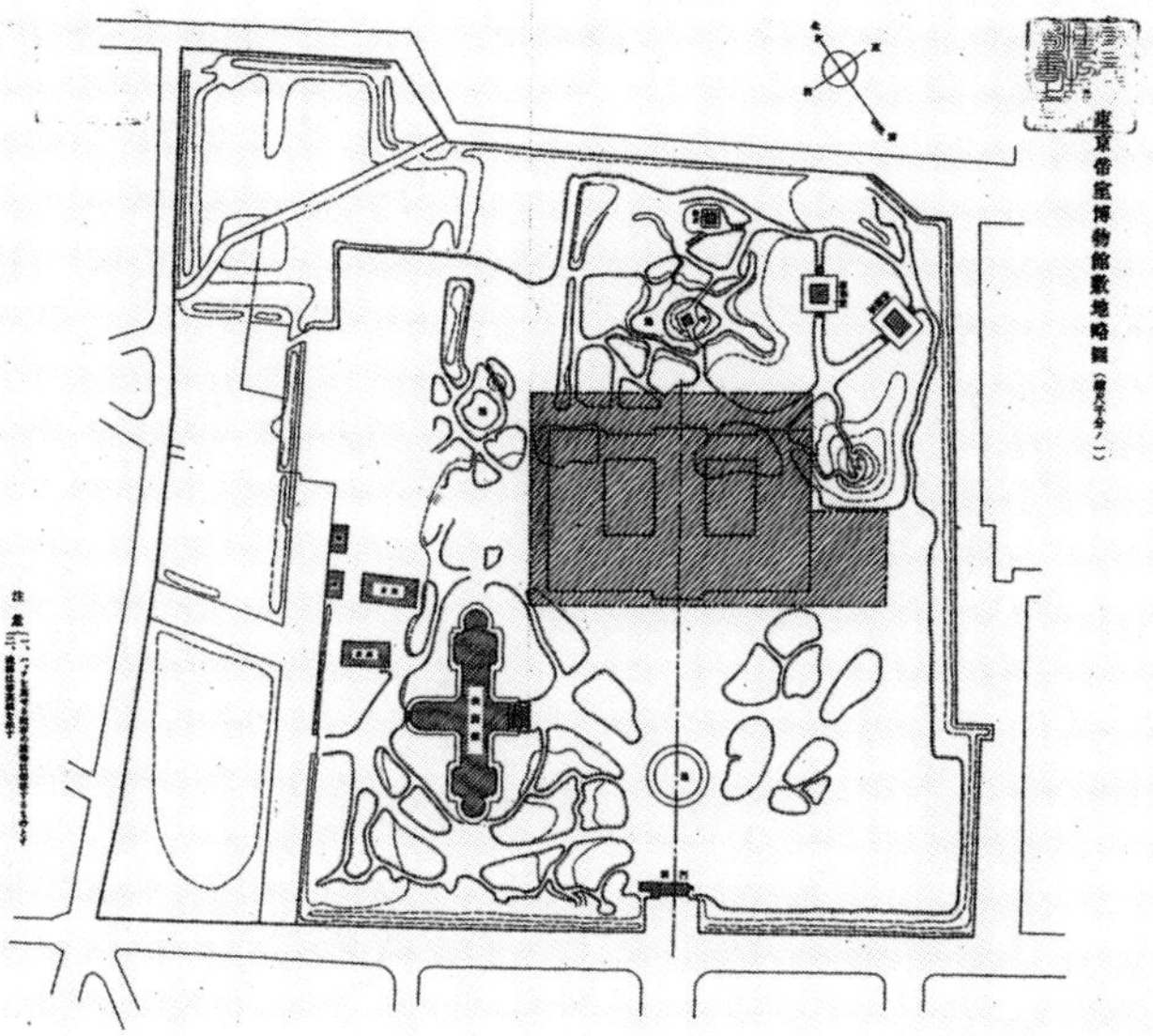

東京帝室博物館コンペ募集要項に添付された敷地略図

　当時の日本では都市計画という発想自体が乏しく、自動車交通も深刻な問題にはならない時代である。だからこそ審査員は博物館の内部機能や建築様式にしか関心をもたなかったのだ。しかし、この思いもつかない範囲まで拡張された前川案に衝撃を受けたにちがいない。前川がこうした大胆な提案をできたのは、ル・コルビュジエのアトリエで国際連盟本部コンペ案を見ており、担当したセントロソユースやポルト・マイヨの都市計画で交通計画の考え方にふれていたこと、そしてパリという都市にオスマンの計画によって実現していた自動車交通を考慮したロータリー広場などの街路計画や都市的スケールでデザインされた公園といった実際の空間に身近にふれていたからだと思われる。

　次に注目されるのは、「参考平面略計画案」を最初から組み立てなおした独自の空間構成と、建物の配置によって生みだされた広場の存在である。前川案では、機能を分析することによって建物を博物館と事務室とに明快に二分し、採光や通風なども考慮して建物をスリムな細長い部屋の連結として構成しなおし、十字形の平面としている。またその結果、敷地内の広場も用途の違う意味が与えられている。

さらに一階の床レベルを地上四メートルに持ちあげることによって、広場が閉鎖的になることなく、建物の下を自由に通り抜けられる工夫も施されている。これは明らかにル・コルビュジエに学んだピロティの考え方の採用である。

さらに、募集要項で「採光法は特に重視す」と考慮が求められた採光についても、前川は新しい提案をおこなっている。すなわち両翼に配置された二階陳列室の天井内の両側の外壁を全面的に水平連続窓とすることによって天井内の全体を「光の箱」とし、陳列室に天井全体から自然光が降り注ぐように工夫したのである。また、最上階では陳列室の中央部の天井にガラス屋根をかけた「光の箱」を設けることでハイサイドのトップライトの自然光もとられている。さらに、「光の箱」の内部にエレベーターと組み合わせた荷物を吊る「モノレイル」を設けることによって天井の内部で陳列品の水平と垂直の運搬を可能として、観覧を妨げずに陳列替えを容易におこなえるシステムの提案も盛りこまれた。こうした発想も、建築を機能の集積としてとらえる分析的な視点があって生まれたものであり、前川がコンペの募集要項から自由であったことがわかる。

そして、前川案では募集要項にはない部屋も新たに提案されている。講演室が四階の北東側に独立して設けられ、食堂が最上階の五階中央部に配置される。ほかにもピロティを利用した陳列所と団体休憩所や、「参考平面略計画案」では地下に置かれた下足と携帯品の預所を一階に設けるなど、徹底して平面計画が練りなおされている。

前川が与えられた「参考平面略計画案」を根本的に考えなおすために根拠としたものはなんだったのだろうか。それは帝室博物館の職員で建築設計調査委員会の幹事を務めた矢島正昭が建築雑誌に執筆した要望[40]だったにちがいない。というのも、そこに記された指摘、自動車を玄関に横づけできること、湿気の多い中庭は不適であること、採光方法を検討すること、空間の単調さを解消し外気に接する露台を設けること、食堂や講演室が必要なこと、下足場を工夫することなどの要望に前川案は意識的であり、そのひとつひとつに的確に応えているからだ。しかし、一方で前川は最大のテーマである「建築様式」に応えようとはしていない。後年の前川の回想に次のようなものがある。

「当時のコンペチションは、プランが最初から与えられておりました。(…)建築家の仕事は、そのプランにどういうファサードをつけるかということだったわけです。(…)要するに当時のプランニングは、住宅でいう間取りです。(…)まあプランニングというもの自体がその程度にしか考えられていなかったわけです。当時の建築家の建築とはどういうものかという考えの中には、いわゆる構造計画と

か、プランニングとかをつき合せて、一つの建築を創作するという考えがなかったといっていいでしょう」(41)

ここにも、当時の建築界と前川の考えの位相の違いが語られている。建築を構造計画や平面計画から総合的にとらえてひとつの全体として構想するということ自体がほとんど自覚されていなかったのである。前川は同じ回想のなかで次のようにも述べている。

「東京帝室博物館のコンペチションが出た時に、日本の建築界の一部から、不応募の同盟運動が起りました。(…)私は、自分の考えを一応図面にしてみせる必要がある。不応募ということは易しいけれども、どうも不応募で効果があるような、客観的な状勢でもなかったし、また、ただ不応募でだまっていて、それじゃ一体どんな建築が正しいと考えているのかというデモンストレイションがなければ、あまり迫力がないんじゃないか。不応募同盟は結構だけれども自分たちはこう考えるんだということを無駄を覚悟で実際に描いてみせる。計画してみせるということが大事じゃないかと私は考えたわけです。それで計画を立てて案の定落選した」

落選を覚悟したうえでの応募だったのである。また、その奥底には次のような思いが込められていた。

「ぼくは拒否するのは間違いで、とにかく自分は自分の考えで戦おうという気持をもっていたことは確かです。なんとなくイメージとしてはコルビュジエが四面楚歌の中で孤軍奮闘しているという二の舞を、とにかく小規模でも自分なりにやってみたいという気持ちでした」(42)

前川も、もちろん、このコンペの建築様式の規定である「日本趣味を基調とした東洋式とすること」については十分に自覚していたのだろう。しかし、建築様式をことさら意識せず、求められる機能と敷地条件を読みとり、それを素直に立ちあげた機能的な建築を提示しようとしたのだと思う。説明書の「総論」で前川は次のように記している。

「雑色の背景の前に据えられた場合と白色の背景の前に据えられた場合との何れに於て我々はより明瞭に事物の観察が出来るであろうかと云う事に就ては今茲に述べる迄もない事である。(…)

然らば「白い背景」たるべき博物館とは如何なるものであろうか?

古来芸術史上の各時代が有った建築様式なるものは何れも各時代の構造材料に一大関係を有って生れ出でたものなる事は大方の建築史家によって余りにも説き古された事実である。

斯くて北フランスにゴシックの発祥せる必然の理由があり希臘《ギリシャ》にパルテノンの建つ必然の約束があったと同様に、

そして本邦に於て「天地根元之宮造」の発祥せる其同じ必然の理由によりて紀元二千五百九十年に鉄骨鉄筋コンクリートによって唐破風を作り千鳥破風を模す事は光輝ある過去二千数百年の日本芸術史に対する一大冒瀆であると云わねばならぬ。

渡来して百年にも満たざる此新構造を用いて如何にして二千年の歴史を持つ日本木造建築の洗練さをその形式の上から写し得るであろうか？（…）

我々は日本古来の芸術を尊敬すればこそ敢て似而非日本建築に必死の反対をなし、敢て無韻の壁に座を設けて古来の芸術を招ずる事が日本芸術に対して忠なる所以であり同時に陳列さるべき芸術品に対する唯一の礼である事を主張して已まざるものである。

途は二つ。似而非日本建築を作って光栄の三千年を汚し民衆を欺瞞するか？　最も素直な謙譲な正直な偽なき博物館を建設して文化の正当なる継承者としての努力をなすか？

後者の途こそ真正な日本的な途であり東洋の心でありやがて世界に拡充しまほしき宇宙の姿である。

設計心得に曰く。「様式は東洋趣味的日本的…」と、故に勿論当博物館は後者の途を選ばれるものと信じ茲に必死の勇を鼓して本計画を最も日本的なるものの一例に提出するものである」

文中の「鉄骨鉄筋コンクリートによって唐破風を作り千鳥破風を模す事」とは、ほかでもない伊東忠太が震災記念堂や遊就館で試みた方法である。前川はそれを「日本芸術史に対する一大冒瀆」だとし、「無韻の壁」を持つ「最も素直な謙譲な正直な偽なき博物館」が「最も日本的なるもの」だと主張する。こうして徹底して機能に忠実な平面計画を施し、それをそのまま立ちあげて建物自体を「白色の背景」とすること、前川案はそうした考え方から生みだされたのである。しかし、それは不十分なものにすぎないとの自覚もあってのことだった。コンペ直後に記された「負ければ賊軍」には次のような言葉が記されている。

「自分にとって、日本にとって、世界にとって重要な事は素晴らしき展望を許す水平線への努力である。軍艦三笠が長門に比して如何に間の抜けたものであろうとも私達は先ず三笠を作る努力を惜しんではならなかったのだ。ビザンチン建築の珠玉の名品と誇るサンタマリアがアルーの流れに麗姿を浮かべるまでには幾多のピントの外れたビザンの伽藍が作られたであろう事を私は疑わぬ。もしも今私にザックバランな云い方が許されるならば何故もっと多数の有為な青年建築家が当設計競技に応募されなかったのであろうかと遺憾に思えてならぬ。（…）執務に縛られた此等の建築家にとって設計競技は今日の処唯一の壇場であり時には邪道建築に対する唯一の戦場である筈なれど、そこに名状し難き幾多の困難のある事を認めぬ訳には行かぬ。事実迎合建築がなした労作の二倍三倍の労苦を以てしても猶且つ彼等を撃滅する事は困難である。否十倍の労苦を以てするも猶不可能かもしれぬ。私自身の貧しい経験より以てするも今後如何にして仕事を続け得るかと云う事それ自身が既に大きな問題である。今回の応募図面製図中にも製図半ばに病に倒れられた例を二つまで聞かされた時には流石に悲痛な気持に堪えなかった。然し乍ら何れの世にも犠牲なしに勝利を獲得した新しき運動のあった事を私は寡聞にして未だ聞いておらぬ。且つ新建築それ自身新建築家の不断の精進なくして間に合せの気紛れで建設されるものとは絶対に考えられぬ。故に私達が建築と云う職場を守る以上仕事は凡ゆる困難を排して絶対に続けられ育てられねばならない(43)」

前川は、たとえ未熟でもル・コルビュジエに学んだ方法をみずから実践し、提示しようと試みたのである。そこには日本的な建築様式を考えようとする視点はまったくみられない。あくまで機械時代にふさわしい近代建築を日本に実現しようとする思いに突き動かされていたのだ。しかし、当時の前川がどこまで近代建築をつくりあげる方法を具体的に理解していたかについては、説明書の「構造及び仕上げ」に関する次の記述が正直にあらわしていた。

「壁は出来得べくんばライトウォールとしたし。此の場合外壁はコルク、メタルラスを用い外部は鉄板張りアルミナムペイント仕上げとすべし。コンクリート壁を外壁に使用する時は主要耐震壁に非ざるものは可及的に軽量のものとし此を強度計算に入れざるものとす。

此の場合外壁仕上げは日本漆喰に防水剤を十分に加えたものを用うべし。若し施工不可能ならば「マーブル硝子」又は「オニックス」硝子張りつけとすべし」

壁をライトウォール（軽量の非耐力壁）とする方針はいいとしても、鉄板にペイント仕上げ、あるいは防水剤を加えた漆喰塗りという、あまりにも脆弱な外装で考えられていたのである。ここからも読みとれるように、前川の近代建築の知識は未熟なものにすぎなかった。だからこそ後年、前川は次のように回想したのだろう。

「ぼくが帝室博物館のコンペをやったでしょう。よくほめてくれる人もいるわけだ。しかし正直なところ、もしあれが逆に建って今残っているとしたら、上野の山は目をあけて歩けないだろうといって笑っているんだがね(44)」

この未熟な知識は、このコンペと並行して設計を進めていた木村産業研究所においてより切実な形で近代建築のむずかしさを前川に痛感させることになる。

木村産業研究所

母方ゆかりの地にて

一九三二年十二月、前川國男の記念すべき最初の作品である木村産業研究所が青森県弘前市に竣工する。前川は当時二十七歳、レーモンド建築設計事務所で働きはじめて二年が経過していた。前川はその完成がよほどうれしかったのだろう。ポストカードにされた竣工時の写真には、研究所の設立者である木村隆三とバルコニーに仲よく並ぶ前川の晴れやかな姿が写っている。また、一九三五年五月二十七日には、一九三三年にドイツから来日し、群馬県高崎市の井上工芸研究所の顧問として日本各地を視察中だった建築家のブルーノ・タウトが上野伊三郎の案内で弘前の工芸家・大川亮を訪ねたおりにこの建物に立ち寄っている。しかしタウトは、日記には「街角にコルビージュ式の白亜の新しい建物を見た。これは東京の建築家の設計になるものだが、よく視ると遺憾ながらいかにもはいから《ハイカラ》である」とやや批判的にその印象を書きとめていた。(45)

この建物は、もともと前川がレーモンド事務所にもちこんだ仕事だった。確認申請書(46)の備考欄には「本申請に関する一切の交渉は設計者前川國男（東京市丸の内海上ビル新館六階レーモンド建築事務所気付）を通じて行わるべきものとす」と明記されていた。後年、前川は次のような回想を残している。

「僕はね、それまでにコンペずいぶんやったんですよ。小さなコンペもずいぶんやったわけです。それでつくづく感じたことはね、コンペのときに金の心配をしないでやってみたいということが頭にあったものですから、レーモンド

木村産業研究所、1932年竣工事のポストカード。バルコニーに並ぶ前川國男（左）と木村隆三

へ仕事をもっていったわけ。弘前の産業研究所ってのをね。そうしたらレーモンドがフィーの半分をお前とれということをいってくれた。僕はね、そのときにフィーの半分は要りません、その代りコンペをやりたいから三時から帰ってもいいようにしてくれって言いましてね、それでコンペをやったのです[47]」

この回想からは、前川がみずからの考え方を社会へ訴える唯一の機会だとみなしていたコンペに応募しつづけるために仕事をレーモンド事務所にもちこみ、設計料の一部を報奨金として受けとる代わりに早退の許可を得ていたことが読みとれる。それにしても、当時はまだ若輩者だった前川が、なぜ東京からも遠く離れた弘前に本格的な鉄筋コンクリート造の建物を手がけることができたのだろうか。そこには次のような人と人のつながりがあった。

前川國男の母・菊枝は旧姓を田中といい、田中家は津軽藩の忠臣として知られた田中太郎五郎の子孫にあたる。菊枝の兄は外交官・佐藤愛磨の養子となり、後に参議院議員や国連大使、東京青森県人会会長などを務めた佐藤尚武である。一方、津軽藩士で後に広島電力の社長などを務めた弘前出身の実業家に木村静幽がいた。彼は晩年になって郷土の弘前に地場産業振興のための研究所の設立を決意し、その準備のために自分の孫の木村隆三に外国における社会

木村産業研究所、道路側外観

事業の様子を見聞してくるよう指示する。そして隆三は、偶然にも駐仏武官として前川とちょうど同じ時期にパリに滞在し、同郷の佐藤を介して前川とも親交を結んでいたのである。残念ながら、静幽は隆三の帰国直前にこの世を去ってしまう。しかし彼の遺言により、当時のお金で七十万円を投じる財団法人の設立が孫の隆三に託された。そして隆三から前川國男に設計が依頼されたのである。[48]

「財団法人木村産業研究所設立許可申請書」[49]によれば、財団の設立は「弘前地方に於ける物産の生産技術を研究し其改良発達を図るを以て目的とす」とされている。また、建設工事は、当時の新聞記事[50]によれば一九三二年六月下旬に起工し、同年の十二月二十九日に落成式が挙行された。そして確認申請書によれば、建築主は「財団法人木村産業研究所代表者木村隆三」であり、「青森県確認認可証」の日付が昭和七年七月九日と押印されている。これらの情報から判断すると、設計は一九三一年四月から一九三二年六月にかけて進められていたことがわかる。

じつはこの時期は東京帝室博物館コンペ（一九三一年四月三十日締切）の提出直後であり、続く明治製菓銀座売店コンペ（一九三一年七月三十一日締切）の応募案を作成していた時点から第一生命保険相互会社本館コンペ（一九三二年十月三十一日締切）の直前までと重なっている。前川は、先の回想にあるように事務所を早退してこれらのコンペに連続応募する一方で、木村産業研究所の設計を進めていたことになる。その精力的な仕事ぶりが伝わってくる。

ここで先まわりして前川の戦後の設計活動についてふれておくと、今度は隆三の兄の木村新吾がＰＴＡ会長を務めていたこともあり、木村産業研究所に続いて一九五〇年六月、青森県立弘前中央高校講堂（一九五四年）の設計を前川は任される。(51) これは前川にとって記念すべきはじめて手がけた公共建築である。そして地元の弘前市からも依頼を受けて市庁舎（一九五八年）に始まり、市民会館（一九六四年）、市立病院（一九七一年）、市庁舎増築（一九七四年）、市立博物館（一九七六年）、緑の相談所（一九八〇年）、斎場（一九八三年）にいたるまで半世紀にわたって次々と公共建築を手がけていくことになる。後の華々しい戦後の活動からは見えにくいものの、前川の建築家としての歩みはつねに弘前とともにあったといって過言ではないのだ。しかし、そのことは前川にとって、最初の木村産業研究所と五十年以上にわたって向き合いつづけることでもあった。その途上の一九七六年、弘前市立博物館の竣工時に記された前川の次のような文章が残されている。

「弘前」という町は、私の母方の原籍地であります。昭和三年三月に東大の工学部建築学科を卒業して、ただちに巴里に出発、コルビュジエのアトリエに入って二年間、伯父佐藤尚武の家に居候となっていた折に、弘前出身の通信関係の技術将校としてフランスに留学しておられた弘前出身の木村氏と相識ったことから昭和七、八年の頃、私の処女作として、在府町に木村産業研究所の設計を委任されることとなりました。（…）未熟者の私にとって雪国の建築は却々《なかなか》むずかしい経験でありました(52)」

文末の「未熟者の私」という言葉に、近代建築を日本の風土に着地させるという課題への自覚があらわれている。

ル・コルビュジエとレーモンドのあいだで

木村産業研究所は、鉄筋コンクリート構造の均等ラーメンの整然としたグリッドに則って平面計画がおこなわれている。また、白く清楚にまとめられた外観からは前川がル・コルビュジエの影響を受けていたことがわかる。特徴としてあげられるのは次のような点だ。

まず、全体がＴ字形の平面をしており、前面道路に面した二階建ての正面の棟とそれに直行して奥へと伸びる平屋の棟が敷地を前庭と裏庭とに分割し、さらに、低層部の一部貴賓室の外壁が柱から離されて曲面状に張り出されて変化を生んでいる。また、正面の棟の右端一階部分は丸い柱に支えられたピロティになっていて、奥の庭へと視線が抜

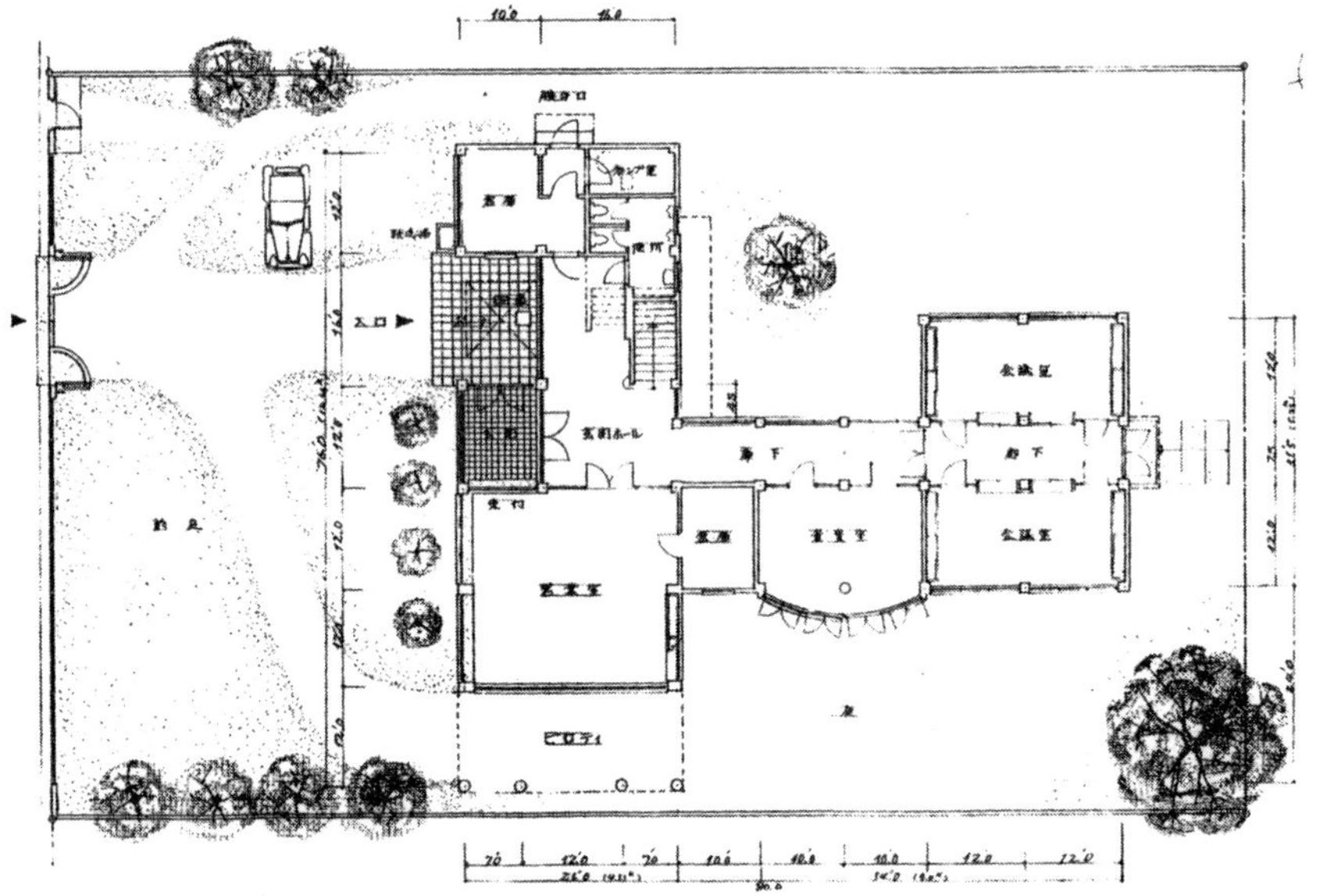

木村産業研究所、1階平面図（実測復元図。作成・仲邑孔一）

けていく構成になっている。さらに、そこだけ柱の間隔を広げられた正面入口の上部にはバルコニーを設けつつ、二層分の高さをもったニッチ状の玄関ポーチとすることによって、エントランスとしての大らかさと彫りの深さをもった象徴性が生みだされている。

次に、内部に入ると、玄関ホールを中心に奥へと伸びる廊下と上へと昇る階段が動きのある空間性をつくりだしている。また、構造的に必要な最小限の壁以外は将来的に変更可能なつくりつけの戸棚やサッシュによって間仕切りがなされている。そして二階から外へ張り出した外部階段によって屋上テラスへ上がれるようになっている。

これらの特徴から連想されるのは、ル・コルビュジエのガルシュのヴィラとラ・ロッシュ＝ジャンヌレ邸である。どちらも前川のフランス滞在中に竣工していた。ことに前者は一九二八年四月、パリのアトリエで対面したばかりのル・コルビュジエに連れられて完成直後の姿を見ることのできた最初の建物だった。木村産業研究所にこの住宅の影響が見てとれるのも、そうした背景からなのだろう。

一方、レーモンドとの関係からは何が見えてくるだろうか。それには、彼の戦前の代表作のひとつである東京ゴルフクラブが手がかりを与えてくれる。現在のレーモンド設計事務所に保管されている東京ゴルフクラブの実施設計図

東京ゴルフクラブ（1932年）模型写真

の大半には、一九三一年九月十五日と十月十五日の日付が記入されている。また、竣工後に詳細な報告記事が掲載された「建築雑誌」（一九三三年五月号）には、「起工一九三二年二月、竣工一九三二年十二月、設計及監督・アントニンレイモンド建築設計事務所、設計・アントニンレイモンド、顧問・内藤多仲《たちゅう》、製図・杉山雅則、前川國男、澤木英男、吉村順三」と記されていた。

木村産業研究所の工事は一九三二年六月下旬から十二月二十九日までであり、右の資料からは東京ゴルフクラブと重なっていること、チーフの杉山雅則のもとで前川が設計の主要な役割を果たしていたことがわかる。さらに、戦前の作品をまとめたレーモンドの作品集[53]に掲載された東京ゴルフクラブの写真や平面図からは興味深い事実も読みとれる。すなわち、この建物にはそれまでのレーモンドの建築になかったピロティや屋上テラス、丸い柱や横長の窓、白い箱の組み合わせといったル・コルビュジエ風のデザインが積極的に用いられており、文字のレタリングや植栽の描き方など、図面表現にもル・コルビュジエのアトリエの方法がそのままもちこまれているのだ。これは設計チームに前川が参加したことの直接的な影響だと思われる。

こうして木村産業研究所と東京ゴルフクラブが酷似していること、たとえば玄関まわりや一階にみられる横長のサッシュの形状が同じであり、しかもル・コルビュジエのガルシュのヴィラとも共通している理由も読めてくる。前川は東京ゴルフクラブにル・コルビュジエのデザインモチーフをもちこみながら、そこで習得した方法をもとに木村産業研究所の設計を進めようとしたのだ。また、だからこそ木村産業研究所には十分に練られた平面計画や安定したディテールが見てとれるのだろう。また、両者の関係性を別の形で証明してくれる貴重な設計資料が残っている。それは全文が英語で記された仕様書である。[54]表紙には「May 1932」と記入されており、建設工事の着工直前のものであることがわかる。また、「KUNIO MAEKAWA ARCHITECT c/o ANTONIN RAYMOND A. I. A. Architect 1640 Tokyo Kaijo Bldg. Marunouchi Tokyo」と書かれており、先にふれた確認申請の備考欄の記述とも符合する。そして英文で記されていることからも推察できるように、この仕様書は明らかにレーモンド事務所で標準的に使われていたものを転用したものだと思われる。そのことは、この記述と「建築雑誌」(一九三三年五月号)に掲載された東京ゴルフクラブの仕上げの表記がほとんど同じ内容のものであることからも裏づけられる。

木村産業研究所の設計は東京ゴルフクラブと、デザインにおいても仕様においてもまったく重なるものとして同時並行で進められていたのである。それは、前川にとってはル・コルビュジエに学んだ方法をはじめてみずからの手で実践する機会を得たものの、具体的な設計仕様についてはレーモンド事務所で培われてきたものに頼ることによって実現できたことを意味する。一方、レーモンドにとっては、ル・コルビュジエの方法を前川経由で倣い、みずからの作品で試みる絶好の機会ともなったのだろう。

さらに、木村産業研究所や東京ゴルフクラブとル・コルビュジエのガルシュのヴィラを比べてみると明らかな違いがあることにも気づかされる。前者のふたつには後者にみられる建物のファサードを横切る特徴的な水平連続窓はとられていない。また内部空間においても、前者はわずかな部分を除いて壁の位置が律儀なほど柱の芯に置かれており、ル・コルビュジエの提唱した近代建築の原理「自由な平面＝フリー・プラン」「自由な立面＝フリー・ファサード」についてはまったく無視されているのである。

ここにはふたつの理由があったのだと思う。ひとつは、当時の技術水準が未熟な状態であり、実現したくても「まだ引き違いサッシュがスチールでできなかったこと」[55]、すなわち複数のサッシュを横につなげて水平連続窓をつくるだけの技術が当時の日本にはなかったのである。実際に前川が在籍中に吉村順三の担当で竣工した赤星喜介邸(一九

赤星喜介邸（1932年、杉山雅則旧蔵資料）

三二年）では、水平連続窓はなんと木製でつくられている。一方で、木村産業研究所の直前に応募した明治製菓銀座売店コンペ案のパースでは前川は水平連続窓を描いていた。それほど理想と現実が乖離していたのである。また、もうひとつの理由としては、前川がル・コルビュジエのもとで担当したセントロソユースという建物の平面計画のなかで柱から間仕切り壁を離すフリー・プランの方法に理念的な強引さと無理があることに気づいていたことがあげられる。ある対談で前川は次のように述べている。

「セントロ・ソユースを設計したときに、実施図面はパリでやったわけですよ。そしたら、フリー・プランだから、たとえばパーチションというものは、柱から全然、インディペンデントだ。だから、柱があると、そのそばをパーチションが通るとき、ほんとならくっつけてもいいはずのものを、わざわざ離す。コルビュジエのを見ると、みんなそうなっているでしょう。あれは、現場で見ていると、あのほうが仕事が楽なわけだよ。二五センチぐらいの柱ですから、それにいちいちくっつけているよりは、スーッとやっちゃったほうが楽だということがあるわけだ。ところが、セントロ・ソユースぐらいになると、柱が八〇センチぐらいになる、八〇センチになると、つけたほうがいいんじゃないかと疑問を持った。しかし、コルビュジエはガンとしてくっつけないんだよ[56]」

　この発言からは、理念を貫こうとするル・コルビュジエと合理的で柔軟に考えようとする前川の違いが見えてくる。そうした点からも木村産業研究所は、前川にとってル・コルビュジエの方法を現実の建物を通して具体的に確認することのできた得がたい経験だったことがわかる。

　一方で、当時の前川には、東京ゴルフクラブと木村産業研究所の置かれた環境条件に大きな違いがあることは自覚できていなかったのだろう。それは弘前という冬の積雪の多い厳しい気候風土が近代建築に何をもたらすのかについて配慮せずに、東京の建物と同じ仕上げと仕様で設計がおこなわれていることからも明らかだ。前川は、ル・コルビュジエに学んだ近代建築のつくり方がどんな気候風土でも通用する普遍性をもつものだと過信していたにちがいない。しかし、結果はどうだったのか。レーモンド事務所の先輩だった中川軌太郎の次のような回想が残されている。

「当時彼（前川）もまだ若かったし、幾分無茶だったと思うようなこともたまにはあった。ある名士の住宅に付随するガレージを新築するにあたって、屋根の防水工事のことでコッケイなことがあった。どんな理由だったか「コンナモノ防水工事ナンカイラナイ。コンクリートを鉄のように固く打てば雨はもらないだろう」というので、防水工事な

冬の木村産業研究所（2006 年撮影）

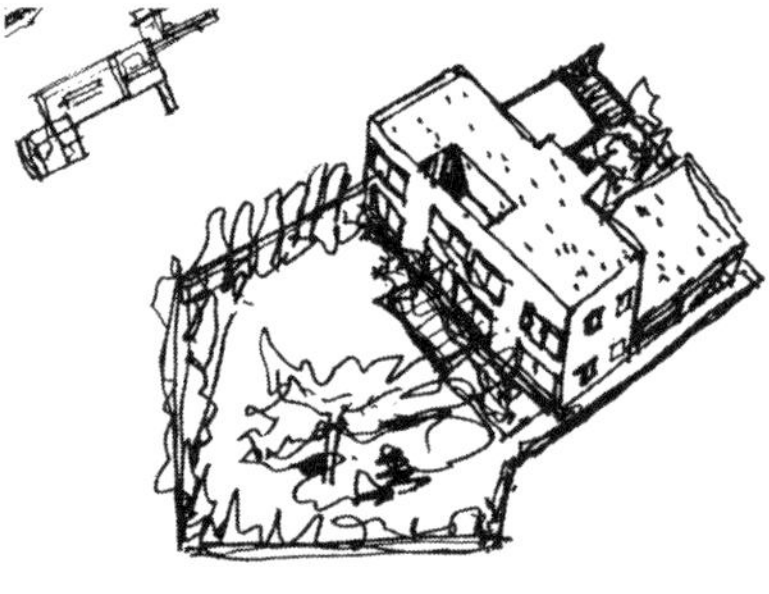
前川國男自邸（1973 年）のスケッチ

して仕上げをした。雨は全然漏らなかった。今でもおそらく漏っていないだろうと思われるが、若しか日がたってから漏りだして、その原因をオーナーが調べた結果、防水を施してなかったことが判ったらさぞ驚くことだろうと今更のように、当時の無茶を思い出すのだ(57)」

この証言からは、前川の建築技術への過信のほどがわかる。だが完成した木村産業研究所は、屋根や庇のない外壁は痛み、スチールサッシュは錆び落ち、屋上からの漏水にも悩まされて、あっという間に朽ちてしまう。そのことに関連して、英文の仕様書で当初の予定から変更された点は防水工事の保証期間で、十年とされていたものが五年に縮められている。この変更は、工事を担当した施工者が十年保証は不可能だと前川に進言し、それを受けた結果だと推測できる。また工事期間が六月から十二月までであり、冬の厳しさを前川が実感していなかったことも災いした。木村産業研究所は、竣工直後に冬の積雪や浸みこんだ水分の氷結など厳しい自然環境の予期せぬ試練をまともに受ける格好になってしまったのである。

こうして、弘前ではじめての建築を手がけたからこそ、前川は近代建築の技術的な脆弱性を痛いほど自覚することになったのだ。この技術への過信から遭遇した手痛い挫折は、前川の近代建築に対する考え方に決定的な影響を与えたのだと思う。その証拠に、前川が戦後に弘前で手がけた青森県立弘前中央高校講堂や市庁舎では大きな庇が設けられ、市庁舎増築や市立博物館の外壁には打ち込みタイルが使われ、緑の相談所や弘前市斎場では屋根が架けられていく。そうしたプロセスを見るだけでも、木村産業研究所の経験が大きな意味をもっていたことがわかる。

しかし、それでは前川は木村産業研究所を失敗作としてみなしていたのかといえば、必ずしもそうではなかった。というのも、晩年の前川が構想を温め、エスキースを重ねていた二代目となる鉄筋コンクリート造の前川國男自邸(一九七三年)のスケッチを見ると、そこには木村産業研究所とガルシュのヴィラの影響が変わらずに流れこんでいることが読みとれるからだ。前川にとって木村産業研究所は建築家としての出発点であると同時に、挫折と愛着の対象としてつねに立ち戻る原点でもありつづけたのである。

コンペ連続挑戦のなかで

明治製菓銀座売店

帰国後、二十五歳の前川國男がはじめて応募したコンペは明治製菓売店の本郷店の建築図案懸賞募集[58]（一九三〇年六―七月）である。当時の前川は不況下で職もなく、実家に居候しながら就職先を探す苦しい状況に置かれていた。そうしたなかでのコンペ初挑戦だった。しかも敷地は実家から至近距離の本郷三丁目交差点の角にあった。さぞかし精力を注いだにちがいない。審査員は恩師の岸田日出刀と渡辺仁、吉田享二、田村鎮、高橋貞太郎、佐藤武夫、久留弘文の建築関係者七名と明治製菓社長ら九名で、募集要項の参考平面図には「多少の変更差支なし」と記され、建築様式も「近代式の簡素なるもの」というシンプルな規定だった。結果は、約二百五十点の応募から一等に高梨勝重、二等に小野薫＋清水一、三等に谷口吉郎が入選する。その多くが装飾のない水平連続窓の「近代式」外観をもっていた。前川案はなぜ選に漏れたのか。戦後、その顚末を前川自身が次のように明かしている。

「私が最初に日本へ帰ってきて、日本でやったコンペチションは、本郷の明治製菓だった。（…）そのころは外国から帰ってきたばかりでまだ職もなし、小遣にも非常に困っていた。容器に入れろというのは紙の筒なんですが、文房具屋にいってきくと七十銭だという。それでそれは高いというので、その七十銭を倹約して、新聞紙にまるめて出しました。そうしたら中の暗号封筒を向うでなくしてしまったのです。それでね、一等になったそうですが作者不明というので、つまり、暗号封筒を入れろというのに入っていいないのは規則違反だというので失格してしまった。その時は、わずか三百円の賞金でしたが、本当の一文なし、お小遣にも困っていた僕にとっては大金だった。その時につくづくコンペチションの時だけは、金のことを心配してはならないということを本当に肝に銘じた。それ以後サラリーマンになってからは、一生懸命貯金してコンペチションにみんなはたいていたというのが実情です[59]」

コーヒー一杯の値段が十銭の時代だから、紙筒は二千円ほどだろうか。それを倹約したばかりに百万円の賞金を逃して失格となってしまったのだ。よほど悔しかったのだろう。前川はこの落選案を同年秋に開催された創宇社第八回

明治製菓銀座売店コンペ案透視図（1931年）

制作展に出品する[60]。残念ながら原図は現存しないが、前川の個人アルバムに屋上階の平面図と立面図、主要部詳細図を撮影した写真が残されている。それらによればこの案は参考平面図を大幅に変更し、二階と三階にバルコニーをとり、コーナーを曲面にして水平連続窓をめぐらし、屋上に庭園を設けるなどの工夫を施しながら、水平線を強調した流れるような外観をもっていた。失格になったとはいえ、手ごたえを得たコンペだったにちがいない。

この手痛い失格の後、前川が東京帝室博物館コンペに応募し、落選直後に挑んだのが、明治製菓銀座売店の建築図案懸賞募集[61]（一九三一年六―七月）である。審査員は渡辺仁、小林政一、佐藤武夫、岸田日出刀、森山松之介で建築関係者だけで構成され、渡辺、佐藤、岸田が前回に続いて審査をおこなった。応募総数は三百五十八点におよび、前川國男が見事一等に当選、賞金五百円を獲得した。佳作には、レーモンド事務所の同僚の天野正治と後に所員になり前川とともに独立することになる崎谷小三郎が入選する。おりしも銀座では、渡辺の設計した服部時計店が建設中だった。また、審査は東京帝室博物館に渡辺が一等に当選した直後におこなわれている。その渡辺が岸田とともに審査員となり、落選して「負ければ賊軍」を「国際建築」に発表したばかりの前川國男の案を一等に選ぶというめぐりあわせに

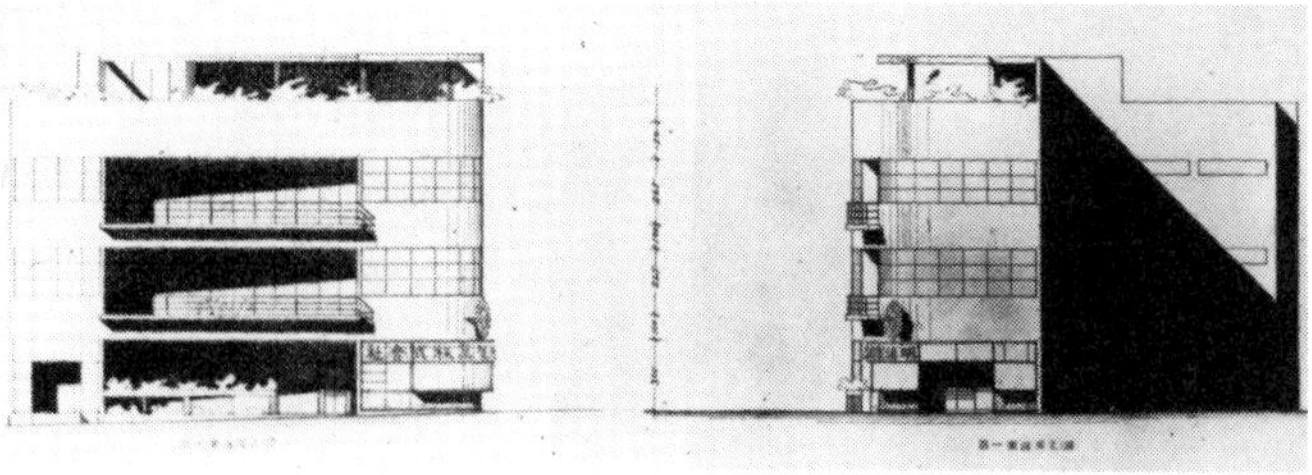

明治製菓本郷売店コンペ案立面図（1930年）

なったのである。この売店は、銀座通りに面した間口の狭く、奥行きの長い敷地に計画された。「計画説明書」の冒頭で前川は次のように記している。

「「単純」は「貧弱」に非ず。純な「平面」は建築家最大の苦闘を秘む。三十五尺七寸の間は最も貴重なるものなれば、極力之を活用せんとす。即ち本計画は全間口を硝子面として採光に百パーセントの能率を発揮せんとす[62]」

前川はル・コルビュジエに倣い、間口一杯にとられた水平連続窓を提案している。また、平面図も根本からつくりなおして改良を加えていた。

その特徴は一階の後ろ半分を一・五メートル持ちあげて中二階を設け、断面を変更して空間に変化を与えている点だ。そのことによって三階の床レベルも上がり、一階の天井高さを他の階に比べて高くすることができ、通りに面したファサードに象徴性が実現している。構造体については壁面から切り離された独立柱で建物を支える方法が採用されており、ル・コルビュジエに学んだ方法を自覚的に試みようとしたことが読みとれる。だが、前川案は一等に当選したものの、当時の慣例から実施設計は依頼されず、審査員の森山松之介の設計によって一九三三年一月に竣工する。竣工記事[63]には、「設計者・株式会社明治商店」、「特徴・仏蘭西ル・コルビュジエ式」と記載された。そして結果的にこの建物は、前川にとって戦前のコンペ当選案のなかで唯一実現した建物となる。

第一生命保険相互会社本館

この明治製菓銀座売店と木村産業研究所の建設中に続いて応募したのが第一生命保険相互会社本館の建築設計図案懸賞募集（一九三二年八—十月）である。審査員は中條精一郎、横河民輔、佐藤功一、桜井小太郎らであり、早稲田大学教授の佐藤を除き、いずれも在野の建築家から構成され、この時代にはめずらしく伊東忠太や武田五一など帝国大学の学者はひとりも含まれていなかった。また、募集規定[64]には「入選者十名に対し各賞金壱千五百円を贈呈」とあり、当選者に順位をつけないことにもなっていた。興味深いことに、このコンペでは参考平面図は添付され

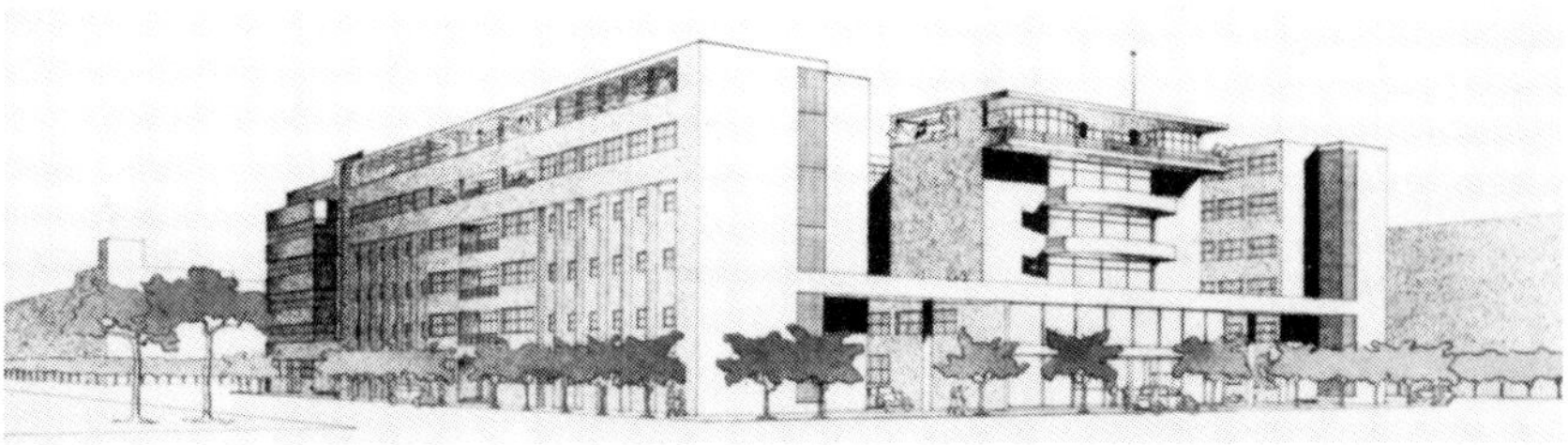

第一生命保険相互会社本館コンペ案透視図（1932年）

ず、所要室の面積表が示されただけだった。階数さえも「設計者の任意」とされ、「意匠」についても「落着あるもの」と「単純化を原則」と記されただけで、建築様式についてもまったく規定されなかった。これらの方針は、東京帝室博物館での議論からもうかがえるようにプランから自由に考えるコンペの実現を主張していた佐藤功一の提案によって盛りこまれたものにちがいない。しかしその佐藤も、コンペ結果の発表後には次のように記さざるをえなかった。

「プランとエレベーションとは不可分のものであるから、プランを与えてエレベーションを募集するなどというのは愚かしいことである、という言葉は理想論としては正しい。併し実際に於ては各種の条項を複雑にし、エレベーションがどんなによい意匠であっても、プランが悪かったために落選となり、プランが優れていてもエレベーションが左程のものでないために不合格となる。それよりは（…）確定したプランを与えて（…）姿図を募集するとした方が、キット懸賞でよい図案を得るという其主旨に叶うだろう[65]」

試みたがうまくいかなかったという正直な感想だ。背景には平面図と立面図がバラバラに扱われ、自由な発想を求めてもとまどうばかりだった当時の建築界の体質があったのだろう。結果は応募数二百六十あまりで、石原信之、吉武東里、松田軍平ら十名が横並びの入選案となる。ちなみにこの建物は結局どの案も採用されず、渡辺仁と第一生命営繕部長の松本與作の設計によって一九三八年に竣工する。

前川國男案は入選十案にも残らず落選する。それでも東京帝室博物館に続き、図面と説明書が建築雑誌で紹介された。説明書の「総論」で前川は次のように記している。

「近代日本の都市を建築上より観るならば、「様式」の雑然とした雑居は何人と雖も之を否定し得ないであろう。「欧米大都市に観られぬ殖民地的無節操振り。」と評されても悲しくも抗弁が見出せぬ。（…）過去の日本は確かに美しい建築を有っていた。あの無装飾清純極まりなき伊勢大廟の森厳な美しさは誰が之を否定し得よう。京洛の殿堂は言わずもがな、僻村の陋屋も亦余りに美しかりし過去の面影である。然らば我等も亦所謂国粋建築に駕して大ビルディングの頂上に破風屋根を冠らしめねばならぬであろうか(66)」

ここで前川は、近代日本の都市にみられる様式の混乱にふれたうえで過去の日本建築に言及している。興味深いのは、一九三三年のブルーノ・タウト来日前の段階で、伊勢神宮や京都御所、民家に好意的なまなざしを注いでいたことだ。これは後にふれるようにレーモンドの影響と思われる。前川はさらに次のような考え方を提示する。

「近代構造創生以来百年、悲しき人類の宿命は建築をも亦昨日の形を遂うて無明の闇に彷徨せしめた。然かも理智的な此の近代構造はその偉力の故に幸か不幸かローマが払った幾多の犠牲は之を救い得た。即ち様々な様式もこの建築の機能を盲いさせる事によって兎も角も再現もしくは模倣し得たのではあるが、近代日本都市の不幸は実に茲に胚胎したのであった。今日建築様式の混乱は恰かもルネッサンス末期の混乱が「不完全なる個人」の輩出によって醸された如く、各人各説の趣味建築によって招かれたのである。

過去の大時代の様式の創生は決して所謂「趣味」がその母胎ではなくその時代の材料技術の正直なる駆使によってなされた如く、今日の様式は今日の技術構造の赤裸々なる精神の流露に出発せねば永遠に確立さるる秋はあり得ない。即ち伊勢大廟の建築に溢るる日本精神、ゴチックを生めるゴチック精神にも比すべき近代精神若しくは近代的覚悟を以て今日の建築機能を解決せんとする努力なしには、光栄ある今日の建築様式の誕生は望み得ない」

前川は、近代構造の特性であるなんでもつくることのできる「偉力」によって、かえって建築様式が「各自各説の趣味建築」となって混乱を来したと指摘する。また、「趣味」という言葉からも明らかなように、伊東忠太に対する批判の意味も込められていた。そして前川は、「今日の様式」は「今日の技術構造の赤裸々なる精神の流露」に出発しなければ「永遠に確立」できないと述べている。しかし、それが具体的にどんな方法なのかについては前川にもつかめていたとは思えない。課題だけが見えていたのである。

前川案の発表された雑誌の誌面には、規定では求められていなかった空間の構成を示す「組織図」が掲載されている。それを見ると、事務室の規準となる構造と採光や換気など機能的要求にどう応えるのかという方針に従って平面と断面が計画され、立面はそれを素直に立ちあげてつくられたことがわかる。そしてこの案でも東京帝室博物館と同じく「閉じられたる中庭」を廃して通風と採光を確保し、交通計画についても明快な処理が施されたプランになっている。また、外壁仕上げは「白色又は灰白色タイル張り」とされ、石張りを基調とする重厚な他の入選案とはまったく異なり、軽快な印象を与える。おそらく前川は、募集規定に記された「単純化を原則とす」や、「自然の通風及採光に関しては充分の注意を加え、又西側の諸室に於ては電車の騒音と夕日の直射を受たる点を考慮し設計せられたし」という要求に対して、機能的に空間を構成することが最適解であると確信したにちがいない。しかし、その思いとは裏腹に、このコンペは外観デザインを求めるものにとどまったのである。後年、前川は次のような回想を述べている。

「当時自分のやった仕事をふりかえってみると、実に幼稚なことをやって恥かしい、よく臆面もなく出せたものだと考えているのですが、たった一つコンペチションにプランがつかなくなったというのは、どうも私の主張が通ったんじゃないかと、自分でうぬぼれているわけです[67]」

それでも、日本の建築界において自由な空間構成を求めるコンペの方法をめぐる議論は続いていくことになる。

東京市庁舎

前川のコンペ挑戦はさらに続く。東京水交社本館（一九三三年十二月―三四年二月）に入選（一等なしの上位五案）、日本タイプライター社屋（一九三四年三月―五月）でも佳作入選を果たした後、レーモンド事務所時代の最後に応募したのが東京市庁舎の建築設計図案懸賞募集（一九三四年二月―五月）である。この建物は東京月島の広大な埋立地に計画されたが、敷地の選定をめぐって建築学会長の佐野利器が新聞に反対意見を発表して紛糾、コンペ後に計画そのものが頓挫したため、結果的には実現しなかった[68]。ちなみにこの埋立地は、その後一九四〇年に開催が予定されていた日本万国博覧会の敷地となっていく。審査員は伊東忠太、武田五一、中條精一郎、佐藤功一、小野二郎（東京市技師）であり、伊東、武田、佐藤の三人は東京帝室博物館の審査以来はじめてふたたび顔を合わせたことになる。

注目されるのは、伊東と武田が審査に加わったにもかかわらず応募要項に参考平面図は添付されず、建築様式も指定されなかったことだ。かわりに「各室所要床面積」と「各室連絡関係参考図」が与えられ、「応募者は市庁舎に於ける各局、課其の他の機能を十分に考慮し是等の配置と出入及通路の関係に依る動線の合理的計画に留意すべし」と但し書きされた。また「建築面積及階数は任意」、「建築形式」も「建築の表現の形式は随意」とされて、空間構成から外観のデザインまですべてが応募者の自由裁量となったのである。ここには先の第一生命コンペの方法をさらに進

東京市庁舎コンペ案透視図（1934年）

化させようとした佐藤功一の働きかけがあったのだろう。結果は百七十一の応募案から宮地次郎が一等、吉川清作が二等、前川國男は三等に入選する。

前川案は市議会や市長助役室、会議室などの主要部と一般事務関係諸室の一群とに建物を構成する要素を大別し、前者を中央に、後者を両翼に集めて全体をH型の平面にまとめている。プランそのものは東京帝室博物館の応募案とよく似た形である。しかし透視図に顕著なように中央には塔が建てられ、外観はクラシックな表情であり、まったく異なる印象を受ける。説明書によれば、前川は市庁舎に「精神的象徴性を具現」するために塔をつけたという。また均等に配置された柱と梁を素直に外観に表現し、そこに生まれる「健康にして赤裸々なる釣合の美」と「無技巧の技巧」によって「構造原則」の「表現」を見いだそうとする。そして黒と灰色に使い分けた花崗岩や鉄平石で柱と外壁を覆い、窓枠も黒いスチールとすることで建物全体を重厚で端正な印象にまとめあげようと試みたのである。ここには東京帝室博物館から約三年、レーモンド事務所での実務経験から学んだことによる考え方の大きな変化があったのだと思う。説明書の「建築意匠」という項目には、そのことをうかがわせる次のような文章が記されている。

「日本の建築が所謂「様式建築」の域を脱せざる中は真の日本建築を確立する事は絶対に不可能であるとの信念の下に本建築計画を進むる事に最大の努力を尽せるものと確信す。

即ち今日の技術が吾人の許容する凡ゆる可能性をその本質的特質を害ふ事なく駆使し提出されたる設計課題を凡ゆる意味に於て合理的に解決せんと努力し、同時に今日の所謂新興建築がその青年的客気の故に犯しつつある幾多の重大誤謬を絶対に忌避せんと努力せり[69]」

ここでは、「無思想建築」である「様式建築」だけではなく「新興建築」にも批判が加えられている。技術的裏づけをもたない「新しき美しさ」では「気紛れの建築」となると警戒していたのである。前川には新興建築が浮わついた流行に陥りつつあることへの危惧の念があり、原理へ立ち戻ることが大切だとの認識があったにちがいない。当時を回想した戦後の前川のインタビューが残されている。

「私はコルビュジエのところから帰ってレイモンド事務所に四年おったわけです。でレイモンド事務所にいて、パリで修業してきたのだということで大体向こうでやったような構造というか、そういうことをやろうと、ずいぶんプランだけは書いたのですが、どうもうまいこと実現しないわけです。

その実現しない理由は、日本の技術水準というか、技術の基礎がヨーロッパと全然違うために実現しない。例えば、近代建築においてパーチションはフリーなんだ、ファッサードはフリーなんだというたい文句があるわけです。それをやろうとするわけなんですが、現場にぶつかってみますとなかなかそうはまいらん。というのは、端的にはヨーロッパの当時の普通の建築は日本と違いまして、コンクリートを打ったとたんにスラブがで、上も下も平にできるわけです。(…)だからパーチションがフリーだといえば、まことにフリーにゆく。(…)そういう普通の仕事が日本では伝統がありませんから、普通にコンクリートでスラブを打つと、梁などみんなでっぱるわけです。そうするとパーチションはフリーだフリーだといっても、フリーにするのは大変です。(…)どうもこれはおかしいぞ。様子が違うぞということを感じたわけです。

それでたまたま東京市役所のコンペチションにぼくは応募したのですが、その時私は、オーギュスト・ペレーのシステムでデザインをしたのです。(…)窓わくなどに相当プレキャストコンクリートを使って、そしてある意味で相当クラシックなファサードをもった建築です。つまり、そうしましたら堀口(捨己)さんに怒られまして「お前もわざわざパリまで勉強に行ってこんなことをやるようじゃ、もう駄目だ」とやられたわけです(笑)。(…)私はどうもヨーロッパ流にモダン建築をやろうとしてもうまくいかん。技術的な基盤が非常に違う、ということを痛感したわけです。それでペレーあたりまで後退して出直さなければ駄目だという実感をもっていたわけです。あれは妥協でもなく、佐野(利器)さんにオベッカを使ったわけでもない、そういう意味でやったのですが、どうしても堀口さんにはそれがわかっていただけないで叱られた」[70]

前川は、日本の技術水準ではル・コルビュジエに学んだ自由な空間の実現はむずかしいので、単純なコンクリートの柱と梁とその間を埋めるプレキャストコンクリートの構成によるペレーのクラシックなファサード表現にまで立ち戻って近代建築を原理的に組み立てなおそうとしたのだ。この変化にはレーモンド事務所での経験が影響したのだろう。このコンペを手伝った崎谷小三郎も、レーモンドの書棚にはペレーの写真集がうず高く積まれ、前川はレーモンドからペレーのことを教えられたと証言している。[71] また崎谷は次のような証言を残している。

「前川さんはコンペに要求されている部屋の面積を描いた紙をバラバラに切り離して、それを組み合わせながら、プランを練り上げていく方法を取っていた。(…) このコンペは前川さんと自分の二人で作ったものである。パースは前川さんが描いた。プランに影をつけたのも前川さんで、とても新鮮だった。三等だったが、とても評判が良く、資生堂の二階で展示会があって、たくさんの建築家が見に来た。そのコンペが終わった後、前川さんの口添えでレーモンド事務所に入ることになる[72]」

ここには、前川が与えられた参考平面図を破棄し、プランを一から組み立てなおすためにどのように作業を進めたのかが語られている。また前川が堀口に叱られたのは、資生堂で開催された展覧会での出来事だったこともわかる。

所員としての仕事

大阪聖母女学院ほか担当物件

一九三〇年八月、前川國男は東京海上ビルの六階にあったレーモンド建築事務所に勤めはじめる。当時アントニン・レーモンド（一八八八—一九七六年）は四十二歳、一九一九年の大晦日に帝国ホテルの設計助手としてフランク・ロイド・ライトに伴って初来日してから十年、みずからの事務所を構えてから七年、少壮の建築家として精力的な設計活動を展開していた。そんななか前川を迎えた先輩所員の杉山雅則は、初対面の印象を次のように記している。

「或る日、レーモンド事務所にフランスから還って来たばかりの若かった君が、明治製菓の懸賞設計図案だかを携えて、登場して来た時の印象は、さながら、歌舞伎の舞台に現われた、若武者振りを偲ばせる颯爽たるものだった。（…）当時ようやく日本でも、コルビュジエの作品が認識され、若い建築家達の間で騒がれていたが、レーモンド事務所での僕達も、其の前オーギュスト・ペレーの事務所から来て、聖路加病院などの設計を数年間、一緒にやったファイヤスタインが巴里へ帰った後なので、彼がレーモンド事務所にいる間、ペレーを研究し、その佳さを識ると共に、コルビュジエの新しい作品に魅かれていた所なので、僕達は君に一層期待と興味を持っていた。その君はその時、コルビュジエ建築の持つ、新鮮さ、瀟洒さを君自身の性格や容貌、服装に持って、私達の前に登場して来たのだった」[73]

前川が持参した「明治製菓の懸賞設計図案」とは、先にみたように失格となった本郷店にほかならない。コンペの締切日が一九三〇年七月三十一日なので、前川がレーモン

レーモンド「夏の家」での前川國男（1934年ごろ、杉山雅則旧蔵資料）

銀座の教文館ビル5階のレーモンド事務所にて。前川國男（中央）の右隣に
レーモンドと杉山雅則。手前にジョージ・ナカシマと吉村順三（1934年ごろ）

ドを訪ねたのは八月初旬のことだったのだろう。この証言からは当時の事務所の雰囲気が伝わってくる。レーモンドも後年、自伝のなかで次のように回想している。

「日本においては、私はコルビュジエの影響を受けた最初の建築家であったと思う。それは一九二四年、東京の霊南坂の家にあらわれた。つまり日本と、コルビュジエの両影響の組合せであった。（…）一九三〇年初期に、朝霞に建てた東京ゴルフ・クラブは、私のコルビュジエによる影響が最高にあらわれたものであった。（…）ル・コルビュジエの高弟、前川國男は（…）コルビュジエのもとで働いた後、数年間私の事務所に入った。もちろん彼の仕事も、私の事務所の中にコルビュジエの影響を与えることになった[74]」

レーモンドが一九三五年に出版した作品集[75]や建築雑誌、前川の回想などから、前川が在職中に担当した建物についてはおおよそ特定できている。ここでは、そのおもなものについてみておきたい。

（1）聖母女学院及び同小学部、一九三〇年（一九三二年竣工）

前川は、晩年におこなわれたロングインタビューのなかでレーモンド事務所時代について次のように回想している。

「レーモンドでやった最初の仕事は、香里の高等女学校だったな。（…）プランをやったんだけど、それが気に入られなくてね、むこうに。それで多少手直しして、いま建っているのがそうだ[76]」

「香里の高等女学校」とは京阪本線の香里園駅にほど近い丘の上にある大阪聖母女学院のことを指している。また、レーモンド事務所には前川が描いたと思われる初期の平面図が大切に保管されている。図面表記はすべてフランス語で、これは聖母女学院が一九二一年にフランス人の修道女によって創立され、計画当時もフランス人によって運営されていたからだと思われる。さっそく、フランス帰りの前川の語学力が役に立ったのである。平面図からは、北側の正面玄関を入ると、南北方向にまっすぐに伸びる中央の廊下を中心軸として校舎群が左右に枝分かれするような形で構成されていることが読みとれる。手前の東側には高等部の教室群三棟が張り出し、西側には体育館がとりつく。さらに、奥の東側には小学部が中庭を囲む形で配置されている。この図面を描いた後、前川がどう設計に携わったのかは不明であり、この平面図と見合うような立面図も現存しない。けれども建設工事の起工が前川の入所からわずか六ヵ月後の一九三一年二月[77]であることから推察すると、この図面をもとに所員が総力をあげて急ぎ実施設計を進めたのだろう。竣工時に記された次のような杉山の文章がある。

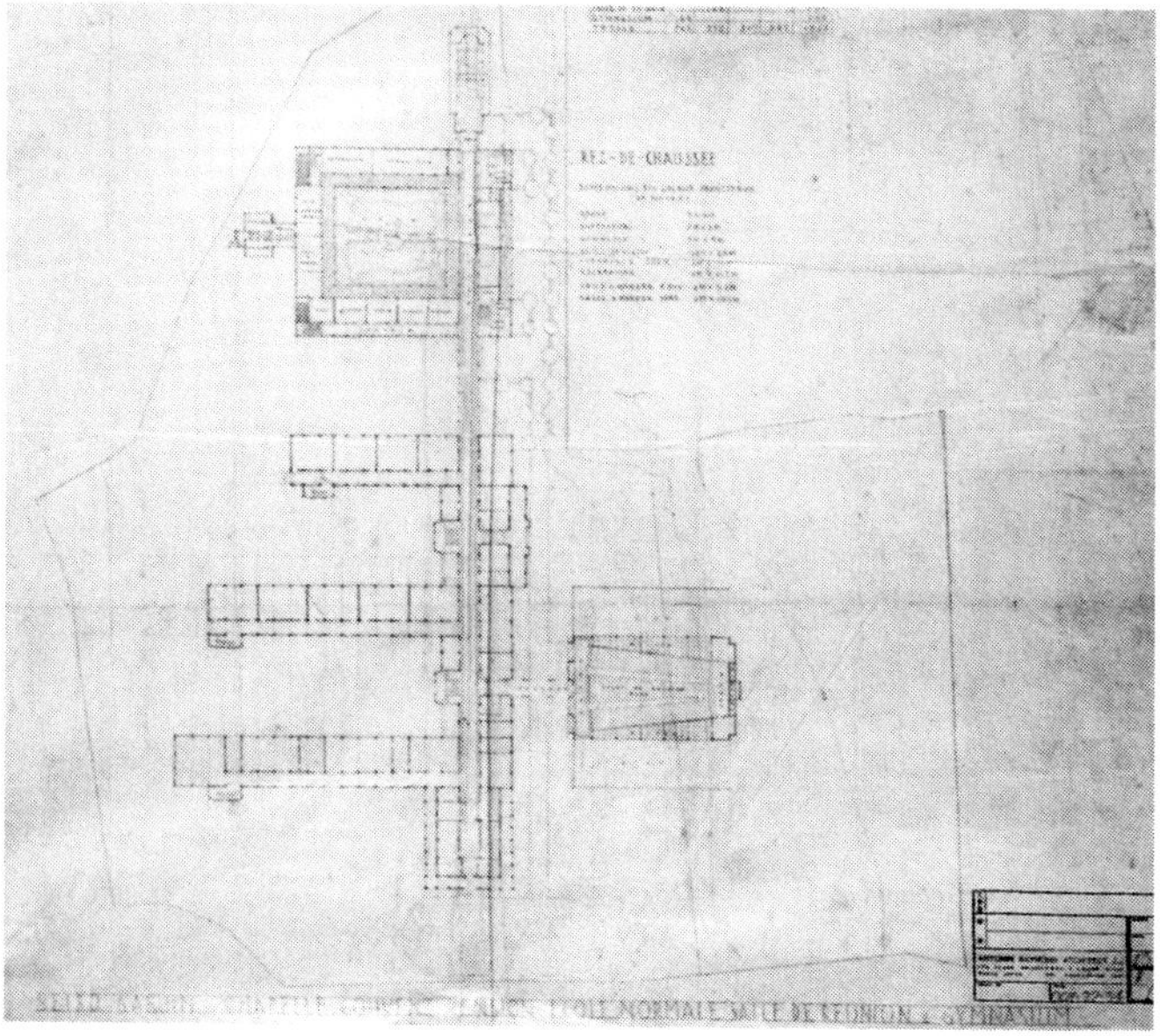

聖母女学院初期平面図(1930年、レーモンド設計事務所蔵)

「当初、教務部及女学校校舎の設計は所謂コンクリート様式のスケッチを提案したが承認に至らず、少し窓などの構成を変え装飾をつける事にした。此の場合もMr. Raymondは懸命に第一案を推したが同意を得るに至らなかったと聞く。自分達も意匠及仕事への潔癖から大変残念に思ったが、今観れば此の少しの飾りは少女の質素な髪飾りのリボン位に思えて少しも気にならず、却て此の学校の気持を表示している様に惟えるのも愉快だ」(78)

杉山の証言する「コンクリート様式のスケッチ」こそ、前川の描いたものだった。たしかに完成した建物のプランはほぼ原案どおりだが、竣工記事に「現代風加味するスパニッシュミッションスタイル」と表記されたとおり、外観は装飾のある折衷様式にまとめられた。

(2) フランス大使館増築並びに改装、一九三〇年(一九三三年竣工)

前川は続いてフランス大使館の改装と増築の仕事を担当する。やはり晩年のインタビューに前川の次のような発言が残されている。

「それから何をやったかな。そう、フランス大使館をやった。(…)リモデリング(改造)だ。(…)そのころだね、ガラスの問題とか、コンクリートの問題とか、いろんな問題にぶつかって、ああ、これはなかなかむずかしいなっていう気持になったのは。つまりガラスなんてのはね、国産のガラスじゃ大きなものがない。(…)ベルギーのガラスで汽車の窓に使うガラスが相当入っていたんだね。(…)舶来品だけれども、やっぱりゆがんでいるんだね。だから実際には、ガラスを全部持ってこさせて、ゆがみを調べて、いいのだけを選んだわけ。そんな状況だった。それと、スティール・サッシュというのがまたむずかしかったんだよ。（…）上等のものはなかった。いいものとなると、手づくりでやるほかないんだから」[79]

上・フランス大使館（1933年）。
下・東洋鋼材事務所（1931年）

また外観については前川が「建物自体は、レイモンドの、何て言ったらいいかな、一九二五年ころのフランスのデザインだね。クラシックでもないけど、モダンでもない。ちょっと風変わりなデザインだった」[80]と述べているように、この仕事でも前川の自由になるようなものではなかった。

前川がこの建物で何を担当したのかは特定できない。しかし計画のスタートが前川の入所した一九三〇年、鉄筋コンクリート造の増築部分の工事期間が一九三一年十二月から一九三三年三月まで[81]であり、この期間は、先にみたように第一生命のコンペや木村産業研究所を手がけていた時期とそのまま重なる。その意味でフランス大使館で木造の改装と鉄筋コンクリート造の新築を計画から現場監理まで担当した経験は、前川にとって近代建築を支える工場製品や施工技術についての認識を格段に深め、そのむずかしさを痛感する貴重な機会になったにちがいない。

（3）東洋鋼材（旧・日本鋼材）事務所、一九三〇年（一九三一年竣工）

不思議なことにこの建物は、唯一前川の名前で書かれた次のような文章とともに建築雑誌に掲載された。

「「地道」困難な言葉である。新建築運動とは建築の最も地道なもので従って、そんなに華やかなものでも新奇なものでもあるべき筈がない。此に掲げた日本鋼材の事務所は

上・東洋オーチスエレベーター工場（1932年）。
下・東京ゴルフクラブ（1932年）

その地道な奴の一例である。現代建築此に極まれりとは云わない。此に始まるのである。やいのやいのと提灯もって今更騒ぐべき何者もない。ただ素直に地道に兎もかく建ってくれた事が嬉しい」[82]

　この文章からは、近代建築が実体として建ちあがったことへの素直な喜びが感じられる。前川にとってル・コルビュジエのアトリエでは味わうことのできなかったはじめての施工経験となったのだろう。また作品集には、おそらく前川が記したであろう次のような説明文も掲載されている。

「最も経済的なる恒久的、耐震、耐火構造を根本観念とせり。使用材料は同社の直接管理のもとに製作さる。基礎コンクリート連続壁は窓台の高さまで達し、鉄骨柱は全然壁体より分離しスチールサッシュの方立による連続窓を可能ならしむ」

　この説明文からもわかるように、建物は窓台までを基礎の延長として鉄筋コンクリートでつくり、その上に鉄骨の柱から持ち出した梁で支えられたスチールサッシュの方立による連続窓を四周にめぐらすというシンプルな構成からできている。連続窓はル・コルビュジエの「自由な立面＝フリー・ファサード」を意識して試みられたのだろう。

（4）東洋オーチスエレベーター工場、一九三二年（一九三二年竣工）

　続いて前川が担当したのがこの工場である。やはり晩年のインタビューのなかで次のように述べている。

「ぼくは鉄骨の図面を描くのは好きだったんだよ。好きだっていう意味は、きちっとセクション（断面）が揃うだろう？　ああいうところがなかなかおもしろくてね。レイモンドのとき、オーティスのエレヴェーター工場なんかをぼくは手伝ったんだけど、おもしろかったね。鉄骨そのもの

が剝き出しになって」(83)

作品集に掲載された説明図からも読みとれるように、前川は東洋鋼材で開発したスチールサッシュのディテールを改良したのだろう。作品集には次のように記されている。

「最も有効的なる、チェーンシステイム工場にして工場自体工場技術者の協力の下に作り上げたる一箇の機械なり、本設計の根本要旨は、日本鋼材株式会社のそれとほぼ同一にして、理想的衛生条件を具備せり、非常なる軟質地層に建設されたるため基礎工事経済化は、必然的に軽量構造に重点を置かしめたり」

相馬子爵邸計画模型(1932年)

「一箇の機械なり」という言葉からは、ル・コルビュジエの「住宅は住むための機械である」が連想される。

(5) 東京ゴルフクラブ、一九三一年(一九三二年竣工)

この建物は、先にふれたようにレーモンドの仕事のなかでル・コルビュジエ風のデザインが施された最大の建物だった。竣工した一九三二年がル・コルビュジエのサヴォア邸の翌年であることを考えると、いかに当時のレーモンドが同時代の近代建築の最前線を意識し、誰よりも早くみずからの手で実現してみようと意気込んでいたのかがわかる。建物は内外ともに白い壁で統一され、吹き抜けとバルコニーをもつ談話室を中心に構成された室内と大型のスチールサッシュやプリズムガラスを用いた外観の、それまでのレーモンドにはなかった新しい形のものだった。この転換には、チーフの杉山雅則のもとで設計に加わった前川の存在が大きく働いたにちがいない。また作品集にも、「整然と構成されたる自由な平面計画」と記されており、ル・コルビュジエの方法を意識していたことが読みとれる。

(6) 相馬子爵邸計画、一九三二年(計画のみ)

こうしたいくつかの建物を通して、前川は仕事にも慣れ、レーモンドからの信頼を得ていったのだと思われる。相馬子爵邸を任されたのもそうした結果なのだろう。事務所の先輩所員だった中川軌太郎が次のような回想を残している。

「仕事の面では、あの当時レーモンド事務所は大して目立つ仕事はなかった。それでもオフィスビル、住宅、工場等の数は相当多くこなした。中でも私の記憶に残って居るものでは、彼(前川)が担当した相馬邸の鉄筋コンクリート二階建延五百坪近くもある住宅は、モノもよく、デザインもモダンな作品であったが、施主が他界されたために、実

スリ・オーロビンド僧院宿舎模型（1935年、杉山雅則旧蔵資料）

施できなかったことは残念であった(84)」

前川の意気込んでいた様子が伝わってくる。作品集に掲載された図面や模型写真は他のページとは明らかに異なる印象があり、いずれも前川がみずから作成したものだと思われる。また、吹き抜けやスキップフロアを設けることで空間にリズムと変化がつくりだされていること、一部の開口部については、ル・コルビュジエと同じく水平連続窓がとられてコーナー部分にもまわりこんでいることなど随所に前川のもちこんだと思われる方法がみられる。建築を空間構成として理解し、統一的にデザインすることを徹底して試みようとした前川の姿勢が伝わってくる。

（7）フォード自動車組立工場計画、一九三四—三七年（計画のみ）

この工場は総工費七十五億円を予定したレーモンドにとって最大規模となる計画だったが、日米関係の悪化から実現されなかった。自伝に掲載された透視図には、鶴見川に沿って建つ全面ガラス張りの清新な建物が描かれている。また自伝には、すでに基礎工事が始まっていたにもかかわらず「それも遺棄しなければならなかった」とレーモンドの無念な思いも記されていた。

（8）スリ・オーロビンド僧院宿舎、一九三五年（一九四二年竣工）

戦後のインタビューに前川の次のような回想がある。

「私がレーモンドの事務所でやった最後の仕事は印度のポンディシェリーに建てるオロンドゴス聖人の弟子のアパートです。そのスケッチを描いて、基本計画を立てました(85)」

この前川の言葉どおり、レーモンド事務所には、二百分の一の平面図と立面図、五十分の一の詳細図から構成された基本設計図と模型写真が残されている。署名は確認できないが、おそらく前川がレーモンド事務所で描いた最後の図面だと思われる。プランは片廊下の居室が並ぶふたつの棟が中央でずれてつながり、敷地を斜めに横断する形で構成され、一階の足元はピロティになっている。また立面図と断面詳細図には日差し除けのルーバーが描かれており、通風と遮光が配慮されていたことがわかる。実際の建設にあたっては、前川の独立後、同僚だったジョージ・ナカシマ（一九〇五―一九九〇年）が後を引き継ぐ形で、一九三七年にインドの現場へと入っている。

レーモンドに学んだもの

こうして前川はル・コルビュジエのアトリエとは大きく異なり、施工までを含めた近代建築を組み立てる道筋や方法について具体的な経験を重ねたのである。しかし前川がレーモンドから学んだのは実務上の知識だけではなかった。そのことを知る手がかりとなるのが、一九三五年六月に出版された『アントニン・レイモンド作品集 1920-1935』である。この作品集には著名な歴史家のエリー・フォールとレーモンドと夫人のノエミが共同執筆した文章が巻頭に掲載されており、そのいずれの翻訳も前川が担当していた。

エリー・フォールは、ル・コルビュジエの「様式」は「建築」にとって無縁の衆生にすぎず」という言葉を引用したうえで日本の建築家に伝統の根本原理へ立ち戻るようにと説いている。またレーモンド夫妻の原稿にも、日本の伝統文化にみられる根本原理に魅せられたという言葉が記されている。この翻訳という作業を通して前川は日本の伝統への視点をみずからのものとしていったにちがいない。おりしも一九三三年の座談会のなかで川喜田煉七郎は完成直後のレーモンドの夏の家にふれ、前川を含む「大勢の弟子達」と車で「日本の民家」を見てまわり、「日本の工芸品」を「採取」するレーモンド特有の「ロマンチシズム」を「いい態度だと思う」と述べていた[86]。

後年、中川軌太郎を追悼する文章のなかで前川は次のように記している。

「当時のレーモンド事務所は小型ながらまとまりのよい、ピーンと一本筋金の入った小気味のよい雰囲気に溢れていたものでした。外国から帰ったばかりの東も西もわきまえぬ私はこうした雰囲気の中で、中川さんはじめ事務所の先輩諸君に建築の実務を学び、建築家の職能的なモラルを訓えられました[87]」

前川は、レーモンド事務所ではじめて設計の実務を実践的に学ぶことができた。また、レーモンドの日本へのまなざしに誘われて伝統に対する視点も獲得できたのだろう。しかし、フォード自動車工場の計画が進んで順風かと思われた矢先、戦争へと向かう日米関係の急激な悪化によって事態は暗転する。前川の次のような回想がある。

「そんなに早く独立しようとなどと夢にも思わなかった。しかしいろんないきさつでレイモンド事務所が具合が悪くなった。具体的に言うとフォードの自動車工場をやるので、ぼくは相当人数を集めさせられた。（…）ところが自動車工業法案もいよいよ成立して、フォードの自動車工場は見込みがなくなった。そうするとせっかく事務所を大きくしたがどうにもならない。首切り問題が起こった。それで首切りしなければ三割どうしても減俸しなければダメだという結論になったので、それならぼくが急遽集めた人たちをくびにしなさい。ぼくもいっしょに事務所を出るといってぼくは事務所を出たわけです。(…)その頃小さな森永の仕事をぼくはもっていたので、ぼくは手ぶらで出るわけにもいかんし、退職金もない。それじゃその仕事だけはぼくがもって出ますといって出た[88]」

仕事の中止によって、前川はみずから事務所に誘った部下たちの解雇という事態に直面し、その責任をとって独立を決意したのである。わずか五年で前川を見送った杉山は次のように振り返っている。

「満州事変が始まった頃、君は二、三人の人達と、レーモンド事務所を去って、独立して事務所を持つ事になった時、何とも複雑な気持で君を送ったのを記憶している。それは君の才能に対する信頼と共に、年令の若さに対する危惧を持ったからだった[89]」

こうして前川は、レーモンド事務所の部下三人、田中誠、崎谷小三郎、寺島幸太郎とともに一九三五年九月三十日に退所する。三十歳だった。

III　独立後の挑戦

森永キャンデーストアー銀座売店

乾式構造を試みる

前川國男建築設計事務所は一九三五年十月一日、前川國男、田中誠、崎谷小三郎、寺島幸太郎の四人で設立されてスタートする。場所は、レーモンドの設計で彼の事務所が入っていた東京の銀座通りに面した教文館からわずか一〇〇メートルほどの距離にある銀座商館の五階の一室だった。[1]ちなみにこのビルは、教文館と同じく関東大震災の復興期に建てられた鉄筋コンクリート造の耐火建築だったが、太平洋戦争下の空襲によって内部を焼失してしまう。しかし戦後に改装を施され、名古屋商工会館という名称で二〇一五年に取り壊されるまで長く使われてきた。

前川自身の回想によれば「ちょうど部屋が一つ空いているから、あそこを使いなさい」という知人の好意から転がりこむことができたという。[2]また前川は三年後の一九三八年に土浦亀城の設計した野々宮アパート(一九三六年)でひとり住まいを始めることになるが、それまでの間はレーモンド事務所時代と同じく本郷の実家から通う形だった。[3]そして森永キャンデーストアー銀座売店たったひとつをもっての独立という厳しい出発となったのである。

この仕事は、崎谷小三郎の証言によれば当時の森永製菓の宣伝部長が前川の同級生だったことから設計依頼を受けたものだという。[4]しかしその内容は、前川が「バラック商店建築の改造」[5]と自嘲的に記したように既存のレンガ造を鉄骨で補強し、木造と組み合わせて改造するというささやかな改修にすぎなかった。しかも製菓会社の売店としてその年の暮れのクリスマス商戦に間に合わせるという時間的

森永キャンデーストアー銀座売店（1935年）。銀座通りに面した正面外観

森永キャンデーストアー銀座売店、表通り側の2階喫茶室

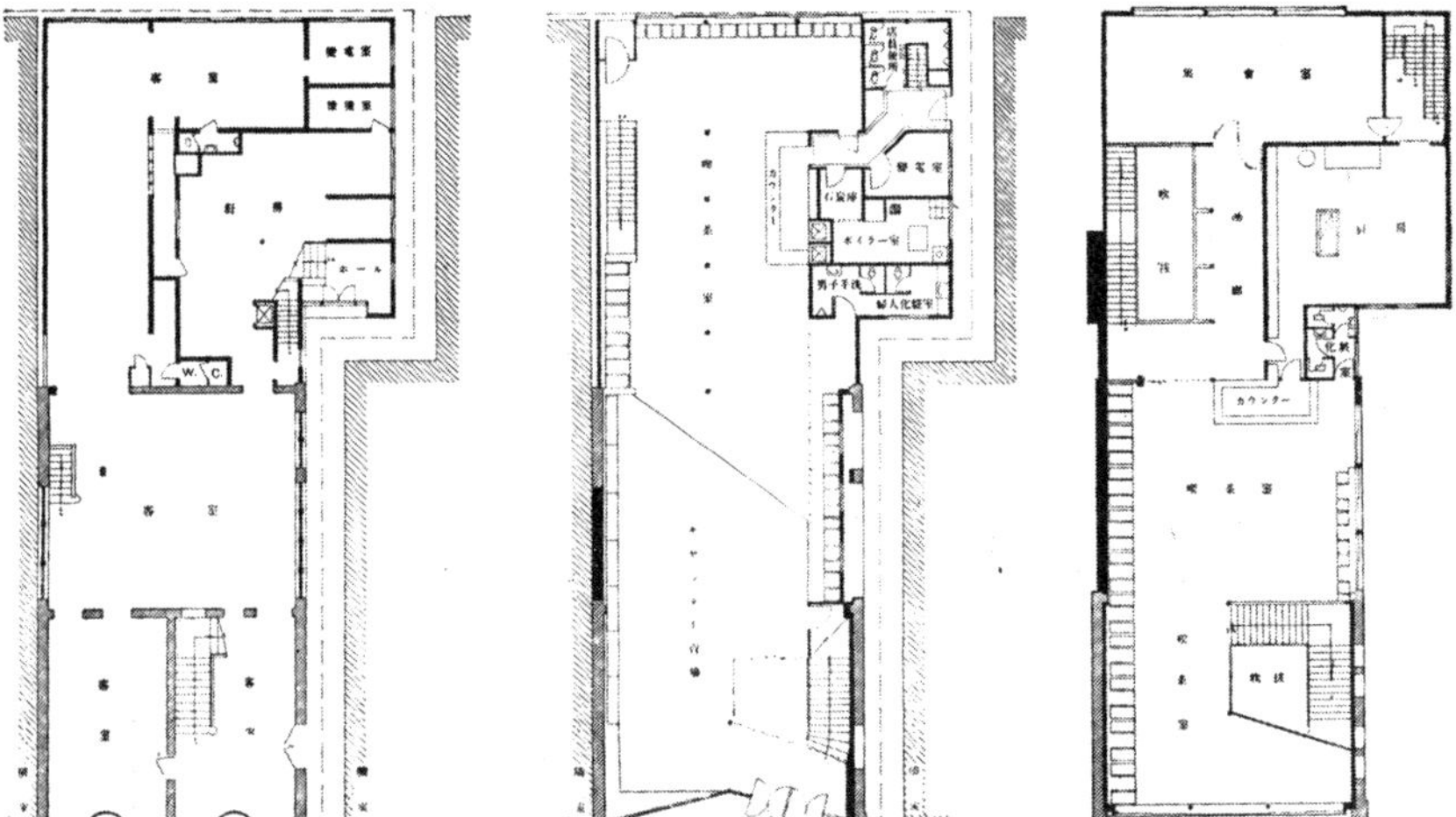

改修前（「カフェ・タイガー」時代）の1階平面図（左）、改修後
（森永キャンデーストアー）の1階平面図（中）と2階平面図（右）

森永キャンデーストアー銀座売店、2階集会室

にも厳しい条件も重なっていた。あわただしく進められた設計作業の様子は、竣工直後の建築雑誌に示された「十月二日施工図面開始、予算プログラム決定、十月十八日起工、十二月十五日引渡、十二月十七日開店、図面数約五十枚、工期五十五日」という記述からも読みとれる。[6] けれどもこの独立後第一作の建物は戦前に前川が意識的に取り組んだ唯一の乾式構造であり、第一作だからこその設計活動の原点を象徴している。前川の没後に発行された追悼文集に田中誠の次のような証言が残されている。

「煉瓦造の隣家との隔壁を残した儘、鉄骨木造組合せの一部三階の二階建、旗上げの仕事としては、あまりぱっとしないものではあったが、われわれに与えられた唯一の仕事であり前川さんの意気込みは大へんなもので、木造の窓枠やショップフロントの現寸、タイルの見本焼から目地割に到るまで、決して人任せにしなかった。クリスマスに間に合せるべしとすべてが急ピッチであった。幸い現場と事務所とが近かったので、図面も時には原図の儘現場に持込み、工事側に説明直ちに施工に移すと言う有様であった。私は殆んど徹夜の続く現場の方に居た。色々とトラブルはあったがやっと内装が始まった頃の或る日のこと徹夜の工事場をあとにして、「じゃあ又明日」と前川さんと別れた時は夜も可なり更けていた。ところが私は途中で何事か指示を忘れた様な気がして思い切って引返した。現場は勿論盛んに仕事をしていたが、何とつい先刻別れたばかりの前川さんがその煌々と明るい電灯の真下に立っているではないか、私を見ると「余り神経質になるなよ」と笑った先生だが、こんな風に僕たちを帰らせておいて時々自分は現場に引返していた様である。図面が現寸の立体として建築に変って行くその過程を自らの目で確かめたいという執念の様なもの、これはその後幾十年いつも変らぬ前川さんの気性であった(7)」

この田中の証言からは、前川が若い所員への気遣いとともに、いかに建築のつくられていく現場とディテールにこだわり、「図面が現寸の立体として建築に変って行くその過程を自らの目で確かめたいという執念」をもっていたのかが伝わってくる。前川も竣工後、設計の経過と問題点をまとめた工事報告書とでもいえる文章(8)を書き記している。前川の残した文章のなかで乾式構造に詳しくふれたものは他には見当たらず、当時の建築界で乾式構造についての議論がさかんに交わされるなかで、前川もこの仕事を通してみずからの考えを述べ、そうした議論に積極的に加わろうとしたのだろう。前川は、まずなぜ乾式構造を採用したの

「カフェ・タイガー」銀座通り側外観

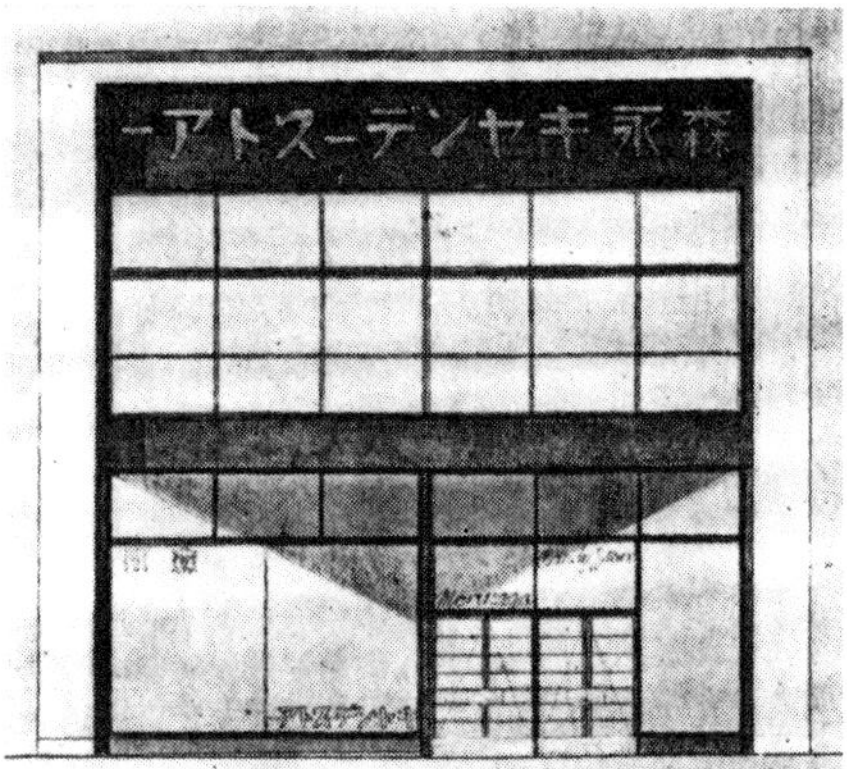

森永キャンデーストアー銀座売店、立面図

かについて次のように書きはじめている。

「バラック建築の改造は甲種防火地域に於ては修繕と云う名目である。屋根等大ピラにやり直す事は許されない。二軒三軒の建物をいつのまにか家の壁を取除いて屋根を継ぎ合せて一軒の家として使用している。よくまあ之で雨が漏らないものだと感心させられる。然し工事中に雨が漏らなかったからと云って安心は出来ない。雨には漏らなくても雪には漏ると云う手もある。(…)折角キレイに漆喰天井を塗り上げても飛んでもない雨漏でもあったが最後甚だ不体裁な汚点でも残されて建築家が濡衣を着せられるのがおちであろう。設計計画には此等の事も充分予想されねばならない。修繕の容易、施工の迅速と云う点から考えれば当然乾式構造に落ちつくのである」

　文中の「雨には漏らなくても雪には漏る」、「キレイに漆喰天井を塗り上げても飛んでもない雨漏でもあったが最後」というフレーズはデビュー作の木村産業研究所を暗に指しての記述だと思われる。木村産業研究所では、主要な室内の壁と天井は現場での左官工事による漆喰で仕上げられていた。しかし竣工直後の建物は雪深い厳しい冬の試練に遭遇し、屋上からの漏水によって早々に汚れてしまっていたと想像される。こうしたみずからの失敗もあって前川は、この事務所設立後の第一作では在来工法に比べて多少工費はかさむものの、竣工後の不測の事態への対応が簡単で工期も短縮できる乾式構造が適していると判断したのだろう。また、そこには均質で安定した工業化製品を現場で組み立てていく経済的で合理的な乾式構造を、近代建築を実現していくための有効な方法として積極的に位置づけ、育てあげていこうという思いもあったにちがいない。そこにはル・コルビュジエから教えられた「プレコニゼされた、「実験済み」の材料」[2]という言葉の意味、すなわち近代建築の技術的な基盤を築くために使い慣れた安心できる材料や構法を手に入れることが大切だという視点が自覚されていた。しかし、前川は次のように自問せざるをえなかった。

「乾式構造を採用するとしてどんな材料を使ったらよいか？　茲で我々は又ハタと困惑する。アスベストスボード、テックス、ベニヤ、プラスターボード、各種金属シート、建築此等材料の進歩程度は未だ乾式構造の完璧なる遂行を保し難いのである」

　前川は、日本の現状では乾式構造に適した信頼できる材料は少なく、過渡期の状態にとどまっている現実とも直面したのである。一方で、この工事を通して意識的に試みようとした材料の扱い方については次のように記している。

「注意すべき事は飽くまで乾式構造の本質である。即ちボード、テックス等の内壁を用いる場合その目地は必ず表に

土浦亀城自邸（1935年）

顕わさるべきものである。元来個々のパネルから成立すべき乾式構造壁面を例えば一面に表現せんとするが如きはその根本的出発点を已に誤れるものと云うべきである。一枚一枚のものであれば一枚一枚のものと表現するのが至当である。かくして他日の修繕その他の利点を確保し得るのである。材料それ自身の忠実な表現は凡ゆる過去の大時代の建築を貫いて流れる美しい伝統であったではないか」

この言葉は乾式構造の流行に対する前川なりの批評であったのだと思う。当時、岸田日出刀の同級生でフランク・ロイド・ライトに師事した土浦亀城《かめき》の木造の自邸（一九三五年）が完成したばかりだった。また、前川の大学の同級

同居間。右手の中2階にギャラリー

生だった市浦健や谷口吉郎も、それぞれ市浦自邸（一九三一年）やS氏の新邸（一九三三年）などで木造の乾式構造による意欲的な箱形の近代建築を試みていた。それらはいずれもパネル一枚一枚の継ぎ目を隠し、全体を均質に塗りこめてひとつの白い壁面のように見せる方法を採用していた。こうしたやり方に対して前川は、ジョン・ラスキンの「建築の真実」という考え方に反する虚偽を読みとったのだろう。また、レーモンド事務所で得た実務経験も大きかったにちがいない。だからこそ、未熟で見栄えのよくない材料しか使えないとしても、その現実的な条件を素直に受けとめて正直にあらわすことに徹しようとしたのである。こう

「S氏の新邸」佐々木邸（谷口吉郎、1933年）

して前川は、次のような言葉でこの文章を締めくくる。

「乾式構造は現在の材料を以てしては却々未だ完璧のものは望み得ないのであるけれどその美点長所の発達促進の為めには現代の工業の助力に俟つ所甚だ大なるものがあると云わねばなるまい。（…）音楽家にとって六十余鍵のピアノがその凡ゆる作曲の鍵である様に建築家も先ずその構造法の根本的方針さえ明らかなれば彼にとって凡ゆる作曲の成否は一にかかって彼の才能に在る。重要な事は飽くまでその構造法の本質を害う事なく充分に之を駆使して商店建築改造の諸問題の解決に対する努力である」

雑誌に掲載された室内の写真や解説文をみると、たしかにベニヤやプラスターボード、テックスといった簡素な材料をその持っている特性に逆らうことなくごくあたりまえに目地をとり、一枚一枚正直に見せる方法によって室内が構成されていることがわかる。どこにも無理に新奇さを求めようとするような材料の使い方は見られない。しかし、このような未熟さを隠さない方法は、当時の雑誌の編集者にさえ理解されなかったのだろう。発表誌のひとつには編集者による次のような手厳しいコメントが掲載された。

「素朴と云うよりも寧ろ粗野な手法の構成で冷い感じを与えている。（…）新しい建築の勇敢な取扱い方をそのまま飾らずに残している。（…）大きなガラス面を通して内部の営業の状況をありのままに見せている丈である。(…)比較対象があった為に此の様式の弱点や貧しさを表示したような結果になった事は残念な事である。殊に木造バラックの改造を短日時で仕上げなければならなかった点については設計者たる前川國男氏に十分の同情を寄せるものである。之はもと「カフェー・タイガー」が使用していたものの改造で、鉄骨のフレームを入れて内外部の煉瓦壁を取除き、正面を凹まして営業効果を大にした点や、開口部を出来る丈大きく取って明朗さをねらった点など仲々苦心が払われて居る。此の建築に依って我々は新しい様式の建築が現代の商業政策と提携する為には更に建築的な研究、即材料の選択と取扱法に立脚した美の研究に精進せねばならぬことを教えられる[10]」

文中にある「比較対象」とは、同じ号に掲載された松田軍平の設計した銀座の鐘紡サービス・ステーションを指している。こちらは新築であり、黒御影石を用いたアールデコ風の瀟洒なデザインが編集者に絶賛された。それと比較されるのは酷だが、近代建築の物質的危うさへの警鐘として、前川には身につまされる指摘だったにちがいない。

それでは、材料や構法の弱点をこえて前川がこの建物で試みようとしたことはなんだったのだろうか。改装前と改装後の一、二階の平面図や立面図から読みとるかぎり、それは前川がル・コルビュジエのもとから持ち帰った新しい近代建築の空間概念である「自由な平面」と「自由な立面」を具現化してみることだったのだと思う。

すなわち改造前の建物の銀座通りに面した正面の重苦しいレンガの外壁をすべて取り払い、鉄骨で補強した木造のサッシュで構成された全面ガラスの明るいファサードをつくりだすこと。そして細かく仕切られていた室内の間仕切り壁をすべて撤去し、表側と裏側にふたつの吹き抜けを設けて階段を配置することによって、一階と二階を一体のものとしてつなげ、風通しのいい自由で伸びやかな空間を生みだすこと。このふたつの試みがバラック建築の改造という厳しい制約のもとにありながらも実現されたのである。

風通しのよい畳に寝そべる醍醐味

ところで前川は、独立した一九三五年の時点では新しい近代建築のもつ歴史的な意味についてどのように理解していたのだろうか。この第一作を手がける直前に記された前川の文章に次のような一節がある。

「今和次郎氏によれば「この船と同一精神でノルマンディーの砂丘にヴィラを建てるとすればあの古臭い限りない大きなノルマン屋根より遥かに自然と調和する！」とは既に聞き慣れた言葉でありこの数年来青年建築家達を虜として

いた言葉であり云々だそうです。まことに之が事実であったら甚だもって由々しい大事でありました。

「大きなノルマン屋根」は唯一度も新建築精神の軌道を逆行した覚えはなかった筈です。民家があの農家がこうのと白壁陸屋根のモダン建築に恨みがましい白眼をむける人々も見えるけれど一体真正の新建築運動精神が民家の持つスピリットを抹殺せんと試みた事があったでしょうか。新建築精神の目指した彼岸は飽くまで今日の建築の機能と生産手段と形態との必然性以外の何物でもなかったではないでしょうか[11]」

ここで前川が引用している文章[12]にある「この船」とは、当時就航したばかりだったフランスの最新鋭の大型客船ノルマンディー号を指していると思われる。今和次郎は、この客船のように新しい近代の精神でデザインしたもののほうが古い民家の屋根よりも自然に調和する、という考え方が青年建築家達を虜にしていると指摘したのである。これは古いものと新しいものを対立的にとらえ、古いものを全否定することが新しいものを生むという理解にほかならない。これに対して前川は疑問の言葉を突きつける。そして新建築精神のめざしたのは「今日の建築の機能と生産手段と形態との必然性以外の何物でもなかったではないでしょうか」と問いかけずにはいられなかった。前川は、今和次郎の言葉に代表されるような当時支配的だったと思われる新建築が伝統の否定を前提としていたとする理解に疑義を唱え、新建築運動には民家のもつスピリットへの共感があったのだと主張しようとしたのである。ここに森永キャンデーストアー銀座売店を手がけた半年後の一九三六年五月に記された次のような文章を重ねてみる。

「日本の住宅は夏を主眼として計画されねばならない。我我の祖先が何世紀の経験をつんで作られた日本住宅の平面図をご覧なさい。間仕切の大部分は障子と襖から構成された美しい開放的なプランではないか。セロテックスの様な防熱板で壁体をつくってみても、アルミニウム箔を中空壁の間に張って太陽の輻射熱を照り反してみても結局風通しのよい住宅の涼しさの敵ではあり得ない。(…)糊のついた浴衣がけで風通しのよい畳に寝そべるあの醍醐味を何故今のモダン野郎共は静かに顧みるいとまもないのか? 侘しい世紀の苦悩はこんな所にも胚胎する。

所謂文明が進歩し都会が発達して集団生活が発達すれば人間は或は美しい木造建築を捨てて鉄筋コンクリートのアパート住いを余儀なくされるかもしれぬ。然し此が為めに人間生活の不幸が増すとしたならば文明は一体何の為めに存在するのか?(…)文明の味を覚えた御陰で人間は昔の生活の快適さを失わねばならなかった。然し遂に文明を駆使して再び生活の楽園を見出す努力こそ望ましい。文化住宅の暑さに喘ぎアパート生活の息苦しさの身に染みる人達は今一度祖先の住宅を静かにふりかえってみる必要がありはしないか？

ほんものの日本精神はコンクリート造りの唐破風造りで表徴されるほど安価なものではない筈である。働くに便利な為めに洋服を着るのはよい。然し足をなげ出して休む為めに浴衣をきて何の不都合があるか？

「平凡」と云う事は美しい。「素直」と云う事は尊い。そして此の「平凡」な美しさ、「素直」の尊さが身に染みて感じられぬ以上諸君の夏も永久に救われないであらう。風土の異なる欧米新住宅建築のプランをそのまま日本に移植する失敗は当然である。まして英国式ハーフチンバー、仏蘭西風何とやら型のヴィラはそれこそ別荘を五つも六つも持った有閑紳士の玩具でこそあれ健全な思想の持主の住むべき日本の住宅ではない[13]」

ここで前川は住宅を例にあげて、夏を主眼として建てられた日本の伝統的な木造建築がもっていた風通しのよさ、平凡な美しさ、素直な尊さを自覚することの大切さを訴えている。そして鉄筋コンクリートでつくるにしても、その特質を見失うことなく「文明を駆使して再び生活の楽園を見出す努力こそ望ましい」とする。これらの言葉は、ル・コルビュジエやレーモンドに学んだ新しい近代建築が日本では単純に過去を否定することだと誤解されていた状況に対する苛立ちにも聞こえる。その思いは、一九三六年十一月に前川が記した次のような言葉を知るとき、より鮮明になる。

「欧米の新建築家の驥尾に付して、機能主義建築、合理主義建築とやらを声高に叫んだ建築家はあった。これを目して、小児病的狂熱と罵った建築家もあった。しかし、これらの建築と四つに取り組んで、死ぬほどの苦しみをした建築家のあったことを未だに知らない[14]」

当時の日本の建築界では、西欧から移入された新しい近代建築を最先端の流行として安易に模倣するか、かりそめの熱狂にすぎないとして切って捨てるのか、といういずれかの理解が支配的だったにちがいない。そんななか前川は、みずからの信じた近代建築の方法を、たとえ粗末な「バラック商店建築の改造」であっても、全力で試みることによってその可能性を切り拓こうと決意したのだと思う。森永キャンデーストアー銀座売店は、そうした前川の建築家としての出発点における孤独と矜持を象徴している。

二転三転、パリ万博日本館

「当地には幸い板倉順三あり」

一九三六年の春、前川國男に大きなチャンスがめぐってくる。翌年の一九三七年五月からパリで開催が予定されていた万国博覧会の会場となる日本館の指名設計コンペで候補者のひとりに選ばれたのである。ル・コルビュジエのもとから帰国して六年、前川は、彼のお膝元で建築を手がけることができるかもしれないと意気込んだにちがいない。

始まりは、一九三四年十二月二十二日付で公式参加を招請するフランス外務省の通知が駐仏の特命全権大使に届いた時点からだった。当時の大使は前川の伯父の佐藤尚武であり、歴史の偶然からか結果的に彼は日本館の設計をめぐって重要な役割を果たすことになる。その後この件は商工省へ移牒され、閣議決定を経て一九三六年六月、日本政府は正式参加を表明する。また、それに先立つ一九三六年二月には日本商工会議所、国際文化振興会、日本産業協会の三団体により実施機関として巴里万国博覧会協会が設立される。こうして万博へ向けた準備がスタートする。(15)

日本館の設計者選定については、先行してすでに伏線ともいえる外交上のやりとりが水面下で動いていた。外交史料館にはそのことをうかがい知ることのできる資料(16)が残されている。それは、日本政府の正式参加表明の十ヵ月も前の一九三五年八月九日に発信された、佐藤尚武から時の外務大臣・広田弘毅に宛てた次のような書簡に始まる。

「博覧会事務局側に於ては機会ある毎に速に日本政府の正式参加を決定せられたしとの希望を表明し居る次第の処、最近本使が博覧会事務局総長と会見したる際先方より左の趣旨を述べたり（…）主要未参加国の参加決定を俟ち各国間に敷地の公平なる分配をなさんとする心組なるを以て此の際日本側にて速かに正式参加の決定あること此の点よりするも甚だ望ましき次第なり右敷地分配の件も何時迄も決定を延引する訳には行かざるに付遅くとも本年末には打切となさざるべからず（…）仏国側にては日本文化を代表する日本人の欲するが如き日本館の建築は仏国技師のみにては実現不可能なりと考え居るを以て設計施工共日本技師の協力を必要とす。伊太利、蘇聯等は既に数名の技師を派遣し実地に就き研究をなさしめつつあり日本側も正式参加決定の後は速に同種の措置を採られる様希望す」

この書簡の前半で博覧会事務総長に警告されたように、日本の参加表明が大幅に遅れたことがさまざまな問題を発生させていた。たしかに日本は招請から一年半も経過した一九三六年六月になってようやく参加を表明したのであり、会期まで一年しか残されていなかった。いかに他国より出遅れていたかがわかる。そして結果的には、当初予定していた敷地が他国に振り当てられてしまい、新しく指定された敷地は、「博覧会場の西隅に当り且六十五米に付八米の傾斜を有する斜面」であり、「地勢思わしからざるも最早時日の余裕なきを以て」そこに決定せざるをえなかった。(17)

また後半にあるように、フランス政府は最初から日本技師の現地での協力なしには建物はできない旨も伝えていた。このことが佐藤から広田に宛てた六ヵ月後の一九三六年二月二十一日に発信された次の書簡へとつながっていく。

「年来の知人たる仏国建築家「コルブュジェ」より日本館建築に付協力の希望申出てたり本使は詳細の点不明なるも経費節約の為多分内地にて全部木材を切込み巴里に運搬組立つることとなるべきに依り現地作業に大建築家の協力を必要とせざるべきも同人の指導下に働き居る日本青年建築家の手伝は日本側に取り便利なるべしと答え置きたり」

冒頭の「年来の知人」という記述は、ほかでもない佐藤が国際連盟の帝国事務局長時代にル・コルビュジエと出会い、その際、前川から彼のアトリエで学びたいとの入所願いの手紙について話を交わして以来の交友を指している。また佐藤は、ル・コルビュジエとのやりとりを通して、前川に代わってアトリエに入所した日本人をフランス政府が求める現地でフランス人と共同する技師として「便利」ではないかと思ったのである。だからこそ、この一ヵ月後の三月二十五日発信の広田宛の書簡で次のように進言する。

「仏側は日仏両国技師をして日本館建築の衝に当らしめ度き方針なるのみならず其の設計の如きは早きに及んで現場の状況に依り技術的に決定し置く必要あるも今日本邦より技師を派遣するは予算の関係上実現困難と認めらるる処当

地には幸い（…）日本建築家板倉順《?》三あり相当優れたる力量なる趣に付若し当館の指揮監督の下に同人をして本邦側事務総長其の他技師等の来着迄なりとも嘱託等の名義にて技術的方面の準備に当らしむることを得ば万般好都合なるべし」

佐藤はこの時点では「板倉順三」と正確な名前さえ覚えていなかったものの、ル・コルビュジエからそうした人材がいることをじかに聞いて、日本館の建設が具体化した際に準備に当たらせることは好都合だと伝えたのである。その後に起こる日本館の設計をめぐる論争とは別の次元で、最終結果につながる道筋が引かれつつあったことになる。

前川國男案から前田健二郎案へ

ところで以上のような佐藤と広田とのやりとりがどこまで共有されていたのかはわからないが、パリ万国博覧会協会の内部では、どのような議論が進められていったのだろうか。外交資料館に残る断片的な理事会の記録を手がかりに、議論の経緯を追ってみたい。まず一九三六年四月六日に開かれた第五回理事会で、日本館の建築設計の方針について議論されている。その内容は次のようなものだった。

この理事会には常務理事で男爵の團伊能や、建築関係の委員として岸田日出刀、その他商工省、日本産業協会、国際文化振興会、日本商工会議所、外務省ら関係者十五人が出席している。そして「本邦参加具体的方針に関する件」が話し合われ、「大体原案の通りに決定した」という。また「日本館設計並に出品陳列計画に関する件」については「出品及陳列計画の前提として、日本館の間取の大体を知る必要あり種々協議の結果、間取基礎案と日本館建設設計とを切離し、間取基礎案は取急ぎ岸田、前田両氏に攻究を願い、成るべく次回理事会に提出を乞うこと」が決定され、次回に協議すべき「専門委員委嘱案」として「日本館建設設計　岸田日出刀、前田健二郎」とも記載されている。

この議事録にある「間取基礎案」という文言からも当時の建築設計に対する理解のレベルがうかがえるが、理事会で決定した原案とは、同じ綴りのなかに差し挟まれている「一九三七年巴里万国博覧会に対する本邦参加の具体的方針案」（一九三六年三月二十六日）だと推測できる。原案では、まず最初に日本館の「建築様式」が「日本文化を世界に宣揚するに足るべきものたらしむること」と規定される。また、階数は「新敷地は相当広大なるに付大体一階とし外観を高大ならしむる為めに適当なる設計を考案すること」とされている。こうして方針が原案どおり決定したことによって、具体的な建築設計についても検討作業が始まったのだと思われる。その後の議事録が残っていないために詳細はわからない。しかし、「日本的とは？　縺れたパリ博覧会の〝日本館〟当局と建築家対立」と題された六月六日付の新聞記事からは、その後の混乱ぶりが読みとれる。

「従来の博覧会の日本館について見るとそれが日本建築なら日本から棟梁、大工の一行が出かけて行って日本の建築材料で鑿《のみ》を揮わぬ限り到底その真美は発揮出来ないというのが専門家の意見。所が今回は経費の関係から全く異例にも大工一切を送らないのが建前だ、そこで（…）「パリ博覧会協会」では「日本館」の設計に当って「日本文化を世界に宣揚するに足るもの…」という要求を建築設計委員会側に提出した、要は一目見て日本的なもの…つまり「ゲイシャ・ガールがフジヤマを背景に桜を見ている」の感じがありたいというのが協会側の意見だ。

委嘱された設計委員側即ち東大教授岸田日出刀博士、民間建築家前田健二郎、工学士前川國男、日大講師市浦健、逓信省技師吉田鉄郎、工大助教授谷口吉郎の建築界錚々たる諸氏は商工省当局や博覧会協会関係者の意見は日本的のものという注文だが「何も日本自身を欺き、古い日本の因習を持って来て外国人の通俗的な趣味におもねる必要はない」という意見で一目で日本的というものが出ていない即ち唐風ではなく陸屋根式の日本館を各自設計して協会側へ差し出したものである、商工省当局や協会側では「これでは陳列館としてはどうも受け入れられぬ…」と頭から反対、両者鎬をけずって意見を闘わして来たがいまだにケリがつかず八日更に委員会を開くが、問題は結局「それでは何が日本的で、日本文化とは何だ」という根本問題に遡り、建築委員側ではその主張が通らぬ場合、一切手を引くことに強硬な態度を決定した」[18]

この記事からは、設計委員として岸田、前田、前川、市浦健、吉田鉄郎、谷口吉郎が委嘱されたとあり、このメンバーでなんらかのコンペがおこなわれたと思われる。これらの案のうち吉田鉄郎案については向井覚『建築家吉田鉄郎とその周辺』（相模書房、一九八一年）に掲載されているが、コンペの全容については不明だ。それでも「陸屋根式」とあるように、いずれも日本的なものを払拭したモダンデザインだったにちがいない。そのため、混乱は簡単には収拾されなかった。続く六月二十四日には「巴里博日本館流産か」と題された次のような記事も掲載される。

「パリ博覧会の「日本館」設計に「何が一体日本的か」という根本問題で関係当局間に意見が対立していたが、最終案を決定すべき委員会も流産しつづけで委嘱された設計委員のうち東大教授岸田日出刀博士は去る十七日ベルリンに旅立つし、ほかの委員諸氏も気を腐らし、会期は迫っているが当分専門建築委員による立案は見込みがつかなくなった」[19]

この記事にある岸田のベルリン行きとは、一九四〇年の開催をめざしていたオリンピック東京大会の視察のために、第十一回オリンピックが開催中のドイツへと文部省から派遣されたことを指している。岸田は、帰国後に発刊された報告書のなかで次のように記している。

「伯林《ベルリン》オリンピック大会に私は文部省から調査員として出張を命ぜられた。(…)重要な課題の一つは、オリンピック大会に準備すべき競技場の問題であるから、予め伯林大会の各種競技場施設を建築上の立場から調査研究しておき、東京大会の競技場施設に対し万遺漏なきを期したいという考えから、文部省は他の調査員諸氏と共に建築家として私を親しく伯林に派して調査を命じたものである。昨年六月二十日にオリンピック派遣日本選手の本隊と共に東京を発ちシベリア経由一路伯林に直行し、七月三日彼の地に着いてから十月初めまで、私は専ら伯林に滞在して丹念に各種オリンピック競技場の視察調査に当った」[20]

上・パリ万博日本館・吉田鉄郎案、外観透視図。
下・同前田健二郎案、外観透視図(1936年)

岸田のオリンピック東京大会へ向けた意気込みが伝わってくる。ここでは岸田のベルリン滞在の日程に注目しておきたい。新聞報道とは日付が微妙に食い違うものの、一九三六年六月から十月はじめまで岸田はベルリンに滞在していたのである。つまり、パリ万国博日本館の設計案選定については議論の途中で投げだしてしまったのだ。おそらくこうした経緯から、理事会ではもうひとりの専門委員である前田健二郎が岸田の役割を受け継ぐことになったのだろう。また前川は、後年次のように回想している。

「何人だったかな、コンペをやったの。(…)谷口とかぼくとかね、あと誰だったかな。五人ほどで。ところが、商工省へ行ったらね、そろそろ国粋主義のころだったからいちゃもんがついて、もめたわけ。(…)とにかく、商工会議所に図面を貼って、みんなで眺めて…(…)一応選ばれたんだけどね、あとでもめたらしい」[21]

ここで前川の述べている「商工会議所に図面を貼って、みんなで眺めて」とは、理事会の席でおこなわれたプレゼンテーションのことを指していると思われる。おそらく岸田の強い推薦もあったのだろう。前川の案は一度は承認されたにもかかわらず、最終的には受け入れられなかった。(22)そしてその後の経緯は不明だが、前田健二郎による計画案で進められていく。こうして、八月八日付の新聞記事では次のように報じられる。

「明年四月から約六ヵ月にわたりパリで開かれる仏国政府主催の万国博覧会に対しては我国でも近代日本の工芸技術の粋を集めて参加するが、この程セーヌ河畔に偉観を呈すべき日本館の設計が出来上がった。この日本館は日本趣味を基調とした独特の様式により建坪約五百坪の一階建に高さ約六十五尺の塔屋を設け外面は白壁に日本独特のナマコ壁仕上を施し赤い漆喰の柱を適当にあしらった頗る新しいもので工費約七十万円を要するもの(23)」

同じ記事に添付された外観透視図から読みとれるように、前田の設計案は、理事会の原案に明記された「日本文化を世界に宣揚するに足るべきものたらしむること」という建築様式を守って「日本趣味を基調」とし、外壁には日本の民家に見られる伝統的なナマコ壁の仕上げを施して赤い漆喰の柱をあしらい、「外観を高大ならしむる為めに適当なる設計を考案すること」という方針にも従って、高さ約六十五尺の塔屋を設けて、一階建てにもかかわらず高さを誇示するデザインでまとめられていた。前田は、理事会の意向に柔軟に対応する形で案を作成しようとしたのである。

伏兵・坂倉準三の登場

こうして前田案が一応の原案として承認されたものの、先にふれた佐藤尚武の書簡に「日本文化を代表する日本人の欲するが如き日本館の建築は仏国技師のみにては実現不可能」とあったように、最終的にはフランス側が求めていたフランスの技師との共同作業による日本館の建設という条件に対して、前田案では実現がむずかしいと判断されたのだろう。博覧会終了後の一九三九年に発行された報告書(24)のなかで、「従来の方針に多々変更を加ふる必要を生じたので、協会より急速に適任者を巴里に派遣して現地に於て折衝を遂ぐるを緊要と認め、商工省とも協議の上協会を代表して常務理事團伊能氏並建築専門委員坂倉準三氏を巴里に派遣することとし、日本館建設其他参加計画全般に亘り仏国側と交渉する様依頼したのである」と記されたように、土壇場で團と坂倉が派遣されることになったのだ。坂倉準三（一九〇一—六九年）は前川の紹介で一九三一年六月にル・コルビュジエのアトリエに入り、多くの建築の設計に携わった後、一九三六年四月に帰国したばかりだった。また日本館建設の要となる協会の常務理事に、恩師で東京帝国大学文学部美術史学科助教授の團がいたことも坂倉の参加を後押ししたのだろう。以上のような経緯を経て、九月二十二日付の新聞記事では次のように報じられる。

「日本館設計について関係者と建築家の間に意見が対立して今春六月来紛擾をかもし一時はパリ万国博日本館解消説さえ立ったが参加すると宣言した以上何か建てねばならず協会では熟議の上遂に今日までの設計上の経緯は一先ず水に流して最後案たる前田健二郎氏の設計図を参考に、フランス仕込みの青年建築家坂倉準三(三十五)に一切を委任して最も妥当な「日本的日本館」をパリにおいて設計、建築することになり、坂倉氏は團伊能男爵と同行、二十九日東京駅発シベリア経由でパリに乗り込むことになった(…)すでに予定された日本館の設計図はあまりにも日本的でなく、旧来のボストン博その他に日本が計画した旧殻を一歩も出ず、(…)今度は日本大工を派遣したり、日本の材料を送ることが出来ない事情なので、フランスの世界的建築家ル・コルビュジエ氏に薫陶をうけ足かけ八年間のフランス建築界を熟知し、今春四月帰朝したばかりの坂倉氏に一切を依頼することが行き悩みの日本館再誕生を助けるものとして極秘裡に話が進められ、今二十二日午後零時半東京商工会議所で開かれる同協会理事会で正式に委嘱されることになったものである」[25]

同じ記事には、坂倉の談話として「頼まれた以上は私としての最善を尽して働いて来ます、(…)構造も様式も一新されるものになりましょう、ただソビエトの隣なので下手なモダン建築を建てては笑い物になりましょう、フランスの材料で日本的な効果の出るようにしたいと思っています」と抱負も紹介されている。その後坂倉は、古巣のル・コルビュジエのアトリエの片隅に間借りして前田健二郎案の修正からとりかかったものの、最後は根本的に案をつくりなおして、十二月半ばには設計作業を終え、起工式を十二月二十九日に迎えている。[26]また佐藤尚武の書簡にもあったように、この一連の設計にル・コルビュジエが深く関与していたことがル・コルビュジエ財団に残る坂倉の手紙からも明らかになっている。そこにはル・コルビュジエにアトリエの使用料として五〇〇〇フランを支払うほか、設計料の半分を分ける旨が記されているという。[27]

こうして、「極秘裡に」との報道とは異なり、むしろ歴史の偶然が生んだ佐藤尚武とル・コルビュジエとの数年来の交友が伏線となって、坂倉の手がけた日本館が誕生する。それは前田の案にあったナマコ壁を巧みに翻案した日差し除けの軽快なルーバーを基調とし、起伏のある敷地に合わ

パリ万博日本館、北東側外観（坂倉準三、1937 年）

同内観

せて展示室を分棟化しつつ、それを斜路で結ぶことによって人の動きに従って次々に空間が展開するまったく新しい日本館が誕生した瞬間だった。そこには明らかに同じ博覧会に展示されたル・コルビュジエの新時代館からの影響を読みとることができる。そしてこの建物によって、文学部出身でまったく無名の存在だった坂倉準三は栄えある建築部門のグランプリを獲得し、建築家としての世界的デビューを果たすのである。それでは、結果的にひとり取り残されてしまった形の前川國男は、このコンペを通して何を試みようとしたのだろうか。また、この一連の「日本的なもの」をめぐる議論は何をもたらしたのだろうか。

前川案の特徴

ル・コルビュジエ財団には前川から届いた書簡類も保管されており、戦前のものは四通が現存する。そのうちの三通がパリ万博日本館についてであり、最初に送られたと思われる日付のない手紙は次のような文面になっていた。

「親愛なるル・コルビュジエ先生へ

こんなにも長い間お手紙を送らず、とても後悔しております。昨年十月から私は自分の事務所を持ちました。最近、私は、集会場と集合住宅からなる建物のコンペで一等賞を獲得しました。まもなく私は、次回のパリ万国博覧会の「日本館」の競技設計者に指名されます。あなたの協力の下で、この建設を遂行できると良いのですが。私を助けていただけないでしょうか。またあなたのご厚意をお願い致します。

日本のために配置された敷地の写真を撮影して、すぐに私に送っていただければ幸いです。それは、敷地についての正確な考えを持つためであり、向こうで私の設計の透視図を準備するためでもあります。私の伯父に遅れずに手紙を書きますので、彼が写真の代金をあなたに渡してくれるでしょう。とても急を要しています。写真の規格はできるだけ大きい方が良いのですが、「シベリア経由」で送ることが可能でなければいけません。私はその写真の上に透視図を描いて、それを引き伸ばすつもりです。何と惜しい、残念なことに、私はあなたに会いにパリに行くことができません。それでも、私はよく闘いましたし、今は権力に対抗して騒ぎ立てることに価値がある毎日です。坂倉は私を助けてくれました。彼は今東京に滞在していて、私は彼にあなたへの手紙と画像をふたたび渡しました。私の設計案の写真をあなたに送ります。ル・コルビュジエ夫人とシャルロット・ペリアンにもよろしくお伝え下さい。心を込めて」

文中の「コンペで一等賞を獲得」したものとは一九三六

ひのもと会館コンペ1等・前川國男案（1936年）

年三月に結果が発表されたひのもと会館を指しており、前川が当選報告をル・コルビュジエにできた喜びが伝わってくる。追伸には、岸田日出刀が「日本館の件で私をよく助けてくれました」とも記されていた。続いて送られたのが三月二十五日付の手紙である。

「手紙をお送りしてから何日かが経ちました。先の手紙でおたずねすることをいくつか忘れていました。私が知りたいのは、1.「日本館」建築の適正な価格（㎡あたりの）、2.あなたの考える現代の手法と素材、3.敷地周囲の木々の高さ。これは、私にとって良いチャンスです。あなた方がして下さることすべてが私の助けになるとよくよく理解しています。心を込めて」

この二通の手紙からは、指名コンペ前の三月下旬の時点で、前川が少しでも正確な情報を収集するためにル・コルビュジエに協力を要請していたことがわかる。その意味で前川は他の四人の建築家よりも有利な状況にいた。しかし、七月十七日付の手紙には次のような報告が綴られる。

「手紙と写真を受け取りました。心より感謝申し上げます。運悪く手紙と写真は遅れて到着し、敷地はもう一度変更されてしまいました。この日本館には五人の競技設計者がいて、私の設計案は予選委員会では「第一位」でしたが、突然、この設計案の「建築様式」について議論が勃発しました。その議論では、私の設計案に「日本的なるもの」が感じられないということで非難されています。しかし、私は、そのにせものの「日本的なるもの」に対して闘っている人間です。私はこの権力に対して良く闘いましたが、結局、私は敗北したようなのです」

パリ万博日本館・前川國男案（1936年）、昼間透視図

前川案は「日本的なるもの」の議論に巻きこまれ、最終的に拒絶されていたのである。

前川案については資料がほとんど残っていない。わずかに外務省外交資料館に二種類の平面図が保管されており、一方には「15th april,/35」と記されている。この二枚の図面が原案としてフランスの博覧会当局とのやりとりに使われたものだと思われる。その後の経緯は不明だが、唐突にも「新建築」一九三六年九月号に「一九三七年巴里万国博・日本館計画　前川國男案」が掲載され、図面には「25 Mai 1936」と書きこまれていた。この一九三六年五月二十五日に前川や吉田ら委嘱された建築家がコンペ案を提出し、理事会で発表をおこなったのだろう。しかし六月八日の理事会でも方針は決まらず、紛糾が続くなか二十日には岸田がベルリンへ旅立ってしまう。そのため前川は仕方なく計画案を雑誌に発表して議論を呼びかけようとしたにちがいない。この時点では前川は團と坂倉の「極秘裡」の動きについては知らされておらず、結果を聞いてさぞかし驚いただろう。所員の崎谷小三郎は後に次のように証言している。

「パリ万国博日本館のパース（透視図）は、夜のパースが田中誠さん、昼のパースを自分が描いた。また、配置図の庭園は自分が描いた。室内のパースは、どうも前川さんのようだ。岸田さんが前川さんの案を推してくれて決まっていたのに、結局坂倉さんのものでできることになり、随分憤慨したことを覚えている。前川さんもムッとしていた。前川さんの卒業設計は今日はじめて見た。あるいは、パリ万国博日本館のプランを作るときに、前川さんがこれを元にしていたのかもしれない[28]」

「卒業設計」とは前川の卒業設計の一〇キロ放送局を指している。偶然の一致かもしれないが、ふたつの建物は外形が似かよっている。けれども内容をよくみるとまったく違

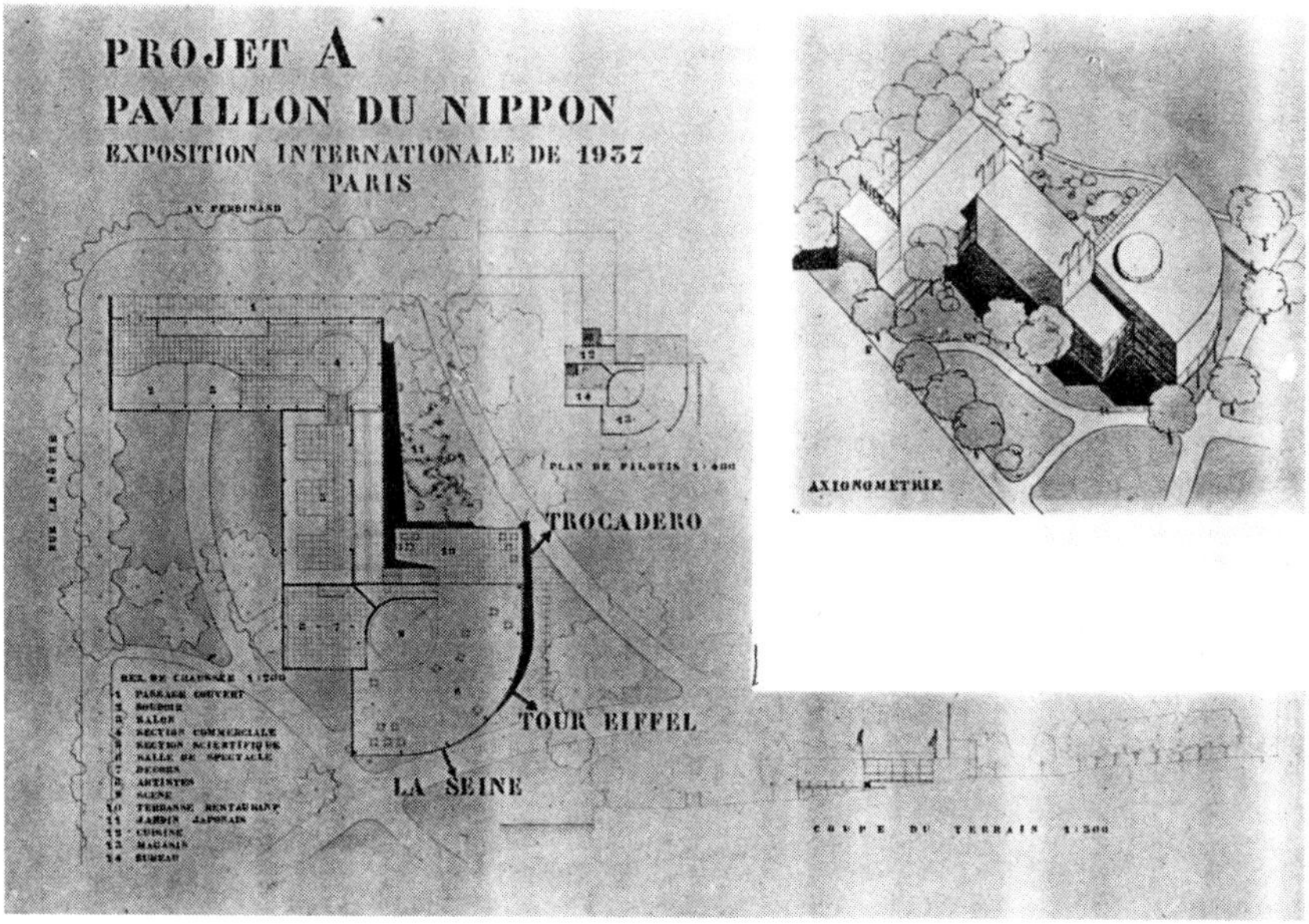

パリ万博日本館・前川國男案、平面図（左）とアクソメ図

ったものであることがわかる。

このコンペ案では、建物は機能に合わせて四つのボリュームに分け、それを敷地の高低差になじむように配置しながら連結していく方法から構成されている。来館者は、まず敷地のもっとも高い位置にあるシンボル性をもったタワー状のエントランスから建物に入る。そして続くいくつかの展示を見た後に階段を下りて高い天井と日本庭園を眺める広いテラスをもつ開放的な展示室へと導かれていく。さらにテラスから階段を下りて、トロカデロ広場を望むテラス・レストランを経て最後にもっとも大きな展示室にたどりつく。ここは四分の一円の大壁面の上部にフォトモンタージュがめぐらされ、その下に床まで開いた水平の連続窓がとられている。遠くにセーヌ川やエッフェル塔を一望できるパノラマを楽しみながら、日本の風景と比べて見るという仕掛けである。人の動きに従って展示室の大きさや内外の景色が変化し、全体が流れるような一続きの空間体験となるようにデザインされており、ル・コルビュジエから学んだ空間構成の方法が遺憾なく発揮されている。また、それまでのコンペ案では大半が左右対称の厳格なプランだったが、ここではより自由で伸びやかな構成が実現されていた。さらに外観はプランを素直に立ちあげ、全面ガラスと白い壁、水平に伸びる庇など最小限の要素から成り立つ

装飾のないスッキリとしたデザインでまとめられている。

藤島亥治郎と森口多里の問題提起

この日本館の設計をめぐるゴタゴタは、建築界の内外で「日本的なもの」をめぐる大きな議論へと発展する。まず前川案の発表直後の九月下旬、建築史家で東京帝国大学教授の藤島亥治郎が新聞の連載記事で[29]、次のような問題提起から持論を展開していく。

「聞くところによれば本問題はその後解決して設計もすでに終了したそうであるから、今さらこれを蒸し返したくもないが、苟《いやし》くも日本代表としての建築を異国に建てて現代日本を外人に認識さすべき重要問題を有耶無耶《うやむや》の妥協に終わらせたく無いと考える。(…) これを機会として広く真の日本建築とは何かという問題に当りたい。しかもこの種の問題は今後も続々と起るであろう。なかんずく皇紀二千六百年記念の大博覧会建築の如きは、様式問題をさらに重大に扱うべきこと到底この度の比ではあるまい。これ等に対しては今から十分に検討を必要とする」

ここで藤島は、日本館の問題が一九四〇年に開催が予定されていた「日本万国博覧会」の様式の議論とつながる重要な論点を孕んでいることを自覚して論点を整理しようとしている。すでに日本万国博覧会協会が一九三五年二月に設立されて準備が進められていたからだ[30]。続いて次のような現状認識を提示する。

「この度の問題の発足点は要するに現代日本建築の定義が明でない点にある。これを過去に顧みれば欧米文化摂取以前は兎も角も日本建築としての統一した形式が各時代毎にあった。それを吾人は便宜上に時代を限って平安時代の様式とか、桃山時代の様式とか称している。これ等の時代に今日の様な問題が起ったとしても恐らくかくの如き紛擾を来さずに解決したであろう。例えば江戸時代であったら日光東照宮や大名屋敷の様な建築を造ったらそれで足りたであろう。然し、現代はそうではない。新に欧米文化を受けている。従って建築も決して旧日本建築をもって代表せしむべきでないとは明である。故に、もし論者が今頃日光陽明門や五重塔を再現してもって国粋を発揮し得たりとする意図があったとしたら、それは過去日本の国粋かも知れないが現代日本の国粋を十分に発揮するものでない」

過去の木造建築の再現という方法は、ローマ博（一九一一年）、パナマ博（一九一五年）、シカゴ博（一九三三年）などそれまでの万博で繰り返しおこなわれてきた日本館の常套手段であった[31]。藤島はこうした「旧日本建築」では現代日本建築を代表できないと断言する。そして論点を「日本趣味建築」へと移して、次のように指摘する。

「これに関連して近時一部建築界に流行するいわゆる「日本趣味を基調とする」一種の国粋的建築を併せて論じなければならない。これ等の建築に賛成する人の考えでは、真の日本建築は城郭の様な屋根がつき、仏堂の様な軒廻りを持つ種類であって、西洋風のものは日本建築ではない。極端にいえば木造で明治以前の建築の様でなければならぬが公共的建築や都市建築は耐久的な高層建築でない訳に行かないから止むを得ずこれ等を寛容してその上になるべく日本的な屋根の様なものを取りつけて、日本的形姿を仰ごうというのである。（…）ここに一歩譲って形式に日本精神を高揚することも一法として認めるとしても現在の結果においては吾人は頗《すこぶ》る不満を感ぜざるを得ない。即ち、かれ等採るところの様式は規を一にして古くは桃山時代の誇張した装飾か、乃至は城堡建築の封建的威嚇を意図したものに過ぎない。これ等近視眼的な近世封建日本の生んだ、様式的にはむしろ建築の本道を外れ堕落的傾向の強い建築様式を主とし、しかもこれを拙に模してもって日本精神を得たとしたなら、丁髷を復活し、裃を着、大小を帯して、もってわれは日本人なりと称するに均しく、むしろ嘲笑すべきである。更にこれをもって日本本来のものと解し、西洋の要素を夷狄扱いするなら、それは日本文化を知らぬ者である。かれ等の採る仏寺や城堡の建築様式が本来は支那伝来の要素を日本化した者であることを知ったなら、到底これをもって日本本来の者といえないであろう」

ここでは、「日本趣味的建築」がもつ稚拙な模倣への批判が展開されている。さらに藤島は、近年における近代建築をめぐる意識の推移についても説明をおこなっていく。

「今日の日本は既に東洋の日本ではなくして世界の日本である。従って建築にも世界的な要素が現われるのが当然である。（…）現代はすでに西洋建築に関する自覚期に入っている。すでに吾人は徒らにゴシック式やルネサンス式を採る無意味さを知っている。同時に近年は欧米においても建築意匠に関する観念が変って来た。人類の生活を快適に送らしむべき建築本来の使命に基いて、世界を通じて装飾本位の遊戯的分子を排して質素に建築の常道に復せんと努力しているのである。かくて意匠上からは国際的な精神構造の本質を基調とした妥当な意匠に生きん努力があり、いわゆる西洋的臭味は減退して来た。その極端な運動が国際建築と呼ばれ、急進的なるが故に一部の忌憚する所ともなっているが、その技術上に立脚した純情は採るべきであろう。かくの如き思想は一見西洋に生まれたかの如くであるが、実は住宅などにおける日本古来の建築に無意識に行われ、無装飾の装飾、用材の意匠的適用、畳、建具の規格統一など西洋建築家を驚嘆せしめ、無限の教示を与えたものなる事を吾人は誇るべきである」

藤島は、今日の日本は「ゴシック式やルネサンス式を採る無意味さ」も知った段階であり、一方、欧米においても「人類の生活を快適に送らしむべき建築本来の使命」にもとづいて「装飾本位の遊戯的分子を排して質素に建築の常道に復せんと努力」している近代建築の時代であると指摘する。さらに、そこには日本古来の建築への関心も生まれており、日本古来の建築が無意識におこなってきたものを誇るべきだと述べる。こうして、現代日本で試みられている新建築を擁護して次のように結論づける。

「現代日本にも行われている新建築意匠は決して外国かぶれでも無ければ、危険思想のあるものでもなく、却って古来保有し来った真の日本建築の最も誇るべき意匠が現代生活に更衣したというべきである。論ここに至り、材料構造に則した意匠を採るとなれば、元来が木造という材料構造に則して必要上生れた旧来の屋根の形や仏寺の軒廻り細部を木造以外にも強調する何の必要があろう。歌舞伎劇場とか記念的建築の類の特殊なものを除いては。伝統的形式論の無意味な事はこれで判った。然らば、これに代りわが日本の建築としての意匠は如何にすべきや。贅言を要しない。いやしくも日本人たる以上、材料構造の本質に立脚して真実に意匠すれば自からそれは日本的意匠であって他の何者でもない。意匠は精神的発現である。すでに論じたようにわが祖先は健全な日本精神をもって無意識に着々と各時代の新しい日本建築を造って来た。ただ、旧来の木造本位の建築が木造以外諸種の建築をも生じたために形式が変わったとて何の不思議があろう。要は、真の日本建築は形が先でなく、精神が先んじて成る。日本人としての精神、感情をもって意匠すれば自ら形に日本的なものが現れる。博覧会建築はその時代の如実の姿の出陳物である。この点においては外人に現代日本の真の姿を見せようとするならば、徒《いたずら》に形骸のみを固守した過去的な建築では、日本観光の好奇心を湧かす他何等の益がない。さればといって徒に洋風の表相を模して精神を失い、乃至は徒に新奇を求めた建築も無自覚な非日本的の建築として排する。この度の問題では両論共に極端に走り過ぎた嫌いがあると思う」

こうして、現代における意匠はいかにあるべきかという問題提起から始めたものの、結局は「日本人としての精神、感情をもって意匠すれば自ら形に日本的なものが現れる」という精神論に落ち着いてしまう。藤島にも明快な答えはなかったのだろう。しかし彼は最後に、「徒に形骸のみを固守した過去的な建築」も「徒に洋風の表相を模して精神を失い、乃至は徒に新奇を求めた建築」もいずれも「無自覚な非日本的の建築として排する」と主張することで、前田健二郎案も前川國男案も「共に極端に走り過ぎた嫌いがある」と指摘している。この「日本趣味的建築」でも「新奇を求めた建築」でもだめだとする批判は前川に響いたものと思われる。というのも前川は、翌年の一九三七年十一月に締め切られた日本万国博覧会建国記念館のコンペ案の説明書[32]に次のように記しているからである。

「欧州の新建築の影響下に育った日本の新建築も亦残念乍らその母胎地に於けると同型の失敗を嘗めている。生成半世紀にも足らざる新建築は既にして恐るべき形式主義を生み出した。此の形式主義の蜃気楼を追い、日本民族の生活実情を忘却する以上日本新建築も亦実を結ばぬ仇花となり終る運命を覚悟せねばならぬであろう。(…)斯くの如き所謂新建築が甚だしい燥狂性を以て日本建築界を風靡せんとした時当然その反動として所謂日本趣味建築なるものが登場したのである」

　この前川の論調は、藤島の文章が発表された直後に、おそらく藤島の文章を受けて美術評論家の森口多里(一八九二―一九八四年)が記した同じ新聞の連載記事[33]からも大きな影響を受けていることが読みとれる。そのなかで森口は、従来の万博の日本館への批判から始めている。

「万国博覧会のパヴィヨン(館)は伝統的風俗の標本再現であるべきではない。一九二五年に開催されたパリの万国博覧会に見ても、殆ど総ての参加国のパヴィヨンは皆博覧会という特殊の、そして臨時の環境に適応しつつ自由な創造力の活動を許されたものであった。従ってそこには生き生きした「現代」の呼吸が感じられたのであった。(…)しかるに独り日本のパヴィヨンだけは、盛り場の裏街に見出すような料亭か待合を思わしめるものであった。私共はこの種の伝統的住宅に深く執着し、またこの種の建築において生活の休息の喜びを感ずるのも事実であるが、しかし万国博覧会は定着した風俗の縮写を見せる場所ではない。ここでは「再現」よりも寧ろ創造的な「表現」が求められているのである」

　ここまでは藤島と同じ論調である。しかし続く文章で、森口はさらに踏みこんで建築界への苦言を呈していく。

「日本館の設計に最も欠乏していたものは、豊富な想像性であったと私は考えている。想像性などという言葉は従来の建築家の耳から最も遠いものであった。殊に合理主義乃至機能主義が日本の建築界を風靡し、先輩達は無自覚にそれに迎合し、それがアメリカ式実利主義教育の無意識的応援を得て以来、建築家の想像性は益々貧しくなって行った。各種の懸賞競技の入選作を見ても、合理主義によって想像性を去勢されて、その後に残った実利主義の意想に取澄ました衣裳を着せたものに外ならないものが多い。この種の設計が国粋主義的反動を呼んだのは当然の話である。建築家が合理主義の美名に隠れて一種の安易をむさぼっていたことに対する反動である。（…）外国の建築とは何等選ぶところが無いとの理由で当局がこれを排したのも、恐らく右のような安易から結果した非創造性に対する不満であったろう。そうとすれば当局の主張も当然である。しかし、その代案として過去の様式をむき出しにした設計を求めることには、勿論賛成が出来ない。しかし、建築に対しても、またあらゆる造形活動に対しても日頃無関心であった筈の当局が、造形上の「日本的」ということを皮相に考えたとて、今更驚くにも当らない。寧ろ、皮相な日本的設計を要求されるほどに想像性の稀薄な実利主義的建築しか設計し得なかった建築家こそ非難されるべきであり、そういう貧しい想像性の建築家に指導されて想像の意欲を失いつつある建築界こそ憂えなければならないのである」

合理主義、機能主義建築には想像性が稀薄であり、それこそが「国粋主義的反動」を呼んだとする主張だ。「反動」という言葉に象徴されるように、その指摘はそのまま先の前川の論調と重なる。森口はこうして次のように提言する。「日本の建築界はすでに合理主義の洗礼を受けたのであるから、これを飛び越えて逆戻りする必要はない。また想像性の活動といったところで、科学的・技術的根拠を無視した空想の遊戯を意味するのではない。合理主義によって歴史的様式の無自覚な繰り返しを否定されたのであるから、その浄化の上に今度は新しく想像性の豊かな活動を呼び醒まし建築に創造的精神の具現を求むべきであり、それには今回の日本館の設計の如きは最もよい機会だった筈である」

建築界へと向けられたこの批判に対しては、直後の十月十六日に開催された建築学会の座談会、「日本建築の様式に関する座談会」（『建築雑誌』一九三六年十一月号）でも大きな話題にされる。残念ながらこの座談会に前川國男は出席していないが、森口の批判は前川へ響き、その思考に影響を与えたにちがいない。そして森口が建築界へと投げた提言は、後の大東亜建築委員会で議論される「日本国民建築様式」の問題へとつながる歴史的な意味をもたらしたのだと思われる。しかし、結果からみればパリ万国博覧会日本館における「日本的なもの」をめぐる議論は、翌年の一九三七年七月に日中戦争が勃発する以前の、やや素朴な建築様式論争の最後を締めくくる出来事となったのである。

オリンピック東京大会会場計画

招致活動と開催決定までの動き

パリ万国博日本館はあっけない幕切れに終わった。しかし前川には岸田日出刀から国家的プロジェクトがもちこまれる。第十二回オリンピック東京大会の会場計画である。

一九三五年十二月十八日に発足した第十二回国際オリンピック大会招致委員会は、会長に公爵の徳川家達《いえさと》を選び、貴族院議員の近衛文麿の他にＩＯＣ委員の嘉納治五郎、副島道正、杉村陽太郎と東京市長の牛塚虎太郎ら総勢六十六人の委員からなる「官民協力」の挙国的組織[34]だった。招致委員会が最初にとりくんだのは、基本方針となる「招致計画大綱」の作成である。当然ながら、そこには建築にかかわる事項が含まれていた。そこで続く二十六日の第一回の幹事会で、さっそく競技場の敷地選定や建設方針の検討を目的に四つの小幹事会の設置が決議され、委員として建築界から内田祥三《よしかず》（東京帝国大学教授、建築学会会長）と小林政一（東京工業大学教授）が選ばれている。[35]

また、この日の小幹事会では、競技場の敷地選定をめぐって東京市が提示した埋立地の「月島案」と「明治神宮外苑中心説」のふたつの候補が出されて議論がなされた。東京市が月島案を主張した背景には、月島が一九四〇年に開催予定だった日本万国博覧会の会場予定地であり、オリンピックも同時開催したいという思惑が働いていた。しかし、続く一九三六年一月三十一日の第二回幹事会では、主競技場となる陸上競技場は、「現存外苑競技場敷地を拡張し十二万人を収容し得る競技場を建設」すること、水上競技場についても、外苑の「現存の水泳場を三万人を収容し得るよう改造」することが決定される。[36] こうして、明治神宮外苑を中心とする競技場計画がスタートする。

おりしもＩＯＣラツール会長の来日が一ヵ月半後の三月下旬に迫っていたため、資料の作成が急ぎ求められることになった。こうした要請を受けて急遽結成されたのだろう。「設備計画図作製の会」と呼ばれる会が「全図、配置図、各競技場鳥瞰図を作製する事」[37]となったのである。この会の動きは、委員の内田祥三の「昭和十一年三月七日小幹事会」と題されたメモにも残されている。[38] このメモから、内田と小林が分担を決めて急ぎ外観図を作成した経緯がみえてくる。そして次の文章から、この時点で岸田日出刀がオリンピック計画にかかわりはじめたことがわかる。

「招致委員会の骨子となった諸競技場建築の設計は、同招致委員に属する建築家によって夫々手分けして急遽立案作製されたもので、ボートの戸田村コースの鳥瞰図と、神宮外苑競技場改造案と岸記念館の計画案の作製を内田祥三博士が担当され、私は同博士の命を受けて助手達と共に、数日間製図版の前に立ち続けて、兎に角まとめ上げたことを記憶している」[39]

続く三月十六日の第二回の委員会では、オリンピック招致のための基本方針をまとめた「招致計画大綱」が承認される。東京市長の牛塚はこの会議でも再度月島案を強く主張したが、受け容れられることはなかった。そして主競技場と水上競技場は明治神宮外苑に、第一室内競技場は神田駿河台に建設予定地が決定される。また、二日後の三月十八日には冬季オリンピック競技場選定委員会も開催され、札幌市を開催地に決定する。[40]

そして一九三六年三月十九日、予定どおりＩＯＣのラツール会長が来日したので、岸田らが作成した設計図で説明をおこない、予定敷地に案内し、彼から大綱の諒解を得ることに成功する。[41] このような精力的な招致活動の結果、七月三十一日、ベルリンで開催されたＩＯＣ総会における投票の結果、競合相手だったフィンランドのヘルシンキの二十七票を上まわる三十六票を獲得し、第十二回オリンピック開催地として正式に東京が決定したのである。[42] 一方、この招致決定の時点で、岸田は、文部省の依頼で一九三六年六月から十月までの間、第十一回ベルリン・オリンピックの視察に派遣されていた。そして帰国後、この視察をふまえて強いリーダーシップを発揮していくことになる。

会場をどこにするのか

オリンピック開催決定から五ヵ月、ようやく本格的な開催準備に向けた動きが始まる。一九三六年十二月二十四日に開かれた第一回の組織委員会では、会長に招致委員会と

明治神宮外苑（1935年ごろ）。後方左手に旧競技場（1924年）、右手に聖徳記念絵画館（1926年）

同じく公爵の徳川家達を選出し、副会長に東京市長の牛塚虎太郎と大日本体育協会会長の大島又彦が就任する[43]。委員会が最初にとりくんだのは各種目の競技場と選手村の候補地の調査だった。そしてその調査委員に小林と岸田が選ばれる。続く一九三七年一月二十二日の第五回の委員会では、早くも競技場調査委員会の中間報告がなされている。七つの候補地は、優先順位順に次のとおりとなった。代々木陸軍練兵場、明治神宮外苑西側民有地、青山射撃場跡地、駒沢ゴルフ場、品川駅付近芝浦埋立地、上高井戸、砧台[44]。

しかし、代々木陸軍練兵場については、陸軍より「兵の訓練用地」であるとの理由から提供不可能となり、第二候補地の明治神宮外苑について用地取得の可否を調査することが決議される[45]。その結果、続く二月二十三日の組織委員会で、主競技場は明治神宮外苑競技場改造案とすることを決定している[46]。

一方、岸田は、早い段階から積極的に敷地問題について発言をおこなっていく。端緒となったのが、一九三六年の十二月に自主的に作成し、関係者へ送付した「東京オリンピック大会々場に就て」と題する意見書の小冊子[47]である。これは後に組織委員会の構成団体のひとつである大日本体育協会の機関誌「オリンピック」一九三七年二月号に掲載される。それは次のような書き出しで始まる。

「オリンピック東京大会の会場を何処にするかは、該大会の遂行に対し当面の最も重要な問題である。（…）私が茲にオリンピック会場と言うのは、陸上競技場、水上競技場及び他に二、三の競技場をもつ総合的な競技場で、オリンピック大会に際し重要な中心的競技場となる会場の謂である。現今東京大会の会場案としては諸種の案があるが、それらのうち最も有力な案と考えられる明治神宮外苑会場案を技術的の立場から再検討し、其是非を批判し、更に私の最も適当と考える会場に対し忌憚のなき所見を披瀝したい」

岸田はこう述べたうえで、候補となった明治神宮外苑会場案の可否を判断するうえでの問題点として「敷地面積の狭隘」、「外苑神域の風致を害する」、「現在のスタンドを如何にするか」という項目をあげて次のように主張する。

「今の神宮外苑競技場は、あれはあれとして立派にまとまった且つ由緒ある競技場である。それを惜し気もなく捨て去ることは情に於いて忍びないのみならず、而も新規に造られるものは敷地の関係上完全なものが出来ないというのでは、理論上から言っても納得できないことである」

こうして岸田は明治神宮外苑会場案の根本的な問題点を指摘し、最後に次のような踏みこんだ提言をおこなう。

「オリンピック東京大会の開かれる一九四〇年は、恰《あたか》も皇紀二千六百年に当る記念すべき年である。明治神宮外苑を大会会場にすることの重大なる根拠が茲にあることは私も充分よく理解することができる。然らば明治神宮外苑以外にかかる精神的願望を満足し得る敷地が他にないであろうか。

代々木練兵場！

皇紀二千六百年を記念するという願望は此地で余蘊《ようん》なく満たされるであろう。（…）代々木会場という理想案が実現した暁を考えて見るに、神宮外苑の競技場は今のままで永久に残り、而もより以上大規模の総合競技場が建設されることになる。それは遠い将来の日本の体育、スポーツの発展を考える時実に慶賀すべきことであり、心ある識者の何人も衷心望むことではあるまいか。但し茲に一つの重大な課題を忘れてはならない。それは今日の代々木練兵場のもっている意義と価値を正しく認識して其精神を永久に保存する計画をオリンピック競技場の計画と共に入念考究実施しなければならぬということである。此の点に関し多くの示唆を与えるものは、伯林《ベルリン》大会に於ける国立競技場内に設けられた広大な五月広場である」

岸田の会場論は、明らかに視察した第十一回オリンピックのベルリン大会会場をもとに展開されている。また、「広大な五月広場」とは、ベルリン・オリンピックの十万人収容の主競技場の隣接地に設けられた七万人の観客席を持つ二十五万人収容の前庭広場のことである。この広場は、レニ・リーフェンシュタールの監督したベルリン・オリンピックの公式映画『民族の祭典』でも効果的に使われていく[48]。また、岸田もヒトラーが臨席した一九三六年八月一日の開会式に参列し、その感動を次のように書きとめていた。

「十二、三万人の観衆が、この主競技場に溢れた壮観は、オリンピックならではみられぬ豪華な一巻の絵巻であろう。(…)開会式というものがかくも感銘の深いものとは夢にも思わなかったが、十六日間オリンピックのあらゆる競技を見つづけて、最も感激したのは開会式であったと私は躊躇なく言える[49]」

しかし、岸田の主張はあまりにも先走りすぎていた。そして結果的には「代々木に就ては軍部において譲渡絶対不能と言明ありたり」(「東京朝日新聞」一九三七年一月十五日)と報道されたように、軍部の強い反対にあって代々木練兵場案は挫折を余儀なくされてしまうのである。

一方、もうひとつの主要な会場となる室内競技場についても、岸田に原案作成が委嘱されることが一九三七年四月六日の第一回室内競技場の会合で決議される。そして早くも十六日の第二回会合で、岸記念体育館と神宮外苑水泳プールの改装について岸田から説明がおこなわれた。後に組織委員会がまとめた報告書[50]には、岸田の名前とともに前川國男の名前が記載された岸記念体育館の図面四枚が掲載されている。この図面から、前川が岸田のもとで会場設計案を作成していた事実が判明する。それが前川國男の作品目録にある岸記念体育館(案)である。しかもそれは、後の一九四〇年に完成する木造の岸記念体育会館とは異なり、かなり大規模な施設であった。

建設予定地は、大日本体育協会が元会長の岸清一の遺族からの寄付をもとに岸を記念する「運動会館」建設を目的に一九三六年に購入した、御茶ノ水の旧岩崎小弥太《こやた》邸の跡地と隣地からなる約三千坪の土地である[51]。また、建物は五つの機能から構成された複合建築になっている。敷地手前には岸を記念した「記念室及講堂」が置かれ、一階北側には「レストラン」が入る。また、敷地中央には中心機能の「室内競技場」が配置され、さらに敷地が一段低くなった場所には、トップライトで採光する「プール及ボート練習部」が設けられ、南側には事務棟が独立して建つという構成だった。添付資料によれば延床面積約六千坪、総工費約二百五十万円という大規模なものである[52]。

こうした経緯から、大日本体育協会は機関誌「オリンピック」(一九三七年六月号)に、この建物の外観透視図を掲載したのだろう。全体が無装飾の白いボリュームでまとめ

岸記念体育館、外観透視図（1937年）

られ、敷地の角には円盤投げ選手の彫刻が設置されている。この図面も前川によって描かれたものと思われる。

明治神宮外苑競技場案のゆくえ

一方、主競技場となる神宮外苑の陸上競技場についても、四月十九日の第四回競技場委員会で具体案の研究が決議され、[53]二十六日の第五回の委員会で岸田による説明がおこなわれて、主競技場については了承される。[54]おそらくこの委員会が節目となったのだろう。四月二十七日の「東京朝日新聞」に「神宮外苑競技場改造図」が掲載された。記事中には「岸田博士によって作成」とあるが、この図面も前川によるものと思われる。というのも、半年後に岸田が次のように記しているからである。

「神宮外苑に計画の十万人の主競技場と三万人の水泳競技場設計案として私が前川國男君と協同して作ったものなどが新聞紙上に大きく報道された（…）あーした設計図を作ったのは、副島伯が六月のワルソー会議に携行して東京大会の準備進捗状況をそれとなく国際オリンピック各国委員連に諒解せしめるためのほんのスケッチに過ぎぬものだったのだ。更に本図の作製により、十万人と三万人の主競技場と水泳競技場とを今の神宮外苑の地に配するとかくも不調和なものとなり、あの辺一帯の風致を害することを間接に当事者に説明了解せしめたいと願う心からでもあった[55]」

文中の「副島伯」とはIOC委員の副島道正のことであり、「ワルソー会議」とは一九三七年六月に開催されたIOCワルシャワ総会のことを指している。また、先の「東京朝日新聞」（一九三七年四月二十七日）によれば主競技場の原案は、メーンスタンドは永久施設としながらも、他のスタンドは地下三十三段を永久施設、地上五十段は木造の臨時施設とする苦肉の案だった。そして岸田の言葉にもあるように、その外観透視図が「東京朝日新聞」（一九三七年五月六日）に掲載される。記事によれば「外壁は明朗なる白色系」で、「最北端に白色系のオリンピック塔、マラソン塔及び聖火塔」が設けられる計画だった。さらに、大日本体育協会の機関誌にも「主競技場設計図」が掲載される（「オリンピック」一九三七年六月号）。これも前川が描いた図

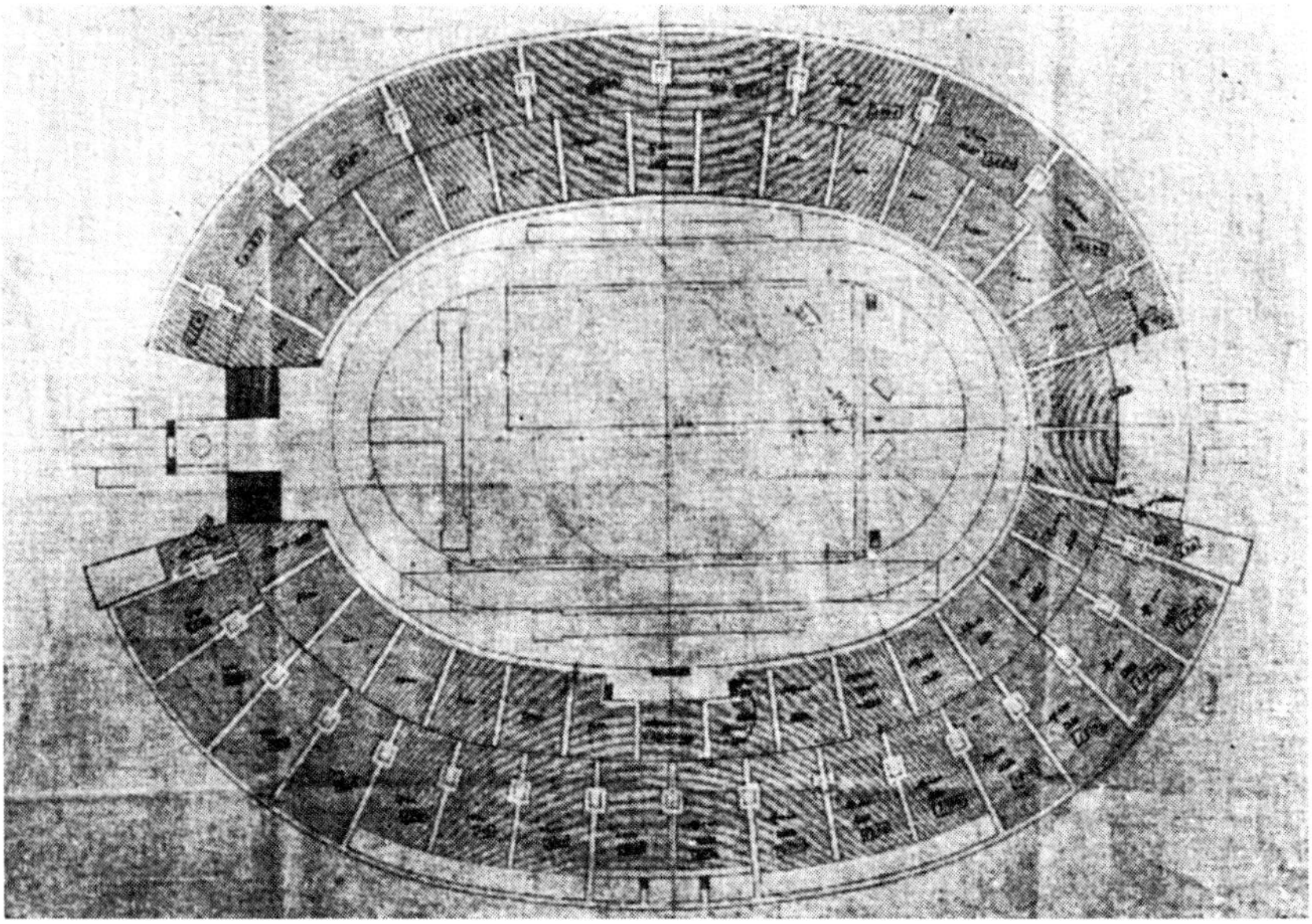

明治神宮外苑競技場、平面図（1937 年）

面にちがいない。こうして、あわただしく会場設計案がまとめられていったのである。

ＩＯＣワルシャワ総会では東京大会の会場計画案が報告され、冬季大会の札幌での開催とともに満場一致で承認される。ＩＯＣ委員の副島は報告記事[56]のなかで、ラツール会長から「飽までも、外苑中心の競技場を主張するのみならず、之を東京大会開催の条件」とし、次回の一九三八年のカイロ総会において「大会準備の進捗に就て詳細に報告」するようにと言い渡されたと記している。また、同じ報告記事には説明に使った図面類を広げた写真も掲載されており、前川の作成した岸記念体育館の平面図や神宮外苑陸上競技場の透視図が写っている。前川事務所の田中誠は、戦後に当時を振り返って次のように回想している。

「オリンピックを日本へ招致しようというので岸田先生を通じて話があり計画案をつくることになった。それでパリへ持っていく図面を間に合わせろというのです。大急ぎでそれこそ徹夜を何日もやって図面をかきました。トラック、プール、ボートコース、大倉山のシャンツェまで、こんな計画がありますというやつをね」[57]

文中の「パリ」はワルシャワの勘違いだと思われるが、この田中の証言どおり、現在の日本体育協会岸記念体育会館が保管する資料のなかに『第五回冬季オリンピック札幌

大会　昭和十五年』という冊子があり、大倉山シャンツェの断面図や全体見取図、スケート競技場の図面が掲載されている。これらの図面も、前川事務所の作品目録にある「一九三七年オリンピック冬季競技場（案）」にほかならない。こうしてIOC総会で開催に向けた承認の手続きが順調に進むなか、国内では神宮外苑競技場改造案をめぐって管轄する内務省から強い反対の声が上がってしまう。

一九三七年五月十八日の第十五回組織委員会では次のように報告されている。

「現在の明治神宮外苑競技場を改造拡張せんとする組織委員会の計画に対し内務省は風致上、管理上又同外苑が国民の浄財に依り造苑せられた記念物なる点等より同競技場の改造拡張案には同意し難いと内務省児玉神社局長から反対があった為、この問題に付ては常務委員会に一任する事に決定した[58]」

この予想もしなかった事態に対応を迫られ、一任された常務委員会は会議を重ねていく。そして六月二十二日、組織委員会会長と東京市長の連名で内務省神社局長宛に明治神宮外苑陸上競技場拡張の承認を請う願書を提出することが決議される[59]。その際、内務省神社局長からは、あらかじめ承認のための条件が提示されていた。その条件とはなんだったのだろうか。公式報告書にはいっさい記録が残っていない。しかし、ほかでもない岸田が皮肉を込めて次のようにすっぱ抜いたのである。

「紛糾に紛糾を重ねた東京大会の主競技場問題は去る六月二十一日に本決定を見た。即ち下記十項の希望条件が内務省から提示され、オリンピック組織委員会当事者は、外苑でさえできればどんな条件でも諸々として聴従するの態度を以て、遂に主競技場は本極まりという一見慶賀すべき落着を見た[60]」

岸田がこう記したのも無理はない。せっかく積みあげてきた会場設計案を反故にしたうえで、五百万円の建設経費は奉献させられ、設計は明治神宮がおこない、収容人員も当初計画されていた十万人から七万五千人に縮小するという、一方的で屈辱的な内容だったからである。だからこそ岸田は、同じ文章で続いて次のように訴えたのである。

「五百万円の大金を捨てるが如くにして完成される競技場は単に七万五千人収容というオリンピック主競技場としては中途半ぱのものである。（…）今のままの計画で主競技場が実現しようとは私は思わない。オリンピック当事者中にも識者はいる筈、こうした不合理と不得策の解らぬ筈がない。況《ま》して今日支事変に直面してオリンピックそのものの開催すらが種々論議されている現状で、五百万円を捨てるに均しい愚者の策が実現されようとは思えぬ」

岸田の脳裏には、ベルリン大会の競技場がイメージされていたにちがいない。だからこそ矮小化される会場案を許容できなかったのだ。一九三七年十月に発行された岸田のベルリン大会調査報告書に掲載されたオリンピックの競技場の写真に付された解説文に、次のような一節がある。

「総合競技場として秩序整然とした配置は、東京大会会場計画の現状と較べ考えて羨望に耐えぬものがある。(…)オリンピックを機会に新に総合競技場を建設するという理想が諸般の事情から実現されないことは遺憾至極である。新に競技場を建設すれば既存のものも今のままで立派に役立ち、新設のものは皇紀二千六百年を記念するオリンピックのモニュメントとして永久に残り、代用競技場などで苦労することもなくてすむし、新しい立派な競技場が一つ増すことになる。経費の話では増減はない。大東京の都市計画という上からもすべての計画施設が新総合競技場の建設により改善され促進されるであろう[61]」

岸田の主張は終始一貫していた。その数ヵ月前の文章にも、次のような言葉が記されている。

「「オリンピックを機会に大総合競技場を新たに建設すべし」の主張が世の声となり、実現することを期待して止まない。新たに大総合競技場を建設すべき地はどこか。代々木練兵場又はその一部は理想の地であるが、軍部の都合により全く望みが断たれた今日としては、私は第一に駒沢ゴルフ場を推すに躊躇しない[62]」

岸田は、あくまでも新たな敷地を見つけ、そこに大総合競技場を建設するべきだとの主張を続けていたのである。

カイロ総会にむけて

オリンピック東京大会の会場計画は、明治神宮外苑競技場の改造問題が紛糾するなか、それ以上の大きな出来事に遭遇する。一九三七年七月七日の日中戦争の勃発である。

日中戦争の勃発から約一ヵ月後の八月五日、開かれた常務委員会は、「神宮外苑競技場改造経費奉献」の件に関しては「全金額に対しては修正の余地を有し他は内務省の申し出の通り承認、大島副会長より口頭にて答申する[63]」と決議している。つまり改造に必要な建設費の奉献については金額の修正はあるものの、内務省から提示された他の条件は承認したのである。常務委員会が内務省の一方的な要求を受け入れた背景には、六月のIOCのワルシャワ総会でラツール会長から厳命された明治神宮外苑を中心とする会場計画が「東京開催の条件」であるという縛りが強く働いていたにちがいない。一方、岸田は、こうした経緯もラツール会長の判断が固定的ではないこともよく理解していた。というのも競技場問題の最中、「昭和十二年九月」と末尾に記された文章で次のように記しているからである。

「ラツール伯が神宮外苑をみてこれに手を入れれば立派な競技場になると言ったのも当然で、当時あの競技場以外に整備した競技場を持たなかった東京として神宮外苑を観せる以外に道なく、ラツール伯にしてもあれでよいだろうと言う外に道はなかったことも極めて自然である[64]」

しかし、日中戦争の勃発は、会場問題をはるかにこえてオリンピックの開催そのものに大きな影を落としていく。そうした状況の変化があらわれたのが、続く一九三七年九月十五日に開かれた常務委員会である。後にまとめられた東京市の報告書[65]には「明治神宮主競技場改造納付金の件、主競技場は土地を買収して拡張することは不可能なる故其の趣非公式に組織委員会に報告し時局を静観することとせり」とある。また、同じく後に出された組織委員会の報告書には次のように記されている。

「支那事変勃発以来、寄附金の募集、入場券の販売等に着手する事が困難となり、財政計画の樹立に支障を来し、容易に決定に至らず、徒らに時日を費したので神宮競技場改造納付金を期日迄に内務省に献納する能わざるのみならず、土地を買収して拡張する事は期日的にも不可能となったので、九月十五日の常務委員会に於て時局静観を申合すに至り折角の設計も亦徒労に終った[66]」

この言葉どおり、組織委員会は状況の推移を静観することになる。しかし、外交的には最後まで開催をあきらめることなく、準備は粛々と進められていった。それは、やはりＩＯＣのワルシャワ総会でラツール会長から言われたこととして、次回のカイロ総会において「大会準備の進捗に就て詳細に報告」することを確約していたからである。こうして組織委員会は一九三八年一月十三日、競技部の作成した予定案を承認し、カイロ総会に提示する競技場の内容を次のように決定する。

「主競技場：明治神宮外苑競技場を改造す、観客収容人員約八万。

水泳場：明治神宮水泳場を改造す、収容人員約二万。

岸記念運動会館：神田駿河台に新設す、事務室、室内体育館（観客収容数七千三百三十六人）、プール（九百八十人）及ボート練習場、記念室及講堂、レストランなど[67]」

この内容をみると、前年の一九三六年五月に決定された「オリンピック東京大会神宮競技場改造計画[68]」と比べて、主競技場の観客収容人数が約十万人から八万人に、水泳場についても約三万六千人から二万人へと大幅に減らされている。一方、神田駿河台に計画されていた岸記念運動会館については、変更されることなく推移している。

こうして迎えた一九三八年三月のＩＯＣのカイロ総会は、

明治神宮外苑会場、全体模型写真（1938 年、秩父宮スポーツ博物館蔵）

イギリスなど加盟主要国が反東京大会を主張しはじめるなか、東京大会の否決もありうるような最悪の状況下で開催される。しかし東京大会の開催は承認された(69)。組織委員会は難局を乗り切ったのである。また、ラツールとの約束を果たすための説明用に準備したのだろう。このカイロ総会には神宮外苑競技場の全体模型が船便で送られている。それを報じた一九三八年一月二十九日付の「東京朝日新聞」には、次のような記事と模型写真が掲載された。

「東京大会の神宮外苑を中心とする競技場の模型が出来上り、二十九日横浜出帆伏見丸に積込んで日本代表と共にカイロに送られる事となった。模型は長さ七尺五寸、幅四尺八寸、重量五十貫と云う大きなものでオリンピック事務局が本郷内山模型店に依頼して製作し制作費千円、事務局では主競技場収容人員八万六百人、水泳場約二万人のもので当初の計画より幾分小さいが、収容人員に少しの変更が加えられるとしても大体この模型のような競技場が作られる事になるだろうと云っている」

残念ながらこの模型の現存は確認されていないが、秩父宮スポーツ博物館にはこの模型の写真が保管されている。

一方、晩年の前川は次のような回想を残している。

「岸田さんの下働きでカイロの会議に間に合わせるために、陸上競技場の案をデッチあげた。神宮外苑の競技場を八万人収容できるものに拡張する計画で、半分は木造だった。観客席を描く僕と丹下とでパースを描いて大騒ぎでやった。観客席を描くのが大変だった[70]」

この前川の回想が正しいとすれば、カイロ総会へ送られた図面についても前川事務所で描かれていたことになる。また、模型自体も、その図面をもとに製作されたのだろう。さらにこの回想からは、丹下健三が東京帝国大学建築学科の在学中に、オリンピック会場計画案の作成の手伝いとして前川事務所に出入りしていたこともわかる。こうして岸田、前川、丹下へと続くオリンピック会場計画案作成をめぐる人間関係がみえてくる。

東京市の動きと駒沢への敷地変更

さてカイロ総会への準備と併行して、組織委員会は最大の障害となっていた主競技場問題を早急に解決し、「カイロ総会中に会場の建設に着手し度いと云う」ことから、一九三八年三月四日の第二十三回委員会においてそのことを検討する「構築委員会」の設立を決議し、同日最初の会議を開いている。そしてこの構築委員会には、建築界から岸田日出刀と小林政一に加えて、東京市建築課長の小野二郎が任命された。この構築委員会では、当然ながら主競技場の改造案についての議論が蒸し返されていく。そして四月七日の第三回委員会で次のような結論が出される。

「主競技場に関しては神宮改造案が実現上非常な困難に陥り、駒沢ゴルフ場に移行説擡頭し、殆ど全会一致の意向となり[71]」

先にみた岸田の予言めいた言葉どおり、駒沢ゴルフ場跡地への会場移行案がここへきて急浮上したのである。さらにカイロ総会の開催承認の結果を受けての判断があったのだろう。実現へ向けた追い風となる動きも出てくる。競技場建設費として六百万円、大会関係街路修築費として一千万円を東京市が支出することを三月二十九日の東京市会が満場一致で可決したのである[72]。そして暗礁に乗りあげていた主競技場問題は、東京市の主導で一気に駒沢ゴルフ場跡地案へと動きはじめていく。こうした動きの背景には、次のような東京市の思惑があったのだという。すなわち「東京市は、内務省や神宮側の制約を受けやすい外苑競技場を改造するよりも、市自身が別個に競技場を建設したほうが得策と判断して、駒沢案を推進した[73]」のである。そしてラツール会長との約束もあって、「主競技場郊外移転に極力反対を続けて居た」IOC委員の副島道正も「事情已むなしと認め、五月一日ラツール伯宛電話を以て右事情を詳細に説明して其の諒解」を得ている[74]。こうして一九三六年一月の招致委員会の初会合以来、主たる会場として長く論議

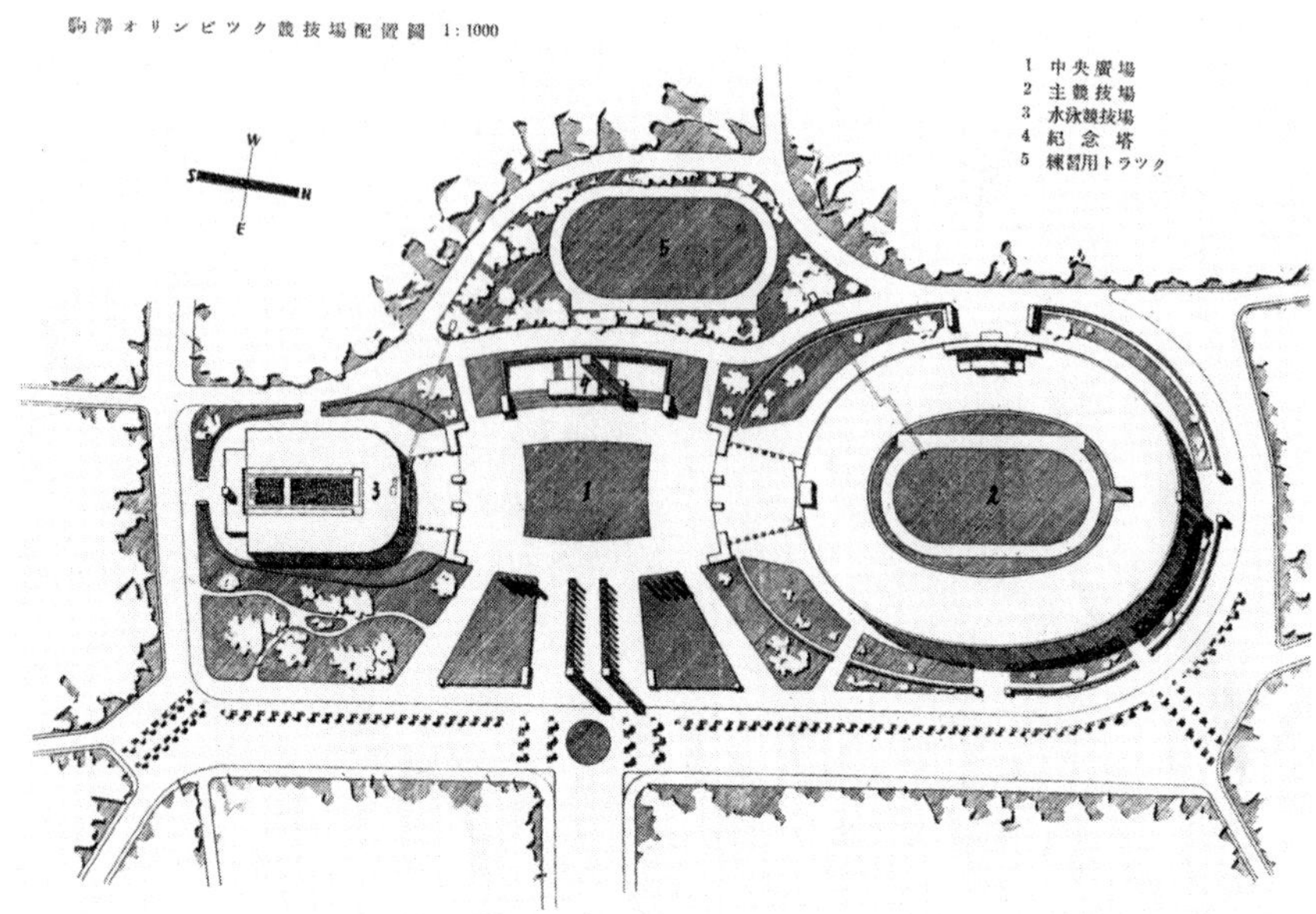

駒沢競技場、全体配置図（東京市設計、1938年）

されてきた明治神宮競技場案は、その土壇場であっさりと放棄されることになる。そして一九三八年四月二十三日に開かれた第二十五回組織委員会は、「競技場に関する件」として「明治神宮外苑競技場は観覧席の収容力を六万人以上に拡大改造することは不可能にして且内外諸般の事情止むを得ず依て十万人収容を目標に予算六百七十六万円を以て主競技場を駒沢に建設すること」、同時に「水泳場、練習競技場をオリンピック村と共に駒沢に建築する事」を決定したのである。[75] この委員会決定を報じた翌四月二十四日の「東京朝日新聞」には、「主競技場駒沢に決定　委員会神宮案を放棄」という大きな見出しとともにラフな「駒沢案設計図」が掲載されており、これも前川事務所で描かれたものだと思われる。また、その図を後に東京市が描いた駒沢競技場の図面と比較してみると、基本的な配置の考え方はほぼそのまま踏襲されていることがわかる。

こうして、先の招致委員会では会場の敷地として繰り返し強く主張した月島案を認められなかった東京市だったが、最後の土壇場になってオリンピック会場計画の主導権を握り、駒沢のゴルフ場跡地に主競技場、水泳場、オリンピック村など主要施設のすべてをまとめて新築する大役を担うことになったのである。東京市の報告書にはその経緯が次のように誇らしげに記述されている。

「かくて昭和十三年四月二十三日に至り組織委員会に於て主競技場、水泳競技場、練習競技場、オリンピック村等の建設敷地を駒沢ゴルフ場に決定し、且つ之等と室内体育館、自転車競技場の建設工事は東京市に於て担当すべきことの方針を決定した。之が為に昭和十三年五月九日職制改正に依って設置された東京市臨時建築部に第三工営課を設け、駒沢の施設全部並《ならび》に中央体育館の工事を担当せしむる事となった。

　之より先東京市臨時建築部長小野二郎氏は土木局建築課長の当時以来引続き組織委員会、競技場施設委員会、構築委員会、科学施設委員会等委員の委嘱を受け、縷々《るる》重要なる技術的進言を為すと共に部内に汎く優秀なる建築技術家を集め、着々陣容を整備しつつ只管《ひたすら》基本計画設計を進めつつあり、かくて漸く昭和十三年五月二十三日の市会に於て所要予算議決せらるるに及び、臨時建築部は愈々《いよいよ》勇躍事業実施の第一歩を踏み出すこととなったのである[76]」

　また、こうしてオリンピック主競技場の設計作業の全体を統括することになった小野二郎のもとに急遽集められた技術家のなかには「室内体育館班」に横山不学、秋元惇明、杉浦光一、「選手村班」に入江雄太郎の名前が認められる[77]。さらに入江については次のような証言が加わった。

「入江雄太郎は東京帝国大学（現・東京大学）を一九三八年（昭和十三）に卒業した。恩師岸田日出刀門下の同期には丹下健三、大江宏、浜口隆一、薬師寺厚、本城和彦、そして詩人としても有名な立原道造がいる。入江は在学中に辰野賞を受けるなど早くからその才覚を現し、東京帝国大学、早稲田大学、日本大学、東京美術学校（現・東京芸術大学）の俊秀を集めた東京市の臨時建築部で昭和十五年開催予定のオリンピック施設の設計を担当した[78]」

　オリンピック開催までわずか二年半という、もはや時間のほとんど残されていないなかで、建築界の総力を挙げて会場計画案が作成されていったのだろう。残念ながらこの設計チームに前川國男や丹下健三が加わったのかどうかについては当時の資料には記載されておらず、確認できない。

ベルリン・オリンピックの影響のもとで

　興味深いのは、小野のもとで設計が進められた会場計画案には、その随所に一九三六年に開催されたベルリン・オリンピック大会の競技場のデザインと酷似したものが見受けられることである。それを象徴するのが、建築雑誌でも大きく紹介された皇紀二千六百年記念塔である。それは、岸田の報告書にある岸田自身の撮影したベルリン・オリンピックの五月広場に建つ高塔の写真をアングルも含めそのまま引き写したものにも見える。また、全体の鳥瞰透視図についても、広場のとり方や各所に立つ塔によるアクセントのつけ方、その図面の描き方まで、やはり岸田の報告書[79]にある競技場の鳥瞰図を髣髴とさせる。おそらく唯一の参考書として、小野ら設計班の技術者たちは岸田の報告書を手元に置いて設計作業を進めたにちがいない。また、実際に岸田は小林政一、内藤多仲とともに、設計作業が大詰めを迎えていた一九三八年六月三十日付の時点で東京市からオリンピック施設調査事務嘱託を委嘱されている。[80]

さてこれまでみてきたような経緯から、おそらく岸田の手元を離れ、東京市に作業が移る前の基本構想の段階、すなわち具体的には一九三八年四月二十三日の組織委員会に提出された検討図までが、前川國男と彼の事務所がその作成にかかわった図面だと推測される。こうして岸田、前川、丹下のオリンピック会場計画案の作成作業は、敷地変更を機にその役目を終えたのである。一九三七年四月以来、慌ただしい約一年間におよぶ仕事だった。

一方、そうした会場計画をめぐる主役の交代を象徴するかのように、翌五月十三日の主競技場委員会では、小野二郎が「設計図により主競技場配置、交通関係につき説明」をおこなっている。[81] しかし、こうした最後の土壇場での東京市の精力的な努力も空しく、一九三八年七月十五日、政府は閣議で突然のオリンピックの開催中止を決定し、組織委員会に告げる。そして組織委員会も翌七月十六日、やむなく最終的な返上を発表するのである。開催中止決定から

皇紀 2600 年記念塔（東京市、1938 年）透視図

ベルリン、5 月広場の高塔

半年後の一九三九年二月、その計画案を「新建築」に掲載した責任者の小野二郎は次のような所感を寄せている。

「調査の進むに伴れて外苑に於ては斯くの如き巨大なる施設を築造する為めに現にあるが如き典雅なる風致を破壊する事無くして計画を進むる事の至難なるを認むるに至った。依って昭和十三年二月に至って組織委員会は夫《そ》れ迄オリムピック村を建設する事に予定して居た駒沢ゴルフリンク敷地に水泳競技場を併置する事に計画を変更したのであったが、同年三月に至って遂に陸上競技場も又駒沢に併設し此処に壮大なる総合競技場を建設する事の寧ろ適切なるを承認するに至った。(…)実に此敷地に基きたる事業予算が決定したる昭和十三年五月より大会の挙行せらるる昭和十五年九月迄に期間僅かに二十七箇月を残すのみであって総合競技場の施行工程を編成して見ると工事施行に要する期間より逆算して主要工事の設計を三箇月間に完了するに非ざれば工事の完成は望み得ないのであった。(…)元より此も日支事変下の事業でもあるので、建築用資材統制の桎梏を脱るる訳には行かず唯皇紀二千六百年記念事業の一として承認されたものであった為めに政府より一般の建築工事とは別段の取扱を受けては居たものの、主要構材たる鉄材米材等の使用量に対して頻発さるる政府の節約内命は縷々設計を変更せざるを余儀無くされた。之等の難関は如何にあろうとも、工事担当者としては世界に公約せる国際的事業完成の為めに意地にも力を尽さなければならなかった繁忙なる設計室の日夜は過ぎた、遂に予定せる工程期間内に設計を完了し得る見透しの出来た昭和十三年七月十四日突如として政府に依ってオリムピック大会の中止の命令が発せられた(82)」

上・駒沢競技場（東京市、1938年）鳥瞰透視図。
下・ベルリン・オリンピック主競技場鳥瞰図

　こうして、岸田のもと数多くの設計案を描きつづけた前川國男と所員たちの涙ぐましい作業は、なんの成果を得ることもなく中断させられたのである。前川はその最晩年に当時を振り返って、次のような言葉を残している。

「仕事の図面というのは、もちろん実施図面を描き表すわけですが、そういう仕事が余りなかったと思うんです。たまにそういう仕事の話があっても、みんなそれが絵空事であるというような場合が主でして、例えば第何回でしたか、オリンピックの仕事を、ぼくらは岸田さんの手伝いをさせられて…随分お手伝いしたんだけれど、一文にもならないで（笑）、それでよく引き受けたもんだと、いまだに不思議に思っているわけです(83)」

この言葉には、独立まもない前川が事務所の経営を軌道に乗せるために、恩師の岸田に言われるまま、事務所の総力を挙げて全員でオリンピックの仕事を手伝った当時の様子がうかがえる。そして戦争によって実現を断たれたオリンピック施設は、それでも岸田、前川、丹下のかかわったことの痕跡をひとつだけ残すことになる。

幻のオリンピック東京大会が遺したもの

岸記念体育会館

一九三八年七月にオリンピックの中止が決定されて以降、唯一実現へ向けて再スタートを切ったのが岸記念運動会館である。じつはこの建物が計画された神田駿河台の敷地には、直前の東京市による会場計画の時点ではオリンピック体育館として東京市臨時建築部長の小野二郎らの手によって設計が進められていた。しかし、オリンピックの開催そのものが中止されてしまったため、計画はいったん白紙に戻される。そして結果的には、ふたたび岸田日出刀のもとへと計画案の作成作業が依頼されることになったのである。しかし、日中戦争に突入し、建築資材統制が始まるなか、木造の小規模な建築としての建設を余儀なくされる。その間の経緯については、この建物の落成式の際に配られた『体育会館の栞』をもとに後にまとめられた日本体育協会の七十五年史のなかに次のように記されている。

「東京オリンピック大会返上後は、すべてが統制の時代に入り、資材の関係で会館建設の見通しもつかず、委員会の活動も思うに任せぬありさまとなったが、昭和十四年十一月、加盟競技団体各方面からも本事業の促進を要望する向きが多く、本会としても、時局下いよいよ活動を活発ならしめ、体育国策拡充に対応すべく種々の方法を考究中のところであったので、総合事務所を併せた岸記念運動会館の建設に着手することにした(84)」

こうして、「岸田日出刀博士を顧問とし前川建築設計事務所で設計」が進められ、一九四〇年九月十七日に地鎮祭を催して着工し、翌年一九四一年二月二十八日に竣工、三

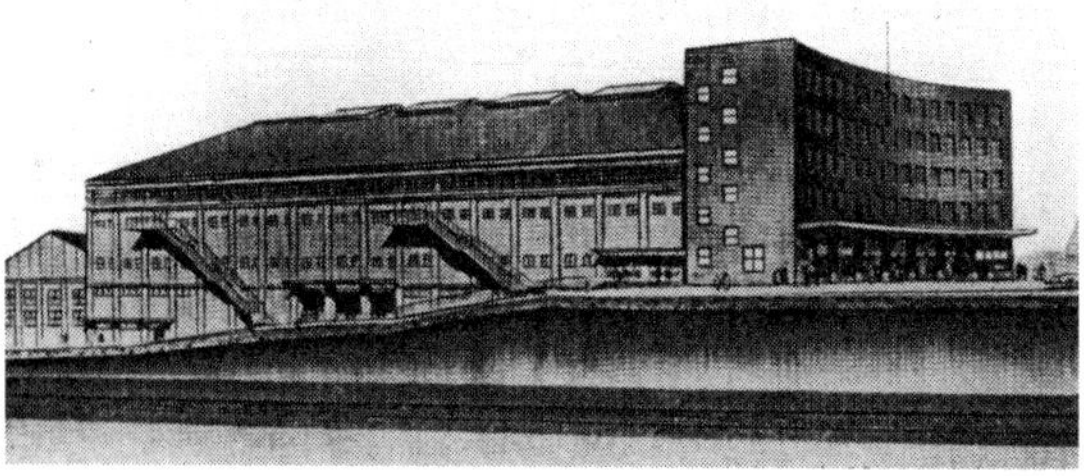

オリンピック体育館（東京市、1938年）

月二十二日に落成式を迎えている。[85]また竣工後、正式名称として「岸記念体育会館」と命名された。[86]これが前川國男の作品目録にある「一九四〇年岸記念体育会館」のことを指している。この建物はオリンピック東京大会が遺した唯一の形見であり、その計画に岸田と前川がかかわったことを証明する建築として歴史に刻まれたのである。

また建築雑誌にはより詳しく「岸田日出刀設計顧問　前川國男建築設計事務所設計監理　丹下健三担当」と発表された。[87]先にみた前川の回想でも語られていたように、丹下健三も学生時代から事務所へ通い、前川のもとでオリンピック競技場計画に加わっていた。そうした経緯から、この建物の担当者となったのだろう。あるいは岸田が丹下の能力を見抜き、担当者に指名したとも考えられる。

完成した建物は、その平面図を見ると木造二階建てのふたつの棟が正面広場を囲むように雁行して配置され、その間を廊下がつなぐ構成であり、延床面積は約四百七十五坪となっている。規模としては、当初前川が描いたオリンピック計画の岸記念体育館の約四千八百坪の十分の一にすぎない。日中戦争の勃発がもたらした状況の急激な悪化が、こうした建設規模の大幅な縮小にもよくあらわれている。

また、地下室平面図を見ると不思議な形の平面となっているが、これはもともとここにあった旧・岩崎邸の遺構であることが、丹下健三が記した次の文章から明らかとなる。

「大震災によって破壊された煉瓦造の大邸宅の残存が、廃墟の如く横たわっている丁度その上に、それを地下室に利用すべく建築された[88]」

旧邸宅の平面の痕跡のようなふたつの地下室を有効に活用し、厨房やロッカー室、シャワー室、倉庫などに転用しながら、上手に上屋を載せる工夫が施されている。戦時資材統制下のコンクリート構造物がつくれない状況で発想された苦肉の解決策だった。

そしてこの建物で特徴的なのは、切妻屋根の端部を逆さ折りにして正面から見ると四角い外観となる巧みな屋根のデザイン処理である。さらにそうして生まれた建物の正面では、あえて外壁面から構造体の丸柱と梁を露出することによって、あたかも鉄骨で組み立てられたような軽快な外

岸記念体育会館（1940年）、正面全景

同正面外観

岸記念体育会館、車寄せ

同玄関ホール

観がつくりだされた。こうしたデザインは担当した丹下によるものであることを、晩年の本人からの聞きとり調査をもとに考察した藤森照信が証言している。(89) また丹下自身は、設計意図について竣工時に次のように記していた。

「造形的には、体育会館にふさわしく明朗溌剌たる性格を与えるべく努めた。木造と言う一時的性格をまぬかれぬものであるとは言え、尚我々はその構造を誠実に追求することに依って、新らたなる造型性の発見を試みんとした。今日の装飾は、その隅々に至るまで、露にされた構造体自身でなければならないのである」(90)

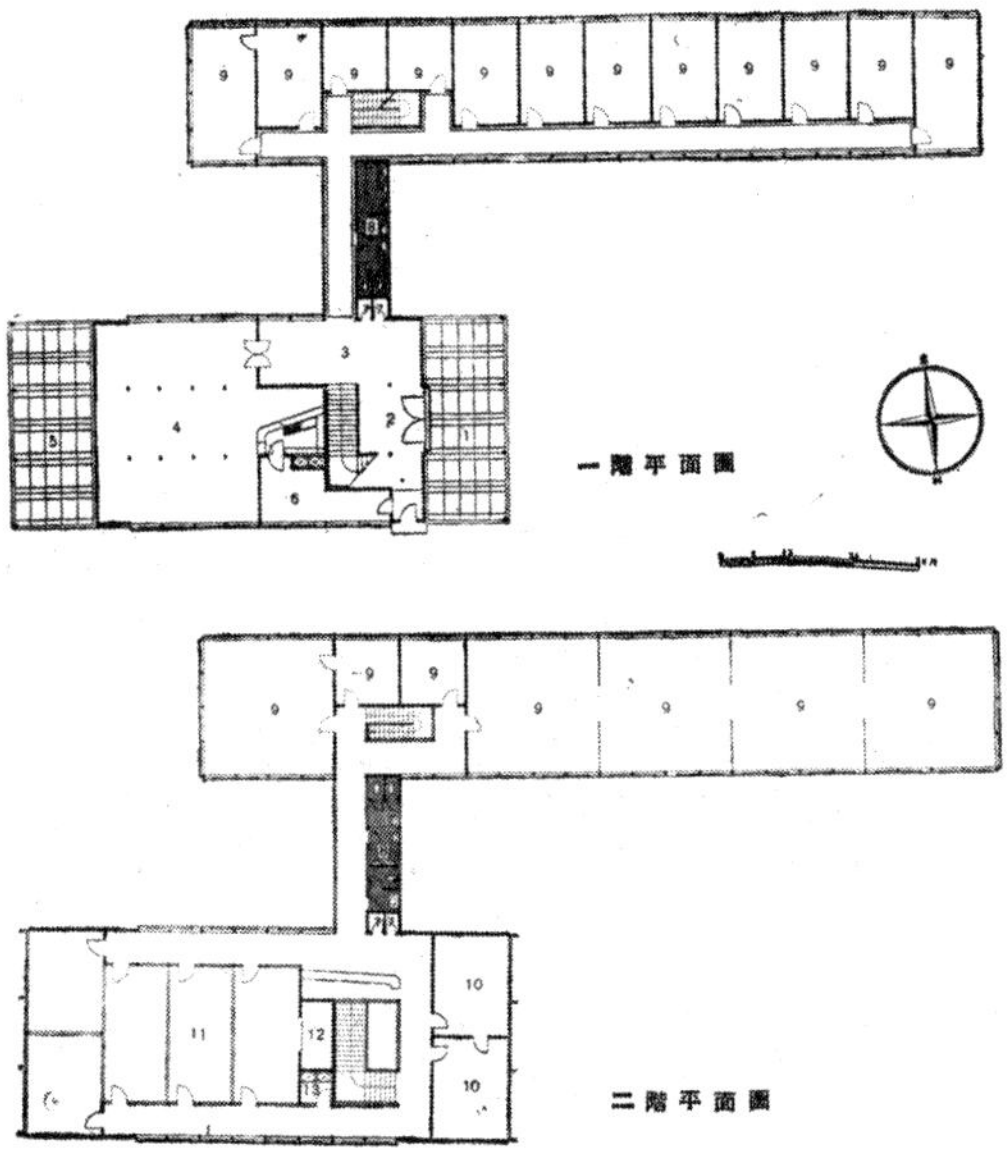

同1・2階平面図

この丹下の記した言葉、「新らたなる造型性の発見」という試みは、前川の理解する近代建築の枠組みをはるかにこえていたのだろう。当時、その設計の様子を目撃していた浜口隆一は後年、次のような証言を残している。

「彼がチーフデザイナーとして担当した岸記念館（昭和十五）は、木造建築ではあるが、この意味で注目される重要な作品である。と同時に、これは前川國男というよりも、丹下健三の作品とみた方がより真実に近いようだ。というのは、この岸記念会館と同じ時期に、社会事業会館がほぼ同じような規模で建てられたが、そこでは従来の事務所の手法にしたがって、屋根のセクションの切妻構造がそのまま正面の形になってあらわれているが、岸記念館ではまったくちがった形であり、あきらかに「表現」ということを発想の主軸として、設計がすすめられていった。当時、前川事務所にときどき出入りしていた私の覚えているところでは、前川國男所長はこの丹下の構想に必ずしも賛成ではなく、首をひねっていた。しかし「丹下君、きみがどうしても好きというならやってご覧」というような具合だった」(91)

たしかに、先行して同じく丹下が設計を担当した社会事

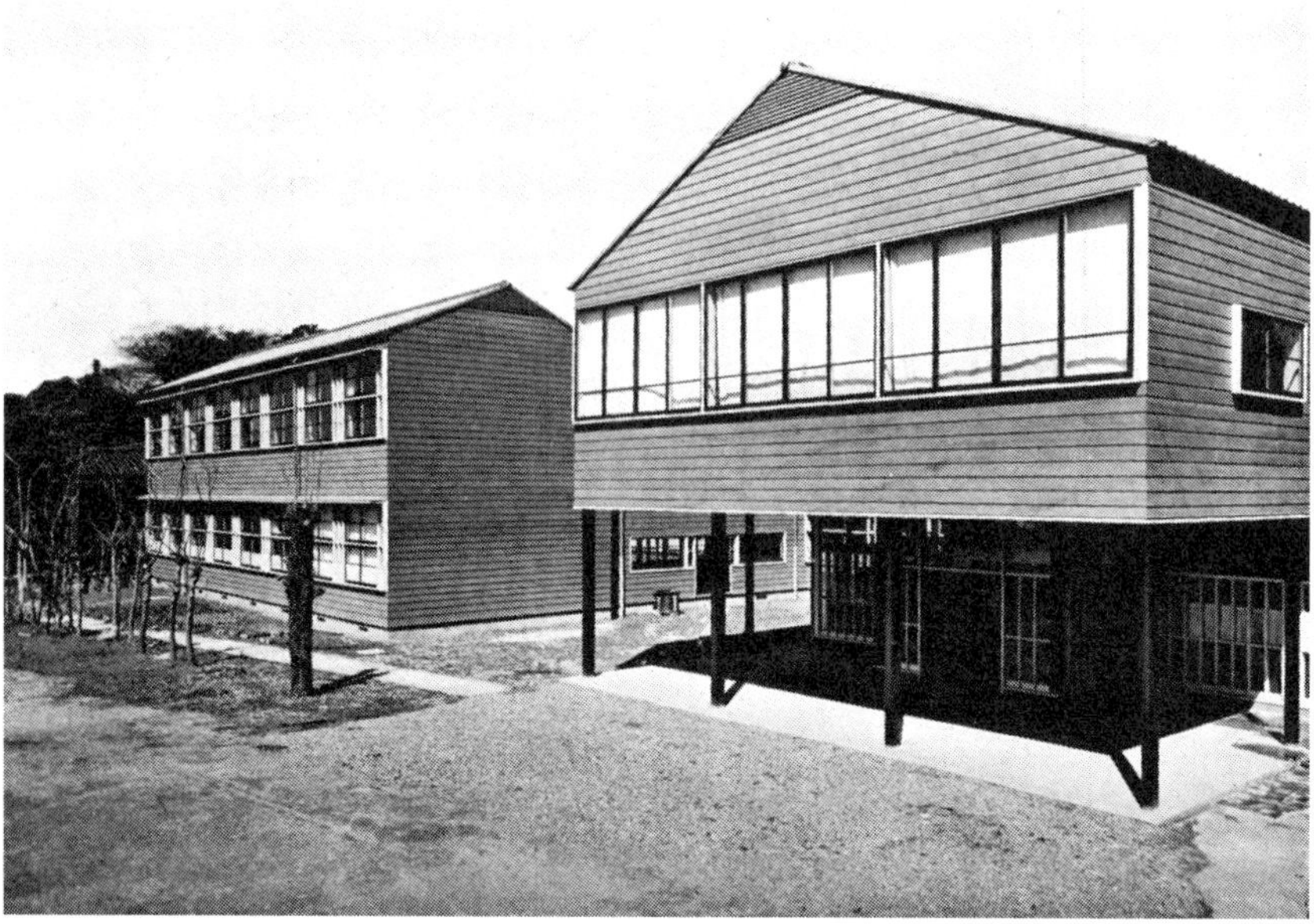
社会事業会館（1940年）正面外観

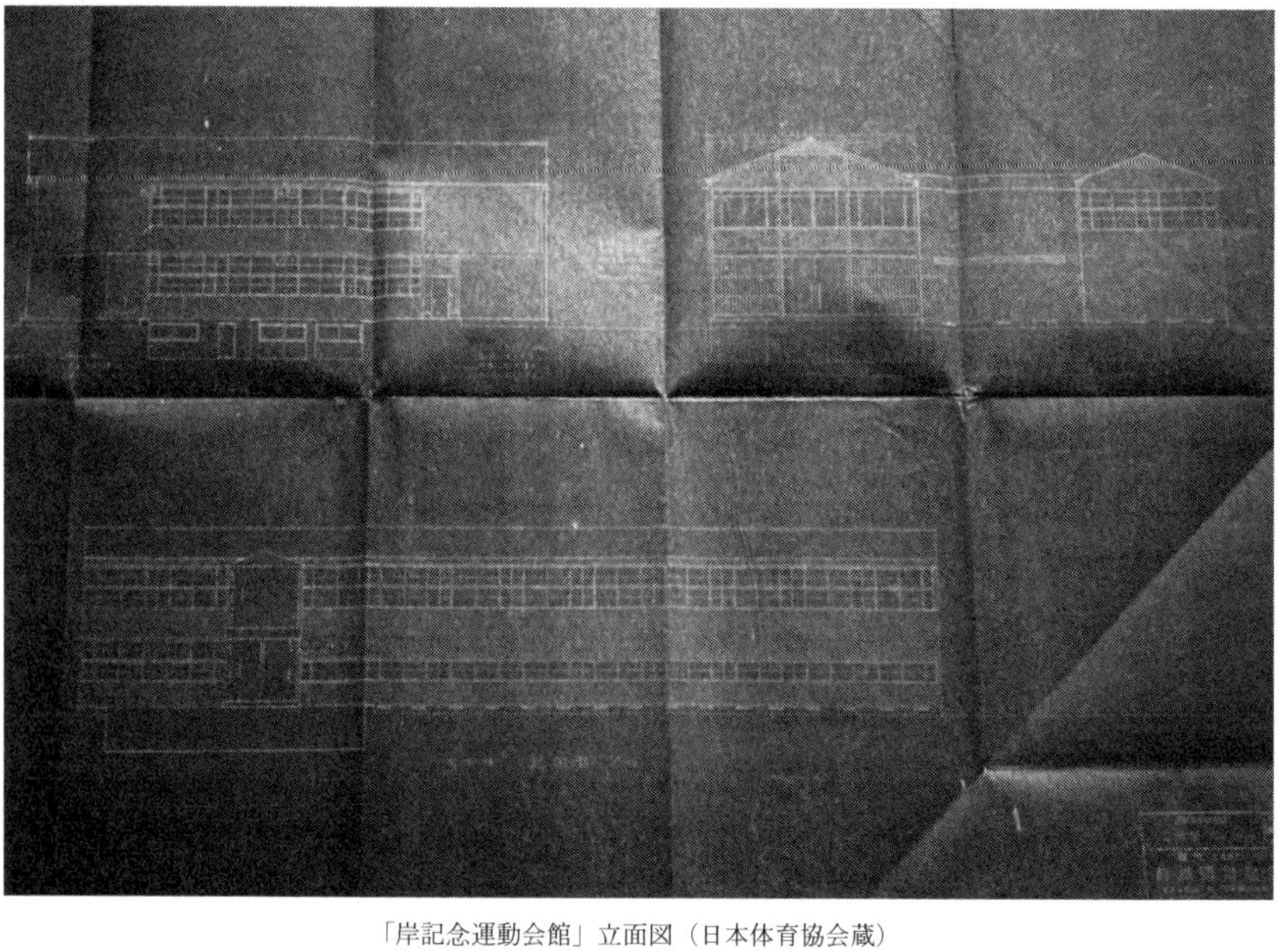
「岸記念運動会館」立面図（日本体育協会蔵）

業会館にみられる素直な造形と比べてみるとき、岸記念体育会館の特徴はきわだっている。丹下の激しい造形意欲に前川が譲歩した形だったのだろうか。

　ところでオリンピックの開催中止と日中戦争の勃発という状況の変化を受けて、一九三八年十月号からは大日本体育協会の機関誌も、「オリンピック」から「体育日本」へと改題されていく。その一九四〇年四月号の扉ページに岸記念運動会館の透視図が掲載されている。図面の右下には「前川國男建築設計事務所」の枠版が押され、「昭和十五年三月九日」と記入されている。日付から判断すると、この透視図は基本設計段階のものと思われる。興味深いのは、実際に完成した建物とは異なり、大小ふたつの棟が両方ともその端部の屋根が同じ逆さ折りにされていることである。

同透視図

　この建物の最大の特徴である端部立面の意匠については注目すべき設計の経緯が確認できる資料が見つかった。それは現在の日本体育協会に保管されている地下室平面図、一階平面図、二階平面図、立面図ソノ一、立面図ソノ二の五枚の青焼き図面の一般図である。これらの図面には右下の隅に「顧問　工学博士　岸田日出刀」の文字とその下に「前川國男建築事務所」と刻まれた枠判が押されている。図面には描かれた時点と思われる日付も記入されており、地下室「昭和十五年八月二十八日」、一階平面図「昭和十五年四月二十二日」、二階平面図「昭和十五年三月二十三日」、立面図「昭和十五年四月一日」である。設計が昭和十五年の春にはほぼ完成していたことを示している。

　そのなかで立面図を見ると、不思議なことに竣工した建物とは異なり、いずれの棟の端部も通常の切妻屋根で描かれているのである。また、図面の備考欄には「軒高（妻側）訂正・昭和十五年七月二十七日」と記されている。残念ながらこの間の設計変更の具体的な経緯については不明である。しかし、当初の計画にあった逆さ折りの屋根が予算上の都合なのか、あるいは当時の建築資材統制の元締め機関であった資金調整局による指導[22]によって、いったんはごくふつうの切妻屋根に変更されて着工したのだと思われる。

　しかし、担当者の丹下が主屋である玄関棟の屋根についてだけは逆さ折りのデザインに最後までこだわり、その土壇場になって急遽、現場で再度変更を施したものだと推測することができるだろう。たしかに、描かれた立面図をよく見ると水平の屋根の線を消した痕跡が読みとれる。もしそうだとすれば、建物の竣工時点で二十七歳という若さだった丹下健三の、この建物の外観意匠にかけようとした意気込みが伝わってくる。また、この青焼き図面の立面図には玄関部分の象徴的な意匠である木製の斜め格子も描かれてはいない。これもまた、丹下が現場に入ってから変更を加えたものだと思われる。

また、先の透視図に付された協会関係者の執筆によると思われる文章には「体協の二千六百年記念事業の一つとして、岸記念仮会館がいよいよ近く神田聖《ひじり》橋々畔に出現する。ここには体協加盟各競技団体の事務所がみんな集まってスポーツ運営のセンターになるわけ、従ってむろん東京の新名所が出来るわけだ」と記されており、会館建設への期待が読みとれる。さらに、完成した建物の印象を記した大日本体育協会関係者の次のような記事がある。

「お茶の水は聖橋の一角、此の会館の建築が始まった頃は、学校が建つんですかとよく知人に尋ねられたと、土地の管理人は言った。又時には病院ですかという質問も受けたそうな。成る程南側第二棟は、東西二十四間の総二階だから、そう見られるのも無理はない。竣成して入って見た感じも、明るい学校の教室を思わせる。明るいといえば、こんなに明るい建物は事務所としても少ないかも知れぬ。東京市の学校体育課長杉浦氏に電話で会館のことを告げた処、「ああ、あのガラスの家ですか」という返事、言われて見ると慥《たし》かに硝子の窓が多い。明るい筈である。見晴らしのいい訳である」(93)

この文章には丹下のデザインした建築の新しさが素人の目にどのように映ったのかが綴られていて興味深い。

戦後へと続くもの

さて、こうして幻に終わったオリンピック東京大会だったが、それで歴史が途切れたわけではなかった。一九六四年に実現した第十八回オリンピック東京大会との関連性についてふれておきたい。中心的な役割を担ったのは、ほかでもない東京大学教授の岸田日出刀だった。開催直前の一九六四年七月に建築雑誌上でおこなわれた座談会のなかで、岸田がその間の経緯について次のように証言している。

「わたくしがはじめてオリンピックと関係いたしましたのは、今から二十八年前――一九三六年の第十一回オリンピック大会がベルリンで開かれたときです。つぎの第十二回オリンピック大会は東京ということにきまっており、ついては第十一回ベルリンオリンピック大会のいろいろな施設をつぎの東京大会のときの施設の参考のため調査・研究しておこうというわけで、わたくしが建築家を代表したかたちで文部省から調査委員にさせられまして、日本の二百数十名の選手団およびスポーツ関係の代表者などといっしょにシベリア経由で参りました。そして約二ヵ月あまりドイツに滞在しまして、あらゆる競技施設をくまなく調査したことがあります。(…)ところが、一九三八年以後、世界の情勢、とくに日本の情勢などが大へん変化いたしまして、オリンピックというような世界的なスポーツの祭典を東京で開くことが不可能となり、第十二回オリンピック東京大会は中止となりました。

そんな関係で、わたくしとオリンピックの関係も立ち消えになっておりましたが、ちょうど五年前の暮に、そのころのオリンピック東京大会組織委員会の事務総長でした田畑政治さんがわたくしのところに見えて(…)今度のオリンピック東京大会の施設関係の世話役をやってくれという話しがありました[94]」

この岸田の証言は歴史的事実としても正確なものとなっている。そして発言中にある事務総長を務めた田畑政治とは、一九三六年のベルリン大会の視察にも同行し[95]、一九三八年のオリンピック中止決定後も、大日本体育協会の常議員の立場から一九四〇年に竣工する岸記念体育会館の建設委員会の委員として一緒に仕事した旧知の間柄でもあった[96]。こうして岸田は、幻に終わったオリンピックから二十年以上を経て、ふたたび正式招致が決定した一九五九年、第十八回オリンピック東京大会の組織委員会に設けられた施設特別委員会の委員長に就任する。そして戦前と同じく会場の敷地や設計を担当する建築家の選定という大役を担うことになるのである。

ところで先にみてきたように、岸田には一九四〇年のオリンピックの会場敷地の選定をめぐって果たすことのできなかったある強い思いがあった。そのことにふれて、一九六四年に次のように書きとめている。

「第十二回オリンピック大会が東京と決まった時、わたくしはその前のベルリン大会の競技場施設を詳しく調査してきたせいもあったろうか、明治神宮外苑に主競技場と水泳競技場とを配することは敷地の狭さからとうてい満足できるようなものはできないから、よろしく代々木三十万坪の練兵場をその敷地として計画すべきだという私案を新聞や雑誌などに発表したことがある。当時は軍部万能の時世で、たかがスポーツぐらいのために、皇軍のためのこのりっぱな練兵場をつぶすとはなんたるわけぞとばかり抹殺されてしまったことを想い起こす[97]」

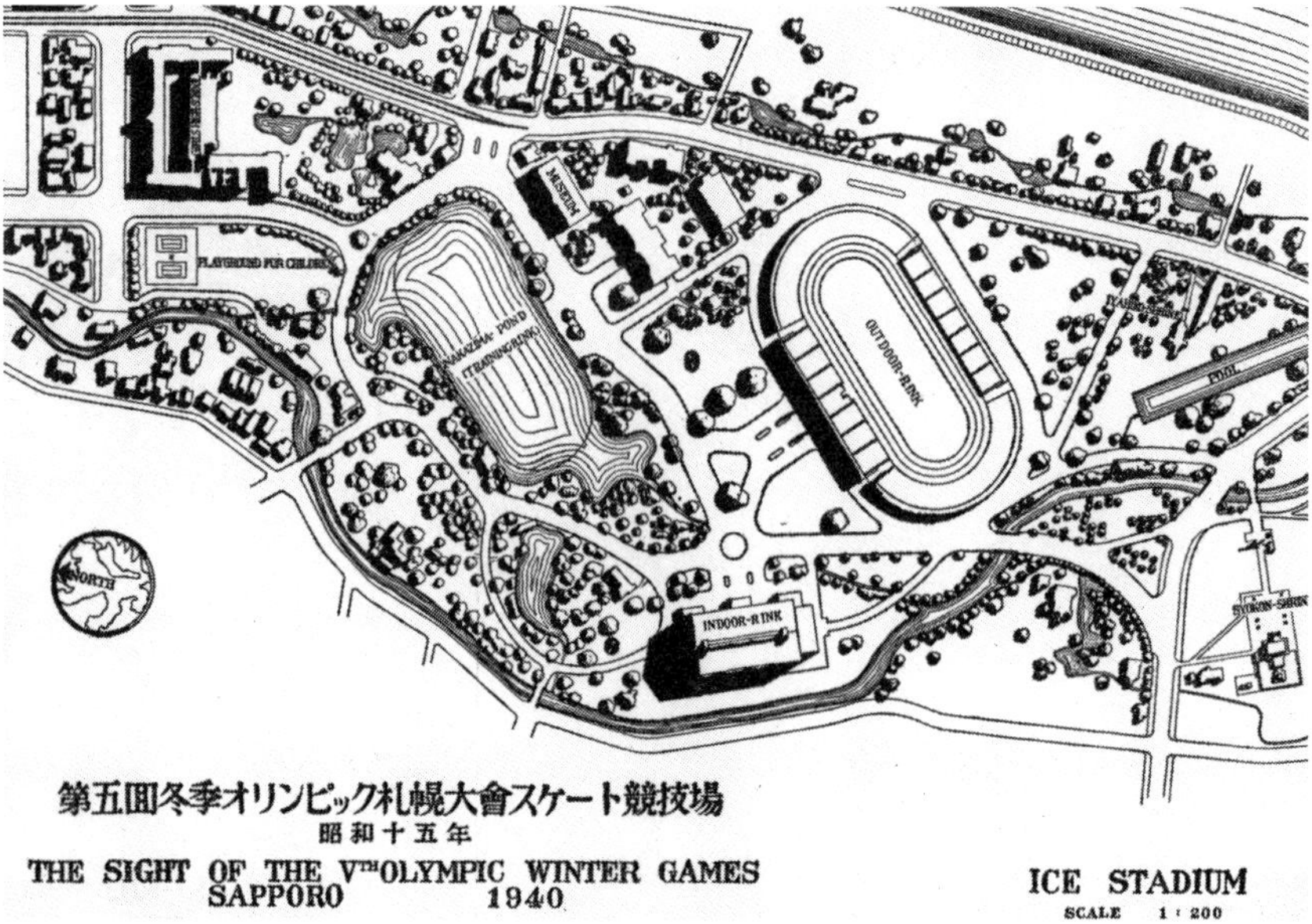

冬季オリンピック札幌大会スケート競技場（1937年）

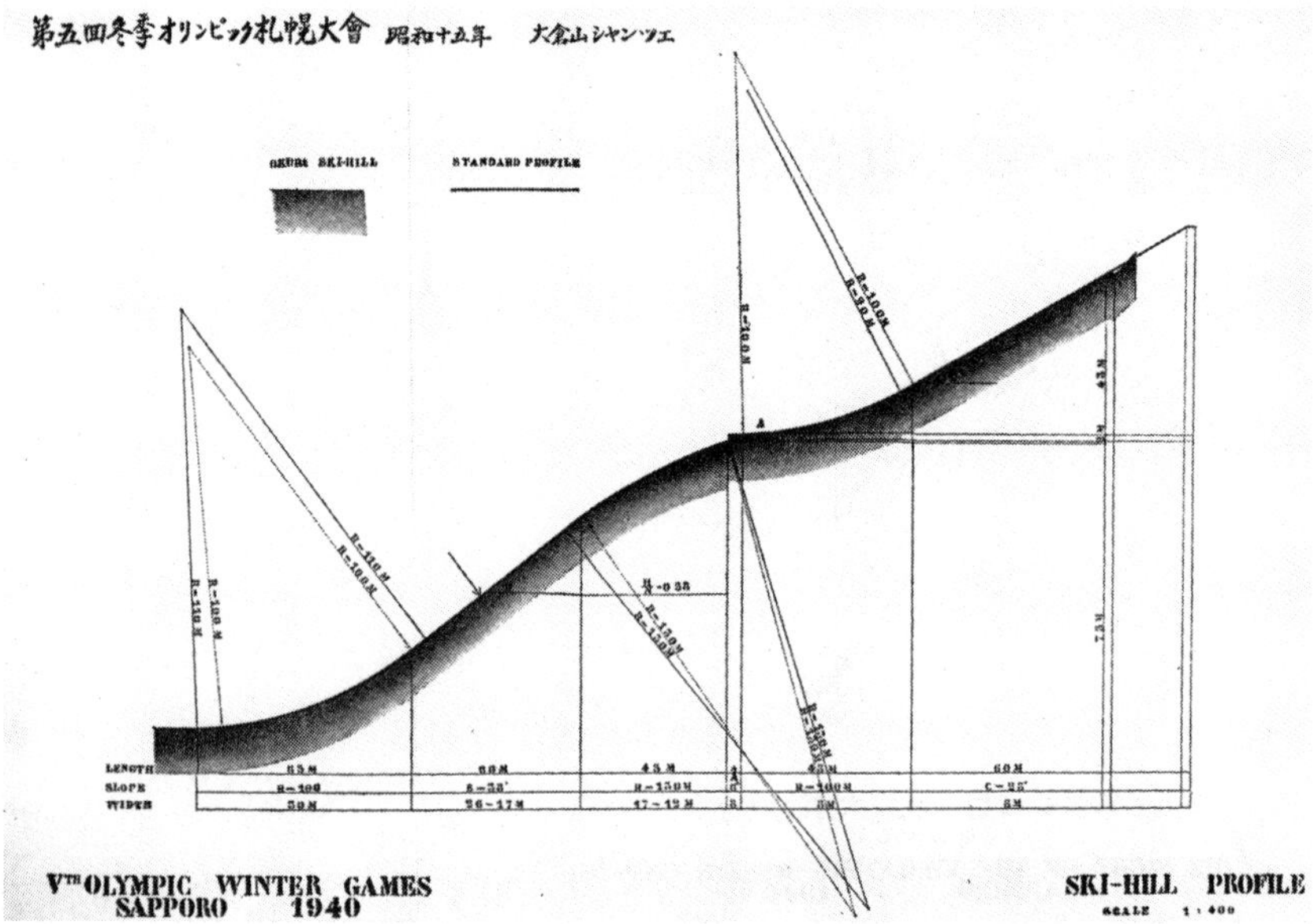

同大倉山シャンツェ

だが一九四五年八月十五日に戦争が敗戦に終わり、陸軍が解体されたものの、代々木の練兵場はただちに進駐軍に接収されて将校のための宿舎、通称ワシントン・ハイツの建設用地に流用されてしまう。そして一九五一年九月八日の講和条約の締結を経て日本は独立を果たし、ようやく代々木練兵場の跡地は日本へ返還される。こうした経緯を経て施設特別委員会の委員長となった岸田は、迷うことなくオリンピックの主会場のひとつとなる国立屋内総合競技場の敷地としてここを選び、その設計者にみずからの後継者として東京大学助教授となっていた丹下健三を指名する。丹下は当時四十五歳、前年の一九五八年に香川県庁舎を竣工させたばかりだった。そしてこの設計者の特命発注という異例とも思える岸田の強い意向を前に「丹下健三教授を推すことにビックリするほどの熱意と努力とをつづけ[98]」たのが、ほかならぬ事務総長となった田畑政治だったのである。おそらく田畑も、戦前の岸記念体育会館の仕事を通して若き丹下の存在を知り、その才能を認めていたのだろう。さらに岸田は、戦前に最終候補地となった駒沢のゴルフ場跡地にも教え子の芦原義信と村田政真を指名し、体育館と陸上競技場の設計を担当させていく。

こうしてみてくると、なぜ一九六四年という早い時期にこれほどの規模のオリンピックが無事に開催できたのか、その理由も理解できるものとなる。そこには一九四〇年の幻に終わったオリンピックのために働いた人と人のつながりや施設の技術的な検討作業など多くの蓄積があったのである。その意味では戦前と戦後は地続きで連続していた。一九三六年のベルリン・オリンピックの視察から二十八年、岸田は、宿願だった東京大会を当時めざしていた以上の形で実現させたのである。しかしその一方で、戦前に岸田に協力して、手弁当で会場計画をあれほど描きつづけた前川には、一九六四年のオリンピックの仕事が任されることはなかった。それは、丹下を筆頭に次の世代に主導権を与えようとした岸田の采配のなせることだったのだろうか[99]。あるいは一九五九年当時の前川は東京文化会館という画期となる仕事を手がけていた最中にあったことが理由だったのかもしれない。それでも興味深いことに、前川は、その八年後の一九七二年に札幌で開催された第十一回冬季オリンピック大会の会場として一九七〇年に建設された真駒内スピードスケート競技場の設計を担当し、戦前にわけもわからずに描いていた設計案を実現させる。また、同じく前川が設計案を描いていたスキー・ジャンプ競技場の大倉山シャンツェについては前川の盟友の坂倉準三が手がけることになる。こうしてオリンピックをめぐる建築界の動きは、時間をこえて戦後へと続いていったのである。

建築事務所の経営事情

事務所経営の苦難

恩師の岸田日出刀に声をかけられ、パリ万国博覧会日本館やオリンピック東京大会の会場計画という国家的プロジェクトに携わるチャンスを得た前川だったが、不運にも、いずれもその実現はかなわなかった。それにしても、一九三五年にレーモンド事務所から一緒に独立した三人の後輩や続いて入所した丹下健三ら若い所員たちを抱えて前川はどのように仕事を獲得し、事務所を経営していたのだろうか。その実態については、前川事務所の作品目録から如実に浮かびあがってくる。記載によれば事務所設立から一九三七年の日中戦争勃発までの約二年間に前川が手がけた建築は、計画案を含めて三十九件にのぼり、その内訳は次のような仕事によって構成されていた。

まず、第一作であった森永キャンデーストアー銀座売店に始まる一連の森永関係の仕事が十二件を数える。施主に第一作の出来栄えが好意的に迎えられたのだろう。リストには岡山、神戸、金沢、仙台、広島などの各売店や名古屋の広告塔などが確認できる。しかし建物名の後に「(案)」と表記されているように、そのうちの三件は実現せず、森永田町本社ビルも計画案に終わっている。続いて多いのが個人の住宅であり、十三件にのぼる。さらにいくつかの商業施設や事務所ビル、十和田湖観光館と呼ばれたホテルの計画案、オリンピック東京大会の会場計画などである。そして残りはパリ万国博覧会日本館や富士通信機製造工場の指名コンペと、ひのもと会館、昭和製鋼所事務所本館、日本万国博覧会建国記念館など公開コンペへの応募案となっている。こうした内容からも、前川が不況下で事務所の経営に苦労を続けていたことがみえてくる。晩年のインタビューでも前川は、独立直後の金策に困った当時を振り返って具体的な金額まであげながら次のように回想していた。

「ある意味でコンペで生きてたようなもんだから。だって、当時のコンペは千五百円から二千円の賞金だろ？　ぼくの事務所は当時月にどうしても七百円はかかるわけだよ。だから仮に千五百円の賞金が入れば二ヶ月分の仕事をしたことになるわけで、それでしのいだということもある…（…）弱っちゃって（…）親父に聞いたんだ。ぼくの結婚費用というかな、ぼくに家をもたせるように幾ばくかの貯金があるかって。そしたら、あるっていうんだね。それでぼくは、廃嫡してもらって、その貯金を使わせてくれって言ったんだよ。六千五百円あるっていうんでね。（…）とにかく事務所をもったとき、ぼく自身の手許には千二百円の貯金があった。それは東京市役所（コンペ）の残金だよ。しかし、事務所をもつと、とたんに一月七百円かかる。そうすると、千二百円じゃ一か月半しかもたない。レイモンドから持って出た森永の仕事は五万円だからね、二千五百円の設計料をもらうことになるわけだけど、すぐにそれもなくなっちゃうわね。それでしょうがないから、親父に頼んだわけ。その金を使わせてもらえたんで、どうにか息がつけて今日に至ったっていう状況だね[100]」

ちなみに、前川が帰国した一九三〇年から一九三七年までに公開コンペで獲得した賞金をみてみると、判明しているものだけで次のようになる。明治製菓銀座売店（一等、五百円）、東京水交社本館（入選、五百円）、日本タイプライター社屋（佳作、五十円）、東京市庁舎（三等、三千円）、ひのもと会館（一等、千五百円）、愛育研究所（選外二席、百円）、昭和製鋼所事務所本館（一等・三等、三千五百円）で、総額九千百五十円にのぼる。前川の「コンペで生きてた」という言葉はあながち嘘ではない。また、だからこそ岸田からの仕事の依頼は前川にとってありがたいものだったにちがいない。後年だが一九六六年に岸田が亡くなった際、その追悼文に前川は次のように書きとめていた。

「はじめて岸田先生の謦咳に接してから四十年の歳月が流れました。つまり、私は大正十五年即ち昭和元年に東大に入学して、まだ「ヒゲ」の生えておられなかった、お年もたしか二十七、八歳の若い助教授でおられた先生にめぐりあったわけです。（…）その頃の岸田さんは未だ書生気質の抜けきらない、気のおけない先生でいらした。当時コワイ先生であった佐野先生、内田先生の眼のとどきにくい、奥まった三年生の小部屋の製図室によく遊びに来られて、私達と一緒になって議論したり、碁将棋に興じたり「アミ

富士通信機製造工場、指名コンペ応募案（1937年）透視図

ダ」をひかれたり、楽しいおつきあいをしていただいたことが、なつかしく思い出されます。（…）

気狂いじみたナショナリズムの嵐が吹きはじめた頃、巴里から日本に帰って来た私は、そのため随分戸惑いしたり、途方にくれたりする事が一再ではありませんでした。いろいろな事情から三十歳になった時に事務所をもって独立せねばならなかった頃は苦しい事の連続でしたが、陰に陽にいたらぬ私をかばって下すった事を思い出します。つつましやかな内務技師だった私の父が、恐らく苦心して貯めてくれたと思われる私の結婚資金も事務所につぎこんでしまい、東京市役所のコンペチションで得た純金のメダルも、ボーナスが払えなくて売り払ってしまった話を聞かれて、その頃お手伝いした長尾峠のホテル建築の基本設計費を三百余円、役所の封筒のまま私にくだすった時のうれしさを、未だにハッキリ覚えています[101]」

文中の「長尾峠のホテル建築」とは、設計を担当した崎谷の証言[102]からも十和田湖観光館であることがわかっている。こうして岸田の支援を得ながら前川は、戦争へと向かう厳しい時代を生き抜いていくのである。さて、ここではオリンピック東京大会の会場計画と同時期に前川がとりくんだふたつのコンペについてふれておきたい。

富士通信機製造工場計画

このコンペは、一九三五年に創業した富士通信機製造株式会社（現在の富士通）が南武線の武蔵中原駅前に計画した新工場の建設のためにおこなわれたものであり、前川國男と山下寿郎のふたりによって指名コンペが実施されている。その経緯については後にまとめられた社史[103]から、おおよそ次のような内容であったことがわかる。

まず、一九三六年九月二十一日の取締役会で新工場建設のための敷地購入が決まり、建設用地の買収が一九三六年十二月中に完了する。その後、翌年の一九三七年二月二十二日の取締役会で第一期建設計画が決定される。建設にあたっては当時の社長により「工場建設に関する基本方針」として、「外観が工場工場せざる建物とする事」、「家庭に在るよりも会社に居る方が万事小奇麗であり、採光、通風、温度等の宜しきを得て快きようする事」、「構内は公園式にする事」などの具体的な条件が示されたという。そして設計者の選定については、次のような経過が記されている。

「工事設計者の選定については、山下寿郎建築事務所と前川建築事務所の二社に設計図の作成を依頼し、検討の結果、山下寿郎建築事務所に決定した。山下氏は当時建築協会の理事長で東京帝国大学の講師を兼ね、放送会館などの設計でも業界では有名であり、当社としても全幅の信頼をもって依頼することができた」

この文面では、具体的なコンペの審査員の名前や選定方法などについてはまったくふれられていない。むしろ事務所として組織の大きさや所長の知名度で決定されていったようにも受けとれる。ちなみに建物自体は、決定した山下案で一九三七年八月に着工はしたものの、直前に勃発した日中戦争による混乱もあって工事は大幅に遅れ、ようやく一九三八年九月に竣工している。

一方、落選した前川案については「某通信機製造工場計画」として、「新建築」一九三七年三月号に透視図などが掲載された。また戦後だが、所員の崎谷小三郎が次のように回想している。

「三七年半ばには盧溝橋で日中衝突があり、やがて長期戦

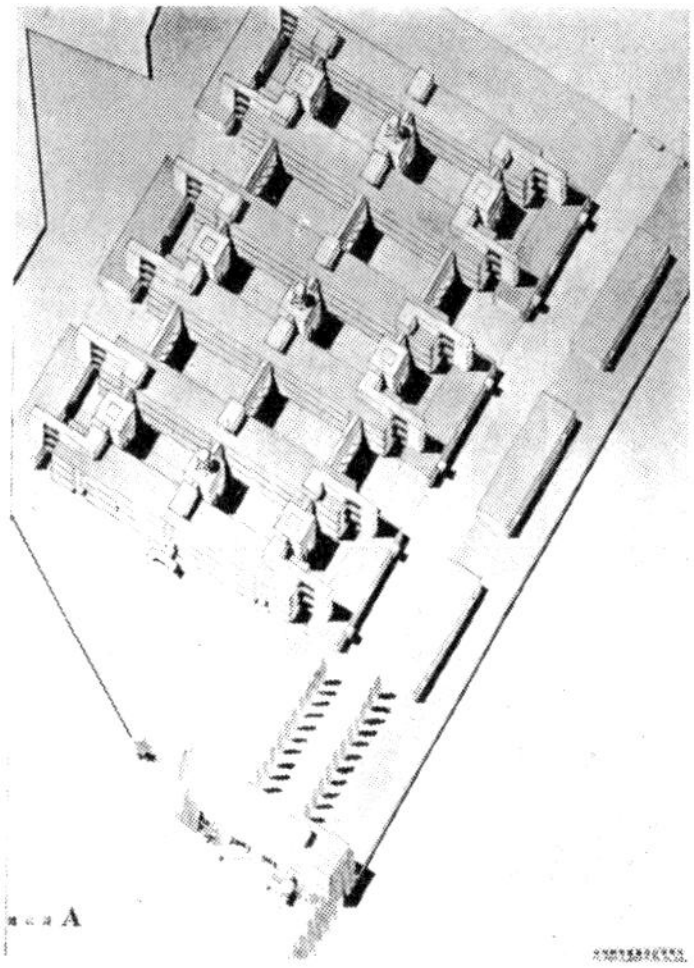

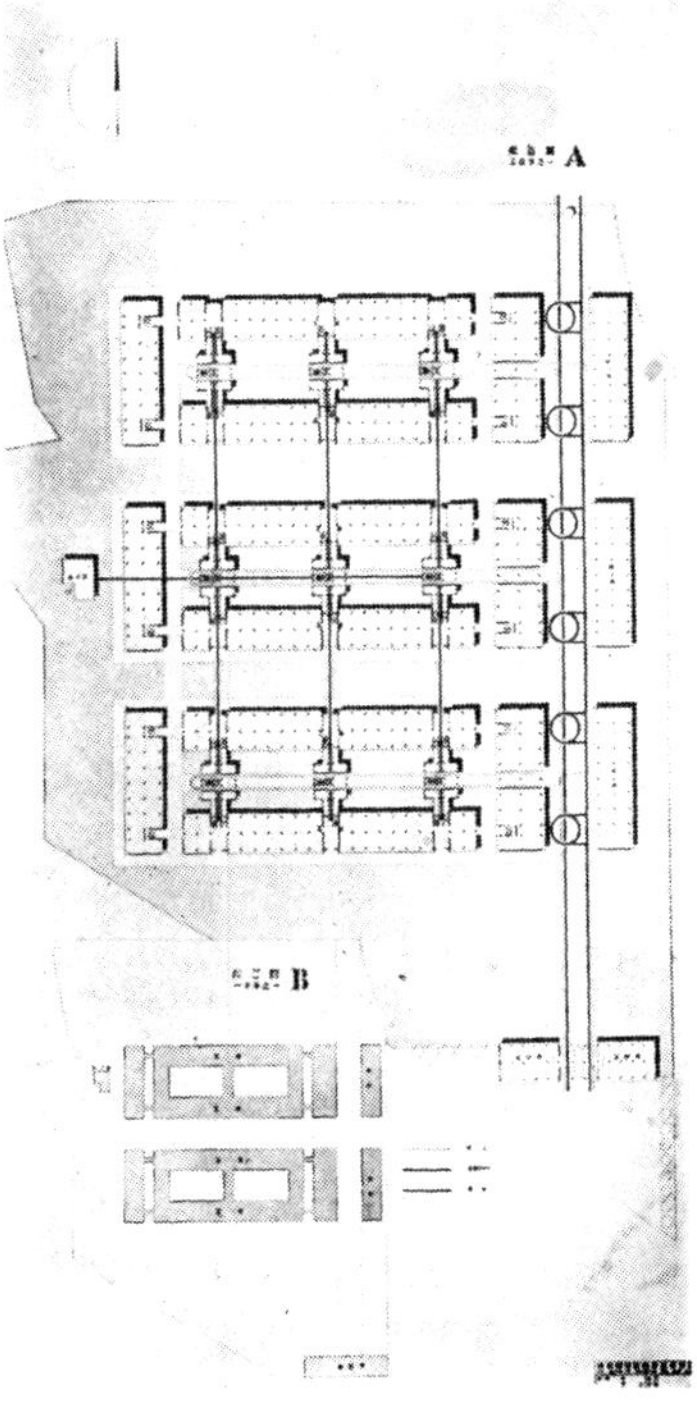

上・同アクソメ図。
下・同配置図

に進展する日中戦争の端が既に起っていた。国内は国民精神総動員運動が開始され戦時体制へと進展し、国民総動員令の発令は眉の近さにあった。「富士通信機工場」の指名を受けたのはこの時期である。鉄道通信施設の拡充の要より生まれたものであろう。この仕事は前川事務所の組織自体の整備、拡充をも合せて求められる結果にもなった。従ってこれにかけた期待は非常に大きかった。結局山下寿郎建築事務所の実施する処となった。当時の組織の格差を知らされ、唇を噛む感のあったのを憶えている。この様な社会状勢下で、弱く小さな建築事務所の存在とは、嵐に浮ぶ木の葉の運命に近いものだった[104]」

また、崎谷は別のインタビューに答えて次のような証言も残している。

「富士通信機工場コンペは、岸田さんが前川案を決定案にしてくれたが、実施設計の過程で、山下設計に取られてしまった。小野薫先生には、事務所の構造にずいぶん協力してもらっていた。見積りは、レーモンド事務所の中川軌太郎さんが手伝ってくれた[105]」

この崎谷の証言からは、コンペの審査に岸田日出刀がなんらかの形で関与し、いったんは前川案が決定案になっていたことがわかる。また、前川の大学時代の先輩の構造学者で日本大学教授だった小野薫に案の作成にあたって協力を得たという崎谷の言葉どおり、計画案の発表された同じ「新建築」には協力者の氏名が次のように掲載されていた。

「設計製図（ＡＢＣ順）・道明、伊藤、幸田、牧島、箕村、中島、崎谷、高山、田中、寺島
構造計算・小野、小野、斎藤
見積・中川」

ここには姓だけしか記されておらず、関係者のすべてを特定することはできない。それでも、設計製図の担当者のうち道明、中島、崎谷、田中、寺島は前川事務所の所員である。また高山とは、東京帝国大学の助手だった高山英華（一九一〇―九九年）であり、それ以外は小野薫とレーモンド事務所の中川軌太郎など外部の関係者だと思われる。小野のもとで構造を担当した斎藤謙次は、戦後におこなわれた座談会で次のような前川とのやりとりを残している。

斎藤　昔、前川さんから構造計算をやってくれといわれて富士電機通信の三階建をやったのですが、あれをやった時実に構造計画の理論の貧弱さにびっくりしちゃった。とにかく構造屋にすべてをまかすから自由にやってくれと任されたけれど、あんまり構造屋を尊重されて困りましたよ。

前川　僕の記憶では水平力を考慮に入れた自由な工場空

間の最大限度はどの位が適当かと言う問題を解決してもらおうとしたんだったと思う。あの時は滅茶でね。僕らダシに使われたんだ。資材の量から皆こっちで出しちゃったのだからね。とにかく戦争が始まる前で資材云々なんて云い出したのはあの頃からですよ。資材の手当をしなくちゃなくなるということで随分細かい資材表まで作ってやったりなんかしてね。(106)

ふたりの発言はコンペ案の作成から十七年も後のことであり、このコンペ案の作成が印象に残る出来事だったことの証拠ともいえる。また、当時の計画説明書には前川が次のように設計の意図とその経緯を書き記していた。

「本計画はA・B・Cの三案に分たれ茲に発表せるものはその中のA案の一部である。四週日の短期間に此の壮大計画を完成する為めに昼夜兼行の努力を倶にして頂いた前記の諸氏に先ず心からなる感謝の辞を捧げたい。

我々の意図した事は

一、五万坪の敷地の全体的計画の統一

二、工場単位の合理的構成

三、従って単位構造の能率的解決

此の最後の二項目の目的の為めに四ヶの構造計画を比較研究の結果我々が最善と認めた計画が即ち茲に発表するA案であった。本案の重点は図面に現われたる通り附帯設備工事の単純化と将来拡張の融通性、それより出発した特定の耐震壁ブロックを有つ構造単位ブロックの決定、此によって工場自体の要求する可及的大きな採光面及び融通性を充分にもった床面の構築を得んとした所に在る」(107)

この文面から、三つの案が提出されていたことがわかる。残念ながら、公表されたA案以外の図面は残されていない。また、文中の「四週日の短期間」という言葉や文末に記された日付から、コンペがおこなわれたのは一九三七年の一月から二月にかけてのことだったと思われる。そして雑誌の発表が「某」とされている点と、崎谷の「実施設計の過程で、山下設計に取られてしまった」という証言、前川の「僕らダシに使われたんだ」という言葉を重ね合わせるとき、ある推測が成り立つ。つまり、この時点では前川案が実施される前提での発表だったのか、あるいはパリ万国博覧会日本館と同じくコンペのゆくえが不透明なことに対して、前川が雑誌に公表することでその事実とみずからの案を伝えようとしたのか、そのいずれかだと考えられる。

ところで、前川はおそらくはじめてこのコンペで構造設計者との共同作業をおこなったのだろう。前川の説明と斎藤の言葉からは、この建物で、最適な「構造単位ブロック」を発見すべく構造計画という根本から建築を原理的に考えようとしていたこと、また、そのために構造設計者に最初の段階から加わってもらったことが読みとれる。こうしたとりくみにも、やはり建築を総体としてとらえたうえでル・コルビュジエに学んだ「ドミノ」という空間単位をみずからの手で試みて、その可能性を追求してみようとする前川の設計姿勢がうかがえる。最晩年のインタビューでも前川はそのことにふれて、次のような回想を残している。

「ぼくは空間の単位としてのドミノを考えた時に、ある大きさをもった単位があるはずだと思う。それを平面でいくらでも長くすることができるんだという考え方はよくないと思う。

　戦前に富士通信機の工場（案）をやった時には、建物を耐震的に自立できるある単位ユニットで切っちゃって、そういうユニットを連結して構成していくという考え方をとったわけだが、それはひとつにはコルビュジエのいくらでも長くできるんだという思想に対するアンチテーゼとして考えたわけだ」[108]

　この回想からは、前川がル・コルビュジエの方法に倣いつつも、その問題点を改善して新しい考え方を提示しようとしていたことがわかる。配置図からも単位ユニットの連結によって全体を構成しようとする考え方が読みとれる。また、実際に前川は当時のコンペ案の説明書のなかでも次のように記していた。

「勿論本計画は所謂第一次基本設計に該当するものでありなお幾多の研究の余地を存する事は勿論であるが、いつも乍ら痛感する事は相も変らぬ所謂合理的建築の困難さである。

　我々は一握りのセメント一本の鉄筋に対する社会的財物としての連帯責任感が無言の裡に今日の建築の出発点を決定するものと確信して茲まで来た。そうした出発点をもった建築を如何にして一つの成型に定着せしむるかと言う問題は結局その時代の社会環境裡に醸成された当事者の人格そのものであるとも唱えて来た。而かも我々が取って闘うべき武器の余りの貧しさにいつも乍ら憮然たらざるを得ない。

　正しい建築の為めに戦うのは確かに立派な事に相違ない。然し乍ら此はそう容易な事ではない筈である。

　そうした困難な戦を続けて行かねばならぬ人達が今から御互に甘かし合う様な事があっては一大事と謂わねばならない。

　古典建築を讃えるのはよい。然し古典建築を甘やかす事は誤りである。同様に新しい建築を甘やかす事も甚だ危険と謂わねばならない。そうした新建築の独善性がやがて建築構造研究家との疎隔の基を作っては居らぬであろうか？

構造学研究家諸氏の中には今日の正しい建築意匠は何を目指しているかと云う根本問題について失礼乍ら正確な認識を欠いて居られる方が居られる様に邪推せらるるのは果たして私の僻目であろうか？

こうして御互の独善性が正しい建築の軌道の上に空廻り

上・昭和製鋼所事務所本館、1等入選案（1937年）透視図。
下・同3等入選案透視図

を続けるとしたならば甚だ悲惨な話である」(109)

この言葉には、前川が直面せざるをえなかった日本における「合理的建築の困難さ」と、前川の信じる合理的建築とは何か、が明快に語られている。すなわち、前川にとって合理的建築とは、「一握りのセメント一本の鉄筋に対する社会的財物としての連帯責任感」を出発点とし、それを誰もが共有できる「一つの成型」に定着したものと認識されていた。にもかかわらず、そのために手にできる武器は「余りの貧しさ」にあることに気づかざるをえなかったのだ。また、だからこそ「新建築の独善性」を乗りこえて構造家との共同が必要であると力説している。

こうしてみてくると、富士通信機製造工場のコンペ案は、それまでのコンペに比してより高次の建築空間の原理を追求しようとした意欲的な試みだったことがわかる。しかし、それは施主に理解されることはなく、前川は民間の弱小事務所の悲哀を味わわされる結果となってしまったのである。

昭和製鋼所事務所本館

続いて前川がとりくんだのが、植民地の満州国鞍山に計画された昭和製鋼所本館の公開コンペだった。このコンペの審査員は同社の常務や部長を除き、順不同として植木茂、笠原敏郎、内藤太郎、鈴木正雄、岡大路、太田宗太郎であ

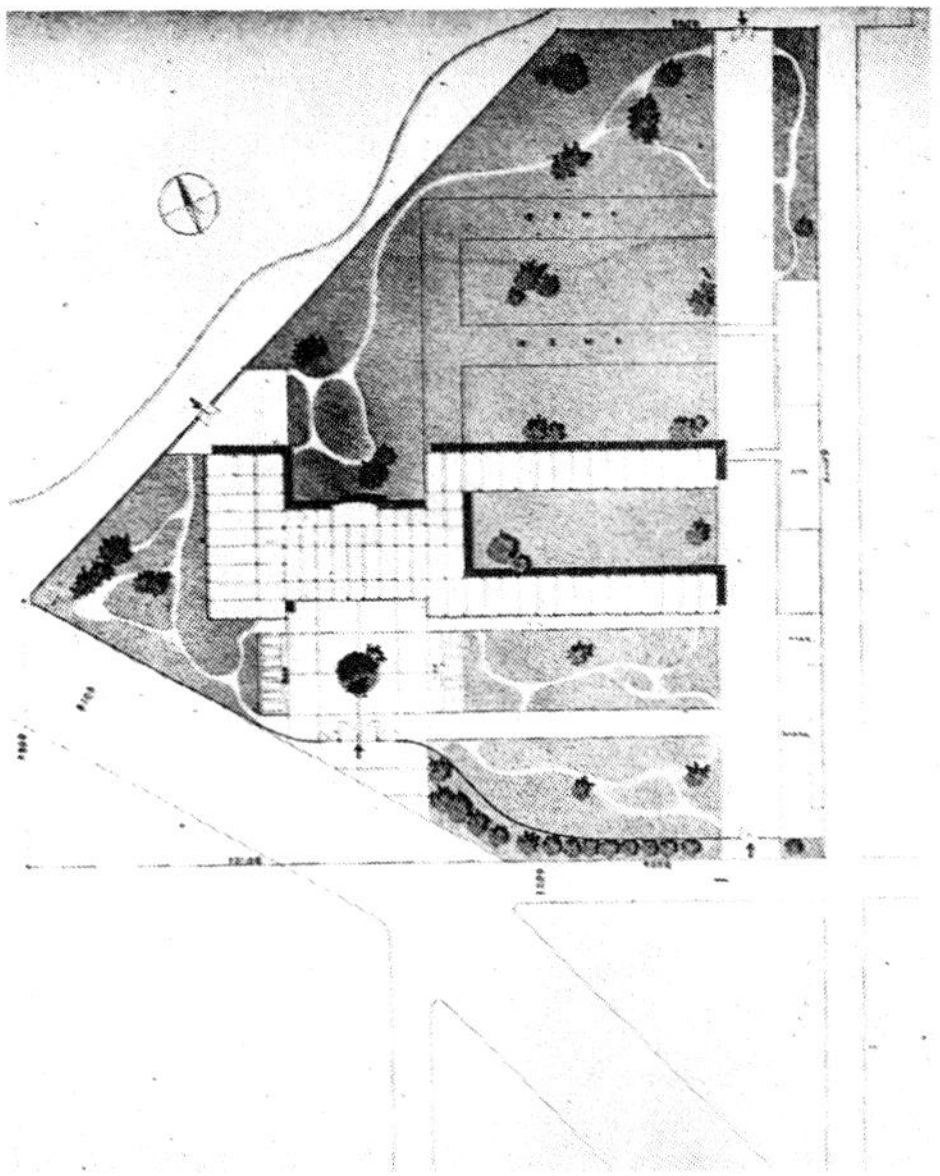

昭和製鋼所事務所本館、1等入選案配置図

った。[110] 役職などは記されていないが、笠原敏郎は当時の満州国建築局長[111]の職にあり、岡大路は翌年の大連市公会堂コンペの審査員を務める際の肩書が南満州工業専門学校長[112]となっているから、笠原を中心とする満州の建築技術者たちであることが推察できる。また、募集要項の要点を記せば次のようになっていた。

「平面及高さ　本建物の各階の所要室名、所要面積に就ては添付せる平面図を参考となし其計画は任意とす。各主要階高は四・五「メートル」内外とす。

構造及様式　主たる軸組は鉄筋「コンクリート」造とし壁体は煉瓦幕壁《まくかべ》構造となすも断面図には其の構造を示す必要なし建物の様式は任意とするも躍進鉄都鞍山を考慮すること」

「様式は任意とする」と明記されたように、このコンペはより進歩的な内容となっている。しかし、著作権については「入選図案に関する一切の権利は当社に帰属するものとす」、「入選図案は工事実施上に採用するや否やは当社の自由とす」とされ、あいかわらず認められてはいなかった。審査結果は、百四十七案の応募のなかから前川案が一等と三等に同時入選を果たしている。また、前川案も含めて入選案のほとんどは装飾や勾配屋根をもたないものだった。

前川の一等当選案の詳細図を見ると、軸組は鉄筋コンクリート、壁体は煉瓦幕壁構造、という求められた条件を忠実に守って最小限の鉄筋コンクリートの柱と梁、スラブに煉瓦の幕壁という構成でまとめられている。また、独立柱は花崗岩で保護し、厳しい気候条件を配慮して窓を極力小さくとり、ガラスは二重になっている。やはり、このコンペでも前川は与えられた条件に技術的に応える案を作成しようとしていたことがわかる。さらに一等案では、応募要項には求められていない空間の構成についての提案がなされている。それは事務室棟が将来的に同じ形で増殖するようなシステムとしての平面計画である。これは明らかに直前の富士通信機製造工場のコンペ案で試みた方法と同じ考え方によるものであり、その成果を引き継ごうとしたのだろう。一方、三等案のほうは厳格な左右対称の平面となっており、参考平面図に素直に従ったものなのか、他の入選案とほとんど同じ形式となっていることがわかる。

募集要項に逆わず手堅くまとめた三等案と、積極的なプランニングを提案した一等案という二種類の案による複数応募の形には、なんとしても入賞を果したいという当時の前川事務所の苦しい状況をうかがうことができる。なお、戦後に結成された満鉄建築会の田島勝雄の記述によれば、この建物は「情勢の変化で実現をみなかった」という[113]。

こうして日中戦争直前に応募したふたつのコンペでは、実現はかなわなかったものの、構造と平面計画をつなげる設計方法論への自覚的な試みがなされた、という意味で大きな手ごたえを前川にもたらしたのだと思う。そこには限られた仕事のチャンスを最大限に活かしながら、原理的に近代建築の方法論を見いだそうとしていた前川の態度がうかがえる。しかし、時代は急速に暗転していくことになる。

Ⅳ　日中戦争下の模索

幻の日本万博会場施設

「日本精神を象徴したる」

建国記念館は一九四〇年に計画された日本万国博覧会の主要施設として公開コンペに付された建物である。もともと日本万国博覧会の構想は一九三六年十一月、時の広田弘毅内閣に設けられた紀元二千六百年祝典評議委員会が紀元二千六百年奉祝記念事業のひとつにすることを決議し、主催者として社団法人日本万国博覧会協会（会長・牛塚虎太郎東京市長）を指定したことを受けて、準備作業がスタートする。一九三五年に協会が発行した『紀元二千六百年記念日本万国博覧会』によれば、その目的は「紀元二千六百年を奉祝記念する為、内外産業文化の精華を募集展示し以て東西文化の融合に資し、世界産業の発達及国際平和の増進に貢献するを以て目的とする」となっていた。また、開催地は、東京市京橋区晴海と深川区豊洲を中心とする埋立地の広さ約一五〇万平方メートルの東京会場と、横浜市中区山下町および山下公園一角の広さ約十万平方メートルの横浜会場が想定され、東京会場に二十八館、横浜会場に三館の陳列館を建設し、一九四〇年三月から八月まで延べ四千五百万人の入場者を予想して開催される壮大な計画だった。さらに同書の「会場計画」には、各会場に建設する陳列館の内容が詳しく記されている。建国記念館の計画地である東京晴海（四号地）の正面右側には生活館、社会館、文芸館など「精神文化に関する各館」が、左側には科学発明館、土木建築館、経済館など「経済資源に関する各館」が配置され、豊洲（五号地）には各産業館のほか外国館、即売所などの建設が予定されていた。そして後のコンペ段階で

「建国記念館」と名づけられる「肇国《ちょうこく》記念館」は、「日本万国博覧会の主題建築物として、日本精神を表徴したる最も荘厳雄大なるものたらしむべく、其の設計図案を一般建築界の懸賞競技に付し之に基いて建設する」と説明されている。

　こうして日中戦争下の一九三七年九月に公開コンペが実施される。審査員は佐野利器《としかた》、武田五一、内田祥三《よしかず》、佐藤功一、大熊喜邦らであった。ちなみに佐野、佐藤、大熊は東京帝国大学の同級生、内田は佐野の教え子であり、武田を除けば佐野を中心とする顔ぶれであった。懸賞競技規程[1]の要点を記すと次のようにまとめられる。

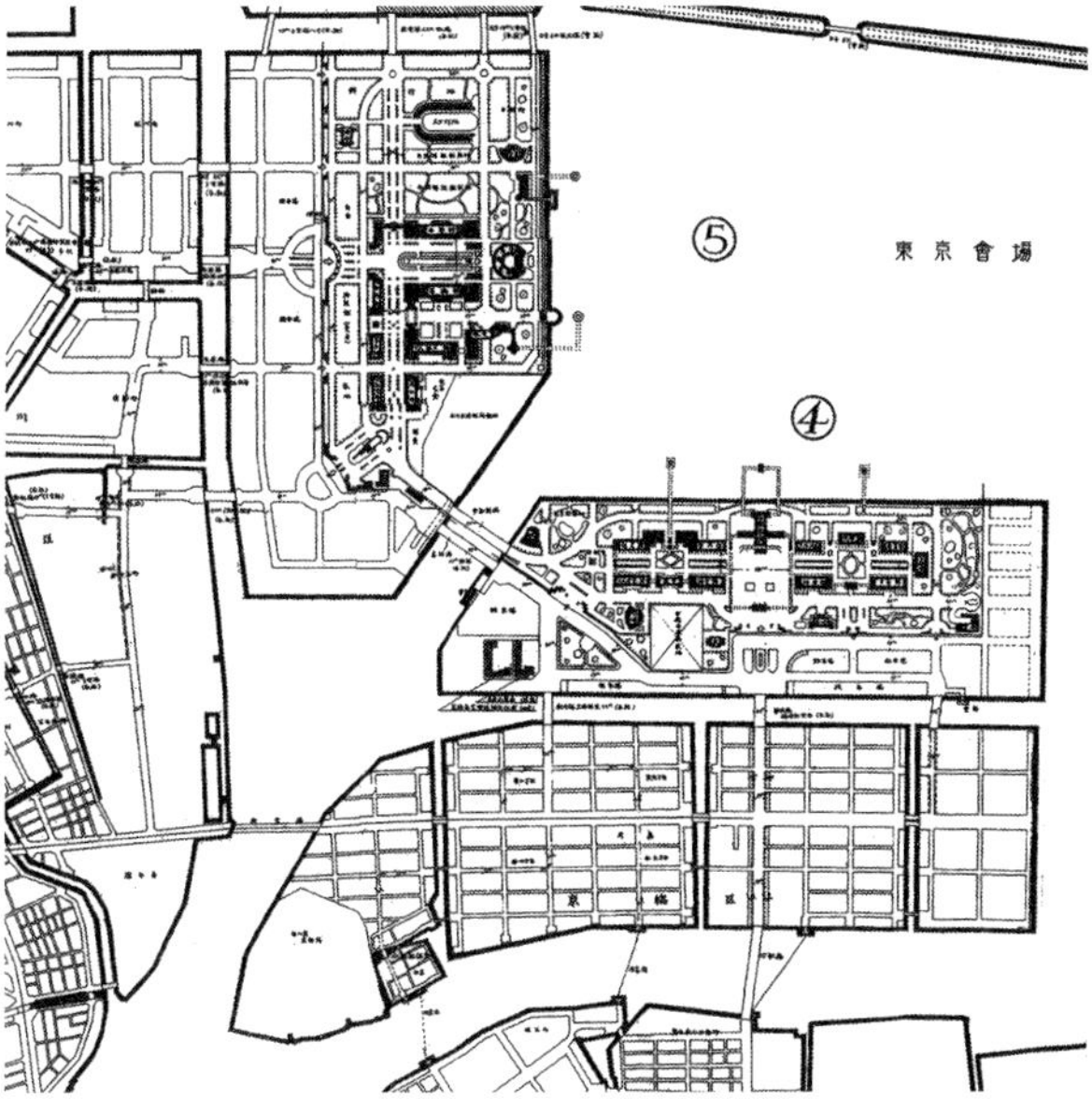

日本万国博覧会会場図（1935年、東京都公文書館内田祥三資料）

　まず、この建物の位置づけとして、「本館は本博覧会の主標として紀元二千六百年を記念するに足るべき重要建築物なるを以て其の建築様式は日本精神を象徴したる荘厳雄大なるものたるべし」と規定された。注目されるのは「日本趣味」ではなく、「日本精神」という言葉によって建築様式を求めている点だ。ここには時代状況の変化が読みとれる。おりしも募集要項発表直後の九月九日には、「政府が国民に戦争への協力をよびかける国民精神総動員運動（精動）の開始を告げる内閣訓令を発し、国家総動員計画の準備を開始するなど、戦時体制の形成が始まった」[2]からである。また、「敷地の周囲」の条件としては「第四号地会場各館の建築様式は日本趣味を基調とし第五号地会場各館は現代自由様式に依るものとす」とされており、建国記念館の建つ四号地は「日本趣味」を基調として統一する一方で、各産業館や外国館、販売所などが建設される五号地については「現代自由様式」とするなど敷地ごとに建築様式を明快に使い分ける意図がうかがえる。さらに構造につ

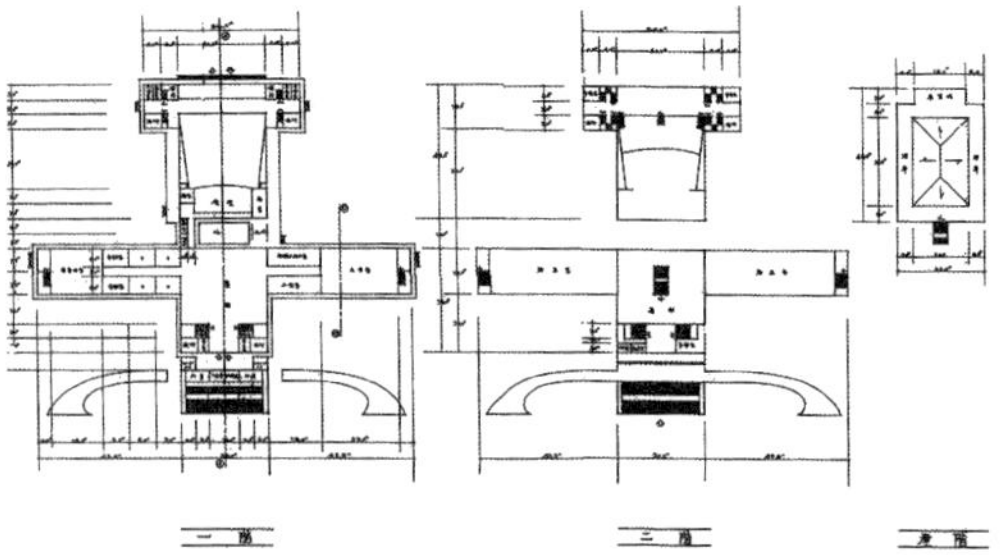

上・建国記念館平面参考図。
下・建国記念館、1等当選・高梨勝重案（1937年）

いては「軸部構造は鉄骨造、外壁は鉄網ラス張り塗壁、床は鋼梁上の木床、主要なる屋根は勾配屋根とす」とされ、「本館は博覧会閉会後他に移築して永久記念館とする予定なり」とも書かれている。主要な所要室としては約二千人を収容する集会ホールと絵画室からなっており、絵画室の採光については「絵画展示室としての機能を満足せしむべく採光法は頂側光式（Top-side lighting method）とす」と細かく指定されていた。そして従来どおり「各室の配列及大さを参考として示したるものなるに依り応募者は必ずしも之に拘束さるる要なく平面計画に付ても十分なる考究をなすべし」と但し書きされた「各階平面参考図」が与えられていた。

　十一月一日に締め切られたコンペは百八通の応募があり、一等と二等一席を高梨勝重が受賞する。また、他の入選案も和風の屋根を載せたデザインが施されていた。しかし、コンペ直前の七月七日に勃発した日中戦争を遂行するための軍備拡充が至上命題とされたため、一九三八年七月十五日、オリンピックの返上とともに日本万国博覧会の日中戦争終了後までの延期が閣議決定されて、結局、この建物も実現しなかった。このコンペでは何が議論されたのだろうか。佐野利器の次のような審査評が公表されている。

「この建物は万国博の主標であり、日本精神を象徴したる荘厳雄大なるものたるべしという規定であって、元来非常に難しいものである上に、その用途も陳列室、講堂その他各種に亘っているので、応募者は伝統的な芸術を如何に取扱って雄大にするかと言う事で苦心した事と思う。（…）城郭に基いて結果を得ようとした人、例えば軍人会館の傾向を辿った者、或は寺院建築に基いて、帝室博物館の傾向から進んだ者、或は神社の形態からヒントを得て考案したもの等があった。従来も日本精神を強調した設計の懸賞募集は少くなく、そういう場合寺院又は城郭のものは多かったが、神社のものは尠《すくな》かった、それが今回は流石に神社の心持を体して研究したものが相当多く目についた(3)」

募集要項の筆頭に記されているから、佐野が実質的な審査委員長だったのだろう。また彼の言う「伝統的な芸術を如何に取扱って雄大にするか」という観点がコンペの内容を象徴している。つまり、伝統建築から「日本精神」を表現できる「形態」を見つけることの巧みさが評価の対象になっていたのだ。そして佐野は、このコンペが従来の「城郭」や「寺院」ではなく「神社の心持を体して研究したものが相当多く目についた」とその傾向を重視したことを明らかにしている。しかし、次のような苦言も呈していた。「一括して断らねばならぬ事は、当選作中にも千木《ちぎ》、勝男木《かつおぎ》を屋根に用いたものがあったが、これは神社でなければつけない。便化されねばならぬものだが、無くとも形をなすものであり、審査には之を無いものとして扱った」

佐野は、神社からヒントを得るのはよいが、神社そのものの造形をそのまま転用するのは冒瀆であるとし、審査では「之を無いものとして扱った」のである。いずれにしても、コンペの焦点は建物の外形がどれほど巧みに伝統を象徴できたのかという従来の観点にとどまっており、そこには建築を総体としてとらえ、空間として考えようとする視点はまったくうかがうことができない。一方、審査には加わっていないが、岸田日出刀は、結果の発表直後にこのコンペの根本的な危うさについて次のように指摘していた。

「この記念館はかなり厖大な規模のもので、陳列室だの講堂だの数多くの部屋があり、構造は鉄骨で壁は大体漆喰塗、日本風の勾配屋根が載っている。一目見て日本趣味の意匠だということがよく判るようなものである。だがそれはどこまでもお祭り騒ぎの博覧会の余興的意味しか持たぬ建国記念館ではかない。耳にするも神厳な「建国記念」の営造物として永久に讃えるべき性質のものではない。噂に聞けば博覧会終了後もどこかに移築して、名もそのままに「建国記念館」として遺るとか。それでは昭和の日本の建築が救われない。「博覧会記念館」位の名称がピッタリと合う。永久に残る「建国記念館」である。博覧会的に考えたくない。博覧会の余興として造られる鉄のバラック建築が、この日の本の神国の建国記念館であってよいものか(4)」

最後にある岸田の問いかけが、コンペの安易さを突いている。他の論評は見当たらないが、建築雑誌にも次のような編集者による文章が掲載された。

「何れも応募図案百八案の中から選ばれたもので、募集規定にもある「日本精神を象徴する荘厳雄大なるもの」と審査員諸氏によって認められたものである。殊に一等当選は審査員の満場一致を以て推されたと云うことである。従ってこれは審査員及博覧会建設当局の日本精神の具体的解釈と見做すことが出来よう[5]」

ここで報じられたとおり、審査員の内田祥三が残したメモ[6]にも二等や三等、佳作の投票経過のメモとは違い、一等については「一等仮」として「62　高梨勝重」とだけ記されており、投票もなく全会一致で決定したことがわかる。戦争に突入し、「日本精神」が喧伝されるなか、建築様式をめぐる議論は急速に閉塞感を強めつつあったのだ。

前川國男の主張

さて、このような審査のもとで前川國男案はまたもや落選する。だが前川は、東京帝室博物館の際と同じようにみずからの案を建築雑誌に発表して議論を呼びかけていく。その文章は、前回の「負ければ賊軍」に倣うかのように次のような書き出しで始まる。

「昭和六年帝室博物館設計競技に於いて無慚な敗北を喫してから六年、再び所謂《いわゆる》日本趣味建築設計競技の牙城に攻め入って惨敗した。否が応でも勝たねばならぬと思って居ただけに、嘗めた苦杯の味も一入《ひとしお》である。(…)此の計画に従事した二ヶ月の時日は決して長い期間ではなかったけれども、私共にとって此の二ヶ月程感銘の深い時期はその一生を通じても余りあるまいと信ずる[7]」

また、次のようなコンペをめぐる建築界の状況への憤りも綴られていた。

「一百有余の応募図面が悉く擬古趣味の計画であったと言う現状はなお痛憤に値する。更に審査員の顔触れを見て最初から応募の努力を放棄した所謂建築家の態度は不可解千万である。長上を敬う日本伝統の美風を何の理由あってかむざむざと捨て去ろうとするのであるか」

こうした言葉からは、時代が急速に暗転し、建築をめぐる状況が厳しさを増すなかで、それでもあいかわらず募集要項に安易に沿った「擬古趣味」の計画が大半であったことがうかがえる。さらに前川は、時代状況にふれて次のように記していく。

「日毎夜毎銀座を通る出征兵に対する歓呼の鯨波。「万歳」の叫び。思えば現在大多数の建築家を育んだ自由主義資本主義に対する挽歌であり葬送の曲であったではないか。

歪められた新建築と自慰的な所謂日本趣味建築との対立は、或は見方に依っては自由主義時代の日本建築の特徴的な横顔であっただろう。形式主義に堕した新建築が、如何に新建築運動の開拓者達の真正な意図を歪曲してしまったかを反省しなければならない。更に所謂日本趣味的建築に至っては、国粋日本の美名の蔭に如何に大なる建築に対する冒瀆が敢てせられたかを反省せねばならない」

事務所のある東京銀座でも、日中戦争へ出征兵士を送る歓呼の声が響いていたのである。だが、そうした時代だからこそ、前川は「形式主義に堕した新建築」と「日本趣味的建築」の問題点を指摘して、次のように続ける。

「資金調整法！　鉄鋼工作物制限！　自由主義的資本主義社会に封建的寄生的生存を続けて来た建築家達にとっては、正に青天の霹靂であったろう。生活権を脅かす暗雲の真唯中にあって、然し今こそ建築家がその本来の使命に立ちかえって、新しき時代の新しき生活文化の積極的建設的活動をなすべき好機の到来した事を喜ばねばならぬ筈である。年五十万頓程度の鉄鋼節約の為めに鉄鋼工作物制限法が布かれた事実は、実に今日までの建築家の社会的無関心を実証する以外の何物でもないではないか」

冒頭の「資金調整法」とは、一九三七年九月十日に「支那事変に関連し物資及資金の需給の適合に資する為国内資金の使用を調整するを目的」として公布された臨時資金調整法のことである。また「鉄鋼工作物制限」とは、同年十月十一日に「鉄鋼五十頓以上を構造用として使用する建築物其の他の工作物中、時局的に見て不急不必要なものを制限するのを目的」として公布された鉄鋼工作物築造許可規制のことを指している。[8]いずれも国家総動員計画による戦時統制の一環だった。建築界もいよいよ戦時体制にとりこまれ、木造小規模のもの以外にまともな建築はつくることのできない時代へ突入したのである。それでも前川は、こうした状況を建築家が社会的関心を抱くきっかけになると半ば肯定的に受けとめて次のように締めくくっている。

「皇紀二千六百年の光輝ある記念すべき時をして、今日の日本精神の建築の礎石を築くべき有意義な年としたかったではないか。今や我々は日本の生活の現実を遊離した所謂新建築の空しい形式主義の夢を追う事を放棄せねばならぬ。同時に所謂日本趣味建築の悪夢も一切清算せねばならぬ。未曾有の国難の怒濤は凡ゆる私人的な運命の礎を抹殺して、我々の船も竜骨を砕かれ我等も亦此の海に死なねばならぬかもしれない。然し我等の正統な技術の精神は必ずや明日の日本の全体計画的な指導原理に沿って、真正日本の生活文化を建設すべき日の来る事を切望する次第である」

こうした言葉には時代が求めるものに忠実に従い、それに誠実に応えようとする前川の姿勢がうかがえる。しかし、それは同時に、戦時体制へ組みこまれていく政治状況に対してやや無自覚だった前川の姿も正直に映しだしていた。

「神妙の建築」とは何か

前川は募集要項で「簡明に」記すようにと指示されてい

たにもかかわらず、設計説明書に長文の「建築意匠に関する説明」(9)を記している。そしてこの文章を「国民精神総動員と建築」「昭和建築界の反省」「今日の日本建築の進路・神妙の建築」の三章から組み立てている。最初の「国民精神総動員と建築」は次のような書き出しで始まる。

「支那事変による軍事動員に伴い政治は挙国一致の形をとり経済活動は戦時体制下に置かれ思想も亦国民精神総動員の名の下に動員さるるに到ったのである。(…)国民精神総動員とは一種の厳然たる思想革命でさえあり、日本建国の理想を一歩前進せしむる為めに必至な一の心の用意である。「八紘一宇」と仰せられた悠大な建国の大理想は窮極に於て世界人類に寄せられたる大慈悲の理想であり、三千年の日本歴史を通じて日本の鎖国も開国も凡て此の大理想を背景としての転変であった。日本建国の大理想は決して排他的な島国根性的のものではなかったのである。寧ろ真実の意味に於る広大な深遠な国際精神或は人種さえも眼中に置かぬ深遠な人類主義とも称すべきものであった。「大らかな」崇高な此の大理想を守り得てこそ日本の偉大さがあり得る、又それを守る為にこそ、我等の祖先は亦「大らかな心」で時に外来文化の採るべきはとり排すべきは排して各歴史の時代時代の指導精神を樹立し、之を完成して三千年の美を済《な》したのであった。我等が伝統の尊さ美しさとは実に此の建国の大理想を守る手段を機に臨み変に応じて誤る事なく樹立して来たその心構えに在るのであって其の形に在るのではない事をよく認識せねばならない」

書き出しから踏みこんだ文体であり、国民精神総動員を「一種の厳然たる思想革命」とさえ位置づけている。しかし注目されるのは、建国の大理想が「排他的」ではなく、「広大な深遠な国際精神或は人種さえも眼中に置かぬ深遠な人類主義」と称すべき「大らかな」ものであったとの記述である。また、「伝統の尊さ美しさ」とは「心構えに在るのであって其の形に在るのではない」と述べることで建築意匠の問題点を整理して次のように続ける。

「建築は飽くまでその母胎社会の反映であって決して社会の指導体ではない。故に一の「よき建築」「正しき建築」が生れる事は、其の建築自体のもつ指導性の故に尊いと云うよりは寧ろ其を生んだ社会の健全性の兆候として尊いのである。我々が年来「正しき建築」「よき建築」を待望し主張して已まなかった所以のものは実に国家の訓練としては一粒の米粒をも空しくせざらむ事を訓うるあの意味に於いてであった事を繰り返したいのである」

前川は、社会が健全性をもってこそ「正しき建築」や「よき建築」が生まれるとする。そしてそれは「一粒の米粒」も空しくしないという意味においてであり、戦争という時代が求める厳しさが「正しい真実の意味に於ける日本精神の建築確立の機運に到達した事」を救いとして受けとろうとする。そして「今や建築家は何を考え何を主張し何をなすべきかについて多少説明を加え度く先ずその第一歩として昭和年代今日迄の日本建築界を反省して見よう」と記し、次の「昭和建築界の反省」を次のように書きはじめている。

「昭和年代に於ける今日までの建築をその様式意匠の上から観察すると、其の種類の雑多にして恰かも殖民地的風貌は如何にしても蔽い難い現実である。外来文化の吸収に急にして自己反省の暇を持たなかった実情と、維新以来の日本資本主義全盛期に於ける自由主義謳歌時代の社会情勢の反映として当然の結果であった。然かも此の建築的混乱の唯中に心ある先輩建築家達の努力が稍《やや》明確な建築様式に対する関心の線に沿うて試みられた事も亦事実であり、我々は此の努力に大体二つの顕著な傾向を見出し得る。即ち、所謂「新建築」と「日本趣味建築意匠」とである」

ここで前川は、昭和年代の建築様式として「新建築」と「日本趣味建築意匠」というふたつの顕著な傾向があると指摘し、そもそも「新建築」とは何かを説明していく。

「欧州に於いて十九世紀末葉に起った新建築運動はルネッサンスの頽廃を慨って建築技術と様式の必然的関係を説き、様式模倣の建築を排して新時代建築様式の誕生を要望したのは建築の本質上当然極まる主張であった。折しも大戦勃発五年に及ぶ戦火の洗礼の後に来れる住宅問題解決を契機とし、戦禍に疲れ果てた精神のドン底より湧き起れる新しき生活観、新しき世界観の焰に煽られて新建築運動は燎原の火と燃えて欧州を駆け廻った。(…)

新建築運動が建築をして建築の本道に還らしめんが為めに合理主義機能主義乃至は構成主義芸術論の大旗を掲げて合目的の美をたたえ、新しき技術による新しき建築様式の示唆として飛行機軍艦乃至は自動車の形体美を讃えた事はその戦略として聊《いささ》かの謬もなかったであろう。かくして新しき感覚美新しき形体美新しき建築美への関心は、大旱《たいかん》に望まれた雲霓《うんげい》の如く戦禍に疲れた民衆の心に新しき歓びと希望とを注ぎ込んだのである。爾来二十年に垂《なんな》んとする此の新建築運動がその発祥地仏蘭西《フランス》、独逸《ドイツ》、ソヴィエット聯邦に於て今もなお多難な行路を脱し得ないのは何故であるか？　即ち新建築運動がその成立の最大条件とする建築生産の高度の工業生産化を完全に実現し得ぬ故に他ならない」

前川は、「新建築運動」の中心に「住宅問題解決」という契機があったこと、その根底には「建築をして建築の本道に還らしめんが為めに」「合目的の美」を讃えたこと、

「新しき技術による新しき建築様式の示唆」として「飛行機軍艦乃至は自動車の形体美」を讃える戦略を選んだことを記していく。これらはル・コルビュジエに学んだ近代建築思想の核心部分といえる。また前川は、新建築運動がなぜ二十年経っても実現できないのかと自問し、それは「建築生産の高度の工業化を完全に実現し得ぬ」からだと指摘する。これもまたル・コルビュジエに学び、帰国後のレーモンド事務所時代と独立後の仕事のなかで繰り返し直面した実務経験から得た認識である。そして話題を日本の新建築へと移し、それが陥った形式主義について説明を加えていく。

「欧州の新建築の影響下に育った日本の新建築も亦残念乍らその母胎地に於けると同型の失敗を嘗めている。生成半世紀にも足らざる新建築は既にして恐るべき形式主義を生み出した。此の形式主義の蜃気楼を追い、日本民族の生活実情を忘却する以上日本新建築も亦実を結ばぬ仇花となり終る運命を覚悟せねばならぬであろう。

日本新建築が育ち得る唯一の可能性は彼が唯一の金城湯池と頼む欧州新建築運動も之を要するに建築を先ず建築の本道に立還らしむる為めの運動に過ぎなかった事に想到してその美しき形式主義の魅惑を克服する事以外にはあり得ない」

文中の「日本新建築も亦実を結ばぬ仇花となり終る運命」との指摘には、人々の生活の実情に呼応する建築の実現をめざそうとする前川の近代建築理解の原点がうかがえる。そしてこうした「恐るべき形式主義を生み出した」新建築への反動として「日本趣味建築」が登場したとして、次のように記している。

「所謂新建築が甚だしい燥狂性を以て日本建築界を風靡せんとした時当然その反動として所謂日本趣味建築なるものが登場したのである。現代の構造技術を以て全然構造範疇を異にする日本の過去が有っていた木造建築の形を写さんとする本質的に不合理な此の試みも、近代構造技術が有つ驚異すべきその弾力性の故に一応実現されたのであった。昔ローマの建築家達が当時の先進国希臘《ギリシャ》の建築を模して凡ゆる努力を払ったにも拘らず建築材料の相異は当然その実現を不可能ならしめ、剰《あまつ》さえ工事に携われる職人多数の犠牲を出したと言う。ローマの建築が完成されたのは実にローマの建築家がその材料工法を本質的に把握して希臘建築の幻影を征服し得た時であった。

日本に於ける日本趣味建築は幸いにもその優秀なる構造技術の故にかかる犠牲は勿論之を避け得られたのではあったけれど此等の建築に於ける建築的スケールは過去の美しき日本建築とは余りに懸絶せるものなる事は何人も之を認

めなければならない。

　構造技術と様式とが不可分の関係にある事は苟《いやしく》も建築にたずさわるものの等しく認むる処である。構造技術を歪曲した不自然な建築は到底一世を指導する大建築たり得ないのである。而かも此等日本趣味的建築の構造詳細を仔細に検討されるならばそこに無理な建築構造の犠牲として此と同等の機能性能を有つ空間を構築するに必要鉄材の三割乃至四割余分な浪費が認められるであろう」

　前川はローマの建築を引き合いに出し、それが完成されたのは「材料工法を本質的に把握して希臘建築の幻影を征服し得た時」であったと指摘する。また、その意味からも日本趣味建築は「構造技術を歪曲した不自然な建築」であると断言する。さらに、そこには見せかけのハリボテをつくりだすための必要鉄材の浪費さえ認められると、その虚偽を突いていく。そして前川は根底にあるみずからの思いを次のような言葉にしていく。

「今や国民精神総動員は行われ国家の資材は極度の節約を余儀なくされている。今日日本に於ける鉄骨需要平均年四百五十万噸、建築用材は年百二十万噸乃至百四十万噸と言われる。今仮にかかる意味の鉄骨を節約し、一方工作法の改良によって約三割以上の鉄骨節約は大した難事ではあるまいと思考される。仮に三割として年約四十万噸、時価四百円と仮定して年一億六千万円、此に依って銃後国策の最大急務の一、結核療養所病床数三百程度のもの五十ヶ所設立する事はさして難事ではあるまい。日本に於ける現在入院加療を要する結核患者数十二万乃至十三万としても此の収容問題解決の可能性があるであろう。更に全有職国民四十四パーセント中二十二パーセントを占め更に忠勇義烈の皇軍の五十パーセントを形成する農民農村に対して我々は如何なる重大問題を持ち関心を持つべきであろうか。都会が徒らに絢爛たる虚栄を粧って農村を置き去りにする事は由々しき問題である」

　これらの言葉からは、近代建築に共感を抱いた根拠、すなわち人々の悲惨を救い、健康的な生活環境をつくりだす合理主義的思考の内実が読みとれる。こうして前川は次のように問題点を整理する。

「思えば所謂日本趣味的建築は実に当時の商業建築家達を育んだ極端な自由主義的資本主義的建築思潮の生んだ私生児であり、かかる「日陰の花」は断じて今日国民思想総動員の健康な烈々たる時代の光の下にその生長は絶望である。

　今や悪夢は去って国民精神は総動員され日本は一致せる社会的志向を以て建国の大理想を我等の手に継承せんとしている。統一した社会志向に応じて当然今日の日本建築が出現し得る機運に際会したのである。かくの如き建築こそ

上・建国記念館、前川國男A案（1937年）透視図。下・同案、記念中庭透視図

今日に於ける日本精神の建築たり得るのである。然らばそれは如何なる建築であるか？」

そこで前川は、めざすべき建築の方向とは何か、という問いを掲げ、この長文の結論である「今日の日本建築の進路――「神妙の建築」の提唱」を次のような言葉で始める。

「我等は今や日本の現実を超越した空想的新建築の空しき夢を遂う事は放棄せねばならぬ。

同時に所謂日本趣味的建築の迷夢も清算すべき時機に到達したのである。こうした意味の所謂新建築と所謂日本趣味建築的建築との対立より生れ出づる今日日本精神の建築を私共は「神妙の建築」と確信するのである。

日本民族は茲に一の文化的脱皮を行って新たなる飛躍に備うる為めに一切の思想的混迷を超えて日本伝統の精神に還らねばならぬ。日本伝統の精神に還るとは南蛮渡来の銃を捨てて日本刀をとる事ではない。頭髪を貯えて丁髷の昔に還れとの謂ではない。日本歴史の各大時代に当って日本人が建国の大理想を守る為めに如何に国家社会の新条件を前提として新しき時代の問題を有効適切に解決し来った、あの「原理」の精神に立ち還る事である。更正日本に重要なものは一にも二にも原理の問題である。一時代の建築様式を決定するものは決して個人的な「趣味」ではなく、確固不動の原理であらねばならぬ。今や日本建築の構造技術は先輩の努力によって世界に冠たる耐震構造体系が確立されんとして居る。之が一つの堂々たる今日の建築として実を結ぶ為めに茲に「原理」の確立を求める。

今や国民精神は総動員され国家社会の思向は協同の目的に向って奔流せんとしている。建築も亦、我等の祖先が木と草とで或いは紙を加え漆喰を用いて雨を凌ぎ風を防いだあの素朴な「日本原理」に従って我等の技術を神妙に地道に衒気もなく駆使して行かねばならぬ。一本の鋲を用いるにも一握のセメントを用いるにも国家を社会をそして農村を思わねばならぬ。そこに生れる建築は過去の社会の何れの建築の持てる美しき細部は失うかも知れぬ。然し恐らく過去の建築の何れもが持たなかった安心往生の美を必ず見出すであろう。我々は此の道以外に今日の日本建築が日本精神の輝きに甦るべき道無き事を断じて確信する。

建築家は今こそ旧時代の仮面と虚栄をかなぐりすてて「神妙の建築」こそ日本伝統精神の建築である事を大声疾呼すべき勇気と矜持とを持たねばならぬ」

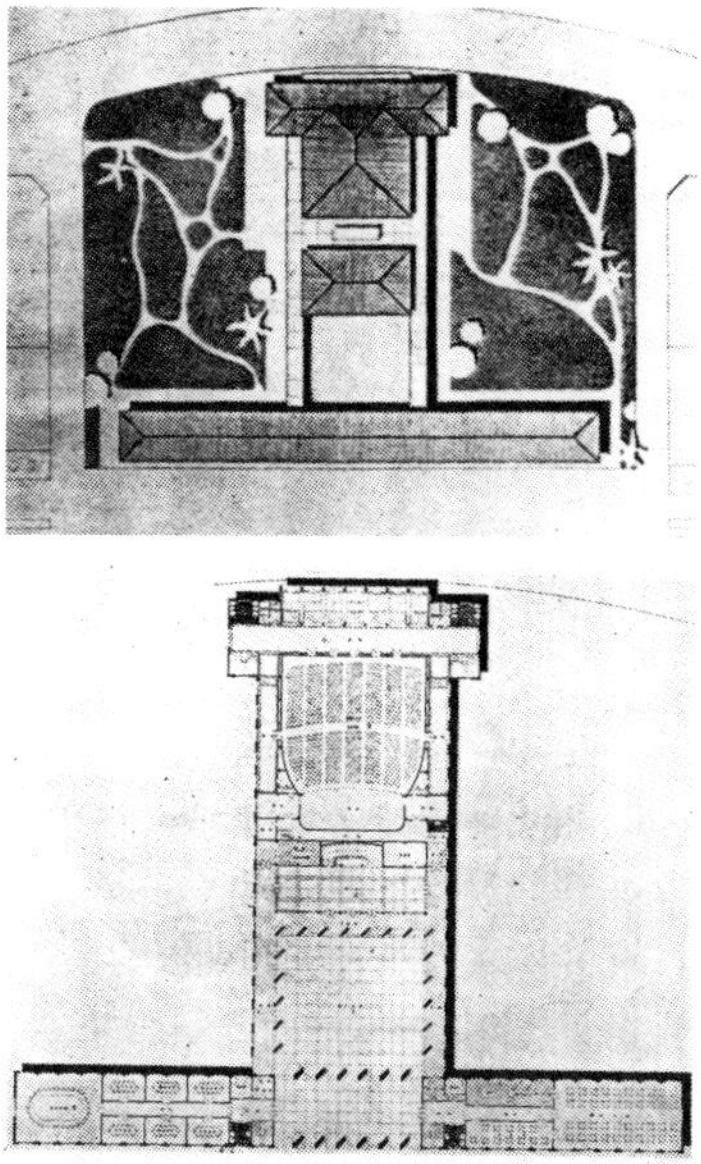
上・同案配置図。下・同案１階平面図

「日本の現実を超越した空想的新建築」も「日本趣味的建築の迷夢」も放棄し、「原理」の確立を求める「神妙の建築」をめざすべき、との結論である。この「神妙」という言葉は、殊勝、すなおなこと、という意味で用いられているものと思われる。[10] それは文中の「あの素朴な「日本原理」に従って我等の技術を神妙に地道に衒気もなく駆使して行かねばならぬ」と使われているニュアンスからも明らかだ。前川は、浮き足立つことなく地道に原理を求めることがいまの建築には必要であると主張していたのだ。それでは、そのコンペ案はどのような内容だったのだろうか。

ふたつの応募案

興味深いことに前川は、建国記念館のコンペでも昭和製鋼所のコンペと同じくA案、B案という異なる平面計画からなるふたつの応募案を作成しており、建築雑誌[11]には落選した両案がともに掲載されている。そこにはなんとしても当選を果たしたいとする思いとその可能性をふやそうとす

上・建国記念館、前川國男 B 案透視図。下・同案、建国記念室透視図

る戦略が込められていたにちがいない。

A案は説明書のなかで「大体に於て原案の配置原則に従い」と明記されたように、求められた主要な諸室である約二千人を収容する集会ホールと絵画を展示する絵画室の配置は、与えられた平面参考図にほぼ倣ったものとなっている。しかし、それでも平面参考図にはない特徴的な変更点が読みとれる。まず、参考図に描かれているような正面入口の大階段はとりやめて、一階の床レベルが地面と一続きのフラットな面になっている。これは大階段による荘重で権威的な正面入口の印象を嫌い、より入りやすい自由な雰囲気をつくりだそうと意図された結果なのだろう。また、参考図には描かれていない中庭を設けて、そのまわりに回廊を配置することによって、集会ホールと絵画室を独立する空間として際立たせながらも、人の歩みに沿って変化のある空間構成が意図されている。そして貴賓室を中庭正面の三階に設けることによって、参考図と比べてより象徴的な意味をもたせている。いずれも建築を総体としてとらえ、一続きの空間の構成として取り扱おうとしているという点で、他の入選案にはみられない特徴を生みだしている。

一方、B案では、参考図をさらに吟味して抜本的な改良を加えていることがわかる。それは集会ホールの舞台と客席の向きを百八十度反転させて客席の入口を正面にとり、中央に「建国記念室」と名づけた大きな吹き抜けのホールを設けることによって大勢の入場者が建国記念室を通って集会ホールにスムーズに入れるようにしていることである。また、こうした提案の理由として、前川が次のような補足説明をしていることも注目される。

「本邦在来の此の種公会堂は通例遊歩廊集会室に比して常に甚だ小に過ぐる憾みがあり。例えばパリ国立オペラ座の如し集会室より寧ろ他の広間を大きく計画せる公会堂の計画は甚だ有意義と信じたり」

おそらく、ル・コルビュジエのアトリエに学んだパリ時代にオペラ座にも足しげく通ったのだろう。B案に提案された空間構成は、フランスでの経験に裏打ちされていたのである。さらに前川は、平面参考図に示された二階の絵画室へ直接入ることのできる車路を設けながらも、A案と同じく正面の大階段をとりやめるための工夫として、正面部分に「広大な車寄せ」を設けている。こうすることによって大げさになりがちな車路を上手に車寄せの背後に隠しながら、機能的な解決を図り、荘重で権威的な雰囲気を払拭しようと試みたのである。また、食堂を舞台奥の海に面した場所に設けるなど前川は与えられた所要室相互の関係性を自在に改変しつつ、より好ましいものへと平面計画を改良しようと積極的に提案していたことがわかる。そしてA、Bいずれの案も勾配屋根や外観のデザイン、構造の考え方は共通しており、説明書には次のように記されている。

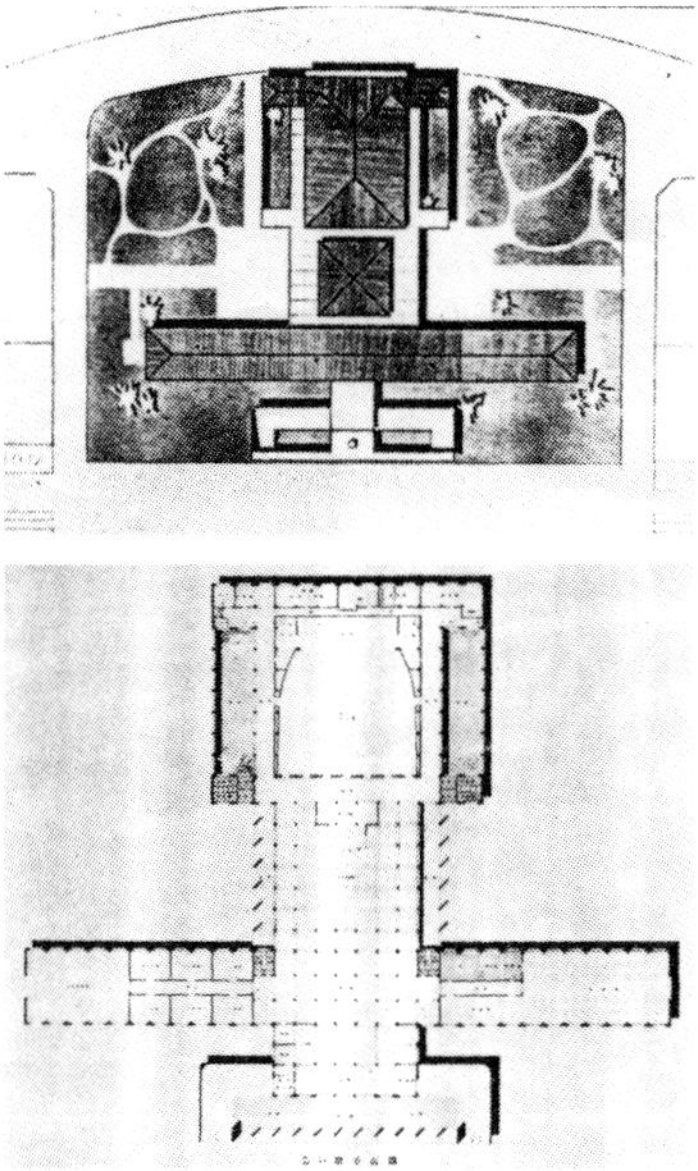

上・同案配置図。下・同案1階平面図

「本計画の勾配屋根は所謂日本精神表現の為のものならず。博覧会建築として技術的見地より之を勾配屋根とせるものなり、従ってその勾配は板金工事の防水的安全性の限度のものとして無用の鉄骨使用は極力之を防がんと欲す。混凝土《コンクリート》建築に於ける勾配屋根は構造法と用途によって必ずしも不合理ならず。されどこれによって平面計画は著しく制約をうくべき事を考慮せざる可らず」

このように前川は説明書にあえて勾配屋根についての項目をあげて、勾配屋根は「日本精神」を形として直截に表現するものではなく、あくまでも「技術的見地」から用いたこと、また、その勾配も必要最小限に押えて「無用の鉄骨使用」を極力防ごうとした、と明記したのである。同時に、屋根の軒裏から内部へと続く天井は連続した同一の水平面とすることによって、屋根の形状を極力抑え目なものにしておこうという意図もうかがえる。その一方で、東京帝室博物館コンペ案にはみられなかった屋根の軒の出の出現は、あるいはこの間の実務経験から気づいたこと、すなわち雨の多い日本では建築に雨露を凌ぐ基本性能が必要であると自覚したためだったと思われる。このように技術と風土に従いながら、それに素直に応えようとする屋根の取り扱い方にも、前川の言う「神妙の建築」が意図されていることがわかる。また説明書には、「其の他注意事項」として次のような説明も書き加えられていた。

「構造上博覧会建築の見地より一階外壁は之を煉瓦積となすべく、二階以上は鉄網ラスモルタル塗或はスレート版シートメタル貼附の軽構造とすべし。絵画館窓は鉄骨柱外側の連続窓とし柱と窓との取付部分の困難を極力避ける方針とすべし。

　絵画館は室幅約十五米を要求され多少大に失する感あり。而かも頂側光採光採用する時は普通方法にては屋根中央に凹部を生じ排水その他技術上仮建築としては甚だ無理にて危険性多きを以て、反射面使用の方法によるべき事最良の方法と思考す。

　本建築は博覧会終了後移築予定の件、建築技術上最大の注意を要し、柱等張子《はりこ》に作る事は甚だ建築の純粋性を損うものなる故、此の点に設計上甚だ困難を感ず。

　本計画の方針としては壁面は軽構造とし柱は原則として鉄骨露出にても差支えなき設計を（但し防火上特種取締規則に抵触すれば論外なり）其の方針とすべし。

　之を要するに建物の性質上将又《はたまた》時間を考慮して過去に於ける建築概念を超克せる真正の神妙なる構造建築たらしめんと欲するものなり」

　ここでも前川は、募集要項に記載された要求を吟味し、新しい方法を盛りこんでいる。まず防犯上の理由からなのか、一階の外壁を指定された「鉄網ラス張り塗壁」から煉瓦積に変更している。また絵画館の採光窓は、鉄骨柱の位置から外側にはずして水平連続窓として単純化し、要項に「頂側光式（Top-side light）」と指定されていた採光の方法では技術的に無理があるとして、東京帝室博物館の際に提案したのと同じく反射面を利用した「光の箱」による間接的な採光の方法を提案している。以上のような工夫を施すことによって、水平連続窓が立面に明快な分節をもたらし、屋根が浮いたような軽快な印象を与えていることがわかる。さらに、博覧会終了後の移築を予定している建物であればこそ構造の柱は露出すべき、との考え方も提示している。こうして前川は、どこまでも技術的に適切な方法を忠実に追求することによって、彼の言う「神妙な建築」をめざして設計を原理的に組み立てようとしたのである。

外観デザインの質的変化の意味

しかし、平面計画の再検討や技術的な裏づけからの地道な提案以上に、ふたつのコンペ案に特徴的なのは外観デザインの質的変化である。応募要項で求められた絵画室の巨大さに影響されたのだろう。それでもA案中央の列柱やB案の車寄せと「建国の精神」を表象する彫刻の存在、厳格な左右対称の立面など、それまでの機能美をめざしたコンペ案にはなかった古典主義的な性格が強調された外観デザインになっている。これらの変化はどこからもたらされたのだろう。後年のインタビューのなかで所員の田中誠が次のような感想の言葉を残している。

「ムッソリーニの何とかに似たような、そんなかたちであまり思い出したくないようなものでしょうね[12]」

この自嘲めいた口調は、時を経た戦後の回想によるためだと思われるが、それでもコンペ案を作成するなかで、同時代のイタリアの近代建築を参照していた事実がうかがえる。

「ムッソリーニの何とかに似たような」建築とは、ローマ大学都市（一九三二―三五年）を指していると思われる。というのも、この建築こそ当時のイタリア建築界の中心的存在だった建築家マルチェッロ・ピアチェンティーニが全体計画を担当し、ムッソリーニがみずからの国家像を体現するものとして最重要視していた建物だからである。そしてこの建築は海外でも注目を集めたのだろう。一九三六年十月には日本の建築雑誌にも掲載され、「此計画は古代ローマ建築のテーマを精神として全体の配置が定められた。随って此のプランは何処かにバシリカの面影を見せている」と紹介された[13]。また、一九八〇年に出版された二十世紀の建築と都市計画に関する著書のなかでイタリアの建築史家ヴィトリオ・M・ランプニャーニは、この建築の特徴を次のように記していた。

「巨大な門の柱列を通り抜けると、広い通りの両側に建物が並び、やがて矩形の中央広場に達する。ピアチェンティーニ自身は、全体計画の他に、強い軸構成の、トラヴァチンで被覆された学長館を設計した。その壮大な階段、柱礎・柱頭を欠く高いポーティコ、奇妙に写実的である上に荘重な雰囲気を漂わせたレリーフ、そしてフリーズの形式張ったラテン語の碑文などは、イタリア新古典主義に典型的な造形要素である。細部装飾は最小限に抑えられている。

建築そのものの表現効果が、巨大さ、幾何学的厳格さ、ヴォリュームの配置、そして閉鎖的な壁面とその中にリズミカルに切り抜かれた窓との対比に求められる」(14)

ここに記されたピアチェンティーニの建築のもつ特徴、すなわち巨大さ、幾何学的厳格さ、ヴォリュームの配置、閉鎖的な壁面などは前川の建国記念館コンペ案と共通していることがわかる。もしかしたら、「神妙の建築」というテーマを掲げた前川が直截な「日本精神」によるデザインを拒否しつつ、より普遍性をもつ「原理の建築」を求めようとするとき、ひとつの手がかりにしようとしたのがイタリアの一九三〇年代の新古典主義による近代建築だったのかもしれない。またそこには、このコンペ案の作成と同時期に携わっていたオリンピック東京大会の競技場案の作成過程で岸田日出刀が持ち帰ったベルリン・オリンピック大会会場の資料を参照した前川が、その古典様式の簡素で力強い形に印象を受けたことの影響もあったにちがいない。

上・ローマ大学都市（1935年）全景。下・同正門外観

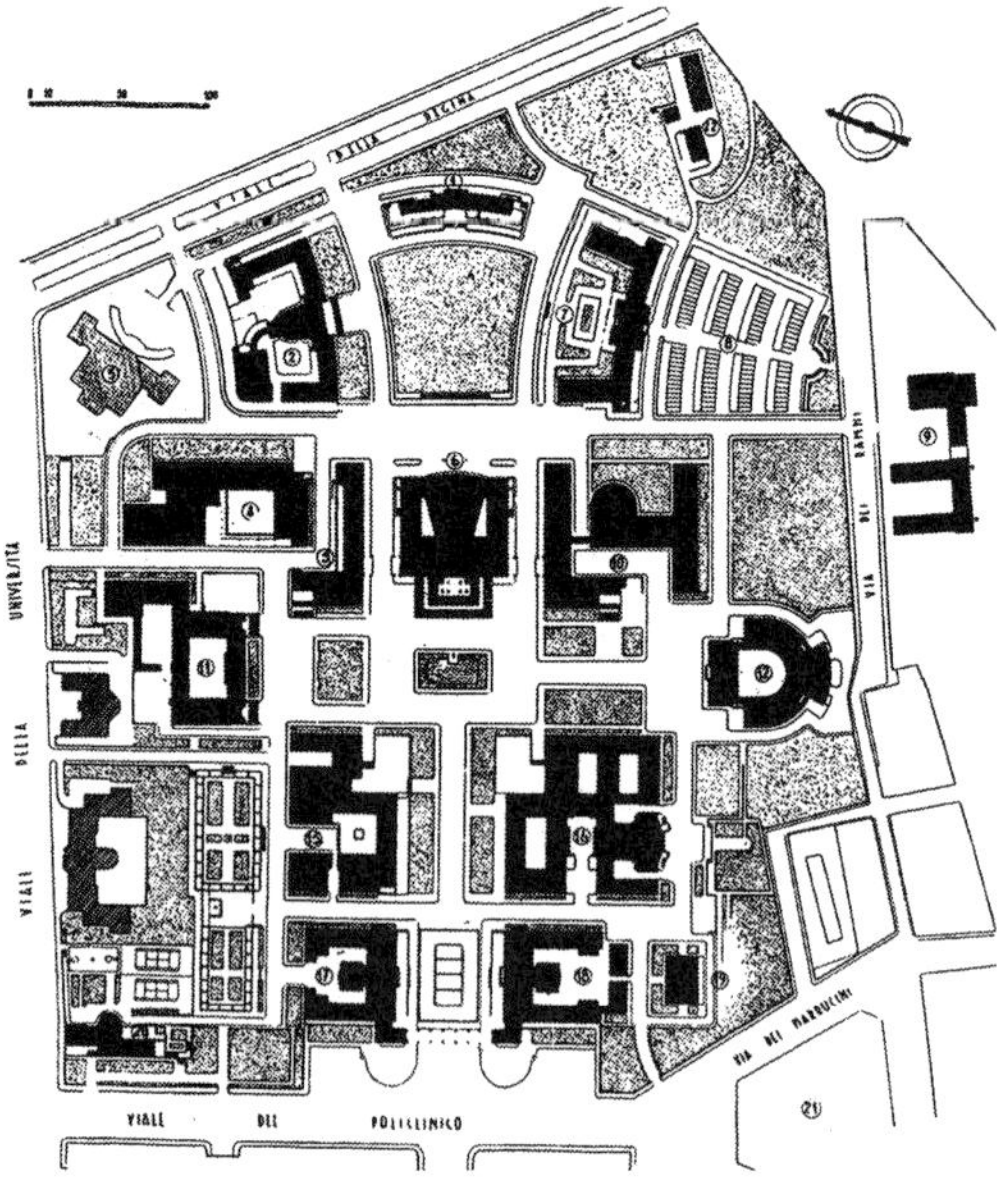

同全体配置図。軸を中心とする配置計画

建国記念館コンペ案のB案の透視図に象徴的に描かれた彫刻の存在は、直前に前川がオリンピック計画で描いた東京お茶の水の第一室内競技場の外観を彷彿とさせるからである。

そのことに関連して、この間の状況の変化を知るうえで興味深い座談会の記録が残されている。(15) それは文字どおり「転換する日本建築」と題されたもので、一九三七年十二月九日に東京銀座で収録された。出席者は、建築界から司会の石原憲治のほかに市浦健、山口蚊象、前川國男、佐藤武夫が参加し、そこに戸坂潤、黒田朋心、柳亮ら哲学者と美術評論家が加わっていた。座談会は住宅政策や建築生産、住宅の規格化といった話題から始まるが、やはり状況の急変に影響されたのだろう、「日支事変と建築様式の問題」をめぐって議論が展開される。そして「モニュメンタルなもの」というテーマへと移るなかで、イタリアの近代建築について次のようなやりとりが交わされる。

石原　イタリーの最近の建築を見ると昔の様式はあまり使っていないようですね。

佐藤　イタリーは全然使いませんね。同じファッションの国でもドイツとイタリーはまるで違いますね。

前川　イタリーの新しい建築は非常にクラシックの匂いが高いですね。

戸坂　クラシックではあるけれどもゴチックではないわけでしょう。

前川　全然昔の様式じゃないです。

佐藤　ギリシャ的という感じですね。リファインメントがある。

戸坂　古代ローマ的じゃないですか。

柳　大体は古代ローマ的ですよ。古代ローマよりももっとリファインされたものですね。

前川　育ちがいいというような感じですね。

これらの発言からはイタリアの近代建築がナチス・ドイツと比べて洗練されており、前川も「クラシックの匂い」を感じ、「育ちがいい」と好意的な評価を与えていたことが読みとれる。同じ座談会では続いて「日本的なるもの」が話題となり、次のようなやりとりもおこなわれていく。

石原　前川さん、この間建国記念会館に出されましたね、私はまだ拝見しないが、何かあなたの解釈を施したんですか。

前川　てれ臭くて言えません（笑声）。或る先生がこれはなるほど非常に日本精神式な建築だ、しかし建国会館としては不適当だと言ったそうです。

残念ながら前川はこれ以上の発言を残していない。それでもこの座談会のやりとりからは、前川が形骸化した「新建築」やその反動としての「日本趣味的建築」を精算し、「神妙の建築」をめざすうえで「日本精神式な建築」の可能性に期待を寄せようとしていた様子が見えてくる。というのも、先にみた建国記念館コンペの説明書のなかで前川は「永い間の建築思想的混迷期を脱して茲に正しい意味に於ける日本精神の建築確立の機運に到達した事は心からの救いである(16)」と記していたからだ。また、当時の建築家たちがどれほど自覚していたのかはわからないが、イタリアやナチス・ドイツの国家主義的な建築が日中戦争下の日本の建築家たちに大きな影響を与えはじめていた様子もうかがえる。だが、ムッソリーニとイタリアの一九三〇年代の近代建築に関する同じイタリアの建築史家パオロ・ニコローゾの著した二〇〇八年の近著(17)を読むとき、当時の世界の近代建築を覆いつつあった時代の危うさがみえてくる。ニコローゾは、前書きのなかで「ムッソリーニのかたわらにあって作業に従事した建築家のうち、まちがいなくもっとも精励し、かつきわめて重要な役割を担っていたのが、ピアチェンティーニであった」と記したうえで、ローマ大学都市について次のように指摘している。

「大学都市（一九三二―三五年）は、重要な教育施設のための建築というだけでなく、イタリアの内外にむけての一つのメッセージを表明するための、一種の実験の場とも化した。すなわち、一九三一年に合理主義者と伝統主義者とが激しくやりあった論争を経たのち、いまやムッソリーニが統治するこの国の建築は、統一的な方針にそって展開を遂げている、という宣言をして見せる場となったのだ。まさにこのプロジェクトの統一性を際立たせる目的で、イタリア各地から十名あまりの専門家が召集され、それをピアチェンティーニが束ねあげた。イタリア建築界が「一つの統一様式」に到達できるということを、こうして内外に示したのである。ファシスト体制は国家全体を固く結束させようと望んでいたが、建築もまた、その凝集の過程を反映するのだという、それは証明でもあった」

戦争とファシズムの嵐のなかで建築が国家の様式として扱われていく危うい時代へと突入しつつあったのだ。また、この建築様式と国家という問題は日本においても、後に「大東亜建築委員会」における「国民建築様式」をめぐる議論で大きくとりあげられていく。そして前川もまた、その議論の中心に向かってより深く踏みこんでいくことになる。

理化学研究所内工具研究所

ところで建国記念館コンペの直後に前川が手がけた建物であり、造形的にも関連すると思われるものとして一九三八年に竣工した理化学研究所内工具研究所があげられる。これは東京本郷にあった理化学研究所の広大な敷地の片隅に建設された木造二階建ての小さな建物である。当時の資料[18]には、「第20号館工具研究室」という名前で記載されており、同書に添付されている「構内建物配置図」にも構内の西側隅に建物が掲載されている。当時の所長は第三代所長として一九二一年に就任し、「戦前における黄金時代[19]」を築いた大河内正敏（一八七八—一九五二年）である。大河内は「造兵学に関する日本で最初の選任教官」として東京帝国大学造兵学科教授を一九二五年まで務め、在任中の一九一四年には「今後の戦争は工業戦である」と記したという。それにしても、どのような経緯から前川がこの建物の設計を手がけることになったのか。後にみることになるが、やはり前川が設計を手がける秋田日満技術工養成所（一九三九年）などの建設母体となった財団法人日満技術員養成所役員の名簿[20]のなかに、評議員として岸田日出刀、佐野利器、鮎川義介らとともに大河内正敏の名前が掲載されている。日満技術工養成所と同じく岸田を通じての紹介だった

理化学研究所、工具研究所（1938年）外観

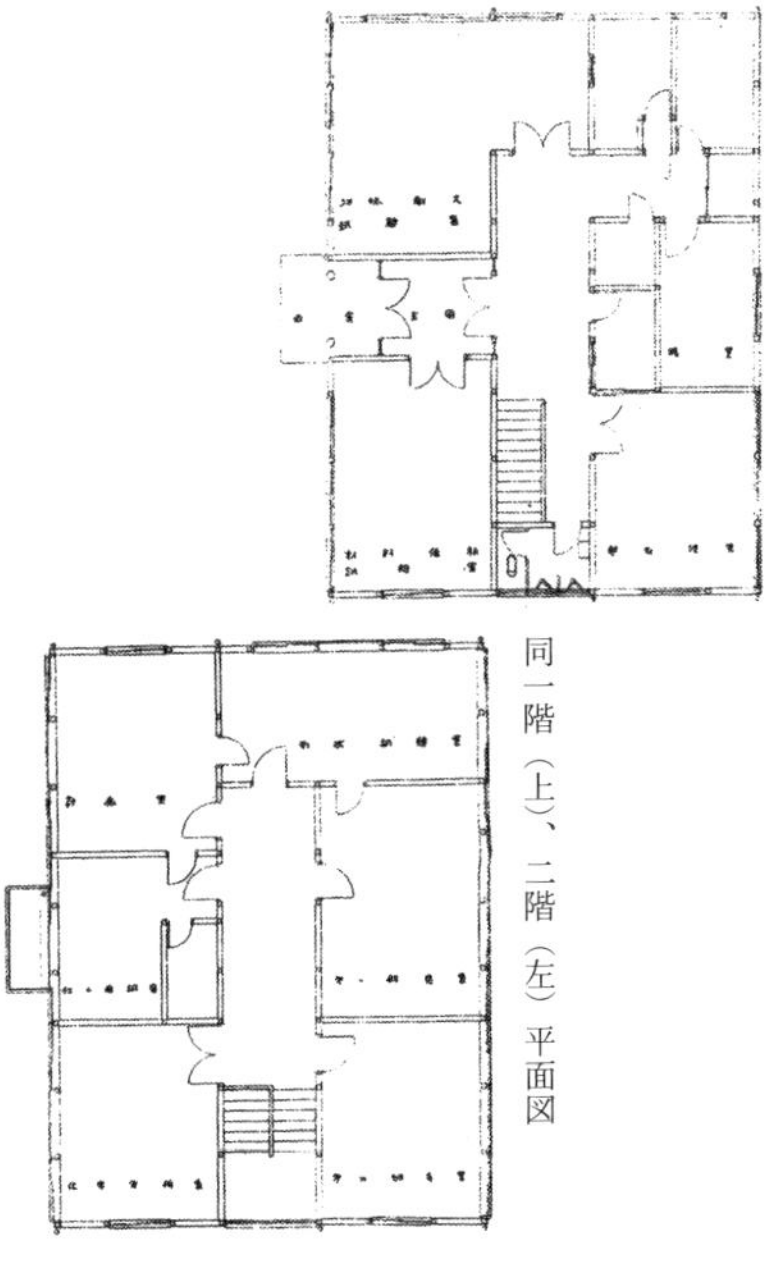

同一階（上）、二階（左）平面図

可能性が考えられる。

完成した建物については建築雑誌[21]に掲載された外観写真と平面図だけが唯一の資料となる。平面図を見ると単純な長方形で、まんなかの廊下を挟んで周囲に研究室や試験室がとられている。注目されるのは、長手方向になる東西の二階の開口部が端から端まで続く連続の水平窓となっている点である。これは木造の柱から離して独立した窓になっており、しかも建具の竪枠のピッチは柱とは別の割付になっている。そして窓の上部には水平に庇が伸びている。全体の立面構成は、どこか木村産業研究所の印象に近い。しかし、異なるのは屋根の軒を出し、玄関にも庇をつけて雨を凌ごうとするデザインでまとめられていることである。この水平連続窓とその上に載る勾配屋根の庇という組み合わせは、明らかに建国記念館コンペ案の延長線上で試みられたものと思われる。ちなみにモノクロの外観写真に付された解説文には、建物の仕上げと彩色について次のように記されている。

「外壁は鉄網張り薄鼠色セメント吹付、屋根は瓦棒葺。窓枠色はダークブルー、軒裏は青磁色となっている」

この建物で前川は、木造でありながらも白くモダンな色使いの建築をめざし、屋根と庇をもちこむことで日本の気候風土に適応できる建築を試みていたことがわかる。それは前川にとって、落選した建国記念館コンペ案で果たせなかった「神妙の建築」を形にしたひとつの道標とでも呼べる建築だったにちがいない。

一等当選、大連市公会堂コンペ

「白紙の状態で腕を揮わせる」

大連市公会堂コンペは一九三八年七月に、植民地だった満州の大連に計画された公会堂を建設するためにおこなわれた。審査員は岸田日出刀、村田治郎、佐藤武夫、笠原敏郎（満州国営繕需品局長）、岡大路（南満州工業専門学校長）らから構成されていた。コンペにいたる経緯については、募集規程要項を作成した担当者のひとりと思われる大連市役所の菊池武之介が次のように記している。

「公会堂問題は永らく懸案であったが、之が初めて市会に提案されたのは昭和十年七月のことであった。（…）支那事変の勃発により建設の前途は暗雲低迷の貌となったが、計画案だけは成案を得て、建設の可能なる時期に達した際には直に実行に移し得る体制を整えて置こうという見地から、委員会に諮って、先ず企画の万全を期する為に設計案は懸賞募集することに決定した[22]」

建設の計画自体はコンペ実施の三年前からあったものの、日中戦争の勃発による先行き不透明ななかで計画案だけでも成案を得ておこうとコンペが企画されたのである。敷地は大連市の「中央公園の北端に位置し、南は公園の一部なる緑山に対し、北は幅員三十三米の幹線道路を隔てて繁華なる市街地に近接」する場所で、敷地の北側中央には市街地へと伸びる幅員二五メートルの正面アプローチ道路がとりついていた。また、敷地は南から北へ向かってなだらかに約三メートル下がるスロープ状の地形になっていた。募集規程[23]の「設計心得」に記されたおもな設計条件を確認すると、次のようにまとめられる。

「敷地南面に向って忠霊塔及緑山を仰ぎ得る様留意する事」
「建築の表現の形式は随意なるも「ミナト」大連にふさわしきものたる事」
「建物の構造は耐火構造とし防空に対する考慮を払うこと」
「所要図面　配置図五百分の一、各階平面図二百分の一、立面図三面以上百分の一、断面図二面以上二百分の一、詳細図一面二十分の一、透視図（視点位置は随意とす）」

このコンペでは建築様式の規定はなく、参考平面図も与えられていない。また、透視図の視点の位置も随意であり、自由な空間構成が可能な要項になっていた。それでも立面図が百分の一に指定され、外観を重視した内容であることがわかる。さらに諸室として求められたのは、本格的な舞台をもつ収容人員二千五百名の大集会室と八百人の大宴会場のほかに中小食堂、小集会場、貴賓室、球戯場、グリルおよび酒場、諸機関室などだった。

このコンペで中心的な立場にいたのは岸田と佐藤だと思われる。このことは、過去のコンペで繰り返し自由な応募条件を求めてきたふたりがはじめてそれを実現できる審査員の立場に立ったことを意味する。前年の日本万国博覧会建国記念館では果たせなかった理想的な条件のコンペが、大陸満州でようやく実施できたのである。だからこそ、岸田は審査経緯に次のような一節を記したにちがいない。

「全審査員顔が揃い、まず車を駆って敷地検分に赴く。（…）敷地は思ったよりも雑然とした感じのところだ。（…）応募諸案を通覧してまず第一に感じたことは、優秀な力作が多いということで、このことは他の審査員諸氏も一様に感じられたことだと思う。満州の玄関である大連市の公会堂であるからという訳で、応募者各位が緊張して案を練られたためであろう。また原案平面を添付したり、表現様式上で何々趣味というような要求がなかったから、応募者各位も自由な気持ちで緊張して立案計画ができたためであろう。

応募規定も大体よくできてはいたが、少くも私は発表以前に規定の案に関し相談に与らなかったので、部分的には不満な点がないでもなかった。（…）立面図を百分の一で図するが如きも、徒らに応募者を単なる製図の上で苦しめるに過ぎなかった憾みがあった。（…）今回の審査では平面計画のよしあしが特に入念に審査されたことを先ず記したい。（…）競技設計に原案平面を与え、それの単なる衣裳として立面計画を公募することが理論の上から誤ったことであることは、茲に喋々を要しない。立面というもその根源は平面にあることを考えれば、単なる衣裳図案競技の

大連市公会堂、1等当選案（1938年）透視図

詰らなさがよく認められよう。（…）全く白紙の状態で応募者に自由に腕を揮わせるに越すことなく、この意味で今回の競技設計の形式はまず成功だったと言える」[24]

この文章は審査結果発表後のものだが、岸田は、「全く白紙の状態で応募者に自由に腕を揮わせる」形式が実現できたことを「成功だった」と述べていた。また、岸田が募集要項の作成に加わっておらず、敷地も審査の際にはじめて訪れていたこともわかる。ここから判断するかぎり、笠原と岡ら満州にいる建築関係者が募集要項を作成し、内地から岸田、佐藤、村田を審査員として招聘する形でコンペがおこなわれたのだと思われる。そして次の菊池の文章からは、満州をとりまいていた特殊な事情がみえてくる。

「普通ならば建物の正面は北面する様になるのであるが、之と反対方向に忠霊塔と緑山国旗台があって、之に背を向けない様にとの注意が与えられているので、言わば両正面の工夫を要し、設計上この点の苦心が相当設計者を悩ませたことと想われる。又本地域が要塞地帯である為に募集規程の添付図面には一切等高線が記入出来ず、敷地付近を概観する写真も載せられなかったことは、大連を実見して居らぬ応募者にとって一層困難を加えたと思う」[25]

不自由なことに、当時の大連をめぐる軍事的な緊張から敷地の等高線も周辺の写真も与えられなかったのである。こうしたむずかしい条件や大陸満州という地理的理由からなのか、コンペの募集期間は通常よりも長い三ヵ月半とされた。また、このコンペが軍の監視下にあったことを裏づけるように、結果発表の際に入選案の掲載された透視図の横に「旅順要塞司令部許可済」と但し書きされていた。[26]

十月二十日に締め切られたコンペの結果は、百十八点のなかから前川國男案が一等に選ばれる。また、レーモンド事務所の杉山雅則が三等一席に入選する。

このコンペの審査で重要視されたのは配置計画と平面図だった。審査員の佐藤武夫も次のように記している。

「審査方針としては勿論該敷地と照応しての適正な配置計

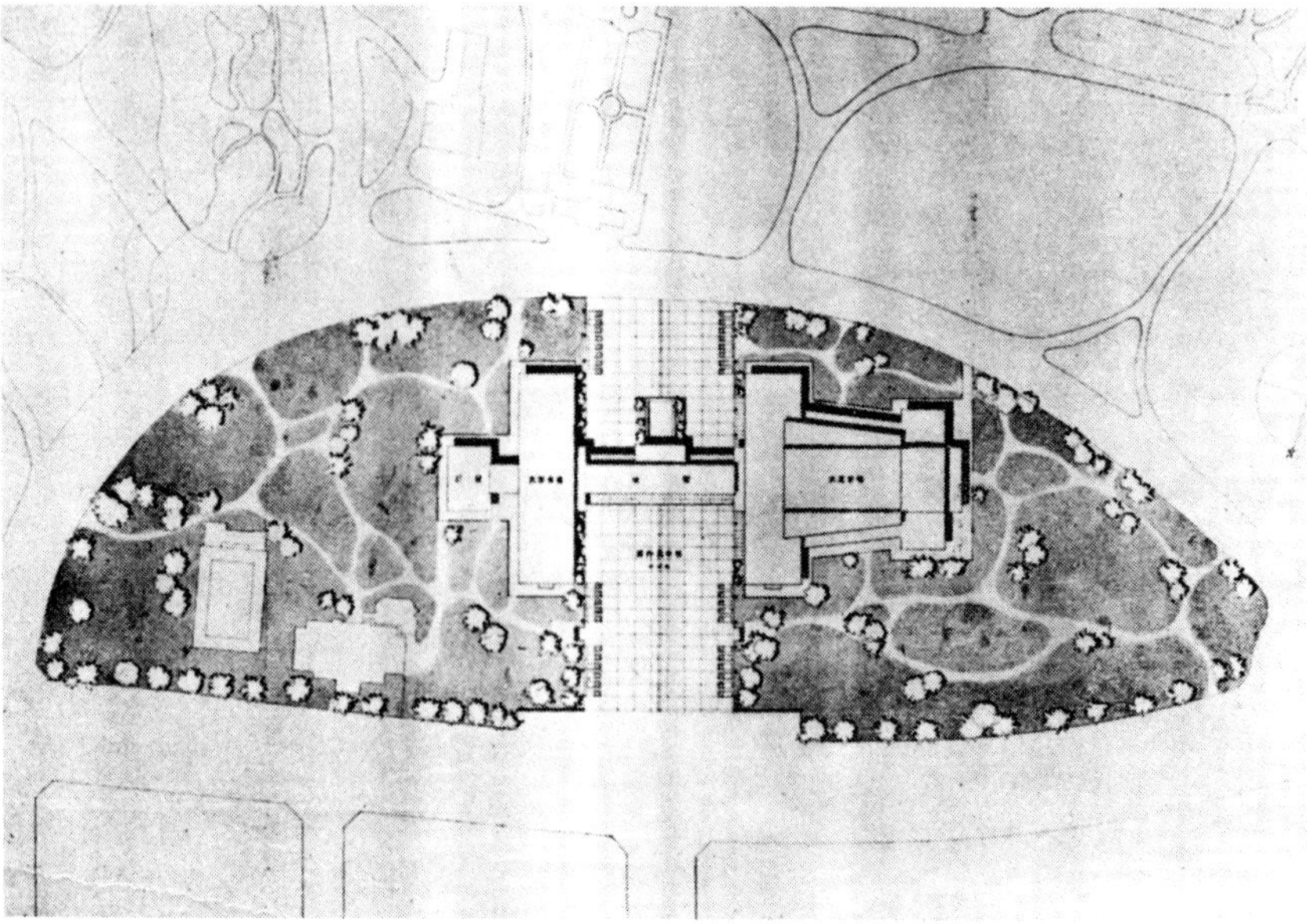

大連市公会堂、1等当選案配置図

画、要求に示された各機能の秩序的な充足を第一義に評価した。従ってブロック・プラン、及び平面図の審議に殆んど審査延時間二十二時間の大部分を費やして居る。一面特記しておく可き事はその外観に於ける建築の記念性を重く見たことである。建築の、殊にこの種公共建築の持つ精神的象徴性を高く評価しようとしたことである」[27]

「建築の記念性」についてはこれ以降にさかんに議論され、佐藤が岸田とともに審査に深くかかわることになる大東亜記念営造計画や在盤谷《バンコク》日本文化会館コンペへと続いていく。そしてこのコンペで公式な審査報告の執筆を一任された佐藤は「審査方針」について次のように記している。

「敷地が有つ緩かな勾配を如何に利用するか、又闊達な公園内の敷地に対し、如何に建物を配置するか、敷地に対する計画の自由度が幅広いだけにこれの芸術的、技術的裁量は手腕を要するわけである。(…)内地とは気候条件の可なり異なること、即ち寒気に対して考慮の特殊性あること、構造法が亦鉄筋コンクリート又は鉄骨コンクリートの架構と床版を用い壁体は煉瓦の幕壁《まくかべ》を採用するこの地方の特殊性も充分考えのうちに置かねばならなかったことである。公会堂は更に非常時に於いて防空司令部として使用される関係上、遮光装置に不便な外壁の取扱いは避けねばならぬと云うのも一要項として挙げておかねばならぬ。最後に本公会堂の如き、市の公共建築として充分一つの精神的象徴を保つべきであると云う意識、換言すれば記念的建造物として市民の精神対象たるべき価値高き存在であらねばならぬと言う希望が共通して意識されたことである」[28]

ここで佐藤は、敷地条件を読みとって建物を的確な場所に配置することのむずかしさと、気候風土が内地とは極端に異なる満州への理解、非常時の防空司令部に使用される建物としての外壁の取扱いと、公共建築としての精神的象徴となる記念性とが審査の要点になったとしている。さらに「審査概評」で次のように記している。

「募集条件に予め競技実施者たる市からの基本計画参考案が示されなかったことは、明かに進歩的であり、従って実力のある応募者を得ることが出来た所以である。(…)募集規定に附近の地図が添えられてあったが、この土地は要塞地帯に属し、従って標高の記入は絶対に不可能な事情にある。之が為めに応募者中には相当環境の判断を誤った者も見掛けられたのは致し方ない」

岸田と同じく、佐藤も参考平面図を示さなかったことで「実力のある応募者を得ることが出来た」とコンペの方法を評価している。また、要塞地帯ゆえに敷地に関する情報が公開できなかったことも明かしている。そして佐藤は次のように述べていく。

「平面計画上、公会堂の部分と大宴会場の部分との結合は最大のキーポイントであろう。

元来この建物はこの二つの大きな部分から成立する。この両個の機能に対して秩序的体系と平面計画の上に具現化することに、本案の最大の技術的興味が懸かって居る。(…)流石に既成様式の手法を直ちに採用して威容を整えようと言う便宜主義は多く見掛けられなかったが、さりとて合理主義の早急な結論としての精神的要素を顧みるに吝《やぶさ》かな態度のものも適正とは思われない」

公会堂部分と大宴会場をいかに機能的に処理したのかが審査の最大のポイントだったことがわかる。また佐藤は、既成様式の手法を採用するやり方、つまりそれまでにみられた帝冠様式を「便宜主義」と断じつつ、精神的要素を顧みる必要はないとする早急な合理主義の建築への違和感も表明している。ここにこの時代における日本の近代建築の抱えていた最大の課題をうかがうことができる。そこには前川の言う「日本趣味建築」と「新建築」への批判と同じ視点も読みとれる。つまり帝冠様式と並び、精神的な要素を排除して形式的な表現だけに陥った合理主義の建築にも新しい時代の建築の記念性は実現できないことを問題視し、それを乗りこえることが大切だと主張していたのである。

「原理の建築」という方針

前川にとって大連市公会堂コンペは、名古屋市庁舎に始まり、東京帝室博物館、東京市庁舎と続いた連戦連敗を経てコンペ挑戦以来はじめての公共建築の一等当選となった。平面重視や自由な建築様式を求めてきた前川も大きな手ごたえを感じたと思われる。その一方で、後年の回想からは、別の意味もみえてくる。

「事務所を持っていたでしょう。事務所はみんなが食べてゆかなければならないという問題があったので、大連の公会堂にしても、どうしても当選しなければ困ったわけです。だからあの競技設計やる時は、そのために現場をわざわざ見にいった[29]」

戦時下の苦しい時代になんとか仕事を確保するために応募したのであり、敷地を検分しなければ勝てないと思って現地まで足を運んでいたのである。前川案の配置図、透視図を見るとき、その成果を読みとることができる。それが一等当選の大きな要因にもなったにちがいない。三等までの上位入賞者はすべて内地の建築家であり、現地を見ていなかったのではなかろうか。というのも、前川案だけが「忠霊塔及緑山を仰ぎ得る様留意する事」の意味を的確に把握し、敷地の範囲をこえた全体的な空間構成を実現できているからだ。他の案の透視図には緑山も忠霊塔も描かれてはいないが、前川案には描かれ、しかも重要な要素として取り扱われている。また配置図も、前川案以外は北側の公園側を建物の正面に想定しており、正面道路から北側の公園へと伸びる軸線のもつ象徴的な意味を理解していたのは前川だけであったことがわかる。説明書でも「建築計画」として次のように記していた。

「忠霊塔を南に仰ぐ屋外集会場は繁華な連鎖街よりの道路軸線上に在り。正面、忠霊塔に対して右側ブロックは大集会場、左側ブロックは宴会場、両者を連結する控室は時には大集会場のプロムノワールを形成し時には宴会場の控室となりその下部はアーケード兼車寄となる[30]」

ここに記されたように、このコンペ案では機能によって大集会場と宴会場のブロックに建物を分け、それをピロティの上に載る控室で連結する方法が試みられている。建物を機能ごとにある単位の空間として分節し、それをつなげて外部空間とも関係性を築いていく方法は、直前のパリ万国博覧会日本館で意識的に始められ、富士通信機製造工場と昭和製鋼所のコンペ案で構造単位の増殖という形で発展させられた。そしてこのコンペでは「敷地南面に向って忠霊塔及緑山を仰ぎ得る」という要求を受けて、建物のブロック構成自体が敷地の範囲をはるかにこえた空間の広がりまでを含めたものとして自覚的に扱われている。建物の配

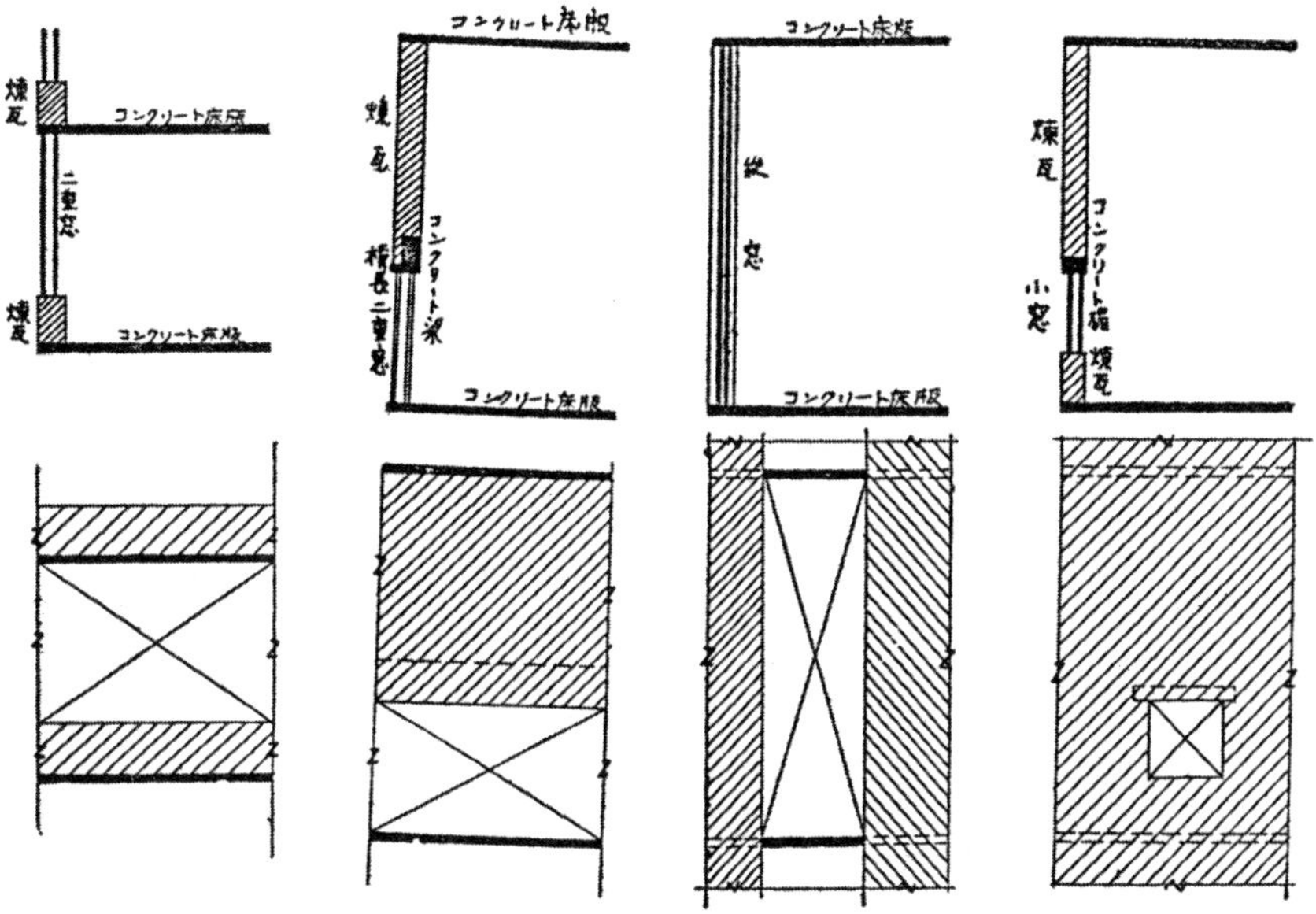

大連市公会堂、1等当選案、設計説明書に描かれた開口部工法の説明図

置によって敷地の内外にランドスケープ的な空間構成が実現しているのだ。ここに前川案の最大の特徴がある。審査報告でも佐藤がその点を評価して次のように記している。

「公会堂部と大宴会場部とを左右に分けて、之をコロネードで繋ぎ乍ら正面の均斉効果を創り出して居るところに非凡のひらめきを見る事が出来る。公会堂部と大宴会場部との結合に於いて論理的な根拠と見事な秩序と、そして外観に於ける効果的な布置とを一挙に納め得たところにこの案の生命がある(31)」

一方、前川は、計画説明書で堅実な説明に徹していた。まず満州の厳しい冬季の気候に配慮して「壁体の防寒性」に留意する必要があり、厳寒のために壁を厚くして室内を密閉暖房することによって換気ができず、結果的に天井の高さを大きくとるというロシアの伝統を軽視してはならない、と指摘する。そして次のように記すのである。

「「ミナト大連」に相応しき建築は申す迄もなく瑣《さ》々《さ》たる外形意匠の遊戯より生み出される可きものではなく、其の構造技術を経としてその風土環境を緯として織出された渾然とした「原理の建築」でなければならない」

こうして前川は、ここでも「原理の建築」という方針を掲げ、「本計画に採用した構造精神、従って其に基づく建築表現の原理を略述する」と述べて、「構造、建築表現」

という項目をあげて具体的に説明していく。その要点を記せば次のようになる。

「構造体は鉄骨、鉄筋コンクリートに煉瓦幕壁外壁二枚を最低限度とする方針による」

「外壁煉瓦壁代用の軽量煉瓦乃至は中空煉瓦の材料的研究の切望される箇所である」

「要するに将来人工気候調節の完備従って天井高の低下、幕壁材料の研究等により当然変化すべき此等の開口形式四つを現実の公会堂計画の開口部構造の四要素として此の計画を完成せんとす」

　前川は求められた要求と構造や素材から実現できる可能性を導きだし、開口部の形式を四つに絞りこんで、建物の立面を組み立てることを提案している。こうした建築のとらえ方もル・コルビュジエに学んだものだと思われる。そして前川は説明文を次のように締めくくる。

「「ミナト大連に相応しき」建築とは徒らな外形の小細工ではなくかかる建築原理と要素との素直な美しき組合せである」

　前川の愚直なまでの理性的な追求の姿勢が読みとれる。そこには感覚的な造形は微塵もみられない。こうした前川案の特徴を、審査員の岸田は次のように評している。

「本案を一等に推すことには全審査員一人として異議なかった。特にその平面にみる入念の計画は本案の最もよい点であり、更に立面その他の諸計画にあっても敢て奇を衒わず、建築に対するその熱意ある真摯な態度は敬意を表するに充分足るものである。筆者個人の意見としては、立面計画に於いても少しの記念性というか、中心になるような取扱部分が欲しいと思った[32]」

　こう評価しつつも、岸田は前川案が理性的であるがゆえに記念性の表現という観点からは不満が残ると指摘する。一方、佐藤は前川のもつある傾向について次のように指摘している。

「之は作者の何時の作品にも通じて現われる特性だが、平面計画の基礎に「軸」を有つことである。「軸」は秩序の幹である。機能の体系がこの「軸」をガイドとして整然と樹立される。「軸」を幹とする計画理念は古典精神に属するが形式美のための「軸」の乱用を強いたのは殊にルネサンス建築に見るところであり、機能の秩序化のために「軸」を強調したものを吾人はフランク・ロイド・ライトその人に見る。この作者亦後者の行き方である古典的計画精神の正しい把握を認めなければならぬ。説明書に強調された作者の意図は、主として構造法上の地方的特性への適応にあったが、そして其処に立脚する真正なる建築が主張されて居たが、作者が敢て黙して語らぬ上述の古典的精神を茲に高く評価しなければならぬ。外観の古典的純美が自から流れ出づるもののあるのは、斯る機能の体系的布置が素直に外射するからである。只惜しまれるのはその秩序の余りにも整然たるの故に、そして余りにも理智的たるの為めに、してまた余りにも計画精神のストイック的たるの故に、其処に計画の全般を通じて一脈の冷酷を感じないでは居れないことである[33]」

ここで佐藤は、「古典的精神」から生みだされた「形式美」としての「軸」を幹とする計画理念こそ前川の方法論的な特質である、と喝破している。たしかにそれまでのコンペ案を振り返ってみると、東京帝室博物館、東京市庁舎、建国記念館など左右対称性をもつ軸線の通った計画や、富士通信機製造工場、昭和製鋼所にみられる軸線に沿って構造単位が繰り返される配置計画などに佐藤のいうことが読みとれる。逆にいえば前川の求める「原理の建築」がこの「軸」を幹とする計画理念を手がかりに組み立てられている、とみなすこともできるだろう。しかし、佐藤が鋭く指摘しているように、そのストイックなまでの前川の方法が「一脈の冷酷」を乗りこえたものになりうるのか、という大きなジレンマを抱えていることも事実だったにちがいない。

こうしてみてくると大連市公会堂は、前川にとって、それまでのコンペで積み重ねてきた、建物をある単位に分割して構成することによって敷地の内外に伸びやかな空間を構築するという方法の集大成であるといえる。そこには、先にみたようにオリンピック計画案の作成で獲得した都市的スケールからの配置計画の方法が反映されている。また、イタリアのローマ大学都市の厳格な新古典主義の造形や左右対称の配置計画からの影響を読みとることも可能だ。しかし同時に、このコンペ案は前川が理性的な「軸」による計画理念のもつ限界を自覚する機会にもなったにちがいない。そして木造以外の建築をつくることが不可能な戦時下に突入するなかで、前川は木造建築を通してさらにみずからの方法を模索していくことになる。

「パンドラの箱」忠霊塔コンペ

建築学会と軍部との結びつき

忠霊塔コンペは一九三九年七月七日に設立された財団法人大日本忠霊塔顕彰会によって実施され、九月に募集が始まり、十一月三十日に締め切られた。応募総数は千六百九十九点におよんだ。しかし、前川國男や坂倉準三ら新しい造形を求めた若い建築家たちはことごとく落選する。わずかにレーモンド事務所の吉村順三と杉山雅則が二等一席と二席に仲よく並び、この年に大阪中央郵便局を完成させた吉田鉄郎が佳作入選を果たしたにすぎず、当選案の多くは墓石のような旧来のデザインで占められたのである。だが、もともとこのコンペの性格は次のような顕彰会の設立趣旨に強く規定されていた。

「今や事変の前途益々重大にして忠霊奉戴の挙国的熱意愈々《いよいよ》加わらんとす。此の時に方り、陸海軍は其の将兵の鮮血を以て彩りし事変作戦の主要地に塔碑を建設して遺骨を納め神霊を祀り篤く景仰の衷を献げんとす。是れ実に忠霊を顕彰し、皇軍の心的威力を愈々強大ならしむるものなり。更に之を其の郷土に奉祀して厚く葬り、郷民をして永遠に礼拝するを得しむるは、国民精神指導作興の根本たるべし。（…）是に於てか関係各省の支持の下に大日本忠霊顕彰会を興し、軍の籌画《ちゅうかく》に協力し広く全国民の赤誠《せきせい》を此の意義深き聖業に鍾《あつ》め以て皇戦の真義に関する認識を昂揚し国家総力の団結を愈々鞏固《きょうこ》ならしむると共に、皇道世界文化の建設顕揚に資せんとす[34]」

この文章からも、国民を戦争へと駆り立てていく顕彰会の姿勢が読みとれる。また、会の事業目的は次のように設定された。

「第一、今次事変の主要作戦地における忠霊塔、表忠碑、記念塔の建設に対する助成並にこれが維持祭祀。（…）第二、内地の市、町、村に一基づつの忠霊塔建設の指導と助成。各自治体が祭主となり護国の華と散りたる忠霊を永遠に顕彰する(35)」

「護国の華と散りたる忠霊を永遠に顕彰する」忠霊塔を主要作戦地と内地に建設することが事業目的とされたのである。また、同文には「忠霊塔は、千年その威容を保つことを目標とし、昭和聖代の文化を後世に遺すためわが国建築の粋を蒐めんとして全国からその図案を募集した」とも記されている。こうしてこのコンペは建築界の全面的な協力で実施されることになる。また、この動きには建築学会も深く関与していく。たとえば学会機関誌の「建築雑誌」には、コンペ終了後「忠霊顕彰事業への協力」と題された次のような報告が掲載されている。

上・忠霊塔、第2種2等1席・吉村順三案（1939年）。
下・同第1種1等・椋原正則案

「大日本忠霊顕彰会の忠霊塔図案懸賞募集に協力し、東京及大阪に於て夫々《それぞれ》右に関する講演会を開催したり(36)」
東京では一九三九年十月三日、建築学会の通常講演会として審査員の中村明人（陸軍省兵務局長・陸軍中将）、岸田日出刀、佐藤功一による講演会(37)が実施され、十月十九日には大阪でも日本建築協会と建築学会の共同主催の地方講演会として岸田と島内松秀（大日本忠霊顕彰会常務理事・陸軍歩兵大佐）による講演会(38)が開催されている。また、次のようなポスター図案の募集もおこなわれていた。
「防空防火ポスター図案懸賞募集　一九三九年八月―十月十六日締切
　要旨「焼夷弾から都市を護る為め簡易迅速に木造家屋を防火的に改修する事が防空上の急務であり、市民の義務なることを痛感せしむる趣旨の下に募集したる標語の意義を表現すること」

審査員・内田祥三（建築学会長）、岸田日出刀、佐野利器（建築学会前会長・大日本防空協会常務理事）、佐野光信（大日本防空協会理事・陸軍中将）、松村光磨（内務省計画局長）。主催・大日本防空協会、建築学会[39]」

いずれのコンペでも審査員を務めた佐野利器は、一九三九年八月十二日付で軍事保護院参与になっている[40]。このような動きからも読みとれるように、日中戦争を契機に建築学会は軍との結びつきを強めながら、戦争へと深くコミットしつつあった。そしてその中心的な役割を担っていくのが佐野利器である。

忠霊塔のコンペの募集規程[41]の要点を記せば次のようになる。審査員は伊東忠太、内田祥三、岸田日出刀、小林政一、佐藤功一、佐野利器、柳井平八（陸軍技師）の新旧世代の建築関係者と正木直彦（元・東京美術学校校長）、そして海軍省建築局長、海軍省人事局長、陸軍省兵務局長、内務省警保局長の軍関係者から構成されていた。また、「忠霊塔建設の主旨」として「今次聖戦に護国の華と散りたる我が忠勇義烈の士の分骨を安置して（…）その忠霊を顕彰しその偉勲を記念すると共に日本全国民の感謝の意を表徴し以て皇国を中心とする東洋永遠の鎮護たらしめんとするにあり」と提示された。そして「意匠の要旨」として「素朴、簡明を旨とし忠死者の英霊を最も崇高荘重に表頌すべきものとす」と規定され、「第一種のものは建設地が大陸なることを考えとくに雄渾のものたるべし」と明記された。

この要項の文面からも、顕彰会の設立趣旨に忠実に従った内容であることがわかる。また、審査員の構成をみても、それまでのコンペとは様相を大きく異にし、軍関係者が半数近くを占めていた。このコンペでは、忠霊塔を建設地の違いによって第一種（主要会戦地に建設するもの）、第二種（内地大都市に建設するもの）、第三種（内地市町村に建設するもの）の三つの種別に分けて幅広く募集することになった。さらに、このコンペでは東京朝日、大阪朝日、東京日日、大阪毎日の新聞四社も賞金負担などで協力している。たとえば「大阪朝日新聞」には、先述した日本建築協会と建築学会の主催でおこなわれた大阪の講演会にふれた「「忠霊塔に残さん　昭和文化の極致」設計図案募集講演会の盛況」という見出しのもと次のような記事が掲載された。

「忠烈無比の英霊を永久に顕彰するため大日本忠霊顕彰会では今次聖戦の主要会戦地をはじめ内地の市町、村に忠霊塔を建立、その様式図案は国民総意のうちに定めるべく一般から公募することとなり、本社ではさきに一万七千七百円をこれが懸賞募集のために提供したが、日本建築協会ならびに建築学会でもこの事業に賛同し十九日午後六時半から本社三階大広間で「忠霊塔設計図案募集に関する講演会」を開催した。銃後国民のまごころをこめてこの懸賞募集に応募しようとする熱心な聴衆多数が詰めかけた」[42]

ちなみに、募集要項にも「賞金は全額、東京・大阪両朝日新聞社より提供したるものなり」と記されていた。こうして、建築学会と新聞社の全面的な協力のもとでおこなわれたコンペは「実に千六百九十九点の多きに達し空前の盛況」[43]となったのである。ここにはもはや戦争に同調し、一体化する報道機関と建築界の姿しかない。

岸田日出刀、審査員辞退の背景

それでも、このコンペは岸田日出刀が審査員に加わったことで前川ら若い世代の建築家に期待を抱かせたにちがいない。また、岸田もその期待に応える活動を積極的に展開していく。両者がそう考えたのも無理はない。前年におこなわれた大連市公会堂コンペにおいて岸田と佐藤武夫が中心となって理想的なコンペが実現し、前川國男案が一等に選ばれたからである。東京帝室博物館コンペの時点とは状況が大きく変わりはじめている、と誰もが実感したのではなかろうか。こうして岸田は、まず募集要項の公表直前の一九三九年八月に次のような文章を新聞に発表する。

「建設される市町村等の差異に応じて忠霊塔の規模にも大小あり、その形式等にも適宜の差異がつけられるとか聞くが、いずれの地に建てられるものであっても、つとめて荘重雄大なものでありたい。人に感銘を与えるという上からは量が大きくなければならぬということはいうまでもない。ピラミッドは形としては単純な正四角錐体であるが、その量感の大なるが故にそれから受ける感銘の度合が素晴らしく大きい。勿論経費によって左右されることではあるがつとめて大きくしたい。

従来の記念建造物の中にはよく擬古主義のものがあるが、これは何としても止めたい。忠霊塔は神社でもなくまた仏寺でもない。(…) 建築物の意匠を求める場合よく日本精神とか日本趣味とかが特別に要求されることがある。こんどの忠霊塔の場合にも日本精神をよく表現するものなどという要求がないとも限らぬ。そうした要求を出すということは強《あなが》ち不穏当なことではないかもしれない。問題は出された要求に対する解答案の如何である。(…) 擬古主義を避けよということは、別の言葉で言えば現代性を失うなということである。(…) 昭和の聖代にふさわしい八紘一宇的な雄大な記念建造物であることを衷心希って止まない」[44]

岸田が問題視したのは「日本的なもの」、直接的に神社や仏寺の要素をもちこんだ「擬古主義」である。また、ピラミッドのような単純で量感の大きなものが望ましいこと、

「現代性」を盛りこむことが必要であることを強調している。さらに募集期間中におこなわれた講演会では、より明快に期待する設計案の方向性についてみずからの考えを次のように整理し、提示していた。

「忠霊塔を設計しようと思い立ちます場合に、誰でも最初に思うことは寺院とか神社というものと関連して考え、その造形意匠の上で神社的の要素や寺院的の要素を入れようか入れまいか、また入れるにしてもどういうようにして入れようかという点で、種々と迷い勝ちだと思います。(…)忠霊塔はどこまでも忠霊塔なのでございます。寺院でもなく又神社でもないということが能く判るのでございます。(…)建築的に見まして忠霊塔は何か。是は私一つの記念建造物であると思います」[45]

ここで岸田は、忠霊塔を「記念建造物」であると規定し、安易な擬古様式を強く否定する。さらに「忠霊塔の造形問題に就いて私の考えを申上げてみたい」として、その要点を述べていく。

「第一は単純ということ。皆様既に御承知の通り、建築的な立体或は空間の基本形式としては球、円錐、円筒、立方体、角筒、角錐、この六つが考えられます。(…)第二は明快であること(…)第三は無装飾であること(…)第四には、現代性ということ(…)この現代性ということを正しく認めますというと、近頃種々と議論の対象となっております擬古的な意匠。即ち古きに凝らえた意匠というもの、つまり形式的に過去の様式のうわべだけを模倣するということのそれが根本的に如何に誤ったものであるかということがよく判るのでございます。(…)擬古主義がいけないということは応募される方は勿論注意しなければなりませぬが、またそれを審査する者即ち審査員もよくよくこのことは考えなければならぬとも私は考えております。満州に建てるのだから満州式、支那大陸に建てるのであるから支那式、日本に建てるのであるから日本式にというのではこれは余りに単純過ぎます。(…)建築に於いて古きになぞらえる擬古主義というものが従来、また今日の日本の建築を如何に毒しているかということは、私が百の御説明を申上げるよりも皆様既によく御存知のことだろうと思います。今回の忠霊塔に関してはその誤りだけは何としても繰返してはならぬ」

岸田は求めるべき新しい造形の要点として単純、明快、無装飾、そして現代性という四つの指針を具体的に挙げて、コンペの道筋を明快に打ちだそうとしたのである。だからこそ「審査員もよくよくこのことは考えなければならぬ」とあるように、むしろ他の審査員、なかでも伊東忠太、内田祥三といった「日本趣味」に拘泥するであろう長老の審査員たちに向けた宣戦布告とでもいえる内容になっている。一方、今回は審査員ではなく応募する側にまわった佐藤武夫は、次のような文章を記していた。

「表面的に見れば建築意匠界は消極的な動きに在ったこの年にも、忽然として対蹠的な立場に立つ純然たる造形上の一大課題が提出された。忠霊塔の図案の懸賞公募である。日本の今日の建築意匠の臨時試験が、突然の如く茲に命令されたのである」[46]

こうして積極的に行動を起こした岸田だったが、なぜか審査員を途中で辞退してしまう。その理由を後に次のように記している。

「昨年十一月二十三日に東京を発ち本年の一月一日に東京へ帰着するという予定で私は南支広東に出張した。用務は南支派遣軍の依嘱による或重要な事項であったが、現地に於ける仕事と便船の都合で、審査決定予定日であった一月五日までには何としても帰国できなかったので、万止むを得ず事前に菱刈大日本忠霊顕彰会長まで審査員辞退の旨電報を以てお願いした次第である」[47]

だが、ここで岸田が記した一月五日という日付には嘘がある。それを証明するのが東京都公文書館の内田祥三資料の「昭和十四年十二月十七日」とメモの入った「厳秘　本審査会順序」と題された内部文書だ。それによれば本審査は「連記にて六点を投票す」、「右に依り一票以上ある図案を候補として一等を投票す」に始まり、他の等級についても同じく投票によって順次選びだし、最後に「右当選図案中全体として振合を見るため最後の検討をなす」という方法によって進められる計画だった。もしこのとおりおこなわれたとすれば、最終の本審査は十二月十七日一日で終了していたことになる。また、内田資料にある別紙の「審査日程表」によれば、本審査（十二月十七日）の前に審査打ち合わせ会（十二月二日）、各種別の分別と第一回審査（十二月四日―八日）、其他雑の審査（十二月九日）、第二回審査（十二月十二日）、図案の整理（十二月十三日）、第三回審査（十二月十四日）がおこなわれていたことがわかる。これと審査員・正木直彦の日記の記述[48]、すなわち審査は十二月十二、十四、十七日におこなわれた事実を突き合わせると、第一回審査は事前の担当者による下審査としておこなわれ、ある程度数が絞られた段階で、審査員が第二回と第三回の審査を実施し、最後の十七日に全体で投票がおこなわれて当選案を選びだしていた事実が判明する。さらに内田資料には、「昭和十五年一月七日忠霊顕彰会より」とメモの入った新聞発表用と思われる資料も残されており、そこには次のように記されていた。

「大日本忠霊顕彰会で昨年十一月三十日来審査中の忠霊塔

応募図案は愈々《いよいよ》新春六日午前十時審査委員長伊東忠太博士を始め（…）各委員（…）により総数千七百点中より（…）入選作品を決定（…）合計四十九氏が当選の栄冠を獲得した。この忠霊塔標準様式決定によって（…）墳墓建設の大事業も意義深き皇紀二千六百年の新春を期して軌道に乗り（…）忠霊塔の建設が力強く進められることになった」

一方、一九四〇年三月に大日本顕彰会が出版した当選案の図集[49]の扉には次のようなコンペの経過報告が記されている。

「本会は忠霊塔建設事業の骨幹たるべき該様式設計図案の作製に当り、忠霊塔をして千古不磨の金字塔たらしめんがため、昨秋広く知識を江湖に求め、之れに懸賞を附して公募するや、応募期間短少時日なりしにも拘らず、応募作品実に一千六百九十九点の多きに達し空前の盛況を呈したり。而《しこう》してその何れもが昭和文化の代表とするに足る力作にして、苦心の結果になる珠玉の逸品たるは、関係者の等しく認むる所にして、応募者各位の熱誠に対し感激措く能わざる所なり。

加之是れが審査員は、実に斯界の最高権威者にして、其の審査に当るや、厳密公正を期し、熱誠を傾倒して一点をも忽《ゆるがせ》にせず、一ヶ月余を費やして其審査を終了し意義深き皇紀二千六百年の新春之を天下に発表し、本財団の第一目的たる忠霊塔建設の具体的施設に嚮《むか》い、愈々着手の第一歩に進むため、緊急事業として茲に当選図案の全部並に説明書を梓に上《のぼ》し、建設の資に供す」

これらの資料から判明した事実関係と岸田の審査員辞退という行動を重ね合わせるとき、忠霊塔コンペにおけるふたつの歴史的な位相がみえてくる。ひとつは建築界の内部で争われてきた「日本趣味」、「擬古主義」の様式からの脱皮というテーマについてである。この対立の構図そのものは、東京帝室博物館や日本万国博覧会建国記念館コンペにおける旧体制との確執と大連市公会堂での岸田主導の自由なコンペという流れの延長線上で出てきた問題であり、だからこそ岸田は積極的な発言をおこなったにちがいない。しかし審査経過からも明らかなように、岸田は審査がおこなわれた十二月に広東へ出張し、審査に加わることはなかった。なぜ岸田は事前に知らされた審査日程に重なるような出張をあえてしたのだろうか。おそらくそこに、このコンペをめぐる軍部と建築界の思惑の違いがあったのだと思う。それがふたつめの位相である。そしてこの間の状況の変化を冷静に分析しているのが次の市浦健の文章だ。

「今回の懸賞競技には在来の一般の場合と非常に異る二、三の点がある。第一に募集主体が宮殿下を奉戴し軍部の強力なる支持により設立されたる団体であると云う事、第二は忠霊塔なるものが護国の英霊を祀るものであると云う事、第三は今回の募集が新聞社の協力によりてなされた事等である。第一の点は第二と共に確かに批判の力を鈍らせる何物かの力があり、一般に批判の文字が見られない有力な理由であろう。第三の点は言論の公器としての新聞が此の場合全く無力となる事は常に新聞社主催の諸事業に於ける場合と同様であって他新聞と雖《いえど》も口を緘《かん》して語らないのである」(50)

忠霊塔という戦争に直接かかわるものをめぐっては、それを国民動員へと結びつけようとする軍部の思惑が何よりも優先したのである。そのため建築界の審査員たちは、権威として利用されたにすぎない。だからこそ実際の審査とは異なる内容の発表を捏造されてしまったのだ。

こうして岸田の辞退は、井上章一の指摘するとおり「みごとな処世術」(51)だといえるのかもしれない。しかし大きな痛手を被ったのは、むしろ伊東忠太、内田祥三、佐野利器ら長老たちだったのではないだろうか。そのことを裏づけるように、コンペの結果が公表された「建築雑誌」(一九四〇年二月号)には当選案の図版が掲載されているだけで、他誌も含めて建築界の審査員はいっさいコメントを残していないのである。また、それに関連して興味深いのは「国際建築」に載ったコンペの記事である。そこには編集者の言葉として次のように記されている。

「本号図版の誌上展応募作品は、一月十三日より三日間上野日本美術協会で公開された応募図案展(入選案発表及び暗号のまま選外案の一部展示)の会場に於て、顕彰会の好意により撮影並抜粋(説明書)したものである。従って懸賞募集規程に基きここでも選外案には暗号を用いることとした。本名記載の選外案は本誌の求めに応じて直接寄せられた応募者の好意によるものである」(52)

この文章にあるように、誌面には、展示会で展示された「選外案」として第一種の前川案と坂倉案、第二種の佐藤武夫案、堀口捨己案、蔵田周忠《ちかただ》案が掲載されている。(53)

審査の詳細が不明なので推定の域を出ないが、「選外案」として展示されたということはなんらかの理由で審査員の目にとまり、参考図として特別に展示された可能性が高いからだと思われる。こうした事実から、岸田や応募した前川らの思いとは別に、旧体制と思われていた伊東忠太ら長老の審査員も新しい造形への期待を共有していたことが推測できる。だが、そこには軍部に支配された筋書きしか許されなかった。こうして忠霊塔コンペは、建築界にとって、内部での建築様式をめぐる確執をこえて戦時下の建築界がどのようにふるまっていかなければならないか、という厳然たる現実を突きつけられる挫折となったのである。

上・忠霊塔、前川國男案（第１種）外観透視図。下・同案（第２種）外観透視図

「世界性を帯びた日本精神の発現」

前川國男の忠霊塔コンペ案は、主要会戦地に建設される第一種の落選案が応募時の暗号表記のまま「国際建築」（一九四〇年二月号）に発表された。その後、岸田日出刀を理事長に掲げて一九三九年に結成された日本工作文化連盟の機関誌「現代建築」（一九四〇年四月、第十号）に、今度は実名入りで、内地大都市に建設される第二種の落選案も含めて掲載された。ちなみに、この号は全体が前年におこなわれた忠霊塔コンペの特集号となっており、誌面には日本工作文化連盟の理事となった堀口捨己と佐藤武夫、委員となった坂倉準三、小坂秀雄、前川國男、薬師寺厚らの落選案と藤島亥治郎と堀口の長文の論考が掲載された。同号の「編集後記」には、忠霊塔をめぐる当時の建築界の状況を彷彿とさせる薬師寺の次のような言葉が記されている。

「昨年度の我建築界に於ける最大の出来事であった忠霊塔の設計競技は既に一月其結果の発表が行われ、それが我々の期待していた様な新しい日本の記念建造物の出発点となるにふさわしい創造力にあふれたものでなかった事は諸兄の既に御承知の通りであります。（…）我々は忠霊塔特集号として唯会員諸氏の作品を掲げます。（…）勿論吾々は之等の作品が全部素晴らしい傑作であるとうぬぼれているのでは毛頭ありません。既に一部の会員の指摘された様に若い者の作品が造型的に貧弱だと云う御意見等誠にもっともだと思って居ります。しかしさりとて我々の作品が当選案に比して質的に貧弱なものではない事も又硬く信じて居ります。余りにも百鬼夜行的な当選案に比すれば全体を通じて流れているあるもの、健全な建築的精神を賢明な諸者諸兄に汲みとって戴くことが可能であると信じて居ります[54]」

こうした文章のニュアンスからも、日中戦争の激化するなかで、多くの若い建築家たちがこぞってそれに追随する形で「健全な建築的精神」によって新しい記念碑的な造形を切望しはじめていたことがわかる。そうした姿勢は、パリ万国博覧会日本館で建築家としての鮮烈な国際的なデビューを果たし、一九三九年六月に発行された「現代建築」創刊号を飾った坂倉準三においても例外ではなかった。忠霊塔コンペの募集が始まる直前の一九三九年八月に「現代建築」に掲載された文章で、坂倉は次のように記していた。

「護国の忠霊の偉勲を千古に伝えるために忠霊塔が近く大陸の各主要地から内地の全市町村にまで建築されんとする。この壮挙自身すでに歴史的意義を有するものであるが、更にその忠霊塔の設計図案を汎く一般より募集する挙のあることは吾々建築家にとって非常なる関心事でなければならない。（…）

この忠霊塔設計の課題は忠霊塔が特殊な紀念建築であると云うことのために、反って若い建築家たちにとって興味ある問題となる。合理主義運動の高くかかげる「功用」の標旗に眩惑されて、ともすれば建築の本質を離れ勝ちであった眼を、しっかりと建築そのものへ向けしめる機会が、これによって与えられるであろう。これによって諸君はもう一度静かに過去の優れた建築に眼を向け、建築の持つ紀元性というものを、静かに考える機会を得るであろう。

（…）

忠霊塔はもとより特殊な紀念建築である。然し、現代日本に建設せらるべき紀念建築であるかぎり現代建築として一現代建築の姿と魂とを持ったものとして誕生すべきである。其上に更に紀念建築としての使命を立派に果たすべき紀念性を持った建築であるべきである。忠霊塔設計の課題に直面して、吾々は先ず虚偽の面擲なき清浄な裸身の建造物を考えなければならない。更に其の建造物は生きた有機体として生々しい声を千年の後にながく叫びつづけるものでなければならない。吾々は此課題を前にして、久しく忘れていた建築の紀念性という物を静かに考えて見る機会にめぐまれる[55]」

「建築の紀念性」という新たなテーマを掲げてその造形を

試みることが「功用」に傾きがちだった合理主義運動を乗りこえる道筋になる、との主張である。ここにも戦争へ同調しようとする姿勢がうかがえる。だからこそ坂倉は、応募案の説明書のなかでも次のように記したのだろう。

「忠霊塔は単なる墓石であってはならない。興亜日本の新しき生長の中心点となるべき機能を有するものでなければならない。大陸に於いてはこの忠霊塔が主体となって各主会戦地に興亜の世界日本民族の真の新き都市が生れ、生長し発展すべく、即ち大陸にあっては忠霊塔は新しき日本民族の大陸発展の一拠点たるべく、また内地都市にあってはこの忠霊塔が日本民族発展の推進力の中心点たるべきである」[56]

そして坂倉は、建築様式について次のように記していく。

「若しそれ、その建築様式たる、新しき日本の姿を、またその発展の新鮮なる力を表わすに適わしき、二千六百年の新しき日本建築の簡素明快なる様式にして、過去の様式に全く捉われざるものたるべきこと言を俟たぬ。忠霊塔は新しき日本民族のものでなければならぬ。そしてそれは千古に残るべきものである。偶然なる形を廃して、新しき日本建築のクラシックたるべき様式を持つべきものである。アクロポリスの神殿は希臘《ギリシャ》人の創造力の決定的な示威であった。我が忠霊塔は吾々世界日本人の創造力の決定的な示威でなければならない」

坂倉の言う「簡素明快」で「過去の様式にまったく捉われざるもの」、「新しき日本建築のクラシックたるべき様式」とはいったいなんなのか。星形平面のピラミッド形をした納骨堂と列柱廊に囲まれた広場からなる不思議な造形がその答えなのか。二年前にパリ万国博覧会日本館で坂倉が実現させた明晰な空間からは想像できない事態が進行し、パンドラの箱が開いてしまったような印象さえ受ける。

一九三九年六月創刊の「現代建築」は、岸田日出刀を理事長に結成された日本工作文化連盟の機関誌である。その「発刊の辞」のなかで岸田は次のような回想を記している。

「わたくしが「現代建築」という言葉を初めて耳にしたのは、今から二十年も前のことである。当時日本にも新建築乃至は現代建築の語を以て呼ばれる清新の建築が、主としてドイツからの雑誌を通して紹介せられ、(…)新建築に感激共鳴するわたくしどもの憧憬と敬仰の対象であった。その頃はコルビュジエの登場はまだみられなかったが、欧州の天地に澎湃として捲き起りつつあった新建築運動の烽火を遠く望んで、日本の若い建築家の血潮はたぎりそして燃え立った。

その後二十年経った今日から当時をふりかえってみると、日本の建築もずいぶん変わったものだなあと感更に深いも

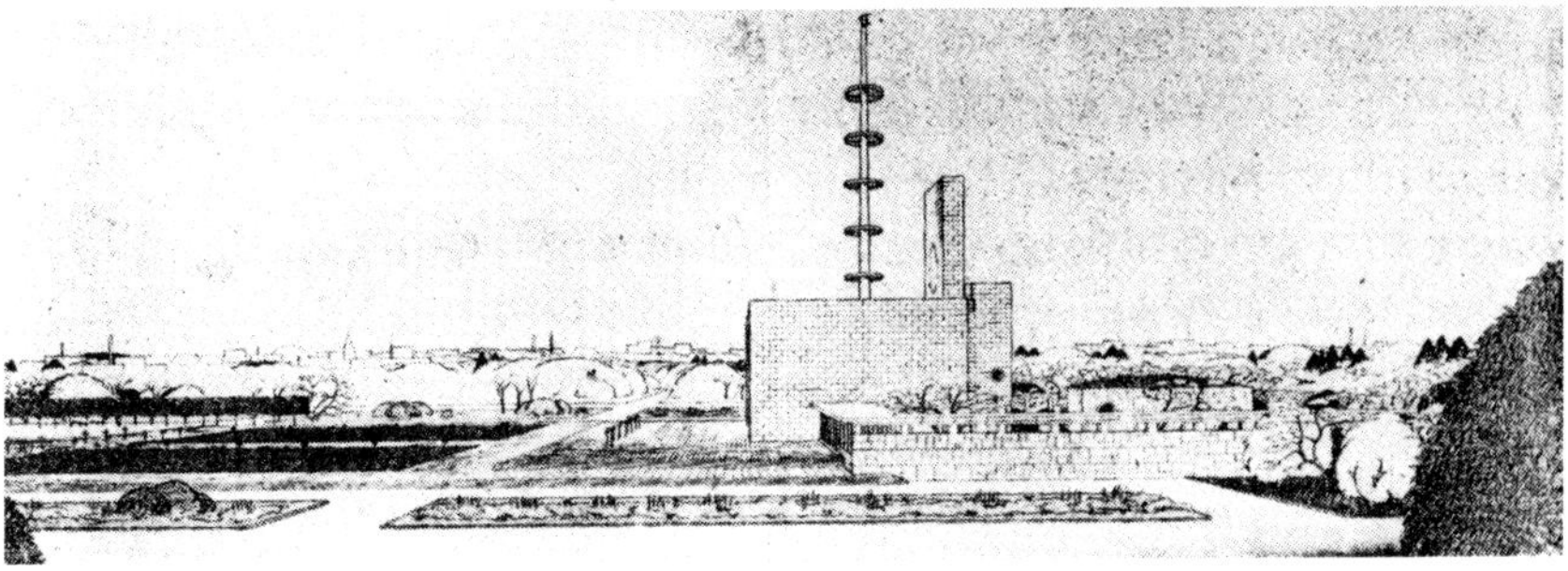

上・忠霊塔、坂倉準三案（第１種）外観透視図。下・同堀口捨己案（第２種）外観透視図

のがある。現代の建築はどこまでも現代のものでなければならぬという判り切ったことが、理論の上ではその正しさがはっきりと認められても、いざ実際という段になると、過去の因襲というものがいたるところでとび出して、理屈の上では正しいと認められていることも案外行われないといった具合で、日本に於ける現代建築には相当長い受難の時が続いた。今日でもそうした新建築受難の相は随処に散見できるが、新建築と言えば悪魔の所業か化物かと考えられていた二十年前の日本と較べると隔世の感なきを得ない。

本誌発刊の主旨は、正しい日本の現代建築をこの上ともに順当に発展せしめたいという若いゼネレーションの強烈の熱意がその根にはたらいてここに新鮮な芽を出したものである」[37]

この文章からも、一九二〇年ごろに日本に移入されはじめた新建築の思想は、二十年の長い「受難の時」を経てようやく社会的に認知されはじめたこと、そしてそれを「順当に発展」させるためにこの機関誌を発刊しようとした岸田の思いが伝わってくる。また、同じ文章で「実際の編集の事に当るのは、ここ数年東京帝国大学工学部建築学科を卒業し、現にそれぞれ官民の建築界にあって活躍しつつある新進気鋭にして最も有能なる青年建築家諸氏」であると紹介したように、「現代建築」は岸田の同世代や彼を慕う教え子ら、ごく身近な建築家たちが次の時代の新しい建築の造形を求めて発刊したものだった。そこでめざされたのは西洋から移入された様式建築でもなく、伊東忠太や佐野利器らが主張する日本趣味の建築でもない、まったく新しい近代建築の姿だった。それは、当初はル・コルビュジエに代表されるヨーロッパの新建築運動に連なるものとして憧れを含みつつ意識されていたのだろう。

しかし、日中戦争によって大陸へ進出（侵略）する事態を受けて、建築界はより踏みこんだ目標を掲げはじめていた。そのことを象徴するのが、岸田の文章の後に掲載された堀口捨己の「日本の現代記念建造物の様式」と題された論考である。執筆の動機として堀口の念頭にあったのは、当時「紀元二千六百年奉祝記念事業」として建設が計画されていた国史館という国家施設だ。残された数少ない当時の資料[58]によれば、その設立は「尊厳なる国体の精華と光輝ある国史の成跡とを感得せしめ以て国民精神の作興と国民教育の振興とに資するを目的とす」とされ、敷地は旧帝国議会仮議事堂の跡地、鉄骨鉄筋コンクリート造で延床面積約三千二百坪が想定されていた。また、意匠については「雄健にして荘重なる記念建造物たらしむ」として、「実施設計は公募競技に附し」とあるように、東京帝室博物館に続くものとして近く公開コンペも予定されていた。こうして堀口は、この文章の前にわざわざ「国史館建設に関係せれらると聞く恩師伊東忠太先生、佐野利器先生、大熊喜邦先生、内田祥三先生に此一文を謹んで捧げる」と記したのだ。それでは堀口は何を主張したのだろうか。

彼はまず「今迄西洋建築に対して日本的様式と漫然と考えて居た日本の寺院の様式は極めて細かい部分を除いては大部分が支那建築に負っている」と指摘する。だが、いまや日本が「東洋の盟主」となった以上、「二千六百年の此日本は当然に過去の原始日本様式や、支那系日本様式では表現できない」として、「世界性を帯びた現代日本様式でなければならない」とする。そしてその様式は、「科学を根拠にした工学技術が、日本の風土に即して建築的要求を事物的に解決する処に自然発生的に表れて来る建築本然の姿」と定義したのである。ここでも、坂倉と同じく、抽象的な目標だけが掲げられた印象が強い。堀口はこの文章の発表直前の座談会で国史館にふれて次のようにも述べていた。

「我々は支那の文化も過去に於て吸収しました。それにも増して現代日本は欧米の文化を吸収消化して世界性を帯びて来ました。今や支那に於て欧米勢力に制束を与え東洋を再組織しようとする聖戦の日に於ける日本は、一極東の島国日本でなしに世界性を帯んだ世界の日本であります。其日本のモニュメントは当然世界性を帯びなければなりません。二千六百年紀念の表現に支那の屋根を頭に戴いているようでは支那人の中華意識を増長させ日本を夷狄視する材料を作るようなものであります。今迄は対欧米的な思想が主でありましても、現下の状態ではより一層対支那的でなければなりません。(…)世界性を帯びた日本精神の発現が建築と成らなければなりません。それが現代日本のモニュメントの当にあるべき姿であります[59]」

建築様式をめぐる議論の枠組みは、欧米から移入された近代建築運動の普遍性からも、古来から影響を受けてきた中国の様式とも異なるまったく新しい「世界性を帯びた日本精神の発現」でなければならない、とするものへと転換していることがわかる。だが、こうした問題意識から作成された堀口の忠霊塔案を見ると、「古墳の情調や神社の廻廊や仏教の相輪塔やキリスト教会のローズウインドウ等自然的な暗示に負っている」とみずから記したように、坂倉準三と同じく荒唐無稽な印象を拭えない不思議な造形に陥ってしまっている。しかも堀口は、東京の玉川べりに敷地を想定し、忠霊塔にとどまらず移設した靖国神社、国史館、体育場などからなる壮大な国民広場の建設案まで提示してみせた。そこに読みとれるのは、同時代のナチス・ドイツやイタリアのファシスト体制に触発された日本独自の国家主義的建築様式を創造しようとする強い意志である。そしてこうした熱情は、太平洋戦争下の大東亜建築様式をめぐる議論へとさらにその水位を上げていくことになる。

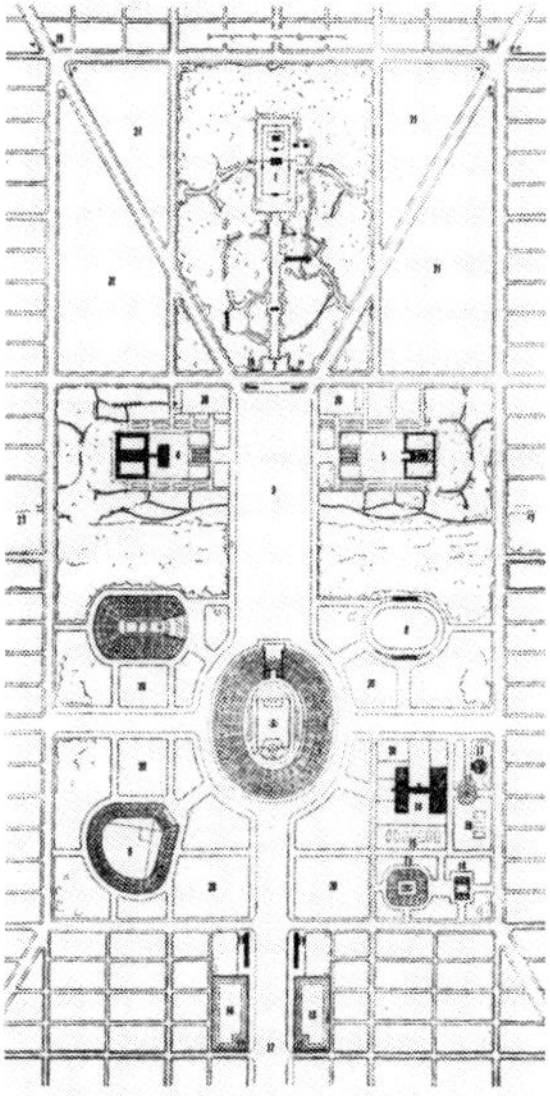
堀口捨己「国民広場の建設案」

前川國男の応募案とその主張

さて、こうした状況のなかで、前川國男は忠霊塔コンペにおいて何を考えようとしたのだろうか。雑誌に掲載された前川案の配置図を見ると、南北軸に合わせた細長い敷地の北側に寄せて忠霊塔が建ち、その前面に大きな前庭広場が配置されていることがわかる。図面にはいっさい縮尺のわかるものが記入されていない。そこで求められた敷地面積約五万平方メートルを当てはめて概算値を求めてみる。そうすると前川案は、おおよそ幅一四六メートル、奥行き三四〇メートルの敷地に八〇メートル角の基壇が置かれ、

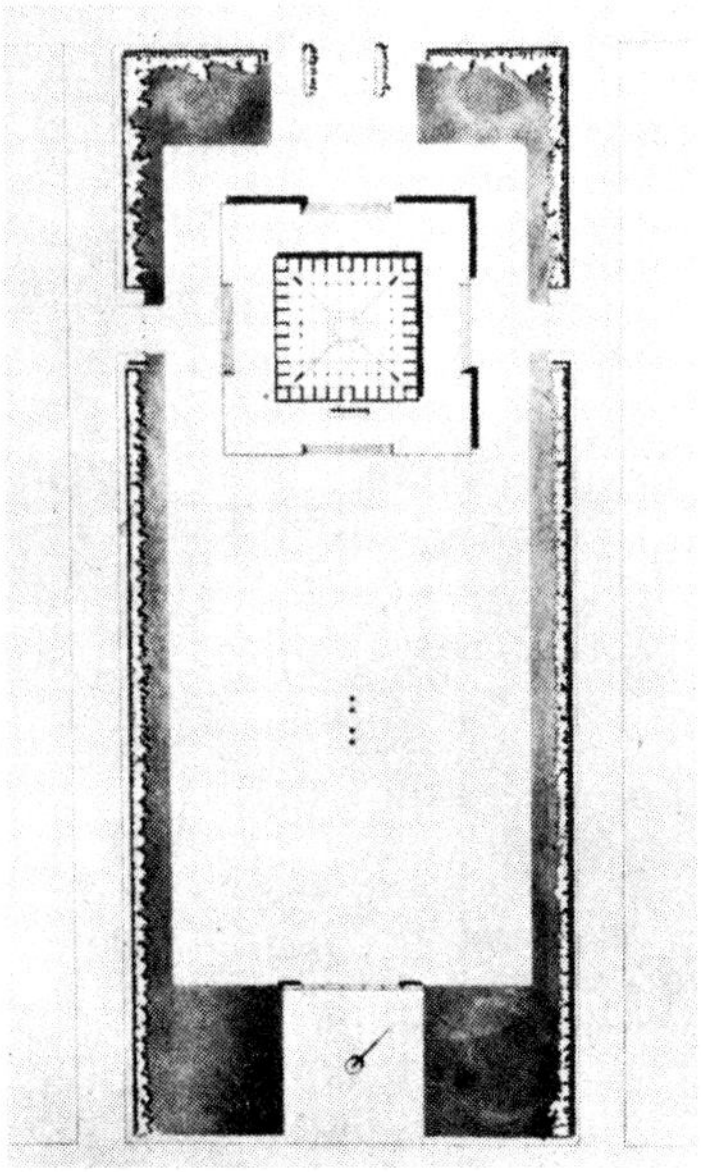

忠霊塔、前川國男案（第１種）配置図

そこに四六メートル角で高さ四メートル、奥行き四メートルの襞のような壁で仕切られた回廊が載り、その中心部に底辺が三二メートル角で高さ四八メートルの頂部を切りとられた四角錐の本体が建つという構成になっていることがわかる。全体の構成は、応募要項の指示に素直に従ったものになっている。けれども他の応募案にはみられない大きな特徴として、中央の本体部分がたんなる塔としてではなくて完全な室内空間として構想されている点があげられる。詳細はわからないがトップライトから自然光が降り注ぎ、中央に置かれた内部に納骨堂を含むと思われる巨大な祭壇をとりかこむ空間全体が荘厳でありながらも明るい雰囲気に包まれるように工夫されていることが読みとれる。図面に付された説明には次のように記されている。

「鉄筋鉄骨コンクリート造、外部内部とも現地に産する石材を可及的使用。中央塔部には場合により大文字を薄肉彫とするも差支なし。合祀者名は凡て塔内部の石壁に彫刻し、中央塔部四隅に松火盤を設く[60]」

この説明からは、中央の本体部分を鉄骨鉄筋コンクリート構造とすることによって四角錐の足元が柱で支えられたピロティ状となり、合祀者の氏名を刻した壁が連なる回廊部分との視覚的な空間のつながりを確保しつつ、メリハリのあるダイナミックな空間の構成を生みだそうとした意図がうかがえる。前川はこの案で、忠霊塔をあくまでも空間として提案しようと試みたのである。

一方、第二種案も、内部透視図に描かれているように、外壁に幾何学的に開けられた開口部から自然光を取り入れることによって、何もない空間自体が祈りの場となるように構想されている。また、おそらく中央の祭壇の下部にある基壇部分に納骨堂が設けられているのだろう。この案では、外観を柱に支えられた穴のあいた立方体という抽象形に純化することで、やはり塔ではなく空間としての提案が試みられている。さらに建物外部の四隅に大きな池がとられ、その水面上に西洋風の彫刻が建物の対角線上を向く形で描かれている。こうした点から判断すると、この案では

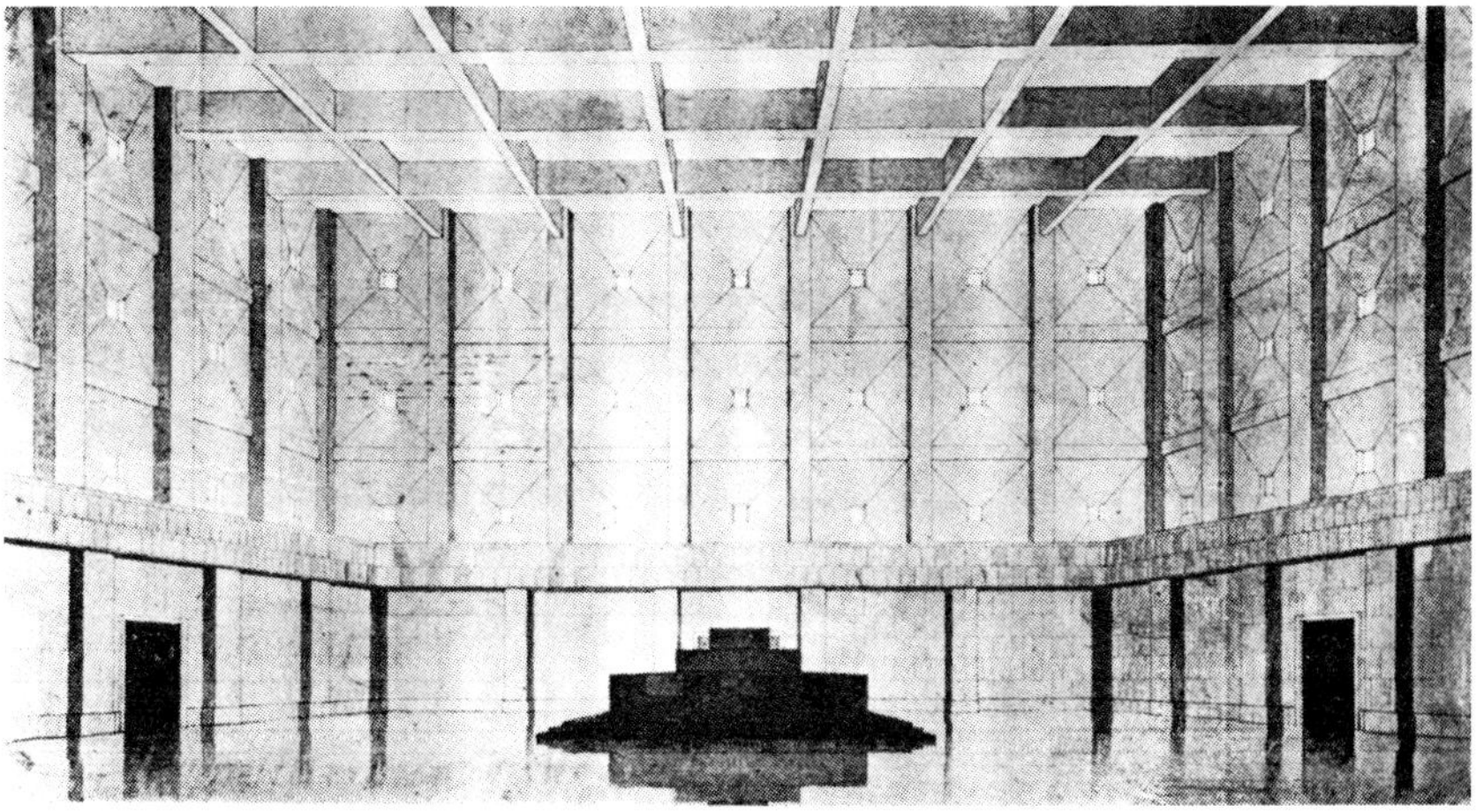

上・同案（第 1 種）内部透視図。下・同案（第 2 種）内部透視図

中央に建物が置かれ、周囲を池が囲み、放射状にその存在感を放つように敷地が正方形にとられていることがわかる。

興味深いのは、「内地大都市に建設するもの」として日本国内の敷地が建設用地に想定されているにもかかわらず、日本的な意匠をまったくもちこんでいない点だ。日本万国博覧会の建国記念館でもそうであったように、前川は頑ななまでに日本的なものを拒否しようとしていたのである。

こうしてみてくると、ふたつの応募案は岸田が方向性を提示した単純、明快、無装飾、そして現代性という四つの指針をほぼ忠実に守りながら、さらにそこに内部空間を創造するという視点を盛りこんだものであることがわかる。

前川にとって忠霊塔コンペはどんな意味をもっていたのだろうか。設計説明書には次のような言葉が記されている。

「世界史の示す所謂各「大時代」に於ける建築は其自身の姿に巧まざる紀念性を有って居り、此の紀念性こそ悠久の生命を有つ人類世界の偉大な足跡であった。

今日紀念構造物なる名称のもとにともすれば連想され勝ちな所謂紀念塔は何れも此の根本に於て出発を誤り、徒らに外形的な幻想の遊戯に過ぎず、まだ嘗つて過去の偉大な記念構造物に匹敵し得るものを見る事を得ず、却って純粋構造技術の所産である、水力堰堤、航空機格納庫等に偉大な今日の記念性を見得る事を我々は反省せねばならない。

今次事変の意義は日本国民の誰一人として承知せざる者なきは勿論であるけれど然らば東洋の新秩序とは如何となると却々《なかなか》明答を与え得る人は少ない様ではないか。

新秩序とは単なる国際的均衡関係の新方式程度の浅薄な理念であってはならない。(…)

日本にして真実に新秩序に生きるには先ず現代文明の明確な分析に徹せねばならない。構築分野に於ては明確な近代構造の根本原理に立ち還らねばならない。如何なる形をも構造し得ると云う事が近代構造の光栄なのではない。今日の人間を如何に幸福に生活せしめ得るかと言う、約言すれば構造単位の探究が近代構造の使命であり、かくしてこそ近代構造は今日の記念性を捷《か》ち得るのである。そしてこの事が将来さるべき新秩序時代への軌道起点なのであり確実な徴候なのである。

今次事変に陣歿勇士の忠霊塔は正に此の意味に於て絶対に来るべき日本の正しき出発の大紀念塔でなければならない」[61]

前川は、ここでも従来の主張を繰り返している。すなわち出発点を誤った「外形的な幻想の遊戯」としてではなく、水力堰堤や飛行機格納庫のような「純粋構造技術の所産」に倣いつつ、「構造単位の探究」による近代構造の確立こそ「今日の記念性」を実現できるものだとしたのである。

だからこそ忠霊塔を外形のデザインにとどめることなく、近代構造の粋を集めた大きな内部空間を内包する構築物として構想し、それ自体が記念性をもつ存在を実現させようと試みたにちがいない。そして前川にとって何よりも重要だったのは人間が幸福に生活できるような近代構造の探究そのものだったのである。ここにも前川が近代建築に託した初心としての思いと、原理的な思考を読みとることができるだろう。しかしその造形は説得力に乏しく、どこか奇妙な抽象性に陥っており、隘路に迷いこんだ印象さえ受ける。前川の苦悩と模索は続いていく。

「日満一体」の名のもとに

秋田・九州日満技術工養成所

日満技術工養成所という一連の木造の施設は、いずれもオリンピックが返上された一九三八年ごろに設計が始まり、一九三九年から一九四一年にかけて秋田、九州（直方）、酒田にあいついで建設された。残念ながら、これらの建物についても図面や写真など原資料は何ひとつ残っていない。

数少ない資料である『財団法人日満技術員養成所概要』（以下「概要」と表記）に掲載された一九三八年二月十九日付の「設立趣意書」には、次のように記されている。

「現時、時局は本邦の社会一般に対し、特に工業界に対して確固たる工業対策を要求しつつある。国内に於ける工業力の総動員と同時に、日満一体の精神の下に盟邦満州国の工業樹立培養を忘るる事は出来ない。満州国に於ける工業の勃興は満州国自体の発展のための不可欠的条件たるのみならず、それは同時に日本帝国工業力の強化である。現在既に実現の緒に就きつつある満州国産業五ヶ年計画も、その成否は実に東洋工業力の独立的発展と東洋平和の確固たる樹立に重大なる意義を有す。然るに工業を成否せしむる第一要素は人材である。資源と資本は先ず人あるによって自ら獲得せらるものである。吾人は先ず満州国内諸工場の中枢をなすべき人材の育成が緊急の問題であると信ずる。この人材とは満州人職工を多数使用する多量生産工場に於て指導職工として技術の自由自在な応用力に富む多能機械技術工である。惟うに満州国工業建設の方式は、日本に発達した巧妙な技術的要素を満州国に持ち来し、多量生産の方式を通じて豊富なる大陸資源を活用することにある。此

秋田日満技術工養成所教室棟・管理棟外観（1938 年）

の意味に於て多能機械技術工は、日本内地に於て中小工場組織の内に要請し、此れを満州国に送るべきである。

以上の観点より吾人は日満両国民中より選抜したる少年子弟を多能機械技術工に養成するを目的として茲に財団法人日満技術工養成所を設立したるものである。

養成所の精神的母胎は日満一体の精神より生ずる民族協和である。職業、技術を通じて民族協和こそ最も力強き東洋平和の根底である」[62]

文中にある「満州国産業五ヶ年計画」とは、満州国の産業開発として一九三七年にスタートした国策のことを指している。これは「二十五億円を投入して重工業（鉄鋼・石炭・電力・車両・兵器・自動車・飛行機など）を重点的に育成し、対ソ戦に耐えられる国力をつけ、合わせて日本への資源・資材供給基地をめざした」壮大な計画だった[63]。ちなみに日本政府の一九三七年の歳出予算が二十七億円であり、規模の大きさが想像できる。さらに「概要」には、より詳細な形で設立までの経過が次のように記されている。

「本財団法人は（…）昭和十二年八月より工学博士隈部一雄氏が中心となり、鉄道省技師山口貫一氏、松尾工場主松尾鶴松氏、日満財政研究所々長宮崎正義氏等と相謀り、当時本所の趣旨の如きは日本に於ける当事者中にも僅少なる共鳴者あるに過ぎざる状態なりしにも拘らず、満州国産業開発の重要性に鑑み、満州国政府、協和会、関東軍、陸軍省等の積極的支持を得、之が設立に尽力した。昭和十二年十二月に至り隈部博士渡満し、関係方面と折衝した結果、満州国政府より基本財産として昭和十三年度（康徳五年度）金十三万五百円也の寄付を受け、またその経費として昭和十三年度以降毎年金三万円也以上を補助せらるることに決定し、且つ満州国内諸会社より毎年所生一名当り金二百円也の所生委託費を受けることとなった。茲に於て前記発起人は理事となり、時の東京工業大学教授工学博士関口八重吉氏を理事長に戴き、財団法人日満技術工養成所の設立を決定したのである」

この文章からは、養成所の設立が満州の軍事的要請を受けたものであることがわかる。また隈部一雄とは、一九二〇年東京帝国大学機械工学科を卒業し、一九三六年に同大学助教授となった人物である。彼はその後一九四三年に教授となり、戦後はトヨタ自動車工業の副社長に就任する。(64)
また財団の役員は次の顔ぶれから構成されていた。

顧問・阮振鐸《げんしんたく》（駐日満州国特命全権大使）、本庄繁（陸軍大将）、理事長・関口八重吉、主務理事・隈部一雄、理事・宮崎正義（満鉄東京支社経済調査官）ら九名。(65)

さらに評議員には、日本産業株式会社（日産）の総帥で一九三七年十二月に満州国の要請により満州重工業開発（満業）と社名を変更して満州に進出することになる鮎川義介や、東京帝国大学造兵学科教授を経て財団法人理化学研究所の所長となった大河内正敏、隈部の大学の同級生でトヨタ自動車工業副社長の豊田喜一郎ら三十一名が名を連ねている。そして建築界からは岸田と佐野利器が加わっていた。設計担当者のひとりである前川事務所元所員の崎谷小三郎の証言によれば、岸田が隈部を前川に紹介し、隈部から前川が設計依頼を受けてこの仕事が始まったという。(66)
第十二回オリンピック東京大会の準備委員会のなかに設けられた科学施設研究会の委員の名簿にも隈部と岸田の名前が記載されており、この時点で両者の関係が生まれたと推測される。(67) こうして一九三八年四月一日、秋田市茨島《ばらじま》に秋田日満技術工養成所が設立され、第一期生五十六名の入所式が挙行された。定員は「修業年限三ヶ年にして毎期生百名、合計三百名」、方針は「日本精神を根幹として満州帝国の建国精神に副い得る技術的実務者の養成を主眼」とし、「特に精神訓練を重要視し国家の期待に副い得る人材養成、殊に技術的にも亦人格的にも充分信頼し得る人物の養成に特段の考慮」を払うと定められた。なぜ東北地方に設立したのかについては次のように説明されている。

「東北地方に設立した理由は、京阪神地方の大都会に於ける工業的悪弊即ち職工争奪とか人格的誘惑、強度の刺激等々を排し、質実剛健なる東北貧農の子弟を中心に其の雰囲気の内に教育せん事を意図すると同時に、当時秋田県当局の東北工業振興の方針と相俟ちて、秋田県知事本間精氏の絶大なる御尽力と秋田市会及び商工会議所の同情ある御斡旋に依り、市有地中より敷地九千坪の無償貸付、建築費一部の寄付等を受けて決定されたものである」(68)

この説明からも、戦時体制下に貧困で苦しむ農家の実態と、市有地を無償に貸しつけ、建築費の一部を寄付してまでも生き延びる道を求めた地方の厳しい状況が読みとれる。

続く一九三九年四月十日には「満州国に於ける鉱業開発の重要性に鑑み、秋田養成所と全く同精神に依り、鉱山現場の実際的総合技術を有する現場係員及び鉱山機械指導技術工の養成を目的とする養成所を更に開設すべき議が起り、筑豊炭鉱の中心地福岡県直方《のおがた》市を選定し、満州国政府の寄附金及び補助金に依り(69)」、九州日満技術工養成所が設立される。定員は「修業年限三ヶ年にして鉱山科と鉱山機械科に分れ」、「鉱山科毎期七十名、合計二百十名　鉱山機械科毎期三十名、合計九十名」、ただし定員の約二割は「満人所生」とされた。またその概要には、「当養成所は満州国の産業拡充に伴う要員の充足の為に設立されたもので、将来満州国内鉱工業に従事し、其の技術従業員を技術的且つ精神的に指導し、其の産業開発の人的核心となるべき現場鉱業技術員を養成するを以て目的とし、財団法人日満技術員養成所の経営に係り、満州国産業部の補助金を以て設立・維持されて居るものであるが、其の敷地約七千坪は直方市よりの寄附に依るものである」(70)と記されていた。

直方は筑豊炭鉱の中心地であり、そのこともあって鉱工業を中心に据えた養成所が設立されたのだ。また、直方でも地元が土地を提供し、誘致に積極的だったことがわかる。

木造バラックによる近代建築の追求

秋田日満技術工養成所の設計については、「概要」のなかで、次のように紹介されている。

「之が建築設計に当っては東京帝国大学工学部教授岸田日出刀氏の指導の下に前川國男氏が当所の趣旨に適合せる建築様式、特に満州国に於ける防寒建築の一研究事項として設計に尽力され、木造建築による学校、工場、寄宿舎等の設計に一新機軸を出し、従って同建築物は将来日満支に於けるこの種建築物に対する一示唆を与うるものとして注目せられて居る」(71)

この文章にもあるように、前川はこの建物の設計にあたって、秋田以上に寒冷地である満州にも適応するように防寒建築としての性能を追求しようと試みている。たとえば宿舎棟の矩計図を見ると、二段ベッドを組みこみ、一部屋

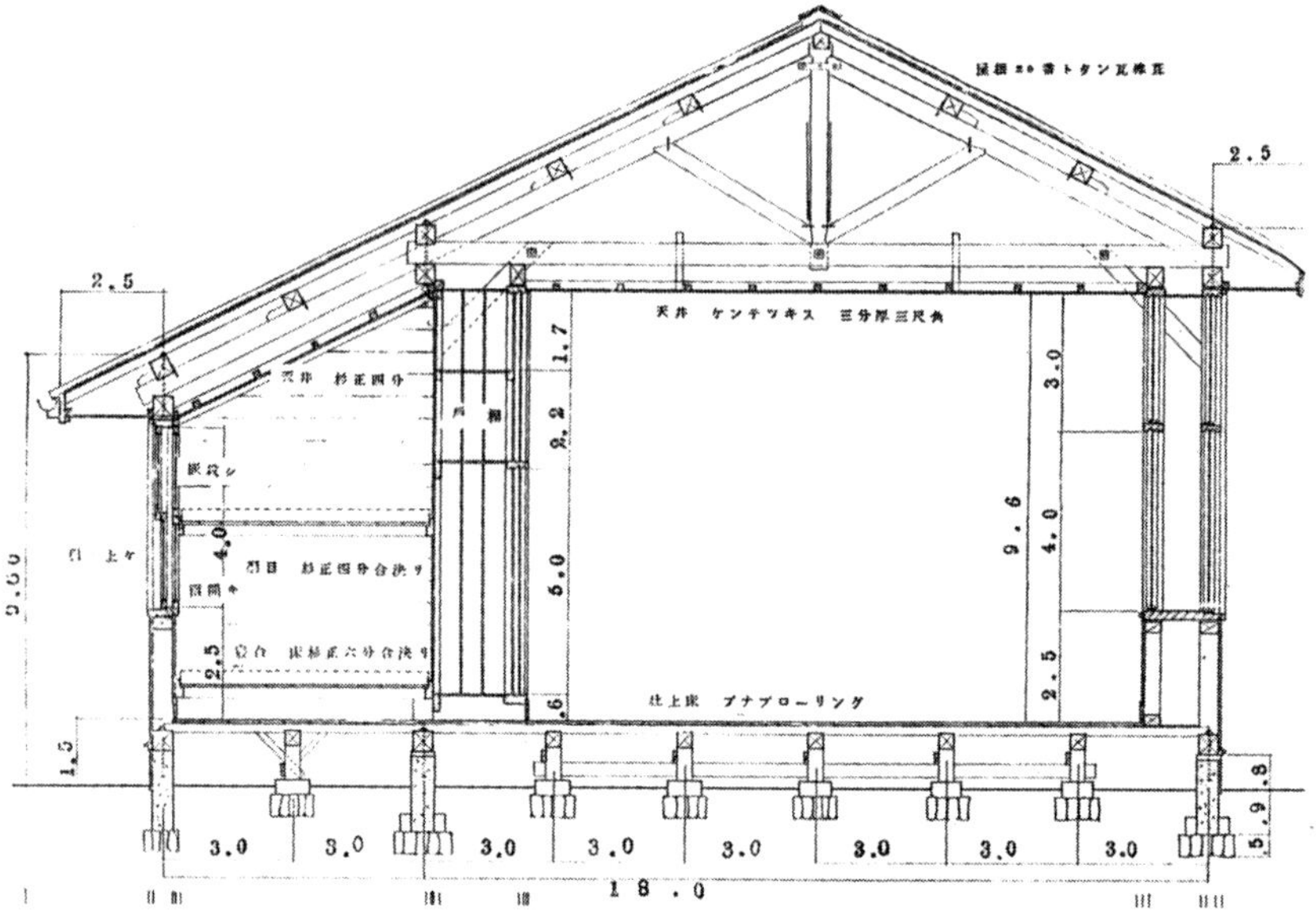

秋田日満技術工養成所宿舎棟、矩計図

に約五十名を収容する大きな宿舎棟は九・六尺（約三メートル）の天井高をもち、十分な空気容量を確保し、天井までの大きな開口部をとりつつも、二重のサッシュにすることによって、明るく健康的な室内環境の実現が図られていることが読みとれる。同時に、天井ふところも大きめにとって屋根面からの断熱に対応している。また、それぞれの部屋を機能的、構造的にふさわしい独立の単位空間として分棟化し、それを廊下でつなげながら敷地全体に手を伸ばしたように配置し、方位を計算に入れながら、宿舎は東西軸、工場は南北軸に置き、いずれも部屋の妻側に廊下をとることによって両面採光と通風を確保している。そして配置図や外観写真を見ると、木造でありながらも軸線に沿って単位空間が伸びる考え方は、富士通信機製造工場コンペ案（一九三七年）を引き継いでおり、本館の正面の外観は、日本万国博覧会建国記念館コンペ案（一九三七年）で試みたような、厳格な左右対称性をもち、列柱と吹き抜けの玄関ホールによる象徴的なデザインになっていることがわかる。さらに仕上げや色使いを見ると、トタン瓦棒葺《かわらぼうぶき》の金属屋根は藍ネズミ色、外壁の下見板は灰色、軒裏は緑、サッシュは濃紺色、本館玄関の梁の鼻先と左右の旗竿は白色、というように木造の雰囲気を払拭し、清新な感覚をもちこもうとしていることがわかる。こうして前川は、木造においてもそれまでのコンペで積み重ねてきた方法を延長しつつ、さまざまな試みを盛りこもうとしていたのである。設計について前川は次のような文章を記している。

「一学年約百名、三百名の少年群を擁し此に団体的訓練を与えて確固たる国民信念の下に、将来満州国工業を背負って立つ熟練工たらしめんとする此の養成所にあっては、寄宿舎自体も将来の工場法規程に予想されたる形態を全然はなれ、飽くまで健全なる団体的な集団生活の修練場たらしむべく計画した心算である。寄宿舎一棟約五十名を一つの大室に収容し集団の裡に個人の生活を規律正しく整頓し易き様に苦心した心算である。（…）

新しき徒弟工寄宿舎の計画虎の巻と云う様なものは別にあるわけではない。要は新しい産業形態に対する深い認識をもった当事者の深く反省された新しき生活観ひいては世界観によって形づくられた切実なる計画のみであり、建築家のそれに対する深甚の理解である。熟慮を以て考察された適切な計画と之を実現に移し得る強力な組織が重要なのである。時局に便乗して有象無象の突っつき廻した御座なりの機構を以てしては、簡単至極な新しき徒弟工寄宿舎も失敗に終わる例を尠《すくな》しとしないし又それが当然なのである。現在の多くの所謂工場主程度の人達にはこうした新しき徒弟工の寄宿舎すらを正当に認識し得ない程、時代の歩調が急なのである。そこに多くの徒弟工養成所が失敗に終る可き宿命的素因が含まれている事を深く反省して見ねばならない。真摯な熱情を持った機構と、建築家との協力のみが新しき徒弟工の寄宿舎に魂を与え得るのである」[72]

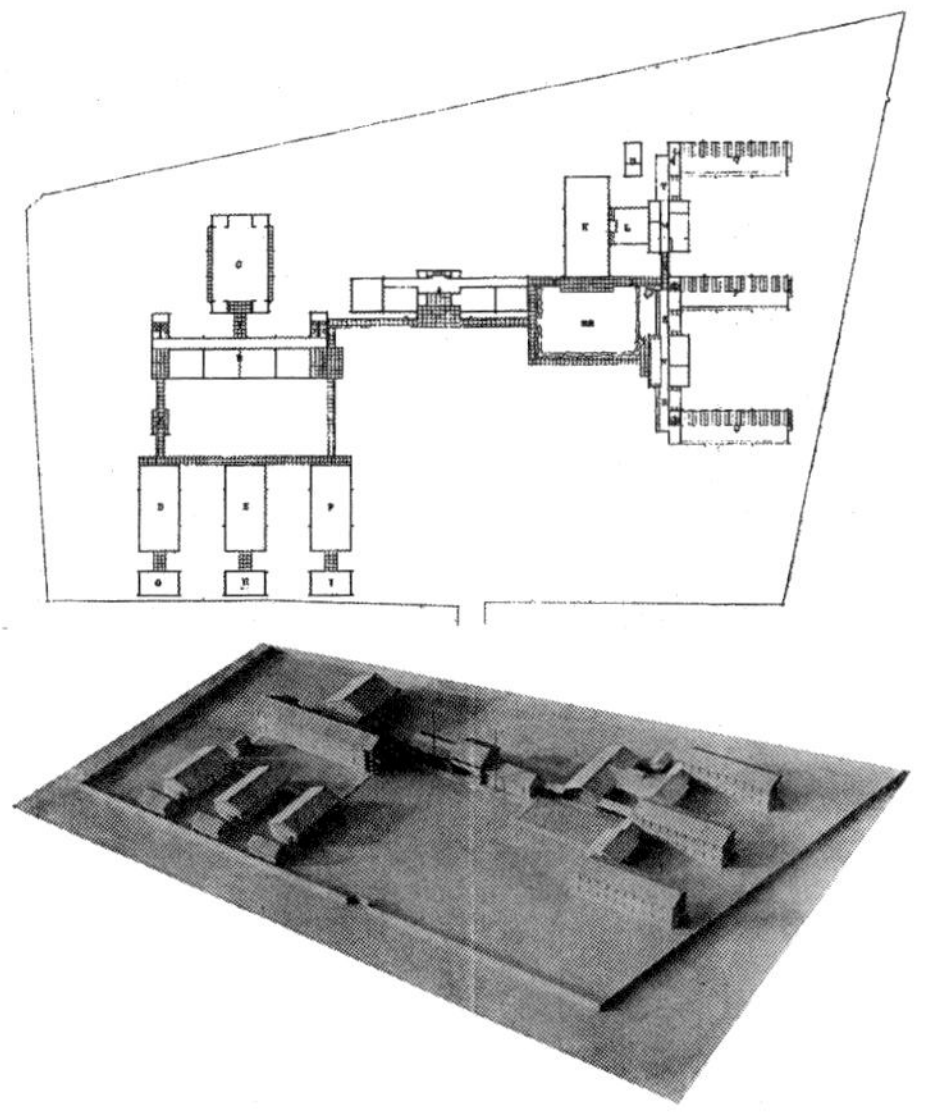
九州日満技術工養成所（1939年）配置図（上）と模型

この文章からも、先にふれた前川の言う「原理の建築」、「神妙の建築」を追求しようとする姿勢が読みとれる。

一方、秋田に続いて前川が設計した九州日満技術工養成所でもほぼ同じ考え方が踏襲されていく。しかし配置図や模型写真、外観写真などから判断すると、秋田よりも温暖

九州日満技術工養成所外観

な気候のためなのだろう、室内の廊下部分は最小限に抑えられ、それぞれの棟は吹きさらしの犬走りで連結されている。また、資材統制の影響と思われるが、屋根は金属ではなく銀黒色の瓦屋根になっていた。さらに本館や校舎棟にはバルコニーがとられており、外気に接して休憩ができるように配慮されていたこともわかる。

日中戦争以降、建築界を蔽いつつあった資材制限による制約は、前川も含めて新しい建築をめざす建築家たちに根本的な思考を促す契機になったのだ。当時の状況をうかがい知ることのできる佐藤武夫の次のような文章がある。

「戦時統制下の吾国では、各種の資材統制が強化され、その影響が漸次深刻の度を加え来ったのと、更に防空法の制定に伴う影響も之に追加されて、この国の建築界は未曾有の形而下的制約下に置かれることになった。と同時に、直接間接の軍需並に各種生産拡充の国策下にある殷賑産業のあおりに伴い、斯様な生産的建築も亦異常な膨張を見せて、一種の跛行的な発展下に在ることも事実である。恁《こ》うした所謂時局的な特色が、その意匠の上に如何に関連を持ち始めたかと言うことを取上げて見るのが茲では最も生彩があるだろう。

例えば、鉄材の使用制限や資金調整法から、所謂本建築の建設が抑止せられ、之に代って許可制の許に仮建築が漸く木造を以て建てられることから、茲に改めて木造建築に対する新しい真摯な認識が興り、大正十二年の震災後見られたバラック建築とは趣を異にした堅実な新しい意匠が其処に発生し始めている事は注目すべき良き側の現象であり、之と同時に応急に名を籍りて間に合わせ的な粗雑さを持った旧套を一歩も出でない木造建築の簇出《そうしゅつ》も亦覆うべからざる事実であって之は悪い側の現象を代表する。(…)

次に鉄材の使用を極度に尠少化する試みとして無筋コンクリートと木造を主体とする二、三の試作、或は防空防火構造としての木造建築などに、その意匠の堅実なものを拾い出すことも出来る。

例を挙げることは控えるが、之等は何れも好むと好まざるとに拘らず厳然とした形而下的制約下に置かれた我国建築界に於ての現実が齎した意匠上の現象として肯定しなければならないもので、筆者は其処に多大の注目とそして期待を強いられる。(…)百の文化運動よりこの現実の方が強くて有力であると云う意味から、まさにその試練の場に足を踏み入れた我建築界は祝福さるべきである」(73)

佐藤が注目し、期待をかけるのは、戦時制限の不自由ななかで「木造建築に対する新しい真摯な認識」が興り、一九二三年の関東大震災の復興期に立てられた「バラック建築」とは趣を異にする「堅実な新しい意匠」が発生しはじめていることである。続いて佐藤は、「世界的時流に沿う発展性とは更に別個のこの国独自の創造的努力が要求されている」と述べ、そうした「試練の場に足を踏み入れた我建築界は祝福されるべきである」と結論づける。つまり、いま制約下におかれたからこそ木造による日本独自の建築を実現する課題と真剣にとりくむことができる、と主張したのだ。こうして佐藤は、同じ文章で、前川の秋田日満技術工養成所にもふれて次のように評価していく。

「秋田日満技術工養成所(…)などは、その良い例である。何れも切りつめられた建築資材とその構成に於いて、新しいエステティークを樹てようとする努力が認められる」

木造による近代建築の模索というテーマが共有されはじめていたことがうかがえる。翌年も『建築年鑑』のなかで森田慶一が佐藤の視点を受け継いで次のように記している。

「九州日満鉱業技術員養成所(前川國男設計)に見るような、木造建築に清新適正な表現を与えようとする試みは前年に引続いて真面目に攻究されているが、一般の努力は未だ充分とは云えないようである。

要するに、昭和十五年に於ては建築の設計意匠部門の活動は大体消極的で、始めに述べたように建築の表現の如きは、どちらかと云えば非常時にあっては閑問題として片付けられる風潮がここ数年来馴致《じゅんち》されて来て、この年頂点に達した感があった。が、同時に又、国内新体制の樹立の努力にともなって、建築に於ても建築家が自己の造形文化部門に於て如何に大政を翼賛すべきであるかの問題が検討されねばならぬ機運もこの年に醸成された」(74)

森田は、非常時に置かれた昭和十五年が「建築の表現」を「閑問題」として片付けてきた風潮が頂点に達した感がある一方で、建築家が造形文化部門において「如何に大政を翼賛すべき」という問題の検討の機運も醸成されたと述べている。これは木造においても「建築の表現」の問題を解く努力を試みることが大切だとの主張であり、前川、佐藤の発言ともつながる。どんな状況でも原理的な思考は可能であり、その作業に集中することが大切である。当時の前川の思いはそのようなものだったにちがいない。一九四二年、太平洋戦争下に前川が記した次のような言葉がある。

「いま大戦争のまっただ中に形を思い様式を論ずるという

立命館日満高等工科学校（1939年、立命館史資料センター蔵）

ことは、バラックをつくる手を休めて、防空壕を掘る手を休めて、空虚なる試作に沈潜せよとの謂ではないのだ。幾度となく繰り返したように、われらの造形理念出生の揺籠は、われらを取り囲む全環境なのである。バラックをつくる人はバラックをつくりながら、工場をつくる人は工場をつくりながら、ただ誠実に全環境に目を注げと言いたいのである[75]」

前川は、戦時下のバラック建築においても、みずからの信じた近代建築の方法の探求を続けていくことになる。

立命館日満高等工科学校

一九五三年にまとめられた『立命館五十年史[76]』によれば、立命館の創立者で初代総長でもあった中川小十郎（一八六六―一九四四年）が工業学校の設立を考えはじめたのは日中戦争の勃発前後のことだった。中川は、当初は工業専門学校としての設立を意図していた。しかし折衝した文部省は、設備が不十分との理由から規定を楯にとって認可をしなかった。そこで「やむなく、京都府管轄の各種学校のひとつにあたる工科学校として設立された」のだという。こうして一九三八年四月、工業専門学校に準じる本格的な工業学校として、立命館高等工科学校が開学する。

しかし、その開学草々に「思わぬ好機」が訪れる。それは一九三七年十二月、満州国と鮎川義介の日産（日本産業株式会社）との合資によって生まれた満州重工業開発の設立以後に「冶金、機械工業の規模が拡大され、充実したため、現地で大部分が加工されて軍事的建設に使用されるようになったもので、そこに若い技術者を急速に補充する必要が生まれた」からだった。その経緯については『立命館百年史』のなかで次のように記されている。

「満州国」政府が技術者の不足を補うために、技術者養成機関としての高等教育機関を物色しているとの情報を得

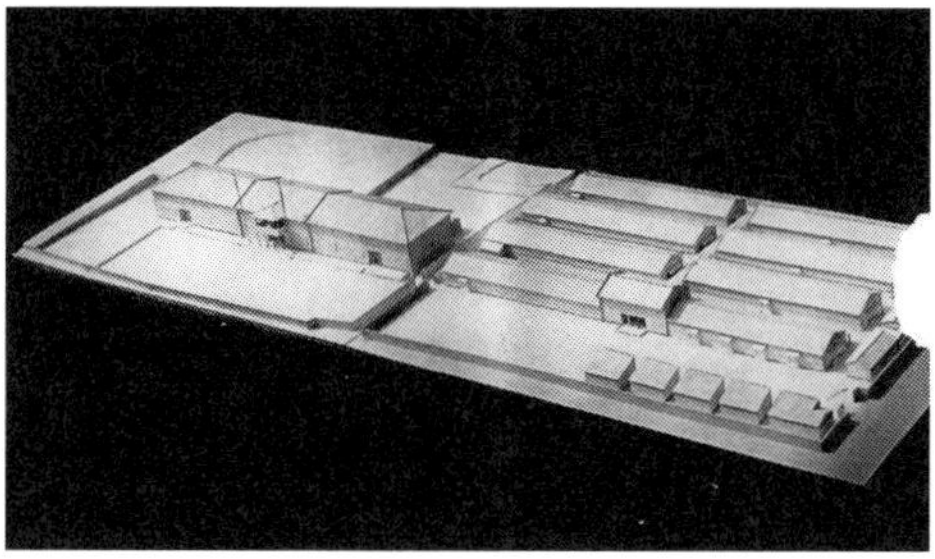

上・同実験・工場棟（立命館史資料センター蔵）。
下・同模型。右手が実験・工場棟（同上）

た中川が、満州に関係が深い陸軍中将石原莞爾や、石原の紹介による「満州国」協和会東京支部の浅原健三などのルートを通して折衝し、日満高等工科学校への足がかりを得た。（…）具体的には官民共同機関である日満鉱工技術員協会の技術者養成計画にしたがって「満州国政府委託生」を受け入れることになっていった[77]」

文中の「日満鉱工技術員協会」とは、日満技術工養成所の設立母体となった財団法人である。なお同書によれば後の一九四一年に、中川総長は石原莞爾を立命館大学教授に招聘し、国防学研究所初代所長に任命する。また一九三九年当時の資料には、立命館日満高等工科学校の開設について次のように記されていた。

「立命館に於ては帝国大陸進出の国策に順応せんがために、一般工学に属する諸科を設置する専門学校程度の工科学校を設置せんとする計画に立て、昭和十三年四月を以て学園の事業として、立命館高等工科学校を創設せり。入学は中学校卒業以上、修業年限三ヶ年として、土木工学、建築工学、機械工学、電気工学並応用化学の五科目を設置することとし、昭和十三年三月を以てその認可を受け同四月より授業を開始せり。（…）然るに今回立命館に於て満州国政府の委託を受け同国所要の高等技術員要請を引受くることとなりたるを以て、この目的に添わんがために茲に立命館

立命館日満高等工科学校、透視図（立命館史資料センター蔵）

高等工科学校の名称を改めて立命館日満高等工科学校と改称し、同時にその学則を変更して本年三月三十日その認可を受けたり。この改正したる学則に依りて設置する学科は左の七科目にして、その生徒は満州国政府の委託生とその他の普通生より成る。（一）機械工学科（二）自動車工学科（三）航空発動機科（四）電気工学科（五）応用化学科（六）採鉱冶金科（七）建設工学科[78]」

このような経緯から、一九三九年三月十六日に「陸軍省軍務局長より財団法人立命館宛に、立命館日満高等工科学校設立に対する「満州国」政府補助金交付の決定が下された旨の通達」が出される。また、先の『立命館百年史』によれば「この決定は、衣笠の校舎建設と機器設備の拡充に拍車を掛ける」ことになったという。というのも「校舎建設などに関する一九三九・一九四〇年度の補助金五十万円は、計画中の新校舎建設費の大半を賄い、さらに校舎設備の充実を図ることが可能となった」からだった。こうして遠く満州における政治的、軍事的な要請が日本のすべてを動かしはじめていた当時の状況がみえてくる。そして「設計並図面は東京前川建築事務所工学士前川國男氏に依託[79]」と報告にあるように、新校舎の設計が前川へ依頼されたのである。建設工事は一九三九年四月に着手され、同じ年の十一月十八日に落成式がおこなわれている。また設立時の教職員名簿を見ると、校長には本野亭（京都帝国大学名誉教授）が就任し、顧問には関口八重吉（東京工業大学名誉教授）と隈部一雄（東京帝国大学助教授）が名を連ねていた。先にもふれたように関口は日満技術員養成所の理事長、隈部は主務理事であった。さらに立命館日満高等工科学校の設立趣旨を確認しておくと、そこには次のような目的が掲げられていた。

「本校は満州国に於ける工業の進歩発展が東亜安定の要締たるに鑑み、其の任務達成に邁進する工業人を養成するを以て主たる目的とす[80]」

また、『財団法人日満技術員養成所概要』には「立命館日満高等工科学校は直接本養成所とは関係はないが、全く同一趣旨によって設立せられたるものである[81]」と付記されていた。

こうしてみてくると、立命館日満高等工科学校は秋田、九州、酒田に建設された日満技術工養成所とまったく同じ趣旨で計画が進められ、連動して建設されたものであり、前川への設計依頼も同じ人脈からであることが推測できる。「日満高等工科学校新築工事概要[82]」として記載されているのは、次のような内容である。

「敷地・京都市上京区等持院北町
　敷地面積・約八千坪余
　教室・木造二階建一棟、製図教室等、約千四坪余
　実験室工場等・木造二階建一棟、平屋建にして八棟あり、
　建坪約一二七四坪
　設計・前川建築事務所　前川國男
　工事・清水組」

同報告の巻末には、「立命館高等工科学校教室平面図」と「立命館日満工科学校実験室実習室並工場平面図」の二枚の簡単な図面が掲載されている。ほかには竣工写真と透視図、模型写真などが残されているだけで詳細な設計内容は読みとれないが、先の技術工養成所に比べて敷地が狭かったのだろう。教室棟は中廊下で両側に教室を置く形となり、唯一正面出入り口部分の二階にバルコニーを設けて象徴的なデザインを施している。また、実習室と実験場についても、分棟に配置されて廊下でつなぐ形式は踏襲されているものの、建物の間隔は狭く、全体として窮屈な印象は否めない。さらに、いずれの建物も戦争遂行のための資材統制の影響なのか、写真からは瓦屋根が載っていることが読みとれる。なお、その後この工科学校は、戦時体制の進行に伴って一九四二年に立命館大学の専門学部工学科へ改組され、学校名はわずか四年であっけなく消えることになる。

上海で集合住宅を手がける

東洋拓殖住宅地計画

日中戦争が始まり、日本国内での仕事が激減していくなか、建築界はこぞって中国大陸へと活路を求めていく。前川もまた、そうした大きな流れのなかに置かれていた。そのことの一端を示すのが東洋拓殖の仕事として幻に終わった壮大な住宅地計画である。

この仕事は、前川事務所に残された作品目録では一九三九年の欄に「上海「東拓」住宅（案）：全員」と記されており、雑誌「現代建築」第四号（一九三九年九月）には「上海住宅計画」として図面や模型写真などが掲載された。残念ながら設計図などの資料は何ひとつ残っていない。そこで、ここでは雑誌などに掲載された関係者の証言や資料などを参照して、この計画の判明している概略について確認しておきたい。ちなみに東洋拓殖株式会社とは、次のような目的で一九〇八年に設立された国策会社である。

「当社は韓国内に於て我国の経済開発の一端を担当すべき国策会社として設立されたものであり我国に於ける最古の歴史を有する「拓殖会社」である。爾来四十年に垂んとする今日迄内外地経済事情の変遷に即応して幾多地域的に、或は業務内容に拡大変遷を遂げつつ鋭意使命の達成に向って一路邁進を続け、今や大陸に将又《はたまた》南方諸地域に興隆日本の影の形に添う如く常に産業開発の前衛戦士として活躍して来たのである(83)」

また、同資料の「営業種類」のなかには「移住民の為必要なる建築物の築造売買及賃借」とも記されている。東洋拓殖は、設立当初はその目的に記されているとおり植民地

東洋拓殖住宅地計画透視図（1939年）

韓国を中心としていたが、満州事変以降は次第に中国へと支店を拡大し、一九三八年の時点では奉天、大連、新京などに進出していた。[84] それにしても、どのような経緯から前川が大陸上海の仕事にかかわることになったのだろうか。一九三九年十月十六日に日本工作文化連盟（理事長・岸田日出刀）の主催で開催された「大陸建築座談会」と題された座談会のなかで、前川は次のように述べていた。

「私が上海に参りましたのは、此の二月に一度と、七月に一度、それから九月に一月ばかり向うに居りまして、（…）それで吾々のやって居ります仕事と申しますのは、最初二月に参りました時には此処に居られます吉村君の御推輓で、東洋拓殖の住宅地計画をやりに参った訳であります。それから二度目に七月に参りました時には華興商業銀行の総合社宅の計画の為に行ったのでありまして、現に事務所の者が三、四人向うに居りまして、今其の総合社宅と云うものを計画して居るのでございます」[85]

文中の「吉村君」とは、前川の東京帝国大学建築学科の同級生で、内務省の技師であった吉村辰夫のことを指している。この発言によれば前川は一九三九年二月に上海に渡り、吉村の「御推輓」で東洋拓殖の住宅地計画を手がけることになったのである。一方で、当時の建築雑誌には次のような記事が掲載されている。

「昨年五月、十数名の都市計画技師が上海に赴き現地踏査を試み上海都市計画の立案を進め本年三月維新政府創立記念日を卜《ぼく》して新都建設計画が発表公示され次で五月新建築条例が公布された。該条令は用途地域制限を根幹とし、別に容積地域制限等種々定められたのである。（…）而して日支合弁の上海恒産株式会社が建設に着手する事に決定した。今や政治的に経済的に興亜大陸経営の一つのスタートが切られた。東亜新秩序建設！　我々は斉しくこの大上海建設に大なる期待をかけるものである」[86]

越沢明「日本占領下の上海都市計画（一九三七—一九四五年）」（『都市計画』一九八五年別冊二十号）によれば、「上海恒産株式会社」とは一九三八年九月に設立された日華合弁の特殊法人であり、都市建設、港湾建設、土地建物経営などを業務とする「強力な権限を持った公共デベロッパー」であった。また、この上海恒産が上海都市建設計画にもとづいて土地を分譲し、その一部を購入した華興商業銀行が建設を計画したのが、前川の設計によって後の一九四一年に上海に竣工する華興商業銀行総合社宅である。

吉村の依頼で前川が上海の地を訪れた当時は、すでに一九三七年七月七日の盧溝橋事件を発端とする日中戦争が始まっていた。越沢によれば上海の占領後に、現地の日本軍は内務省に都市計画の要綱（マスタープラン）を作成するための技術者の派遣を要請する。これを受けて、一九三八年五月からおよそ半年にわたって十二名のチームが現地へと赴任し、作業にとりかかった。このメンバーのひとりで建築部門の総括を担当していたのが吉村辰夫だった。一九三九年二月の前川の上海行きは、こうしたなかで吉村に依頼された住宅地計画を進めるためのものであった。そしてその直後の情勢の変化に伴って、新たに上海での都市建設を推進する上海恒産株式会社が一九三八年九月に設立されたことを受けて、仕事の内容が華興商業銀行総合社宅へと変更されていったのだろう。こうして先の前川の発言内容が理解できる。前川は大学時代の同級生から依頼されて、深く考えることもなく事務所の経営の活路を求めてこの仕事を引き受けたのだと思われる。結果的に実現することなく終わってしまった計画だが、担当した所員の田中誠は戦後に次のような回想を残している。

「世の中を動かす目に見えぬ大きな歯車は、戦争へ戦争へと暗転していたのである。資材の統制、建築の制限、我々は次第にキャンバスも絵具も乏しくなって手も足も出なくなりそうであった。——この頃（昭和十四年）「東洋拓殖」の上海新都市計画という夢の様な話があって、わくわくしてその夢の制作にかかった」[87]

こうした田中の言葉からも、この計画がある種の高揚感を前川事務所の所員たちにもたらしていたことがうかがえる。しかし、それはまぎれもなく日本の軍部が後ろ盾となって推進していた植民地事業の一環であったのである。

この東洋拓殖住宅地計画案が掲載された雑誌に、前川は次のような説明文を寄せている。

「此処に発表するのは我々が東洋拓殖会社の委嘱に依って計画した上海新都市住宅地計画の一試案である。敷地を旧上海と新上海とを結ぶ高速道路と「松井通」に沿い五條ヶ辻を基点として旧上海寄りの敷地に千五百居住単位を建設せんとした計画である。

松井通りに接した細長い敷地は公共地区としてアパート建築を許される地域であり、その内部に包容された敷地は第一種住宅地域として一戸建若しくは二戸建の独立住宅の地域である(88)」

この説明にもあるように、前川が担当して設計図を描いたのは、上海の中心部から一〇キロほど北西に位置する五條辻(現在の五角場)と呼ばれる高層建築の建ち並ぶ公共地区に囲まれた広場を基点として、そこから放射状に広がる幹線道路の松井通り(現在の四平路)沿いに計画された三階建てアパートメントと二戸建てと一戸建ての住宅、そして共同緑地と児童公園からなる壮大な住宅地の計画案である。掲載された図面や透視図、模型写真からも読みとれるように幹線道路沿いに三階建てのアパートを配置して街区を形成し、その奥に戸建ての住宅が共同緑地と児童公園をとりかこむように置かれている。また、図中に記されたように敷地面積はスタンダードな一戸建てで一戸当たり二一〇平方メートル、最高級住宅で三二〇平方メートル、二戸建てでは一一〇平方メートルであり、各住戸の延床面積は一戸建て八〇平方メートル、最高級住宅一〇〇平方メートル、二戸建てともっとも数の多い三階建てアパートでは五〇平方メートルとなっている。各住戸の平面図と立面図を見ると、おそらく現地の在来の工法に従ったものなのだろう。組積造の壁に囲まれた部屋を組み合わせ、木造トラスの屋根に瓦が載るデザインでまとめられている。興味深いことに二戸建てのアパートの平面図にはつくりつけの戸棚や窓際のカウンターが描かれており、遠く前川がル・コルビュジエのもとで担当した最小限住宅案の影響が読みとれる。この住宅地計画を手がけるにあたって、前川もそのことを想起したにちがいない。というのも、同じ文章のなかで前川は次のように記しているからである。

「今日若き日本が真実新しい逞しき世界観を以て世界の新秩序に生きる道を身を以て指し示し得る具体的な例証は、先ずこの上海新都市を以てせねばならないではないか。英仏租界そのものが西欧の世界観の顕現である様に上海新都市は当然日本の世界観の表示とならざるを得ない。もしも此の新都市に現れた日本人の世界観乃至は生活観が英仏租界のそれに比して甚だしく低調なものであったとしたならば、それの支那人に及ぼす影響は蓋し恐るべきものがあるであろう。上海は満州ではないのである。未開地満州に建設されたるものが例え従来の日本人的な瑣末的な末梢的なものであったとしても、それは並べて比較さるべき完成されたものを持たなかった点不幸中の幸であった。然し中支那殊に上海では条件は全く異なり、兎も角一応完成された西欧文明の成果がそこに聳えている。西欧が巨万の富を費し百年の歳月を費して建設した西欧文明の一標識がそこに立っているのである。建築家として我々が重大な憂を持つ点は実に此の点に存するのである。

我々は日本は貧しい国である事を恐れているのではない。貧乏に負けて西欧文明に攪乱され蹂躙された憐むべき日本の叡智を惜しむのである。嘗つてドイツに社会民主主義華かであった頃例えばフランクフルトの近郊に経営された広大な所謂ジードルングを想起して見るがよい。時々フランクフルトの首脳者達が鼻高々と胸をそらして指呼して誇った此等のジードルングは、果して当時生長を希望され約束された正しい世界観が盛られて居ったであろうか。悲しい事にそこに見られたのは新しくは粧えど貧しい独断的なブルジョア的社会観の生活桎梏でしかなかったではないか。即ちそこに与えられた生活容器は、ブルジョア生活の余滴として辛くもフランクフルトの労働者に恵まれたブルジョア生活の模型、而かも窒息しそうな縮尺模型でしかなかったのである。

新秩序と新しい生活感情、更にそこから渾然と盛り上る建築、も早やそれは西欧建築の縮図でも模倣でも将又《はたまた》日本建築の大陸的再現でもない。そうした建築と都市が上海に課せられた重大な宿題なのである」

この文章の後半に出てくる「ジードルング」とは、ほかでもない一九二九年、「最小限住宅」をテーマにドイツのフランクフルトで開かれた第二回国際建築家会議（CIAM）の際に見学会が催されたエルンスト・マイの設計した集合住宅のことを指している。前川は上海における日本の建設が果たすべき課題の困難さを自覚していたのだ。だからこそ、同じ文章の末尾に次のように記したのだろう。

「結果は計画者として我々自身すら感想未だ不満である。建築資材の関係から高層建築は不可能としても、かかる小規模な敷地をもつ独立住宅群は支那人に対する日本の心理的戦略としても又経済的にも甚だ不利である。若しも東京近郊のプチブル的な分譲地景観を茫々たる大陸に再現したら、英仏租界の数千坪の敷地を擁する支那の普通の独立住宅を見なれた支那人は何と思うか。我々は持たざる者は持たざる者に適合した方法によって新秩序を快的に住みこなす心構えと工夫とが必要なのであって、断じて金持生活の縮尺模型に蟄居してはならないのである」

前川は植民地計画のゆくえが未確定ななかで建築家の果

たすべき役割を厳しく見つめようとしていた。

華興商業銀行総合社宅

華興商業銀行は、一九三七年十二月の日本軍による南京の占領と翌一九三八年三月の親日政府「中華民国維新政府」を南京に樹立したという事態を受けて一九三八年五月に維新政府特設の金融機関として設立された銀行である。資本金は維新政府が半額出資し、日本側は三井、住友など六つの銀行が半額出資した。本店は上海に置かれ、蘇州、南京、杭州などに支店も開設されていく。[89] 南京占領から一年後の一九三八年十二月に興亜院会議が決定した設立要綱の冒頭には、設立の方針が次のように明記されていた。

「中支那の新事態に鑑み揚子江開放に対する準備の一つとして又中支那通貨制度に対する我方の援助並指導の基礎を樹立する為自由に外貨兌換せらるべき銀行券を発行して外国貿易金融を行うべき銀行を速に設立す[90]」

「新事態」とは南京占領を指しており、あきらかに戦争遂行のための国策によって設立された銀行だった。戦前期に前川が手がけた最大規模の建築となるこの仕事については、前川自身が後年、次のように回想している。

「あれはね、岡崎嘉平太さんが日本銀行におられたんだよ。ぼくの弟（春雄）が入行するとき、試験官だったんだ。その岡崎さんが、正金（横浜正金銀行）の鷲尾（磯一）さんといったかな、そのひとを総裁に持ってきて上海華興商業銀行というのをつくったんだ。その銀行のね、社宅をつくるんで、岡崎さんからぼくに一緒に現地へ行ってくれという話があって、それで出かけることになったんだ。いまから言えば、もちろん戦争協力だけれども、そのときは事務所のこともあり、岡崎さんとの人間関係から、そう深く考えずに引き受けたということだね[91]」

きっかけは、前川の実弟で戦後に日本銀行の総裁を務めることになる前川春雄（一九一一―一九八九年）の上司である岡崎嘉平太（一八九七―一九八九年）からの依頼だったのである。前川春雄の日本銀行への入行は一九三五年であり、岡崎は一九三九年五月、日本銀行を退職し、華興商業銀行の理事に就任している。[92] 話自体も急だったようで、その前後の様子については所員の田中誠が戦後に次のように証言している。

「最初は上海東洋拓殖の新都市の都市計画をやってまして、その話で前川さんは、上海に行ったんだと思う。それで前川さんから金をいくら持ち、飛べというえらい短い電報がきたんです。何かよくわからないんですけれど、とにかくお金を持ってぼくが行ったのが十四年の夏なんです。それで行ってみたら話が違っていて、華興商業銀行の計画だっ

上海華興商業銀行東社宅（1942 年）全景（撮影・大沢三郎）

た。それが大至急を要するということでこれはあと何人か連れてこなくてはいけないから、といって前川さんはぼくを置いて帰っちゃった」(93)

こうして前川事務所は一九三九年八月、この建物の設計をきっかけに田中誠、崎谷小三郎、寺島辛太郎、大沢三郎、道明栄次、佐世治正の六名の所員を派遣して上海分室を設立する。建物の設計については、やはりこの仕事を担当した大沢三郎が後に記した文章にも詳しく紹介されている。そこには建設当時の状況が次のように記されていた。

「一九三九年夏には、前川建築設計事務所は上海に分室を創設した。盧溝橋事変から発した日中戦争は全面的に拡大し、北京・上海・広東などと北支中支、南支の要衝は次々と陥落した。日本はその勝利の上で占領政策を遂行していったが、当時の上海に創立された華興商業銀行もその一環として生まれたものである。われわれは、その社宅の設計実施を委嘱された。当時の上海中心街は共同租界を形成し、英・仏・米その他先進資本主義国の権益が存在し複雑をきわめていた。この「租界」はうっかり手もつけられぬ状態で時の南京政府が計画した新上海都市計画地域をそのまま継承し、日本のカイライ政府はここに根拠をすえた。それは中心街より離れたひろびろとした郊外で一筋のハイウェイが一本、畑のなかを貫いていた。それをはさんだ約三万平方メートルの敷地に、この社宅が建てられたのである。（…）当時五百万円の建築費を要したこの社宅は竣工したときは、クリーク通う平原のなかに、青磁色に輝く屋根が遠方より望見された」(94)

建設された場所は東洋拓殖住宅地計画の想定場所にも近く、五條辻と呼ばれた広場に向かう幹線道路の松井通りを挟んだ、何もない広大な敷地であった。ここに日本人の行員と現地の華人行員のための社宅が計画され、建設されたのである。この集合住宅の実施設計図面は現存する。大沢の証言(95)によれば大沢が上海分室から日本へと持ち帰り、東京目黒の前川の自邸に運んでいたために焼失を免れたという。また大沢は、建設工事の様子を愛用のカメラに収めており、遺族のもとにはそのアルバムが大切に保管されている。

建物は、日本人行員用の「東社宅」と華人行員用の「西社宅」のふたつのブロックに大きく分かれており、そのあいだは田中の証言によれば松井通りを挟んで一〇〇メートル以上も離れていた。このほかにそれぞれの住戸の温水式暖房を賄うためのボイラー室、二〇〇メートルの深さの井戸を汲みあげた給水塔、家庭菜園やテニスコートなどが計画に含まれていた。いかに壮大な計画であったかがわかる。

上・同東社宅B型の小屋組トラス。下・同C型の建設風景

また、ブロックごとの平面図を見ると、東社宅は最大規模の住戸をもつA型の独立の棟と、B型から単身者用のいちばん小さなE型までの住戸タイプから構成された中庭を囲むロの字型の棟からなり、一方、西社宅は、それらより全体的に小さなB型からE型までの住戸タイプから構成されたロの字型の棟からできている。

いずれのブロックでも、めずらしいことに囲み型の配置計画が採用されている。そこには上記の同じ文章のなかで大沢が記したように「全体は中国の〝邨〟、または〝里〟のように一ブロックごとに外部を高い煉瓦塀で囲って入口には門衛をおき外部に対し防御的な形体をとらざるを得なかった」という戦時下の緊迫した状況が影を落としていた。

設計原図に残された日付を追うと、一九三九年十一月から一九四〇年三月までの間に集中して描かれていることがわかる。これは田中の証言[96]、「設計は〔昭和〕十四年八月からはじめて翌年春に着工、十六年秋には竣工していると思う」とも一致する。また、残された図面から読みとると、それぞれの住戸タイプの居室の内容と戸数、面積は、おお

上海華興商業銀行東社宅、南側外観

よそ次のようにまとめられる。

東社宅（日本人行員用）。

A型。一戸が三層からなる最大規模の住戸。独立棟。居間（天井高約三・三メートル、約二十畳）、食堂（十四畳）、厨房（八畳）、応接室（十四畳）、主寝室（十四畳）、寝室二室、日本間四室など。約三〇七平方メートル×五戸＝約一五三五平方メートル。

B型。三層からなる空間に二戸が入る独自の構成の住戸。そのため、各住戸の居間が一・五層分の高さをもつ（天井高約四・三メートル）。上の住戸は玄関が二階にあり、専用の外階段から入る。他にも螺旋階段あり。居間・食堂（二十五畳）、台所、客間、寝室二室（下の住戸、上は一室）、和室二室、共用の物干場など。光庭あり。二戸で約三八六平方メートル×八＝約三〇八八平方メートル。

C型。D型の上に載る二層の住戸。B型と同じく、居間は、下のD型と三層を分け合っているため、一・五層分の高さをもつ（天井高約四・三メートル）。居間・食堂（二十畳）、台所、客間（十畳）、寝室（十二畳）、和室二室など。光庭あり。約一六九平方メートル×十六戸＝二七〇四平方メートル。

D型。C型の下の一層の住戸。小さいながら、C型と組み合わせることで、居間は一・五層分の高さをもつ（天井高約四・三メートル）。居間・食堂（二十畳）、台所、寝室（十畳）、子供室、和室など。光庭あり。約一一〇平方メートル×十六戸＝約一七六〇平方メートル。

E型。浴室便所共用で八畳和室一間の単身者用住戸四室が一層に入る。光庭あり。一層当たり約一〇〇平方メートル×十二ヵ所＝約一二〇〇平方メートル。

西社宅（華人行員用）。

同東社宅B型住戸の居間

B型。一戸が三層からなる住戸。食堂（八畳）、台所、客室（八畳）、主寝室（十二畳）、寝室二室、和室（八畳）二室など。約一八〇平方メートル×八戸＝約一四四〇平方メートル。

C型。D型の上に載る二層の住戸。居間・食堂（十畳）、台所、主寝室（十二畳）、洋室、和室など。約一四〇平方メートル×十二戸＝約一六八〇平方メートル。

同B型住戸の台所

D型。C型の下の一層の住戸。居間・食堂（八畳）、台所、寝室（八畳）、和室など。約七五平方メートル×十六戸＝一二〇〇平方メートル。

E型。便所共用の六畳洋室一間の単身者用の住戸四室が一層に入る。一層当たり約七〇平方メートル×十四ヵ所＝約九八〇平方メートル。

東社宅は戸数百一、西社宅は戸数九十二、合わせて総戸数は百九十三戸、住戸部分の延床面積は約一万五五八七平方メートルにも達する。六畳一間の単身者用の最小タイプや華人行員用の約七五平方メートルの小家族タイプから、最大規模の約三〇〇平方メートルの高級住戸までさまざまな住戸が考案されていた。また広さや間取りだけでなく、一・五層分の天井の高さをもつ居間や、換気のために建物の中央に設けられた光の井戸のような光庭、大きなテラスや回り階段など空間構成の変化や環境的な工夫にも富んだ意欲的な集合住宅であったことも見えてくる。そこには遠くル・コルビュジエのエスプリ・ヌーヴォー館や、前川が彼のもとで担当したカネール邸計画案の影響を見てとることも可能だろう。また、住戸の床面積についても、東洋拓殖住宅地計画の五〇—一〇〇平方メートルという大きさに比べると格段に広くとられている。前川の意気込みは、先にもふれた文章の「西欧建築の縮図でも模倣でも将又日本建築の大陸的再現でもない。そうした建築と都市が上海に課せられた重大な宿題なのである。（…）我々は持たざる者は持たざる者に適合した方法によって新秩序を快的に住みこなす心構えと工夫とが必要なのであって、断じて金持生活の縮尺模型に蟄居してはならない[97]」という文言からもうかがうことができる。

前川は実物をもってあるべき建築の姿を提示しようとしていたのである。一方、発注者である岡崎もそうした計画の実現を強く後押ししていた。所員の田中の証言がある。

「岡崎さんのおっしゃったことで、ぼくが覚えているのは、日本人はいつでもチャチなものを建てて、どっかり居座るぞという様子を見せない、だから今度は違うぞというやつをやれ、ということです。わりと予算の面でも規模の面でもケチなことは言われなかった。そうはいっても、やっぱり材料はそんなに自由にはないし、そんなに自由なことができたわけではないんですが、ぼくらとしてはともかく本建築のようなものを、いままでひとつもやれなかったので張り切っていました[98]」

意欲的な仕事へ向かう高揚感が伝わってくる。構造については、後に大沢が次のような報告記事を記している。

「構造は赤煉瓦造（…）イギリス積で外部は防水モルタル塗吹付仕上、一階床は木造、二・三階床は鉄筋コンクリートスラブに上に木造床仕上、屋根は木製トラスを架けて勾配屋根とし釉掛《くすりがけ》の本瓦葺となっている」[99]

興味深いことに、この建物において屋根の構造として用いられた木製トラスと瓦葺の仕上げは、この現場から内地に呼び戻された崎谷小三郎が設計を担当し、一九四二年秋に竣工する前川國男自邸でも用いられることになる。大沢は次のような証言も残している。

「初めての煉瓦造を覚えるまで苦労した。モデュールの考え方を覚えた。プランを決め、煉瓦を積みながら空間が出来上がっていくのが魅力的だった。中国式の囲み型配置を踏襲した。また洋風の住まい方になる華人の社宅については、中国の住まい方をいろいろ聞いて設計、プランが明快になっている。壁の煉瓦はふつうのものだが、屋根の青磁色のスペイン瓦は特注で製作したもの。この建物で試みた回り階段が前川事務所のプレキャストの始まりだった。プレキャストという言葉も知らなかったが、道明と大沢で考えた。これを型枠を組んで現場打ちの鉄筋コンクリートでやるのは大変だと思ったからである。チーフはいなかった。みんなで図面を描いていた。前川さんは月一回くらいしか来なかった。給与は内地の三倍だった」[100]

文中にあるプレキャストコンクリート製の回り階段は、戦後、前川が設計を手がける集合住宅の晴海高層アパート（一九五八年）でもそのまま使われていくことになる。敷衍すれば、遠く中国大陸で手さぐりで始められた試みは、戦後のテクニカル・アプローチと呼ばれた前川事務所の主軸となる建築の工業化を求める設計方法の原点とみなすこともできるだろう。この大沢の証言からも、前川の求めた「西欧建築の縮図」でも「日本建築の大陸的再現」でもない、現地の素材や住まい方に素直に学びつつ、そこに近代建築の空間構成の方法をもちこむことによって、少しでも快適な住環境をつくろうとする設計姿勢がうかがえる。

ところで、こうした方法によって計画されたこの集合住宅については、当時どのような評価を与えられていたのだろうか。たとえば現地を視察した佐藤武夫と武基雄による調査報告では、次のようにその特徴がふれられている。

「前川建築事務所の常に示す主張がここにも滲み出て居て極めて特色ある形式を持っている。要記すれば、

・外壁、境壁、内部壁共、可及的煉瓦造、大壁造りとしてある。

・表示の如く規模別により大略その間取りを基準化し、配置計画には特に治安上中庭を囲繞する等の防衛の措置が講じてある。

・独立乃至は数戸の長屋式連続建を避け、大規模な立体的集合住宅たらしめてある。

・比較的生活程度の高い居住者を標準とし、全体に亘り裕りある平面を構成し、洋間を主とし小規模の室を取る事を抑えてある。

等々であって、現地に於ける邦人生活に居住方式の規正を要請する態度に於いて計画された節が窺える」[101]

この報告では、「立体的集合住宅」という言葉によって前川の意図したことが的確に評されていることがわかる。一九四一年秋、太平洋戦争直前に建物は無事に竣工する。ただし、東社宅のうち南側の棟については、建設工事の計画上の都合もあったのだろう、「第二期工事」とされていたために結果的に建設されず、東社宅は実際にはロの字ではなく、コの字型の建物として完成する。けれども、竣工直後の戦時状況の急激な悪化からなのだろう。詳細は不明だが、ほとんど使われることはなかったと思われる。岡崎の著書のなかに次のような回想が残されている。

「銀行では上海市街の北方、当時の五条ヵ辻、今の五角場の辺に、四平路を挟んで二つの大きな社宅を建てた。当時東洋一という人もあった位で、水も生水が飲める程深く掘って自家水道を作り、ガスも自家発生装置で供給した。社宅は内庭を二千坪ほどに広くとって子供の運動会ぐらいはできるようにした。

この社宅の地鎮祭は道教でやった。上海神社の神主を招いて、日本神式でやろうという事務局の提案であったが、銀行は日中合弁でもあり、また社宅には中国行員も入ることを慮って、地鎮祭は何のためにするのかと聞くと、悪魔を払うのだ、というから、中国の悪魔には日本の祝詞は判らぬから、逃げてくれないだろう、などと冗談を飛ばした思い出も懐かしい。また日中事変の前途に疑いを持っていたので、銀行は滅びても社宅は残る、と冗談のように言っていたが、事実はその通りになった」[102]

敗戦後、竣工したものの使われることのなかった集合住宅はそのまま現地で転用され、長く使われていた。中村直行氏（竹中工務店上海支店）の一九九八年二月の調査によれば、西社宅については倉庫会社の事務所と中国人の住宅として使用され、東社宅については中国軍の関連施設として、敷地にも入れない状況だったという。こうして前川國男にとって戦前期における本格的な建築は、この上海の集合住宅という最大の仕事をもって終わりを告げる。

V

ナチス・ドイツの影

報道技術研究会

デビュー作に始まる人間関係から

森永キャンデーストアー銀座売店（一九三五年）の銀座通りに面した二階客席の南側の壁面には、堀野正雄の撮影した写真を大きく引き伸ばしたフォトモンタージュが壁一面に使われていた。はるか後年の二〇〇一年、写真家の桑原甲子雄は、竣工の翌年の一九三六年に店内の様子を撮影した写真に付された解説文のなかで「大きな写真の壁画が、はじめて「森永」に飾られた。写真の先達堀野正雄氏のものだったから、ちょっと誇らしい気分だった」[1]と記している。この堀野の写真を使って壁面をデザインしたのが、森永製菓宣伝部に在籍していた今泉武治（一九〇五―九五年）である。[2]今泉は一九三七年におこなわれた第十二回オリンピック東京大会のポスター図案募集に応募し、七百八十一点のなかから二等に選ばれる。[3]いまで言うグラフィックデザイナーの草分け的な存在であった。報道技術研究会は、その今泉が中心となって一九四〇年十一月に設立された任意の研究組織であり、創設メンバーに前川國男も加わっていた。今泉は、設立当時の様子について次のように回想している。

「当時の日本をふりかえってみると、昭和六年の満州事変の勃発、昭和十二年の日支事変につづいて、日独伊同盟、南方への進出、日米間の危機情勢などによって、国民の生活にも戦時色が色濃くなっていた。国民精神総動員とか国体の本義といった上からのかけ声は日増しに強くなり、私企業や消費物資の生産などもすべて国家的な生産体制に組みこまれる、といった時代だった。（…）われわれの勤務

森永キャンデーストアー銀座売店（撮影・桑原甲子雄）

していた森永製菓でも例外でなく、こうした国家総動員の波のなかでは、自由経済の武器である広告によって成長した製菓企業も、広告活動の機能は後退しはじめ、広告課解消の一歩手前まで押しつめられていた。（…）

そのころ（一五年八月）勧銀グラフの編集（今泉）、大蔵省の国債宣伝（斉藤〔太郎〕）などの仕事の依頼がきっかけとなって、新井〔精一郎〕などもふくめて、なにか研究会といったものをみんなでつくろう、といった気運がおこった。そこで、そうした情勢での考え方や方向づけをおりこんだ技術団体の主旨・綱領といったものを今泉がまとめることになった。その原案の内容を次第にかため構想もできたので、新井・斉藤・今泉が賛同者を集める活動をはじめることになった。早速、情報局にゆき趣旨を説明し快諾をえ、至急結成せよ、といった激励をうけた。それから直ちに（九・一七）、山名文夫、前川國男、小山栄三、つづいて伊勢正義の諸氏をつぎつぎに訪問し、みんな大賛成だった。それから他のメンバーの人選やら綱領の改訂、情報局との接衝を深めながら、ようやく発会式までこぎつけた[4]」

この今泉の回想にもあるように、戦時色が強くなり、あらゆる企業の活動が制限されるなかで、広告技術者たちはいかにして仕事のなかで生き残っていくのかを真剣に考えはじめていたのである。一方、ほぼ同時期の一九四一年春、陸軍参謀本部直属の組織として創立された東方社で美術部長の原弘のもと対外宣伝誌「FRONT」のデザインに携わっていた多川精一は、「戦時体制下の宣伝技術者たち」の置かれていた状況について、後年次のように証言している。「太平洋戦争勃発前の二年間、つまり一九四〇年（昭和十五年）から四一年にかけては、日本の社会は激動の嵐に見舞われていた。（…）昭和に入ってようやく近代化の機運が見えはじめていた広告宣伝の技術も、こうした激動の嵐をもろにかぶっていた。軍部と、それをバックにした新官僚主導で進められる、全体主義的統制経済のなかでは、もはや商業宣伝の仕事に将来はなかった。

私の数ヶ月あとに東方社美術部へ入社した今泉武治は、それまで森永製菓の宣伝部にいたが、当時の広告技術者の中にあって、新しい宣伝のあり方に情熱を燃やしていた一人であった。報道技術研究会（略称・報研）という会が、主として広告関係者によって一九四〇年十一月に結成されている。（…）

そのころ誰がいい出したのか知らないが、「バスに乗り遅れるな」ということが秘かにいいふらされていた。これは「欲しがりません勝つまでは」などという官製標語と違って、多分に本音を表わした流行語であった。戦争へ向けてなだれを打って多数の国民が突き進む当時の状況の中では、仕事を失い経済面からおびやかされることが戦争そのものより怖かった。だからこれは非力な民間人の生残りをかけた処世術でもあった。（…）

太平洋戦争開始前後のこの時期、新体制の名による戦争協力への政府の圧力は、国民のあらゆる職業、業界、学校、団体に及んでいた。それまでの自分の仕事を続けようとすれば、集まって組織をつくり、表面だけにしろ政府に協力する姿勢を見せなければならなかった。個人には仕事は回らず、資材の配給もなかったのである。戦争はいやだといって何もせずにいれば、召集令状か国家総動員法による徴用が待っていた[5]」

この多川の回想からも、すべてが戦争へと動員されるなか、当時の人々が次第に追いつめられていく様子がうかがえる。すでに戦時統制が始まっていた建築界も同じ状況だったにちがいない。実際に今泉の所属していた森永製菓の広告課は一九四〇年十月に十人の職員が五人に減員され、一九四一年八月には廃止されてしまう[6]。こうしたなか今泉は、一九四〇年八月下旬ごろから同僚の新井静一郎や資生堂意匠部にいた山名文夫らと報道技術研究会の創設を構想しはじめる。設立の経緯については新井の「報研の結成から解散まで[7]」に詳しい。それによれば新井は内閣情報部（後の情報局）の意向を打診し、今泉が趣意書を起草し、発起人の候補者を訪ね歩き、会の発足へ向けて動きだしている。ちなみに内閣情報部とは、愛国行進曲の制定などを推進し、日中戦争下に進められた国民精神総動員運動の中枢機関だった。[8] 彼らはこうした国家の動きに即応した新たな仕事を受注する組織として報道技術研究会を構想し、宣伝技術者として生き残りをかけようとしたのだ。そして発起人のひとりとして前川國男に声がかかる。山名は次のように述べている。

「小山栄三、前川國男の両氏は別格の人であった。(…)われわれは報道技術の分野で〝展示〟のウエートがグラフィックと同じくらいに加重されねばならないとは思っていたが、なにしろこの畑はまだ〝開発途上〟で、前川さんのような人の助力がなくてはならなかった[9]」

ここには、山名が同世代の建築家として前川を頼りにした経緯が書かれている。おそらく前川も仕事の活路を見いだそうと引き受けたにちがいない。こうして、報道技術研究会は一九四〇年十一月二十八日に発会式をおこなっている。発足時の会員数は三十名、主要な会員として今泉、山名、新井のほかに原弘、堀野正雄らがいた。

研究会は発足直後の十二月四日に第一回の委員会を開いている。[10] そしてこの会合で、翌年の一九四一年二月に会の「結成宣言」となる展覧会を開催することが決議される。

しかし、前川は「上海出張中」のためにこの日の議論には加わっていない。また、その後も前川がこの展覧会に関与した形跡はうかがえない。ここで、後に新井の著書にも引用されるが、今泉の日記に記されたその後の前川をめぐる研究会の動きをまとめると次のようになる。

「一九四一年一月十五日　今泉・報道展の構成を考える。
一月十六日　山名氏と展覧会構成の打合せ。
一月十七日　展覧会プランの山名・今泉案の検討。情報局から一万五千円の補助が出ることになる。
一月十八日　前川氏に展覧会プランを説明―賛成。仕事場を借りること、スタンドの設計などもしてくれる。
二月十四日　前川事務所で前川氏から展示設計の説明をきく[11]」

こうした記述からも、前川は展示方法についてのアドバイザーであり、会場デザインを監修する立場にいたことがわかる。当時の制作風景については、会員のひとりで展示物を制作した村上正夫の次の回想からもうかがえる。

「最初の展覧会の「太平洋報道展」ではじめてグループで作品を作った。ポスターは各自制作したが、大きなパネルは数グループに別れて作った。(それから一年もたたない日々、この展覧会のテーマであった戦争が始まろうとは、少なくとも私は全く考えていなかった。)大きなパネルを皆で仕上げる場所

太平洋報道展にて報道技術研究会の集合写真（1941年2月）

がなく、困っていると特別会員の前川國男氏が銀座のアトリエを貸して下さった。早速大ぜいで出かけて、一晩徹夜で仕上げることが出来た。（…）前川さんのアトリエは西銀座の二丁目にあり、銀座通りからたしか二本目の通りで、古いビルの一フロアを使っておられた。東の窓にバルコニーのある居心地のよいお部屋で、何人かの若い建築家がおられたが、西の窓ぎわに若い丹下健三氏が居られたこともあった。（…）ル・コルビュジエと一緒に仕事をされたこの建築家のお話を畏敬の気持で拝聴したのを憶えている」[12]

展覧会場となる資生堂にも近く、会員それぞれが別に仕事をもち、大きな制作場所をもたなかったため、前川の事務所を間借りしたのである。こうして「指導後援・情報局」、「主催・報道技術研究会」のもと報道技術研究会の旗揚げの展覧会「太平洋報道展」が、資生堂ギャラリーで、一九四一年二月二十四日から二十八日まで開催された。研究会の機関誌には、展覧会にかかわった「太平洋報道展制作構成担当者名」として次のように記されている[13]。

「企画立案・小山、大久保、新井、山名、今泉、平岡
展示構成・山名、今泉
立体構成・前川
写真壁面・山名
東亜共栄圏表・今泉、友金、近江、村上、相原、須藤

軍事勢力圏壁面・山名、岩本、斉藤
ポスター・伊勢、岩本、原、友金、村上、栗田、山下、松添、相原、斉藤、三井、土方、須藤、菅沼
パンフレット・大久保、栗田、山下、土方、友金、今泉、村上
地球・菅沼
写真・藤本

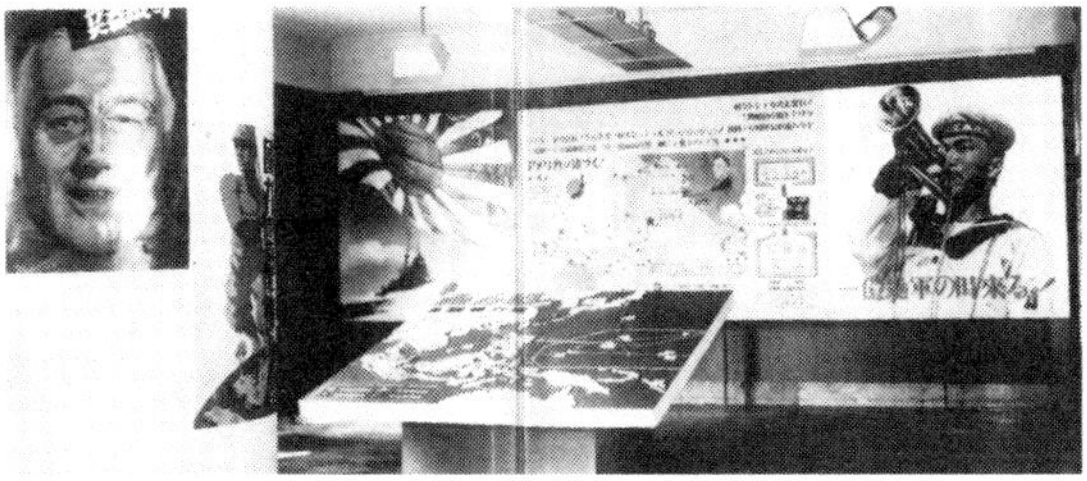
同展の会場風景

写真提供・海軍省、写真協会
写真引伸・オリエンタル写真工業株式会社
施工・イサミヤ」

前川は立体構成、すなわち展示台や展示パネルの制作について担当したことがわかる。しかしその内容は情報局からの指示に従い、この年の暮れに始まる太平洋戦争へ向けて国民の精神を鼓舞するものとなっていた。新井が情報局から指示された「国民報道の主題」とは「1太平洋問題　2百年戦争への覚悟　3日本人の南方進出　4日本文化の優位性」であり、この展示計画もその線に沿ったものだった。[14]

趣旨説明文には次のように記されていた。

「世界民族の凝視の中に、やがて雲湧き、波荒まんとして、今、うねりと高くしつつある太平洋をめぐる諸問題を、わが報道技術研究会の第一回の展覧会の主題に選んだのは、聊《いささ》か荷がかち過ぎたかも知れぬ。

然しながら、われわれの技術は、かかる緊急にして必要なる問題と必死の組打ちを敢行することによって研かれねばならぬものと信ずる。会員の一人一人が、各々の技能と意欲を、この一つの銘題に打ちこんで、統一的な構成のもとに、情報局の指導後援を得て、ようやく開催の運びに至った。準備不充分の誹りは免れ得まいが、又これが結成後三ヶ月、わが報道技術研究会の世に問う最初の発表である。ご高見の上御批評を賜らば幸いである」[15]

ちなみに、展覧会を指導後援した情報局は次のような言葉を寄せていた。

「我々が今日耳に聴く言葉、目に見る活字、訴求する各種各様の宣伝形態…之等が如何に多く、如何に微細に如何に鋭敏に、吾々の心底を衝く事か。この現象は数年前のそれと、その質と量と形態に於て、格段の相違がある。即ち吾々は現在急速度に展開された宣伝戦、思想戦の戦場に起

っている事を識るのである。

吾々はその戦場にあっては武器なくして突撃する歩兵であり、又「精神」と呼ぶ火薬を運ぶ軽重兵である。

報道技術研究会の諸氏が、自らその歩兵の尖兵として、暴風吹きすさぶ太平洋問題の渦中に突入し、洋上に出現した不正義の巨巌を排除し、以て皇国民の往く可き大道を、報道技術の上に顕示される事は真に快とす可きである」[16]

報道技術を戦争へ積極的に活用しようとする情報局と、その意図を受け、新たな時代の役割を担うことで生き延びようとする研究会が利害を一致させて展覧会を開催したことがわかる。今泉も次のような回想を残している。

「資料や文献は、小山栄三先生や情報局・海軍省・写真協会からも提供をうけ、展覧会の原案は今泉、制作プランは山名がまとめた。仕事場は、銀座商館の前川國男氏の建築事務所を快よく貸してくれることになり、情報局からの補助金も決定し、いよいよ展覧会の仕事にとりかかった。(…)当時は太平洋戦争のはじまる前で、まさに暗雲低迷といった重い空気が国民の頭の上にのしかかっていた時だけに、情報局のあと押しで一つの意志を表明した展覧会が開かれたことはまさにタイムリーであった。この展覧会のあたえた反響は予想外に大きく、各新聞はもとより、情報局週報の特集号で大きくとりあげられ、その展示は読売新聞社で各地区に巡回展示したいという申込み、情報局では展覧会作品全部を買入れたい、という申入れまであった」[17]

展覧会は好評を博し、研究会は順調にスタートする。そしてその後も情報局、大政翼賛会、陸軍省などからのポスター制作などの依嘱を受け、終戦までの約五年間で約百五十点もの宣伝物を作製したという。今泉の後年の記述によれば、その内訳は「ポスターと壁新聞が六〇パーセント、巡回展・展示物が二三パーセント、パンフレット・グラフが一五パーセント」であり、宣伝の内容別にみると「直接戦争に関するものが三六パーセント、経済・増産のもの三五パーセント、精神作興に関するもの一八パーセント、航空要員募集のものは一一パーセント」だった。[18] しかし、研究会の記録として戦後に出版された『戦争と宣伝技術者――報道技術研究会の記録』の巻末に掲載された「報道技術研究会会員の動静」[19]によれば、前川國男は一九四〇年十一月と一九四二年六月の時点では委員に名を連ねていたが、一九四四年二月の時点では研究会を離れていた。戦後に記された会員の回想録にも前川の名前は出てこない。前川が研究会から離れたのは、戦時下にあって依嘱される仕事の大半がポスター制作に限られていたことが直接の原因だと思われる。また、当初から前川は研究会の活動にはほとんどかかわっておらず、協力者の立場に近かったのだろう。

そのこともあってなのか、同書のあとがきで今泉は次のように記している。

「報道技術研究会（報研）は、太平洋戦争がはじまる一年前に結成され、敗戦とほとんど同時に解散した。わずかに五年間の生命だった。（…）解散と同時に仲間は四散したが、その後も何かと理由をつけて会合を持った。（…）その会合の折にも、何度か「報研の記録を本にして置こうではないか」という話が出た。それがようやく本書になったのである。思い出は、報研とかかわり合った方々みんなに書いてもらいたかったが、そうもゆかなかった。すでに故人になったひともおり、あまり前のことなので、ほとんど忘れてしまって書くことがないと断られてしまったひともいる。特に前川國男、花森安治、林謙一、戸板康二、小野田政、江間章子などのみなさんには書いてもらいたかったのだが、果せなかった。今でも、かつての報研への好意を持ち続けてくれているだけに、残念だった[20]」

前川が戦後に回想録へ寄稿しなかったのは、あるいは結果的に戦争協力となった当時を振り返りたくないとの思いがあったのかもしれない。

「報道媒体としての建築」

機関誌として第六号まで発行された「報道技術研究」に前川は一度だけ寄稿している。それは「国家報道の媒体について」という特集号に掲載された次のような文章だった。

「カペラシスチナとは云うまでもなくヴァチカンの奥深く咲き誇る伊太利《イタリア》ルネッサンスの花である。茲にそれを伊太利ルネッサンスの代表的報道技術の精華であると云ったならば余りに奇矯の言と人は思うであろうか。（…）当時中世教権の桎梏に抗して掲げられた人間解放の炬火のただ中に、之れは亦美事な基督教的哲学の報道技術ではなかったか。カペラシスチナの壁間を埋めたものは飽くまで正々堂々と正面切った、ミケル・アンジェロの一代の労作であって決して、手軽なポスターでも安価な壁新聞でもなかったのだ。

誤解があってはならないと思うが、私は決してポスターや壁新聞の報道媒体としての価値を否定しているのではない。大切な事は、総じて報道技術と云うものは決して片手間仕事では成功し得ないと云う事である。（…）

似而非古典建築の軒天井の貧しさを粉飾した天使達はむしろ地上に降りて洋服の裁縫師になった時に却って安心の境地が拓けた様に、市民住宅の壁面の貧しさを糊塗するまやかしものとなって絵画は、人間観照の使命を失ってその堕落は救い難きものとなった時、絵描き達もむしろ一介の看板描きとなり下がる所に、その立命の境地を見出し得たであろう事は一応認められることである。

　が然し軒天井の天使は本物の天使に還えり、絵画はほんとうの絵画であり得た時にむしろ本当の救いは見出し得た様に報道技術は決して身を堕してはならない。身を堕さずにつくすまっとうな努力のうちにその道は拓けるべき筈である。

　一九三八年巴里《パリ》万国博覧会に建築家ル・コルビュジエの作った「新精神館」は一個の天幕に過ぎなかった。

　天幕掛けの新精神館とカペラシスチナの建築と、此の対比の裡に私は展示報道に対する建築のもつ役割と限界とをはっきりと見出すのである。カペラシスチナは永遠に名建築として後世に伝えられ、ミケル・アランジェロの壁画も永遠の讃仰を贏《か》ち得るであろうに、ル・コルビュジエの「新精神館」は博覧会の会期終了をもって取り去られてしまい、内部の壁面をうずめたレジェーの壁画亦然りと云われるかもしれない。

　が然し此の事のみがそれ程に果敢《はか》ない事なのであろうか。総じて我等はベデカー（名所案内記）の為めに建築をするのではなかった筈ではないか」[21]

　前川は、シスチナ礼拝堂のミケランジェロの壁画とル・コルビュジエの新時代館に展示されたレジェの壁画を比較し、後者が仮設のはかない建築であり壁画であったとしても、そこに前者と拮抗する現代における意味があるはずだと主張した。そして「報道技術と云うものは決して片手間仕事では成功し得ない」と指摘する。それは建築に対する真摯な姿勢とも相似形をなしていた。また、前川が研究会に参加した影響だと推測できることがある。それは前川の蔵書に含まれているデッサウェル『技術の哲学』や木村素衛『表現愛』といった本の存在だ。今泉はこれらを参照して一九四三年に「報道技術構成体」という論考[22]を記している。その事実から、前川が研究会に参加し、他分野で活躍する同世代の人たちと交流するなかで、それまでの読書傾向にはなかった思想書を手にするきっかけとなったのではないかと思われる。それはまた、前川が時代状況をより厳しく見つめながら、建築の意味を考えようとする思想の深化にもつながっていったにちがいない。

四軒の木造住宅

前川國男自邸以前

戦後の一九七三年にまとめられた前川事務所の作品目録によれば、前川は独立した一九三五年十月一日から太平洋戦争の始まる一九四一年十二月八日までの六年間に、未完に終わった十二の計画案を含めて合計三十一軒にのぼる住宅を設計している。この時代は前川が事務所を設立した直後であり、弱小の一民間事務所にすぎなかった厳しい経営環境にあって、住宅は仕事としても大きな比重を占めていたと思われる。残念ながら図面類はほとんど残っていない。また作品目録の備考欄に「戦災焼失」と追記されたように、多くの住宅が戦争によって焼失してしまった。しかしこれらの住宅は一九四二年に竣工する前川國男自邸の前に竣工したものばかりである。戦前の前川は自邸の後は個人住宅を手がけることはなかった。そうした点からも、これらの住宅は自邸へといたる方法論の深化のプロセスを確認できる貴重な手がかりとしての意味をもっている。ここでは竣工時に建築雑誌に掲載され、設計の内容が確認できる四軒の住宅をとりあげたい。作品目録には、これらの住宅について設計した年と担当者名が次のように記載されている。

「一九三六年　守屋邸／崎谷小三郎

一九三七年　佐藤邸（案）／崎谷小三郎

佐藤氏本邸／崎谷小三郎

一九三八年　笠間邸／田中誠・丹下健三」

このリストからは、前川自邸を担当する崎谷がこのうちの三軒の住宅を手がけていたことがわかる。また笠間邸の設計には、この年に入所した丹下健三が加わっていた。建

守屋邸（1936 年）道路側外観

同庭側外観

築雑誌にはそれぞれ次のような建物名で掲載された。

M氏邸・東京大森「建築知識」一九三七年二月号、「国際建築」一九三七年六月号。佐藤別邸・軽井沢「国際建築」一九三七年九月号。S氏邸・東京千駄ヶ谷「建築知識」一九三九年一月号。K氏邸「現代建築」一九三九年七月号。

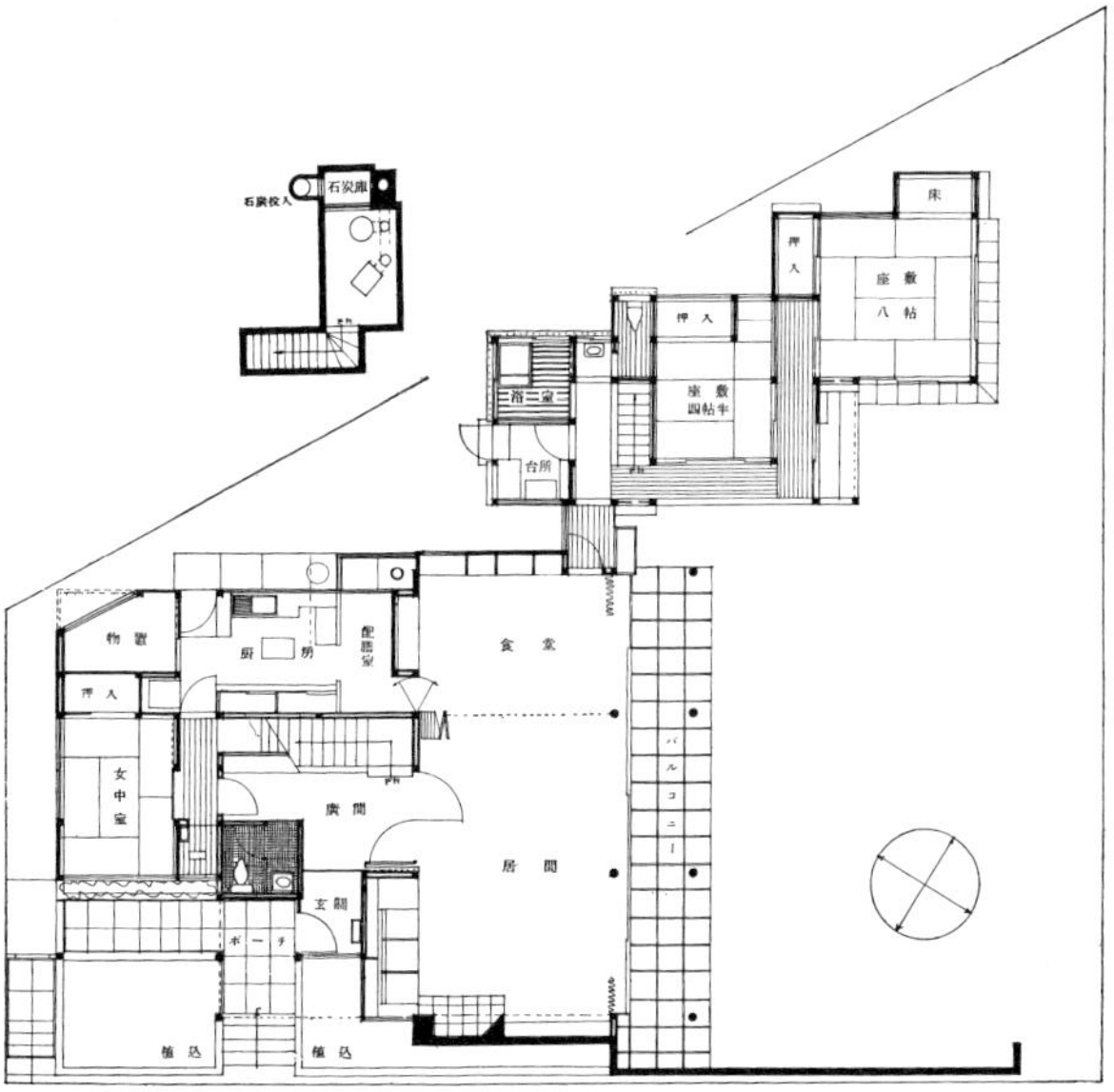

同1階平面図

守屋邸

守屋邸は作品目録に「守屋合名会社（一九三七年）」、「日本ユーク会社工場（守屋氏）（一九三八年）」と記載されていることから、他の仕事の施主でもあった社長の自宅だと推測できる。この住宅は、建築雑誌の記載によれば東京の大森に建っていた。平面図から判断するかぎり、台形の敷地の奥にあった既存の棟に接続するように手前の道路側に増築されたものと思われる。平面計画の特徴としては南東側に広い庭を確保し、それに向けて大きく開かれた一続きの居間と食堂と、一、二階の大きなテラスとバルコニーがあげられる。また、道路側からの視線をさえぎるためなのだろう。コンクリートの壁が暖炉から伸びて庭を囲むようにデザインされている。屋根は部屋のまとまりごとに「亜鉛引鉄板瓦棒葺き、晴緑色ペンキ仕上」の片流れの屋根で構成され、外壁は「米松六分板オイルステイン」の下見板張り、バルコニーを支える独立の丸柱は「米松径八寸」、その他の室内外の独立柱は「杉磨丸太」、室内の壁は「楢ベニヤ」、床は「楢フローリングブロック」と、全体に簡素な材料を用いて軽快な洋風のデザインでまとめられている。ここからは、仕上げ材料の用い方やデザインのモチーフは前川が独立する直前に学んだレーモンド譲りのものである

守屋邸、居間・食堂

ことが容易に見てとれる。ことに一体となった居間・食堂には独立柱から離れて開口部が設けられ、硝子戸はすべて戸袋に引きこめるように工夫されている。これは明らかにレーモンドの夏の家（一九三三年）に倣ったものにちがいない。また、居間と食堂の境には「布張り折畳スクリーン」が設けられているが、これもレーモンドが考案したものであり、彼の福井菊三郎氏別邸（一九三四年）やブレーク邸（一九三五年）などにも見てとれる。[23] 崎谷小三郎は後年、次のような証言を残している。

「大森の守屋邸は、自分と前川さんとでやった。暖炉はレーモンドからのもの。外壁のオイルステインは、関西にある少しベンガラ色がかった生地の見える薄い塗料を探したが苦労した[24]」

こうしてみてくると守屋邸は、前川と崎谷がともにレーモンド事務所時代に学んだ方法をもとに自分たちの手で実践してみようとした習作的な木造住宅であることがわかる。

佐藤尚武軽井沢別邸・佐藤尚武邸

依頼主である佐藤尚武は日中戦争直前の一九三七年六月、林銑十郎内閣の総辞職と近衛文麿内閣の成立に伴い、外務大臣の要職を後継の広田弘毅に引き継いで官職を解かれた。彼は当時の様子を回想録のなかで次のように記している。

佐藤尚武軽井沢別邸（1937 年）東側外観

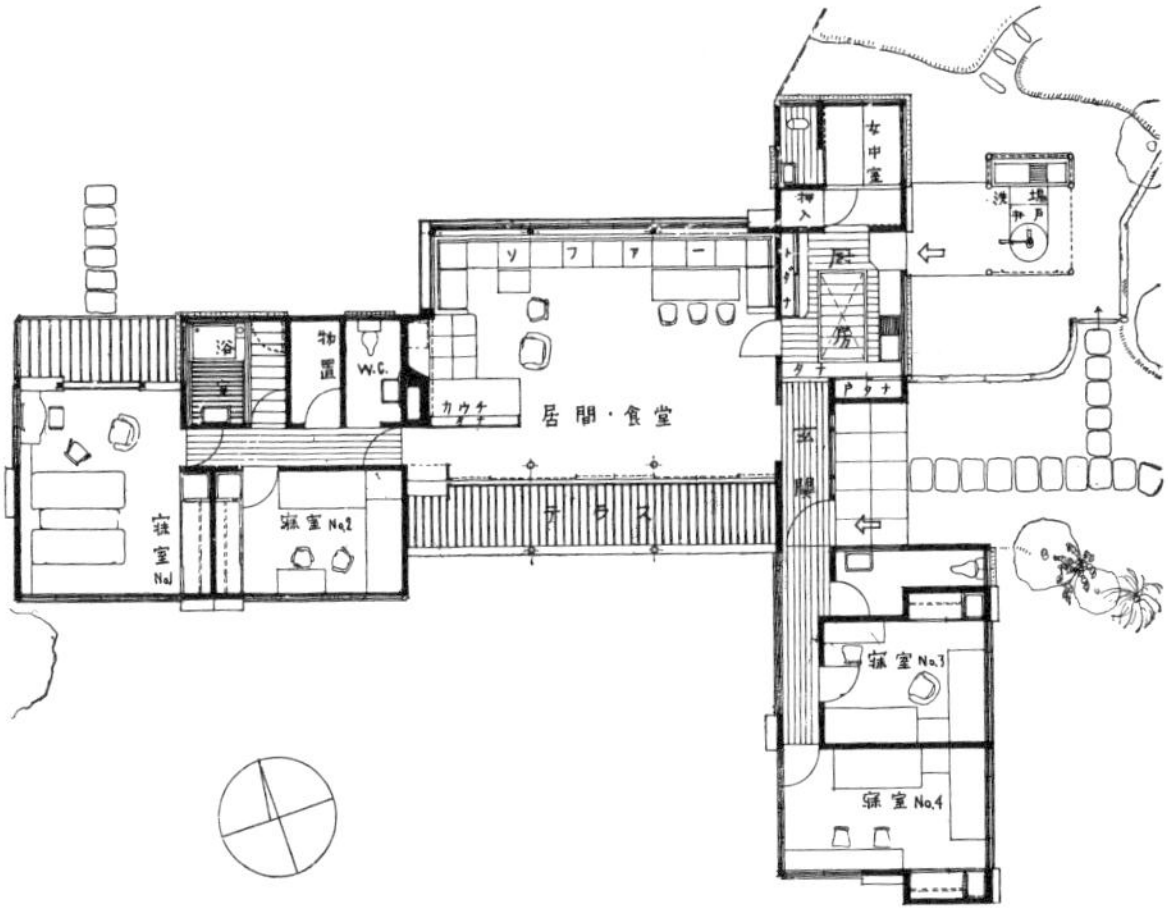

同平面図

「ちょうどそのころ、軽井沢新ゴルフ場のあたり、南ヶ丘の一地に建てかけていた、大きく言えば私の別荘ができかかっていたので、七月の初め、まだ雨戸もガラス戸もはいらないうちから、無理にそこに引っ越して、工事の促進やら庭の設備などに取りかかった。別に見晴らしもない場所ではあるが、カラマツの立ち木で囲まれた閑静な土地であ

佐藤尚武軽井沢別邸、居間・食堂

り、西側の裏には、ちょうど浅間山が、いいかげんの距離に見えて、夕ばえにはえる煙をあかずながめることができる。この家は（…）私のオイにあたる国男というのが、東京帝大出の若手建築家であって、西銀座に前川国男建築事務所というのを出しているのが建ててくれたのである。私がまだ外務省の官途にいた五月ごろに急に別荘を建てる相談が始まり、そしてその年の七月そうそうに引き移ったのであるから、ずいぶん速成の掘っ立て小屋式であったのはやむをえない。（…）この前川の建てた軽井沢の平屋の別荘は、どのへやもみな日が当たるように設計されており、衛生設備も整っているうえに、気持ちのいい長州ブロにつかりながら浅間の煙をながめることもできるし、夏分の住宅としては、私たちにはでき過ぎた家であった[25]」

この回想から、別荘の設計と建設が一九三七年の五月から夏にかけてあわただしく進められたことがわかる。平面図を見ると、守屋邸と同じく機能によって分節化された単位ブロックごとにここでは切妻の屋根を架け、それを組み合わせる空間構成になっている。また建物の中心にある居間・食堂では、やはり守屋邸のように南側に柱から離れて床までの開口部がとられ、ガラス戸が戸袋に収納できるように工夫されている。一方、佐藤の回想に記されたとおり、反対の北側にはつくりつけのソファの上にL型の水平連続

佐藤尚武邸（1937 年）正面外観

窓がとられ、そこから遠く浅間山が眺められるようになっていた。仕上げを見ると内外の壁は「杉南京下見板防腐剤塗」、屋根は「椹柿葺《さわらこけらぶき》」、独立柱は「栗皮付」の簡素な材料でまとめられ、外観もごくありふれた形をしている。

しかし、守屋邸と比較して注目されるのは空間構成である。平面図と外観写真を見ると、玄関と両側の棟によってアプローチ側から守られるような形で、それぞれの部屋からの眺望を確保し、室内と庭との関係性がたくみにデザインされていることが読みとれる。しかも玄関からの人の動きに従って次々に風景が展開することも自覚されていた。試しに床まで開いた開口部と壁の関係性を手でなぞってみると、後に自覚的に試みられることになる「一筆書き」に描くことのできる壁の流れを読みとることもできる。文章がないため、どこまで前川が自覚していたのかはわからない。それでもこの別荘は、恵まれた平屋の別荘という好条件にも助けられて伸びやかな空間構成が実現しており、在盤谷《バンコク》日本文化会館コンペ案（一九四三年）につながる方法の萌芽として重要な意味をもっているといえるだろう。

佐藤は同じ回想録のなかで、別荘に続いて東京千駄ヶ谷に建てた本居についても次のような記述を残している。

「やはり甥の前川国男が設計して建ててくれたもので、間どりも便利にできており、また和室には、これは初めての

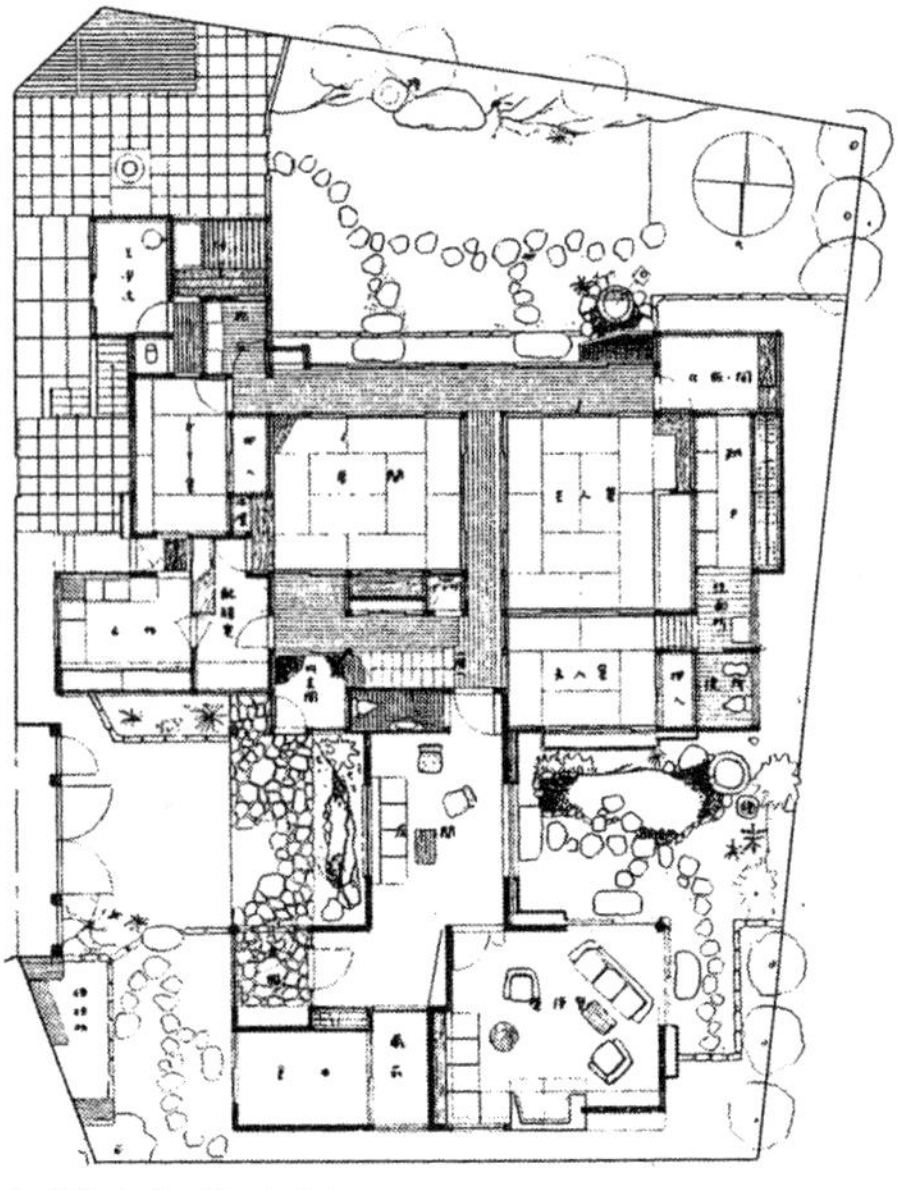

佐藤尚武邸１階平面図

試みだったらしいが、床を二重張りにして温水暖房の鉄管をはわしたりして、冬季にはオンドル式に、ちょうどいいかげんに暖まり、たいへん私も満足していたのであったが、（…）二十年五月二十五日の大空襲で、この家は全焼となってしまった」[26]

平面図を見ると、周囲を壁で囲まれた六〇〇平方メートルほどの広い敷地のほぼ中央に木造二階建ての建物が置かれ、その周りに庭がとられている。部屋の配置としては北側に玄関と洋間の応接室が、南側に和室の主屋が配置され、そのあいだを居間がつなぐ構成になっている。また、それぞれの部屋からは個別の庭が眺められるようにもなっている。この左右に振り分けてあいだをつなぐ構成は、ほぼ同時期に設計が進められていた大連市公会堂コンペ案（一九三八年）を彷彿とさせる。玄関ポーチには独立した片流れの屋根が架けられ、居間の採光と通風を確保するために小さな前庭もとられている。また、全体に瓦の載った大きな切妻の屋根面が強調される力強い外観も特徴的だ。外壁も竪張りになっており、それまでの水平の下見板張りの軽快な印象とは一転して民家風の意匠に変化していることがわかる。この家でも玄関から入った人の動きに従って次々に内外の空間があらわれ、変化していくことが意識的にデザインされている。さらに、守屋邸では自覚されていなかったが、敷地に建物が置かれることによって生まれる庭の形自体にも意識がおよんでいる。すなわち建物の「図」と余白としての「地」を等価に扱いながら平面計画と空間構成が考えられているのである。それは未熟な状態ではあるものの、在盤谷日本文化会館コンペ案へと続く方法の発見として見過ごせない。

笠間邸

この住宅は、一部減築されてはいるものの、東京駒場に

笠間邸（1938 年）正面外観

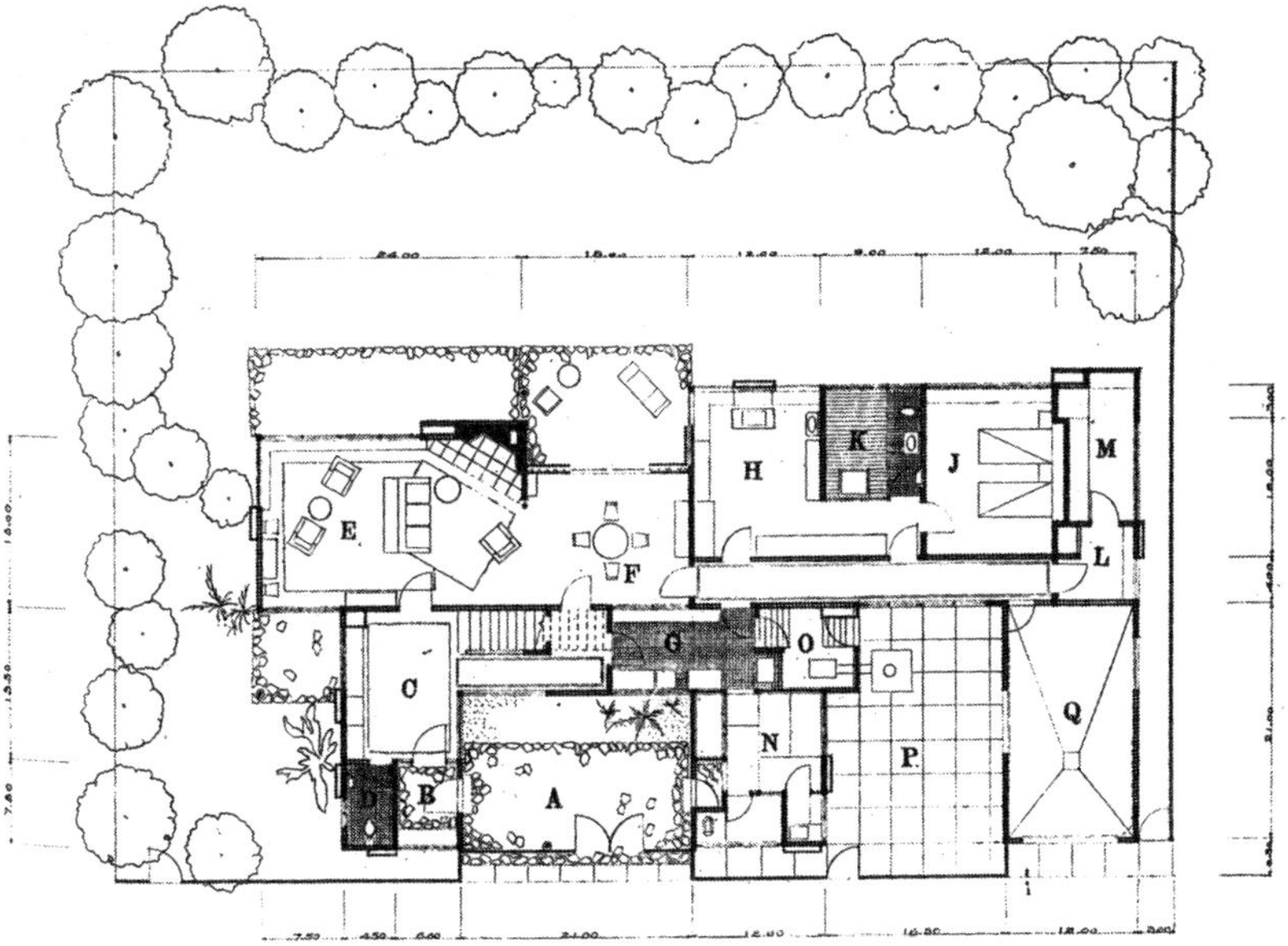

同 1 階平面図

現存する。佐藤邸のデザインをさらに突き進めて洗練させ、そこに豪壮さとでもいうべき性格を付与しようとする明快な設計意図が読みとれる。そうした特徴を顕著にうかがえるのが外観である。ここでは瓦の載った単純で大きな切妻の屋根と、象徴的な暖炉の煙突、「リシン」仕上げの大壁で統一された外壁と手前の塀といったように、面的な要素だけで構成されたきわめて単純な形と素材感の強い材料だけから建物ができあがっている。また平面図を見ても、それまでの住宅にはみられなかった次元でそれぞれの要素が厳格に整理されて緊張感と明晰性が漂っている。興味深いのは、そのような民家を思わせる日本的な外観をもちながら、女中室を除いて室内がすべて洋間で統一されている点だ。これらの特徴は前川國男自邸へとつながっていく。また同時期の一連の日満技術工養成所などとも共通する。前川がこの住宅について何も記していないので確認はできないが、この時点において近代建築と日本の伝統との統合というテーマへのなんらかの気づきがあったのではないだろうか。

　こうして建築雑誌に掲載された四軒の住宅について見てきたが、そこには前川のこの時期に得た建築思想上の確信と、それにもとづいた方法論の転換が読みとれると思う。すなわち人の動きによって次々と展開する内外空間の構成という平面計画（プランニング）の方法と、建物と庭を等価に扱うことで生まれる地と図の空間的な広がりの自覚を通して、前川は建物を構成する要素の抽象化と素材の単純化を徹底することによって、日本の伝統を現代性へとつなげることのできる道筋を発見したのである。そしてこれらの木造住宅で試みた方法が、太平洋戦争下の仕事のなかでさらに深化をとげていくことになる。

「ナチス叢書」のころ

満州に進出した帝冠様式の建築

一九三七年七月七日の日中戦争勃発以降は、各種の戦時建築統制、たとえば鉄鋼工作物築造許可規則（一九三七年十月二十日施行）、木造建物建築統制規則（一九三九年十一月八日施行）、セメント配給統制規則（一九四〇年三月十一日施行）があいついで施行され、国内においては木造の小規模な建築以外は建てることができなくなってしまう。前川事務所の作品目録を見ても、住宅や森永製菓に関連した売店など小規模な仕事ばかりになっていく様子がうかがえる。戦後、前川は次のような言葉を残している。

「私自身は昭和十二年までの波に乗れなかったわけです。それでショボショボやっていたわけですが、事務所をもったあくる年でしたか民間の仕事は木造で百坪だという制限が出て、いよいよこれは困ったことになったなあという実感をもったのです[27]」

ここで前川の述べている「昭和十二年までの波」とは、日中戦争までの建築界が好調だった戦前最後の時期を指している。同じ座談会で前川は次のようにも述べている。

「私は昭和十年に事務所をもったのですが、その頃に木子さんという方が赤十字病院をやっておられた。木子さんの事務所の現場に遊びに行ったら、木子さんが出てこられて「どうだ忙しいか」といわれるから「いや事務所をおんでたことはおんでたが何にも仕事がなくて困っているのだ」といったら、「君、建築家がいま仕事がないようじゃ駄目だ」というわけです（笑）。（…）「こんなにみんなが忙しいのに仕事がないようじゃ駄目だよ」といわれてギャフンと参った記憶があるのです」

「木子さん」とは、一九一一年に東京帝国大学を卒業した木子七郎であり、「赤十字病院」とは一九三六年に竣工する日本赤十字病院外来診察所を指している。また、先の前川の発言にある「木造で百坪だという制限」とは、時期的には前川の記憶違いと思われるが、木造建物建築統制規則のことである。この規則は「不要不急の木造建物を極力抑制し、因って得たる木材（内地材及輸入材）、釘、薄鋼板、構造用金物、電線、鉛管、石綿スレート及セメント其の他の木造建物建築用重要物資を、時局下緊急を要する工場、中小住宅の建築用資材をして、適正且円滑に配給する」ためのものだった[28]。そして前川が国内で完成させることのできた一連の日満技術工養成所や立命館日満高等工科学校は、この規則にある「床面積の制限を受けず」、「無条件で許可をされるもの」のひとつに掲げられた「学校」だった。この項目には他に「厚生省斡旋に係る労務者用共同宿舎」、「時局に必要なる産業の用に供する建物」、「軍事援護、社会事業又は保健、衛生若《もしく》は医療の用に供するもの」、「交通事業や放送事業の用に供する建物」などが掲げられている。こうして建築界は、戦争を主眼とする建物以外のものはいっさい建てることのできない状況を迎えたのだ。だからこそ、前川も含めて建築界は植民地である満州へとこぞってその活路を求めていかざるをえなかったのである。

ところで当時次のような興味深い議論がなされていた。「建築知識」一九三八年一月号に掲載の「転換する日本建築」という座談会だ。司会は石原憲治が担当し、出席者には市浦健、山口蚊象、前川國男、遠藤新、佐藤武夫の建築家のほかに戸坂潤（社会評論家）、黒田朋心（美術評論家）、柳亮（美術評論家）が名を連ねていた。まず「日支事変と建築様式の問題」について次のような議論が交わされる。

市浦　アメリカの或る雑誌の最近の号にいわゆる満州式の建築の写真が出て居りましてね。今まではロシアの建築が世界で一番悪いというんだったがそれよりも悪いのが出来た、それは満州の建築だと書いてあった（笑声）。ああいう風にちゃんとした批評が出来たのは満州の建築としては初めてだ。

柳　（…）満州国の建築がロシアよりも悪いという問題は実際問題として日本の政治家も建築家も大いに考えなきゃならん問題じゃないかと思うですよ。（…）僕は非常に近い将来に建築のモヌマンタルな問題が重要な位置を占めて来るんじゃないかと思いますね。（…）

市浦　日本の建築というのは元来モニュメンタルなものがないんじゃないですか。（…）

柳　日本の建築というのは生活を中心としたものからいえば非常に進んでいると思う。反対に象徴的な、様式的な、アカデミズムの、つまりヒューマニズムと対立する方の系列からゆくと弱点を暴露しているんじゃないかと思う。現在ヨーロッパに残って居る有名な建物とか歴史的な建物というものは大部分ローマの建築ですが、これは建築の純粋な芸術的な意味からいえばギリシャより落ちるかも知れませんけれども、とかくああいうものをローマが世界征服の記念としてそこら中に建てて歩いたということはやっぱり一つの啓示をなすものじゃないかと思うのです。日本が大陸に進出してそこにある土着のものを必ず採用しなければならぬという観念に対立するものをそこで提案してると思うですね。やっぱりいいものを持って行って――いいものということはいろいろあるかも知れませんが、とにかくそこにあるものでなければならんわけじゃないと思うですね。いいものを持って行ってそこへ建設するということが日本の文化的な発展でもあるし……。（…）

佐藤　政治的に建築を利用するということは日本だって昔には相当あるんですがね。徳川時代の城郭建築等は全く戦争上の実用品でなくて政治的な示威の対象だったんですね。きっと今度の事変後には為政者の方でも、そういうことに着目して来るだろうと思うのです。そうなった時に非常な不安を感じますね。殊にドイツのナチスがさかんにああいう美術政策をやっている。ああ言うものの精神的効果に思い当って来て、今度の博覧会のプランなんかもその一つの現れだと思うんだが、そういう統制をやり出される時が一番怖い。文化的準備のないともがらに力を持たれるのだからあぶなくて仕方がない。

戸坂　為政者には文化的教養は全くないといっていいですね。（…）日本の為政者はそういう文化統制には簡単に乗り出さないと思いますね。乗り出せないから、しかし非常に軽率な分子がいてそれが何かやり始めるかも知らない。

市浦の発言にあるのは、前年の一九三七年にアメリカの建築雑誌「アーキテクチャル・フォーラム」に掲載された満州建築批判の記事を指している。明言は避けられているものの、この座談会で問題視されたのは、満州に建てられた帝冠様式の建築群だ。当時、新京をはじめとする日本の建設した都市には帝冠様式による公共建築が数多く建てられていた。ちなみに、これらの指導をおこなっていたのが佐野利器だった。[29]市浦はアメリカの建築雑誌の批判を紹介することで、満州の帝冠様式の建築を批判したのである。

これを受けた柳は、今後日本が大陸で建築をデザインする場合にはモニュメンタル性をどう創造するかが問題になると指摘する。一方、佐藤武夫は日本万国博覧会建国記念館コンペとその会場計画の方針をとりあげて、日本には一方的な統制はあっても、そうした建築様式の創造をめざすような「文化的準備」がないと述べる。こうして議論は、「建築家の自覚と今後」というテーマへ移り、柳と戸坂が次のように述べていく。

柳　（…）建築家といわれる存在が国民の非常に小部分の人を相手にして居る特殊な存在という風に一般大衆が考えているとすれば与論の支持をする力が非常に弱い。それが全部に反映して来るんじゃないですかね。（…）

戸坂　建築家の集団が出来て。——それには官庁にいる建築家も官吏としてでなく技師としてでなく建築家として入る、全体的には意見の上において権威のある集団が出来て、それが事毎にいろんな発言をする、例えば大きい建築が一つ出来たらそれに対する批評を発表するとか、政府にいろんな問題を持出すとか、そういうようなやり方で発言の機会を怠らず捉えるということが一等有効だと思うんですがね、そうすれば政府でもうるさいから一つあそこに相談しようということにもなるし、そう箆棒《べらぼう》な建築は出来なくなってくる。

このふたりの発言に共通するのは、いまこそ建築界が自前の集団をつくり、積極的に政府に働きかけて、建築を文化として認めさせるべきだという強い願望である。

それにしても、こうした発言の背景にあったのは、どんな状況の変化だったのだろうか。柳は同時期の一九三八年に、別の建築雑誌で次のような文章を記している。

「文化政策もあると揚言することの出来る現代ドイツを、私は大いに羨ましいと思う。（…）言うまでもなく、今日のドイツに於けるそれは、ナチズムの強調を基本精神とするものであって、そこには、多くの思想的なドグマが認められるし、方法論上の矛盾、とくに、芸術を対象とする限り当然そこに起ってくる本質的な矛盾の存する点も蔽い得ない。

しかしながら、ここに、ただ一つ、はっきりと言いうることは、従来、文化政策の名に於いて為されてきた、また現に為されつつある政策が、実質的には、単なる取締り、乃至は、制限を意味する政治的干渉の範囲を遠く出でないのに比して、ここでは、政治力が、社会の文化活動に関与するというだけでなく、むしろ、文化的な機能力が、政治上の重要な一手段として国家の建設に積極的にとり入れられたという事実である。
この点に関する限り、何人も否定しない筈であって、ナチスドイツの文化政策が、今日、多大のセンセイションとともに、世界的な関心を集めている所以でもある。（…）今日のわれわれは、少なくとも十年前までのわれわれではない。満州事変を契機として、われわれは、事実上の一大建設時代に歩み入って居るのである。しかも、こんどの支那事変は、更にこれを決定ならしめたと言うことが出来る。煽動的な言葉を用いれば、われわれは、当に建国以来のモニュマンタルなエポックを通過しつつある訳であって、この国家的飛躍時代に於ける国民的ヒロイズムを、文化史的な建設に於いて如何に表現するかは、われわれに与えられた歴史的な任務でなければならない。（…）建国博の紀念館の懸賞当選作は、本誌前号に於いても、紹介せられた通りだが、これらの低劣無惨なアナクロニズムは果して何を語っているであろうか。（…）日本の建築界は、二つの理由から重大なピンチに逢着していると見ていい。二つの理由とは、文化的良心の稀薄と文化性そのものの貧困である」[30]

ここで柳も、先の佐藤と同じく建国記念館のコンペにみられた「アナクロニズム」、すなわち鉄筋コンクリート造であるにもかかわらず和風屋根を載せた折衷主義建築の時代錯誤を問題視している。そしてそうした「文化的良心の稀薄と文化性そのものの貧困」を乗りこえて、「一大建設時代」にふさわしい、ナチス・ドイツの文化政策にみられるような「文化的な機能力が、政治上の重要な一手段として国家の建設に積極的にとり入れられ」ることをめざすべきだと提言するのである。こうしたナチス・ドイツの文化政策への強い関心は、ひとり柳だけではなく広く高まりをみせていた。そのことを象徴するのが「ナチス叢書」の存在である。これは責任編集者に「駐独大使・陸軍中将大島浩閣下」と小島威彦が名前を連ね、一九四〇年からアルス社により順次発行されつつあったもので、全五十巻の出版が予定されていた。「刊行の言葉」には次のように記されている。

「ナチス・ドイツは何によって、かくも圧倒的勝利を獲得したか。これこそヒットラー総統が、日独伊防共枢軸による、ゲルマン圏の確立によって実現し得たものであり、しかも今や英本国攻略により、イギリスの植民地分離は、更に新しき世界長期戦に発展せんとする。まさに新興ドイツは、我が日本の国体を研究し、新しき世界を建設せんとする。かくて荒廃せんとする旧欧州に新しき世界を建設せんとする。日本精神を体得して、荒廃ドイツを知ることは、日本を知ることであり、また日本を知ることは、ドイツを把握することである。本叢書は、この日本－ドイツの緊密なる世界史的関係を認識し、再強化するためにナチス・ドイツの本質を闡明せんとし、併せて我が日本が何を為すべきかの焦眉の問題に対する明確なる解答を与えんとするものである」

この文面からも、ナチスの躍進に連なろうとする気分が支配的になりつつあったことがうかがえる。さらに、そのなかの一冊において嘉門安雄は、「序にかえて」で次のように述べている。

「今日、一般社会情勢のまつ文化面に於いても、そして美術の方面に於いても、新しい機構についての考察議論は、「統制」をその直接の中心問題として取り上げている。（…）文化統制も、若しそれが歴史の必然性によって生ずるものならば、換言すれば、今日文化の在り方がそれを必要とするならば、決して否定し去ることは出来ぬであろうと…」(31)

そして嘉門は、「結語」で、より率直な形で次のように記すのである。

「以上述べきたった如き組織と機構の下に、着々、文化の、従って造形美術の発展と普及を目指すナチス・ドイツの、その事業と計画の実施が、あの大規模な戦争によって、いささかの妨害をも受けていないと云っても、敢えて過言ではないのである。否、それどころか、むしろ、より活発にさえ動いていると云えるであろう。

即ち、戦争の拡大と長期化は益々文化面の活動を多忙ならしめる。何となならば、戦争によって、必要以上に興奮した国民の生活に落着きを与えるのも文化の受持つべき仕事と云うならば、他方又、愛国心をかきたてる為めにも、その力に俟つところが大である。更に第一線部隊に慰安を与え、傷兵に心の平和を甦らせ、あるいは、占領地域の文化工作等々…一日として、文化従事者を安閑たらしめはしないであろう。

而も、これらの事が極めて順序よく、組織的に、つまり戦前の予定が妨げられることなく且つ、戦争にも十分役立つ点に、ナチス・ドイツの非凡さを見なければならぬ。そして、それと云うのも、確固たる指導精神によって、芸術家は潑剌たる活動分野に恵まれ、政治と文化は常に融合し、組織と計画が一本の堅固なる綱によって結ばれているからに外ならぬのである」

戦争突入という状況の急激な変化のなかで、文化がいかに政治へと組みこまれていこうとしていたのかがわかる。なお、この嘉門の本が出版された時点ではナチス叢書は十八巻が刊行済みであり、その後の出版として、小島威彦とも交友のあった坂倉準三の『ナチスの国土計画』も予定されていた。一方、岸田日出刀は、少し後の一九三八年十一月、満州でおこなった講演会で次のように述べている。

満洲中央銀行総行（西村好時、1938 年）

「満州国の建築は満州国の建築としての矜持がなければなりません。その官衙《かんが》の建築に支那建築特有の屋根の制を模するような手法は、自ら満州国としての矜持をすてるものであり、建築に於ける支那への追従でなくて何でありましょうか。古い歴史の満州をたち切って雄々しく生まれた新満州国です。その建築だけが古い歴史の満州の夢を逐って何になりましょうか。かくの如きは首都の中央に純洋式の銀行建築を臆面もなく建てるの愚と何等変らぬ無節操のことではありますまいか。（…）肝心なことは真正面から満州国というものとその人と自然にぶっつかり、満州の建築素材と取りくむことです。支那や日本や西洋の借衣で、その場逃れの胡麻化しをしないことです[32]」

文中の「純洋式の銀行建築」とは、一九三八年に新京に竣工した西村好時の設計による満洲中央銀行総行を指している。ここでも岸田は古い伝統の形を踏襲した帝冠様式と西洋の洋式を借衣した建築を批判し、真正面から満州国の自然と素材ととりくむことによって、新しい満州国の建築を創造することの意義を強調している。そして視察したナチス・ドイツの建築界に影響されたのだろう。一九四一年九月には、次のような文章を記すにいたるのである。

「若さの迫力を誇るナチスの指導者たちはみな若いが、建築方面でも働きざかりの壮年建築家がその指導の地位にあ

岸田日出刀著『ナチス独逸の建築』カバー

り実権を握っていることを識り、日本に於ける現状と併せ考えて感深いものがあった。（…）

ナチス以前のドイツの建築界を風靡していたものは何かといえば、それは所謂「国際建築」と呼ばれる様式の範疇に属するものであった。（…）この国際建築流の建築傾向というものがナチス独逸《ドイツ》に於いては、徹底的に拒否され、時には「かくの如き軽佻浮華の大建築物を伯林《ベルリン》はじめ独逸の各都市がもつことは大きな恥辱である」とまで極言される。（…）現代のヨーロッパ建築という場合、フランスもドイツもイギリスも大よそ同じ類型の中に入れて考えてよかったのだが、ナチスになってから一九三三年以降ドイツの建築だけは、他の一連の西欧諸国の現代建築という系列の中に入れることはできなくなった。即ち従来のヨーロッパの、また或意味で世界の建築であった独逸の建築に終止符が打たれて、独逸のための独逸の建築が生まれ、それがナチスの建築である。（…）ナチスの建築の中には、古典への復帰がはっきりと認められる。この意味でナチスの建築は、感情的でなくて理智的なものだといえる[33]」

「国際建築」を拒否して「独逸のための独逸の建築」が生まれたというフレーズに、岸田が何を志向しはじめていたのかがうかがえる。さらに岸田は太平洋戦争が勃発すると、より踏みこんだ論調の文章を記すようになっていく。

「過去の日本は、諸外国の建築学術を鋭意輸入してそれを日本的なものに同化融合するという上では、数々の業績をもなし遂げてはきたが、そうして完成された日本の建築学術を逆に海外に向って輸出することは一度もなかった。（…）満州建国と共に、日本の建築学術が組織の大と機構の整備とを以て始めて外国に進出する最初の機会を得た。かようなことは、日本の歴史始まって以来のことである。二千六百年にして始めて成し得た日本建築技術の大飛躍である。（…）過去の日本は、大陸や欧米から大量にその建築学術を摂取輸入した。だがそれは単に日本の建築学術を豊かにするためだけに摂取し輸入したのではなく、それらを日本のものとして純化し更により大きなものとしてこれを大東亜共栄圏の諸地域に輸出発揚するためだったのだ。日本建築学術の海外進出、それは日本の建築家として又技術家として正に感激措く能わざるところのものである」[34]

ここにあるのは、満州国という枠組みすら乗りこえて、まったく新しい建築様式を創造しようとする姿勢である。その後、岸田は、一九四三年にはナチス・ドイツの建築を紹介する著書も出版する。

「防空建築」第一生命の竣工

一方、日本国内においても、一九三七、三八年に大きな転換が起きていた。そのことを象徴するのがあいついで竣工を迎えた東京帝室博物館（一九三七年）と第一生命保険相互会社（一九三八年）の評価をめぐる議論である。東京帝室博物館については、岸田が末尾に「昭和十二年十一月末」と記された文章のなかで次のように述べている。

「日本趣味意匠による建築中注視の対象となるのは、何と言っても十一月初めに落成式が挙げられた東京帝室博物館の新建築であろう。昭和四年以降前後八年の長年月を費して漸く完成したこの厖大なる建築物は、所謂日本趣味建築なるものへ一つの終止符を記したものであろう。終止符を記したという意味は、日本趣味の建築がこの建築を最後とするという意味ではなく、かかる傾向の日本趣味建築の意匠というものは、本建築を以てその発展段階の最後とするだろうとの意である。

日本趣味の建築――この言葉が悪ければ日本精神に立脚する建築と訂正してもよい――は今後とも時に応じていよいよ行われる機会を増すとは思うが、建築の一部特にその屋根に古来の寺院建築等に行われた屋根形式をそのまま応用するという定法に依るものとしては、この帝室博物館の建築以上に大規模なものは今後とも期待できそうもない。

建築に於ける日本精神をこの帝室博物館に見る如き形式で表現することの当否に対しては、勿論多くの議論があろう。日本風屋根を附加することにより、普通の陸屋根形式のものより約三割方鉄材を余分に多く要するというような根拠（前川國男氏の調査に拠る）から、国家経済という立場の上でその誤りであることが強く指摘できるだけでなく、更に建築の形態意匠という立場から観ても、日本精神に立つべき建築がすべてこのような形式を具備すべきものとは到底考えられない」[35]

ここで岸田は、この博物館が「所謂日本趣味建築なるものへ一つの終止符を記したもの」と位置づける。そして戦時資材統制下にある現在では、これほど「大規模なものは今後とも期待できそうもない」との感慨を記しつつも、そ

第一生命保険相互会社（渡辺仁、松本與作、1938 年）

れは「建築に於ける日本精神」を表現する形式ではないと断定する。いわゆる「日本趣味建築」への一方的な死亡宣告とでもいえる文章になっている。ちなみに前川國男が建国記念館コンペの説明書のなかで同じ内容を記すのは一九三七年十二月のことであり、この岸田の記述のほうが早い。つまり岸田が前川から直接聞いた情報であることがわかる。

それに比べると、翌年の一九三八年十一月にお濠端に竣工した第一生命保険相互会社のビル（設計・渡辺仁、松本與作、施工・清水組）は、新しい建築として大きな評価を得ていく。ページを割いてこの建物を紹介した雑誌「新建築」では、編集者が次のようにその特徴を記している。

「単純豪壮な感覚を人々に与えた、日本に於ける初めての外貌を持つ建築である。嘗つて此の国の総ゆる建築、特に銀行建築に採られたルネサンス的な装飾的要素はかなぐり捨てられ、鈍重なまでの不敵さを持って彼は濠にその姿を映じて立っている。（…）花崗岩の荒々しい鎧を身につけて豪然と立つ高邁不羈《ふき》の精神は彼のあらゆる部分に漲っている。装飾を中心とした微妙複雑な表現に代る所謂単純荘重なる近世式と称する手法を取った事は設計者の覇気と大胆さに敬服すると共に吾人にとっても大きな幸福でなかったろうか」[36]

装飾を削ぎ落とし、「鈍重なまでの不敵さ」をもつ外貌が絶賛されている。ちなみに、ここで槍玉にあげられている「ルネサンス的な装飾的要素」を付した「銀行建築」とは、同じお濠端にある明治生命館のことを指している。また、同じ文章のなかで編集者は、そこに試みられた地下四階とすることによって直接固い岩盤に建物を載せた点や、「我国建築界嚆矢」となる「潜函深礎式工法」の採用、ボルトと電気溶接による補強をした鉄骨の接合方法、配管床をつくって統一的なデザインをしたこと、「防空防弾防毒の設備をなした事」など、この建物で試みられた最先端の建築技術をとりあげている。こうした論調からも、この時代にいかに建築様式から建築技術へとその評価の重心が移っているのかがわかる。さらにこの建物には一九三七年四月に公布された防空法が適用され、陸軍築城本部からの指示によって爆弾に対する耐弾構造として「屋上床の厚さは四〇センチとし、その中に加えられる鉄筋量は、一階で五割増し屋上で七割増し[37]」とされたのである。この点については分離派の山田守が、当時次のような評価を下していた。

「第一生命の存在意義は何と云うても其の建築技術的成果であると思います。(…)防空建築としての達成でありまして、技術的説明は差し控えまするが兎に角あそこに固い頑固な物を拵えた事は大変たのもしい事であります[38]」

また、美術評論家の板垣鷹穂は、「ファッショ・イタリアの新時代を連想させる一万四千八十坪の大建築[39]」との評価を記している。

こうしてふたつの建築への評価からも、建築様式をめぐる議論が、明らかに戦時体制へ沿う、より大がかりな枠組みのものへと動きはじめていたことがわかる。そこでは、東京帝室博物館コンペで交わされたような単純な建築様式をめぐるデザインの議論ではなく、より直截な形で国家と結びつく建築の造形が求められようとしていたのである。

その一方で、日本の建築界を急速に覆いはじめたこのような重苦しい状況について、一九三六年に東京帝国大学建築学科を卒業して間もない森田茂介は、一九三九年に次のような感想を記していた。

「それは大分以前の話であるけれど、市ヶ谷の逓信病院が竣工した当時、一日あの建物の中を見学して廻り、その苦心した優秀なデザインに感激するとともに、心の底に何だか寂しい様な気分の浸み込んで行くのを拭うことが出来なかった。それは、ここに一個の優秀なデザインがある。優秀な才能が、長い年月掛って鍛え上げたドラーフツマン・シップを以って細心の注意と多大の努力を払って造り上げた優れた建築がある。けれども、その努力が、その成果が、日本の建築界全体のものとなっているのだろうか。この建物は、日本の建築界が自分の産んだ名建築として誇り得る

東京逓信病院（逓信省営繕課、1937年）

ものなのだろうか、という思いなのである。私にはそれが逓信省の営繕課が産んだ名建築に過ぎないのであって、日本の建築界全般とは遊離したものの様な気がして仕様がなかった。こう言う建築が出来てもそれはそれだけの収穫であって、日本の建築界全般は冷淡にそれと無関係にある。そんな寂しい気持が漠然と私を把えていたのだった。(…)現実の建築界を見ると出来て行く建物は皆そっぽを向いている。軍人会館風があり、ルネッサンスがあり、ペレーがあり、パウル・ボナッツがあると言った具合である。何等の方向性がないのである。こうした混沌が、果して創造に備えた建設的な体勢であるだろうか。一方に逓信病院があり、他力に帝室博物館ありといった、この情勢が。(…)

各人が勝手な道を歩んでいる。そして協力的な向上を考えようとしない現在が恐ろしいエネルギーの浪費だと思われる。何故一つの大道を歩まないんだろう。大綱を確立しての総動員的な努力が要求されている時ではないか。建設的な相互批判の確立。建築家同志の暖い協力。そして本当の日本の建築を創って行きたい。

現在新しい出発点に立っている日本の建築界は如何なる展望を持つのであろうか。日本の過去の伝統を顧み、次の一歩への出発を期待するとき、日本の正しき伝統は何であるか、それから又、我等を今駆立てるものは何であるか。

正しい伝統を生かした創造的精神、それこそが我々の抱く熱意ではないのか。

新建築運動が戦いとった機能主義に立ち、更に大陸への前進の意欲を盛った建築、それが今我々の持つべき建築ではないだろうか。

現実、自分を顧るとき、発生期の機能主義から更に一歩を進めて、和やかな生活そのものを具現している北欧の小国、スウェーデン、フィンランド、デンマーク等の建築に強く心を惹かれる事を感じる。そこに謙虚な本当の生活がある様な気がしてならない。彫刻的なイタリアの建築は、力んだファシズムの意欲を表現していて、その一種のジェスチャーは挑戦的な様な気がする。威力的に強制するものがある様な気がする。

日本、戦える日本は、北欧の様な平和な和やかな建築を生むことは許されていないかも知れない。それならば、何が日本の建築界の課題であるかを国策の線に沿って建築家は考えよう。ただその道が、過去様式の借用といったものでなく、創造でありたいと思う。日本的なもの、それを何故過去にばかり求めるのだろう。日本は生きた生命なのだから、先ずそれを求めることこそ、本当の道なのであろうではないか。それを思うとき、軍人会館、帝室博物館等の所謂国粋様式に小さく固まって仕舞って安直に日本様式を固定せしめ、多くの可能性を殺して仕舞ってはいけないと叫びたい[40]」

軍人会館（川元良一、1934年）

森田はここで、建築界の混沌として方向性の見えない状況への苛立ちを述べている。そして日本の建築界がもつべき展望として、「新建築運動が戦いとった機能主義に立ち、更に大陸への前進の意欲を盛った建築」を提示する。一方で、「機能主義から更に一歩を進めて、和やかな生活そのものを具現化している」北欧の建築に惹かれると言い、逆に「力んだファシズムの意欲を表現している」イタリアの建築には「威力的に強制するもの」があると指摘する。しかし、森田は「戦える日本は、北欧の様な平和な和やかな建築を生むことは許されていないかも知れない」と記す。森田の心の揺れに、当時の建築界の状況がうかがえる。

「ル・コルビュジエの弟子」として

一九三七年十二月、東京帝国大学建築学科の同窓会機関

誌「木葉会雑誌」に綴られた文章[41]で前川は「新建築の困難」と題して次のような書き出しで文章を始めている。

「「我々の此程迄の努力にも拘らず新建築——甚だ嫌な言葉だ——が此の如き多難な途を歩まねばならない理由は唯一つ新建築をよく作る事が至難であると言う事に他ならない。」とコルビュジエはよく私に語っていた。

新建築——返す返すも嫌な言葉だ——が既成様式を排する事も新建築の目的も意図も正しい当然の事である。然し現在の技術が此の意図目的を実現するにはまだ余りに弱体である事も認めねばなるまい。

中央郵便局を賞賛しその技術者達に最高の讃辞を捧げる事は決して誤った事ではない。斯うした時代にあれだけの建築を実現した当事者の辛酸は恐らく並々ならぬものがあったであろう事は推察に余りがある。然かもあの建築は決して美しいと思えない。(先輩に対する僭越な辞は何卒赦して頂きたい。)建築を無用の装飾から解放する所に新建築は始まるのであって終るのではない。

裸体は必ずしも美しくはないではないか」

ここで前川は、「既成様式を排する」ことをめざした「新建築」の目的や意図が正しいことは「当然」であると述べたうえで、何よりもそれを実現するための「現在の技術」が「まだ余りに弱体である事」を問題視している。前川の経験からも、それは正直な感想だったにちがいない。だからこそ、そうした努力とは無縁と思える吉田鉄郎の東京中央郵便局の評価への違和感を表明せざるをえなかったのだろう。さらに前川は戦時資材統制にもふれて、「鉄骨御法度」と題して次のような感想を記していく。

「戦時体制の整備に伴って鉄材消費統制が登場した。いい気持ちである。

鉄材消費統制の目指す処は年五十万トン程度の鉄材節約と称する。日本に於ける建築鉄材消費量年百二十万トンとして約四割を切捨てんとするものである。然し私の云う「神妙な建築」さえ作れば少なくとも年二割三割の消費節約は至難ではないのであろう。

二割として二十四万トン、トン当り時価値に四百円として九千六百万円。

此だけの金があれば銃後国民保健上最大急務の一つサナトリウム病床二百程度のもの五百棟は優に建設出来よう。現在日本全国に於ける入院加療を必要とする結核患者十二、三万収容の難問題は一挙に解決し得よう。

かかる種類の問題解決に寄与し得てこそ「よくぞ建築家に生れける」である。

今こそ日本の建築はその凡ゆる夾雑物を払い落として純正な日本精神の表現として颯爽たる姿をあらわすべき千載

一週の好機である。と同時に一歩誤れば取り返しのつかぬ建築堕落時代を現出し兼ねまじき重大時機ではないか。此の機会を利用して似而非日本精神建築を徹底的に葬り去らねばならない筈である。心ある建築家は何をしているか？」

前川がどういう現実に対峙して「新建築」を支える技術を育てようとしていたのかがわかる。だからこそ次のような言葉が綴られていく。

「今日日本で必要な建築は「神妙な建築」である。

所謂新建築の大部分は余り神妙ではない様に見受けられる。軍人会館も甚だ不神妙である。帝室博物館は言語同断である。某保険会社社屋は坪当り噸以上の鉄骨を用いた様であるがもしそれがあの「石衣」を纏うための鉄骨であったとすれば正に〇〇的建築と断ぜざるを得ない」

「某保険会社社屋」とは、ほかでもない第一生命のことを指している。前川は、その外壁の石材を纏うために余分に使われた鉄骨とはなんなのかと問いかける。そして建国記念館コンペの説明書で提示した「神妙の建築」が必要なのだと主張するのである。さらに前川はロシアの新建築についても言及する。

「嘗つて私達はモスコーの新建築家達を羨んだ。羨んだと云う意味は兎も角も確固たるイデオロギーの指導によって仕事の出来る身分を羨ましく思ったのだ。

然しモスコーの新建築は完全に敗北したと云う、ヴェスニン、ギンスブルク一派の新建築家達のあれ程の才能乃至は努力にも拘らずモスコーの新建築は何故敗れたか？

要するに彼等の美しき計画を迫力ある実現迄漕ぎつけ得る技術と社会情勢の後盾を完全に欠除していたからである」

ここにあるのは、「イデオロギーの指導」では新建築はつくれないという冷静な観察である。そして必要なのは「技術」と「社会情勢の後盾」であると述べている。文化統制がさかんに喧伝される状況にありながらも、前川は建築と向きあう原理的な姿勢を堅持しようとしていたのである。また、この短いエッセイの最後に「コルビュジエの弟子」と題して次のようにも記している。

「「お前はコルビュジエの弟子ではないか、何故コルビュジエみたいな家を建てぬか」と詰問されたことがある。光栄な話である。

然し私はコルビュジエの事務所で二年間そうした誤を仕出かさない様にと訓えられて来たのだった」

こうして前川は、ル・コルビュジエに学んだ「新建築」の乗りこえるべき道筋を見つめながら、その模倣ではない方法を模索していこうと思い定めていたのである。

Ⅵ　太平洋戦争と建築学会

「大陸」「南方」「大東亜」

大陸建築委員会の設立

これまで日中戦争勃発後の建築界の動きをみてきた。戦争遂行のための建築資材統制によって国内での本格的な近代建築の建設はほとんど不可能となり、木造バラックの時代を迎えていた。そのため植民地満州への進出が始まる。そんななか、建築界最大の組織である建築学会もそうした時代状況に対応する姿勢を加速させていく。そこで、ここからは建築学会におけるさまざまな動きをとりあげていくことにする。なかでも考察の要となるのが太平洋戦争下に建築学会に組織された大東亜建築委員会だ。この委員会は、太平洋（大東亜）戦争勃発直後の一九四二年二月に建築学会の役員会で設置が可決される。しかし、もともとはそれに先立つ大陸建築委員会を改組して発足したものだった。

大陸建築委員会は、一九四〇年三月十一日の建築学会の役員会における「委員依頼の件」は「会長一任の事に決定す」との決議[1]によって設立が承認され、四月十八日の委員依頼を経て第一回委員会が一九四〇年五月十六日に開催されている[2]。委員長はこの三月の決議どおり、建築学会の会長であった内田祥三《よしかず》の動議によって佐野利器《としかた》が互選により選ばれた。また、幹事には佐野の指名動議で山田守が選ばれる。そして依頼された他の委員は伊部貞吉、市浦健、上浪朗、太田和夫、岸田日出刀《ひでと》、小宮賢一、佐藤鑑、清水一、新海悟郎、鈴木和夫、関野克、田辺泰、田辺平学、高山英華、十代田《そしろだ》三郎、谷口吉郎、内藤多仲《たちゅう》、中沢誠一郎、平山嵩、藤島亥治郎、二見秀雄、武藤清、八木憲一、柳井平八、吉村辰夫の二十五名だった。

この第一回の委員会では、会の名称を「大陸建築委員会」とすることと、「目的及調査研究事項分類に関しては幹事に於て日本学術振興会の当該委員会をも参照して修正案作成の上更めて審議すること」の二点が決議されている。ここにある「日本学術振興会の当該委員会」とは、どのような性格をもつ委員会だったのだろうか。

日本学術振興会とは、「学術ノ研究ハ国家隆盛ノ基礎ニシテ又国威発揚の要素タリ。乃チ国民ノ理想ヲ確立シ国力ノ根本ヲ充実シ更ニ世界文化ニ寄与シテ人類ノ福祉ヲ増進センガ為ニハ人文科学自然科学ノ両方面ニ亘リテ独創的研究ヲ奨励促進セザルベカラズ」という趣旨の建議書によって、一九三二年十二月に発足した財団法人である(3)。戦後に文部省が発行した『学制百年史』(一九七二年)の記述によれば、設立の背景には次のような状況があったという。

「第一次世界大戦後昭和にかけて、世界的な不況が起こり、諸種の難問が発生した。これを打開するため、諸外国では、積極的に学術研究を振興し、その実用化を図り、国力を増強することが根本的な対策とされた。そこで政府・学界あるいは産業界が相協力し、学術振興のための各種機関を創設することとなった。わが国においても、昭和六年の満州事変の前後からようやく学術研究が国力の基礎であり、産業・国防の根底をつちかう上からもその振興が重要事であると考えられて、学術研究に対する国家社会の関心がにわかに高まった」

こうして設立された日本学術振興会には、十二の常置委員会のもとに分野ごとの特別委員会と小委員会が組織された。その研究費総額は文部省科学研究奨励金のほぼ十倍にあたり、わが国のもっとも重要な研究振興の組織であった。科学技術史研究者の廣重徹によれば、それは「科学研究を産業的・軍事的要請に合せて編成する上で、決定的な役割を果たし」、「豊富な資金と近代化への志向とに支えられ」、「日本の研究水準をいちじるしく上昇させた」という。しかし廣重は次のように指摘することも忘れなかった。

「その資金と近代化とは、科学研究活動を国家的要請のもとに有効に動員するために追求されたものであった。むしろ、この目標においてのみ、豊富な資金も近代化も可能だったのである。だから、日本における科学研究の発展は、科学が国家的要請に従属してゆくことと引換えにしか実現しなかったといえる。その国家的要請とは、当時にあってはいうまでもなく軍事に主導されたものであった(4)」

この廣重の指摘は、そのまま当時の建築学会にも当てはまる。ここで紹介するのは、一九四〇年、その日本学術振興会の土木・建築部門の常置委員会だった第11委員会のもとに新たに第39小委員会の設置を求めるために使われたと思われる内部資料である。そのタイトルは「第11常置委員会ニ「支那各地ニ適切ナル建設物ノ計画及構造ノ研究」ノ第39小委員会ノ設置」と題され、委員会を設置する「趣旨」については、次のように記されていた。

「支那各地に現在及将来日本が建設すべき建設物の如何なる規準、計画及構造に拠るべきかを検討せずに無方針で構築することは、将来に大なる悔いを残すことと思われる。即ち樺太に於てその激寒地であるにも拘らず、一般住宅等の諸建築が何れも東京の震災後の「バラック」建であったり、又朝鮮満州に於ても之に類するものがある通り、支那各地に於ても土地、気候、風土に即しない営造物が出来、その結果生活及生産の機能に支障を来し、一面経済上大きな無駄を生ずる事は明らかである。

今後日本が支那に於て構築すべきものには道路、橋梁その他の土木施設を始めとし、住宅、工場其他の諸建築があり、何れも在来の支那の建設物とは其の様式及機能を異にするものが多い故、その土地在来の方式を充分検討せずそのまま之を採用するは危険である。良く土地の状況、気候、材料、構造其他地理的条件を充分調査して研究を行い、その土地に即した建設物の計画及構造を定めるべきである。而かもこのことは各方面の権威者の共同研究に待たねばならない。

故に茲に第11常置委員会に第39小委員会を設け、以て東亜建設に対する土木建築方面の重要なる緊急事項を解決せんとするものである」

この趣旨文からも読みとれるように第39小委員会は、日中戦争勃発という時代状況の急激な変化を受けて、大陸進出の趨勢に沿う形で設置されたことがわかる。さらに「研究事項」として、次の項目が掲げられていた。

(1) 各地の気候風土風俗習慣の調査
(2) 在来建設物の計画上及構造上の特徴並に欠陥の調査
(3) 各地の労働力其他交通機関等の建設機能の調査
(4) 各地産出の建築材料の調査(天然人工品共)
(5) 建設物の計画及構造諸規準の設定

これらの項目からは、戦時体制に建築界としても積極的に参画していこうとする意図と、そのために必要となるさまざまな調査を進めようとする意向が小委員会設立の背景にあったことが読みとれる。おそらく「建設」という語句に、建築界が時代に対して果たすことのできる積極的な役割への期待をもったにちがいない。そのことは、選ばれた委員が次のように大学、試験所、研究所といった研究組織にとどまらず多方面から構成されていることからもうかがえる。建築学会をこえた、実践的な委員会だった。おもな委員、

委員長、早稲田大学教授・内藤多仲。東京

大学助教授・平山嵩、早稲田大学教授・佐藤武夫、東京工業大学教授・谷口忠、早稲田大学教授・十代田三郎、京都大学教授・村田治郎、陸軍技師・柳井平八。

他の委員には北支住宅会社の副社長、華北交通会社の建築課員、上海恒産株式会社の理事、内務省の技師などが含まれていた。その後、第39小委員会は、設立初年度の昭和十五年度の事業報告(5)によれば正式な研究の名称として「東亜建築に関する研究」と題されていく。さらに残された数少ない当時の資料(6)によれば具体的な「研究事項及び其の分担」は次のとおりだった。

第一分科　気候、風土、習慣の調査。主査・平山嵩。
第二分科　在来建築物の調査。主査・佐藤武夫。
第三分科　土木施設および労力交通。主査・青木楠男。
第四分科　材料の調査。主査・谷口忠。
第五分科　東亜建築研究。主査・内藤多仲。

また、この第39小委員会に使われた経費については、『特別及ビ小委員会ニヨル総合研究ノ概要　第七回』（日本学術振興会編、一九四三年）に次のように記載されている。

「昭和十五年度　九千二百十四・五九円
昭和十六年度　一万五百四十三・四八円
昭和十七年度　一万六千八百四十円」

また、戦後に発行された日本建築学会編『建築学の概観（1941–1951）』（日本学術振興会、一九五五年）によれば、この小委員会は昭和十五年四月一日から昭和二十一年三月三十一日まで設置されたとあり、経費の合計は十万九百五十円にのぼる。ここから昭和十七年度までの金額を差し引くと、昭和十八年度から二十年度までに六万三百五十一・九三円が使われたことになり、年度平均では二万百十七・三一円となる。すなわち戦時下にも減額されることなく増額され、多額の研究費が与えられていたのである。

さて大陸建築委員会に話を戻せば、第一回で内容を検討された際、なぜ日本学術振興会の第39小委員会を「参照」することが決議されたのかについては、先の分担表からうかがい知ることができる。すなわち第39小委員会は、その親委員会である第11常置委員会が土木と建築の双方の分野から構成されており、建築に関する研究事項は第二分科の「在来建築物の調査」と第五分科の「東亜建築研究」に限られていた。また第五分科については、全体の委員長でもある内藤多仲が主査を担当することになったものの、具体的な研究が始められることはなく、委員も内藤ひとりの状態が続いていく。おそらくこのような第39小委員会における研究の推移を受けて、新たに発足する建築学会の大陸建築委員会では、それらを補完し、建築分野により特化する目的と調査研究事項が検討されて内容が決められていったにちがいない。

こうして大陸建築委員会は、第二回の委員会を一九四〇年六月七日に開き、「大陸建築委員会要項」を決議する。その設置「目的」としては「東亜新秩序の建設に際し本会は内外地会員の総力を結集して大陸に於ける建築建設に関し適切なる規準を考究立案せんとす」を掲げ、「研究事項」としては次のような事項とメンバーが決議される。

「在来建築に関する事項」主査・藤島亥治郎、協力委員・関野克。「都市計画に関する事項」主査・吉村辰夫、協力委員・小宮賢一、鈴木和夫。「建築計画に関する事項」主査・山田守、協力委員・市浦健。「材料構造に関する事項」主査・上浪朗、協力委員・清水一。「気象衛生に関する事項」主査・佐藤鑑、協力委員・濱野啓一。「災害防止並に防空に関する事項」主査・新海悟郎、協力委員・熊井安義。「住宅に関する事項」主査・谷口吉郎、協力委員・太田和夫。

先の第39小委員会と比較すると、建築学会に設けられた委員会らしく建築分野に沿った研究内容になっていることがわかる。しかし建築様式については、大陸建築委員会ではいまだに研究対象には掲げられていなかった。こうして時代の要請に積極的に応えようとする意図のもとに設置された大陸建築委員会だったが、その後、数回の主査会と委員会が断続的に開かれただけで、一九四〇年末からは一年以上も開催されることなく、一九四二年を迎えてしまう。おそらく背景には日中戦争の先行きの混迷と大陸進出の足踏み状態があり、委員会としても方向性を見定めることがむずかしく、切迫感も乏しかったのではないかと思われる。一方、委員長である佐野利器も同時期に建築連合協議会（一九四一年三月―四二年十一月）や住宅問題委員会（一九三九年―四一年）など複数の委員会の委員長を兼任しており、超多忙であったことも理由だと想像される。

太平洋戦争下の「発展的解消」

しかし一九四一年十二月八日、太平洋（大東亜）戦争が勃発し、緒戦の勝利が報道されるなか、大陸建築委員会は大きく動きはじめる。一九四二年一月二十日、ほぼ一年ぶりで急遽開かれた山田、佐藤、谷口、藤島の四名による主査会[7]において、「今後の方策に関し委員長の意向をも含み協議を遂げたる結果左記の通り決定を見るに至れり」として次のように決議されたのである。

「国家的発展に基き大陸建築委員会の発展的解消を為し、大東亜建築の総合的研究並びに指導の立場に於て再出発のこと。尚再出発に関しては委員長に一任のこと」

「大東亜」という言葉が使われていることからも明らかな

ように、大東亜戦争開戦という新たな局面でにわかに大陸建築委員会が再開されていく。注目したいのは、議事録のなかに注として「藤島委員より東大内に南方建築研究会設置の経過及現状に関し説明あり」とあることである。「南方建築研究会」とは、時を同じくして昭和十七年度に始まることになっていた文部省の科学研究費による共同研究「南方に於ける日本人住宅に関する研究」を指している。これは東京帝国大学教授の藤島亥治郎を研究代表者とする共同研究であり、そのメンバーは東京帝国大学だけにとどまらず、東京工業大学、京都帝国大学、早稲田大学の研究者も参加した延べ四十名をこえる大がかりなものだった(8)。しかも、その研究は、建築分野にとどまらず医学、動植物学、気象学、農学にわたる「日本民族の南方に於ける生活の科学的研究」と題された大規模な研究の一部に組みこまれていたのである。そこには大東亜戦争によって獲得された南方地域での植民地の建設に建築界も参画しようとする意図を読みとることができるだろう。

さらに、そのことを裏づけるとともにその間の経緯を示す重要な内部資料が残されている。それは委員長の佐野利器から学会会長の内藤多仲へと宛てた一九四二年二月六日付の手紙の草稿である。そこには次のように記されていた。「本委員会に於ては大東亜戦争の戦果拡大に伴う国家的発展に基き大東亜建築の総合的研究並に指導の立場に於て新たなる委員会を以て之れに当らしむることを適当と思考せらるるに付発展の意味に於て一応本委員会を解散」

また、後にまとめられた「経過報告」にも経過が次のように記されており、急展開の理由を読みとることができる。「時局の推移は本委員会の中心目標（大陸）より次第に南方に動きつつ情勢にあるに鑑み静観を持し来たったところ（…）大東亜戦争の勃発と其の赫きたる戦果に依り本委員会の進路も自から的確となりたるに付委員長の意向に基き去る一月二十日主査会を開催協議の結果左の決議を為するに至りたり」

そしてこの経過報告には、続いて上記の一月二十日の主査会の決議である「国家的発展に基き大陸建築委員会の発展的解消を為し、大東亜建築の総合的研究並びに指導の立場に於て再出発のこと。尚再出発に関しては委員長に一任のこと」という内容が再録されている。佐野利器の強い動機とリーダーシップによって大陸建築委員会の解散と大東亜建築委員会の設立が意図されていたことがみえてくる。

さらに、こうした動きを促進するような会合が直後に催されていた。それが建築学会会長の内藤多仲の呼びかけで一九四二年二月五日に開催された南方問題懇談会である。これはおそらく、太平洋戦争の勃発という事態を受けて、より積極的に建築界としての活路を南方領域へと広げようとする主旨によって急遽呼びかけられたものと思われる。

日本建築学会に残されている役員会の資料のなかには「南方問題懇談会御案内者芳名」という名簿が含まれており、建築学会会長の前任者である内田祥三と佐野利器をはじめ岸田日出刀、二見秀雄、中沢誠一郎、平山嵩ら合計三十二名の名前が記載されている。また、当日の議事をまとめた抄録の「南方問題懇談会記事」には、次のような注目すべきいくつかの発言が記録されている。

まず、内藤多仲会長が「本懇談会は会場の関係上、関係ある委員会の委員長と幹事、官庁、学校等の少数者に止めた」と述べた後、次のように挨拶している。

「南方問題と必ずしも極限を要しない、国策上必要ならば汎く諸般の問題に付知識の交換を行いたい、結論を得ることに期待しない。自由懇談の裡に漸次その問題も判然とするべく、夫れを既在委員会に結付けるか或は新委員会を設けるも可である。学会は茲に賢明なる先輩諸氏が建築界の将来に備えられて種々なる計画を樹てられたることに因り、今日の急変に善処し得たることを感謝すると同時に是れからの将来に遺憾無きことを期したい」

内藤会長は、続いて「議事の進行上佐野博士を座長に推す」と指名し、佐野が司会役となり、議事は進んでいく。

まず佐野は、大陸建築委員会について次のように発言する。

「北中南支の建築に付て基本調査に着手中であったが其後国家の気運が南方に移りつつあり又建築家も此方面に向いつつあるに鑑み大陸建築委員会は至急結論を挙げ、学会としては大東亜建築調査に乗り出し速かに結論を得られて南方建築に携わる建築家の参考に供することを緊要と認め本委員会は発展的解消を行う考えである。学会の意見に依ることであるが大東亜建築委員会なるものを設けられたい」

この言葉に佐野の意図が明確にあらわれている。その後、議事は南方での建築資材の調達など植民地建設についての具体的な話が続いていく。そして「将来の公官建築の様式に付て」も議題にされ、はじめて建築様式がとりあげられる。最後に、吉田享二の「南方研究の国家体系の整備を是非必要である」との発言を受けて佐野が「我国は南方と云う大きなものを背負込んで対処して居るのであるから有終の美を収めしめたい」と発言し、会を締めくくっている。

こうして、翌日の一九四二年二月六日に最後の大陸建築委員会が開かれる。この会は、議事録によれば前記の一月二十日主査会の決議報告が確認された後、佐野委員長が「国家的発展に伴う情勢に鑑み、学会に新に大東亜建築に関し、調査の委員会を設けらるるを適当とし、本委員会は一応発展的解消すべきこと」と諮り、「全員一致で可決」

となっている。そして大陸建築委員会の成果として「満蒙の建築資料」「気象、衛生に関する資料」などからなる「文献目録」が内藤会長に提出されて会を終えている。

なお同じ議事録には、付記として「二月五日内藤会長主催にて開催の南方問題懇談会に於て意見交換の結果、南方の建築に付ての研究指導を緊急なりとするの空気なり」との報告もなされており、大東亜建築委員会への動きが一連の流れのなかで進められたことを裏づけている。

大東亜建築委員会

「建築様式」を扱う第四小委員会の設置

大東亜建築委員会は、一九四二年二月二十七日の建築学会役員会でその設置が決議される。それに先立って二月十八日に開催された建築学会の通常総会で、当時の状況を端的に示す建築学会会長の内藤多仲の発言が残されている。それは次のような内容だった。

「百年に亙る英吉利《イギリス》の東亜に於ける牙城新嘉坡《シンガポール》が陥落して、昭南島として生れ変って参りまして、今日十八日に芽出度《めでた》く大東亜戦争の第一次の祝賀行事を行わるるに当りまして、我が建築学会を催すと云うことは、偶然とは申せ、此の十八日、八と云う字に因んだ誠に末広の意義が深いことと思います(9)」

「第一次の祝賀行事」とは、二月十五日のシンガポール陥落を受けて政府が二月十八日に開催した大東亜戦争戦捷第一次祝賀国民大会を指している。会場では酒、菓子、小豆、ゴムまりなどが配給されたという(10)。この言葉からも日本中が束の間の戦勝ムードに沸いていた様子が伝わってくる。

内藤は続いて戦時下の建築界の使命について、ドイツを例に引きながら次のように述べていく。

「建築と云い、土木と云い、世人は平和産業であると云うようなことに考える向もあるようでありますが、全くそれと反対で、高度国防国家の重大なる部分を占めて居ると云うことを我々は自覚しなければならぬと思うのであります。独逸《ドイツ》ではソ連との戦争に年額五四〇億マルクの金を費して居る、其の際に二五〇億マルクと云うものを以て、占領地の建設又事業の建設に振向けて居ると云うこと、是は防空の見地からの建築もありますし、土木もあります、道路交通色々なものがありましょうが、兎に角戦争と云うことに対しては、建設と云うことが切っても切れない大きな問題であると云うことは、既に御承知の通りでございます。斯様な訳でございますので建築団体と致しましても、此の際大いに此の向う所を御互いに考えなくちゃならぬのじゃないかと云うことを感ずる次第でございます」

　内藤はナチス・ドイツを例に引くことで、建築が戦時下において「建設」という重要な役割をもつことを強調する。そして建築様式にふれて次のように主張したのである。

「例えば南に参りまして、各自は勝手な思い思いのものを建築したと考えます、而も其の建築の計画は素人がやったものを建築家がそれを図にあらわして作ったと仮定致します、恐らく百鬼夜行と云いますか、誠に日本の恥を曝らすようなことになるんじゃないかと云うことを惧れる次第であります。我々の希望としては、相当なしっかりしたものを出して、そうしてそれが日本の建築家として彼等の尊敬までは行かぬでも、相当に見られる程度のものまでのものが出来なければならぬ、是は規模の点に於ても、建築の様式と云うような点に於て斯様な問題が検討されなければならぬと思うのであります。満州に沢山日本の建築が立って居ります、之に付て色々な意見とか、批判があるとは思いますが、是は既に過去のことであります、今後に於て日本の建築様式をどうするか、過去に於ては外国の雑誌、そう云うようなものが、相当其の資料になったと云いますか、或は参考になったと云いますか、其の参考にしたことが、良いか悪いかは別の議論と致しまして、兎に角今後に於ては日本の建築家は自主独往の立場で自分等の建築の様式を形作って行かなければならぬのじゃないかと云うことを深く感ずるものでありまして、斯く云う点に付ては有力なる皆様方の御力に俟つ外はないと思う次第でございます」

　ここでは、日中戦争の先行き不透明感と満州に建てられた建築に対する批判があることにふれつつも、新たに植民地となった南方に期待を寄せている。背景には一月二日のマニラ占領、二月十五日のシンガポール占領という太平洋戦争の緒戦の勝利があり、この内藤の発言直後の二月二十一日には政府の大東亜建設審議会の設置などが続く。こうした楽観的な情勢もあって、南方進出のシンボルとなる日本独自の建築様式の創造こそが大東亜建築委員会へと託される大きな課題に掲げられたのだろう。

　こうして「大陸建築委員会改組に関する件　当該委員会の申出通《どおり》発展的解消を承認して新に大東亜建築委員会（仮称）の設置を可決し、委員の銓衡は会長に一任のことに決定す」[11]、および「二月役員会は大陸建築委員会を改組して大東亜建築委員会を設置すべき事を決議し三月二十五日右委員会の設置を見たり[12]」、とあるような審議を経て第一回大東亜建築委員会が一九四二年四月七日に開催される。この最初の委員会には、議事録[13]に記載された出席者名簿によれば三月二十五日に依頼を受けた二十五名の委員のうち十八名が出席した。まず、内藤会長の発議により佐野利器が委員長に当選し、幹事には委員長に指名一任する動議が成立後、佐野が十代田三郎と平山嵩を指名し、当選が決まる。設立時点の委員二十五名は、次のような顔ぶれだった。

委員長・佐野利器。幹事・十代田三郎、平山嵩。委員・伊部貞吉、鎌田隆男、岸田日出刀、小島榮吉、小林政一、小宮賢一、佐藤鑑、佐藤武夫、坂本鎭雄、清水一、鈴木甫、住木直二、田辺泰、内藤多仲、中沢誠一郎、二見秀雄、藤島亥治郎、藤田敬一、八木憲一、柳井平八、山田守、吉田安三郎。

先の大陸建築委員会と比べると佐野以下、十代田、平山、岸田、清水、田辺、二見、柳井、山田が継続の委員であり、主要メンバーはそのまま連続している。第一回委員会の抄録も残されており、次のような議論が交わされていた。

佐野　暫定的の成案でも良いから成るべく早く纏めたい。

内藤　学振の方の委員長を承っておるが、自分丈けの気持ちとしては何れ同一の事をやっているのだから、学振と歩調を合わせて行きたいと思う。

佐野　北方は学振の研究に委ね本委員会は主力を南方に注いでは如何。

岸田　南方を主体として設計指針を作る目的なりや。

佐野　それも一つと思う。

岸田　設計基準を作るとしても委員の大部分は大東亜を知らぬが其点は如何にすべきや。

佐野　極めて大体のことで良いと思う。

先にふれたように内藤の発言にある「学振の方」とは、彼が委員長を務めていた日本学術振興会の第39小委員会「東亜建築に関する研究」のことを指している。大陸建築委員会と同じく大東亜建築委員会でも、それとの関連性が話題にされていた。注目すべきは「南方」という枠組みはあるものの、ここではじめて「設計指針」の作成という目的が議題にのぼったことである。ただし岸田が「委員の大部分は大東亜を知らぬが其の点は如何にすべきや」という、作業を進めていくうえでの根本的な疑問を提示したにもかかわらず、委員長の佐野はそっけない受け答えをしている。佐野の意図は原理的な建築様式を追究するというアカデミックな研究ではなく、建築様式を含めた総合的な指針の早急な提示にあったのだと思う。その後、幹事会や委員会が頻繁におこなわれ、七月一日の委員会では、次のような内容の研究事項と八つの小委員会の組織機構が決定される。

第一小委員会　建築方策（建設機構組織、技術者および労務者）に関する事項。主査・伊部貞吉。

第二小委員会　都市計画（公共施設、慰安、厚生施設を含む）、建築行政に関する事項。主査・中沢誠一郎。

第三小委員会　住宅（気象衛生を含む）に関する事項。主査・佐藤武夫。

第四小委員会　建築様式に関する事項。主査・岸田日出刀。

第五小委員会　材料構造に関する事項。主査・十代田三郎。

第六小委員会　災害防止（防空耐震等）に関する事項。主査・二見秀雄。

第七小委員会　設備に関する事項。主査・清水一。

第八小委員会　在来建築（文化遺構等）に関する事項。主査・田辺泰。

幹事　第一―四・平山嵩、第五―八・十代田三郎。

これらの研究事項を大陸建築委員会と比較すると、いくつかの特徴が読みとれる。まず、大陸建築委員会では最初に掲げられていた「在来建築に関する事項」が最後にまわされ、「建築方策」という全体方針を打ちだす新たな事項が筆頭に置かれている。また、大陸建築委員会では最後にあった「住宅に関する事項」が都市計画に続く上位になっている。これらの点から大東亜建築委員会の性格として、文献などの資料調査に重点を置いていた大陸建築委員会に比べ、現実の課題として立ちあらわれた南方建設のための直接の指針となる実践的な枠組みへと全体が変更されていることがわかる。そしてここではじめて岸田を主査とする「建築様式」を検討する小委員会の設置が決定されたのである。

ところでこの七月一日の委員会では、委員長の佐野から国策と直接関係する報告がなされていた。それは一九四二年六月二十三日付で、大東亜建築委員会の幹事会名で企画院に提出された「国土計画大綱中更に建築上考慮すべき事項」という文書である。

企画院とは、日中戦争が始まった直後の一九三七年十月二十五日、企画庁と資源局を統合して設置された内閣直属の総合国策企画機関であり、戦争の拡大に伴い軍需動員や総動員計画を進展させ、国家総動員法の立案作業を担当した国家中枢の組織である。企画院は一九四二年三月に「大東亜国土計画大綱草案」をまとめており、これに対する建築学会の意見を求めたのだと思われる。[14]

議事録によれば、この文書は昭和十七年度の建築学会常議員である建築家の石本喜久治を通じて建築学会に「非公式質問」が来て、大東亜建築委員会に「調査依託」があり、それに回答をしたものだ。その回答書では四つの「建築上考慮すべき事項」があげられ、「工業立地計画」「重要都市の不燃化」「現地建築資材の活用」などとともに南方について次のように記されている。

「南方原住民統括上建築文化を活用し住民に対する殖民政策の急速なる浸透に資すること

一　建築文化に依る感化は強力にして普遍的なること

二　邦人の進出特に産業開発等に際しては公共施設、厚生施設、住居施設等の配置、規模、形態、意匠等を特に勘案し民心の把握に資すること」

ここには「建築文化」を南方住民統括のために活用すべきであり、そこへ進出する邦人の民心の把握にも資するために建築の「意匠」をとくに勘案すべきと明記されている。このような回答書を企画院へ提出したことからも明らかなように、大東亜建築委員会に「建築様式」の項目が盛りこまれた背景には、たんなる様式の検討という枠組みをこえた南方進出のための方策の一環だとの認識があったのだ。それは「帝国議会議事堂」以来繰り返し建築界で議論されてきた「我が国の建築様式をいかにすべきか」という素朴な様式論とは次元がまったく異なり、より積極的に戦争遂行という国策へ踏みこんだものとなっている。

そしてこの方針を受けて七月十五日、委員全員を集めた小委員会総会が招集される。注意する必要があるのは、ここまでの方針が先行して決定された後に追加の依頼を出して、第四部の委員として建築学会正員の前川國男、坂倉準三、薬師寺厚と、同じく専門委員として准員の丹下健三と浜口隆一が加わって六人のメンバーが確定された点だ。(15) それは、建築様式を議論する枠組みが戦時動員の一部をなすものとしてあらかじめ設定されていたことを意味する。

第16回建築展覧会と「大東亜建築」特集号

さて、こうして開かれた七月十五日の総会では、まず佐野委員長から「小委員会設置経過、趣旨、並に研究目標及内容其他」に関する説明があり、委員会の「設置趣旨」として「南方建築に関する指針を早急作成発表して指標たらしむる外、恒久的の調査研究を行い之が対策を樹立のこと」が掲げられる。そして「研究目標」に「大東亜中先ず南方を対象とすること」、「日本人を目的とすること」、「全般に亘る調査基本事項は研究進行の過程に於て考究のこと」、「各事項に関する詳細研究は後に譲り速に大綱の結論を纏め上げ之を南方に関係ある当局者に配布実現を図ること」が決議され、原案の提出期限が「九月末日迄」と定められたのである。こうした研究目標と期限の設定からも、時勢に合わせた委員会の緊急的な性格が伝わってくる。

また、全体委員会の終了後には各小委員会が「夫々《それぞれ》別個に第一回の会議を行いたり」とあり、その議事録も残されている。それによれば「建築様式」を扱う第四小委員会に出席したのは、委員全六人のうち主査の岸田と委員の前川のわずか二名だけだった。他の小委員会は数名の委員が出席して内容の議論を始めており、それに比べると出遅れた印象は拭いがたい。それでも岸田と前川は「幹事に丹下健三君を依頼のこと」を決め、「原案作成の方針に関し協議し、「次回は七月二十二日」とされた。この第二回の議事録は残されておらず、内容については確認できないが、委員会の開催自体は記録されており[16]、委員全員の会合をすぐさまもったものと思われる。しかしその後に開かれた形跡はなく、一九四二年十月三日まで約二ヵ月半もあいだが空いてしまう。さらにその久方ぶりの委員会では、岸田、丹下、坂倉、浜口、前川、薬師寺の委員全員が揃うなか、「報告書案を議し之を以て修正を主査に一任可決したり」として取りまとめを主査の岸田に一任して終わっている。おそらくこの間に誰かが原案の草稿を起こし、この日までに各委員が読み合わせてきたものと想像される。

それにしても、不活発と思われかねない第四小委員会の開催だ。しかし、そこにはそれなりの理由があったのだと思われる。それは、岸田が委員長を務めて企画実行することになった第十六回建築展覧会（南方建築展覧会）、ことにその第三部競技設計「大東亜建設記念営造計画」の図案募集という大きな行事の存在である。

毎年開催されていた建築学会の建築展覧会も、第十六回目となる昭和十七年（一九四二年）度においては大東亜建築委員会の動きに倣って変化をとげていく。その中心的な役割を担ったのが岸田日出刀である。前年度から展覧会委員でもあった岸田は、一九四二年五月十五日の建築展覧会委員会で互選により委員長に当選すると早くも五月二十日には競技設計の審査員を依頼している[17]。

今回の競技設計が例年と大きく異なっていたのは、次の点だった。まず、それ以前は建築学会内にとどまっていた審査員のなかに国の中枢機関である情報局の第五部長・川面隆三を入れて競技設計自体に社会的意義をもたせたことがあげられる。また、それまで入選と佳作数名だった賞を一等、二等、三等、選外佳作へと拡大し、賞金についても前年の入選者ひとりあたり二百円から一等千円、二等五百円、三等二百円へと大幅に増額している。さらに、一等には特別に情報局賞状も付与されることになった。

これらの学会の規模をこえた企画は、前年におこなわれた学会の競技設計「国民住宅[18]」の応募総数が八十一点にとどまったのに対して、その直前に財団法人同潤会と東京日日新聞社、大阪毎日新聞社が主催し、陸軍省、海軍省、内務省、農林省、商工省、厚生省、企画院、情報局の後援を受けて華々しく開催された「国民住居懸賞募集」が合計千二十四点もの応募者を集めて好評だったことに刺激されたのだと思われる。ちなみに、後者[19]では、一等の厚生大臣賞は賞金二千円であり、審査員には内田祥三、岸田日出刀、小林政一、今和次郎、森田慶一ら建築学会関係者以外からも厚生省社会局長や大政翼賛会文化部長・岸田國士らが加わっていた。そして審査員長は、ほかでもない佐野利器であった。こうした佐野の国の中枢機関とのつながりを活かして、第十六回の建築展覧会の競技設計も情報局の後援を得たのだろう。

しかし、そうした意気込みから企画は進められたものの、そこには戦時下特有の困難が待ち受けていた。その一端をうかがい知ることのできる資料も残されている。それは、競技設計の企画の最中において建築展覧会委員長の岸田と第三部競技設計審査員長の佐藤武夫の連名で展覧会委員と審査員に宛てた一九四二年七月九日付の「大東亜コンペの経過報告」と題された手紙である。

その手紙には「情報局後援は正式許諾せられ候も一等当選者に対する賞金は当局の都合により不可能となり」と情報局に期待した賞金の支給が適わなかったことが報告されている。また「国民住居懸賞募集」のように建築学会の会員以外の応募もできるように提案したものの、「会員外にても応募し得る様理事者に相図り候が応募者資格は従前通り学会会員たることに限定せられ候」と記されている。そして最後に、次のような切実な希望が書かれているのである。

「競技設計の成案は情報局の後援も有之《これあり》対外的影響を顧慮せられ候。且つ亦展覧会趣旨にも鑑み我建築技術を誇示するに足る優秀なる創案を得《え》度《た》くと衷心より切望致候得ば会員上下を問わず応募協力せらるる様各自の御知合の向に対し極力勧誘被成下度《くだされたく》御願申上候。会長も此点甚だ心配され居候間何分《なにぶん》の御高配方御依頼申上候」

予算獲得はむずかしく、応募者も学会内に限られて、競技設計の成否は不安材料が多いなかでの開催とならざるをえなかったのだ。その危機的な状況は、募集要項に審査員として情報局第五部長の川面隆三の名前が記載されたものの、もともとは九月十五日午後五時だった提出期限を「締切延期九月三十日午後五時」と訂正印が後から押されたことからもうかがえる。応募要項は次のような内容だった。

「第16回建築展覧会（南方建築展覧会）第三部競技設計
競技設計応募図案募集
〈趣意〉我国の国家的発展に伴い、南方諸地域の建築を中心に其の文化及生活に関する資料を展示して以て国民各位の理解を深からしむると同時に建築技術を通じ大東亜建設の鴻業に翼賛せんとする意図の昂揚を期す。
課題「大東亜建設記念営造計画」
趣旨・大東亜共栄圏確立の雄渾なる意図を表象するに足る記念営造計画案を求む（所謂記念建造物の既成概念に捉わるる必要なく計画の規模、内容等は一切応募者の自由とし大東亜造形文化の飛躍的昂揚に寄与するに足るもの）
条件、位置及敷地・大東亜共栄圏内の適宜の位置と敷地とに応募者各自の想定に基き計画するものとす
審査員・今井兼次、川面隆三（情報局第五部長）、岸田日出刀、蔵田周忠《ちかただ》、佐藤武夫、谷口吉郎、土浦亀城《かめき》、星野昌一、堀口捨己、前川國男、村野藤吾、山田守、山脇巌、吉田鉄郎」[20]

審査員の構成をみると、大東亜建築委員会第四小委員会（建築様式）の委員は岸田と前川のみである。前年度から継続の審査員は今井、岸田、谷口、堀口、前川、山田、山脇であり、この設計競技の審査員だけを務めたのが、川面のほか蔵田、土浦、村野、そして吉田である。この顔ぶれから判断するかぎり、企画の中心には岸田と佐藤がおり、前川もその下で大きな役割を担っていたことがうかがえる。実際に前川は、後にこの設計競技の審査評でみずからの肩書きを「幹事」と記している。いずれにせよ情報局を巻きこんだ一大事業であり、建築学会の面子にかけてもこの競技設計を成功させなければならないとの思いが岸田をはじめとする学会の企画委員には共有されていたのだろう。だからこそ競技設計に連動する形で急遽「大東亜共栄圏に於ける建築様式」と題する座談会が催され、「建築雑誌」一九四二年九月号の大半のページを使った異例ともいえる「大東亜建築」の特集が企画されたにちがいない。

この座談会は七月二十日に開催され、「大東亜建築特輯」号に議事録が掲載される。出席したのはパネリスト十四名と幹事・編集協議員八名だった。しかし岸田を除いて前川や坂倉、丹下や浜口ら建築様式の委員はひとりも参加していない。おそらく立場上発言を避けたのだろう。冒頭で挨拶したのは、前川の大学時代の同級生で昭和十七年度の建築学会役員で編集担当常議員の市浦健だった。彼は次のように座談会開催の経緯を説明する。

「特輯号に於て大東亜建築に関して吾々建築家が如何なる心構えでやったら宜いか、即ち南方建築の指導原理について会員諸兄の御高見を伺って見たいと云う提案が出ました

が、原稿をお願いしても、原稿を戴きたいと思う方からはなかなか書いて戴けないのが実情でありますので、それでは座談会を催したらどうかと云う事になりました」

続いて市浦は、大東亜建築委員会の建築様式の小委員会主査である岸田に座長を依頼したい、として、岸田に司会を預けていく。また、この座談会には評論家の板垣鷹穂と建築家の遠藤新が加わっていた。まず、岸田が座談会の開催趣旨について次のように述べている。

「昨年十二月八日、米英に対する宣戦の御詔勅を拝しましてから今日まで七ヶ月の間、大御稜威《おおみいつ》の下に皇軍将兵の勇戦力闘に依って赫々《かっかく》たる戦果を輝かすに至りましたことは洵《まこと》に感激感謝に堪えませぬ。戦局の進展につれて大東亜戦争に対する必勝不敗の態勢が確立されますと共に、大東亜共栄圏建設ということも着々としてその緒に就きまして、南方建設或は南方経営と建築と云う風な課題が我が国の建築技術界に新たに掲げられるようになり、日本の建築技術界が遠く海を越えて南方に進出するということが大きな課題になって参りましたことは日本の建築技術界としては洵に喜ばしいことでありますが、またそれだけ吾々日本の建築技術界に課せられた責務の重大なることを痛感する次第でございます」

岸田は状況の急激な変化にふれ、建築界の今日的使命を訴えている。続いて「大東亜の造形文化または大東亜の建築造形と云うものの根本理念、そういった課題の下に色々とお話をお願いしたい」として出席者に順次発言を求めていく。最初に指名された堀口捨己は次のように発言する。

「大東亜建設とは建築文化部門に於ては、その姿なり内容なりを持って、じかにむこうの人を服させ、世界の人を納得させることであります。それが出来なかったならば建築文化に関する限り失敗だと云わなければなりません。それは我々日本の建築家に一に懸っている責任であります。如何に武力的に服させても、文化的に服させ得ないならば大東亜建設は成功とは云えません」

この堀口の発言から、すでにして座談会の全体を覆う論調は、大東亜建築委員会の国策的な方針をそのままなぞるような建築文化戦の様相を呈していた。一方、誌上参加という形ではあるものの、佐藤武夫も堀口の言葉を受け継ぐ形で次のような意見を加えている。

「大東亜の造形文化でありますが、この設題自身のうちに已に一つの文化的志向が示されて居て愉快に思うのであります。そこに今後生れて来なければならぬ特定の文化と言うものを予見して居る点であって、それは明かに欧米の直接の継承でもなければ、一時流行しました国際的な共通のものを目指しても居ない、と言って日本の過去の造形文化の遺産をそのまま復古しようと言うのでもない、大東亜共栄圏内に独自な一つの新しい造形文化を創造して行こうと言う含みが感ぜられて嬉しいのであります。（…）今からでも決して遅くはない、学会辺りで率先してこの種の具体的な実行に着手していただきたいと思うのであります。或は更に文化宣揚の総元締のような国家的機関――例えば今の情報局の一層拡大されたような機関――の重要な仕事として取上げるように促進させる事も併せて念願して居りますわけであります」

この佐藤の意見の真意については、前年の一九四一年二月に発表された次の文章からもうかがえる。

「文化機能の総合とか、その動員とかいうことが唱えられるようになったのは此の上なく欣ばしい。（…）翼賛会の文化部長岸田國士氏は、政治に文化性を与えよと道破して文化翼賛の指標を大まかながら打たれたが、このことは同時に文化に広義の政治性を担当せしめよと言うに外ならぬ。政治と文化とが、今までのように背中合せになって居たり、場合によっては反目するような事態が続くことは国家の損失でなければならない。文化の機能力を政治が確然《はっき》りと把握し、またその逆に文化が政治に豊な手段と香気を与えることが、冀求される翼賛の眼目でなければならない。孤高の文化至上主義は揚棄されなければならない。それに代って強力な意志文化に止揚されなければならない。（…）文化はその機能力を挙げて国家の奉仕の姿勢をとる。政治は文化と堅く結合する」(21)

政治と結合される志向性のもとに発想されていく造形文化としての建築、それは戦争へ動員される建築様式の創造にほかならない。こうした堀口や佐藤の発言からも、いかに新しい建築様式の創造へ向けて議論が集中されていったのかがわかる。さらに板垣鷹穂は、建築様式の創造が新しい歴史的意義をもつ点を強調して次のように位置づける。

「勿論此処で東亜民族が世界歴史の中に進出すると云う意味は、折々考えられて居るように、日本中心に世界歴史を考えると云うことではないのであって、従来の世界史の展開を十分に理解しながら、そこに今後の日本の為して行かなければならぬ仕事を織込んで行く。之を日本人の立場から考えれば、世界史的日本人としての自覚を持つと云うことになるだろうと思うのであります。それで例えば今後東亜に建設される建築様式に関しても、其の根本方針が日本的であると云う事を仮りに言うとしましても、其の日本的と云うことの中に世界史的展開が予想せられなければならないことになるのであります」

この発言にある「世界史的」という言葉からも想像できるように、ここには当時思想界でさかんに議論されていた京都学派を中心とする「近代の超克」の考え方にあった「世界史的立場と日本」(「中央公論」一九四二年一月号)という志向に連なろうとする意志が読みとれる。板垣は同時期に発表した文章においても次のように記していた。

「大東亜戦争を契機として、世界歴史は新しい展開を営みはじめているのであるが、此処に先ず反省しなければならないのは、これまで欧州の歴史家によって欧州本位に構成されて来た過去の「世界史」を、全面的に検討しなおすことである。そして、欧州本位の世界史が過去に持った必然性を調べ、その根本的制約を充分に吟味することである。かくて、東亜独自の世界史的意義と役割とを明かにしながら、過去の世界史よりも遥かに広大な視野のうちに、新しい世界史観を建設するのである(22)」

ここにある「欧州本位の世界史」を再検討し、「新しい世界史観を建設する」ことが建築界においても大きな課題だとみなしていたのである。そして座談会では、司会の岸田もこの板垣の発言を受けて、建築界に対する時代の要請が新しい局面に入ったことの意義を次のように語っている。

「私考えますのに、自由主義の時代でありますと、建築家は各自思い思いの建築を考えて色々なものを造っていてもよかったかも知れませんが、今日の日本と致しましては最早そういうことは過去のものとなりました。そうして建築というものに民族の意思なり国家の意思というものをはっきりと表わさなければならぬという時代になり、そういう段階に現在なって来たと思います」

こうして、出席者の誰もが建築を通して「国家の意思」を表現することの意義を熱く語り合うなかでひとり冷静だったのが、満州において満州中央銀行クラブ(一九三三年)などいくつもの建築設計を手がけていた建築家の遠藤新(一八八九―一九五一年)だった。彼はみずからの経験をもとに次のような疑問の言葉を発している。

「実は私は造形文化などと云う勿体ない話を吾々建築家の者達が此処に集まって色々議論をし合う程に我が建築界ではそれだけ認識が進んで居るのだろうかと云う風な気がして居るのですがね」

そして戦時下の建築界を覆いつつある性急な議論を揶揄するかのように、遠藤は続いてこう発言するのである。

「日露戦争を契機としてあの満鉄と云う大きな綱にぶら下って、島国から初めて大陸に乗り上がったわけです。(…)然るに此の三十年の間に吾々日本人は所謂造形文化と云うものに於て一体如何なることをしたかと云うことを顧みると、是は洵に情けないものじゃないかと云う風に皆さんもお考えだろうと思う。是が日本人のやった仕事であると云って世界に向って呼号し得る建築物と云うものは一つもないと云って決して差し支えないと私は思うのです。それは要するに日本人が島国から大陸に足を乗せたのだけれども、大陸に於て如何にすべきかと云うことの根本態度に於て足りない所があったからではないかと考えます」

具体的な環境のもとで設計に携わってきた建築家ならではの指摘だった。だが、それ以降は振り出しに戻る議論が続き、終盤で谷口吉郎が決然と次のように述べる。

「今迄やって居った建築と何か違ったもっと大きな制作欲と云ったようなものが自分の心の中に燃え上って来たように感じます。それはどう云うことかと申しますと、今迄の建築は先ず生活の為めのものであったわけで、それには間違いないのでありますが、此の頃では段々もう一つ何か自分としては所謂神の建築を掌るのだと云うようなことがはっきりと吾々の頭の中に浮び上って来たのではないかと実は考えて居るのであります」

造形への意志とでも呼べる一種異様な精神状態に、建築様式をめぐる議論が突き動かされつつあったのである。

さて、この座談会の直後と思われる時期に岸田は、競技設計への呼びかけを「建築雑誌」八月号に掲載された「大東亜共栄圏建設営造計画の実現を望む」でおこなっている（しかし、九月号の編集後記には八月号の発行が「一ヶ月以上も後れました」とあるから、実際には競技設計の締切直前の掲載になってしまった）。そのなかで岸田は、この設計競技のもつ意義について次のように記している。

「今や大東亜共栄圏建設という鴻業も漸くその緒に就き、南方経営または南方建設という課題が新たにそして大きく掲げられるにいたり、我等建築技術家の眼と心とがひとしく南方に鋭く向けられるようになった。

日本の建築技術が南方に大きく進展するのだ。日本の建築家としてこの大いなる時代に生を享けたことの感激と幸福とをしみじみと感ずる。（…）

我々の眼は、大東亜戦争勃発までは、主として大陸へのみ向けられていた。だが今や局面は一大進展をなして、大陸へのみ局限されていた我等の眼は、更にずっとずっと大きく大東亜共栄圏の全域に対して向けられるようになった。遠く海を距てた何千キロメートルの南方に横わる広大な諸地域に亙って広がるすべての建築技術というものが、ひとしく日本の指導の下に置かれることになった。僅か一年前には夢想だにされなかった広大の新天地開拓の大業が、日本の建築技術界に課せられることになったのだ。（…）

茲に提案する「大東亜共栄圏建設記念営造計画」は、そうした過去の記念碑めいたものとは全くその類を異にする。消極的な記念性は微塵もなく、それはあくまで積極的な記念性を、その内容としまた表現とするものでなければならぬ。だから墓碑めいたものや、単なる記念碑めいた旧套の概念に支配されるものであってはならぬ。また更にそれは大東亜の造形文化昂揚という大理想をよく達成するものでなくてはならない。（…）

今日の時代に於いても、日本の建築界が「まだ建築は死んではいない」「建築は生きている」ことを、本競技設計の成果によってはっきりと証明したい。特に新進青年建築家の奮起を要望して止まない次第である」

ここから読みとれるのは、日中戦争の勃発とともにさまざまな建築資材統制が実施されてオリンピックも万国博覧会も中止を余儀なくされ、建築界が戦争という事態に置き去りにされてきたなかで、南方という広大な新天地を前に建築家の果たすべき新たな使命が見えた、という独特の高揚感である。岸田には、こうした時勢を梃子にいまこそ新しい建築様式を創造できるとの思いが募ったにちがいない。

佐野利器の思惑と意図

時代が求めるものへの対応なのか、建築学会の機関誌である「建築雑誌」も編集協議会という組織が誕生し、従来の型からの脱却を図ろうとしていた。その「最初の特輯号として割合に企画通りに出来上がった」[23]のが「大東亜建築」を特集した一九四二年の九月号だった。巻頭文の執筆者はほかでもない、そうした一連の動きの中心にいた大東亜建築委員会委員長の佐野利器である。「世界第一国たる国威の宣揚」と題されたその文章は次のように始まる。

「昭和六年満州事変の発生をきっかけとして、我日本帝国の世界的立場と国民的自覚との上に一大変革が起った、昭和十二年の支那事変と共に、此立場と自覚とは更に一段の進展を見た、而して昭和十六年十二月八日に勃発せる大東亜戦争に依て、我世界的立場と国民的自覚との上に、新に又飛躍的の変革が当然に加えられたのである。（…）満蒙支は既に我と共存共栄の関係を結んで我傘下にある、斯くして我国は最早や東洋の渺《びょう》たる一孤島ではない、其勢力圏の大さは元よりであるが、其資源の現勢力と潜勢力とに於ても世界の第一国たる地位を獲得したのである。（…）

茲に我々は思を我が職域に馳せよう、大東亜共栄圏確立の為に南方諸域に於て各般の建設に伴い、順次に、日本政庁を始め諸種の用途に充つべき沢山の建築物が各所に建設せらるべきである、いつ迄も敵産利用のみでも済まされない、それにつき研究問題として我技術界に課せられたものは多々あると思う」

そして、建築様式について次のような踏みこんだ問題提起をおこなう。

「建築様式即建築物の風貌様姿等芸術に関する事項も亦最

重要なる問題の一つであると信ずる。蓋し、共栄圏の諸民族に号令する我国として、我性格を表現し我国威を宣揚する上に最有力なるものであり、且又、茲に進出する同胞に対し祖国的背景たる役割をもなすものだからである。但し、祖国内に於て我等は古き用途と構造とによる沢山の洗練せられた芸術を持って居るけれども、残念ながら未だ新しき用途と構造とに依る芸術の確立を見たりとは云い難い、新日本的性格の芸術につき相当努力せられたるものあるとは思うが、まだまだ満足すべきではない、此時局下、斯くの如き事情の下、我等職域内のものは寸時も空費するを得ざるの感がある。苟《いやしく》も鉛筆を持つ技能を有するものは、一層の奮励を以て、個人としても亦団体としても、此事に関する日夜の努力研鑽をなすべきではあるまいか。聊《いささ》か所感を記して愛国の士の奮起を望む」

佐野にとって「建築様式」とは「共栄圏の諸民族に号令する我国として、我性格を表現し我国威を宣揚する上に最有力」であり、「進出する同朋に対し祖国的背景たる役割」をもつものとして認識されていたのだ。そこには建築様式への並々ならぬ期待が込められていたにちがいない。

じつは、佐野がこうした思いを少なくともこの七年以上も前から抱きつづけていたことを示す文献が残されている。それは「建築知識」一九三五年四月創刊号に掲載された座談会の記録と佐野の寄稿文である。日中戦争前の一九三五年三月九日におこなわれたこの座談会は「新日本建築を語る会」と題され、出席者は佐野利器、遠藤新、伊部貞吉、平林金吾、堀口捨己、藤島亥治郎、田辺泰、大岡実、谷口吉郎の九名である。その多くが佐野のもとで大東亜建築委員会の議論に参加することになる顔ぶれだった。途中まで司会を務めた佐野は、次のような指摘から始める。

「一体日本の建築の様式論というものは、これは目新しいことではなくして、ずっと旧くからいろいろな方面に議論されて来たり、若くはその煩悶が引続いて来て居ることだと思うのです。(…)何とかここに、吾々の心持、従来もっている民族的な趣味性に一致する形は出て来ないであろうか、(…)京都の美術館みたいなものであったり、或は東京の美術館みたいなものであったり、歌舞伎座だの、軍人会館だのといったような様々の試みがあります。そのいろいろ試みた人の努力には実に敬意を表するが、まだ成功に近付いて居るものとも考えられない」

「京都の美術館」とは京都市美術館(一九三三年)であり、「東京の美術館」とは当時建設中だった東京帝室博物館(一九三七年)を指している。佐野はほかに歌舞伎座や軍人会館をあげて、いわゆる帝冠様式が成功しているとは言いがたいとしている。そして求めるべき建築様式を「民族的な趣味性」という言葉によって提示しようとする。続いてこの発言を受けて、後の大東亜建築委員会で第一小委員会の主査になる伊部貞吉が次のように発言する。

「建築家で所謂芸術家として任じられていた先輩の方々にどうも指導精神というものが欠けてやしないか。あまりに個人的の芸術味を満足することを知っていて、所謂主義、主張に生きるという観念の先輩が少いことが、今日の日本の建築様式に混乱を来たしている一つの原因じゃないかということを、私はつくづく考えて居ります」

伊部は、建築様式の混乱の原因として建築家の「指導精神」の欠如をあげているが、ここにも大東亜建築委員会へと続く建築様式の統制という考え方が表明されていた。こうして、佐野が次のように発言で締めくくるのである。

「建築界全般に於て、構造の方面と計画の学問の方面とは、今日日本は非常な進歩だと思います。(…)遺憾ながら残る一つの意匠の方面については混乱状態を脱し得ない。(…)私はここで風向きの具合によっては、ぐっと伸びた建築芸術を吾々が持って、西洋人習いに来いといったようなことになるんじゃないだろうか、と言っても過言ではないと思いますが、今更タウトなぞ担ぎ廻るというような不見識なことではなくて済むんじゃないだろうか、というような考えを持つのであります。が、それも民族の趣味性というものが基礎になって、そういうところに進んで行くのじゃないだろうかと考えるのですが、伊部君のお話の通り、所謂建築界の大家なんという人は頼むに足りない。もうこれは試験済みです。(笑声)中堅以下の人の努力に俟ちたいのであります」

座談会がおこなわれたのは一九三三年にブルーノ・タウトが来日し、桂離宮を絶賛した直後であった。[24] 佐野は、構造や計画に比して立ち遅れた意匠面を補強し、日本独自の建築様式を創造することの国家的意義を自覚したのだ。また、それを担うのは「指導精神」に欠けた「大家」ではなく若い世代だと認識していたのである。「大家」とは東京帝室博物館等の審査員を務めた伊東忠太や武田五一らを指すと思われる。ここに大東亜建築委員会の建築様式を議論する委員会の主査として大家たちの下にいた岸田を指名し、さらに彼の教え子の前川國男や谷口吉郎、丹下健三や浜口隆一らより若い世代を巻きこもうとした佐野の真意が読みとれる。また、同じ雑誌の寄稿文「民族的趣味性を無視した建築」では、佐野は次のように記していた。

「関東大震災以来日本の建築学術界というものは長足の進歩発達を遂げた。(…)然るに此処に頗《すこぶ》る遺憾に堪えないのは建築意匠界の状況である。(…)日本には日本人の民族的乃至は伝統的趣味性というものがある筈である。之に基かずして我々は何物に満足することが出来るであろう。然ればと云って日本の神社仏閣の如き形態にオフィスビルディングを作る訳にも行かない、即ち建築物の用途材料構造等と民族的趣味性との調和を得たいということは意匠の社会に対する万人の切実なる要求、希望であったが、大正も過ぎ帝都の復興も完成して昭和の今日に至るも依然として満足するものを見ることが極めて少いのは誠に遺憾とするところである。(…)外国の雑誌の模倣をしてこれでもうよろしい筈だなどという民族的趣味性を無視したものに同意することはどうしても出来ないことである。要は呉々《くれぐれ》も民族的味わいを得ることに意匠家の努力を求めて構造計画意匠共に燦然たる光彩を我建築界に添えんことを切望して已まない次第である」

ここには関東大震災以降の耐震技術の進歩にかかわってきた自負と、立ち遅れた意匠への苛立ちが表明されている。こうした思いがあったからこそ佐野は、七年後の一九四二年にみずからが中心となって大東亜建築委員会を設立し、最重要な研究課題として建築様式を掲げたのだ。そして太平洋戦争の緒戦の勝利という束の間の追い風が、佐野に「世界第一国たる国威の宣揚」のための建築様式を創造するという方針をとらせたにちがいない。しかし、それは建築を戦争の総動員体制に組みこむことでもあった。

南方建築指針による建築様式論

「浜口ほどザンゲもしない」

大東亜建設記念営造計画コンペの企画は、一九四二年五月から建築展覧会の委員長だった岸田日出刀のもとで進められた。募集期間は募集規定が掲載された「建築雑誌」七月号の時点から延長された締切の九月三十日までとなる。けれどもこれは、大東亜建築委員会第四小委員会での「建築様式」に関する議論の初期段階で、岸田と前川が丹下を幹事に指名することを申し合わせた七月十五日から二ヵ月半の長いブランクを経て、丹下を含む委員全員が集まって草案をまとめた十月三日までの期間にそのまま重なる。

　結果からいえば、このことはコンペで一等に選ばれた丹下健三がその企画に深くかかわった大東亜建築委員会の委員であり、しかも幹事という要となる立場でもあったことを考え合わせればかなり微妙な事実関係になる。すなわち審査員の岸田と前川が応募者の丹下と同じ委員会で頻繁に顔を合わせ、コンペの内容とも重なる議論を重ねていたことにほかならないからだ。ちなみに、コンペの審査は前川の審査評(25)によれば十月六日と十五日であり、結果報告が建築学会の役員会でなされたのは同日の十月十五日、表彰式は十一月七日だった(26)。こうした経緯からより詳細にみれば、「建築様式」の委員会だけがなぜ他の委員会の順調な議論の積み重ねとは異なり、二ヵ月半もの長いブランクがあったのかという原因は、じつは丹下がコンペの応募を希望し、その作品制作に集中していたためであったとも考えられる。いずれにしても、大東亜建築委員会における建築様式の議論とコンペによる新しい建築様式の紙上での模索という作業は、まったく重なる問題意識のもと岸田、前川、丹下、浜口ら限られた関係者のなかで進められていたことは間違いない。そしてそうした議論のただなかで、前川もみずからの建築思想を深化させていったのである。

ここでそのことに関連する貴重な証言として、戦後の一九五三年に「国際建築」でおこなわれた座談会[27]での前川國男の発言を引用しておきたい。

「戦争中に、浜口・丹下両君には共同責任が多少あると思うんだけれども、非常に責められたんですよ。(…)委員会があって、「これだけ設計をやっていて日本建築様式がいまだにできないとはおかしい、いったいどうしてくれるんだ」と居直られたのですよ。それで言ったんですがね――当時の日本に巡洋艦があったですよ――古鷹とか青葉とか――日本独特の巡洋艦があった。非常に精鋭だったそうですよ。日本艦舟からヒントを得たという巡洋艦ね――平賀〔譲〕さんか何か御自慢の設計だったね。非常に少い資材で荒波を突切る、能率のいい巡洋艦が造られた。それで建築学会のお歴々は要するに、お前たちは長年設計をやっていて建築様式ができないのは怠慢じゃないかということらしかった。僕は、青葉・古鷹が日本的であるといわれる意味においてのみ「日本的」はあり得るのだという答えをした。そうしたらどうも工合が悪いんですね。殆んど国賊（笑声）といわれんばかりの言い方をされたことがあるんですよ。(…)その当時印象に残っているのは、浜口と丹下と二人で、先生今晩暇ありませんか……と、銀座かどっかレストランで一晩居直られた――大分僕はやられたわけですよ。(…)僕はどうもプランからセクションからというけれども、果してそうですかという。それは僕自身プランプランというけれども、頭に形が最初にないわけじゃないというようなことでお茶を濁した。その直後大東亜会館計画が出た。その下ごしらえに…（笑声）」

これまでみてきたコンペの経緯と、この前川の発言を擦り合わせるとき、前川が浜口隆一と丹下健三に責められたのは三人が出席した七月二十二日の大東亜建築委員会第四小委員会の直後であることが推測可能だ。また、そう考えると、前川の発言の最後にある「その下ごしらえに…（笑声）」という言葉は、丹下がコンペの応募案を練るためにその手がかりを得ようと前川に議論をもちかけたことを示唆しているとさえ思われる。同じ座談会で、前川の発言を受けて丹下が当時を次のように回想している。

「〔一九三八年に大学を〕卒業した頃、日本にできる新建築にはやり切れない感じでした。近代建築にはもっと真実と感動がある筈だと思っていたのに、それが全く感じられないのです。人が中央郵便局や逓信病院を語っているとき、僕はミケランジェロやギリシャの建築に、またローマのフォラムの配置に魅力を感じていたのです。だんだん京都や奈良や伊勢が、白いタイルからは決して感じられないような感動を与えてくれるようになりました。素直な木組や、そこを流れる力の動きや、さらに環境を作り出すうまさに衛生陶器よりは更に真実なものが感じられました。当時、建築学会の座談会で僕たち若輩も白タイル派の大先輩の間によばれたことがありました。話が歌舞伎座や軍人会館のことになったのですが、実は、白タイルと歌舞伎座とには根本的な違いはあるのでしょうが、真実さの稀薄の点では同じようなものと考えていたものですから、「君たち、このような建築をどう思うかね」と聞かれて、「さあ、よくわかりません」と言ってしまったのです。それ以来あいつは危険だとにらまれていました。

そのすぐあと、大東亜会館の計画案を出したのです。ハニワ風のコンクリートの版構造でした。僕は、審査員の方々からは大目玉を覚悟していたのです。ところがどういうことか白タイル派の方々も全員でその案を推して下さったというので、僕の方が驚いてしまったのです。(…)僕はこのことに対して浜口ほどにはザンゲもしないし、悪業だったとも思ってはいません。当時新建築は白タイルのハリボテから一歩本物になろうとしている時期だったのです。それに加えて日本にとって技術の国際的な交流が失われたのです。僕自身についていえば、日本の建築から何か本物をスタディすることができたように思っています」

丹下の発言にある「浜口ほどにザンゲもしないし」とは明らかに、同じく大東亜建築委員会の議論に参加していた浜口が戦後の一九四七年に出版した著作『ヒューマニズムの建築——日本近代建築の反省と展望』(雄鶏社)に記した次のような記述を指している。

「戦争の時代の進展とともに高潮する国家主義のなかに現れた日本的建築様式の問題と記念建築の機運とは日本の近代建築の潮流に対して決定的な打撃をあたえた。(…)さらに決定的なことはこれまでは近代建築の潮流に属していた「進歩的」な人々までが大部分ついにその近代建築思想への信条について動揺し、あるいはそれを完全に放棄するにいたったのである。最後まで近代建築思想への信条を維持した建築家は筆者の寡聞もあろうが数えるほどしかいないのではあるまいか。かくて日本における近代建築の潮流は成立以来二十年のこの時にいたってほとんど消滅せんばかりの最悪の状態になったのである[28]」

浜口がこのように戦後に記述し、「反省」と書名にまで付した背景には、彼が戦時中に大東亜建築委員会の議論に加わったことが尾を引いていたにちがいない。そんな浜口に比べるとき、急進的ともいえる丹下の発言と、彼らふたりから追及を受けて困惑したという前川の発言を比較するとき、戦時下の大東亜建築委員会を支配していた独特の空気、新しい日本の国家的な建築様式を創造することへの熱望を感じとることができる。それは建築学会内の紙上コンペという枠組みをはるかにこえた、佐野を中心とする強い意志のもとでの重要な国家的イベントであったのである。

日本国民建築様式というテーマの設定

さて、長いブランクを経て開かれた一九四二年十月三日の第四小委員会で主査の岸田に一任された「建築様式」の議論は、その後どうなったのだろうか。議事録には「各小委員会報告原稿出揃いたるに付之れを幹事の許にて編集し、十一月六日幹事連合会を開催、各分科会毎の関連事項に付協議したり。其の結果に基き再調査を行うこととなり」とある。ここからは、七月十五日から始まった各小委員会での議論から約四ヵ月、ようやく出揃った原稿を編集し、幹事が集まって協議がおこなわれたことがわかる。この時点でまとめられたと思われるガリ版刷りの原案が残されている。「建築様式」の項は第八章から第十章までであるが、ここでは第十章の全文を引いておきたい。

「大東亜建築委員会報告書（案）南方建築指針

第十章　国民建築様式の完成

建築に於ける造形理念と技術的諸条件とは、恰も人間に於ける精神と肉体とに相応する。

人間にあって物心が一如であり、それは切りはなすことができず、いずれを先いずれを後と区別することができないように、建築にあっても技術的諸条件と造形理念とは将に一如の関係にある。これら二つのものが互に働きかけ、共に渾然と調和融合するところに、始めて具体的な建築が生まれるのである。そのいずれかを欠くことは、真の建築でないことを意味する。

かくの如くして生まれる建築を、主としてその形の方面から把えようとするものが、即ち「建築様式」である。建築様式の正しい認識がそこにある。従って建築様式は、建築家の実践的行為、すなわち設計によって始めて齎らされるものである。だから日本のまた大東亜共栄圏の建築様式は如何あるべきかへの解答は、真の意味に於ては我々建築家の作品によって如実に示されるものでなければ与えられないことになる。

今日のナチス独逸《ドイツ》のように或るひとつの既成の建築様式――新古典様式――を統制的に採用している場合には、その解答はかなり明確になる。だがこれとても彼等のひとつの実践的行為によって始めて齎らされたものであることは何の変りもない。

国民文化確立という大旗、幟の下に、国民造形理念と建築の技術的諸条件との相互媒介によって生まれるものが、「国民建築様式」であり、我々すべての課題はここに集中される。

我々がここに「国民建築様式」と呼ぶところの将来の日本の建築様式は、次の三項をよく充足するものでなければならない。

第一節　国民的統一性の保持

造形理念の背後には、国民全体が横たわる。国民の造形への意志を具象化する国民建築様式は、従って国民全体のものとして、しっかり纏った統一性が必要である。個人本位の自由性はここでもはっきりと揚棄され、巨大な神輿を国民全体で担い進むと云うかたちで練成されなければならない。この点に関しては、ナチス独逸とファッショ伊太利《イタリア》の動向は我々にひとつの大きな示唆を与えるものとして注意すべきであろう。

第二節　国民的伝統の発揚

国民文化は、国民の歴史的発展のなかに生まれる全文化であるから、伝統というものはあくまで保育されまた発展させられなければならぬ。国民建築様式は、深くこの伝統に根底をもつ。数千年にわたる民俗の心のうちなる故郷を憧影するところに国民建築様式があり、その象徴としての伝統に根ざすとき国民建築様式が生れる。

第三節　大東亜共栄圏の光被

我々の国民建築様式は、すくなくとも大東亜共栄圏を、更に弘く全世界を光被するものでなければならぬ。八紘一宇の大理想のもとに創成さるべき日本国民文化は、決して狭義の郷土的趣味の如きものではあり得ない。過去の歴史に明かなように、偉大な国民文化というものは、恒《つね》に広く世界を光被しつづけた。

偉大なる文化は、国民的独自性を稀薄にした国際性によってではなく、寧ろその国民的独自性に徹しきり国民性を純粋に鍛えあげてゆくことにより、国民的文化そのものの高さと純粋性の故にこそ、世界を汎く広く包括することが出来たのである。すなわちそれは世界を弘く光被する国民文化であったのである。

我々の日本国民建築様式も亦我々の国民的独自性に徹しつつ、しかもその純粋性と優秀性によって、大東亜共栄圏をあまねく広く光被するものでなければならない」

ここで注目したいのは、求めるべき「建築様式」がはじめて「日本国民建築様式」という言葉によって定義づけられた点だ。また、文中にある「個人本位の自由性はここでもはっきりと揚棄され、巨大な神輿を国民全体で担い進むと云うかたちで練成されなければならない」という文章には、先の座談会での岸田の発言と連なる認識が示されている。さらに続く文章からは、発想の手がかりとして「ナチス独逸」や「ファッショ伊太利」の動きがあったことがうかがえる。そしてそこには、当時岸田がまとめつつあったある著書の存在が想起される。それは『ナチス独逸の建築』(相模書房、一九四三年三月一日発行)である。

この本は、最新のナチス独逸の建築の動向について翻訳テキストと写真図版によって紹介しようと発行されたもので、序文には「一九四二年九月」の日付が付されている。また「逐文訳を浜口隆一君にしてもらった」とも記されていた。岸田は大東亜建築委員会での議論が進むかたわらで、委員のひとりで教え子でもある大学院生の浜口とこの本をまとめていたことになる。岸田と浜口の関係や仕事の進め方から推測すれば、「南方建築指針」の草案についても岸田のもとで浜口が記した可能性がありうる。この二年後に在盤谷《バンコク》日本文化会館コンペの評論として浜口が記すことになる長文の論考が、ほかでもない「日本国民建築様式の問題」(「新建築」一九四四年)と題されているからだ。

さて草案の文面に戻ると、こうして建築様式の目標が設定されたにもかかわらず、その造形が具体的に提示されることはなかった。ただ「建築様式は、建築家の実践的行為、すなわち設計によって始めて齎らされるものである。だから日本のまた大東亜共栄圏の建築様式は如何あるべきかへの解答は、真の意味に於ては我々建築家の作品によって如実に示されるものでなければ与えられないことになる」とだけの抽象的な説明に終わってしまっている。うがった見方をすれば「我々建築家の作品」として想定されていたのは、ほかでもないコンペで一等となったばかりの丹下健三が示した案であったのかもしれない。

一方で、指針案全体に目を転じてみると、その文体は、時代状況をより強く反映したものになっていることがわかる。たとえば報告書の冒頭にある第一小委員会のまとめた「第一章建築方策」は次のような書き出しで始まる。

「南方における諸事情はまだ不明の点多く、今後の総合的調査の結果に俟たなければ恒久的建築方策の樹立は困難である。然し他方南方に於ける戦略の進展を顧る時、建築事業の急を要することは自ら明かであって、此の対策を確立することは喫緊の急務である依て茲に応急策として次項の如き南方に関する建築方策を立案したのである。南方に関する建築方策として先ず第一に考慮すべきことは建設事業の一元的企画統制である」

この文章には「建設事業の一元的企画統制」という言葉が記されており、ナチスが推進していた文化統制からの直接的な影響を読みとることができる。また、第二小委員会の「第二章　都市計画」の文案にも次のようなより踏みこんだ記述がみられる。

「日本文化を表徴する中心施設（例えば神社忠霊塔等）を都市計画的に考慮すること。之に依って日本人の精神的結合の強化を図ると共に、原住民に日本文化を感得せしめる機会を与える。

各種の都市施設（住宅を含む）の規模は日本人の東亜の指導者たるを示すにふさわしき雄渾なる気魄を表現するものとすること。

敵国的色彩を払拭し、之に代って日本的文化を植えつけること。

敵国の文化を誇示し、敵国の努力を示威する都市計画的施設（例えば広場、記念碑、道路等）は充分検討の上将来の文化工作上障害の虞れあるものは速に破棄または改装すること」

まさしく建築が日本文化を表徴するものとして戦争へと動員されることが明言されていたのである。そして、続く「第三章　建築行政」でも次のように記されていた。

「日本人に依って建築せらるる建築物の意匠様式については、地区毎に適当なる指導者を置き、その指導の下に健全なる日本的様式に統一することによって、低級なる意匠装飾の氾濫を防止する」

ここでも「指導者」のもとで「健全なる日本的様式に統一すること」が明言されており、さらに続く説明文には、「建築様式の統制」という項目さえ掲げられていた。

このように他の小委員会の文案と比較すると、「建築様式」の委員会が提出した草案がいかに全体の文体とは異質なものであったのかがわかる。どこか哲学的であり、文学的で抽象的な文体にとどまっている。それは建築界から当局へのデモンストレーションとして、実践的で具体的な指針を性急に求める佐野委員長の意向にそぐわなかったにちがいない。だからなのだろう。十一月六日の幹事連合会で「再調査を行うこと」と言い渡されたのは、実際には「建築様式」の第四小委員会だけであった。

こうして、第四小委員会は、次の節目となる十一月二十日の第二回幹事連合会に向けてのわずか二週間のあいだに二度も集まり、急ぎ協議を重ねたのだろう。そして後に詳しくふれるが、前川は、こうした議論の最中にみずからの考えを長文の論考である「覚え書」[29]と「審査評」として文章にまとめていたのである。この間の委員会の動きを議事録から追うと次のように整理できる。

第四小委員会、一九四二年十一月十一日。岸田、丹下、前川、浜口、薬師寺（坂倉欠席）。「「様式」の項再考に関し協議したり」

第四小委員会、一九四二年十一月十八日。岸田、坂倉、薬師寺、丹下、浜口、前川（全員が揃う）。「報告書修正に関し協議したり」

こうして当初一九四二年九月末を目途に始められた「建築様式」の指針作成は、大幅に遅れてようやくまとまり、一九四二年十二月二十六日に、最後となる全体の委員会が開かれている。この日の議事録には「「南方建築指針案」に関し各小委員会主査及幹事の説明あり審議を了したり」とある。また審議の終了後、小委員会ごとに佐野委員長との協議がおこなわれ、その議事録も残されている。建築様式については次のようなやりとりが交わされていた。

岸田　他の報告と調子が違うことを気付かれたと思う。委員会としては現地に直ぐ役立つものを望まれたことと思うが、検討して見ると斯の様になった。適切な指示を得て修正したい

佐野　現地に建てるもの斯々《かくかく》のものたるべしと要路へ提示しようと思った、例えば……米英のはあの通り、日本のは国威を示すものでなくては不可　進入邦人が故郷を偲び得るもの更に進んでは斯う云う様式にすべしとの結論を得たかった（…）学会五十年資金を以て大東亜建築問題で様式が具示出来ぬ事は遺憾であるから之れを具体的に勉強する為め例えば日本公館建築の様式に付て競技設計を行いたい（…）

武藤　日本建築の自覚反省と書いてあるが……持合せが無いからではなく何にか出す手はあるのではないか、構造主義とか日本趣味的とかあるが過去を顧て感あり

岸田　様式が漠然としては居る

佐藤　建築家に示すものか

佐野　要路に出すもの

武藤　持合せないと云うことが残念だ

前川　日本伝統の沈潜したるものが出なければならない、具体的に伝統を握んでなかった、間違て執て居った

武　ナチス、ファッショは指示を与えたと云うが皆な政策として持合せがあった

丹下　ナチスは日本ほど持合せがなく、なかったから新古典主義が擡頭して来た、日本の場合は具体的な内容が無い

佐藤　様式論は様式政策が建築文化政策に入れものであるから無くしては

藤岡　建築文化政策も南方に於ては特色が見出せまい

佐野　様式論は要らないから入れても一寸で宜い

注目すべきは前川と丹下の発言である。前川の言葉には原理的な思考が足りないことへの自戒の念が表明されていた。一方、丹下の言葉からは、日本がいまこそ新古典主義に頼ったナチスの方法をこえて新しい建築様式を創造するべきだ、という積極的な決意を読みとることができる。前川と丹下の志向性の違いをあらわす発言として興味深い。

そして佐野は「様式論は要らない」と発言し、「様式政策」に重点を置こうとしていたことが読みとれる。さらに佐野は、建築様式確立のための方策として南方地域に建設する「日本公館」の競技設計をおこなう具体的な企画まで提案していた。議事録にも次の記述が残されている。

「会長の発議慫慂に依り五十周年記念事業資金を以て南方に将来建築せられべき我公館建築様式確立の為め競技設計を行うことは適切なる事業なりとの意見に到達したるも本委員会として行うべきか或は学会として行うべきやに付委員長考慮することとなれり」

こうした議論の経緯をみてくると、佐野には南方進出のシンボルとなる具体的な建築様式のモデルを創出することへの執着が強く働いていたことがわかる。

さて、佐野との議論を経て建築様式の第四小委員会は大幅な改訂案を作成すべく、その後毎週のように会合を開いていく。議事録を追うと、主査の岸田のもとで中心メンバーだったとはいえ前川は七月十五日以来、合計九回におよぶ小委員会に欠かさずに出席していたことがわかる。そしてこのような議論の結果を受けて、一九四三年三月一日の幹事会の議事録には「第四分科会より更改案提出ありたるを以て之れを差替え委員長の閲を受け会誌に掲載のこと」と記されている。そこから判断すれば、ようやく「建築様式」の指針案がまとまり、佐野の校閲を経て公表される運びになったことがわかる。しかしこの日の幹事会では、一方で「対外的に配布すべきものは要約したるものを作成することとし大西幹事に原案起草依頼のこと」と決議されていた。幹事レベルでは、より簡潔な指針へまとめなおそうと動きはじめていたのである。こうしてその後、一九四三年四月九日の幹事会と四月二十三日に小委員会主査及幹事連合会が開かれて最終的な文案が確定される。

公表された南方建築指針

大東亜建築委員会の発足から一年、「建築雑誌」一九四三年四月号に、南方建築指針が公表される。「建築様式」の項は次のようにまとめられていた。

「第一章　主旨

第一節　国民建築様式の確立

大東亜共栄圏建設という曠古《こうこ》の偉業をよく達成する上に、

文化の事は極めて重要である。日本がこの大東亜共栄圏を文化の上でも、力強く統率するためには、まずしっかりと皇国日本としての国民文化を確立することが肝要である。そしてこの国民文化を象徴するものこそ実に建築でなければならぬ。(…)

第二節　日本建築の伝統精神

(…)日本の建築には古くから、日本固有の輝かしい伝統精神というものがある。それを顕現発揚するということは、これからの日本の建築様式を創造しようという時忘れてはならぬことである。

古来日本の建築と欧米のそれとを比較して、どこがちがうか。欧米建築は、いずれかといえば建築物個々の構成を主とした造形意志によって形づくられたものが多く、いわば視覚空間を主な対象としている。これに対し、日本の建築はむしろ建築物の周囲をかこむ環境の秩序ある造営精神というものに主眼がおかれ、恒に生活空間として内包的に理解されてきた。この環境秩序的な造営精神こそ、日本の建築がその肇国《ちょうこく》以来悠久二千六百年の長きに亘り、保有しつづけてきた建築の光輝ある独自の伝統であり精神である。欧米の建築では、建築は建築としてだけしか認められぬが、日本では建築は恒に自然と結びつき、建築と自然との渾然たる融合によって、そこに雄渾無碍な造営精神が発揚され、世界に比類なき建築様式が完成されている。

畏れ多いが、伊勢神宮に拝される森厳にして雄渾極まりない様式の真髄は、欧米流の建築観を以てしては到底理解することはできないであろう。また京都御所や桂離宮の御建物が簡素瀟洒と高雅優美の気品の中に、しかも凛然たる威容を示しているのは、環境秩序的な造営精神がその隅々にまで満ち溢れているからである。更にこの精神は、古来日本の住居にみる家と庭との隔てなき生活空間の造成に於いて、端的によく示されている。欧米の建築と全くちがう日本建築の真の姿を、ここにはっきりと認めることができよう。

およそ建築は生活を離れては考えられない。日本の建築は日本の国民生活に即し、それを正しく容れる器として、すなわち生活環境の秩序の造成として把握され具現されなければならぬ。大東亜共栄圏の各地に、日本人の生活を対象とした建築が将来陸続と経営されるであろう。その如何なる場合にあっても日本肇国以来の建築に連綿と保育され発揚されきたった光栄ある唯一独自の造営精神をあくまで昂揚したい。

第二章　方法

第一節　平面計画の精神

大東亜共栄圏内各地域に、日本をその指導者として経営さるべき建築の様式を考える場合、まず該地域に於ける在来の米英的な生活に基いた建築の形式内容を、その根本から払拭しなければならぬ。建築の生活内容を在来の米英流に放任しながら、単にその表面の衣裳に日本の過去建築様式の皮相末節だけを表現して、日本的建築の該地域進出なども誇示するの愚は厳に戒めねばならぬ。すなわち、平面計画の精神を新しく日本のものに入れかえねばいけない。（…）新しい国民生活方式というものは、単なる過去の日本の再現でもなく、また現地在来のものの無反省な踏襲であってはならない。それはあくまで大東亜共栄圏諸地域に於ける皇国民の新しい国民生活の発展に即応しつつ、この曠古の大業達成のための推進力となるが如き形式のものでなければならぬ。（…）

（…）

第二節　造形的表現

（一）過去様式と構造形式との関連

建築の造形的表現は、構造の主体をなす構築材料により左右される基本構造形式によって、その根本の性格を異にするものである。

過去の日本の建築は木造をその主体構造形式とした。日本建築の伝統を実践的に把握しようという場合にあっても、現在の構造形式との全面的関連の下に慎重になさるべきことはいうまでもない。木造という構造形式に於ける限りは意味がありまた正しくもあった伝統も、現在の他の構造形式にあっては全然意味もなくまた妥当を欠く場合もあり得る。この認識を欠くと、過去の木造形式では意味があり正しかったような造形を、今日の他の構造形式の建築にそのまま模倣したりする過誤に陥ったりする。すべて建築の造形表現というものはまず、その構造形式に即して把握されなければならぬ。かように、日本の建築様式にみる伝統は構造形式に即して正しく把握されなければならぬが、また同時に現在の構造形式そのものも日本建築様式の伝統を通して展望され再検討されなければならぬ。（…）

（二）風土・気候・材料との関係

広大なる地域に跨る大東亜共栄圏各地に建設さるべき建築は、その地域を異にするにつれそれ相応の変化を表すべきことはいうまでもない。それは風土気候や建築材料をそれぞれ異にするからである。（…）」

前回の草案と比べて、集中した議論の成果とでもいえる密度の高いものになっている。次の点に注目しておきたい。

まず、第一章の「主旨」では全体の論理の立て方に「日本建築の伝統精神」の特質を「欧米建築」との違いによって強調しようとしている点があげられる。欧米建築が「建築物個々の構成を主とした造営精神」によって形づくられたものが多いのに対して、日本の建築は「環境秩序的な造営精神」に主眼が置かれ、「恒に生活空間として内包的に理解され」、自然との融合が果たされているとされる。またそうした特徴を備えた実例として、はじめて具体的に伊勢神宮、京都御所、桂離宮の名前があげられる。さらに「日本建築の伝統精神」は、「日本の住居にみる家と庭との隔てなき生活空間の造成」に端的に示されているとする。

第二章の「方法」では、造営精神を具現化する建築の方法の根幹として、「平面計画の精神」が設定され、それを「新しく日本のものに入れかえねばいけない」とされる。また、新しく生みだされる建築の「造形的表現」として重要なのは「構造形式に即して把握」することであり、風土気候に合わせた「建築材料」を用いることだとされる。

こうして南方建築指針の「建築様式」の内容からは、小委員会のメンバー、岸田日出刀、前川國男、坂倉準三、薬師寺厚、丹下健三、浜口隆一に共有されていた建築様式をめぐる議論の到達点を読みとることができると思う。そしてこの議論を踏まえて、併行して実施された大東亜建設記念造営計画コンペにおける丹下の一等案と審査員の前川の講評文と「覚え書」という論考、翌年の一九四三年に開催された在盤谷《バンコク》日本文化会館コンペにおける丹下の一等案と前川の二等案、浜口による両者の違いを詳述した戦時下最後の大論文「日本国民建築様式の問題」など日本の近代建築をめぐる真摯な議論が展開されていくことになる。

その後の大東亜建築委員会

しかし指針の発表後、大東亜建築委員会は一度も開かれることはなかった。その一方で、委員長の佐野利器と幹事のあいだでは引きつづきさかんに会合が続けられていく。

まず続く一九四三年七月九日の全幹事会では、議事録に「南方に対する建築施策案」の件　大西幹事の整理案及平山幹事起草の緒言案等夫々決定」とある。このことから幹事の大西が全体の要約版を担当し、平山が緒言の文案をまとめたことがわかる。さらに、この幹事会では要約版を国家の中枢機関へ提出し、説明をおこなうことも相談されていた。議事録には「対外的に広く周知せしむるものとし役員会に予め諒解を求む」とあり、建築学会の理事会の諒解を得て対外的に提示することが方針とされ、「謄写刷百部急造のこと」、「取敢えず当局に提示し賛同を得たるとき次項以下の方法をとること。提示説明は成るべく委員長に依頼のこと」とある。また提出先として情報局（第一企画課）、大東亜省、陸軍省（軍務課）、海軍省（南方政務部）、翼政会（「南方問題の研究会の如きもの」）、翼賛会、南方関係諸団体（機関誌への掲載希望）と具体的にあげられていた。さらに

「諸般の情勢を見て新聞社に発表のこと」、「新聞社出版不可能の際は学会にて印刷物作成のこと」と記されている。そして幹事会ではまとめられた方針を伝えるために「大東亜建築講習会」も企画されていた。議事録には「大東亜建築講習会計画案を決定之れを役員会に移し学会の事業として実施方を希望するも本委員会は之れを援助することを決定」とあり、講習会計画案は次のような内容だった。

「大東亜建築講習会計画案
　主旨・大東亜建設に携わる建築技術者に対して予備的知識を会得せしむるものとして建築技術者を対象とす
　主催・本会及日本学術振興会
　後援・学振と協議の結果に依ては大東亜省及文部省に依頼
　会期・十月上旬六日間　会場・教育会館」

そしてそこには「建築様式論・岸田日出刀」「建築構造論・二見秀雄」「大東亜建設の使命・佐野利器」など具体的な十九の題目と講師案も掲げられていた。ここから読みとれるのは「大東亜建設の使命」に向けて建築界のすべてを動員し、当局への働きかけと建築界の統制化を一挙に推し進めようとする佐野利器の強力な意志である。また、当時を知る手がかりとして、大東亜建築委員会の第八小委員会（在来建築）の委員で東京帝国大学教授の藤島亥治郎がこの幹事会直前の七月三日に建築学会大会でおこなった講演「大東亜建築の構想」の記録(30)がある。藤島はそのなかで大東亜建築委員会の設置目的を次のように明言している。

「学会の本委員会の企図するところは南方建築の建設に関する我が現在有する学術と経験に基く実際案の提示であります」

続いて藤島は、大東亜建築の構想としてなぜ「建築様式」がテーマにとりあげられたのか、について説明を加える。

「様式などは末の末ではないかとお考えかもしれませんが、私はそうは思いませぬ。様式こそは建築最大の本質である。たとえ、大東亜の風土に適し、衛生施設宜しきを得たとしても、様式に於て遺憾な点があらば、その国家的機能は多くの場合崩れてしまうからであります。勿論、今すぐ建てねばならぬ建築をいうのではありません。大東亜樹立の計画は国家百年、否数百年、数千年の大計であります。（…）英米蘭等に代って大東亜の盟主たるべき日本が、原住民は勿論、全世界から、流石新指導者日本だと心服せらるるために、大東亜各地に施すべき各種の施設工作のような、誰の目にも触れ易いものに、其の最高の形式を発揮せねばならない、ということです。即ち、先ず都市、建築、道路、橋梁、港湾のような土木建築的なものがそうでなければならない。殊に、民族的表情を盛り易い建築には余程考慮すべきものがなければならないということであります。
従って大建築であればあるほど、様式的構想は極めて重大であり、早く何とか方策を定めねばならないのであります」

この藤島の発言には、当時、建築様式に何が期待されていたのかが如実に表明されている。また、そこには同じ講演のなかで「着々実績を挙げつつある」と報告されているように、藤島を研究代表者として昭和十七年度から始められた文部省の科学研究費による大型の共同研究、「南方に於ける日本人住宅に関する研究」で得た知見も含まれていたにちがいない。続いて藤島は、こうした状況下、建設へ向けた具体的な計画が進んでいた在盤谷日本文化会館の競技設計にもふれて、次のように述べている。

「此の度泰《タイ》国首府バンコックに日泰文化会館の建設が企図され、其の極めて大規模な内容を持つ計画を全部チーク材を以て早急に実現せんと準備中であるといいます。直接の関係者ではないが私はこれこそ南方に於て我が現代日本の構想を泰に指示するばかりでなく、大東亜共栄圏の大理想を造形的に世界に見せつける最初の重大な第一歩であると思い、第一歩であるがためにそれだけ様式如何が重大問題であり、新聞の伝える如く、何が何でも早く実現せねばならぬのだというような事務的なことであっては建築家の大迷惑するところであると思います」

たしかに藤島が指摘したとおり、「在盤谷日本文化会館建築競技設計図案懸賞募集」の要項が掲載されたのは「建築雑誌」一九四三年九月号であり、提出期限は十月三十日というきわめて短い募集期間が与えられたにすぎなかった。こうして藤島は、歴史家の立場から次のような率直な意見を述べてこの講演を終えている。

「実は大東亜各地の建築様式どころか、日本内地の建築様式すらも、明治以来各自がそれぞれの主義主張を行い、それらが悉《ことごと》く真剣に皇国のためを思っておるのですが、未だに真に確立するところを見ない現状であることを思えば、建築の意匠様式のむずかしさは推して知られるのでありますから、ましてや大東亜各地に於いての様式の確立は今急にどうせよと云ったとてどうにもなるものでもありません。現在としては新日本建築主義とでもいいましょうか、欧米の所謂合理主義に相当するものを以てすべしとの説や、新国粋主義といいましょうか、例えば城郭のような過去形式より新しいものを生めとの説などがありますが、私はここでは其の何れも十分な説とせず、其のようなことはともかくも、飽くまでも新時代の日本民族たる精神的な表現を最も新時代の科学に合理的で、且つ過去の日本美に劣らぬだけの美しさを示し得たものこそ大東亜建築構想の至高なるものという、甚だ漠然たるところが却って様式論の真理であると申し述べることに止めたいと存じます」

しかし目の前の現実は、「新時代の日本民族たる精神的な表現を最も新時代の科学に合理的で、且つ過去の日本美に劣らぬだけの美しさを示し得たもの」を性急に求めようとする議論の枠組みがますます強固な形で建築界を覆いつつあったのである。

だが、このような佐野の主導による建築界あげての強い働きかけにもかかわらず、一九四三年九月十一日の幹事会では「南方建築講習会計画は情報局の意向に徴し且亦諸般の情勢に鑑しても此際見合わせんとするを適当とす」とあるように計画の縮小を余儀なくされていく。おそらく背景には、一九四三年二月一日のガダルカナル島からの撤退や五月二十九日のアッツ島の日本守備隊二千五百人玉砕など戦局の決定的な悪化が影を落としはじめていたのだと思われる。しかし一方で、十一月五日には時の東條英機内閣がタイ、フィリピン、ビルマ、中国、満州国、自由インド仮政府の代表らを集めて東京で大東亜会議を開催し、「大東亜共同宣言」を採択している。それは「大東亜を英米の桎梏より解放」することなどを戦争目的として明確に提示し、自主独立の相互尊重、各々の伝統の尊重、互恵的経済発展、人種差別撤廃、文化交流の促進、資源の開放などを共同綱領として掲げる内容になっていた(31)。

そして、こうした楽観的な動きがあったからこそ、佐野の指示のもと当初の予定どおり幹事によって整理された南方建築指針の要約版である「南方にたいする建築施策」がまとめられ、「建築雑誌」一九四三年十一・十二月号に発表されたにちがいない。冒頭には「大東亜建築委員会調査報告」として次のように記された。

「「南方建築指針」を発表したが、稍《やや》専門的に亘るので其の後更に之を要約し対外的に供資すべきものを分科会幹事のもとにて作成中の処先頃成案を得るに至った。依って南方建築施策上の参考として陸海両軍部を始め大東亜省及情報局当事者に夫々提出を了したので、爰《ここ》に其の全文を紹介せんとするものである」

そのなかで建築様式については、当初の議論とはまったく異なり、より直截で簡潔な表現にまとめられたのである。

「南方に於て建設せらるる構築物の大部分は我が民族発展の歴史的意義を象徴する文化の業績となるべきものである。故に個々の構築物の建設に当りては常に大東亜建設の国家的理想の把握と其の表現意欲の発揚に基く国民建築様式の具現が要望せられるのである。然るに国家的理想の把握と其の表現意欲の発揚に就ては適切なる指導が必要である許りでなく、場合に依っては強力なる統制を加えなければならない。即ち政府に於ける大東亜建設の国家的理想昂揚に関する施策に即応して建築界に於ても国民建築様式の表現意欲の昂揚に資すべき適切なる方策を講ずる必要がある。又別掲の調査研究機関内に建築様式に関する部門を置き、其の科学的究明と具現に当らしめ且建築様式に対する指導と重要構築物の様式決定の審議をなさしめ、個人的造形意欲の排除と国家的造営精神の把握とを図り、健全なる国民建築様式の急速且具体的確立を期すべきである」

この文面に佐野が最終的にめざそうとした「建築様式」の全体像が明確に表現されている。すなわち、「適切なる指導」と「強力なる統制」によって「個人的造形意欲の排除と国家的造営精神の把握とを図り、健全なる国民建築様式の急速且具体的確立を期す」ことにほかならなかった。

続く一九四三年十二月四日の委員長幹事会では、講習会計画は「当局取締方針に鑑み見合わせ」となり、「之れに代わるに「誌上講座」を開設することに決定す」とされている。また、「今後の調査研究事項に付ては左の通り決定したり」として「南方住宅」「構造、材料、設備」「様式」の項目に統合整理することが決議される。そしてこうした決議を経て次のような建築学会からの通知が一九四三年十二月七日付で各所へと送られた。

「本会大東亜建築委員会に於ては佐野利器博士委員長として南方建設上建築施策の問題に関し調査研究中の処別紙の如く成果を得るの運びと相成過般陸海軍両省始め関係当局に夫々提出致候に就ては貴会に於かれても大東亜建設諸問題御調査中に有之候わば建築に関しては本会意見を具現せしめらるる様格別の御高配に預り度先は右御報告　旁《かたがた》　此段御依頼迄如斯御座候　昭和十八年十二月七日　建築学会」

またその宛先は、翼賛政治会、大政翼賛会、南洋協会、南洋団体連合会、東亜経済懇談会、南方圏研究会、太平洋協会、東亜振興会、東亜調査会、東亜問題調査会だった。

しかし、各当局の反応は議事録にはなく、不明である。太平洋戦争が最終的局面を迎えており、建築はもはや相手にされることもなくなってしまったのだろう。それでも佐野の周辺では、継続した活動の模索が続けられていた。まず佐野が強く実施を求めていた建築様式確立のための競技設計については次のような規定案が残されている。

「懸賞設計規程
課題・南方基地に建設さるべき日本府
趣旨・時局下南方の日本府として高雅、尊厳なる意匠と、南方環境を包容せる計画、構造なることを望む
締切期日・昭和十八年〇月〇日」

この競技設計は形を変えて在盤谷日本文化会館競技設計

の実施によって発展的に解消してしまったのだと思われる。そして最後に開催された一九四三年十二月二十二日の幹事会では「委員会改組審査と誌上講座に関し協議」とあり、「大東亜建築委員会改組案」として「構造、南方住宅、様式、其他の四分科会に改組」することが決議される。建築様式を検討する「様式分科会」では今井兼次、岸田日出刀、小林政一、権藤博、柳井平八、陸軍・齋藤利忠の名前があげられ、岸田を除いてすべて入れ替える計画だったことがわかる。一方、先の幹事会で講習会に代わって提案された誌上講座については次のような要綱案が残されている。

「大東亜建築誌上講座執筆要綱

主旨・大東亜各地の建設に必要なる諸資料或は具体例又は方針を簡明に記述し、特に図、写真、表等を利用して理解を容易ならしめ、将来各地の建築設計に役立たしめるのを以って本講座の目的とする。

誌上講座開設期間・昭和十九年二月号以下逐次毎月一—二件宛掲載し、二ヶ年をもって終了するものとす」

結果からみれば戦局の悪化はその後ますます激しさを増し、「建築雑誌」の発行も滞るなか、こうした企画は実現されることなく大東亜建築委員会の活動は立ち消えとなって終焉を迎える。ちなみに委員会の廃止が最終的に決議されたのは、敗戦直後の一九四五年九月八日に開催された建築学会役員会においてである。議事録には「戦時的委員会ノ廃止ニ関スル件、当該委員会トモ協議ノ上全面的廃止ヲ可決ス」とあり、都市防空に関する調査委員会や建築資材に関する委員会など合計十二にのぼる戦時中の委員会のひとつとして大東亜建築委員会の廃止が決定される。しかし、そこにはなぜ廃止にいたったのかについての説明は一言も記されてはいなかった。そして続く十一月十日の建築学会役員会では、内藤多仲会長出席のもとで何事もなかったかのように次のようなことが話し合われていたのである。

「学会今後の事業として差当り進駐軍の現場作業見学、進駐軍の建築関係専門家との懇談会開催、日本的建築関係資料中優秀なるものの紹介等に依り、進駐軍との接近連絡を図りてはとの提議あり、早速右実現方適当に考究することに意見一致せり」

ここには、建築学会が敗戦を直視した痕跡は認められず、進駐軍との良好な関係づくりへと踏みだした事実だけが記録されている。

前川國男と建築連合協議委員会

ここまで大東亜建築委員会の経緯を詳細にわたってみてきた。一見すると戦時体制へ迎合し、建築を戦争へ総動員することでみずからのめざす建築統制と日本の威信を表徴する建築様式を創造しようとする佐野利器の強い意志と、それに素直に従った岸田日出刀らの動きにも思える。しかし、注意深く資料を読みとくと、実際にはさまざまな立場と思惑が複雑に交錯し、佐野の方針への抵抗とも思える動きもみえてくる。それでは、前川國男はどういう役割を担い、日本国民建築様式をめぐって何を考えようとしたのだろうか。大東亜建築委員会の議論が続いた一九四二年四月から一九四三年十二月にかけての前川の建築学会や建築士会における活動を列記すると、次のようにまとめられる。

建築連合協議委員会第三部会（建築設計監督業務に関する事項）委員・一九四一年八月―一九四二年十一月。

第十六回建築展覧会第三部競技設計「大東亜建設記念営造計画」審査員・一九四二年五月―十二月。

大東亜建築委員会の追加委員・一九四二年七月―一九四三年十二月。

日本建築士公用団への入団・一九四二年六月十六日付。(32)

戦時建築規格作成委員会委員・一九四二年十二月―。(33)

建築連合協議委員会とは、一九四一年三月、「時局に対応する為建築上の体制につき研究協議すること」を目的に建築学会、日本建築協会、日本建築士会及建築業協会の四会連合のもとに設置されたものである。(34)委員長は佐野利器が務め、五つの部会で組織された専門委員会は委員総数六十名にのぼる大規模な体制だった。ちなみに、この委員会が延べ七十九回におよぶ会議を重ねてまとめた「建築新体制要項」は「建築雑誌」一九四二年十一月号に発表され、十一月二十六日付で内閣総理大臣・東條英機と各大臣、企画院総裁、技術院総裁に宛てた建議書として提出される。

前川は、この委員会に一九四一年八月から石本喜久治らとともに主査の山下寿郎のもとで「建築設計監督業務に関する事項」を検討する第三部会の委員として議論に加わっていた。第三部会は「建築の本質論を掘り下げる」ために、「各委員の私案の提出」もおこなわれ、十六回におよぶ議論が尽くされたという。(35)

「建築新体制要綱」が国家中枢に向けて性急に建議された背景にあったのは、「新体制」という言葉に象徴される時代の急激な変化である。それは一九三七年七月の日中戦争勃発後に戦争遂行のために制定された軍需工業動員法などの戦時統制立法や物資動員計画をつかさどる企画院の創設、そして一九三八年四月に企画院において陸軍主導で制定された国家総動員法を受けて一九四〇年七月に「新体制樹立」という国策の刷新を目標に掲げて発足した第二次近衛文麿内閣がもたらしたものだった。建築界も「この国家の動向に沿うべき建築の体制刷新に関する熱心な要望(36)」が起こり、建築連合協議委員会の発足へつながったのである。

日本建築士公用団もこうした動きに連なる形で一九四〇年十二月、「社団法人日本建築士会会長指導の下に建築士の職域に於て高度国防国家完遂の国策に即応せんがため軍、官、公及特定の国策法人に協力し其建築設計監理の委嘱に応ずるを以て目的とす(37)」として設立が決議された。

そして戦時建築規格作成委員会も、「戦時下の情勢に即応して、資材と労力を極度に節約した所謂戦時型ともいうべき建築の規範の作成を急遽企画する事に決し」て設置されたものであり、委員総数は六十四名にのぼった(38)。しかし、それは戦争遂行のために経費と労力の節約を至上目的とするものにすぎなかった。

こうして列記するだけでも、前川が急激な形で建築界の戦時体制へ深く組みこまれていったことがみえてくる。

大東亜建設記念営造計画コンペ

丹下健三「大東亜建設忠霊神域計画」をめぐって

一九四二年秋におこなわれた大東亜建設記念営造計画競技設計の審査評は、審査結果とともに「建築雑誌」一九四二年十二月号に掲載された。審査員十四名のなかで審査員長の佐藤武夫と前川國男のふたりだけが審査評を記している。佐藤は「審査所感」で、「審査経過、並びに入選作品の個々についての批評は、別稿に審査員幹事としての前川國男氏の記述がある筈である」と記している。具体的な批評は前川に託されたのだ。またこの審査評とともに前川は「覚え書――建築の伝統と創造について」という長文を執筆し、同時掲載している。しかも文末の日付によれば、前川は「覚え書」を十一月十七日に、審査評を十一月二十日にあいついで書き終えていた。またこの時期は、大東亜建築委員会の建築様式を議論する第四小委員会が最後の協議をおこなった十一月十一日と十八日とも重なる。つまり、あわただしい議論のただなかで前川は「覚え書」によってみずからの立場を確認し、直後にこの審査評を書いたことになる。

さて一等に当選した丹下健三の応募案「大東亜建設忠霊神域計画」は、富士の裾野を敷地に選び、東京とのあいだを大東亜道路で結ぶという壮大な提案だった。また大東亜道路を挟んで国民広場と正対する中心施設の本殿は、伊勢神宮に範を得て抽象化し、鉄筋コンクリート造による軒高六〇メートルの巨大建築として構想されていた。丹下はその計画主旨のなかで次のように記している。

「我々は日本の営造の伝統した精神の指し示す道を行く。

大東亜建設記念営造計画、1等当選・丹下健三案（1942年）

人を威圧せず何人をも抱き入れる自然と営造との渾一が作りなす「雄渾」なるかたちこそ我々が指し向うべき世界的規模の「雄渾」であり「森厳」である。尚諸々のかたちには一切の歴史の確認なき偶然なるものを避けた。歴史の確認するかたちの中にこそ将来への大いなる発展の萌核がふくまれるが故にである」

文中の「雄渾」という言葉や、「歴史の確認するかたち」といった捉え方は、そのまま丹下が幹事として作成にかかわった南方建築指針を受けたものであることがわかる。一方、その議論にも深くかかわった前川は、丹下案についての審査評を次のような指摘から書きはじめている。

「一等当選の栄冠を担われた丹下健三君の、富士山麓に於ける神域計画は其の企画、設計、意匠、製図表現の全体に亙って見事なる一貫性によって貫かれ、殊に其の思索の深き点に於て断然群を圧し一等当選せられたる事は若き建築日本の健在を示すものとして欣快に堪えない所である。

即ち人間の創造一般が伝統の具体的把握に出発すべき消息を深く省察した作者は本計画にあたって日本に於ける建築の在り方に対する反省よりはじめて建築のヨーロッパ的紀念性の否定に進み、鉄筋コンクリートに依る「神社」の計画にあたって「歴史に確認されたる形」をその出発点とし、木造神社建築の母型に拠り所を求められたのである。

而かも「聳え立つ千木《ちぎ》」も「太敷立《ふとしきた》つ柱」もここにはその影をひそめ「勝男木《かつおぎ》」は天窓に変貌してそこに見られるものは単なる擬古主義ではない。かかる神社が神社として許容さるるか否や「神社は木造に限るべきもの」との意見を護持せらるる各位に於て種々異論も生ずる事とは思われるけれども「祭の形式」が国民的規模に於て行われる将来を思えば軒高六十米の此の如き神社は可能なのではあるまいか？　兎も角も作者が、「世界史的国民造形」の困難なる問題に正面からぶつかり、「大東亜造形文化の飛躍的昂揚」と云う今回の競技設計の副題に対し、その本道の一班を見事に回答された事は絶賛に値するものと謂わなければならない」

　前川は丹下案の「木造神社建築の母型」をよりどころにしつつ、それを「単なる擬古主義」ではない造形へと高めた点を絶賛する。しかし続く文章では、そこに孕まれた方法論上の問題点を指摘することを怠らなかった。

「と同時にその対象が神社建築にとられた為めに今日日本建築の造形的創造一般がはらむ普遍的な問題の核心も亦相当見事に外されている事も我々は認めざるを得ない。よく申せば作者は賢明であった、悪く申せば作者は老獪であった。いずれにせよ此の作は金的の狙い打ちであったと申してよいと思う。

創造一般が伝統よりの創造であると謂う命題が正しいにも拘らず所謂擬古主義の何処に誤謬があるか？　或は日本建築の伝統精神と謂われる材料構造の忠実な表現に出発する構造主義的所謂「新建築」の何処に錯誤があったのか？本計画の企画構想はその何れもの錯誤を比較的自然に避け得られる「幸福な場合」であった事を指摘して作者の今後の精進に期待したいと思う」

　前川は何を言おうとしたのだろうか。前川が課題となっていると考えたのは伝統の形だけを踏襲した「擬古主義」の「日本趣味的建築」でもなく、材料構造を忠実に表現することでよしとする「構造主義的建築」でもない、日本の伝統の具体的把握からつかみうる新しい普遍性をもつ空間の原理的な造形だった。だからこそ、丹下が構想したものがもともと日常とは離れ、神聖なものとして誰もが認知できる「神社」という建築類型だったために、「普遍的な問題の核心」をみごとに外したものと思えたのだ。前川に答えがあったとは思えない。しかし前川には立てるべき問いと応えるべきテーマがはっきりとみえていたのだ。だからこそ二等案についても次のように批評していくのである。

「二等当選は田中誠君の上海中央施設であって道明栄次君佐世治正君との合作になる上海改造計画である。かつて英米資本主義の前進基地としての上海は明日は東亜共栄圏の

大東亜建設記念営造計画、2等当選・田中誠、道明栄次、佐世治正案

経済中枢として甦生せねばならない。上海の所謂バンドから競馬場に至る中心区の改良計画であり、碼頭対岸の浦東に日華の慰霊塔を中心とした大東亜共栄圏の経済府の建設案である。英米的な租界の横顔を抹殺して此に大東亜建設精神の表情を与えんとして企画は雄大であるがその計画された中心区の「ピロチ」の上に支えられた事務所建築が余りにコルビュジエ的であると言う点に審査員の非難があった。「コルビュジエを超ゆるもの」と言う事は数年来我が国新建築陣営の叫びであり、又当然な希願であったと思われる。然し同時に現在の日本に於ける新建築の反省が具体的にどの程度まで深められて来たかは未だ窺い知られぬ様子である。激動の転換期に徒らな大声呼号とか天降り的な御託宣を以てしては脚下の動揺に堪えらるべくもあるまい。作者は此の間の消息に如何なる省察を持して此の計画を完成されたか、その説明文を以てしてもうかがい知られぬ点を我々は甚だ遺憾に思う。

世界史的日本の建築的創造はまさに伝統の具体的把握によって、世界史的国民個性に鍛え上げられた建築家の実践によってのみ行われる。此の事の中には日本伝統建築の創造的な復興の面と、外来異質文明の摂取同化との二つの面のある事を否むわけには行くまいと思う。例えば我々は資本主義的な百貨店は此を国民的建築から除外したとしても国民的配給機関の建築は依然として我々の問題なのである。資本主義的大事務所建築は排撃し得ても国家的経済の運営に充てる事務所建築は依然として顧慮されねばならない。日本的伝統建築の創造的復興よりも更に一層本質的な困難を伴う建築創造の問題は寧ろ後者に属するのである。一等当選作を私が「幸福なる場合」と評したのも此の理由からである」

二等案は前川事務所の上海分室にいた田中誠ら三人の所員の合作であったが、前川はそこにみられる安易な「コルビュジエ的」造形へも強い戒めの批判をおこなったのである。また「コルビュジエを超ゆるもの」という課題が「当然な希願」であるとする論点は、一九四一年に前川が審査員を務めた「国民住宅」の結果に対する森田茂介の記した次のような批判を真摯に受けとめたものだと思われる。

「日日新聞社の国民住居の競技設計で少くとも結果から言えば生活様式が畳敷き座式で無ければ入選は出来ないという条件を見せつけられ、恐らくその点からだけで、進歩的な若い人達の意想が貶せられるのを見なければならなかった後、学会で同じ国民住宅という課題で建築界の指導的立場にある方々の審査によって再び競技設計が行われた。今度こそは前の競技設計で佳作に甘んじなければならなかったジェネレーションの輝かしい成果が得られるだろうというのが僕の当然の期待であった。

その期待は残念ながら無慙に裏切られた。日本の建築意匠の傾向としてこれでいいのだろうかというのが今度の入選案を見ての僕の暗澹たる感じだった。コルビュジエと二笑亭の mixture が主流をなしては敵はないという感じだった。(…)

将来の国民住居の意匠は、もっと自由な、もっと広い、もっと健全なものを目指したものでなければならない。コルビュジエを超えたものであって欲しいし、又日本の過去の時代、(それも恐らく江戸時代の)民芸趣味にとじこもって、それで意匠をやって行こうなどというそんな狭いものでありたくは無い[39]」

文中の「国民住居の競技設計」とは一九四一年春の「国民住居懸賞募集」を指し、丹下健三が佳作入選を果たしていた[40]。一方、学会の「国民住宅」競技設計とは、前川のほか岸田日出刀、坂倉準三、谷口吉郎、堀口捨己らが審査員を務めた同年夏のコンペを指している。森田は、審査員の顔ぶれからも後者の結果[41]に期待したにちがいない。だが、安易な「民芸趣味」と「コルビュジエ」もどきの入選案に失望せざるをえなかったのだ。この森田の苦言からは、建築意匠に求めた切実さが伝わってくる。

さて前川の審査評に戻れば、「資本主義的な百貨店」と

「国民的配給機関の建築」、「資本主義的大事務所建築」と「国家的経済の運営に充てる事務所建築」という対比の仕方に、丹下案への批判ともつながる前川の真意がよくあらわれている。日常から隔絶された特権的な建築ではなく、日常生活そのものを形づくるごくふつうの建築物にいかにして新しい空間の原理的な造形を構想できるのかが問われている、との思いが前川にはあったのだ。だからこそ続く審査評で前川は、そのために必要と考える前提条件について次のような提言をおこなっていく。

「此の問題こそは今後最も峻難な道を辿るべきものであり、此が為めには建築学構造学をはじめ建築全分野に亙る反省と改革が行われなければならない。今一々それに関する私見を述べている準備も時間もないのであるが近代構造技術は結局に於て未完成であると云う点につきるであろう。かつて渡来した仏教建築を日本化した場合と異なり先ず未完のままで輸入された近代構造を完成する事が先行する重大問題なのである」

ここにあるように、前川は「未完のままで輸入された近代構造を完成する事」こそもっとも重要な課題だと考えていたのである。それは具体的な造形以前の建築空間の組み立て方の原理へ立ち戻れという主張でもあった。こうして前川は、審査評の最後で次のように記している。

「事態は単なる「時局」といいくるめられるには余りに厳粛である。今世界史の大転換を目前にして凡ゆる文化領域に価値の転換が行われ方法の再検討が努められている。建築のみがひとり此の情勢に疎遠であり得る筈がない。我々は今世界史的国民として伝統の具体的な把握を以て輝かしい創造に立ち向わねばならない事は余りに分り切った話である。而かも我々は一方塹壕も掘らねばならないし、バラックも建てねばならない。この一切が我々を取り囲む世界史的な環境なのである。我々の輝かしい建築の理念は此の血みどろの全環境に目をつぶり耳をふさいで生れる道理がないのである。此の現実に身を投じて溺れざる者のみが歴史の展望をつかみ得るのである」

誠実に全環境と向きあうことのなかからしか輝かしい建築の理念は生まれない、とする指摘は、前川の覚悟の表明でもあったのだと思う。この直前に執筆された「覚え書」で詳細に検討された内容もそのことを裏づけている。

「平和な感じ」「平和な情景」

こうした前川の思いに別の視点を与えてくれるのが、逓信省建築技師の吉田鉄郎の次の文章である。

「日本建築の性格は一般的に言って、人工的であるよりは自然的であり、征服的であるよりは親和的である。英雄的であるよりは凡夫的であり、傲慢であるよりは謙抑である。煩雑であるよりは簡素であり、濃艶であるよりは清純である。極端であるよりは中間的であり、激的であるよりは平静である。誇大であるよりは矮小であり、外延的であるよりは内包的である。個性的であるよりは類型的であり、記念的であるよりは日常的である。これらの性格は要するに自然に対しても人間に対しても威張ったり、嚇したりする性質のものではなく、自分を抑えて他と和する態度のものである。包括的に親和性と言ってもいいが自抑性と言ってもいいと思う[42]」

この文章は「建築雑誌」一九四二年十二月号のために執筆され、初校まで進んだものの、なんらかの理由で掲載されず、吉田の没後から二十一年を経た一九七七年三月、戦後に吉田の助手を務めた矢作英雄が書斎に残された資料から発見し、はじめて「建築雑誌」上に紹介したものである[43]。同じ文章の続きには次のような言葉も記されていた。

「日本の芸術では一般に個性よりも型が尊ばれる。それは個性を尊重しないのではなく、個性を型に入れて鍛錬し、普遍的なもの、永遠的なものに高める為である。日本建築、殊に日本住宅などが類型化されているのはいろいろの理由からであろうが、矢張り日本芸術に共通したこの鍛練的精神と密接な関係があるように思う。つまり、建築家の個性を自由奔放に表現するよりも、型によって抑え、型を通して滲み出させる所に精神的な、倫理的な、高い美しさを求めようとするのであろう。(…)実際、類型的な日本住宅で統一された住宅街などを見ると、いかにも落着いた、平和な感じに打たれるのである。そこには異常なもの、特別なものを建てて隣人の心を刺激したり、傷けたり、引け目を感じさせたりするのを好まない、深い慎しみと温かい思遣りが感ぜられる。又、地方の町や農村を見て感ぜられる事も、戸々の町家や農家が示す素朴な美しさもさる事ながら矢張り類型的な町屋が軒を並べていたり、類型的な農家が群をなしていたりする所から生ずる、町なり村なり全体としての統一した、平和な情景である。しかし今日の都市には斯うした親和的なものが余りと言えば余りにも失われ、個人主義的なもの、自由主義的なものがこれに代って瀰漫している。どの建築も自分自身を目立たせる為には周囲との調和や街全体としての統一美などという事は全く顧みないという有様である」

文中に出てくる「平和な感じ」「平和な情景」「深い慎しみと温かい思遣り」という言葉など戦時下とは思えない文体に驚かされる。吉田はこのコンペの審査に加わっていた。それは審査評として綴られたものなのかもしれない。この幻の原稿は次の結語で締めくくられていた。

「私達が西洋から学んだ、意匠に於ける征服的なもの、威嚇的なもの、自我的なものは果たして人類に真の平和と幸福を齎し得るものであろうか。又、私達が伝統として保持している、自然的なもの、清純なもの、自抑的なもの、日常的なものは果たして消極的なものであり、退嬰的なものであろうか。(…)否、却って清純なもの、自抑的なものこそ真の意味に於ける積極性を持っていると言えるのではあるまいか。(…)自抑的な意匠こそ日本の古い伝統に根ざした、真に民族的なものであると同時に、大東亜は言う迄もなく世界の建築を指導するに足るものであると思う」

吉田は、明らかにこの文章を通して、建築が戦争へと動員されていくことにひとり抵抗を試みていたのだ。それは建築が矮小化されていくこと、戦争の道具として変質させられていくことへの憤りから発せられた切実な問いかけだったにちがいない。しかし、この貴重な提言は掲載されることもなく、このコンペの当選者授賞式の際に撮影された記念写真にも吉田の姿はなかった。

佐野利器と前川國男

建築界のドン

建築学会は、太平洋戦争の始まった昭和十六年（一九四一年）度末の時点で、正会員二千八百七十九名、准員八千七百三十五名など、総数一万千九百人を擁する大きな組織だった。[44] 建築界の中心にあって各種の建築活動の要として機能していた中核団体である。昭和十六年度の建築学会の決算額は、十二万一千七百九十二・一五円（現在の金額に換算すると約三億六千万円に相当する）となっている。

一方、建築家の職能団体である建築士会は一九一四年に全国建築士会として創立され、一九二八年には社団法人日本建築士会となるが、建築士法制定に向けての運動は戦前には実を結ばず、制度的裏づけのない民間団体としての活動を余儀なくされていた。また、会員数も一九四一年十一月時点では正員百七十九名、客員五十三名の合計二百三十二名であり、建築学会にはとてもおよばない状態だった。[45] 昭和十六年度の決算額は二万三千四百四十・二九円（現在の金額に換算すると約七千万円に相当する）となる。[46] いかに建築学会とは大きな差があったのかがわかる。

建築学会の歴代会長を満州事変の直前から敗戦までの期間について列記してみると、次のようになる。[47]

佐野利器　一九二九年三月―三一年二月
大熊喜邦　一九三一年三月―三三年二月
佐野利器　一九三三年三月―三五年二月
内田祥三　一九三五年三月―三七年二月
佐野利器　一九三七年三月―三九年二月
内田祥三　一九三九年三月―四一年二月

内藤多仲　一九四一年三月―四三年二月
小林政一　一九四三年三月―四五年二月
内藤多仲　一九四五年三月―四七年三月

会長を務めた回数の最多は佐野の三回であり、在任期間は延べ六年間におよぶ。続くのは内田と内藤の二回ずつで、それぞれ四年間になる。またこの時期の会長はすべて東京帝国大学の出身者であり、佐野の在任期間の間を埋める大熊喜邦は佐野の同級生、内田と内藤、小林はいずれも佐野の教え子であった。ここで参考までに佐野以前の歴代会長を順にさかのぼってみると、横河民輔、塚本靖、中村達太郎、曽禰達蔵となっており、その大半を建築家が占めていたことがわかる。明らかに佐野を境に、時代が実利と工業化を優先する時代に入ったこと、さらに戦時体制へ向けた構造的な転換が建築学会に起きていたことが読みとれる。

さて財団法人日本学術振興会は一九三二年に発足し、翌年の一九三三年度から研究費補助事業を開始した。補助にあたっては公募方式がとられ、建築分野については土木とともに第11常置委員会で審議されていく。土木の委員も合わせて合計十一名から構成されていたこの委員会のおもな建築界の委員を記すと、次のようにまとめられる。[48]

佐野利器　一九三三―三五年、一九三七―三九年
内田祥三　一九三三―三四年、一九三六―三八年（第11常置委員会委員長）、一九四〇―四二年
内藤多仲　一九三四―三六年、一九三八―四〇年（第11常置委員会委員長）
小林政一　一九三九―四二年
武田五一　一九三三―三四年
佐藤功一　一九三三年
岸田日出刀　一九三五―三七年
坂《ばん》静雄　一九三五―三七年
森田慶一　一九三八―四〇年
武藤清　一九四〇―四二年
村田治郎　一九四一―四三年

戦時下に委員を複数回務めたのは佐野利器、内田祥三、内藤多仲の三人だけである。やはり、三人がともに建築学会会長を複数回務めたことが大きく影響しているだろう。この三人は、常置委員会の委員と併行して、それぞれが小委員会の委員長も長く務めていた。彼らが委員長を務めた小委員会を時代順に列記すると、次のようになる。[49]

第14小委員会（一九三四・三五年度委員長・物部長穂、一九三六―三九年度・佐野利器）　耐震構造に関する研究／一九三四年四月―四〇年三月／十九名／総経費六万八千三百四十一円

第32小委員会（委員長・内田祥三）　防空科学の総合研究

／一九三八年十月―四五年三月／二十九名／十六万二千八百十八円

第39小委員会（委員長・内藤多仲）　東亜建築に関する研究／一九四〇年四月―四六年三月／十六名／十万九百五十一円

第71小委員会（委員長・内田祥三）　工場防空に関する研究／一九四四年四月―四六年三月／二十一名／八万円

参加研究者の合計八十五名。経費総額四十一万二千百十円（現在の金額に換算すると約十二億円に相当する）

ここに掲げた研究項目からも明らかなように、すべてが戦時体制に直接組みこまれた研究テーマが中心になっている。ちなみに、第11常置委員会に設置された小委員会の全体の予算総額は七十二万六千四百七十四円[50]であり、そのなかで佐野、内田、内藤の委員会が占める金額の割合は五六・七パーセントにもなる。これを、たとえば昭和十六年度の建築学会の決算額と単純に比較してみると、じつにその三倍をこえる金額の差になってしまうのである。

一方、これとは別に、第11常置委員会が一九三三年度から一九四五年度までにおこなった個人研究の援助件数は三百二十七件あり、経費の総額は三十九万四百五十円になり、その半分が建築界に投入されたという[51]。

こうして、日本学術振興会においていかに大きな金額が建築界へ投入されていたのか、そしてその選定が佐野を中心とする少数の手に集中して握られていたのかがわかる。

また学術研究会議は一九二〇年に設立された自然科学系の研究連絡・促進機関であったが、戦時期に活動範囲を広げ、文部省科学研究費交付金制度の配分課題の選定にあたることになった[52]。その学術研究会議に、昭和十五年二月、設置された文部省科学研究費常任調査員として佐野利器と内田祥三が名前を連ねている[53]。ここでも、佐野と内田が予算配分の大きな権限を掌握していた。

こうしてみてきたように、戦時下の建築界を支配していた中心人物として、佐野利器（一八八〇―一九五六年）の名前が浮かびあがってくる。当時の建築界において彼がどのような立場にあったのかを端的に示す発言として、一九四〇年の佐野の還暦祝賀会における建築学会会長の内田祥三による次のような祝辞が残されている。

「建築学会に対する先生の御功績は亦申し上げる迄もないことで、先生は既に今日迄会長に当選せらるること三回に及んで居ります。若しも学会の定款が従前の様に会長の再選を認むるものでありましたならば、其の第一回の御当選以来、即ち昭和四年三月以来連続して会長を勤めて居られることは疑いがありません[54]」

後年、建築史家の村松貞次郎も「佐野利器は、日本の建築界に最大の影響力をもった人物である」[55]と記している。

ちなみに、没後の一九五七年に発行された『佐野利器――佐野博士追想録[56]』にある「略歴」から建築内外のおもな役職を引くと次のようになる。

一九三〇年　日本大学予科理科長
一九三四年　日本学術振興会員、度量衡制度調査会委員
一九三六年　学術研究会議会員
一九三七年　中央防空委員会委員
一九三八年　傷兵保護院参与、科学振興調査委員
一九三九年　軍事保護院参与、日本大学名誉教授
一九四〇年　住宅対策委員会委員
一九四一年　東京大学名誉教授
一九四二年　内務省防空局参与、科学技術審議会委員

軍や内務省など、当時の中枢機関とのつながりが深まっていった様子が読みとれる。

また佐野は、建築学会においても次のような複数の委員会の委員長を務めていた。

住宅問題委員会　一九三九―四一年
住宅委員会　一九四一―四二年
大陸建築委員会　一九四〇―四二年
大東亜建築委員会　一九四二―四三年
建築連合協議委員会　一九四一―四二年

これらは、戦時体制へと建築界が入っていくなかで、その方向性を定めていった重要な委員会ばかりである。それらすべての委員長として佐野は絶大な権力を掌握し、大きな役割を果たしていた。こうして戦争へ向けての研究であれば莫大な予算がつくという時代のなかで、建築界は佐野を中心とする体制のもとで「時の軍部と連携を取りつつ各自の研究目的達成のために全力を注いだ[57]」のである。

そしてこれほど深く戦争遂行にかかわり、建築界をこぞって戦時動員した佐野を頂点とする建築界の戦時体制は一九四五年の敗戦によって清算されたわけではなかった。一九四六年二月、戦後復興を担う国の中枢機関である戦災復興院のもとに、戦災によって失われた四百二十万戸におよぶ住宅不足に対応すべく「復興住宅建設基準作成委員会」が組織される。このとき委員長に就任したのが、戦時下に建築学会の住宅問題委員会の委員長や国民住居や国民住宅コンペの審査委員長を務めた佐野利器なのである。

また、「建設方針」を策定する第一部会の七人の委員には主査の堀口捨己のもと岸田日出刀、今和次郎、石本喜久治、清水一、高山英華とともに前川國男も名を連ねていた[58]。ここにも、戦時下に戦争遂行のために組織された体制が何事もなかったかのように戦後復興へと自動的にスライドしていった建築界の厳然たる事実がある。それは、アメリカ

の日本近代の研究者ジョン・W・ダワーが「戦後の日本の特質やなしとげたことの多くは、戦前だけでなく、もっと正確には、昭和初期の「暗い谷間」に深く根をおろしている。われわれがようやく理解しはじめたのは、日本の十五年戦争に関連して起ったさまざまな展開が、明らかに、戦後日本の国家機構にすこぶる役に立ったことである」と辛辣な批評性を込めて記した論考の表題どおり、「役に立った戦争」[59]の建築版のように思える。そしてそのことが孕む問題は今日まで一度も問われることはなかった。

だが、このような経過を知ったうえで、敗戦直後の前川の活動を振り返るとき、はじめてみえてくることがある。復興住宅建設基準作成委員会の議論に加わっていた一九四六年に、前川は「今日以後、われわれは、日本人の生活の矮小化を全力を尽くして防がねばならない」[60]と主張し、資材が限られるなかで「明るい近代的・民主的な生活様式こそ、行く行くは国民のすべてが実現したいものなのである」[61]として、木造パネル工法による組み立て住宅プレモスの試作に全力でとりくんでいた。それは、戦時下の活動の延長戦だったのだ。その意味で、前川にとって戦時下と敗戦直後の状況はそのまま地続きでつながっていた。佐野体制との闘いは戦後まで継続していたのである。

運命の分かれ道

戦後の一九五七年に佐野の没後に編まれた追悼録に寄稿した追悼文のなかで前川は次のように記している。

「私が東大の建築科に籍をおいた大正十五年から昭和三年の頃は、日本はソロソロ不況に見舞われかけた頃でしたが、それでもまだ赤い嵐の吹き荒ぶには一寸の間のある頃で、私共の学生生活もすこぶる平穏なものでありました。(…)

考えてみれば楽しい学生時代でしたが又随分諸先生には御世話をかけ、殊に佐野先生にはいつもつまらぬ議論を申上げては手ヒドク叱られつづけた私でした。ある設計製図に先生の御講評の時、例によってキツイ御叱りをうけ、「これはまさにキョウタイである。」お前は将来警戒を要するといわれて例のお口を、キッと結ばれた。私はトッサに此の「キョウタイ」という言葉を解しかね、恐る恐る「キョウタイとはどう書くのでしょうか」と御尋ねしましたところが、先生は泰然として「ケモノ扁に王」と言い渡され、まわりにいた悪友どもをいたく喜ばせる仕儀となりました。

こうした調子で叱られて許りいました私の一身上の事についても卒業後過分の御心添えを頂く事がすくなくありませんでした。丁度2・26事件の最中に、また私の一身上の件で種々御心配を頂いたにも拘らず、多少信ずる所あって先生の御厚志にそえぬむね暮夜先生の御宅に伺って衷情を披瀝しました時、さも困った奴だなという表情で「まあ、やむを得ない。ラジオを聞こう。」といわれて、折しも放送された戒厳司令官の「兵につぐ」の布告を先生と二人きりでシンミリと聞いたわけです。布告をきき終った時「馬鹿な奴等だね」とポッツリいわれた御言葉は叛乱軍の青年将校にいわれたものか、それとも傍らにかしこまった私にいわれたものだったのか今もってハッキリしない次第であります[62]」

文中で2・26事件の当日と記されていることから、前川が佐野の意向に沿えないと返答したのはレーモンド事務所から独立して四ヵ月後の一九三六年二月末のことである。ふたりのあいだで何があったのかはわからない。あるいはそれは同級生の西村源与茂が、佐野が「前川君に縁談を持ち込まれたという話を仄聞している[63]」と書き残しているように、縁談を通したみずからの勢力への囲いこみだったのかもしれない。ちなみに前川の同級生の谷口吉郎は佐野の紹介で佐野の同級生の松井清足の娘と結婚し、佐野が創設にかかわった東京工業大学の講師に着任している。ここで唐突ながら筆者の目撃した出来事を紹介すれば、一九八二年二月二十六日に東京麻布の国際文化会館で開催された前川の著書『一建築家の信條』の出版記念パーティの際にも、最晩年の前川が「五十六年前の2・26事件の日の決断が自分にとって大きな分かれ道だった」と佐野との確執に言及していたと記憶する。

また、この本に収録された宮内嘉久のインタビューでも「谷口君はね、いつかも話したように、生まれつき、生得の建築家だとぼくは思っているんだけどね。ただ、あのひとは環境がわるかったという気がするね。学校（東京工業大学）にああいうふうに納まったっていうことは、ね」と語り、「学校へ、先生にあんまり見込まれて、入り込んだのが運命の岐れ路だったんじゃないかと思うね」、「谷口を見込んだのは佐野（利器）さん。嫁さんも佐野さんの世話でもらったんだ」と述べている。こうした発言からも、前川が佐野の「御厚志」を断ったことは建築家としての岐路となる大きな選択だったことがみえてくる。

Ⅶ　思索と日々

綴られた「日誌」から

「考を纏めたき希望甚だ切なり」

続いて戦時下における前川の思考を知るうえで重要な一次資料である「日誌」[1]についてとりあげたい。

この日誌は昭和十六（一九四一）年三月十五日から昭和十七（一九四二）年一月二十四日まで綴られたもので、縦の罫線の入った原稿用紙に毛筆書き、和綴じ製本され、総ページ数五五ページである。表紙には「第一巻　日誌　昭和十六年三月　前川國男」と記されている。第一巻とあるから、続きを予定していたのだろう。

前川は一九三八年に本郷の実家を出て東京九段の野々宮アパートで生活を始めていた。偶然にも蔵書の一冊である高坂正顕『歴史的世界』に「DATE 17-9-25」と日付の入ったクリーニング店の注文票が挟まれていた。そこに記された「APT. N. 704　M前川様」という部屋番号から、前川が暮らしたのは最上階七階東側の小さなワンルームであったことがわかる。また一九四二年秋には東京目黒に自邸が竣工するから、日誌が綴られたのは野々宮アパートで生活した時期に重なる。冒頭の書き出しは次のように始まる。

「資本主義社会に於ける経済的合理主義と芸術との関係に就き一応考を纏めたき希望甚だ切なり　物質的重要性と芸術」

太平洋戦争開戦前夜にありながらも、原理的に「資本主義社会に於ける経済的合理主義と芸術との関係」について自分なりの考えをまとめておきたいという決意がうかがえる。そこには直前に執筆した「埋もれた伽藍」に記された次のような問題意識があったのだと思う。

野々宮アパート（土浦亀城、1936年）南側外観

「「埋もれた伽藍」という曲を聴いたことがある。どんな曲であったか忘れてしまったし、今再び聴いたらどう感じるかしれないけれど、その時は美しい曲だと思った。

　私にとって震災前の東京はいわばこの「埋もれた伽藍」の記憶にひとしい。

　幼いころ父に連れられて観に行った堀切のしょうぶ、団子坂の菊人形、亀戸の藤といったような東京名所の数々は震災を契機としてことごとく商業化された郊外の遊園地に圧倒されてしまった。われわれの平穏な少年時代の夢を揺り動かした夏祭り、秋祭り等の楽しい行事も廃れ果てて、東京は次第に「生活」を失った廃園と化していった。

　東京がいわゆる世界的都市として発展すればするほどこうした傾向は激化していく。そしていうまでもなく、この現象はあらゆる資本主義的な世界都市のもつ悲しい宿命であろう[2]」


　前川は、幼いころから慣れ親しんだ生活のなかの文化が関東大震災後、商業化された都市へと変貌するなかで急速に失われていくことを目撃していた。そして「資本主義的な世界都市のもつ悲しい宿命」を見極めたいと思ったにちがいない。だからこそ次のような問いを発していく。


「問題はいかなる形態にもせよ、資本主義的機構のうちに我らの希望をつなぎ得るや否やの一点に帰着する。

　すなわち経済時代と呼ばれるにふさわしい今日、社会においてあらゆる文化価値に先行するものはいうまでもなく経済的利害すなわち「物質的」重要性であり、これによって人間生活のすべてが律せられる。こうした現代社会の不幸は、宗教的信仰の喪失と自然よりの離反であると言われる。まことに都会の子供たちはもはや「鳥の歌声も聴き分けず、野を走る獣の習性も知らず、嵐と雷の響きも聴き分けず、空行く雲の意味すらも弁えない」のである。恐らく「鳥の歌声」をとどむるにすら由なきコルビュジエ描くところの「空中園」のささやかな夢さえも一片の反古となり終わる今日、われらは一体何に希望をつなぎ、どこに明日の国土の意匠を試みんとするのであるか。

　待望さるるは新しき秩序であり、新しき精神である。

　その暁まで失ってはならない勇気と熱情のために、大切なことは必至の運命の重囲のうちになお善を意志する人生の意義に徹することでなければならない」


　日誌の冒頭の「物質的重要性と芸術」という件は、この文章にも似た表現で記されており、前川が社会経済の枠組みのなかで建築の可能性を見つけることの大切さを自覚していたのかがわかる。

蔵書からの抜き書きとメモ

日誌は一九四一年三月十五日に書きはじめられたものの、その後は八月二日まであいだが空いている。それ以降は高坂正顕の『歴史的世界』からの抜き書きが延々と続いていく。この本の扉には「昭和十六年二月　前川國男」と購入日と思われる日付が、巻末には「昭和十六年八月十四日読了」と記されていることから、前川がこの間に集中的に読み進めていたことがわかる。そして日誌にはそれと符合するように、メモ書きを挟みながら八月二日から十四日まで一八ページにわたって、百二十ヵ所以上の抜粋が綴られている。抜き書きのなかには原本には見当たらない、次のような前川自身の言葉と思われるメモも差し挟まれている。

「八月七日　真に自由なるもののみが歴史的である」

また、八月十四日に『歴史的世界』から抜き書きされた「ただ一羽の燕は未だ夏をもたらさないと同様にただ一つの出来事は未だ傾向的必然性をしめさない」という言葉は琴線にふれたのか、同時期に記された「建築雑誌」一九四一年九月号アンケート欄の「大東亜共栄圏に於ける建築的建設に対する会員の要望」に対する前川の返答、「一にも二にも「よき建築家」の輩出を祈る。一羽の燕は未だ春を告げる事は出来ない」へ形を変えながら引用されている。いずれの言葉からも当時の前川の心情がうかがえる。

続いて多い抜き書きはウェルナー・ゾムバルト著、梶山力訳の『高度資本主義I』である。扉に「昭和十六年三月前川國男」と記され、日誌には九月二十三日から十月七日にかけて、五ページにわたって十七ヵ所から抜粋が綴られている。前川は多くの経済関係書籍を精読しており、資本主義について学ぼうとする姿勢が確認できる。

前川が日誌のなかで続いてふれているのは、国民住宅についての感想である。そこには次のように記されている。

「大方の国民住宅は余りに小器用であり上品に纏まりすぎている

例えば我らの受けた教育の如し　参考書虎の巻は巷に溢れ苦労せずとも分かりよく噛んで含める様な教育　そして野生と発展性に欠けた教育

今日求められる国民住宅とはもっと四書五経な晦渋さと生固さと不親和性（?）とを包懐したもっと不細工な不器用な逞しい不作法なものであるべきだ

それでこそ国民住宅としての発展性も備わると云うべきではないか

されば学会の国民住宅設計競技に微塵の期待もかけられぬ」（八月二日）

「国民住宅の先決問題は材料と工法の創造でなければならない

旧態依然たる木構造に頼ってる「大量生産」は寧ろ滑稽

ではないか」（八月七日）

ここでふれられている国民住宅とは、昭和十六年度に建築学会の主催で開催された第十五回建築展覧会第三部競技設計の課題名である。募集要項には「我国将来の国民住宅の確立を期する為め画期的なる草案を募る」(3)とある。前川は、この年度の審査員として五月二十八日に依頼を受けている。ちなみに他の審査員は市浦健、今井兼次、岸田日出刀、小林政一、坂倉準三、高山英華、谷口吉郎、堀口捨己、山田守、山脇巌らだった。しかし募集要項の掲載は「建築雑誌」一九四一年六月号なので、審査員の前川らは企画内容についての議論に加わったとは考えにくい。つまり与えられた条件で審査だけ依頼されたことになる。

一方、これとは別に、佐野利器《としかた》を審査委員長として同潤会と大阪毎日、東京日日新聞社が共催で開催した「国民住居懸賞募集」は同じ一九四一年の二月に募集が告知され、四月十五日に締め切られて、五月三十一日、「東京日々新聞」などに結果が発表された。また、六月十二日から二十二日まで東京日日新聞社と住宅営団の共催、厚生省と大政翼賛会の後援のもと銀座松屋七階で「国民住居展」が開催されている。(4)こうした事実関係から推測すれば、おそらく前川は、佐野のもとでおこなわれた「国民住居懸賞募集」の結果発表の新聞記事や、銀座の事務所の近くでおこなわれ、所員の丹下健三が佳作に入選したこの展覧会を見て、感想を日誌に記したのだと思われる。

八月七日に記された「旧態依然たる木構造に頼ってる「大量生産」は寧ろ滑稽ではないか」という言葉には、前川がル・コルビュジエのもとで担当した「最小限住宅案」の経験から得た問題意識を感じとることができる。すなわち、工業化を前提とした大量生産のシステムに沿う形での材料と工法の創造を進めないかぎり、住宅の安定した供給とそのことによる生活環境の向上は実現できない、との自覚が前川にはあったのである。その視点からみたとき、目の前でおこなわれている議論は根本的な解決を図ろうとする原理的なものではなく、時局への辻褄合わせとしか思われない場当たり的なものに映ったにちがいない。というのも、新聞記事には「理想的な国民住居」と題されているものの、実態としては、それとは裏腹に戦争動員のための矮小化された狭小な住宅を押しつけようとするものでしかなかったからである。

また、八月二日に記された「国民住宅とはもっと四書五経な晦渋さと生固さと不親和性（?）とを包懐したもっと不細工な不器用な逞しい不作法なものであるべきだ」という言葉は、ちょうど目の前で実施設計を進めていた前川の自邸が念頭にあったのだと思われる。「大量建設に資すると共に労力及資材の節約を計り建設費を低下せしむること」という「国策を翼賛せんとする」募集の趣旨(5)のもとで国民住居が貧困なものへと押しこめられようとするなか、前川は自邸を通してみずからの立ち位置と方法とを確認しようとしたのではないだろうか。

百塔会と国史館をめぐって

続く記述は、百塔会という名前の同志的な会についてのさまざまな文章と、おりしも次の大きな公開競技設計として実施が予定されていた国史館についてである。

国史館とは一九三九年から一九四一年にかけて政府が旧帝国議会仮議事堂跡地に計画していた国家的施設である。もともとは紀元二千六百年奉祝記念事業の一環として計画され、公開設計競技によって設計案を募る予定だったが、戦争の影響もあり、結果的には中止に追いこまれる。建築界の審査員には文部省内に設置された国史館造営委員会の委員であった伊東忠太、佐野利器、大熊喜邦、内田祥三《よしかず》が予定されていた(6)。

その建設計画の最終案と思われる昭和十六年一月十七日付の資料「国史館造営要項（案）」によれば、造営の目的は「尊厳なる国体の精華と光輝ある国史の成跡とを感得せしめ以て国民精神の作興と国民教育の振興とに資するを目的とす」とある(7)。この建物は当初から、前川にとって因縁のある東京帝室博物館と対をなす施設として計画されていた。だからこそ、建築界ではその建築様式をめぐって活発な論議を呼んでいた。こうしたなか、前川もみずからの信じる建築を提案しようと思いはじめていたのだろう。日誌には次のような言葉が断続的に記されていく。

「「国史館」　是を我等の第一回の作品としたい」（八月二日）

「百塔会　第一回発表作品　国史館」（八月七日）

「プラネタリウムの如き国史館が要望される
日本の歴史を正しき歴史的世界の構造に於て認識ならしむるもの」（八月十一日）

「国史館　我々は建築を以て古事記を書かねばならない
日本書紀を書かねばならない」（九月二十一日）

唐突に出てくる「古事記」や「日本書紀」という言葉は、明らかに競技設計へ向けた準備のために読んだのだろう。蔵書の浅野晃『国史の回想』（小学館、一九四一年）からの引用である。前川は、国史館の競技設計を契機として百塔会という組織を立ちあげようと構想を練っていたことがわかる。またこの組織は、次のような日本の建築界を憂う言葉からもうかがえるように、それに対処するための有志の建築家の会として位置づけられていた。

「日本の建築界の憂は真の建築家らしい建築家のおらぬ事である。
誰が何と言おうとも此の事実は蔽うべくもない
俺がかう言ったら皆自分達だけはその少数の建築家の一人なんだがと言う顔をするんだろうが
さうした無自覚も亦日本建築界の憂の一つなんだ
真の建築家らしい建築家を作る会　その名を「百塔会」と云う」（八月七日）

「日本建築界新体制　甚だ結構であるけれど一体日本に建築界らしい建築界が在るのか
先ず大切な事は建築界らしい建築界を創る事だ
建築家らしい建築家を生む事だ」（八月九日）

ここには、現実に動いている状況に対して百塔会を対置させようとした前川の強い思いが読みとれる。また「日本建築界新体制」とは、先にみたように佐野利器を委員長として一九四一年三月に設置された建築連合協議委員会が議論をまとめるべく進めていた「建築新体制要綱」のことを指している(8)。前川も同年八月から、山下寿郎を主査とする第三部会の委員となっていた。日誌に記されているのは、その委員会に参加した直後の感想だと思われる。戦後、前川は当時を振り返って次のように述べている。

「とにかく仕事はなんにもできないのだから。三十坪制限が出て、十五坪制限が出て、木材はない釘はない、何はないということで仕事はほとんどなくなった。それをどうこなすかで設計監理協会みたいなのができて、山下（寿郎）さんが指導原理でどうとか、いきまいていたのを聞いているが。戦争中の建築家のそういう意識はみんな忠君愛国だったでしょう。ぼくもそうだし、勝てるかも知れないと思ったことがあるもの。最初真珠湾を攻撃したときなどね」(9)

話を日誌の時点に戻せば、このような結論を導いていく専門委員会の議論に、一九四一年八月から一年以上にわたって前川も参加していた。議論の途中経過を記した委員会幹事の中沢誠一郎の文章に次のような記述がある。

「第三部会はその研究課題「建築設計業務に関する事項」に就て如何なる研究項目を採択すべきかに極めて多くの時間と論議を費やしたのであります。それは建築の設計と云う事を考究することは即ち建築の本質論を掘り下げることになるからであります。斯くして慎重討議の結果、下の様な項目により審議することにしました。

・建築設計の本質を検討し建築文化及び建築新体制との関連に就ての考察
・民間設計監理部門の組織化と其の動員態勢の整備
・建築物の造形文化的立場より見たる新体制

斯くして之等項目に関する各委員の私案の提出、或は又特別委員会による原案の作成等をなし、今日迄に委員会を開催すること十六回に及びました[10]」

前川も私案を提出し、議論に積極的に加わったにちがいない。公表された要綱のなかで、「建築設計監理部門」として「建築設計監理業務統制機関の設置」が提言され、その要旨は次のように説明されている。

「建築設計監理業務は高度国防国家の樹立、大東亜戦争の完遂に即応する為、各々適当の能力を有する業務の単位たらしめ之を統制して業務統制体を組成するものとす[11]」

ここには「建築の本質論」を掘り下げるような内容を読みとることはむずかしい。だからこそ前川はみずからの信ずる建築をめざすための自由な議論の拠点となる同志的な会を立ちあげる必要性を強く自覚しはじめたのだと思う。

こうして続く日誌には、前川がみずからのよりどころとして組織した百塔会の発足の辞の草稿が繰り返し出てくる。またその最初には会員名も次のように列記されている。

「会長前川國男　田中誠　道明栄次　寺島幸太郎　崎谷耿介　大沢三郎　佐世治正　丹下健三　館村治郎　池田忠夫　野々口夫　渡辺藤松　伊澤　浜口ミホ　寺島　九十九」

（八月十一日）

ここにあげられた会員の名前は、伊澤という身元不明の者以外は全員が当時在籍していた前川事務所の所員である。

前川には身近で設計を共にしている所員を会員とし、足許から固めていきたいという考えがあったのだろう。その後、百塔会については発会の事実を確認することはできない。しかし、当時の前川が建築界に対する切実な思いを抱いていたことが続く日誌の記述からはうかがえる。そこには次のような壮大な構成の文章の執筆が予定されており、書き出しの草案が綴られているからである。

「百塔会発足の言葉　前川國男

一、行方不明の建築

二、建築精神の昂揚

三、建築精神の妨害者

四、政治と文化

五、建築芸術と建築技術

六、技術と経済

七、新秩序と職能倫理と経済倫理

八、新秩序

九、建築新体制

十、百塔会発足」

「一、建築の行方不明

事変の進展に伴って日本の建築活動は甚だ活発となったと言われる　正確な統計を欠く感はあるけれど又あっても発表の自由はもてぬ事とは思うけれど兎も角も日満支を通

じての建築総量は恐らく事変前に比べて莫大な増加を示しているに相違ないのである

而かもその建築物の多くが発表の自由をもたぬものであるとしても此等の建築の建築自体としての価値は甚だ小さいものである事も又疑ない

（かと言って私は事変前の日本の建築がさして価値のあるものであったと言うのではない）

有為の若者達は自他の応召をうけて日満支の津々浦々に果敢な仕事を続け乍《なが》ら

我等の建築は依然として行方不明なのである

今は日本は戦争しているのである余計な心配をしていられるかと云う議論も成立とう

弾の飛んで来る所で先ず兎も角もザン濠を掘れとの議論も尤もなる事だと思う

戦争で物資が不足ならそれなりに今日の建築の様式が成立とうと云うのは余り呑気すぎる。

私は今日の事変の性格に想到すればこそ此の重大な時期に当って行方も知れぬ我等の建築精神の零落を憂うるのだ

考えても見たまえ、

立派な若者が血を流しただ只皇国の為めに死んで行く

これは重大な事であり　彼等は何を思って死んで逝ったか

祖国はこうして世界の新しい歴史を購える確信をもって運命に殉じた事と信じる

祖国が幾多の尊い犠牲払っても求めねばならなかった新しき精神と新しき秩序とがある筈だのに

我等の建築精神はいつまで行方不明を続ける心算なのか

今日日本の建築技術の進歩が先輩諸賢の努力によって目覚しきものがある事は事実であろう。

然し乍ら率直に云うならばかかる技術の目覚しさに関らず我等の住生活のみじめさは何とした事であろう

東京の何処に懐かしさをもつか

事変の進展に伴って産業立地の問題は必然的に労働者住宅の欠乏を来した

此れが解決なくば日本産業の技術の蓄積ひいては質の向上は望み得ない事は云うまでもない

しかも我等建築界が与えた唯一の解決法はまことにささやかな国民住宅なる美名をもった掘立小屋に過ぎなかったではないか

あんなものを国民住宅として期待しはしなかった

こんな事で我々建築界の祖国に対する責任が果し得たと思ったらとんでもない間違いである

日本のもってると称せられる建築技術の総和総実力が事実これなのである

建築とは云うまでもなく設計製図する事ではない　立派に大地の上に建ち上がってはじめて建築と云う
そして建築家の力量評価従って建築界の褒貶は一にかかって「建てられたもの」にある事を否むわけには行かない
事情がこうだったああだったと云う弁解は成立ない
その建築過程の一切も亦凡て建築家乃至は建築界の力量にかかわる事なのである
建築が凡ゆる芸術に絶した複雑性はここに胚胎する
日本の建築技術の優秀さにも拘らず余りに貧しき成果に若しも冷淡たり得た建築家ありとせば一箇の阿呆である。
此れは一体何に基づく事か「行方不明の建築」である」
（十一月十二日）

ここには日誌の冒頭で掲げた「物質的重要性と芸術」という視点から建築を考えようとした前川の問いが赤裸々な形で記されている。そして「建築技術の優秀さにも拘らず」、結果的に「掘立小屋」のような国民住宅しか提示できない日本の建築界は建築精神の「行方不明」に陥っていると指摘する。また「技術の目覚しさに関らず我等の住生活のみじめさは何とした事であろう　東京の何処に懐かしさをもつか」という言葉は、人々の日常生活を置き去りにして進む技術の方向性に対する根本的な疑問として前川の姿勢を象徴している。ここに掲げられた目次の文章はそのままの形では書かれることはなかったが、翌年の「建築の前夜」（「新建築」一九四二年五月号）へとつながっていく。

そして、おそらく国史館の競技設計をめぐる建築様式が念頭にあっての感想なのだろう。次のような日本趣味建築についての記述が綴られている。

「前川國男は此の種の建築と十年間の干戈《かんか》を交えた（…）
日本趣味建築こそ最も近世的唯物的功利的自由主義的精神の発露とも云うべきであり
此の種建築の主唱者佐野博士及びその追摂者は此の意味に於て最も当今排撃さるべき建築家の範疇に属す
暗黙裡にそれを許容した日本建築界亦同断
噫《ああ》こうして前川國男はついにその青春を棒にふった
建築の意匠はただ美しく正しくあれ
それが日本を最も強大にする所以ではないか
日本趣味建築は決して美しくあり得ない
仮に木造で古建築を模しても古建築を超脱した美しさにはならない
新造営の伊勢廟はその一代前のものより美しくはなり得ない
日本が強く健やかなるためには今一度本質の価値に立ち還る事である（…）」（十一月三十日）

ここでは「日本趣味建築」の「主唱者」として佐野利器

の名前があげられていることに注目したい。前川は、戦時下において伊東忠太や内田祥三ではなく佐野がすべての権力を握っていることを意識せざるをえなかったのだ。

個人的心情や事務所経営の苦労など

さて、やはり日誌という個人的な内面を記す場所だからだろうか、前川の思いが随所に綴られている。

「独自の立場
大変転に処して何に頼らんとするのか
今まで通り、矢張り「自分ひとり」より外にない
寂しい道は未だ続くか?」(八月七日)

時代が急激に動くなか、前川の孤独が深まっていることがわかる。また、次のような事務所の行事に合わせたメモ書きもみられる。

「昭和十年十月一日突然我々一同が独立事務所を持って銀座の一角に立て籠もってから今年でちょうど満六年たった
顧みて真に感慨に堪えず　よくも今日まで生きて来れたと言う感じが深い
非力の私を終始御鞭撻御指導下された諸賢諸先輩友人諸君所員一同に厚く御礼の言葉を述べると共に直接御庇護を賜った森永製菓会社社長松崎平三郎氏並びに会社重役御一同工学博士隈部一雄氏華興商業銀行副総裁鷲尾氏岡崎理事をはじめ重役御一同に厚い謝意を捧げたい」(九月十二日)

この文章の書かれた一九四一年の九月十二日という日付から考えると、前川が事務所を設立した一九三五年十月一日の創立から六周年の記念日に向けた挨拶文の草稿だと思われる。興味深いのは仕事の依頼主三人の名前があげられており、事務所の経営がどんな人脈と仕事によって支えられていたのかをうかがい知ることができることである。しかし、事務所の経営は戦時下という厳しい環境のなか、かなりの苦労があったのだと想像される。次のような設計料の計算メモや慨嘆の思いも日誌には記されている。

「酒田日満　三千五百
社会事業　一千五百
山本家　一千五百
大越家　一千五百
山本アパート　九千円
合計　一万七千円」(八月十六日)

「前川國男は男として立派に生きたい
金のなかった時代の苦しみを思うとつくづく折角の金を費い果たす事が嫌になるがこんな事ではいけない
得た金は全部正当に費い果す事は立派な事だ
金がなかったばかりに棒に振った青春
我乍《ながら》みじめであった

余りのみじめさに暗い丸の内の道を本郷の家へ歩き乍ら思わず涙を流した事が何度あった事か」（十一月十一日）

ここには事務所経営の困難が赤裸々に綴られている。戦争は前川を追いこんでいたのだ。日誌に書きこまれた「十月一日　興亜奉公日」という記述にも注目しておきたい。興亜奉公日とは、一九三九年九月一日から毎月一日に酒不売、ネオン消灯、勤労奉仕などを実施するように新たに定められたものである。時代の厳しさを素直に受け入れながら、襟を正して日々を生きようとしていた前川の心情と、前川もまた時代から自由ではなかったことが読みとれる。

そして、なんらかの手がかりを得ようとしたのか、ル・コルビュジエに関する記述が日誌には繰り返し出てくる。

「ルコルビュジエに於ける建築

其の「経済性」は無意識的偽装に過ぎない（…）

新建築の「経済性」は或面に於ては現下の社会に容れられ他の面に於いては容れられない　一例組立家屋

資本主義的建築の繁栄は在り得るも純粋建築の繁栄は在り得ない

建築を資本より開放せよ」（九月十日）

「コルブの

生まれた環境

生きた環境

発展した環境

資本主義の此岸と技術の運命

資本主義の彼岸と

我が建築のミラージュ

コルビュジエの矛盾とジレンマ」（九月十一日）

ここにはル・コルビュジエの建築がほんとうの意味での経済性をもちえず、社会へ着地できていないことを問題視する視点がうかがえる。それは、前川が後年に近代建築が「財布に見合う」ことの重要性を繰り返し指摘していたこと、すなわち経済的な合理性を獲得しないかぎり近代建築が社会に受け入れられないという自覚へとつながっていく。また、それは機械文明のゆくえを問うことでもあったのだろう。次のような言葉が記されている。

「機械文明の本道に建築の将来を希望し得るとすれば

機械文明に人間生活建立の正道を見出し得ると云う事だ

つまり機械時代の生活が経済時代の桎梏を脱し得るか否かにかかる

建築が僅かに今時代の支持を得るのは建築が経済的合理主義に合致した場合のみである

そして真実　人間の建築は通例此の経済的合理性の枠外に逸脱する宿命をもつ

つまり経済的合理性は人間生活の豊かな開花には不適当

な素地をその根底に包籠している」（九月二十二日）
「歴史的世界は文化と政治の矛盾に於て成立すると云う哲学的命題」（十月七日）
「進化による計画経済か
弁証法的転換による計画経済か
計画経済的方策によって失業は克服され得るかどうか」（十一月四日）
「芸術と社会の一般的発展との関係について
マルクスの経済学批判序説に傾聴すべし
資本主義経済秩序下に於ける建築も当然技術としては栄え得るがそれが芸術としての座席を要求する為めには人間の美に対する幸福　健康の幸福と物質の多寡との比較を展示して納得せしむる以外に途はない
即ち資本の蓄積本能に対する人間的示威によって資本家企業家を解放する以外に途はない」（十一月十五日）
「少女は失われた愛について歌うことは出来る
守銭奴は失われた金について歌うことは出来ない　ラスキン
芸術は人と人との間の精神的結合の手段の一つである。
そして与えられたる芸術作品によって表現されたる感情が高ければ高い程いい
守銭奴は失われた金について歌っても此れは何人も感動させない
彼と他人の間の感情の結合に役立たない」（十一月十四日）
ここに記されたラスキンの言葉は、「建築の前夜」の冒頭にそのまま引用されていく。

太平洋戦争開戦後の記述

日誌は、一九四一年十一月二十三日から翌年の一九四二年一月十七日までの二ヵ月近くのあいだ記述が空いている。つまり、太平洋戦争の始まった十二月八日前後はまったくの空白であり、前川がこの戦争をどう受けとったのかは記されていないのである。それはこの時期に上海へ出張していたことが直接の要因だと思われる。晩年のインタビューのなかで前川は当時の様子を次のように回想している。
「ぼく自身が最後に行ったのは太平洋戦争勃発の日だよ。行くとき、長崎までは汽車に乗ったんだけど、夕方になったらボーイがカーテンをしめに来たんだ。どうしたんだいって聞いたら、ご存知ないんですか、戦争が始まったんです、って。（…）朝長崎に着いて見ると、船にはもう迷彩がしてあってね、乗客はほとんど居ないんだな、気持わるかったよ。それでもまあ事なく上海に着いたら、夕方だったけど、軍艦マーチをやってて、何かと思ったら、プリンス・オヴ・ウェールズをやっつけたとか言っているんだ。

銀座商館5階の前川事務所にて前川國男と所員たち。前川を中心に右回りに手前から大沢三郎、九十九喜一郎（事務員）、吉川清、館村治郎、金忠国、野々口夫、佐世治正（1942年ごろ。写真提供・吉川清）

景気のいい話でね。こっちもつい、案外やるもんだなって思ったよ、実際[12]」

この前川の回想のとおりだとすれば、前川は十二月八日の朝に東京を発ち、翌日の九日に長崎から船で上海へ向かい、十日の夕方に到着していたことになる。現地での騒ぎとは、午後四時過ぎにラジオで流された次のような臨時ニュースによるものだった。

「大本営海軍部発表、シンガポール軍港を出発し、北上中の英国戦艦プリンス・オブ・ウェールズとレパレスを、海軍航空攻撃隊はマレー半島沖で発見、これを撃沈せり[13]」

また、戦前の所員だった吉川清は回想録のなかで当時の様子を次のように記している。

「或る日、英国戦艦レパレス号が我が海軍航空隊の爆撃により東支那海で轟沈したニュースが入ると、先生は所長室の扉を開けて顔を出され、ニヤッとうれしそうに笑って、〝やったね！〟その姿をこちらでは館村がスケッチしたり、皆（九十九、佐世、館村、金、野々口、吉川）も一緒にニッコリ、ウキウキしたりして一時、図面をかく手を休める。自分の中で、勝てないと思いながら、戦果があがると日本もよくやるなと思っていた[14]」

この吉川の証言にある東京銀座の前川事務所で前川が聞いたとするニュースは、先の十二月十日のものと同じであり、前川の回想を正しいとするなら、吉川の証言は何か別の日の大本営発表だったと思われる。しかし、いずれにしても太平洋戦争の緒戦の勝利は前川をしても冷静な判断のできないほどの高揚感をもたらしていたことが伝わってくる。そして次のように、開戦後の文体にはそれまでとは異なる緊張感が漂っていることが読みとれる。冒頭に「建築新体制について」と記されていることから考えると、この記述は建築連合協議委員会へ提出した草案のメモだった可能性もある。

「大東亜戦は史代転換の戦争にして日本は世界に対してその担当者たるの責任をもつ

今茲に世界史の形而上的原理の上より之を見る時は自然中心の古代　神中心の中世　人間中心の近代とに分つ事を得べし

今日近代史の終焉として茲に大東亜戦争の世界史的意義を見る時

今日本の闢《ひら》く新しき史代の原理は何であるか、

此の原理を真実在として生き抜かるべき形而上的原理は何であるか

二千年の西欧的各史代に有った諸原理の裡に形而上的有的世界の一切がすでにつくされたるを見る時茲に新しき原理は無の世界に見出されねばならぬ

此の原理を中心に統一秩序をもった生活文化の相を新秩序と呼ぶ。

そして此の文化の支柱により国家の倫理が確立され国家の独立が顕彰される

こうした生活文化の確立がそれに相応しい建築の母胎である」（一九四二年一月十八日）

ここにある「自然中心の古代　神中心の中世　人間中心の近代」という歴史の理解は、鈴木成高と相原信作の翻訳によってこの年の暮れに日本に紹介されたランケの『世界史概観』（岩波文庫、一九四一年）に出てくる理解であり、高坂正顕の『歴史的世界』へも影響を与えたものだという。[15]たしかに前川蔵書の高坂正顕『象徴的人間』（弘文堂書房、一九四〇年）には、次のような考察が記されている。

「私は先に古代のギリシャ的世界を自然中心的、中世のキリスト教的世界を神中心的、近代のヨーロッパ的世界を人間中心的として特色づけた。私はそこに世界歴史の三つの原理を見出した訳である。（…）世界歴史を区切るべき原理は何等かかかる形而上学的原理でなければならない。しかも我々は既に自然・神・人間の三つを経過した。しからば東洋が世界史の原理となるいかなる新なる原理があり得るか。

なるほど一応形而上学的原理として自然・神・人間のほ

かにいかなる原理もあり得ないとも考え得るであろう。あらゆる存在は自然・神・人間の三つを以って尽されるとも考え得るからである。まことに存在的なるもの、有的なるものはこの三つを以って尽されるであろう。しかし有的なるものが形而上学的原理のすべてではない。むしろそれに対してより深い根柢に無的なるものが存するのである。無的なるもの、究極に於て絶対無の立場に於て従来とは全く別個な世界原理が現れてくるであろう」

前川は、この記述から建築を考えるための手がかりにしようとしたのだろう。そして「新秩序」という言葉に支配されつつあった戦時下で、西洋近代を乗りこえる「新しき原理」を「無の世界」に見いだし、「統一秩序」をもった「生活文化」の確立こそ建築の「母胎」となると考えたのだ。

その一方で、前川にとって戦時下という状況は、若い所員を召集や徴用で次々と戦場へとられていくことでもあった。日誌には次のような記述がみられる。

「送水之江君
君死不背君親　死不背君親　死不背君親　怨々
吾今死為國
死不背君親
勿君怨々　　前川國男」

「やがて死ぬ
けはいはみえぬ
やがて死ぬ
けはいはみえぬ
蟬の声」（一九四二年一月二十四日）

「水之江君」とは当時の若い所員で、戦後に家具のデザイナーとして頭角をあらわす水之江忠臣（一九四二年入所）であり、一九四二年に出征している。前川はその出征にあたり、みずからの思いを歌に託そうとしたのだろう。

建築家の本棚

「日誌」以前と同時期の蔵書

ここでは、自邸の書斎の本棚に並んでいた前川の戦前期の蔵書についてみておきたい。一九四五年五月二十五日に東京を襲った山の手空襲によって銀座の前川事務所は内部を焼失する。そのため、戦災を奇跡的に免れた目黒の自邸にあった蔵書だけがかろうじて残された。これらの蔵書には、残念ながら事務所に置いてあったであろう建築関係の本は一冊も含まれていない。しかし、逆にいえばこれらの蔵書は、「日誌」と同じく前川がひとりで向きあい、思索をめぐらせた座右の書といえるだろう。また、蔵書に書きこまれたメモや余白に描かれたスケッチは人の目にふれることのないものだけに、当時の前川のもっとも深い内面にあった関心の領域や思考の深化の軌跡、設計のプロセスなどを読みとることのできる貴重な手がかりにもなる。

これらの蔵書は、前川の没後に目黒の自邸から四谷の前川建築設計事務所へ運びこまれ、大切に保管されてきた。そのなかで日本語のものが合計百冊にのぼる。一方で、洋書は三冊が確認できるにすぎない。(16) また、日本語の蔵書のなかで前川が意識的に購入して読んだと思われるもの、つまり署名や書きこみのあるものが七十二冊（○印）ある。さらにそのなかで多数の書きこみやアンダーラインの引かれたものが二十一冊（◎印）を数える。

「日誌」以前の蔵書は三十冊にのぼる。残念ながら、購入時期を特定できる日付の署名は記されていない。そのため、前川がいつの時点でこれらの本を読み進めていたのかについては正確に特定することができない。しかし改造社のマルクス全集がすべて初版であることからも、おそらく出版直後に購入して読んでいたものと思われる。若き学生だった前川もまたマルクス主義思想の洗礼を受けていたのである。ほかにもエンゲルスやレーニン、ローザ・ルクセンブルクまでマルクス主義の関連文献は幅広く手にしていたことがわかる。興味深いのは、はるか後年の一九六四年に前川は「あの時代に「権力国家」に対して「人間社会」をおきかえ、「資本の恣意」に対して「人間的必要」をおきかえようとした無政府主義の存在した事実に、私は多大の驚異と共感をもつ」[17]と記すことになるが、その無政府主義やクロポトキンに関する著書が蔵書に含まれていることだ。また前川は、一九三三年六月七日に獄中から転向声明を発表する佐野学の『国家論・戦争論』（一九三〇年）にアンダーラインとメモ書きを残し、「天皇機関説事件」によって一九三五年四月九日に発売禁止処分を受ける美濃部達吉の『憲法撮要』にもたくさんのアンダーラインとメモ書きを記していた。このようにこの時期の蔵書からは、前川が学生時代から経済にとどまらず広く社会への関心を深めようとしていた姿勢がうかがえる。さらに相川春喜の『現代技術論』や寺田寅彦の本など科学論や技術論も読んでいた。署名や書きこみのある蔵書十六冊を列挙すると、次のようにまとめられる。

○カール・マルクス『クーゲルマンへの手紙』林房雄訳、希望閣、一九二六年

◎カール・マルクス『資本論第一巻第一冊』高畠素之訳、改造社、一九二七年

◎カール・マルクス『資本論第一巻第二冊』高畠素之訳、改造社、一九二七年

◎カール・マルクス『資本論第二巻』高畠素之訳、改造社、一九二八年

◎『世界大思想全集29』（マックス・スティルネル『唯一者とその所有』辻潤訳、同『芸術と宗教』、ジョルジュ・プレカアノフ『無政府主義と社会主義』辻潤訳を収録）

◎『世界大思想全集30』春秋社、一九二八年（カール・マルクス『経済学批判』安倍浩訳、同『価値、価格及び利潤』、フリードリッヒ・エンゲルス『空想的及び科学的社会主義』安倍浩訳、ニコライ・レーニン『帝国主義論』青野季吉訳を収録）

○『世界大思想全集　クロポトキン』神田豊穂訳、春秋社、一九二八年

○『マルクス＝エンゲルス全集第四巻』改造社、一九二八年

○『マルクス＝エンゲルス全集第十三巻』改造社、一九二九年

◎服部之総『明治維新史　唯物史観的研究』大鳳閣書房、

三版、一九三〇年
◎ローザ・ルクセンブルク『経済学入門』佐野文夫訳、叢文閣、九刷、一九三〇年
○佐野学『国家論・戦争論』希望閣、一九三〇年
◎美濃部達吉『憲法撮要』有斐閣、五版、一九三二年
○長谷川如是閑『日本的性格』岩波新書、一九三八年
○本荘可宗『哲学と人間』千倉書房、一九四〇年（「昭和十五年三月六日　前川國男」と署名）
◎相川春喜『現代技術論』三笠書房、三版、一九四〇年（「昭和十六年二月四日　前川國男」と署名）

　こうした読書は、前川の時代に対する批評的な視点と建築の本筋を求める探究心を育んでいったにちがいない。

　続いて日誌を記した同時期に前川が手にとり、署名や書きこみを記した蔵書十九冊を列挙すると、次のようになる。

◎ウェルナー・ゾンバルト『高度資本主義I』梶山力訳、有斐閣、一九四〇年（「昭和十六年三月　前川國男」と署名）
○野間恒『剣道読本』大日本雄弁会講談社、一九四一年（「昭和十六年三月　前川國男」と署名）
○グルーシャコフ『支那の経済地理』西尾忠四郎・西澤富夫訳、岩波新書、一九四一年（カバーに「支那」と書きこみあり）
○懐奘《えじょう》編、和辻哲郎校訂『道元語録　正法眼蔵随聞記』岩波文庫、十二刷、一九三八年（「昭和十六年四月二十日　前川國男」と署名）
○ウイットフォーゲル『支那社会の科学的研究』平野義太郎、宇佐美誠次郎訳、岩波新書、一九四〇年（「昭和十六年五月　前川國男」と署名あり）
◎杉村広蔵『経済倫理の構造』岩波書店、二刷、一九三八年（「前川仁兄　著者敬呈」、「昭和十六年五月二十五日読了」とあり）
○橋田邦彦述『正法眼蔵釈意第一巻』山喜房佛書林、十版、一九四〇年（「昭和十六年五月末日　前川國男」と署名。メモ書きあり）
○橋田邦彦述『正法眼蔵釈意第二巻』山喜房佛書林、八版、一九四〇年（「昭和十六年五月末日　前川國男」と署名）
◎矢崎弾『技術文化史』山雅房、科学史叢書、一九四一年
◎高坂正顕『歴史的世界――現象学的試論』岩波書店、七刷、一九四〇年（「昭和十六年二月　前川國男」、「昭和十六年八月十四日読了」とあり）
○ヴィンデルバント『歴史と自然科学――道徳の原理に就て』篠田英雄訳、岩波文庫、四刷、一九三二年（「昭和十六年　前川國男」、「横須賀海軍建築部」と記入あり）
○ヴィンデルバンド『一般哲学史』井上忻治訳、第一書房、一九四一年（『日誌』一九四一年九月十日に「ウキンデルバンド哲学史を読み初めたり」とあり）

○浅野晃『国史の回想』小学館、一九四一年（「昭和十六年九月二十一日読了　前川國男」と署名）
○ロマン・ローラン『ミケルアンジェロの生涯』古川達雄訳、二見書房、一九四一年（「腹の立つ程拙劣な翻訳である。ゾンバルトの梶山氏の訳はよい。昭和十六年九月二十一日読了　前川國男」と署名）
◎田辺元『哲学と科学との間』岩波書店、一九四一年（「昭和十六年十月五日　前川國男」と署名）
○高坂正顕『象徴的人間』弘文堂書房、一九四一年（「昭和十六年十一月八日　前川國男」と署名）
◎木村素衛《もともり》『表現愛』岩波書店、二刷、一九四〇年（「昭和十六年十一月八日　前川國男」と署名）
◎高山岩男『西田哲学』岩波書店、十二刷、一九四一年（「昭和十六年十一月八日　前川國男」と署名）
○三木清『哲学ノート』河出書房、一九四一年（「昭和十七年一月十四日　前川國男」と署名）

これらの本のなかで前川がこの時期になってはじめて読みはじめたものとして、京都学派と呼ばれる西田幾多郎の門下生による一連の著作があげられる。こうして時系列でリスト化してみると、そのきっかけが日誌に大量の抜き書きをした高坂正顕の『歴史的世界』にあったことが判明する。また、高坂のほかにも田辺元、木村素衛、高山岩男、三木清の著書を熱心に読みこんでいた。そのことを裏づけるように、これらの本には当時の前川の思索の経緯をうかがい知ることのできるさまざまなメモ書きが残されている。たとえば田辺元の『哲学と科学との間』には、一九四二年十二月に発表された「大東亜建設記念営造計画」審査員参考作品のスケッチと前川國男自邸の平面スケッチの横に次のようなメモ書きが残されている。[18]

「日本と建築文化
建築はなぜ美しくなければならぬか
政治と文化
新秩序
様式問題
技術に直面
建築生産の組織
大東亜建築様式
様式トハ過去ニムケラレタ図式デアル
様式ハ如何ニシテ生レルカ
大東亜様式ト近代構造
文化政策ト大東亜建築様式」
「論文予定　昭和十八年度
十二月　コルビュジエを超ゆるもの
一月　構造学への疑義

二月　安全率反省
三月　米国の建築
四月　経済建築
五月　日本の真髄
六月　伝統の具体的把握と科学性（合理精神）
七月　創造的直観と伝統の把握」

このメモは、明らかに丹下健三を一等に選んだ一九四二年秋の大東亜建設記念営造計画コンペの審査中に記されたのだろう。また、昭和十八年度の論文予定との項目からは、前川の追求しようとしたテーマの広さがうかがえる。

一九四二年以降

そして日誌以降の時期は、そのまま太平洋戦争勃発後に重なる。同じく署名や書きこみのある蔵書三十七冊を列挙すると次のようになる。

◎木村素衛『形成的自覚』弘文堂書房、再版、一九四二年（「昭和十七年二月十五日シンガポール陥落の日　前川國男」と署名）

○岡本かの子『老妓抄』中央公論社、一九四二年（「昭和十七年五月七日於奉天　前川國男」と署名）

○和辻哲郎『風土』岩波書店、一九四二年（「Tomita」とサインあり）

○鈴木成高《しげたか》『歴史的国家の理念』弘文堂書房、一九四一年（「昭和十七年二月二十四日　前川國男」と署名）

◎西谷啓治『世界観と国家観』弘文堂書房、三版、一九四二年（「昭和十七年三月九日　前川國男」と署名）

○G・ルナール『制度の哲学』小林珍雄《よしお》訳、栗田書店、一九四一年（「昭和十七年三月？　前川國男」と署名）

○久松真一『東洋的無』弘文堂書房、六版、一九四二年（「昭和十七年三月二十八日　前川國男」と署名）

○高坂正顕『歴史哲学と政治哲学』弘文堂書房、五版、一九四二年（「昭和十七年四月三日　前川國男」と署名）

○鈴木大拙『無心といふこと』大東出版社、一九四一年（「昭和十七年四月三日　前川國男」と署名）

○荒川龍彦『文学と伝統』弘文堂書房、一九四二年（「昭和十七年四月十二日　前川國男」と署名）

○杉村広蔵『経済学哲学通論』理想社、第十三版、一九四二年（「昭和十七年四月十二日　前川國男」と署名）

○樺俊雄『歴史における理念』理想社、一九四一年（「昭和十七年七月六日　前川國男」と署名）

◎エフ・デッサウェル『技術の哲学』永田広志訳、科学主義工業社、七版、一九四一年（「昭和十七年五月四日　前川國男」と署名。「建築　美　芸術　合目的　工学　時代精神　形　新しき形　経済的　機能的」とメモ書きあり）

○木村素衛『国民と教養』弘文堂書房、六版、一九四二年（「昭和十七年五月二十五日　前川國男」と署名）

○クゥルティウス『フランス文化論』大野俊一訳、創元社、一九四二年（「昭和十七年七月　於奉天　前川國男」と署名）

○松前重義『技術人と技術精神』白揚社、一九四二年（「昭和十七年九月四日　前川國男」と署名）

○ロマン・ロラン『ゲーテとベートーベン』新庄嘉章訳、二見書房、一九四二年（「昭和十七年九月二十日　前川國男」と署名）

○難波田春夫『国家と経済　第三巻——我が国の古典に於ける国家と経済』日本評論社、五版、一九四二年（「昭和十七年十月　前川國男」と署名あり）

○難波田春夫『国家と経済　第四巻——現代日本経済の基礎構造』日本評論社、十版、一九四二年（「昭和十七年十月　前川國男」と署名。アンダーラインとメモ書きあり）

○小林秀雄『ドストエフスキーの生活』創元社、八版、一九四二年（「昭和十七年十月二十一日　前川國男」と署名）

◎テエヌ『芸術哲学』広瀬哲士訳、東京堂、五版、一九四二年（「p. 74, 87, 107, 115, 163, 469」と記入あり）

○木村謹治『ゲーテ』弘文堂書房、十三版、一九四二年（「昭和十七年十一月二十二日　前川國男」と署名）

○速水敬二『ロゴスの研究』小山書店、一九四二年（「昭和十七年十一月二十二日　前川國男」と署名）

○アウグスチヌス『ソリロキア——私との対話』高桑純夫訳、筑摩書房、一九四二年（「昭和十七年十一月二十二日　前川國男」と署名）

○西谷啓治『根源的主体性の哲学』弘文堂書房、三版、一九四二年（「昭和十八年一月五日　前川國男」と署名）

◎山口諭助『無の芸術』理想社、三版、一九四一年（「昭和十八年一月五日　前川國男」と署名）

○斎藤秀夫『ナチス・ドイツの文化統制』日本評論社、一九四一年（「昭和十八年三月五日　前川國男」と署名）

○池田亀鑑『古典文学論』第一書房、一九四三年（カバー裏面に、前川自邸の前庭部分のスケッチ描きこみあり）

○板垣與一『政治経済学の方法』日本評論社、第六刷、一九四二年（「昭和十八年七月　前川國男」と署名）

○岡本一平『かの子の記』小学館、三版、一九四三年（「年々にわが悲しみは深くしていよよ華やぐ命なりけり」昭和十八年七月二十五日（大沢君出征の前夜）前川國男」と扉に記入あり）

○中河与一『万葉の精神』千倉書房、一九三七年（「昭和十八年九月　前川國男」と署名）

○大道寺友山『武道初心集』古川哲史校訂、岩波文庫、一九四三年（仕事のメモと計算が書きこまれている）

○保田與重郎『戴冠詩人の御一人者』東京堂、四版、一九四〇年（「昭和十八年十二月　前川國男」と署名）
○谷信一『室町時代美術史論』東京堂、一九四二年（「昭和十八年十二月三日　前川國男」と署名）
○マイケル・ロバーツ『近代の精神——芸術的世界と科学的世界』加藤憲市訳、筑摩書房、一九四三年（「昭和十九年正月　前川國男」と署名。スケッチあり）
○ウィトルーウィウス『ウィトルーウィウス建築書』森田慶一訳、生活社、一九四三年（「昭和十九年二月二十日　前川國男」と署名）
○クゥルティウス『現代ヨーロッパに於けるフランス精神』大野俊一訳、生活社、一九四四年（「昭和十九年四月　前川國男」と署名。ドイツ語で書きこみあり）

すべてを読んだとは断定できないものの、いかに前川が急き立てられるような思いでさまざまな本と向きあっていたかがわかる。それらの本の傾向としては、やはり京都学派関係の著書が目につく。木村素衛、高坂正顕のほかに鈴木成高、西谷啓治、鈴木大拙、和辻哲郎らの著作も手にしている。さらに日本浪漫派の保田與重郎、小林秀雄など幅広い本も読んでいる。また、佐野利器の指揮のもとで急速に進められる戦時体制へ向けた建築界の再編という時代状況を考えるためなのか、斎藤秀夫の『ナチス・ドイツの文化統制』も購入している。そして変わらないのは経済学、技術論、芸術論への関心である。戦争が激しさを増していく昭和十九年に『ウィトルーウィウス建築書』やフランス精神に関する本を購入している点に、前川が物事の本質を原理的に考えようとしていた姿勢がうかがえる。

一方で、木村素衛の『形成的自覚』に「昭和十七年二月十五日シンガポール陥落の日　前川國男」と太平洋戦争の緒戦における日本軍の勝利を書き留めているように、前川は戦争とともに生きる時空のなかで思考していたのだ。

当時の前川について、一九三五年十月の事務所創立時点から所員として前川に接した田中誠が残した回想がある。

「戦争中にぼくらが上海でウロウロしている間に、前川さんはやることがないから勉強したと思う。何か言うことが少し違ったという気がしましたね。（…）教養が高くなったというか、話すことに自信が出たというのか、戦争中だから自由でないというようなことがあったんでしょうね。そういうことからいうと、戦争中にぼくらは大きな差が付いたなという感じがする（笑）[19]」

戦時下という状況は、前川に建築思想を深く追求する時間を与えることになったのだろう。そしてこうした思考の果てに、続く自邸と在盤谷《バンコク》日本文化会館コンペを通して、前川は方法論的な確信をつかむことになるのである。

論考「建築の前夜」と「覚え書」

いまだに存在していない「建築」

「建築の前夜」(『新建築』一九四二年五月号)と題された前川の論文には、太平洋戦争前夜の一九四一年三月から書きはじめられた日誌における内省的な思考と、蔵書にみられる技術史や哲学などの精読から生まれた建築についての原理的な問いが綴られている。また、この論文執筆の背景には、当時前川が議論に参加していた「建築連合協議委員会」も大きく影響していたにちがいない。この委員会は一九四一年三月に設置され、前川もその追加委員として同年の八月から議論に加わっていた。しかし、それは戦争へと建築技術者を動員し、建築界が戦時下を生き延びるための体制づくりの議論でしかなく、建築の本質を考えようとするような性格のものではなかった。こうしたなか前川は、ある危機感をもってこの文章を記したのだと思われる。それは同時に、前川が日誌の冒頭に掲げた「資本主義社会に於ける経済的合理主義と芸術との関係に就き一応考を纏めたき希望甚だ切なり」というみずからの問いに答えようとする作業でもあったのだろう。こうして文章の冒頭で前川は、日誌にも引用したジョン・ラスキンの言葉を引きつつ、次のような問いを立てることから始める。

「「少女はその失われた愛を歌う事は出来る。然し守銭奴はその失われた金を歌う事は出来ない」という言葉がある。戦争の進展に伴う生産力拡充の国家の要請に基いて我が国に於ける建築量は恐らく未曾有の厖大量に達した事と思われる。

そうした現実にも拘らず逆に建築がその転落を慨《なげ》かれ、

その無策が責められて已《すで》に久しい。

而かも建築家は今日その失われた建築を歌うことが出来ようか。

弾丸の飛んで来る所では兎も角も塹壕を掘らねばならぬ事は当然である。凡ゆる建築活動がその未曾有の厖大量にも拘らず、設計施工資材凡ゆる部門に亘って間に合わせ主義となり、質的低下は加速度的となる現状はやむを得ない事かもしれないし、それに依って直ちに建築の転落と断じ又その無策を責める事は聊《いささ》か軽率の誹りを免かれぬかとも思われる。

然し乍《なが》ら重大なる事は、現在に於ける建築の転落は単なる建築界の時局面に於ける表相的な現象ではなくして、深く数十年来の建築精神の低迷が時局によって白日の下に露呈されたものであるという点にあると思われる。

今日の建築界は果たしてその「失われた建築」を歌う事が出来ようか？　ということは裏からいえば「戦争前夜の日本は果たして失われるべき建築をもっていたか。」と問う事ではないか」


戦時下で建築のすべてが「間に合わせ主義」になり、「質的低下が加速度的になる現状」を指摘し、しかしそうした「建築の転落」は「数十年来の建築精神の低迷」が戦争によって露呈されたにすぎないと断じる。そして日本は「失われるべき建築をもっていたか」と問いかける。さらに、前川は次のように述べていく。


「我々はかつて昭和年代に、所謂日本趣味的建築なるものの提唱がしきりに行われた一時期のあった事を想起せねばならない。そしてこの建築提唱の裡にこめられたものは、申すまでもなく日本建築文化の伝統への祈念であり、明治大正期の日本建築文化への否定的批判であった。

然し乍らこの建築運動も、帝室博物館、軍人会館、関東軍司令部等の一連の代表的作品をのこして、退場せねばならなかった。（…）

明治大正の西欧技術包摂の或る段階に愕然として日本建築文化伝統の危機を自覚して、伝統への回帰が志された事は正当な事ではあったけれども、遺憾乍らこの「日本趣味的建築」は建築技術と建築表現との現実的統一を忘却したものと断ぜざるを得ない。（…）

こうして日本建築文化の鎮護を志した「日本趣味建築」もついに生命なき「遺物」に執した形骸となり了った事はやむを得ないにしても、当時に於ける日本建築文化の危機を充分示唆するに役立つものといい得よう。而かもこの危機打開の意図をもったこの建築提唱も、竟《つい》に日本建築文化の伝統として生き得なかったという事、同時にこれが戦争前夜に於ける日本建築界の歴史的現実であったとするならば、これはとりもなおさず戦争以前の日本に於て「建築」が存在しなかったという事であり、この危機は依然今日に持ち越されていると考える他はあるまい」

ここで前川は、一九三〇年に日本へ帰国して以来問題視している。そこには「日本趣味的建築」についてふたたびとりあげてきた「日本建築文化の伝統への祈念」と西欧技術を摂取することに終始した「明治大正期の日本建築文化への否定的批判」があったことを認めつつも、それが「建築技術と建築表現との現実的統一を忘却したもの」であり、「生命なき「遺物」に執した形骸」にすぎなかったと批判する。こうして日本には戦争以前にも「建築」は存在しなかったと述べる。ここまでの論の進め方自体は、これまでのコンペなどの経験からも前川が再三痛感してきた事柄であったにちがいない。しかし、続く文章のなかで前川はこの問題を次のように世界史的な視点へと広げてみせる。

「而も重要な事は、この日本に於ける昨日までの建築の転落という事も、これがいわば西欧的世界に於ける十九世紀的な建築転落の一般的情況との関連を度外視して理解し得ないという事であろう」

日本だけの問題ではなく、「西欧的世界に於ける十九世紀的な建築転落」との関連を指摘するのである。そして前川は、近代建築の誕生までの建築の歴史を跡づけていく。

「希臘《ギリシャ》建築の虹の中心に、自然中心的な人間が立ち、中世建築の虹の中心には神中心的な人間が立ち、そして近世建築の虹の中心には人間中心的な人間の裸像があったのだ。

中世的教権の桎梏を放れた人間達に、その逞しき人間的自覚の下に壮大な行進ははじめられた。

彼等にとってもはや楽しき世界に住むも住まぬも、彼等自身の力と計画によるものと自負した人間達は、神を超えた自負と悪魔を絶した自恃とによって世界建設の途についたのであった。

かくて科学の進歩は機械技術の向上を生み、近代的産業は資本を生み、かつての動植物界的文化にあきたらなかった人間は、竟に鉱物界をも征服して、人間生活は自然から完き独立を獲得したるやに思われた瞬間、哀れにも機械と資本の横行になす術も知らぬ自分自身を発見せねばならなかった。

ルネッサンス建築の壮大な虹の真央に見出された健康な潑剌たる確信に充ちた人間裸像は、忽然としてその姿を消したのだ。

建築の虹も亦霧消せざるを得ないではないか。

惨めな近世史の終焉にあたって、商業主義の歪曲と経済時代の変貌をうけて、建築はついにその王座より転落せざるを得なかったのである。

建築のもつ美こそは、人間生活の内面的支柱であるといっても、それが幾何《いくばく》かの金銭に換算されねば近代人を納得せしめる事は出来ない。「美」といえば何等からの余剰物、何等かの脆弱性、何等かの奢侈性を思わしめるまでに歪められてしまったのは何が故であったか。

凡そ建築の十九世紀的転落とは、資本の恣意と機械の暴逆と、そしてこの両者を生み出した一切の近世的秩序の矛盾撞着にその源をもつことは明瞭といわねばならない」

ここに記された自然中心のギリシャ、神中心の中世、人間中心の近世という枠組みは、「近代」が「近世」となっているものの、先の日誌一九四二年一月十八日に「自然中心の古代、神中心の中世、人間中心の近代」と記されていた歴史のとらえ方と同じである。続く「科学の進歩」が「機械と資本の横行」を招いて人間はそれに翻弄されたとする論の立て方は、前川が精読していた高坂正顕の著書からの影響だと思われる。というのも、高坂は前川蔵書の『歴史哲学と政治哲学』のなかで次のように記しているからだ。

「近代の人間中心主義は、自由主義と機械主義——それはより根底的には合理主義に基くこと直ちに示される如くであろう、——の総合の上に発展し、その内面的矛盾の故に没落するのである[20]」

同じ著書のなかで、高坂は続いて次のように分析する。

「人間は機械を産むことによって自然を支配した。しかしその故に機械としての自然によって否定されるのである。之が人間中心主義の必然の運命であり、また悲劇である。そしてそこに現代の一つの悲劇があるのである。人間は自ら造った機械によって脅かされているのである。同じことは資本主義的機構についても指摘されるであろう。人間は資本主義的機構を自ら形成しつつ、その奴隷に化しつつあるのである」

続いて前川は、次のような指摘をおこなっていく。

「大東亜戦争は世界史転換の戦争でなければならないという事は、正にこれら一切の近世的秩序の崩壊によって齎されたる文化史の危機に於て生じた戦であり、これらの旧秩序に代わるべき新しき人間生活の中心指標を発見し与うる事によってのみ、その世界史的意義をもち得るという事ではないか。

然し旧秩序の崩壊といい、新秩序の黎明といっても、人間はもはや「資本」なり「機械」なりを捨離する事は不可能である。ただ「原理」を失って奔逸するこの如き「器官」に新しい「原理」を与うる事によってのみ「新しき秩序」を築き上げ得るものであり、人間生活を奪還し得るものと考えねばなるまい。

「建築」も亦近世的技術に新しき原理によって秩序を与える事によってのみ、現代的甦生が期待し得るのであって、近世的技術の放棄ではあり得ぬ事は自明の事柄に属する」

ここまでの前川の論の立て方は、明らかに思想界で議論が起きていた「近代の超克」の影響を受けたものだろう。蔵書や日誌への書き写しなどからも、前川がこうした思想界の動きに触発されていたことがわかる。しかし、続く文章では一転して建築の問題に話が集中されていく。

「ただこの場合注目さるべき事は、我が国に於ける建築技術が、未だ近代的技術の域に達しておらぬという事実である。

資本主義文化にせよ、機械文明にせよ、その矛盾撞着はその発展の最後的段階に於て生じたものであり、その故にこそこれが「転身」が要請されておる現状に在ると思われる際に、建築技術は未だ近代技術の域に達しておらぬという事は、又建築の現代的甦生に際して我々の前に一つの困難な予備的問題を提出するものと考えねばならない。

即ち建築の技術面に於て、我が国に所謂西欧的建築技術、殊に鉄筋鉄骨の近代技術が輸入されて以来茲《ここ》十数年間におけるその技術的進歩はまことに隔世の感を人に抱かしむるものがあるといわねばならない。それにも拘らず建築生産の諸技術は、一面に於て他の凡百の近代的生産工業部門に比較して甚だしく封建的手工業的風貌を蔽い難い。

極言を許されるならば、茲十数年における建築技術工法の進歩と称せられるものは単に工法に対する「反覆による熟練」と称さるべきものにして、建築技術の本質的進歩とは凡そ隔絶されたものと申されねばならない。

近来この点に識者の関心を惹き、戦時住宅対策として木造住宅の大量生産乃至は機械生産への動向が強く示唆されているけれども、かくの如き解決策も要するに所謂「時局対策」の域を出でぬ応急策であり、建築技術の本来的な近代的整備への動向とは称し難いと思われる」

そもそも日本の建築技術はいまだ近代的技術の域に達してはいないとの主張である。ここには西欧の近代を乗りこえるという課題をいまこそ日本がめざすべきだとする「近代の超克」の枠組み自体への批判を読みとることも可能だ。前川は性急な議論の前提自体を問題視しようとしている。つまり、そもそも議論に値するような近代の前提である近代的技術すら日本では確立できていないのではないかと疑問を提示しているのだ。前川には、ル・コルビュジエやレーモンドのもとでの実務経験や自分自身の仕事を通して実感せざるをえなかった日本における建築技術の未熟さが見えていたにちがいない。また、そこには建築界で催された「国民住宅」や「国民住居」のコンペ案募集での議論への強い違和感もあったのだろう。だからこそ、そうした「時局対策」では「建築技術の本質的進歩」は望めないと指摘する。こうして、前川は次のように記すのである。

「建築技術なり工法なりが近代生産工業としての立ち遅れ状態に在るという事が、ひいては我が国における真に国土の建築文化を、不可能ならしめる重大な原因であることを見逃し得ない。

しかもこの「技術の停滞」は単に所謂「資本の恣意」によってのみ惹き起されたる事態ではない点に、我々は建築部門に於ける特殊事情を認めざるを得ない。

即ち率直に申せば、「建築技術工法」の停滞の底には、深く建築構造設計ひいては建築構造学、更に建築構造学を基礎づける建築本質認識の学として本来的な建築学の未完成が横たわるのであろう」

末尾の「建築本質認識の学として本来的な建築学の未完成」という自覚こそ、前川が戦前の設計実務で痛感したことだったにちがいない。そこには、建築を分析的で総合的にとらえ、最終的には何をめざすのかを踏まえた建築のありようを考えること、そうした議論こそ求められているとの認識がうかがえる。さらに、前川は、一九三七年の富士通信機製造工場コンペにおいて構造家と共同で試みた構造の単位空間の模索を踏まえつつ、次のように提案する。

「希臘《ギリシャ》神殿の石と工法とが必然的に希臘建築のスケールを与えたように、又ゴシックの石と穹窿《ヴォールト》工法とが必然的にゴシック伽藍のスケールを与えたように、近代構造は当然その独自のスケールをもつべきである。これなくして国土の建築を待望するは、ピアノを与えずして而かもその演奏を期待するにひとしい。

そしてこの近代構造必然のスケールこそは、三次元的な構造設計の確立に全面的に依存すべきものであろう。

ヴァイオリン製作の技術家は単に木筥《きばこ》に糸を張った「音響箱」を製作するに止まらず、その「音調」の製作をも目的としたであろう。建築構造も最終目的たる「建築」を忘れて単なる方法論的技術に安住する事は許されない。

しかもかくの如くに秩序立てられた建築構造にしてはじめて実際的建築工法を近代的生産工業の域に整備しうる資格を獲得しうるものであり、ここにはじめて国土の建築はその発足の基礎条件を備えうるものと謂わねばならない。

要するに国土の建築の発足条件は、真に近代構造のスケールをもった単位構造が近代的生産の可能性を具体的にもつという事であり、これが実際問題としては、かくの如き近代構造学とかくの如き近代生産組織との中間に是非とも大規模な「中間的試作研究所」の如き施設が不可欠であろう」

こうして、建築界が戦時体制下において目先のことばかりを追うことに必死になるなかで、前川はどこまでも冷静に建築に向きあい、「近代構造のスケールをもった単位構造が近代的生産の可能性を具体的にもつ」という課題こそ必要であると指摘したのである。同時に、この文章には次のような率直な心情も記されている。

「「芸術の杜《もり》」から「技術の丘」にかけ渡された壮大な「建築の虹」の真中に、両手を挙して立ちはだかるものは、いうまでもなく楽しきが故に踊り、哀しきが故に哭く赤裸で健康な人間でなければならない」

前川は、こう記すことによって建築の原点をあらためて見つめなおそうとしたにちがいない。

ところで、この論考には、前川が精読していたある本からの影響が読みとれる。その本とは「昭和十七年一月十四日　前川國男」と署名の入った三木清の『哲学ノート』（河出書房、一九四一年十一月二十日刊）である。ここではふたりの文章を並べて比較してみたい。

「伝統とは何らかの「形成されたもの」という意味を持ち、したがって何らかの形を持つものと考えられることは当然であるけれども、同時に伝統の持つ「形」は不断の変容をうけ、生成発展するところにはじめて「われわれに生きる」伝統であり、「われわれにおいて生かされたる」真の伝統であることを忘れてはならないと思われる。

すでにして伝統が何らかの「形成されたるもの」であり、「作られたる形」である以上、これは感性的なものと理性的なものとの統一であり、主観的なものと客観的なものとの矛盾的統一でなければならない。

故に伝統は不断に変容するものであるとともに、この矛盾的統一もそれが根本的に破壊さるる時において伝統の変容もその極限に達し、古き形は崩壊して新しき形が生まれざるを得ない。いわゆる「古き伝統」は「新しき伝統」にその席を譲らざるを得ないということは、すなわち伝統の危機においてよく伝統を超ゆる者が、またよく伝統を守り得るということの意味でなければならない」（前川國男「建築の前夜」四一―四二ページ）

「伝統は我々の行為によって伝統となるのであり、従って伝統も我々の作るものであるということができる。創造なしには伝統なく、伝統そのものが一つの創造に属している。伝統となるものも過去において創造されたものであるのみでなく、現在における創造を通じて伝統として生きたものになるのである。（…）過去の遺物は現在における創造を通じてのみ伝統として生き得るのである。（…）およそ伝統と創造との関係とは如何なるものであろうか。すべて歴史的に作られたものは形を有している。歴史は形成作用である。形は元来主観的なものと客観的なものとの統一であって、歴史的なものが主観的・客観的であるというのは、それがかかる形として形成されたものであることを意味している。(…)作られたものは形として作るものから独立になり、かくて歴史は伝わるのである。伝統とは形であるということができる。(…)伝統は既に形を有するものである故に、如何に変化するにしても限界がある。その変化の果てにおいて元の形は毀れて新しい形が出来てくる。かくの如く形が変化するというのも、形はもと主観的・客観的なもの、或いは特殊的・一般的なもの、或いはパトス的・ロゴス的なものとして、矛盾の統一であるからである。この統一が根本的に毀れるとき形の内面的変化は限界に達し、旧い伝統は没落して新しい形が創造されてくるのである」(三木清「伝統論」、『哲学ノート』二五―二九ページ)

前川の文章は、三木の文章にある「形成されたもの」、「旧い伝統」と「新しい形」、「主観的・客観的なもの」の「矛盾の統一」など多くの用語が共通しており、前川が三木の文章に触発されたことがうかがえる。また、この後で検討する前川の「覚え書」には副題として「建築の伝統と創造について」と付されており、その点でも三木からの影響は大きかったと思われる。おそらく、建築界において原理的な議論がほとんどおこなわれないなかで、前川は思想界の最前線で発言していた三木清らの理論に学び、みずからの思考の手がかりにしようとしたのだろう。そうした危機感を募らせていた当時の前川の思いを知ることのできる別の記録がある。それは「建築の前夜」が書かれる直前の二月二十一日に開かれた座談会での次のような発言である。

「現在戦争によって種々資材の不足、鉄がない、セメントがない、木材が不足だといってよい建築が出来なくなったというのは、根源的に間違いであって、戦争によって「建築」のないことが暴露されたにすぎない。私が申すまでもなく、大東亜戦争の前夜まで日本には明治以来輸入された西欧建築の雑多なものが雑然とたちならんでおったので、大正昭和の一時期に唱えられた所謂日本趣味建築もついにものにならず、こうした状態のままで今次の大戦となった。だが現在「建築」のないということは、十九世紀以来現代に続いた世界的な現象の一環であって、日本における「建築」の転落もこの世界的な建築の貧困と無関係には理解出来ないことだと思われます。(…)

戦いが終わって日本に資本の蓄積が出来、そうしたらよい建築や絵が続々生れるだろう、それまで悠然と待ちかまえるといった態度は大間違いだと思います。凡ゆる人間行動の理念は、やはり血みどろな汚濁した現実そのものの中から生み出されてくるものでなくては「真物」ではない」[21]

創造への伝統、伝統よりの創造

「覚え書」は、「建築の伝統と創造について」と副題をつけられ、文字数一万二千字をこえる長大な論文であり、一九四二年の夏から秋にかけて実施された大東亜建設記念営造計画コンペの発表誌「建築雑誌」一九四二年十二月号に掲載された。「百塔会　前川國男」と記された筆者の肩書きにも前川の思いがうかがえる。というのも、日誌のなかで「百塔会」のことが何度も記されたように、この文章は「百塔会発足の言葉」と日誌に書きとめた考えを公の場で書き記しておきたいとの思いから綴られたことがわかるからだ。「建築の前夜」から半年ほどの間に前川は大東亜建築委員会の議論に加わり、より深く時代状況に踏みこんでいる。執筆の日付として文末に記された「昭和十七年十一月十七日」は、大東亜建築委員会の「建築様式」を議論していた第四小委員会が最後のまとめの議論をおこなっていた最中にあたる。そうした意味からも、この論文にはより切実な形で前川の思考を読みとることができるだろう。また、「建築の前夜」に比べて難解な文体になっているのは、当時の思想書からの影響があったからだと思う。とりわけ顕著なのは三木清『哲学ノート』、高坂正顕『歴史的世界——現象学的試論』、木村素衛『表現愛』の三著である。(22)

前川は、この「覚書」においても「建築の前夜」と同じく冒頭で次のような問いを設定することから始めている。

「意匠と云い、表現といい乃至は様式といわれる建築の形の問題は、戦争の拡大に伴う生産力拡充関係の建築量が未曾有の膨大さを示すに逆比例して、建築界の関心から疎外されつつあったのが、大東亜戦争の勃発を契機として、文化建設戦が云々されるようになるとともに、再び建築家の重大関心事となりつつある。美わしき国土が無残な空爆にさらされる危険を身近に感じる時、一切の犠牲に於て、皇軍戦力の増強をはかって外寇に備えねばならぬ時に当って、形とか意匠とか絵空事とそしられかねない事柄に彫身鏤骨の精根を注ぐという事は何故なのであろうか。建築家商売の悲しさは、戦時下実現するものは、かつがつ三十坪の住宅か生産関係のバラックであるにすぎないのに、なお建築の形を想い美しさを論じ国土の造形を胸に描かずにはいられない身の因果を骨身に徹して思い知る、そうした建築家を国家は待望しているという事は何故であるか」

前川は、大東亜戦争の開戦を契機に建築界の関心から疎外されていたはずの「建築の形の問題」が「文化建設戦」という文脈で「再び建築家の重大関心事」になりつつある状況の変化を分析する。そして戦時下にもかかわらず「建築の形」や「国土の造形」を胸に描かずにはいられない建築家を国家が待望しているのはなぜなのかと問いかける。こうした問題設定にも、前川の置かれていた状況が反映されている。すなわち大東亜建築委員会において「建築様式」が重要なテーマのひとつに選ばれたものの、委員長の佐野利器の強い意向によって半ば一方的に「建築様式の統制」という方向へ議論が集約されるなか、前川はいま一度建築の形と意匠とは何かに原理的に答えようとしているからだ。

　前川は冒頭に掲げたみずからの問いに対して、続く文章で端的に次のように答えている。

「国家の存立は、その根底に於て文化の確立に依存し、文化はその本質に於て歴史的人間の形成的な表現であると云われる限りに於て、建築文化の問題は必然的にその形、表現、ひいては様式問題に帰着せざるを得ない」

　ここで前川は、国家の存立は文化の確立に依存しており、建築がその文化に属するものである以上、建築における形、表現、様式問題が重要であると説明している。そして国家と政治と文化との関係について記していく。

「政治は云う迄もなく国内に対する民族の結集を目標とする内治と国外に対し国家の威信を護持せんとする外交とより成立するにしても所詮は内に凝集せんとする求心力である。文化は世界性に於て世界に拡散せんとする遠心力である、この相反する力、矛盾せる勢力の動的統一として国家が成立する事を考うれば即ち国家存立はその根底に於て、常に文化の支持を必須とする事は明瞭であろう」

　前川は続いて建築の問題へ話を移し、冒頭の問いにふたたび答えて次のように記している。

「建築は斯《かく》のごとき文化に属する。例え軍需生産の工場建築にせよ、三十坪の戦時住宅にせよ、何れにしても建築文化の形成要素たるに変りはないのである。しかも前述の如く政治と文化とは国家の存立に不可欠の両輪であり、而《しか》も文化とは凡ゆる意味に於て人間に作られたるものとして「形」の問題を離れ得ないとすれば、大東亜戦のまっただ中に建築家が前線将士に劣らぬ厳しさを以て建築の「形」を思い「伝統」を語り「創造」を論ずるのは当然必至の責務でなければならない」

　文中の「軍需生産の工場建築」「三十坪の戦時住宅」とは、当時手がけていた満州飛行機の工場や自邸を指していると思われる。前川は、建築はその種別や規模とはかかわりなく、国家の存立に不可欠の文化の形成要素として重要であると主張する。この「形」という言い方には、三木清の『哲学ノート』からの影響がうかがえる。

　前川は、三木の「伝統とは形である」という言葉を受ける形で、続いて伝統と創造というテーマにふれていく。

「茲に人間を囲繞する表現的環境とは即ち既に作られたる形として伝統と呼ばれる面であり、理念とは未だ来らざるものの姿なき姿として創造と呼ばれる面であり、過去的な伝統と未来的な創造との否定的媒介として歴史的現在がある。さきに述べた様に、表現的環境はもともと人間に作られた性格を根源的に有つものであり、理念は又かかる環境の示唆なしに無媒介で成立し得ないものであった。即ちかくの如き環境もかくの如き理念も、互いに他を予想せずには成立し得ないものであり、従って伝統も創造も同じ様な構造連関に於てはじめて成立し得るものである。即ち伝統とは創造への伝統であり、創造とは伝統よりの創造であり、両者は歴史的現在を成立せしむる対立契機であり連関項であり、この連関項としての関係を離れ、伝統とか創造とかが各々それ自体に於て独立に捉えられるや否や、両者は共に抽象的伝統と又抽象的創造として一は保守頑迷の迷路に他は新奇流行の偏倚に逸脱せざるを得ないのである」

「作られたる形として」の伝統と「未だ来らざるものの姿なき姿として」の創造との対比によって、伝統と創造が「対立契機」であり、「連関項」としての関係があることの重要性を指摘する。そしてそうした関係を離れると、それぞれは「抽象的伝統」と「抽象的創造」へ陥るとする。ここには木村素衛の次の文章からの影響がうかがえる。

「伝統と創造とは従て互に否定的な他者であり乍ら而も互に媒介し合うことに依てのみ初めて伝統であり創造であり得るのである。切り離されては両者はそれぞれの性格を失い、従てまたそれぞれの固有な存在性を失わなければならない。

而して伝統と創造とがかくの如く否定的に媒介される云わば場所、過去と未来とがそこに於て出会しそこに於て弁証法的に相即するところ、それが歴史的時間の現在に他ならない」（木村素衛『表現愛』一九ページ）

そして創造を活かすためには伝統へと沈潜することが重要であるとして、前川は次のように記している。

「創造は深く伝統を生きることであり、伝統を生かすことはまた創造に生きることの真相がこれであろう。しかも創造に際していかなる伝統に歴史的地盤を選ぶかは、深く歴史的現在の創造の担い手として実践的行為者がいずれの時代、いずれの世界に親近さを感ずるかにもとづく選択の自由がある。真の創造はかくのごとき伝統への沈潜をその唯一の手がかりとすることは明らかとなった」

ここで注目されるのは、前川が現在の行為者の実践を重要視していることだ。これは在盤谷《バンコク》日本文化会館コンペ案（一九四三年）において伝統の何を選択するのかという姿勢へとつながっていく。また、こうしたとらえ方には次の高坂の文章からの影響が読みとれるだろう。
「現在は過去のすべてを自己の背景としそれに動機づけられながら、そのいずれを特に自らに親近なものとして選ぶかは自由である。そこに現在の未来に開かれた側面がある」（高坂正顕『歴史的世界』三五七ページ）

続いて前川は、建築の様式の問題をとりあげていく。
「具体的に伝統を把握すると言う事はどういう事であろうか？ 我々は外形的な伝統として既に様式を持っている。同時にかくの如き形を作り出した造形的な理念があった筈である。様式のもつ形は、此の理念なしには生まれ出ずる事のできなかったものであり、此の理念もそれが外に生み出したる形を俟って、はじめて具体的になり得たのであって見れば、此の如き様式的な形をそれ自体として伝統と認める事は伝統の一の抽象であり、又此の如き理念それ自体を伝統とする事も伝統の一の抽象に過ぎないのである」

ここで前川は、様式的な形それ自体を伝統として認めることが伝統の把握ではなく抽象にすぎないと批判する。そしてそのような伝統の誤ったとらえ方によって生まれた日本趣味的建築と構造主義的建築について、次のような分析を試みる。
「かつて大東亜戦争の前夜に我々は新しき日本の国民建築を志向するものとして二つの傾向を持っていた。その一は所謂日本趣味的建築であり、他の一つは所謂構造主義的建築であった。前者は文字通り擬古主義的な手法によって過去的日本の建築様式をその拠り所とし、後者は材料構造の忠実なる表現が、日本建築精神の道であると主張したのである。この両者はその外貌の甚だしい相違にも拘わらず、その志向したる所は新しき日本建築の様式であった事には間違はない。而も前者には鎖国的国粋主義の雰囲気が顕著に漂い、後者には国際主義的な雰囲気を著しく昂揚した点も認められると思う。「日本趣味的建築」の伝統に対する態度は、形を固守した伝統の抽象的把握に終り、構造主義的建築のそれは精神に偏倚した伝統の抽象的把握に終ったのである」

前川は、日本趣味的建築と構造主義的建築については何度となく批判をおこなってきたが、伝統と創造という枠組みに思考の深化が読みとれる。高坂らの著書を手がかりに論理的な整理ができたのだろう。形に固守するのでもなく、精神に偏倚するのでもない、伝統の具体的な把握という方法こそ、前川がつかみえたものだった。

特殊性を生き抜くこと

こうして前川は、建築家がめざすべき態度について次のように記していく。

「抽象と偏倚とを脱却して具体的な伝統の把握によって世界史的な国民個性を陶治せねばならない。茲に世界史的と云うのは特殊的な国民、日本国民としての特殊性を生き抜く事によって、世界と云う全体を生かすという心構に裏づけられていると言う事でなければならない。かくして陶治された世界史的国民個性、鍛えられた造形理念をもってはじめて我々を囲繞する世界史的環境に立ち向う事が出来るであろう」

ここにある「心構」えとはあまりにも抽象的であり、「近代の超克」の影響を受けた表現だと思える。しかし、先の「建築と壁画」の座談会において、「凡ゆる人間行動の理念は、やはり血みどろな汚濁した現実そのものの中から生み出されてくるものでなくては「真物」ではない」と発言したように、目の前の現実、その特殊性を生き抜くなかから見つけようとする姿勢が大切であるという点にあったにちがいない。それは、次の高坂の文章に触発されたものだと思われる。

「一つの時代に何らかの傾向的必然性が現れるとき、それは常に地域的運動によって媒介されているのである。歴史的普遍の底には地域的なる運動が潜む。(…)歴史的普遍の成立には地域的地盤の存在が前提されるのである。(…)建築は特に地域的であり、しかも最もよく時代の様式を代表することを人は忘れてはならぬであろう。かくて地域的なるもの、風土的なるものは時代に必然的である」(高坂正顕『歴史的世界』三三三―三四ページ)

この文章以降に自邸や東京市忠霊塔、在盤谷日本文化会館などで伝統と向きあう造形が試みられたのも、こうした前川の思考の変化があったのである。

そして前川は、より明快な形で次のように記していく。

「今近代的秩序の全面的崩壊をまざまざと目前にして文化的領域、政治的領域に全面的に価値の転倒を将来し、新しき方法論の確立が論ぜられておる時に、ひとり建築のみが時流に超然たり得る事はあり得ない。(…)我等を囲繞する新しき事情新しき環境である日本的現実を他処にして、我等の造形的理念は生まれ出る筈がないのである。今大戦争のまっただ中に形を思い様式を論ずると云う事は、バラックを作る手を休めて、防空壕を掘る手を休めて、空虚なる思索に沈潜せよとの謂いではないのだ。幾度かくり返した様に、我等の造形理念出生の揺籃は我等をとりかこむ全環境なのである。バラックを作る人はバラックを作り乍ら、工場を作る人は工場を作り乍ら、ただ誠実に全環境に目を注げと云いたいのである。安易な都合のよい部分のみを抽象して都合のいい理念の出て来る所に我々の昨日までの抽象的態度があったではないか。理念は泥土をもくるめた全現実を〔ママ〕環境から生れる、かくの如き全環境こそ人間の運命であり、かくの如き全環境に没入してこそ我等は生きることが出来るのであり、動く事が出来るのであり、創造する事が出来るのである。「形」の問題は絵空事では断じてない。「形」の中にこそ建築の全問題が含まれているのだ。重要な事は何等かの私心をもって特定の環境のみを抽象する事なく全環境に直面して「形」を想わねばならぬと云う一事につきる」

　戦時下の資材統制によって極限まで追いつめられるなかで、前川は「バラックを作る人はバラックを作り乍ら、工場を作る人は工場を作り乍ら、ただ誠実に全環境に目を注げ」と提唱したのである。これは一九三五年の事務所設立以来貫いてきた前川の基本的な態度であり、どんなに粗末な仕事であっても、原理的な建築の追求ができれば、環境全体を創造する手がかりにつながるとの確信と覚悟があったのだと思う。また、そうした具体的な仕事にかかわることが前川の建築思想を根底で支えていたのだろう。

　こうして前川は、ふたたび自身が参加している大東亜建築委員会や建築連合協議会の方向性についてとりあげ、次のような根本的な批判を加えていくのである。

「最後に文化と政治の関係について一言したいと思う。政治が内治外交の両面に於て兎も角内部のまとまり、国内の結集を意図するに反し、文化は開放性を持つ事は前に述べた通りである。今国家的政治力の強化、国民的結集の強化が求められておる際に、かつては個人の自由に委ねられていた学術、芸術、宗教等の領域にも政治力の干渉を必要とし、茲に文化政策が論せられている事は衆知の如くである。国家は文化と政治の開放性をもつものと閉鎖性をもつものとの矛盾的の統一に成立する事も一般に論ぜられた通りであろう。故に国家的結束の強大なる要請に応えた政治力の結集強化は必然的に文化に対する強力な呼びかけとなることは当然であろう。茲に文化に及ぼされた政治力は、たとえそれが文化統制なる形によって現われるにしても当然それは国家存立を強固ならしめる手段として文化の正常にして強健な成育を指導助長する方向をさし示しておるものなのである。文化は自律的な価値をもち政治は飽くまで手段である。国家存立を強固ならしむるには政治力の強化と文化それ自体の強化が求められ、文化の強化をはかる政策が文化政策なのであって、文化政策とは文化を手段とすると云う意味ではない。もしも文化政策にして文化の育成強化と云う方向を忘れ文化を手段とする事が文化政策であると誤認されるならば、それは既に手段として政治の延長であり文化ではない。然るに文化とはしばしば述べた様に国家存立の根底の必須なる要素であったとすれば文化政策によって誤認され政治の延長と化した文化の代りに真実の文化を作らねば国家の存立は危殆に瀕するといわねばならない。我々は建築を守るものとして、かくの如き過誤を犯さぬ様に戒心する事が国家に対する重大なる責務であると考える」

ここにあるのは、文化を自律的な価値をもつものとして政治よりも優位に置こうとする態度である。だからこそ、前川は「建築様式の統制」の方向性に危惧の念を抱かずにはいられなかったのだ。

最後に前川は、大東亜建築委員会でさかんに議論されていた建築の南方進出における態度についても言及しながら、この長文を次のように締めくくっている。

「ただ、たとえば南方進出という日本的現実がもし建築の南方進出を結果するならば当然彼地に既存する英米建築文化への対抗策が焦慮されるのは無理からぬ事と思う。然し米英建築の進出と我が建築の進出では、進出根本も事情も異なる点も忘れてはならない。彼等の帝国主義的進出に於ては、その便乗建築は彼らに有り合せの当時の現代建築で事は足りたのである。我等の場合は断じて帝国主義的侵略ではなく、凡ゆる文化領域に亙って「有り合」せの現代文化の検討清算が先行し、新文化の創造を努めらるべき課題として担いつつ闘いつつ諸地域を光被するのである。日本の外地進出はなにも衒う必要はない。（…）ただありのままに努力する誠実さをそのまま素直にムキ出して差支えないではないか。我々が今後の大東亜建設が安易な途ではなく、又意識的に安易な途を選ぶ事が国を誤る基である事を肝に銘じなければならない。未完成な国民様式でもよいから安易な擬古主義に堕したり、安易な観念的伝統主義に陥らぬ正々堂々世界史的国民建築を素直に強靱に実践して行くその誠実さを以て大東亜を、そして世界を光被するのが我々の最も正しい道である事を確信する」

てらわず「ありのままに努力する誠実さをそのまま素直にムキ出して」、「正々堂々世界史的国民建築を素直に強靱に実践」していくこと。この主張には佐野によって強引に進められていた「建築統制」への前川の抵抗の意志が込められていたのだと思う。

前川は、「覚え書」を通して「伝統を具体的につかむこと」、バラックを作りながら「全環境に目を注」ぐことという思考態度を確認し、戦時下を生き抜く決意を固めたのである。

Ⅷ　自邸とバケツと

自邸における試みと発見

基本設計案から実施設計図まで

太平洋戦争下の一九四二年秋、前川國男は自邸を東京の山手線の目黒駅近くの閑静な住宅地に完成させる。おそらく結婚後の新居として建てたものだと思われる。だが竣工からわずか三年足らずでその居間と食堂は前川事務所の製図室に占有されてしまう。銀座にあった戦前の事務所は空襲によって内部を焼失し、自邸だけが戦災を免れたからだ。前川の戦後の活動はこの二十帖ほどの小さな空間から不自由な形で再開する。けれども、ここからは紀伊國屋書店(一九四七年)、慶応病院(一九四八年)、日本相互銀行本店(一九五二年)、神奈川県立図書館・音楽堂(一九五四年)など戦後初期の代表作が次々と生み出されていく。その意味で、自邸には前川の戦後の出発点が刻印されている。ちなみにこの住宅が敗戦直後に結婚した前川夫妻だけの静かな空間に戻ったのは、四谷に事務所が完成する一九五四年のことである。その後は一九七三年に鉄筋コンクリート造へ建て替えられる際に部材が解体されて軽井沢の別荘へ運びこまれ、以来、長く眠っていた。そして時を経た前川没後十一年の一九九七年に江戸東京たてもの園に移築復元されてその空間が二十四年ぶりによみがえり、一般公開されている。

その特徴は、切妻の瓦屋根の民家風の外観と吹き抜けの居間と食堂の大らかな内部とのあざやかな対比にある。戦時下の建築制限によって木造三十坪以下という厳しい条件下とはいえ、ル・コルビュジエに学んだ前川にどのような変化が起きたのだろうか。これまでみてきたように、背景

前川國男自邸（1942年）北側外観

前川國男自邸居間

同居間でくつろぐ前川夫妻（以上、いずれも 1970 年ごろ）

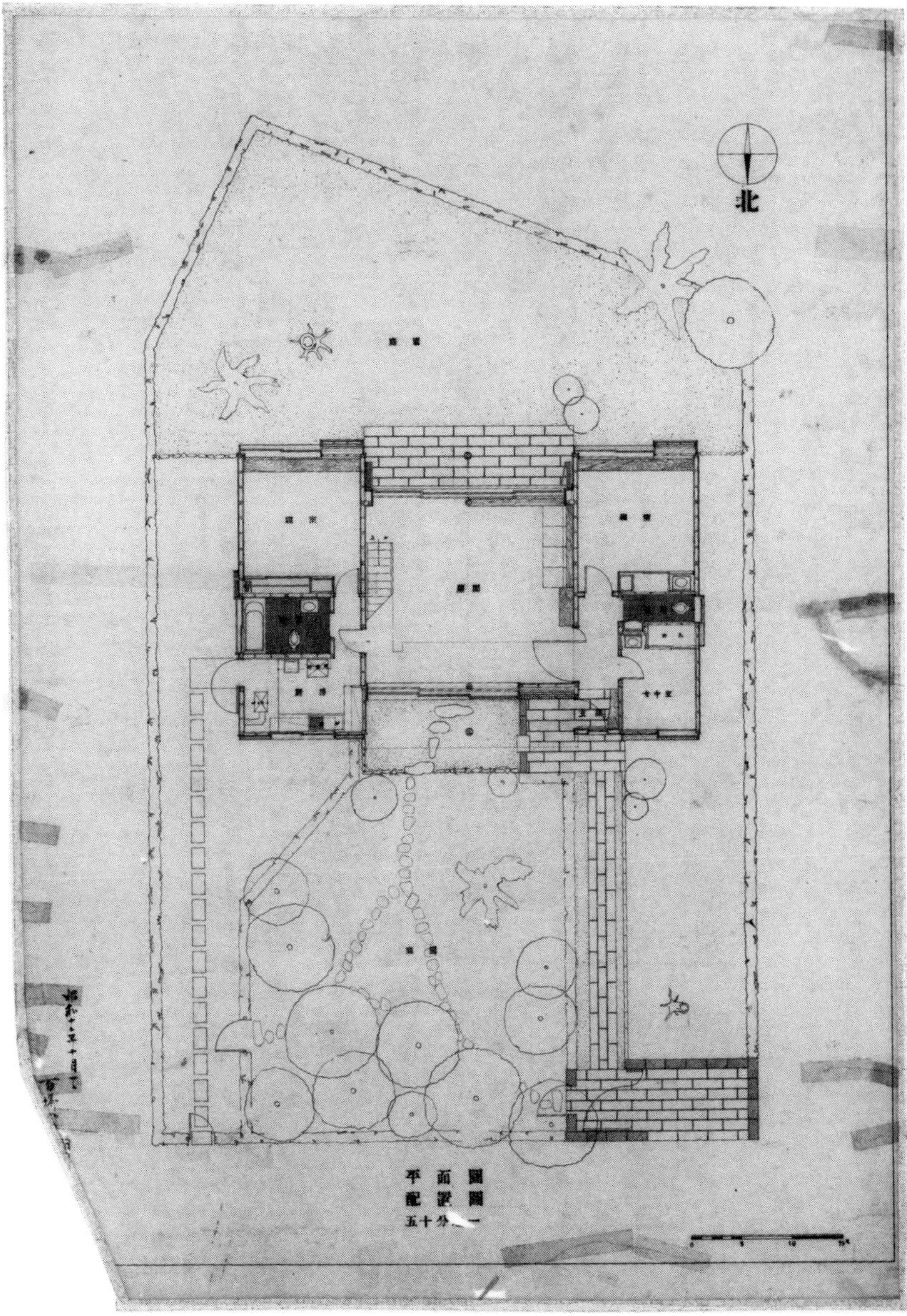

同1階平面図（竣工図）

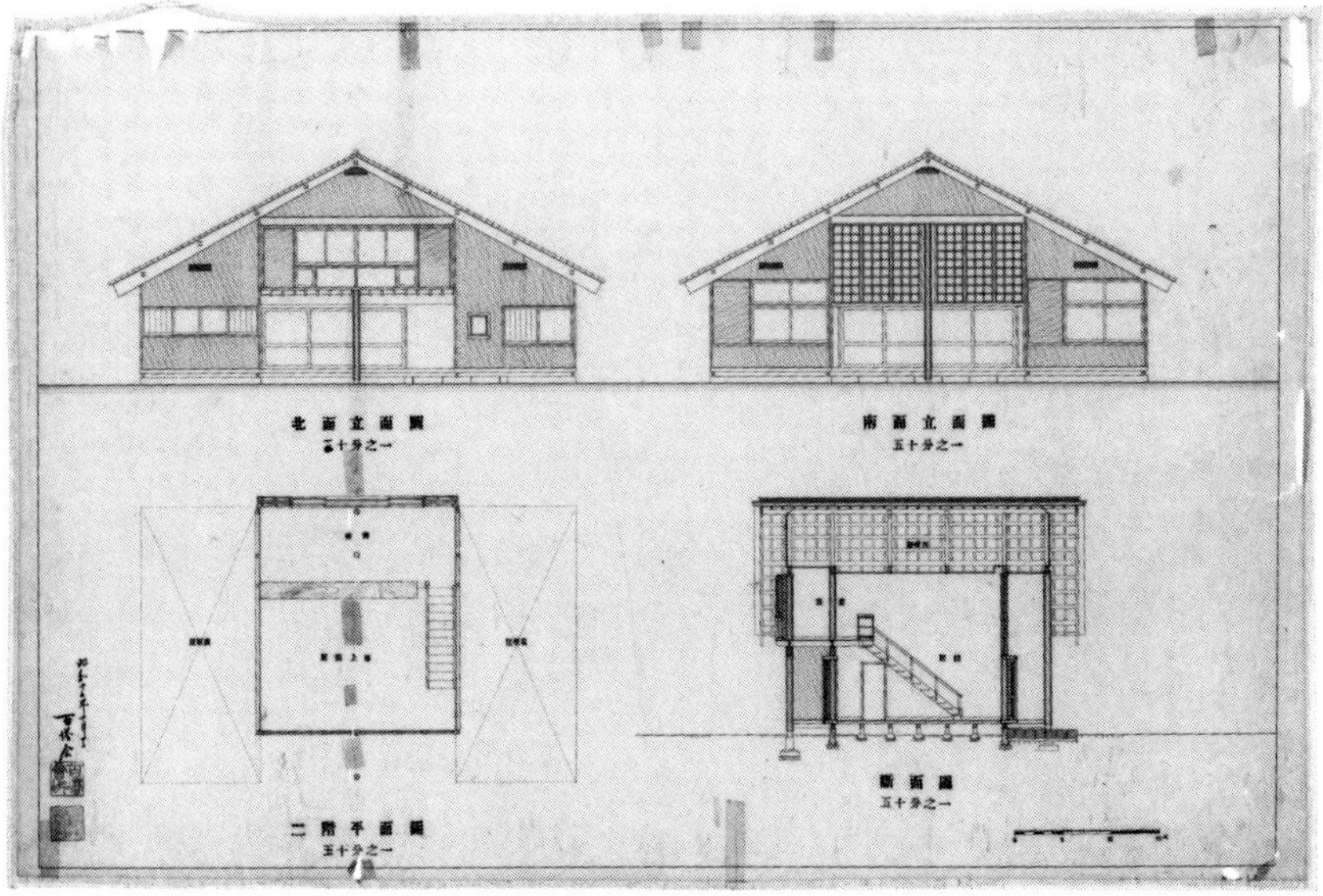

前川國男自邸 2 階平面図、北側・南側立面図、断面図（竣工図）

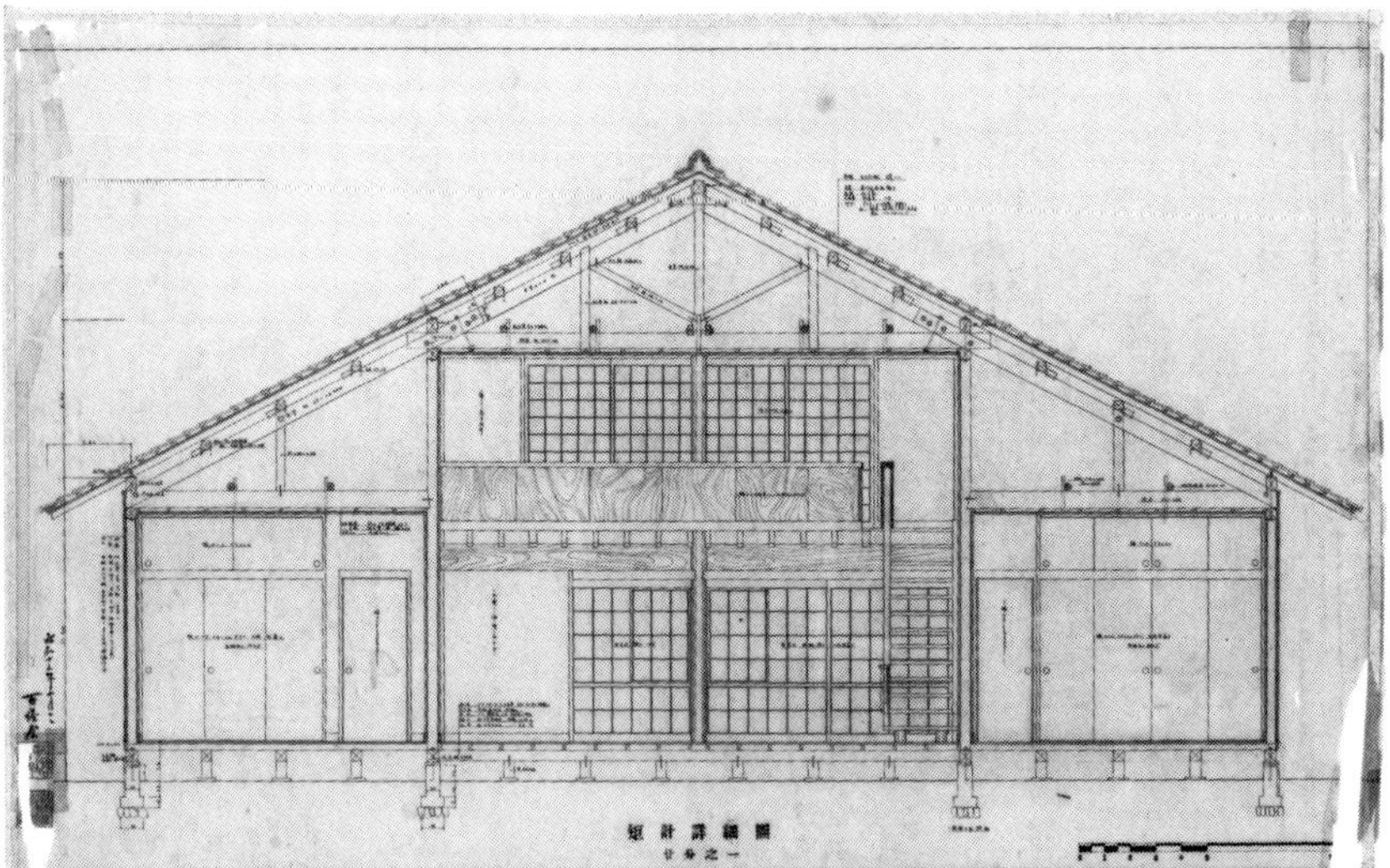

同構造図、矩計詳細図（竣工図）

には戦時下の大東亜建築委員会での議論や矮小化される国民住居への根本的な疑問と、日誌や蔵書から読みとれる内省的な思考があったにちがいない。そんななか、この自邸は竣工当時には発表されず、その存在が隠されていた。しかし、逆にいえば発表を前提としないからこそ、そこには前川の建築思想の核心にあったものや萌芽的な試みを読みとることができるのではないか。さいわいにも自邸に保管

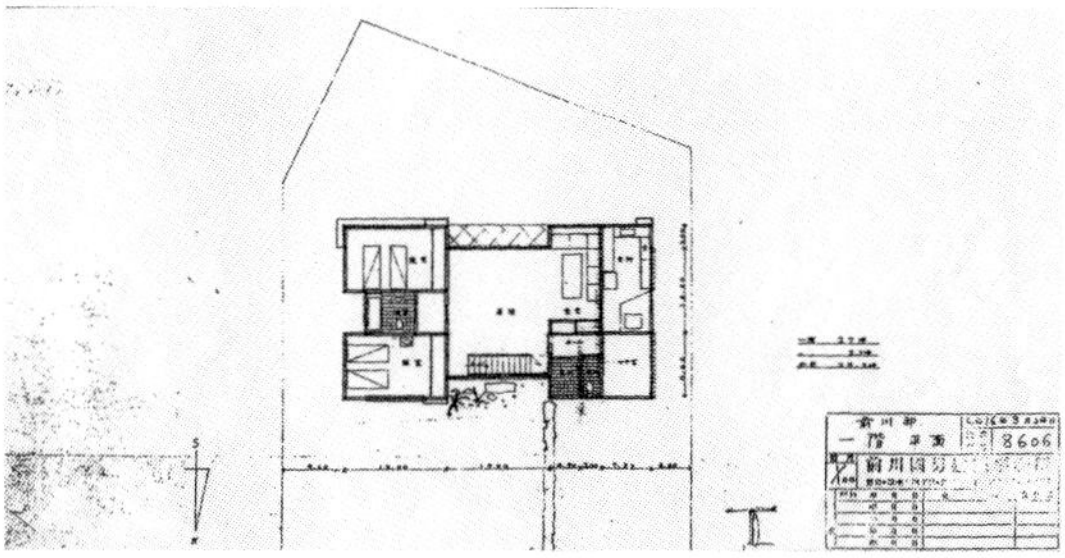

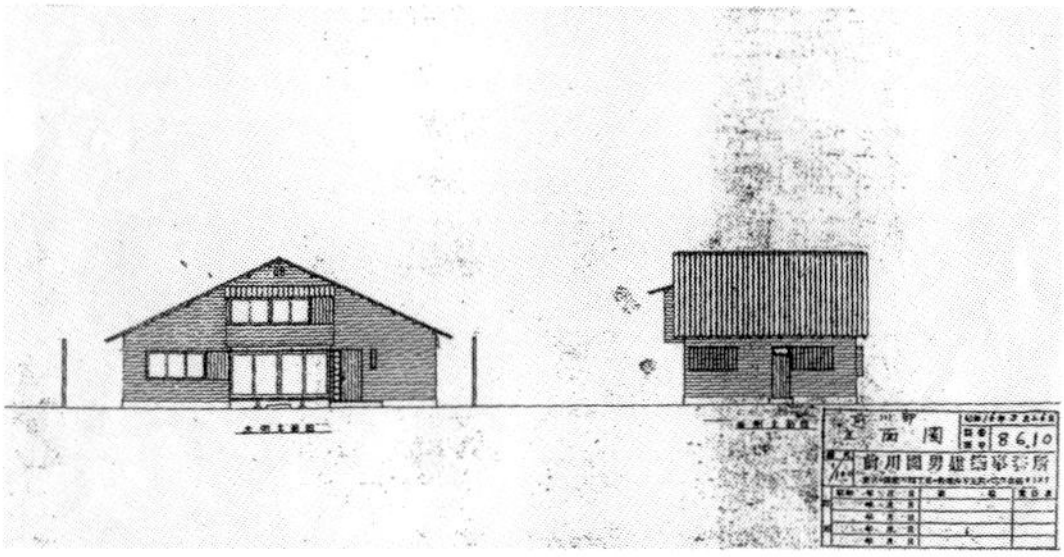

上・同基本設計案、1階平面図。
下・同北側、西側立面図

されていた図面類は戦災を免れ現存する。

　前川事務所に保管されている自邸の原図は全部で四十九枚あり、そのなかの四枚は東京帝国大学第二工学部建築学科の図面模写（トレース）課題の教材として後に描きなおされた竣工図である[1]。それを除くと設計時の図面は四十五枚になり、記入された日付を追うと、一九四一（昭和十六）年三月二十四日から一九四三（昭和十八）年七月二十七日まで、太平洋戦争が始まる直前から戦時下にかけて描かれたことがわかる。設計担当者だった崎谷小三郎の証言[2]によれば一九四〇年、崎谷は上海の華興商業銀行総合社宅の現場から東京へ帰還し、濱田美穂（浜口ミホ）が担当していた自邸の設計を引き継ぐ形で一九四一年のはじめごろから設計を始め、主要な図面はその年の間に描き終えたという。原図に記された通し番号と日付、崎谷の証言などから整理すると、設計は次のような段階を経て進められた。

　最初の基本設計案は、一九四一年の三月二十四日と二十六日の日付の入った五枚の図面から構成されている。立面図を見ると、実施案とほぼ同じく左右対称のH型の平面と切妻屋根になっている。異なるのは平面図で、中央の居間の幅が狭く両側と同じ十五尺で均等割りになっており、食堂が西側に配置され、台所も西南に置かれ、二階ギャラリーに上る階段の位置が、実現した南北ではなく東西方向に

設けられている。また、下見板張りの外壁と丸い母屋が描かれている。後の変更点で重要と思われるのは、玄関扉が北側の外壁面に設けられていることである。

この基本設計案には、崎谷も証言を残しているが、レーモンドの設計した夏の家（一九三三年）や切妻屋根をもつ小寺氏夏期軽井沢別荘（一九三四年）の影響が読みとれる。また、屋根は前川事務所で崎谷が担当した守屋邸（一九三六年）と同じく金属屋根が想定され、全体としては和風ではなく洋風のデザインにまとめられている。同時に、この時点では居間の横幅が十五尺と狭いこともあって、実施案の特徴である南北立面の中央に立つ独立の丸柱も描かれておらず、構造の表現についてはほとんど意識されていない。

一方、展開図を見ると、室内にはレーモンドの夏の家のような小屋組みを露出させた表現は採用されておらず、天井が水平に張られ、壁とともに漆喰仕上げになっている。おそらく別荘である夏の家とは異なり、通年で使用する自宅としての室内環境を設えようとしたこと、そしてル・コルビュジエの白い立方体の空間を実現させたいとの意図が働いたのだと思われる。崎谷も「ドイツのシュトゥットガルトの集合展示場のコルビュジエの作品を雑誌で見て、感銘を受けた」と証言しており、そのことを裏づける。また、この段階では明快に整理されてはいないものの、玄関から居間へといたる動線や、居間の天井の高さと両側の袖壁で切りとられた南立面の大開口部の取り扱い方、吹き抜けの居間と両側の居室の配置など、空間構成の骨格はほぼ実施案と変わらないものになっている。

続く設計図は、一九四一年五月二十一日と二十八日付の三枚と八月二日訂正の記入のある一枚からなる実施設計段階のものである。一般図だけではなく矩計図や構造伏図も含まれているので、発注用の実施設計図だと思われる。内容を見ると、二階ギャラリーが扉と襖で居間と仕切れるようになっている以外はほぼ実現されたものと同じだ。基本設計と大きく変更されたのは次の点である。

まず、幅の狭かった中央の居間が広げられて食堂と一体となり、中心の空間にふさわしい大きさを確保したこと、部屋の配置が整理され、居間は完結し、寝室が両側へ振り分けられて左右対称の整然とした厳格な平面になったこと、階段の向きが南北軸に変更されて北側の開口部まわりが明快になったことなどがあげられる。また玄関の位置も、庇もなく唐突にとりついていた北側の正面から平面図上の段差を利用した陰の部分へ移動されている。これは張り出した二階部分が玄関の庇の代わりとなり、しかも北側の立面がすっきりと納まる簡潔さをねらった変更だと思われる。

そして何よりも大きい変更点は、瓦屋根が載り、横方向の下見板が縦張りに変わり、丸い母屋は隠されて末広がりの破風板がつき、中央には丸柱が象徴的に立つ民家風の日本的な外観へデザインの方向性が洋風から一転したことだ。崎谷によれば、当初予定していたレーモンドに倣った銅版瓦棒葺《かわらぼうぶ》きの金属の屋根を瓦に変更したのは資材統制により金属が手に入らなくなったからだという。(3) こうして基本設計に加えられた変更の背景には何があったのだろうか。崎谷の証言がその理由を示唆している。

「当時、伊勢神宮に関心があり、資料入手が困難な中、夜な夜な復元を試みて研究する日々を送っていた。その当時の日本の建築界は、豆腐を切ったような近代建築が多かったが、近代建築はそういうものだけではないと思っていた。大方の建築家の「建築の近代化」は、欧米に向いていた。(…)前川さんに、「近代建築は平らな屋根でなくても良いのではないか」と問いかけたら同意された。(…)前川さんは木造に詳しくなかったし、前川事務所にも木造に関心のある人があまりいなかった。そんななかで、私は木造に関心をもち、日頃から木造に関する全集(二十四巻)を擦り切れるほど読んで研究していた。吉田五十八〔新数奇屋〕とは違うものを目指していた。前川さんは木造を遠いところから見ていて、私に任せるしかないと思っていたようだ。(…)前川さんに伊勢神宮の話はしていない(4)」

この言葉からは、崎谷が伊勢神宮のモチーフをもちこんでいたことがわかる。他のインタビューでも崎谷は「上海から帰ってくる途中で立ち寄った伊勢神宮からは大きな影響を受けた(5)」と語り、「中央の丸柱は、伊勢神宮の棟持《むねもち》柱からきている。(…)中二階がらみの辺も伊勢の影響なんだ(6)」と証言している。「中二階がらみの辺も伊勢の影響」とは、二階ギャラリーを支える床梁の小口を見せる独特の納め方が伊勢神宮の外宮御饌殿《みけどの》に倣ったことを指している。また、そうした視点から見なおすと、切妻屋根にとりつけられた末広がりの破風板は、伊勢神宮の妻側の形をモチーフにしたことが読みとれる。ただし崎谷が「一番後悔しているのは、破風を突き抜けて母屋を外に出す予定であったが、大工が「勘弁してくれ」と言ったので見せかけでつけた(7)」と述べているように、設計の意図は必ずしも最後まで貫徹できたわけではなかった。

この実施設計原案はそのまま見積もりに出され、併行して申請用の図面が描かれたのだと思われる。申請図と思われる図面は、一九四一年七月十五日と十八日付の二枚ある。そしてそれ以降の図面は、一九四一年十月二十七日から一九四二年八月二十六日まで合計二十二枚が描かれており、詳細図から現寸図など現場での具体的な指示のために工事に合わせて描かれていったものであることがわかる。しかし崎谷は工事の完成を見届けることはできず、一九四二年秋に召集を受けて出征してしまう。図面の日付から見ると筆跡の違う「M邸庭園及物置」と記された一九四二年十二月十八日の図面があり、これ以前が崎谷の描いた図面であることがわかる。また、この図面には前面道路から玄関までのアプローチ路が描かれており、実現したものとほぼ同じである。崎谷によれば、担当者は館村治郎（一九三八年入所）だという。[8] そして残る図面は、一九四二年十一月十四日、十八日、一九四三年二月十五日、七月二十七日の食卓と寝台、茶卓と寝室タンスを描いた家具の図面である。日付から判断すると、建物が完成した一九四二年秋の時点では家具はほとんど入っておらず、完成後に制作されたことがわかる。

蔵書のスケッチから読みとれること

次に前川蔵書に残る自邸のものと思われる自筆のスケッチと書きこみについても検証しておきたい。重要なスケッチが描かれているのは、次の二冊である。

（A）橋田邦彦述『正法眼蔵釈意第一巻』
（B）橋田邦彦述『正法眼蔵釈意第二巻』

Aに描かれた南側と思われる立面図と断面図、平面図のスケッチには興味深い点が認められる。まず全体が民家のようなたたずまいとなり、南側に縁側と水平庇がついている。しかも平面図を見ると、南側の室内は一続きの東西に細長いワンルームとして描かれている。また、断面図のスケッチには二階の床と梁が描かれており、立面図に描かれた中央部分が二階の部屋として独立に取り扱われていることが読みとれる。この時点では中央部分は完成したような吹き抜けの空間ではなかったのである。さらに、判読はむずかしいものの、玄関は中央部に設けられており、階段室も独立した部屋になっている。

こうした空間構成は、おそらく守屋邸を下敷きに検討されたのだと思われる。独立した丸い柱と柱間が三スパンであること、居間食堂が一続きのワンルームで庭側に全面開口部がとられていること、階段室は別に設けられていることなどが共通するからだ。

しかし、そのうえで守屋邸とは異なり、両側を隣家に挟まれた奥行きの深い敷地の特性と日本の伝統的なものへの視点からなのか、左右対称形の切妻屋根の大らかな和風の表現をもちこもうとしている。この前川のスケッチは、崎谷がひそかに盛りこもうとした伊勢神宮のモチーフとの対比という意味からも重要な意味をもっている。設計の方向性が異なるとはいえ、前川もまた日本の伝統と向きあっていたことが認められるからである。

一方、Bのスケッチは、それよりも設計が進んだ段階のものと思われる。小さく描かれた断面図のスケッチには吹き抜けが描かれ、均等に三分割されていた居間は、そのプロポーションを拡大されて象徴的な意味をもちはじめている。注目されるのは周囲に単線で描かれた一筆書きのスケッチである。これはおそらく自邸に特徴的な前面道路から玄関を通り、居間へといたるアプローチ部分を検討したものだと思われる。じつはこの「一筆書き」の考え方は、戦後に所員たちへ具体的な指示として明確に示されるようになる前川の平面計画の方法論の核心部分をなすものである。前川も晩年のインタビューで「プランが、本当に完成すれば、何か一筆書きで描けるような、ね。そういうものでないと満足できないっていうか」と述べている。[9] 萌芽的な段階にせよ、自邸のアプローチ空間の検討作業のなかで前川にその最初期の気づきがあったことはきわめて重要だ。

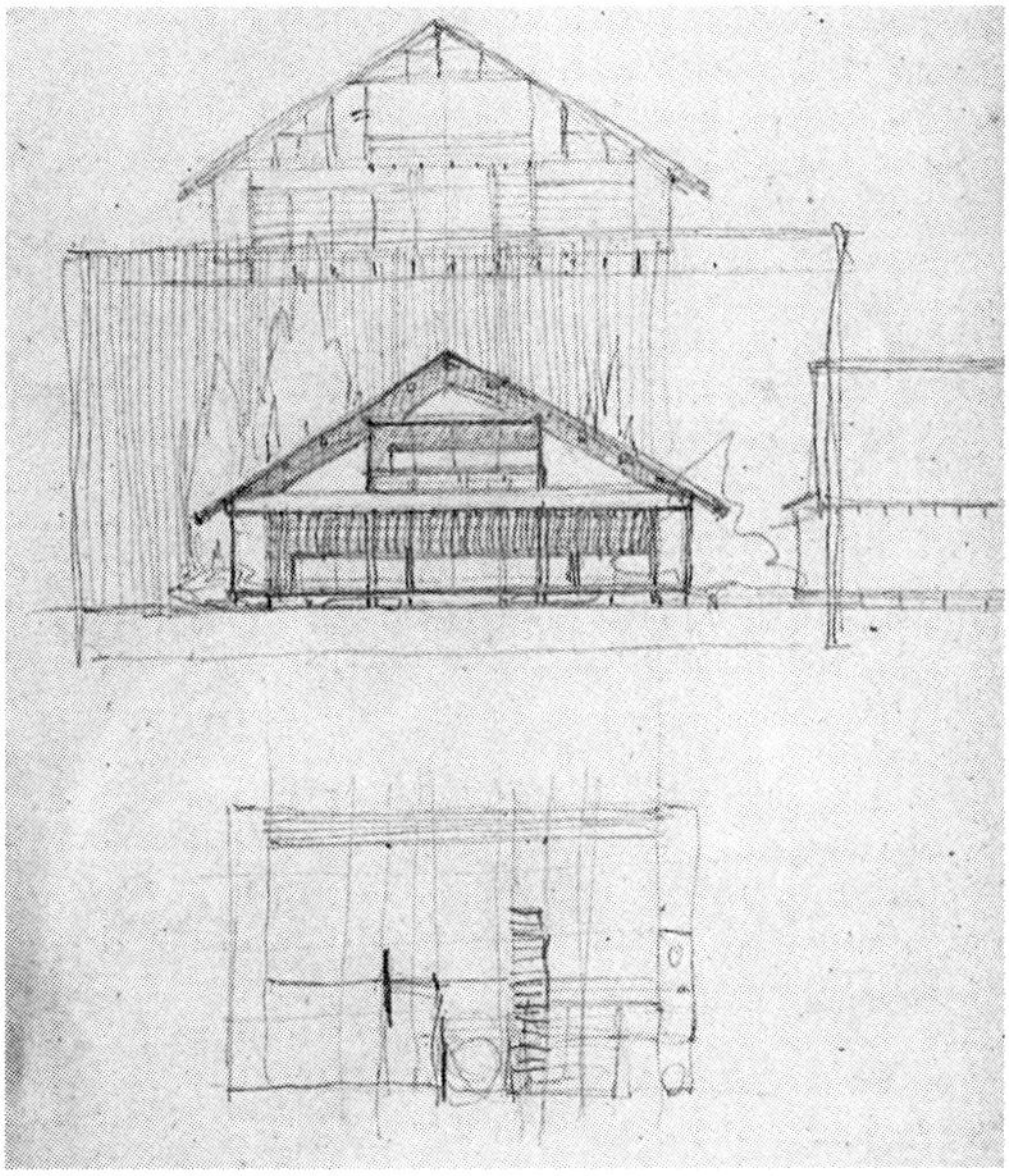

蔵書中の前川の直筆スケッチA

同直筆スケッチB

こうして蔵書に残された前川のスケッチを見てくると、

飯箸邸（坂倉準三、1941 年）道路側外観（1996 年撮影）

次のことが確認できる。まず、洋風から和風の民家的な造形への変化があること、また、居間が平面的に広がるワンルーム形式から立体的な吹き抜けへと転じていること、そして門から居間までのアプローチが建物の左右対称性を崩しながら、人が歩いていくに従って空間が次々に展開していくものとして発想されていることである。

前川自邸は、戦時下の資材統制による木構造という枠組みと崎谷がもちこんだ伊勢神宮のモチーフ、前川の伝統的な民家への志向とル・コルビュジエやレーモンドに学んだ空間構成や素材の扱い方などが統合されてできたものであることがわかる。それは、いいかえれば近代建築の方法と精神を守りつつ、それを拡張することを求めて伝統的なものとの接合を図る試みだったといえるだろう。そして自邸だったことによって、より明快な方法論の試作になりえたのだと思う。また、崎谷は次のような証言も残している。

「坂倉さんの等々力の家は、竣工後、「新建築」（一九四二年一月号）に発表された後、前川さんに頼んでもらって、一人で見に行った。ペリアン直伝のガラス扉に感心し、前川邸の雨戸の戸袋はそれをヒントにした」(10)

この証言からは、坂倉準三が先に竣工させた飯箸邸を見て影響を受けていたことがわかる。当然ながら前川も見たにちがいない。注目されるのは、前川邸の特徴であるアプローチ路の素材や構成方法が飯箸邸の門から玄関までと似ている点だ。そのことを裏づける証拠はないが、なんらかのヒントとなったと思われる。

ところで、この前川自邸にはもうひとつ前川の建築に対する重要な考え方が盛りこまれていた。それは、三十坪の木造という戦時中の建築制限にもかかわらず生みだされた吹き抜けの大きな居間の空間が人間にもたらす意味についての自覚である。そこには後の戦後に前川が回想した次のような意味合いが込められていたのだと思う。

「第一次欧州大戦の直後、欧州において住宅問題が喧しく論議されていたところ、ド・マンドロー夫人という有名な欧州新建築運動の後援者によってスイスのサラー城に第一回の国際会議を開いた欧州の前衛建築家たちは、その第二回の会議を、一九二九年秋、フランクフルトに開催するにあたって、いわゆる「最小限住宅」をその課題として選び、ここに、各国の真面目な若き建築家たちは、住宅問題解決の具体案として生活最小限の必要空間の構成を、そのたくましき合理主義精神によって追求したのであった。しかし、これが数年後の国際建築家会議の報告書には、この「最小限住宅」に関する反省と批判とを取り上げてパリの著名なる新建築家ル・コルビュジエは、次のように述懐している。

「けれどもここでただ一つ欠けているものは空間である。」

(…)まことに、いわゆる合理主義建築に欠けたものは、一見茫漠とした空間であり、しかも、これが人間生活にとって致命的な欠陥であることが指摘されたことはありがたいことであった。かくして矮小なる日本住宅もついにわれらの生活を支えるものとはなり得ないであろう。今日以後、われわれは、日本人の生活の矮小化を全力を尽くして防がねばならない」[11]

ここで前川が振り返っているのは、一九二九年に開催された国際建築家会議(CIAM)で共通テーマに掲げられた最小限住宅である。ル・コルビュジエの設計案をアトリエで担当したのが前川だった。彼の提案も含め持ち寄られた建築家たちの設計案は、工業化によって過不足なく機能を充たしていた。しかし、ル・コルビュジエは四年後の一九三三年に開催された第四回のアテネでの会議の際に、それらの設計案には人間にとって建築がもつ本源的な意味であるはずの肝心の空間そのものが失われている、と指摘したのである。それは戦時下の日本で進められ、戦後復興期にも提案された住宅基準ではまったく自覚されていなかった。だからこそ前川は、目の前で進められる矮小化された住宅基準を批判的な視点で相対化しつつ、ル・コルビュジエの示唆的な言葉を噛みしめ、自邸において「茫漠とした空間」[12]を盛りこもうとしたのだ。そしてこの茫漠とした空間こそ、「一筆書き」の構成原理とともに生涯にわたって前川建築に変わらずに盛りこまれていく特質だった。その意味で自邸は、前川にとって戦時下に苦難の末つかんだ方法論を結実させた重要な原点であったのである。

帝都の忠霊塔

続いてとりあげるのは一九四二年から一九四三年にかけて計画されたと思われる東京市忠霊塔である。前川事務所には、作品リストには掲載されていないが、整理上の建築名が「忠霊塔」と記された配置図と透視図の原図二枚が現存する。

この東京市の忠霊塔の建設計画は、一九三九年に大日本忠霊顕彰会が主催し、建築学会が東京と大阪での講演会の開催などで「協力した」[13]忠霊塔設計図案懸賞募集の審査結果が発表された一九四〇年一月以降に具体的に動きだしたと推測できる。というのも、顕彰会が発行した著書に掲載された「大日本忠霊顕彰会の運動」と題する資料[14]に、その「事業目的」として「内地の市、町、村に一基ずつの忠霊塔建設の指導と助成」とあり、「事業の発展概要」として「東京市をはじめとし、京都、名古屋、弘前、和歌山、仙台、徳島等その他の市町村にもドシドシその建設準備が進められている」と記されているからだ。そこで東京市の公報や新聞記事を追ってみると、断片的な情報ながら次のような経過を確認することができる。まず、一九四〇年六月に発行された東京市の「市政週報」には厚生局の名で「東京市忠霊塔の建設」と題された記事が掲載される。そこには建設計画の経緯が次のように記されていた。

「我が東京市に於ても忠霊塔の建設に関しては昨年三月市会満場一致を以て「至急適当措置を講ぜられ度し」との建議があり、其の後鋭意之が建設に対する調査研究を進めて参ったのであるが、同年六月財団法人大日本忠霊顕彰会の

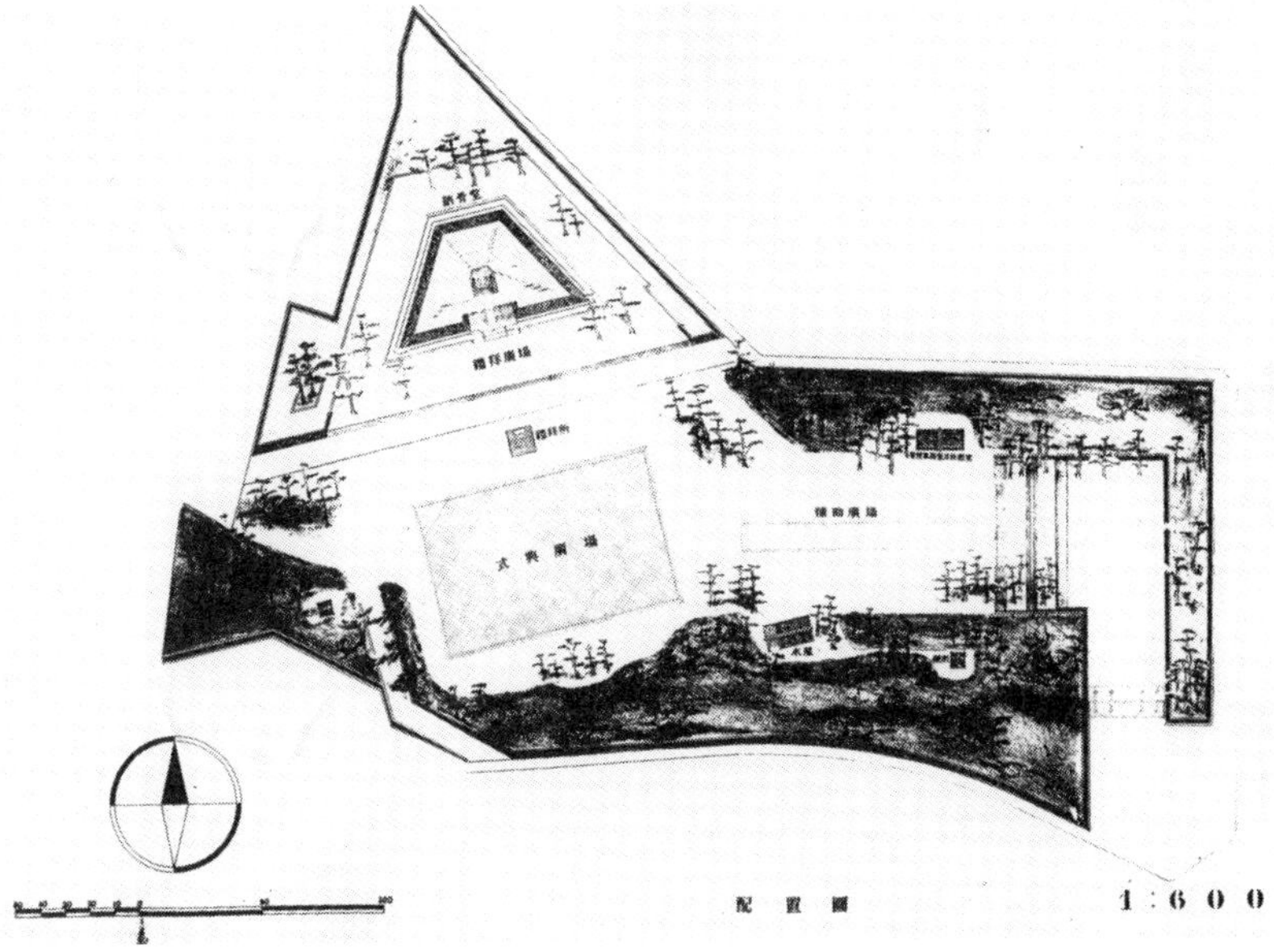

東京市忠霊塔コンペ応募案配置図（1942年）

設立を見るに及び、忠霊顕彰運動の全国化と共に市民の与論にも一段と拍車を掛けるに至ったのである。茲に於て東京市は帝国の首都たる立場に鑑み、全国に率先建設するの必要を痛感し、愈々《いよいよ》建設方針を樹立するに至ったのである」[15]

そして続く文章には「東京市に於ける忠霊塔建設の主体を為すもの」として、「東京市忠霊塔の建設」を目的に市役所内に「東京市忠霊塔建設事業協会」を設置し、市民からの寄付金と関係官公署及団体からの補助金をもとに、昭和十四年度から十六年度までの三ヵ年継続事業として忠霊塔を完成のうえ東京市へ引き継ぐ予定とされている。さらに「塔は先に財団法人大日本忠霊顕彰会に於て募集した図案を基礎とし、大東京市に応しいものを建設する予定である」とも記されている。なお同じ週報には、そのことを裏づけるように忠霊塔コンペで「内地大都市に建設するもの」とされた第二種の一等案が掲載されている。

その後一九四〇年八月二十五日の「東京朝日新聞」の記事「様式、敷地も本極り　帝都の忠霊塔　明年一杯には完成」によれば、八月二十四日に開かれた東京市忠霊塔建設事業協会評議員会で敷地を陸軍工科学校小石川分校敷地とすることが正式に決定されている。また、忠霊塔の高さを百五十尺、納骨堂を付設し、塔の前方に式壇とその左右両

東京市忠霊塔コンペ応募案透視図

翼に特別陳列室、式壇の前方には二万人を収容する式典広場を設ける方針が出されている。肝心の設計については「大日本忠霊顕彰会で募集した設計第一種の二等当選案に三角形である地形を考慮して市公園課で修正を加えている」とある。しかし、この時点では先の週報の発表とは異なり、なぜか「主要会戦地に建設するもの」とされた第一種のコンペの二等案を敷地の形状に合わせて変更し、実施案として採用する計画が進んでいたのである。紙面には決定した設計図も掲載されているが、これは東京市が帝都として、より巨大な第一種に匹敵する規模の塔の建造をめざそうとする政治的な意図からの変更とも考えられる。

続く一九四〇年十一月二十三日の「東京朝日新聞」の記事「帝都の忠霊塔」では、十一月二十二日に開かれた第二回の準備懇談会で「予定計画を一部変更」として次のような決定がなされたことが報道された。すなわち「物資関係並により良きものを建設する意味から年度を四年乃至五年に延長する、但し納骨堂、広場の整備など祭祀関係の施設を急ぎ、塔も「仮塔」で間に合せ、明年一杯に完成せしめること、次に広場は四万人の参拝者を収容し得るよう設計すること更に防空状の見地から塔の高さは土盛りを除き塔のみ百五十尺の計画を百尺に縮小するほか敷地内に防空壕を構築し、一面防空公園的な設備を施すことになり関係者がそれぞれ研究することとなった」のである。

さらに、それから一年四ヵ月を経た一九四二年三月二十一日の「朝日新聞」の記事「帝都の忠霊塔　四月に起工式二万千坪の林苑に計画拡張」によれば、計画が再度変更され、三月二十日の建設事業協会が「時局の進展に伴い規模も拡張の必要に迫られたので」敷地を「二万一千余坪」に拡張して全体を林苑とすること、敷地の西部最高地に忠霊塔を建設し、その前面は式典広場（約二万人収容）とすることなどの計画概要を発表したという。

そして続く一九四二年六月二十七日の「市政週報」の記事「市忠霊塔の起工式」によれば、塔の建設についてはふ

東京市忠霊塔建設事業協会審査会。前列右から佐野利器、伊東忠太、内田祥三、大熊喜邦（1943年6月）

れられていないものの、六月十日に起工式がおこなわれている。けれどもその後の公報や新聞記事などは見当たらない。しかし次のような資料が残されており、なんらかの競技設計がおこなわれたことが推測できる。

ひとつは一九五七年に出版された『佐野利器』（佐野博士追想録編集委員会編）に収録された図版である。そこには「東京市忠霊塔建設事業協会審査会　昭和十八年六月」として佐野利器、伊東忠太、内田祥三、大熊喜邦の四人が建設予定地と思われる敷地に並ぶ写真が掲載されている。この事実から推測すれば、一九三九年に大日本忠霊顕彰会の主催で開催された忠霊塔設計図案懸賞募集の審査員と重なる人たちが一九四三年六月ごろになんらかの形で競技設計を実施し、その審査にあたったものと思われる。ただしこの写真には、前回の忠霊塔コンペで審査員のひとりとして講演会などを通して過去の様式にとらわれない新しい造形案の応募をさかんに訴えていた岸田日出刀の姿は映っていない。前回の騒動に嫌気がさして審査員をふたたび辞退したのか。あるいは佐野の指示で外されたのか。

また、もうひとつは現在の坂倉建築研究所に保管されている坂倉準三の設計を手がけた建築に関する設計図面リストの『図面台帳』である。そのなかに東京市忠霊塔第二案と八枚（日付・一九四三年四月三十日）、東京市忠霊塔として

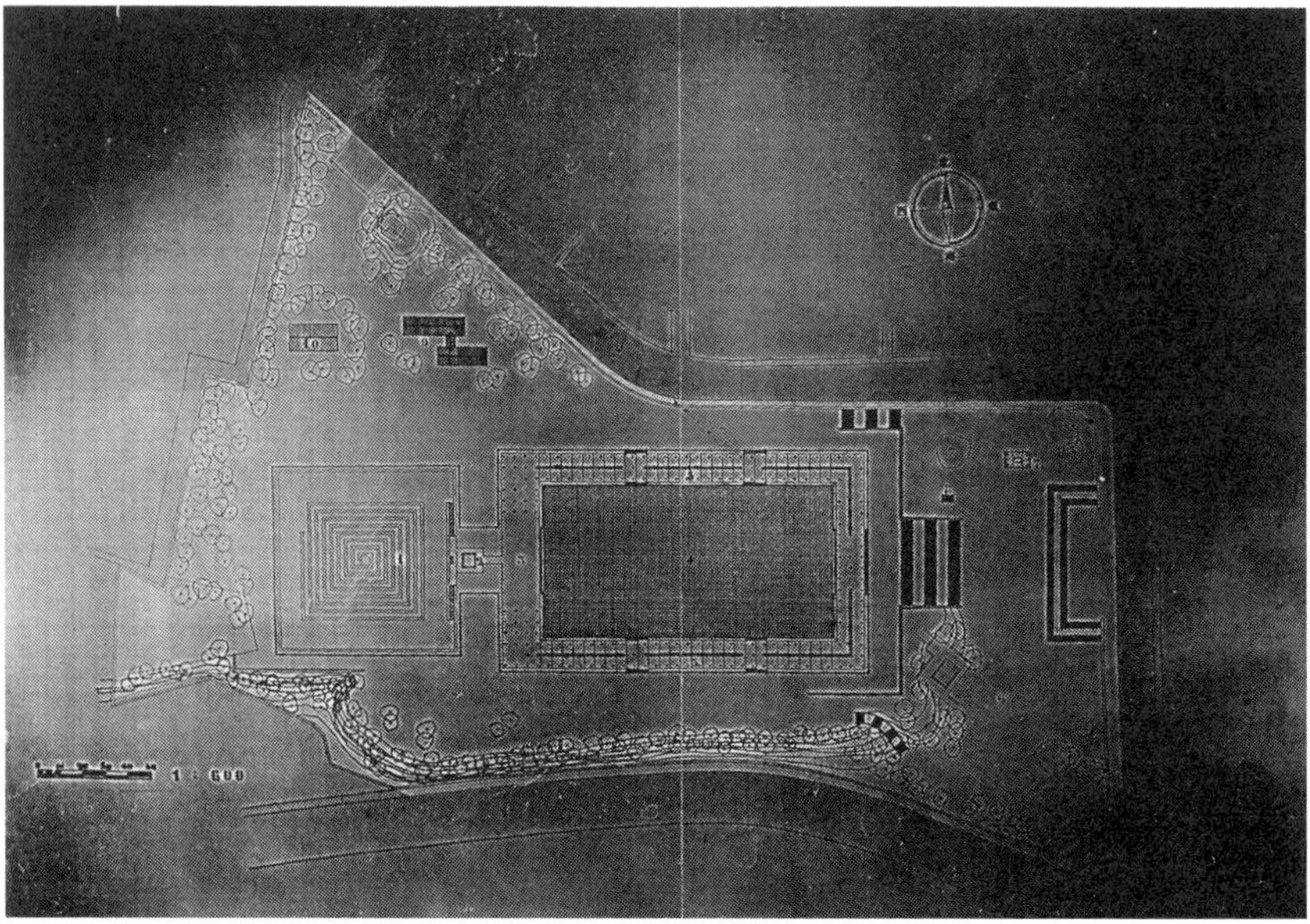

東京市忠霊塔コンペ・坂倉準三案配置図

して三枚（日付・同年五月十一日）の図面が描かれたことが記載されている。また、その一部と思われる配置図と立面図の二枚の図面も保管されていた。これを見ると、前川案とまったく同じ形状の敷地に描かれていることがわかる。さらに詳細は不明だが、施設の内容としては先の「朝日新聞」一九四二年三月二十一日付の記事にある「敷地の西部最高地に忠霊塔」を建設し、前面に約二万人を収容する「式典広場」を設けるという計画概要にそのまま従ったものであることが読みとれる。こうしてみてくると、一九四二年三月から一九四三年六月ごろにかけて、佐野利器が中心となってなんらかの競技設計がおこなわれたことがわかる。そして当時、前川國男のもとでこのコンペの設計を担当した吉川清が記した回想録には次のように記されている。

「後楽園の野球場の西側の場所に東京の忠霊塔を計画するコンペがあり、先生から浜口ミホさんとやるようにと話があった。地形が西上りになっている台形であった[16]」

この吉川の回想と本人への図面を前にした筆者のインタビュー、上記のような経緯から、残された二枚の図面が明らかに東京市忠霊塔のものであることが判明する。

前川國男案の意味

設計にあたって、前川と設計担当者の吉川とのあいだで

同立面図

は先の忠霊塔の応募案への反省から議論が始まった。吉川は回想録に次のように記している。

「塔は今どこでも建てられているし、沢山計画されている。塔ではないモニュメントなものがつくれないか。(…)塔にしたくないということを先生に話したりしていたら奥津《おくつ》城《き》をつくろう、石を積み上げてという方向に固まって来た。それで城の石垣を見に行こうというので、ミホさんと皇居の石垣を見に行った。帰りに敷地も見て来た。その日は良く晴れた暑い日であった。

　敷地はブルドーザーが入って地均しをしていた。赤土が舞い上がっていた。敷地を見てシットリとした空間を造りたいとミホさんと話し合っていた。

　石垣をしみじみ見て来た。新しい発見であった。今迄は気にかけて見ていなかったなあと思った。石垣の出隅は角を上にして傾斜に直角になっているから角の一番上の石は平らな部分に対して角度を持った形で置かれて之は自然にできてくる形であった。自然に出てくる形は美しい。石がくずれないための安定した形、つまり機能的であるものは美しい。コルビュジエも言っていた。非常に引き締まった形になる。

　後年、東京文化会館のフライタワーの四隅を少しつまみあげたのもこの時を思い出してやったものだった。(…)

　三角形に出張った部分に石垣を積むと平面が台形になり南側の面の方が広くとれる。敷地に合った平面ができた。立面も自然に台形になる。

　屋根はつけない。内側は段々に下に向ってせばまってゆく。つまり下からグルグルと台形に沿って行き、それに沿った壁にニッチがうがたれ、納骨部になる。

　南面の石垣の中央に開口部があり、城門についているような大きな扉(竪、横の格子状で中が見える)がついている。その前には伊勢神宮にあるような玉垣を三重に列べる。いわゆる奥津城である。

　石垣の高さは二五メートル位であったか。プロポーションは横長である。丹下さんが助っ人に来てくれて配置図に描く松の木を日本の古図に出てくる、木を上から見ないで立面として立ち姿として書くアイデアを出してくれた。周囲の松をこのやり方でかくと非常に面白く、上から見た形より力強い表現になった。薄美濃紙にインキングして木や土や草の感じは裏から色鉛筆でぼかしてうすく塗る。台紙を裏打ちすると全体が墨絵のような感じになって仲々趣のある図面になった。今でいう集合納骨堂である。これが実現していたら石垣も苔むして奥ゆかしい形で建っているように思える。(…)結局、このコンペはうやむやになって実現しなかった」

吉川の記している「塔ではないモニュメント」「奥津城〔墓所〕」というテーマ自体は、一九三九年の忠霊塔コンペで前川が考えていたことと同じである。つまり忠霊塔をあくまでも建築空間として提案しようとしていたのだ。しかし前回と大きく異なるのは、そこに「日本的なもの」というテーマに応えようとする積極的な姿勢がうかがえることである。吉川が証言するように、ここでは皇居の石垣と伊勢神宮の玉垣をヒントにして伝統の表現が試みられている。また、配置図を見ると、丹下健三が助っ人として描いたという松の木の描き方も含めて折れ曲がりながら徐々に忠霊塔の本体へと人を導いていくアプローチ空間の構成となっており、日本の城や社寺建築の配置計画に倣ったものであることが読みとれる。その意味でも、周囲の風景から超然とした造形だった先の忠霊塔コンペの応募案とは大きくその方法が変化していることがわかる。

一方、坂倉準三案では、前川案のような日本的なものはまったく意識されていない。敷地の入り組んだ形も意識されておらず、中心軸に沿って手前の大階段と列柱廊に囲まれた広場、奥のジグラッド風の忠霊塔が整然とシンメトリーに配置されているだけである。どこか遠く大陸に建設されるような壮大な印象を受けるが、この坂倉案は明らかにル・コルビュジエが構想したムンダネウム・世界美術館(一九二九年)を踏襲したものであることが見てとれる。

この前川案と坂倉案の違いから、おそらくコンペの要項には様式上の制約条件はいっさい課せられていなかったと想像される。しかし、そんななかで前川は、あえて日本の伝統と意識的に向きあっていたことになる。ここには大東亜建築委員会での議論、そして自邸における伝統と近代建築の統合というテーマへの接近、という前川の建築思想の移り変わりが反映されているにちがいない。そしてこの考え方は、吉川が東京文化会館(一九六一年)のフライタワー(舞台上部)の四隅をつまみあげた石垣を模したデザインをあげて証言しているように、そのまま戦後の建築へと

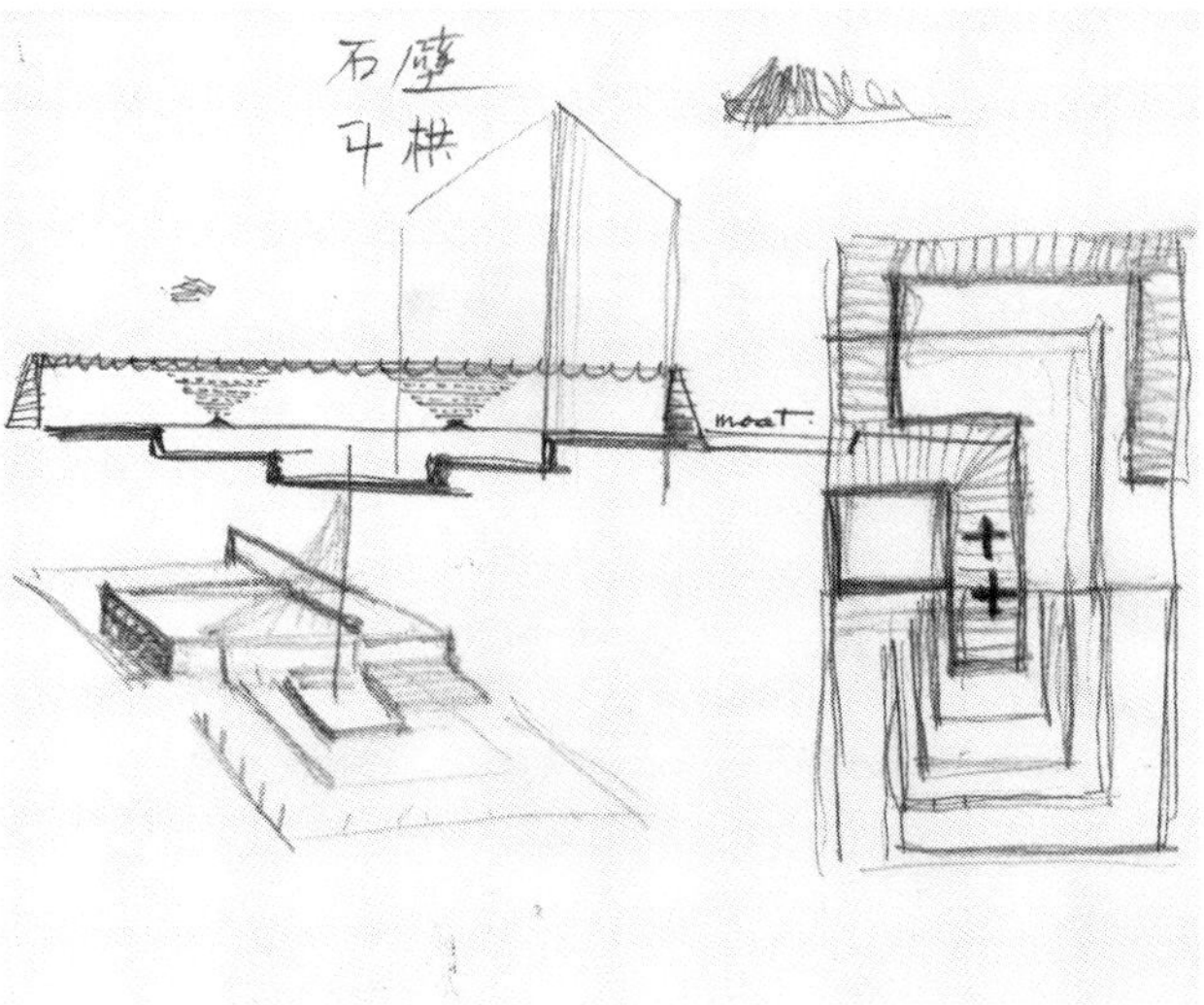

ニューヨーク世界博覧会日本館（1964年）、
前川國男のスケッチ

つながっていくものでもあった。また、残された前川のスケッチからも読みとれるように、ニューヨーク世界博覧会日本館（一九六四年）で試みた石積みの外壁と鉄骨の斗栱《ときょう》で構成されたデザインにも、遠くこの東京市忠霊塔で考えたことが反映されていると思われる。その意味で、前川にとって日本の伝統と向き合うことは戦時下の状況への迎合ではなかった。近代建築のあり方に対する真摯な方法論の追求として自覚的に意識されていたのである。

　さて、この東京市忠霊塔については詳細な経過を記した資料もなく、不十分な形での考察とならざるをえない。しかし、大日本忠霊顕彰会や軍部の主導のもとで従来どおりの塔の造形を求める標準図を得ようとした前回の忠霊塔コンペと、建設主体である東京市と佐野利器ら建築界の審査員が主導する形で具体的な敷地に広場も含めて建設する東京市忠霊塔との違いからは、ある推測を立てることが可能だと思える。それは、今回のコンペでは先の忠霊塔で新しい造形表現を求めて積極的な提案をおこなって落選した前川國男や坂倉準三ら数名の建築家に直接声をかける形での指名コンペがおこなわれたのではないか、ということである。もしそうだとするならば、それは純粋な建築デザインの追求が審査員と応募者の共通目標として設定されていたことを意味する。担当者の吉川は「指名（コンペ）の様に思うのですが、ハッキリおぼえていない」[17]と記しているが、東京市関係の資料や新聞記事には具体的なコンペの公募についての記述はまったく残されていない。そのことから判断すると、公開ではなく指名コンペとして計画されていたと推定することが妥当である。

在盤谷日本文化会館コンペ

「左右対称なるを必要とせざる」

タイ王国の首都バンコクに構想された「在盤谷《バンコク》日本文化会館建築競技設計図案懸賞募集」は、実施を前提とした戦前最後のコンペとなった。このコンペは「建築雑誌」一九四三年四月号に「南方建築指針」が発表され、大東亜共栄圏で「国民建築様式」による建設が意図されるなかで企画がもちあがっている。それは委員長の佐野利器が提言した懸賞募集「南方基地に建設さるべき日本府」とも通ずるような施設であり、建築界が待望していた内容のコンペであった。そして丹下健三案が一等になり、前川國男案が二等に選ばれた。その意味で、前年の一九四二年に同じ丹下が一等を獲得した大東亜建設記念営造計画と一続きの史実として繰り返し論じられてきた重要なコンペである。

このコンペでは、大連市公会堂に続いて岸田日出刀が審査の中心的な役割を担っていた。そのことが建設計画の経緯を示す岸田の次のような文章からも読みとれる。

「盤谷に日本文化会館を新たに建てる計画が進捗しつつあるが、この計画を順調に進める上に、建築家として相談相手になってもらいたいという話が、旧知の柳澤健日泰文化会館長から私に始めてあったのは去年（昭和十八年）の五月末近くのことだった。（…）広く衆知を集めたいとの趣旨から懸賞募集の形式に依ることとなり、募集規程が作製されて一般に発表されたのは七月末であった」[18]

この建物は一九四二年十月二十八日の日泰文化協定の調印を受けて進められた国家的な建設計画だった。館長の柳澤健が、コンペの募集規程に添付されたと思われる「昭和十八年七月」付の文章のなかで次のように記している。
「日泰両国間の文化協定なるものは、我国が大東亜共栄圏内の一国に対し締結した最初の且唯一の文化協定であり、然かもその内容とする所は単なる文化交流の為めというに止らず、実に日泰の両国相協力して新たなる東亜文化を興隆せんとする世にも雄大なる構想をば包含し居るものなのである。而してこの大事業を具体的に計画、実施すべき任務を帝国政府から一元的に課せられて生れ出でたるのが我日泰文化会館であり、これに対し泰国政府は能う限りの便宜を供与する旨の公約を与えているのである。（…）

　然るに彼地の現状を見るに、広範多岐なる事業を営むべき基地たる家屋は皆無であり折角の活動もこれを実施するに由が無い有様なので、泰国政府当局とも充分に懇談した結果、同政府の積極的協力の下に盤谷市内に宏壮なる建造物を新築することとし、目下各般の準備にひたすら専念しつつある次第である。而してこの新建造物は「中央会館」「産業館」「仏教館」「芸能館」「観光館」「社交館」並「日本武道館」（スポーツ倶楽部内に建設）等数個の建物より成り、最も日本的なる構想の下に設計・建築を遂げ、竣工の暁はここを基地として我国文化の優秀性を泰国朝野に遺憾なく理解せしむると共に、能く日泰両国民の文化的協力を確保し高揚して行きたいと存じている次第である。

　従来欧米諸国が泰国其の他の国々に設けていた文化施設なるものは主として学校と病院等であり、本会館としてもこの種の施設を怠るべきでないことは勿論であるが、前記の如き建造物と其の事業の運営とは嘗て孰れの諸外国も考案、実行せることはなく、然かも極めて現地の実際にも即した最も有効適切なる文化施設と言うを憚らぬものである[19]」

在盤谷日本文化会館コンペ、1等当選・丹下健三案（1943年）透視図

　タイ王国は、満州国のような日本の傀儡国家やフィリピンやベトナム、ビルマ、インドネシアなど日本が軍政を敷いた占領地でもなく、日本が同盟条約を結んだアジアで唯一の独立国だった。このため太平洋戦争下にもかかわらず文化協定が締結され、学校や病院ではなく「両国民の文化的協力を確保し高揚」する文化施設が建設されようとした

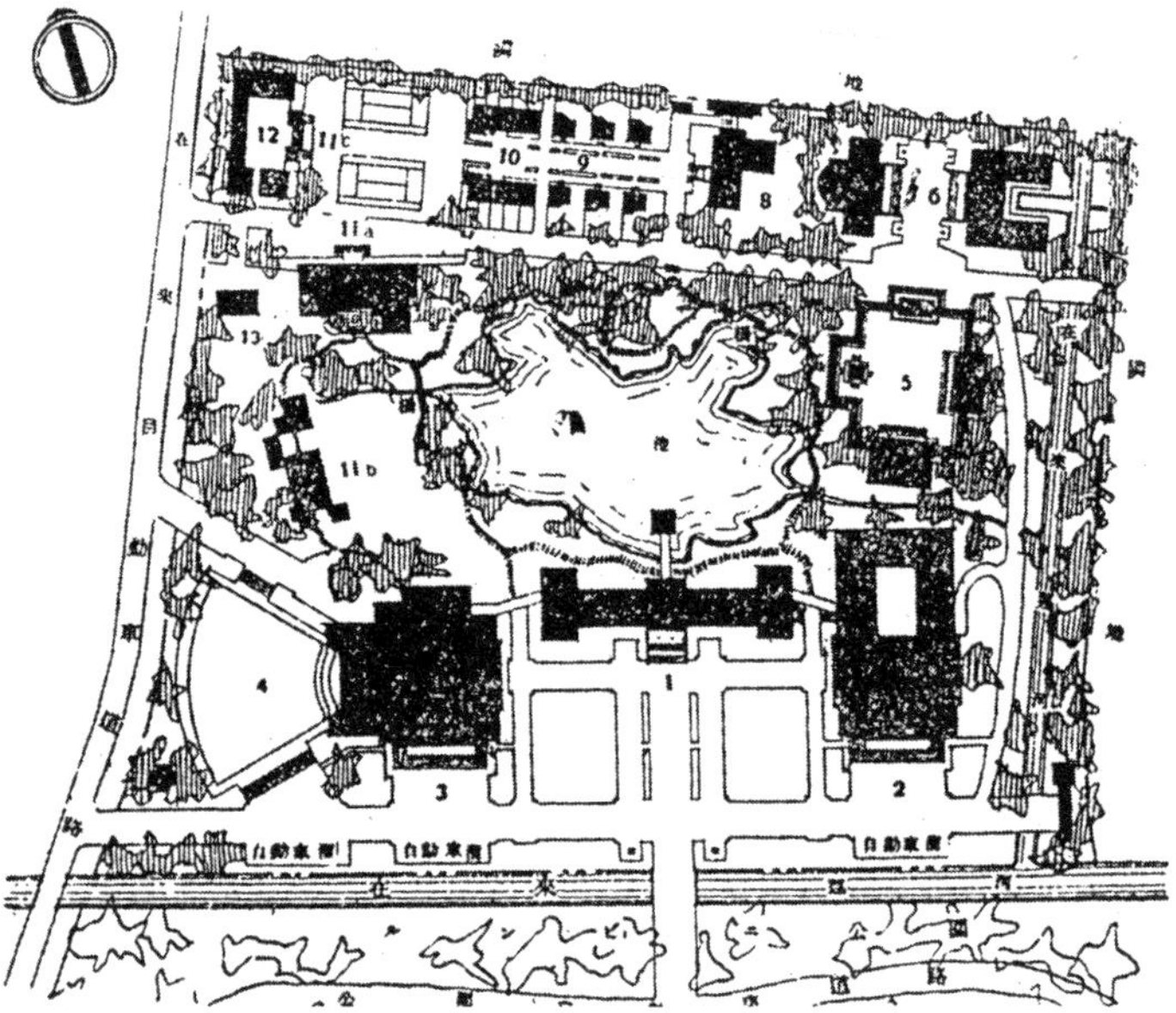

在盤谷日本文化会館、配置原案

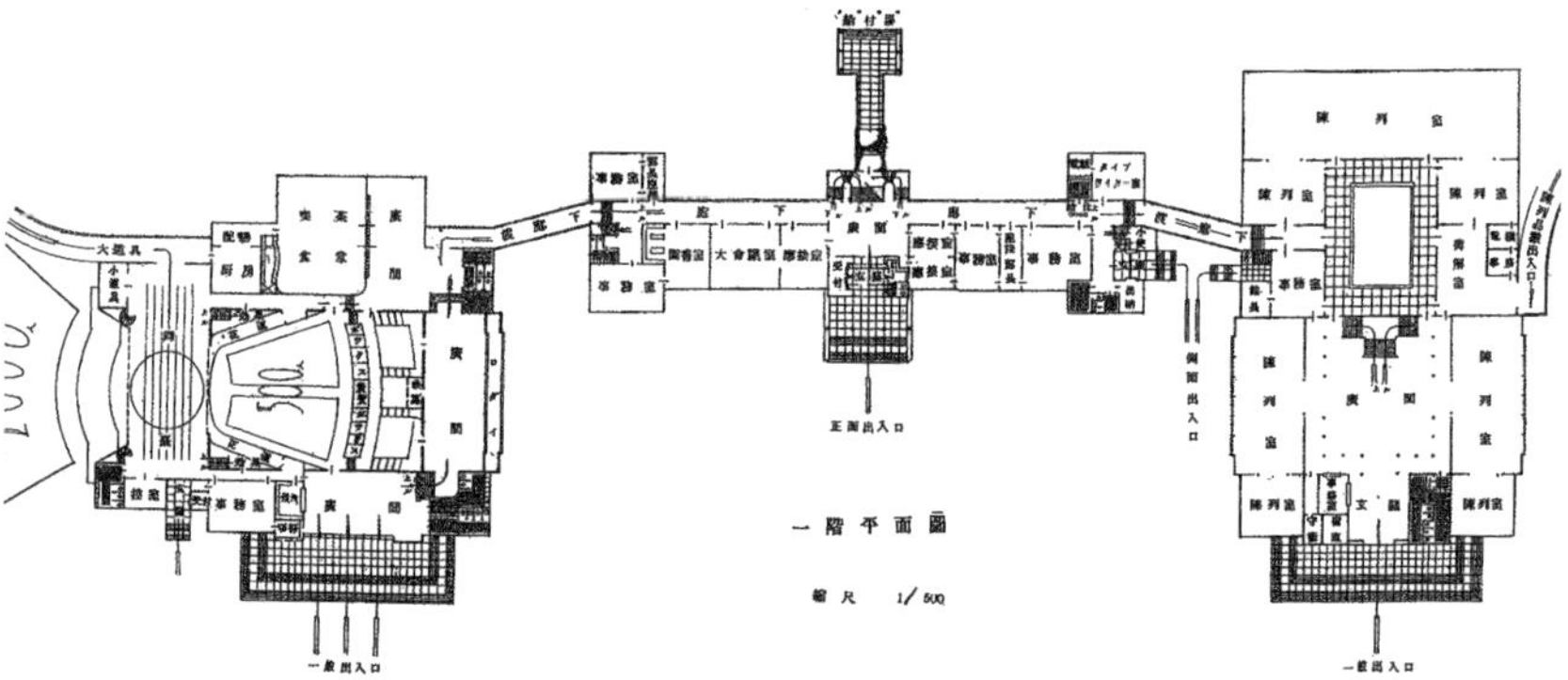

同参考平面略計画 1 階平面図
(東京都公文書館内田祥三資料)

のである。コンペに盛りこまれた施設も、ここに記されたものに沿っている。さらに「泰国と日本文化」と題され、同じく一九四三年に執筆された柳澤の文章には大東亜共栄圏が声高に叫ばれていた戦時下とは思えない、次のようなより踏みこんだ率直な見解も示されていた。

「一体世人は兎もすれば「日本文化」と言い「日本精神」乃至は「日本的性格」と称えるが、その定義は容易でないと共にその内容も世人の思うほど明確ではない。我等が日本固有のものと思い込んでいるものが、実は支那のものであったり、朝鮮のものであったり、時とすると遠く印度や希臘《ギリシャ》辺のものだったりする場合すら無くはない。（…）要するに我日本民族ほど本質的にも後天的にも世界中の各種各様の文化なり生活様式なりを美事に摂取吸収して自己のものと為す体質と性格とを持って居る民族は他に無いとするものなのである。従って、日本民族の特質を説くのに、後向きになって排他的・排外的の言辞を弄する論者位、非日本人的な日本人は無いとすら、予は思うのである。（…）予の信念は飽まで今迄の我文化遺産を他国の夫れに接触・交流せしむることに依って一層豊かなるもの深きものとすることにある[20]」

この柳澤の見解は、コンペの募集規程や前川國男の応募案に示される方法にも大きな影響を与えたにちがいない。

こうして「建築雑誌」一九四三年九月号に募集告知が掲載され、コンペがスタートする。募集規定[21]は次のような内容だった。

「締切　一九四三年十月三十日正午

審査員　伊東忠太、内田祥三、大熊喜邦、香取秀真《ほつま》、岸田日出刀、小杉方庵、小林政一、佐藤武夫、田村剛、平山嵩、山本熊一、安田靫彦、柳澤健、横山大観

敷地と配置に関する事項　建物の形は必ずしも左右対称なるを必要とせざるも中央会館は三館の中央に位し日本文化会館の中心として各館との連絡に最も便利にして且つ会館全体の扇の要たるべき位置にある様考慮すること

様式意匠に関する事項　建築様式は本日本文化会館が泰国に建設せらるる関係上建物自体が日本文化の宣揚上最重要なる役割を担当し居るを以て簡素にして優雅なる我が国独自の伝統的建築様式を基調とし而かも尚徒に過去の模倣に流れず各自の創意を盛り海外に初めて建設せらるべき日本文化の殿堂として誇るに足るものたること

構造は「チーク」を主要軸部構築材とし煉瓦を一部併用するも差支えなし

第一階床高は地上二米以上とすること

出来得る限り開口部を多くし通風の便を計ること

開口部に於ける硝子戸の使用は日中の防暑の為出来得る

限り之を避け鎧戸の類のみとすること」

審査員には安田靫彦や横山大観といった画家たちとのバランスをとる配慮もあったのだろう。建築界の顔ぶれとして長老格の伊東忠太を筆頭に、建築学会の会長経験者である内田祥三と大熊喜邦、そして現会長である小林政一が入り、そこに岸田と佐藤武夫、建築計画を専門とする平山嵩が加わる形になっている。おそらく最年少の平山に募集規定の作成が任されたのだろう。しかし、これまでの議論の中心人物であった佐野利器は入っていない。その理由としては、このコンペを主導した岸田が、あまりにも戦時体制へ同調する急進的な考え方をもち、建築デザインへの理解が共有できない佐野を意識的に避けた可能性が高いとも考えられる。

このコンペは、実施を前提とした建物としては大連市公会堂以来のものだった。しかし、この間の大東亜建築委員会など建築界での議論の深化や戦時下という状況、岸田を中心とする審査員の世代交代によって応募要項にも大きな変化が起きていた。それは次のような要点に整理できる。

まず、タイの気候風土と建設条件から、構造はそれまでのコンペにはなかった木造であり、現地の主用材であるチークを用いることが求められている。また、湿気を避けるために一階の床を地上より二メートル以上とし、暑さを凌ぐために通風のための開口部を多くとることも明記されていた。そして建築様式については建物自体に「日本文化の宣揚」の意味が託され、しかも「過去の模倣に流れず各自の創意を盛」ることが要求された。これらはいずれも「南方建築指針」で示された「国民建築様式」の要件に沿う内容である。しかしその一方で「簡素にして優雅なる」という言葉が記されているように、必ずしも佐野が求めた勇ましく国威を発揚するような性格のものではなかった。

注目されるのは、募集規程に添付された「配置原案」や「参考平面略計画」で示された図面とは異なり、「建物の形は必ずしも左右対称なるを必要とせざる」との文言があえて記された点だ。これは岸田の考え方が反映されて加えられた文言だと思う。岸田は一九三八年九月に記した文章のなかで、すでに次のような主張をしていたからである。

「一つの建築物に表現上の記念性なり端正な美しさを表そうという場合に、整った形体とするための意図から、規則正しい左右対称形の形式が採用されるのは蓋し自然のことだと思う。(…)

だがこの左右対称という形式は、建築物の形を整えたりその外観に威厳を与えるというためには、至極簡単で都合のよい方法だが、建築の生命である実用ということを一寸でも考慮の中に入れると、左右対称形の影がだんだん薄く

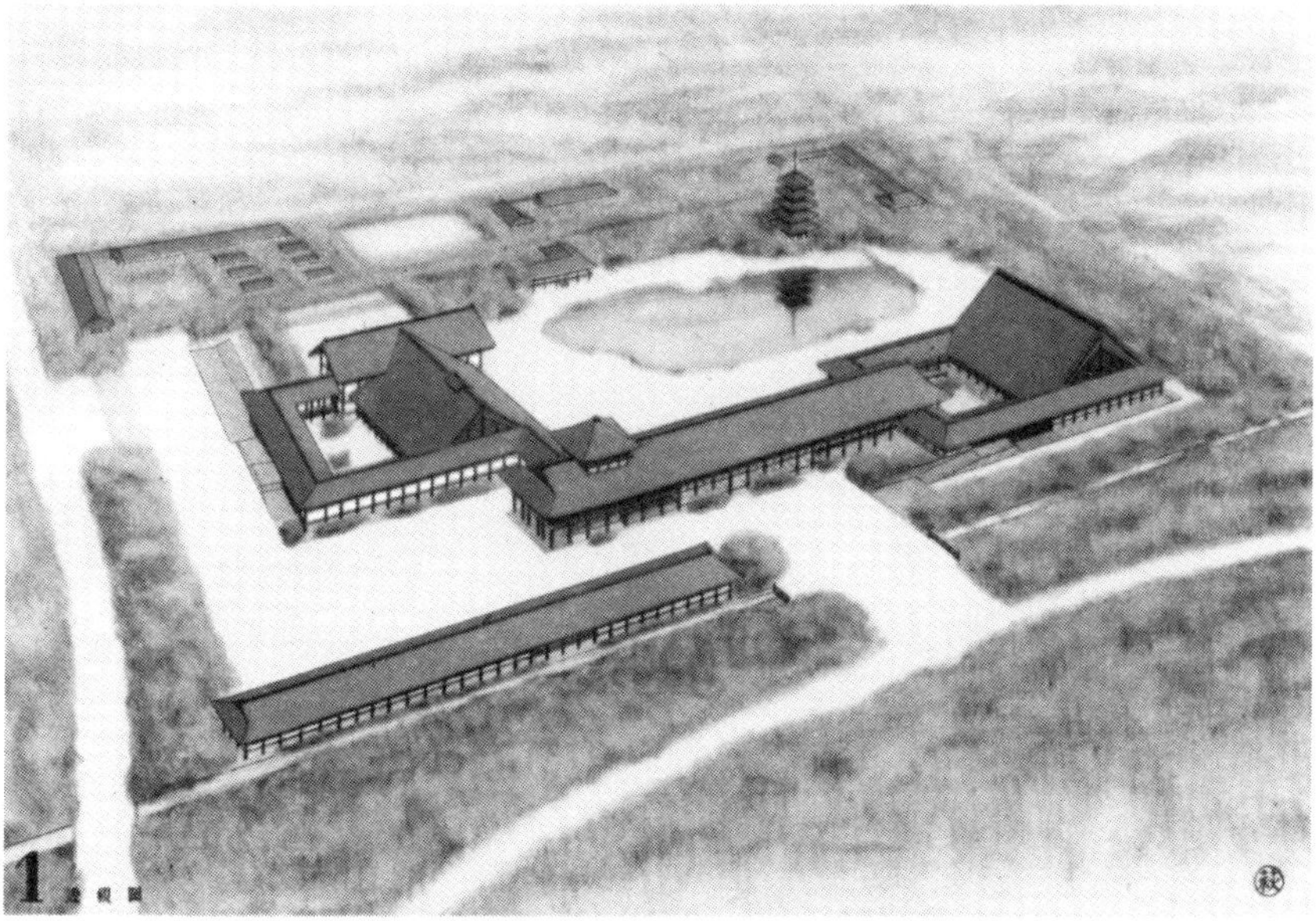

在盤谷日本文化会館、2等入選・前川國男案透視図

なるのを感じる。(…)

利休時代の茶室では左右対称ということを極度に嫌った。左右対称形の中には融通自在の妙趣なく、最小限度の空間の中に自然の大を感得すること覚つかなく、また不同の理を求むるに適しないとも考えたためであろう。(…)

もともと建築物を見る視点の位置は決して一定したものではない。横からもうしろからも四方八方から眺められるものであるから、ある軸を仮定してすべての部分をこの軸に従属させるということには、特殊の場合を除いて大きな無理がある。(…)

こう考えると一方的の対称形は平面的なもので発展性に乏しいものだということが判ろう。この欠点を避けるために、軸を縦横の二方向にとって配置や個々の建物の取扱を考えるのを常とするが、視点の位置は無限であるからこれでも不充分だということになる。ここに建築の形体意匠のむずかしさがあり、また面白さがある[22]」


文中の「建築の生命である実用」という言葉には、近代建築の機能主義的な空間構成という意味が含意されていたのだろう。たしかに、与えられた参考平面略計画では全体の構成も各建物自体もすべて厳格な左右対称になっている。しかし、岸田は左右対称にこだわることなく新しい平面構成を希望したにちがいない。また、こうした反シンメトリ

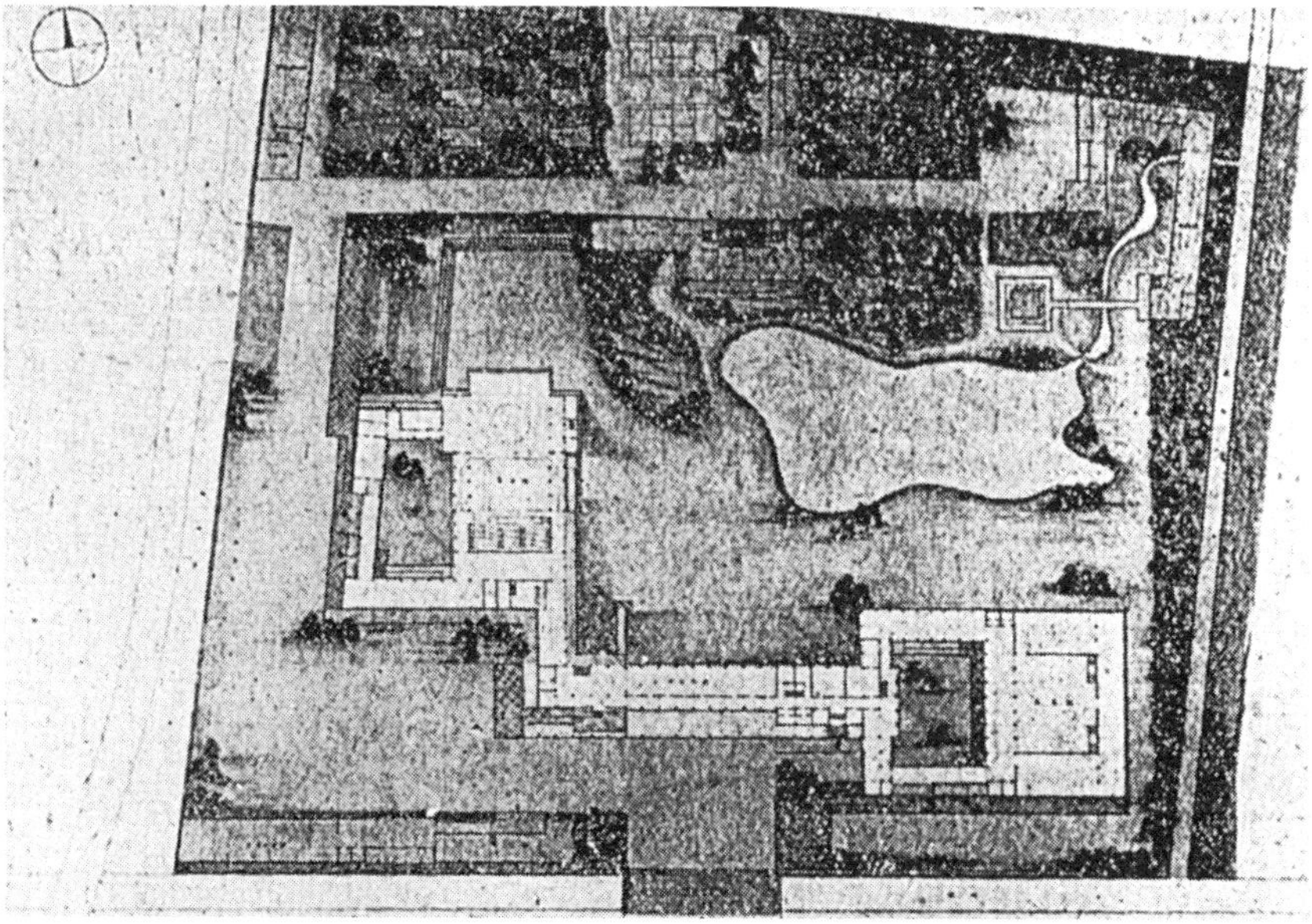

在盤谷日本文化会館、前川國男案配置図

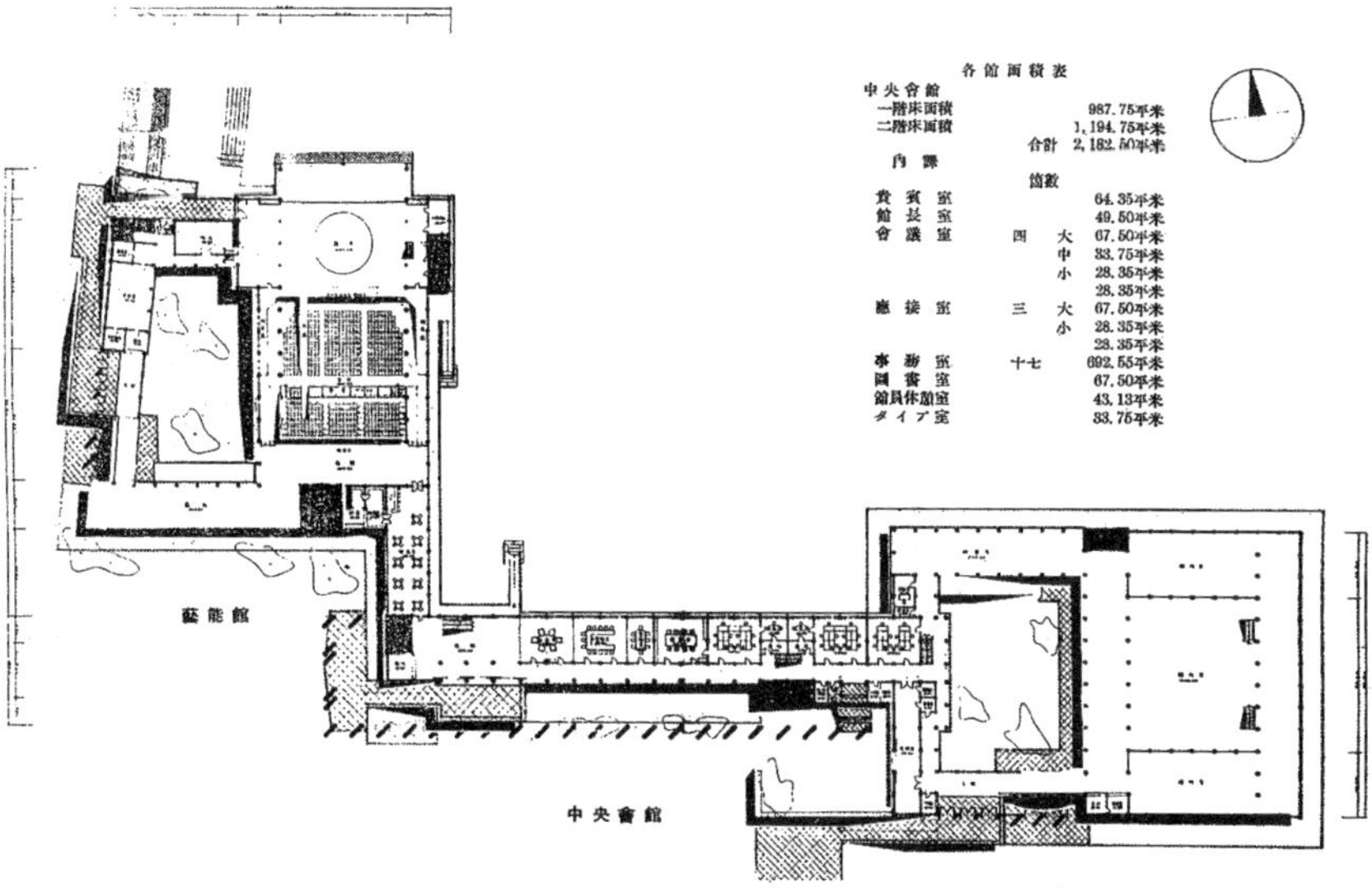

同案 1 階平面図（東京都公文書館内田祥三資料）

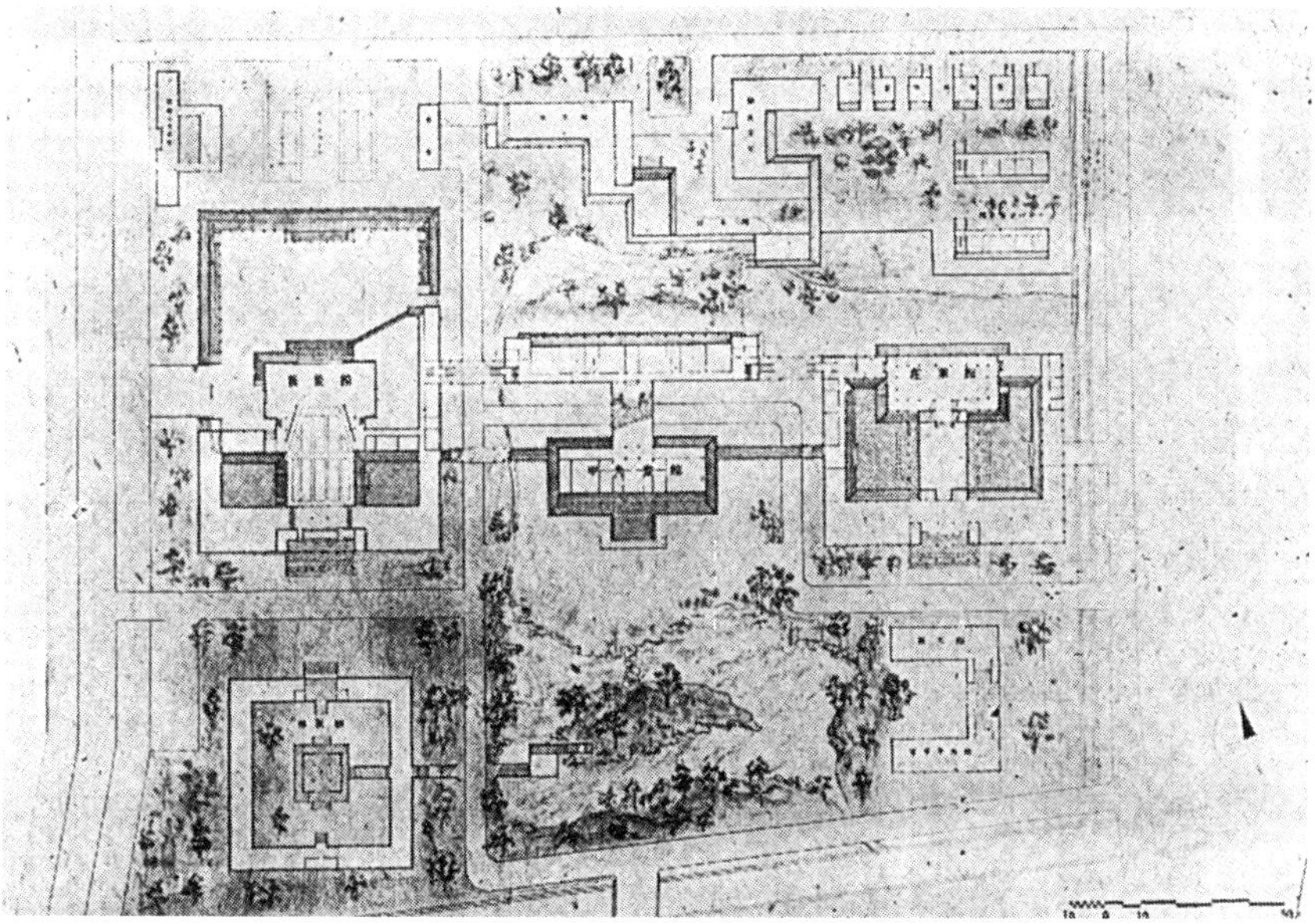

同丹下健三案配置図

ーの考え方が法隆寺や出雲大社、茶室建築にみられる日本の建築の特徴であることは堀口捨己によって指摘されていた[23]。募集規程のこの但し書きが前川國男案の作成にとってきわめて重要な意味をもつことになる。

一方、前川にも、大連市公会堂コンペで受けた批判からの反省と、その後の前川國男自邸や東京市忠霊塔などでの伝統への接近、大東亜建築委員会における議論、さらには日誌や蔵書などからもうかがえる思索の集中による建築思想の深化があったのだと思われる。

まず透視図や配置図を見ると、前川案の特徴として明確に読みとれるのは、与えられた参考平面略計画とは異なり要求された三つの建物（中央会館、産業館、芸能館）を独立の扱いとはせず、ひとつにつながった一体のものとして計画されていることだ。これは丹下案や他の入選案にはみられない。また前川案の平面図に読みとれるそれぞれの要素の扱い方も、シンメトリーの厳格性は解体されて建物の出入り口は正面を避け、それぞれの棟の脇にとられ、それらすべてがスロープになっている。また、スロープを上がってゆくとその先に次の空間があらわれ、さらに中庭をまわりロビーや展示室をめぐるたびに次々と空間が出現し、人の歩みに沿って流れるような内外の空間が展開されていく。そしてL型の建物が大きく敷地を分割することで、敷地全体が動きのある伸びやかな空間になっている。これらは厳格なシンメトリー性を守った丹下案にはみられない前川案の大きな特徴である。具体的な設計のプロセスについては、担当者のひとり吉川清が次のように回想している。

「在盤谷日本文化会館のコンペをすることになる。事務所ではプランニングに非常に時間をかけてスタディをする。自分はそのプランと配置を受持つことになった。設計心得に必ずしも左右対称でなくてもよい、木構造とす、というので、チーク材を使った高床式で平面は大陸的にノビノビとしよう。湿度が高い、雨が多い、敷地の裏側が川であった。

こういう条件の地に日本文化のモニュメントを造る。材料が木材、勾配屋根、高床。千年の伝統から生まれた技術を元に近代的に機能的な表現を考えるということにする。そこで何を元にするかということであった。いろいろな話が出た。神社ではかたい、寝殿造りではシンメトリーになる。先生はたとえば桃山時代の書院造りにしてはどうか華やかでのびのびしている。我々も納得した上で始めた。日本的インターナショナルスタイルか。

スタディしたプランは非常に近代的、機能的になったと思っている。見に行く人は地上から上って太鼓橋を渡って展示スペースへ、見て帰る人は中庭へおりて太鼓橋の下をくぐって外へ出るといった人の流れを太鼓橋といういかにも日本的な方法で処理した。

休憩所などの附属の建物を敷地の西北の隅に築山をきずき庭と建物全景を見渡せる位置にL字形におき、敷地のコーナーをまとめた。之は自分のアイデアで面白くまとまったと思っている。

先生がウンウンとしきりにうなずいておられた。配置図を見ると奇麗にまとまったと思っている。佐世さんがアイソメを描く。池のそばに五重の塔を置く。野々口さんが断面図、金君が平面図、館村君が立面のスタディ。最後は手が足りなくなって先生が立面図のインキングを手伝って下さった。(…)我々の案は非常にノビノビとしてモダンであったと思っている[24]」

後年に前川もこのコンペ案を次のように振り返っている。

「クリエーションというのは、あるひとの、伝統なら伝統という抵抗がなければならない。たとえば破風も、あれ、ぼくはずいぶんヤジられたんだけど、小さい木を寄せ集めて作った破風だったでしょ。要するに、妥協と言えば言えないことはないけど、案外、大まじめだったわけよ。しかし、プランというか全体の建物のたたずまいに関しては、ぼくは相当自由に考えたつもりでいたんだけど、木造のスミだとか破風だとかということのディテールに関しては、伝統的な破風屋根のプロポーションというものから、写したと言えばそう言えるし、そういうことを意識的にやったということはあると思うね。だけど、ぼくは、プランに関しては、相当自由に考えてやったつもりなんだ(25)」

いずれも戦後の証言であるため、当時の正確な記述とみなすことはむずかしい。それでもプランに重点が置かれ、前川が左右対称性を崩し、伸び伸びとした空間構成をめざしていたことがわかる。

岸田日出刀と佐藤武夫の審査評

このコンペでは十四名の審査員(26)で審査評を発表したのは岸田と佐藤武夫だけだった(27)。このことからも大連市公会堂に続いてコンペを主導したのは彼らであったことが推察できる。岸田は、「すべて私一個人の見解」と文末の注で断ったうえで様式意匠の分類から審査評を始めている。

「様式意匠という点から、応募諸作を総合大観するに、その傾向は概ね次の五つに大別できた。すなわち、神社・仏寺・宮室（邸宅）・城郭・住宅にみられる日本の過去伝統様式を範としたものである。これら五つの模範のいずれに拠るべきか。応募者はそれぞれ自己のよしとするところに従って、解答を提出されたわけである」

続いて国民建築様式の手がかりとすべき建築とは何かという視点から、岸田は、これら五つの伝統様式に対して次のような考察をおこなっていく。

「神社建築に拠るということはどうか。神社建築にみる端厳の手法はたしかに日本的なものであるにちがいない。特に神明造《しんめいづくり》の様式にみる素朴簡明な表現は日本建築の原型とも考えられるのであるから、これを模範とすることのよさはたしかに肯けもする。だがまた他の面から考えれば、神社風のものはとかく記念性の強調にすぎて人との親和性というようなもの、または規程に求められている高雅な趣きから離れすぎる嫌いがないでもない。更にそうした単純素朴なものが、現地の泰国人の好尚によく合致するか否かについても多くの疑問があろう。理論倒れになるおそれがないでもない。平面計画の上からみると、その記念性を強く表示するための形の上の制約から、変化自在の妙を発揮することができにくくなり、うっかりすると便利快適さが犠牲にならぬものでもない。ひとつの妙案ではあるが、神社風の表現は一考を要しよう。

仏寺建築を範とすることはどうか。これは神社建築に拠るものよりは更に難点があると思う。日本風の建築、日本趣味の建築といえば、すぐ仏寺風のものを考えるのは、日本建築というものをあまりにも知らなすぎる短見だと思う。特に簡素であること、高雅であることが強く要求されている本会館の建築を対象とする場合に、徒に大袈裟で複雑な仏寺の手法をそのまま応用再現するのは決して妥当ではない。うるさい斗栱《ときょう》を臆面もなくつけるのは言語道断である。

(…)

城郭建築を模するのはどうか。日本の城はたしかに堂々としている。外国人の多くによって日本の城は好まれもするから、それに拠ったらと考えるのも一理はある。だがよく考えてみると、日本の城の建築としての美しさというものは、豪快な石垣とその上の白亜の壁のどっしりとした表現にある。この会館の場合高い石垣はつくれないから、相当高い基壇を以てこれに代えることとなろう。窓もあまり大きくすると城らしい表現とならないから、窓は小さくとられ、見た上もまた実際に使う上からも、暑くるしいものとなるであろう。簡素な趣きは表せるにしても、高雅な木造建築としての味わいは、城風の建築では求められない。

(…)

最後に宮室(邸宅)建築がある。すなわち平安朝に発達した簡素清純・高雅優美の見るからに日本的の感じに溢れた造形意匠で、端的に言うならば、京都御所の諸殿舎廊屋にみる表現である。これこそ本会館建築の設計に当って、心ある者ならばまず何よりもさきに想起するにちがいない拠るべき模範ではないかと思う」

こうして岸田は、それまでの持論を繰り返しつつ、今回のコンペで模範とすべきは京都御所であると結論づける。ちなみに一等となった丹下健三は、新聞の談話記事のなかで次のように「御所」にふれていた。

「宇宙を貫く日本伝統の倫理性は欧米流の個体構成的建築では表現不可能で、日本伝統の秩序的な造営によってのみ初めて形式化されるものと信じ日本建築の伝統を実践的に把握すべく努力しました、伝統を如何に形式化するかは非常に困難な問題でこの点の解決のために畏れ多いことながら日本的建築の特殊要素を備えている平安朝初期の御所に注目し種々得る所があったのです[28]」

この丹下の発言や設計趣旨[29]に記された欧米の「個体構成的建築」と日本の「環境秩序的なる造営」という対比的な言葉づかいは、大東亜建築委員会の「南方建築指針」で使用されたものと同じであり、幹事の丹下がその議論を発展させる形でコンペ案を構想していたことがわかる。

それでは、審査評を記したもうひとりの審査員である佐藤武夫はどうだったのだろうか。佐藤はコンペの意義から書きはじめている。

「こんどの競技設計は、それがこの大東亜戦争の決戦下にあって遂行されたと言う点で従来にない重要な意味を持つばかりでなく、その課題の対象や内容にも一段の飛躍を示したのである。即ち外国に建つ日本の建築であると言う点、そして又それが日本文化をそれ自体に於いて代表する建築物であると言う点、等に於て正に画期性を帯びたものであった。（…）而して更にその結果が、期待を超えて戦う日本の底にある逞しい文化力の一端を示し得たという点でも特筆されるべきものを残したのである」[30]

コンペの意義については大東亜建築座談会での発言と同じ内容で、建築に「文化力」を期待していることがわかる。さらに佐藤は、様式問題にふれて次のように指摘する。

「今度の競技設計では、その建物の性質上、特に様式問題に重点が懸けられたのである。もちろん全般の配置計画や建物の平面計画の如き部面も重要なることに変りはないが、競技の重点は全体としての造形的表現に置かれたのである」

ここでは「造形的表現」に「競技の重点」が置かれたことが証言されている。配置計画や平面計画といった目に見えにくい空間構成よりも、明確な造形こそ求められていることが強調されたのである。佐藤は、岸田の審査評と重なる論点から、建築様式の議論を次のように総括してみせる。

「日本の伝統を創造且つ具体的に造形するという試みは既に今日迄も屢々《しばしば》意図されたことがあったが、そこには常に日本の過去が持った造形精神の把握に於て誤りを犯すか、さもなくばその低調な認識の上に立つ外観の擬古的粉飾に終ったことが多かったのである。徒らにそれは高度の意味に於ける建築技術の貧困を歎ぜしめるばかりであったのである。

一昨年、建築学会が「大東亜建設記念営造物」と言う課題を掲げて、この低迷に一道のベクトルを発見しようと試みたことは決して無駄ではなく、その時から判然と日本的なる新しき建築の様式的示唆に見出されようとして居たが、今回の企てでは一層それが確実さをもって浮び上って来たと見るのである。

応募者たちは、ただ手先きで国粋建築様式を弄するというような態度から脱して、真剣に日本の持つべき新しき建築を、過去の日本が示した高い技術性と日本人のみが本当に受け入れ得る造形的感覚に於て創造的に且つ具体的に制作しようとする努力に立ち向った節が見えて欣ばしかった」

こうした主張には、佐野利器が性急に求めたものとつながる時代の空気が感じられる。そこには、日本建築様式を具体的に創造するという枠組みを信じて疑わない言説空間が強固な形で形成されていることが読みとれる。だからこそ、佐藤も岸田と同様に模範となる建築様式を日本の伝統に探るという姿勢から次のような考察をおこなっていく。

「こんどの応募作品のうち、この日本の独自の建築様式を基調とすると言う課題に対して人々が示した具体的な方法は、過去の日本建築が示して居る幾つかの様式上の類型からそのモチーフとなるべきものを選択するということであったにちがいない。これは一番自然であると同時に最も賢明な方法だからである。即ち私の判断では次のような選択が試みられたと見る。

一、日本上代の様式――主として神明造りの型
二、寝殿造りとして完成した型
三、書院造りとして完成した型
四、仏寺建築
五、城郭
六、民家――殊に農家の洗練された型
七、桂離宮などを以て代表される軽い数奇屋形式
八、その他

何れも日本の持つ伝統的な建築の様式上のモチーフとして妥当なものであるが、この場合、即ち外国に建つ日本の文化会館の採るべき様式のモチーフとして何れが最も適格であるかと言うことが問題なのである。

それは啻《ただ》に主体的な日本的な意味での文化表現としてばかりでなく、既往のそれ等の様式に内包される諸形式が現地の文化環境や自然環境によく適合するや否やの客観的妥当性をも満足せしめるものでなければならぬからである。即ち二重の意味での選択がそこには必要なのである。この選択に成功するかしないかは、結果を決定的ならしめたと言っても過言ではなかった」

こうして佐藤は、「主体的な日本的な意味での文化表現」と「現地の文化環境や自然環境」に適合する「客観的妥当性」というふたつの選択の成否が問われていると結論づけていく。そして前川案にふれて次のように評価する。

「二等の前川國男君は既に定評ある老練な作家である。与えられた配置計画の参考案を全く踏み超えて自由奔放に書院造りの型に之を纏め上げた手腕は敬服すべきものがある。之がため中央館、産業館、芸術館は独立せず、一棟の建物に納められ、その間連絡上の利便はもとより、造形的に独自の形式を成就し得たものであって、細部に見られた多少の破綻をつぐなえば文化会館として最も適格なものと考えられた」

生田勉と浜口隆一がみる前川案

しかし、こうした性急な造形表現を求める流れのなかにあって、それとは違う可能性を冷静にみようとした数少ない指摘として生田勉(一九一二―八〇年)の評論がある。生田は丹下健三や浜口隆一の一学年下で岸田研究室に学び、

一九三九年の卒業論文では前川と同じく岸田から借りた原書をもとに「ル・コルビュジエ論」をまとめている。また、第一高等学校時代には三木清に私淑するなど幅広い知識を兼ね備えていた。卒業後は逓信省営繕課に就職し、建築技師として実務を重ね、一九四四年四月に第一高等学校の図学の教授に就任する。(31) 生田は、その直前の一月に掲載された「紀念性について」と題する論考のなかで次のような分析を試みたのである。

「「紀念的建築」とか「建築の紀念性」といぅことが、我々の国で日本の建築家の間に問題となり、かまびすしく論議せられるようになってからもはや四、五年になるようである。そして日泰文化会館の諸案のなかにも、亦建築家の紀念性への意気ごみが何よりも著しく看取される。だが建築に於ける紀念性、或は凡ゆる造形に於ける紀念性とは一体どんなことを言ぅのであろうか。(…)

現代の建築の多くの特性のうちからその著しい一つをあげるならば、それは機能という概念であろう。(…)

もう二十年も前のことであるが、国際連盟会館がジュネーヴに建てられるべく、世界の建築家に公募されたことがあった。此の多くの案のうちで誰の記憶にも残ったのはル・コルビュジエのそれであった。しかもこのル・コルビュジエの案は、何よりも機能の自由さと奔放さとのマキシマムを、最も立派な形式で我々に示してくれたように思われる。そして国際連盟会館も日泰文化会館と同じように、会館でありながらも、紀念性といぅことは我々の考慮の外にあったのである。そして此の場合、機能性の最大限を誇示することによって、在来の紀念性に取って代わったかにさえ思われた。(…)そしてただ塊量と労力との徒らな集積によるモニュマンには、現代の建築家はもう倦んで来ているのである。今世紀の建築家は新しいモチィフ――即ち新しく見出された機能――を用いた新しいモニュマンを意図しているのであろう(32)」

生田は、「機能性」といぅ言葉に託して強い造形表現を求める「在来の紀念性」を相対化しようとする。そこにはル・コルビュジエの切り開いた近代建築の方法の継承が大切だという思いが込められていたにちがいない。だからこそ生田は丹下案と前川案の違いを次のように指摘するのである。

「如上のような論理に従って、此度の入選案に就て丹下、前川両氏の案を比較するならば、その紀念性と機能性との濃度に於て可成の差異があることに気付かれるであろう。丹下氏は復古的になることによって紀念性を取戻し、前川氏は機能の色彩を濃厚にすることによって、現代的な紀念性を表現しているように思われる。そして此の二案が、日本の建築の紀念性に就て明治時代以来の建築家が現在迄に達し得た最高の成果であり、且又互に相乖離する楯の両面をも如実に示しているように思われる」

これは明らかに、前川案に対する共感の表明になっている。この生田の論点をさらに発展させて、より深く論じようとしたのが、丹下健三の同級生で前川國男に私淑していた浜口隆一（一九一六―九五年）の「日本国民建築様式の問題」[33]と題する長文の論考だった。

この論文で、浜口は建築様式と日本の伝統との関係性について次のような原理的な問題設定から話を始めている。

「日本の伝統的建築様式を基調とし、その方向線において進むことが日本国民建築様式の樹立にとって唯一の道であるかどうか、このことはそれ自体としても既に深い問題である。もちろんそれを肯定する見解は現在圧倒的に多い。しかし必ずしもそうでない見解もあるのである。少なくともあったのである。（…）われわれはその問題は一応さしおいて、ここでは実践的に決断され行為されたことに対して反省的に理解することを任務としよう。すなわち伝統的建築様式を基調とすることによって日本国民建築様式を樹立しようとする行き方を、それ自体としては一応承認し、その上でこの方向線のなかにあってこれらの諸作品が如何なる意味をもっているかということを明らかにしようというのである」

浜口のこの言いまわしにはどんな意図が込められていたのだろうか。そこには近代建築という普遍的に獲得されてきた考え方がどうして日本の伝統という狭い枠組みにとりこまれ、そのなかでしか思考できないのか、という根本的な疑問があったにちがいない。性急に日本に限定して建築様式を発想すること自体の問題性を指摘しようとしたのである。しかし、状況がそれを許さなかったのだろう。浜口はその流れを前提に考察をおこなう、とここで断っているのだ。一九八四年におこなわれたシンポジウム[34]で浜口は次のように回想している。

浜口　国民建築様式という問題は、（…）明治以来一貫して考えられてきたわけで、そのうちの一つが帝冠様式であったわけですね。ところが帝冠様式に対しては前川さんや岸田さんを含めて、合理主義的な考え方からはとても話にならないということで否定的であったわけです。そのように否定している頃は、たとえば前川さんにしても恐らくナショナリズムに対しても消極的だったと思います。つまり今で言うモダニズムの線にあったんですが、そのうち世の中はナショナリズムのほうへ急角度で変わってゆく、だから合理主義的考え方をやめないでナショナリズムを生かすにはどうしたらよいのかということで苦労したわけです。とはいえ、露骨な帝冠様式では困る。そこで非物体的というか、建築の空間についての意識を積極的にもっていく……。言い換えると、私の理解した限りでは建築の造形というか物体的なフォルムのところへ国民様式をもってゆかないで、スペースというか空間の取扱いの仕方に、そこに日本の伝統的な何かがあるんではないか、大体そんなふうにもっていきました。

司会（堀川勉）　東大の建築学科内では、帝冠様式は嫌われていたんでしょうか？

浜口　嫌われていたかどうかというより軽蔑されていましたね（驚きとざわめき…）。つまり、あまり知性的でないということで。

司会　それは主に、岸田さんですか？

浜口　岸田さんより前川さんですね。前川さんからは、頭が上がらないほど大きい影響を受けましたね。それから坂倉準三さんの存在も、帝冠様式に対抗して大きかったですね。パリ万博の日本館がそれであって、細い鉄骨のフォルムは日本的であるとも言えるが、空間の扱い方により特徴があったと思う。あそこに活路を見出そうとしていたことは明らかです。もう一つの活路が堀口捨己さんの狙った空間であって、桂離宮や数奇屋造りの空間がそうでしたし、戦後のミースやジョンソンのフォルムでもあって、それはモダニズムであったわけですね。だから帝冠様式のほうへは傾きは少なかったと言うか、そこから逃げたいという感じと、けれどもナショナルなものを積極的に押し出したいという気持ちと、この国民的なものというのは戦争を肯定しているわけでもないんですが、そのようなかたちでやろうとしていたと思いますね。

そして「国民建築様式の問題」を振り返り、みずからの主張について次のような発言をおこなっている。

「あの頃の私にとっては建築を空間として捉えるのと、物体として捉えるのと二つがあるというのが重要なポイントでした。そして日本の建築の伝統は空間として捉えることは、あまり無理なく近代建築につながるんです。したがって、国民的（ナショナル）ということと近代的（モダン）ということが、つながるように思いました。それに対して柱とか梁とかの物体としての建築は、ナチスの建築とか帝冠様式と親近性があるように思えました。そこで問題を空間性のほうへ何とかもってゆこうとしましたね、あの論文はそういう脈絡で考えられたものです。しかし、やや甘かったでしょうね。（…）

国民建築様式というのは別に私が言い出したわけでなく、あの頃ちょうどそういう話題が建築界のほうへかなり騒然というか、出てきたから私はその中で書いたようなもんです。だからね、あのコンペ自体がそういう話題を凝縮しようとして出したコンペでしょ、ムード的には全く同じで同時代と言うか同じ精神史の中の出来事ですね。大雑把に言うと丹下さんが設計で国民様式をやり私が文章でそれをやったみたいな、分業のような感じがあったかも知れませんね」

この発言によって戦時下の浜口の戦略といえる評論の軸が見えてくる。いま一度当時の論文に戻って考察したい。建築様式の分析で浜口は西欧建築の伝統を「物体的＝構築的」、日本のそれを「行為的＝空間的」という対比によって置換してみせる。そして後者に近代建築に連なる普遍的な方法を読みとり、前者の誤りを指摘していくのである。

「日泰文化会館の諸作品を全体として見るとき、そこに著しい傾向として見出されるのは、それらを作った人々がわが国の伝統的建築様式を基調とするにあたって建築様式を建築の物体的＝構築的な要素に求めていっているということである。（…）

大きく摑んで言えば建築様式を行為的＝空間的なものの形成の仕方として把えるのが日本の建築の伝統的傾向であり、物体的＝構築的要素のそれとして把えるのは西洋の伝統である。そして現代の日本の傾向は明治以来の西洋の建築の考え方の移植に基づいているのである。

状況かくの如くであるとすれば、右に見た日泰文化会館における諸家の傾向——それはもちろんこの場合だけでなく、日本国民建築様式の樹立ということにあたっての支配的傾向である——に対してわれわれは否定的に断ぜざるを得ない。（…）

建築が行為的＝空間的要素と構築的＝物体的要素との統一体である以上、構築的要素のない空間的要素だけの形成の仕方などというものはもちろんありえない。しかしわれわれの云っているのは構築的＝物体的要素のことを排除せよというのではない。国民建築様式を樹立することの重点を移せと云っているのである。（…）日本国民建築様式を樹立しようとする建築家の努力の重点は物体的＝構築的なものでなく、行為的＝空間的なものに注がれなければならない」

浜口はものに執着して造形的表現を性急に求める傾向を牽制し、それに対置する形で生田の言う「機能性」を「行為的＝空間的」という言葉へ発展させて、近代建築の可能性を守る方向へ議論の立て方を修正しようと試みたのだ。そして丹下案と前川案にそうした方向性を読みとって、次のように指摘する。

「かような観点から日泰文化会館の諸作品を検討するとき、そういう風に作者の努力が傾注されているものは極めて少ないと言わなければならないが、しかし絶無なわけではない。そういう努力の著しく見られるものとして、ここに二つの優れた作品を挙げることができると思う。それは前川國男氏と丹下健三氏の作品である。それらにあっては日泰文化会館の建築という行為的＝空間的要素と物体的＝構築的要素の統一体を作るにあたって、正しく日本の建築の伝統的傾向に基いて行為的＝空間的要素の形成の仕方にその努力を傾注しているのが見られるのである」

　そのうえで浜口は、丹下案と前川案の根本的な志向性の違い[35]に言及して次のような分析を加えていく。

「この二つの作品はその根抵的な傾向においては一致しているとしても、具体的に作り上げられたものとしては著しく異なっている。しかも最も眼目である行為的＝空間的要素の形成の仕方そのものに関してである。丹下氏の作品にあっては、その空間的形成は左右均整の荘重なものである。全体として威厳を正した重々しいものである。これに対して前川氏の作品は自由な伸びやかな形成の仕方である。この二つの性格はあらゆるところにそれぞれ貫かれているが、特にそれがはっきりと対照的に現れているのは主入口廻りの行為的＝空間的形成であろう。丹下氏の主入口は中央会館の真中に堂々と高く大きな階段をなして聳えている。前川氏のは芸能館と中央会館との組み合った隅角部を利用して伸びやかに張り出されている。自動車は大きく柔らかな弧を画いて車寄せに滑りこむ。階段ではなく、緩やかな勾配のランプしかも一方は明るい空に吹き放したランプ。足どりも軽やかにそれを昇ると、広々とした広間へ入る。そこから明るい廊下が伸びて、やがて産業館へ通じている。すべて伸びやかであり、明るく、快的である。一言で言えば人間的である。これに対して丹下氏の作品にあっては威厳があたりを払っている。大階段は自動車で乗りつけるなどということは飛んでもないことである。それは儀式の日に、高貴の方が威厳を正して静々と昇ってゆくのである。平常の日は固く閉ざされている。一般の人間は裏へ廻って、陰の眼につかない所から入らなければならない。一言でいえば、それは人間を超えた威厳《モニュメンタル》である。丹下氏の日泰文化会館の建築が行為的＝空間的要素と構築的＝物体的要素の統一体として、その最も見事な効果を示すのは粛然たる祭の日であり、前川氏の建築がその最も見事な姿を示すのは大勢の人間が楽しくそこに集う日である。このような日を想像することによって、われわれは二人の作者がそれぞれに脳裡に描く日泰文化会館の真の姿を理解することができるであろう。行為的＝空間的要素と構築的＝物体的要素の統一体としての建築とはそうしたものなのである。

かようにして二つの作品の性格はほとんど対蹠的とも言うべきである。建築家の慣用の言葉で言えば、前川氏のは機能的であり、丹下氏のはモニュメンタルである。或はまた丹下氏のは復古的であり、前川氏のは進歩的であるとも言えよう。両者とも建築の行為的＝空間的なものに傾倒してゆくという日本の建築の伝統に深く根ざしつつではあるが、形成する仕方においてその目指す方向が異なるのである」

文中の「すべて伸びやかであり、明るく、快的である。一言で言えば人間的である」、「前川氏の建築がその最も見事な姿を示すのは大勢の人間が楽しくそこに集う日である」という言葉からも明らかなように、浜口もまた前川案への共感を抱いていたことがわかる。そしてこの長文を次の結語で締めくくっている。

「かくしてわれわれの実践的な課題たる日本国民建築様式の樹立にあたって——それが日本の伝統的建築様式を基調とし、その上に築かれるべきであるとするならば——われわれは重点を構築的＝物体的要素から行為的＝空間的要素へと移しかえねばならない。すなわち日本国民建築様式の問題は、われわれの作る建築の行為的＝空間的要素の形成の仕方にその主たる場所を見出さなければならないのである」

こうして浜口は建築界が性急に求める強い造形への警鐘を鳴らし、求めるべき方向性を提示しようとしたのである。

原理的な問いを立てること

それでは二等になった前川國男は、在盤谷日本文化会館コンペで求められた課題をどのように理解していたのだろうか。コンペ案に添付された計画説明の「総説」において前川は次のように記すことから考察を始めている。

「日本文化会館は申すまでもなく日本文化の泰国に対する国際的宣揚を目的とし、日泰文化の交流を助けると共に両国の親善関係を大東亜共栄圏確立の方向に善導せんとする目的を有つものである事は明白であるけれども、一度問題がその文化会館建築に局限されると、甚だしい困難に当面せざるを得ない。

即ち茲に問題とされる文化会館は在来の西欧的な帝国主義的侵略の水先案内としての所謂文化会館の範疇に属し得ない事は勿論であるが、同時に単に強力な軍事力乃至は政治力に後押しされた既成文化財の見本市としての文化会館でもなく、之等政治力軍事力に相即的な自立的日本文化の宣揚機関としての機能功用を有つと同時に、其の建築自体が日本建築文化の宣揚媒体としての資格を要請されるいわば二重性格を有つものでなければならない。此の場合文化宣揚機関としての建築物の機能乃至は功用の面は比較的簡単に此が解決に到達の道順を発見し得るのであるが、建築物自体が媒体として日本建築文化の宣揚に資する面の問題は甚だしく困難を伴う事を認めざるを得ない。

即ち今日我々建築家が当面する現状日本建築文化の反省検討が先行せねば茲に於ても亦一歩の前進をも許され得ないのである。明治以降発展継承され来った今日の日本建築文化の反省が求められ新しき日本建築文化の確立が翹望《ぎょうぼう》される今日、我々は如何なる建築を以て我等の建築文化宣揚の媒体と考え得るのであろうか。

更に詳言するならば英米的殖民地侵略の文化宣揚の具としては彼等の現に所有した「僭奪せる古典様式」で用は足りたのであるけれども、我々の場合は現に所有した建築文化そのものの反省が求められているのである。即ち彼等の場合はその「出来合い」の既成建築で事は足りたのであるが、我々は既成の建築文化を反省時に破壊しつつ新しき日本建築文化を創造しつつ進まねばならないのである。茲に創造が言われるからには必然的に伝統への沈潜が予想されよう。而かも伝統への沈潜とは単に日本建築的遺構への耽溺ではあり得ぬ事は明白である。我々は今日最早単なる日本古典建築の斗栱《ときょう》を以て新しき文化会館の軒を粉飾するが如き粗雑な方法によって問題を解決する事は不可能なのである。何となれば斗栱自体に執着してのみ日本建築を捉えんとする建築史的立場自体が既にして甚だしく建築の日本的立場を慮外した外夷的立場である事の自覚が深まり反省が強められた今日、我々は既にして斗栱の如き日本古典建築伝統のディテールを以て如何に「丸ビル」を粉飾しようとも、遂に此を日本化し得ざる事の論理的確信を固めているのである。

剰《あまつ》さえ「文化会館」と言われる建築物の求められる機能自体が既にして日本的建築伝統に未知の客である以上、単に日本建築歴史の有した建築的原型のいずれかに此の新しき機能を強要する事に依って本文化会館意匠の解決を達成する事は不可能である。(36)」

ここで前川は、「出来合い」の既成建築の借用やものに執着した造形では問題は解決しないこと、「文化会館」というビルディングタイプ（建築型）が歴史上存在しなかった「未知の客」である以上、過去のどこかに「建築的原型」を求めることは不可能であることを明快に指摘する。この前川の思考は、審査員の岸田や佐藤など当時支配的だった建築様式をめぐる議論とは次元がまったく異なる。そこには前川の思考の深化が認められるだろう。前川はさらに原理的な考察をおこないつつ、次のような方針を提示する。

「ただ我々は建築が本来空間構成の芸術である事の根源に溯江して日本的建築空間と西欧的建築空間とのあり方の相違にまで徹底する事に依ってのみ、真に日本建築伝統の継承者としての日本文化会館の意匠に参じ得るであろう。日本絵画のもつ空白が描かれた事物に対して「意味なき他者」であり得ぬ様に日本的建築の内部空間は常にその外部空間と暖かき血脈を通わして飽くまで「孤立せる個」を抹殺せんとする美しき日本建築精神のみちびきによって此の文化会館意匠のよすがとしたいと思う次第である」

さらに続く「計画要旨」では、コンペ案を通じて実現させようとする建築の原理について次のように記していく。

「先に概説せる所に拠り各館配置計画せる結果本案に於ては各館の内部空間のみならず、その外部空間即ち各建築配置によって敷地内に作り出される建築外的空間、更に之等の建築外的空間がその敷地の外部に有つ環境的空間を常に緊張せる見えざる糸に結ばれたるが如き全体的空間構成を完成せんことにつとめた。此の一途こそは日本の建築が以て新しき世界の建築秩序に主導的立場を採り得る唯一根源の原理と信じて已まない。

かくして敷地内に布置されたる何れの建物も何れの庭も広場も野外劇場も相互に緊密なる相関の上に不幸なる「孤独」を抹殺し得るものと考えられる」

前川は、建築が本来「空間構成の芸術」であるという原点に立ち戻って考えようとする。そしてその視点から、日本の建築の西欧にはない普遍的な性格として物と物とのあいだにある「空白」に注目し、それが建物の「内部空間」と「外部空間」をつなげていると指摘する。また、その関係は敷地内に「建築外的空間」をつくりだし、さらにそれだけにとどまらず敷地の外へと広がる「環境的空間」にまでつながっていく。それらの「全体的空間構成」こそめざすべき建築の原理だと主張したのである。ここに一等案の丹下健三も審査員の岸田と佐藤ももちえなかった独自の気づきがあったのだと思う。それにしても、それはどこから発想されたのだろうか。その手がかりとなったと思われる記述が、前川が当時読んでいた蔵書のなかから発見できる。まず「空白」や「構成」というキーワードが、次の二冊の本のなかから見つかった。

ひとつは「昭和十八年一月　前川國男」と署名が入った山口諭助の『無の芸術』である。そのなかの「空白の芸術」と題された最初の章の冒頭に次の文章が綴られている。

「支那や日本の従来の絵画に於ては、主題となるもののみを端的に表現して、あとは空白にして置くことが、殆ど原則と云ってよい位に普通に行われ、然も、夫れが完成絵として立派に通用し、且つこの何も描かれず全くの空白のままに残された部分が、全体の画面の中で、かなり広い面積を占めて居る場合が少なくないことは周知の通りである。（…）

かく絵画に於ける余白は、本来描形と不可抽象に渾然たる総合統一をなして独特の絵画効果を収め、ここに余白画とも名づくべき一種の特色ある完成画を成立せしめて居るものであるから、かかる見地からする時、夫れは決して単なる空しき消極的空白ではなく、絵画の美そのものに積極的な関係乃至意義を有するものである(37)」

もう一冊は、前川の署名こそないが、昭和十八年四月発行の綾村勝次の『書の美』である。そこには、「構成する論理」という節があり、次のような記述が出てくる。

「ここに伝小野道風筆の継色紙《つぎしきし》を取り出してみよう。（…）全体構成から云うならば、左半分に重さと巧緻をあらわして、右半分に、驚くほどの空白をのこして、一首の構成をなしとげている。この空白が、急の感じを特に強く表現していると も云える。

この空白は、書の作品構成の中で、きわめて重大なる役割を演じているものである。極端なる云い方をすれば、空白を生かした作品は生き、空白を殺した作品は全く無価値であるとさえ云い得る(38)」

前川は、これら二冊の本にある「空白」や「構成」という言葉に触発されたのだと思う。それは同時に、前川のコンペ案に特徴的な、建物が敷地に置かれることによって内外に新たな意味をもった空間が生まれるという「建築外的空間」や「環境的空間」という地と図の関係性を前川がつかむうえでも大きな手がかりとなったにちがいない。

それでは、もうひとつのキーワードである「孤立」と「孤独」は何に由来するのだろうか。それは、先にみたように前川の日誌に数多く抜き書きされた高坂正顕『歴史的世界』の次のような文章からの影響だと思われる。

「様式的なるものに触れる時、我々は孤立した作品ではなくして、種々なる作品を貫く同じ親近さを感ずる。同じ世界の人に巡り会う感を有つのである。（…）すべては相まって一つの連関をなし、「一つの緊密なる環」を形成するのである(39)」

「現代は孤立せる単独の時代ではなく、過去及び未来と同じ一つの社会を形成し、同じ一つの世界に於いてあるのである(40)」

こうして、前川の到達した建築思想の核心部分の輪郭がみえてくる。前川は、建築界全体が形に偏った伝統的な木造建築から直截に引用して性急な造形表現を求める空気が高まるなかで、「空間構成」という近代建築が新たに獲得した原理を手放すことなく、むしろ日本の伝統のなかに、それを拡張するような肯定的な要素を見つけだそうとする。そしてそれを用いることによって、より高次に統合された、かつ世界へと通用する普遍的な性格をもつ日本独自の近代建築を実現できる可能性の道筋を切り拓こうとしたのだ。

長谷川如是閑『日本的性格』

ここで唐突かもしれないが、当時の前川と浜口の思考方法を考えるうえで手がかりとなる著書についてふれておきたい。それは前川の蔵書に含まれていたジャーナリストで評論家の長谷川如是閑（一八七五―一九六九年）の『日本的性格』である。ちなみに長谷川はすでに建築雑誌「建築と社会」一九三七年七月号に「建築における日本的性格」という論考を発表し、そのなかで「日本人建築感覚が最も嫌ったのは巨大性と煩瑣性である」と記していた。このように建築にも関心を寄せていた長谷川は、この本のなかで「日本的性格」というキーワードによって日本の長所を記述する方法を試みており、「日本文化の成立」と題された付録の結語部分には次のような指摘がなされている。

「日本の物を見ますと、如何にも規模が小さくて、大陸的の雄大なところに乏しい。又大衆的でもない。感覚が農業と同じく、余りに集約的に隅の隅まで奥の奥まで出来ていないと承知しない。大ざっぱな所がない。威圧的の力がない——数え挙げれば色々な欠点がある様であります。一利あれば一害の伴うということは、当然でありまして、之は已むを得ない。併しどちらがいいかという風に考えますと、私共は矢張り誇大された物よりも、又無暗《むやみ》と富や権力を集めた威圧的の文化表現よりも、穏健中正な、そうして自分を自覚した、表面ばかりでなく、真中ばかりでなく、隠れた所までも隅の隅までも等閑にしない日本的性格のあらわれがいいと思います。むやみとロマンチックなものや、又昔のエジプト式、今のアメリカ式のような、ただ無意味に巨大なものや、そういうものは日本には出来もしないが、併し出来ない方がいい。文化的表現の観念でも、道徳でも、形式でも、極端でなく、中正で、簡素で、謙抑であるという、上代以来の特徴をあらわしているものが、真に日本的のものであるということが、実際上から云っても正しいと思うのであります。規模が小さいとか、感じが弱いとか、感覚が常識的であるとか云う風な、色々な欠点はあるが、併しこれも欠点ではなくして、日本の生活そのものが小じんまりとして居る事、気候が温和であり、又社会的にも外国の様に烈しい対立的な闘争がなかったという事などから来て居るので已むを得ないのであります。大きいものや恐ろしいもので威したりする必要がなかったのであります。眩惑させる様な形を出すという必要がなかったのであります[41]」

この文章に出てくる「威圧的の力がない」「穏健中正な」「簡素で、謙抑」という言葉は、先にみたように大東亜記念営造計画コンペで審査員に名前を連ねた吉田鉄郎が記した幻の原稿の記述とも重なる。そしてこの文章には、明らかに戦争がもたらす「威圧的」な強制に対して、「日本的性格」というキーワードに託して抵抗を試みようとする思いが込められていたにちがいない。また、長谷川の語り口については政治学者の田中浩が次のように指摘していた。

「ファシズム期に入ってからは、如是閑は、ヨーロッパ的タームによる外側からする政治批判の方法だけでは、もはや超国家主義的「精神作興」に取り込まれていた国民大衆を覚醒させることはきわめて困難であることに気づいた。そこで、如是閑も、当時、官憲側が盛んに鼓吹していた「日本主義」とか「皇道精神」と「四つに組んで」、いわば「敵の土俵」にあがって批判を試みる作戦に転じた。(…)

これまで如是閑は、十七、十八世紀以来の「世界的普遍」、すなわちヨーロッパ・デモクラシーの発展過程を研究して、日本の特殊性すなわち明治二十年代以降に顕著になってきた偏狭な国家主義や日本ファシズムを批判する、という方法を取ってきた(『理想と現実』一九四一年)。しかし、一九三〇年代に入って、日本の国体を絶対至上のものとし、「八紘一宇」を正当化するために、古来の美風、日本固有の伝統と称して、日本主義や皇道精神をもちだす風潮が官民のあいだで盛んになってきた。そこで、かれは、軍部や政府の唱える日本主義や皇道主義のデマゴギーを内部から切り崩すために、日本古代の思想や日本国民の精神とは何かを明らかにする作業を開始したものと思われる(『日本的性格』一九三八年)[42]」

当時の前川が、ここで田中が指摘している長谷川の戦略的方法をどこまで自覚していたのかはわからない。前川にとってそれは戦略として意識されたものではなく、それまで追求してきた近代建築の理念の延長上でこのコンペ案を構想するなかから発見した視点と方法だったのだと思う。当時早稲田大学の学生だった横山公男(一九二四—二〇一〇年)が二〇〇四年に記した次のような文章がある。

「ずいぶん古い話で恐縮ですが、在盤谷日泰文化会館コンペ(一九四三年)の前川案について、この六十年、ずっと感じつづけてきたことを書いてみることにします。(…)

前川案は他の応募案の中で際立って異色の存在でした。そこには他の案とは全く趣を異にする平穏な世界が拡がり、爽やかな風が流れ、典雅な香気が漂っているようでした。

あの硬直した軍事国家のきびしい思想統制下で、しかも同じ設計条件の下で、こんなにも美しい建築を構想できる建築家が居る、ということに目を見開かされるような衝撃を受けた記憶は今も鮮やかです。（…）

前川案が他の応募案と全く異質に見えたのは何故なのか。それは、国家権力の建築政策を進んで支持し、あるいは迎合し、あるいはやむなくその意図を受け入れ、それまで抱いてきたそれぞれの建築観を変更し、あるいは修正するなど、その多くは苦渋の選択であるにせよ、神国日本古来の建築文化を、被占領状態に置かれていたアジアの国々に知らしめようというこのコンペの主旨を諒とし、そこにそれぞれの設計の照準を合わせ、さまざまな意匠を凝らしたのが多くの応募案であったのに対し、前川案は本物の建築を追求する従来通りの姿勢を変更することも修正することもなく、平常通りの前川さんの建築をそのまま表出したからではなかったか、と思うようになりました。

もし仮に、あのときからたとえば四半世紀後の平和な時代に、国威発揚の表現を強要するごとき意図の全くない、木構造を条件とするあの時と同規模の文化会館のコンペがあった、として、あのときの応募者が参加したとするならば、おそらく前川案は、基本姿勢も表現もあのときの案と殆ど変らないのでは、と思います。前川さんが一筆書きと称する流れるような美しいプランは、すでにバンコクのコンペ案に見られ、その後五十年、変わることなく継承されてきました。（…）

バンコクの前川案を語るとき落とせない視点は木構造が条件だった、ということです。もし前川さんが鉄筋コンクリートや鉄骨造であの形をつくったのであれば、それは権力への迎合であり、日頃の前川さんの建築家としての信条からの逸脱として批判されて然るべきです。しかしそうではありませんでした。

要するに、他の多くの人は明らかに戦時用を用意しました。しかし前川さんは戦時用も平時用もなく、いつもと変わらない前川さんの建築でした。前川さんは決して使い分けはしなかった、というのが私の見方です。

それこそが日本固有の建築文化の真の姿を示すことに他ならない、と前川さんは考えたのだと思います。そしてそれは、八紘一宇のスローガンの下に、アジアの盟主を僭称し他のアジアの国々を、そこに住む人達を下に見下す、傲慢な国家権力の占領政策への、それに進んで迎合する一部建築界への痛烈な批判ではなかったか、と思うに至りました」(43)

横山は、生田勉や浜口隆一、吉田鉄郎とも重なる前川の選びとった立ち位置の意味を、ひとりの建築学生としてそのままの形で正確に受けとっていたのである。

しかし、コンペの入選案を見ると前川案のような原理的考察にもとづいた提案は皆無であり、審査員のあいだで交わされていた議論も建築の様式論にとどまるものでしかなかった。そのことは審査員の内田祥三が保管していた審査会の資料やメモからも読みとれる。(44) 一九四三年十月三十一日にコンペの募集は締め切られ、集まった応募案七十九点は、第一回審査会で三十案に絞られ、第二回審査会にかけられる。この際に内田が記したメモ書きが残されており、丹下案は「板葺？　神社風配置整然技量相当」、前川案は「桧皮葺ノ類大破風ノ形奇配置面白し」と記されている。他の案についても「神社風」「二条城ノ感アリ」「大仏殿ノ感アリ」「江戸劇場風」などと建築様式の記述がみられる。一方、各応募案に付された説明書にも「城郭建築を基調として」「神明造を本計画の基調とせり」などと書かれている。そして丹下案と他の入選案は、すべて応募要項に添付された参考平面略計画図や配置原案に倣った三つの建物の分棟型で、左右対称性を守った平面計画でまとめられており、平面計画を根本的に組み立てなおし、三つの建物が一体となって内部と外部を等価に扱いながら敷地の外へも広がる空間構成を試みたのは前川案だけだった。前川の試みが理解されることはなかったのである。(45) こうして、横山の証言が説得力をもって迫ってくる。

在盤谷日本文化会館コンペ案は、前川にとって戦時下に獲得した方法論の到達点と呼べるものだったのだと思う。

太平洋戦争下の仕事について

満州飛行機の工場と社宅

太平洋戦争下に設計を手がけた建物のなかでもっとも多くを占めるのが、満州飛行機製造株式会社に関連する仕事である。戦後に所員たちの手でまとめられた作品目録には、一九四二年から一九四四年にかけて、計画に終わったものも含め十一件にのぼる仕事が記載されている。この会社は、一九三八年六月に満州国政府の「航空機製造工業の統制確立を図る」という意図のもと満州重工業開発株式会社の一〇〇パーセント出資の子会社として設立された[46]。理事長には、満州重工業総裁の鮎川義介が就任し、本社は工場の所在地でもある満州の奉天市大東区東塔街に置かれていた。その実体は、「満州産業開発五ヶ年計画」の策案者で関東軍参謀副長だった石原莞爾の「近代兵器の主役になる航空機も、満州で自給すべきである」という要求によってつくられた戦闘機を製造する国策による軍需工場であった[47]。また、作品目録には工場だけではなく、育成工寮や社宅、独身寮や錬成道場、病院の計画案などさまざまな施設の名前が列記されている。それにしても、なぜ軍関係の仕事に前川が携わるようになったのだろうか。それについては、いくつかの証言が残されている。直接的には前川の大学時代の同級生だった西村源与茂からの依頼だった。西村自身、戦後に次のような回想を記している。

「昭和十四年僕は巡り巡って満州は奉天、満州飛行機製造株式会社に奉職して居た。元来建築家としての素質のないことを悟った僕は建築界に見切りをつけ「チャンス」を得て工場管理に従事することになった。当時は既に航空機の

満州飛行機航空工業青年学校（ポストカード）

生産は産業界の花形であって工場やその福祉施設の建設は焦眉の急であった。僕は前川に助けを求めた。彼は快諾してくれ、月の中半分位は奉天に来てくれた。延二万坪の発動機工場、千人を収容する独身寮等、既に入手困難になって居た建築資材を使って彼独特の構想による幾多の傑作を設計してくれた[48]」

この言葉どおり、一九四二年から四四年にかけて、満州飛行機に関連した仕事が前川事務所では集中的におこなわれていたのである。前川も次のような回想を残している。

「戦争中にぼくらは工場建築をやっていました。戦争には負けられないというわけで、工場や工員住居やいろんな建物を建てていたわけです。今から考えてみると、膨大な工場を建てたんですよ、満州にね。ところが当時の建物は、軍機の秘密かなんかで写真一枚とらせない。図面は軍の方に取り上げてしまう。なんにも残っていない。たとえば満州飛行機の発動機工場、レンガとコンクリートと木材で建坪は二万坪あったんですが、終戦のとたんに、屋根から建具まで略奪されてコンクリートの骨だけにされてしまった。戦争が激しくなると建物は建てられない。こんどは穴掘り計画ですよ。しかし穴もろくすっぽ掘らないうちに終戦になってしまった[49]」

前川の回想にあるように、軍関係の仕事であったがため

満州飛行機花園街第５社宅（ポストカード）

同花園街独身宿舎（同上）

にその存在はすべて機密にされた。唯一、関係者に配布されたと思われる白黒写真のポストカードだけが残っている。前川は別のインタビューで次のようにも語っていた。

「満州飛行機は、西村に呼ばれて設計した。工場と職工の住宅。戦闘機を作る工場で、設計変更も多く、図面をたくさん描いていた。発動機の工場は二万坪もあった(50)」

先の西村の回想とも一致する内容であり、石原莞爾の意図した「戦闘機を作る工場」だったことが裏づけられる。また、上海分室に派遣された所員の大沢三郎も次のような証言を残している。

「満州飛行機の仕事、その社宅なんていうのは、相当大将(前川)も携わっていた。まだ敷地も何も決まっていないところへ、病院をひとつ考えてくれ、なんていうような頼み方してくるんですよ。そうすると、そいつを何でもいいから描けというわけですよ。それで、病院らしいプランを描いていくと、大将が、それはこうだよなんて、いろんなスケッチをやってね。そういうような覚えがある。社宅も、何かこういうギザギザのプランのやつでね。(…)図面が残っていないんで、非常に残念なんだけれどね(51)」

この証言から、この仕事に前川が積極的にかかわっていたことがわかる。また、大沢は「日本から奉天まで、満州飛行機の工場の図面を抱えて持っていったことがある(52)」という。同じく、東京事務所にいた所員の吉川清も次のような証言を残している。

「一九四二　昭和十七年一月

野々口さんが奉天の飛行機工場の設計をされていて、之のパースをかかされた。シャーレンの屋根で長さが何百米あったか、とにかく長い建物であった。背景、樹木、人の姿はインキングする前に先生がフリーハンドでかかれる」

「一九四三　昭和十八年

満州飛行機の高級社員社宅(特甲社宅と呼んでいた)集会場を計画した。社宅は中国風の塀で囲まれた平面で、各建物を連続的につなぐ。社宅と社宅の間に路地をつくりサービスヤードに連絡する案をつくった。レンガ造の平屋建である。(…)集会場はいわゆるグランドスタイルで案をつくった。天井が高く、背の高い窓をつけた。戦前日比谷にあった帝国劇場のようなスタイルである。案は満州へ送ったが、実現はしなかったようだ。先生と同期の西村源与茂さんが社長だった。よく事務所へ来られた。チョビひげをたくわえた小柄な方であったが、豪快な面白い方であった(53)」

一方、当時、満州飛行機建設課に勤務していた職員のひとりは、一九八二年にまとめられた回想文集のなかで次のように記している。

「昭和十九年一月に（…）新京建築局から建築技師の奥田勇氏は建設部長に（…）前川國男建築事務所からは道明栄次氏、野々口夫氏、佐世治正氏の錚々たる方が建設課員になって、緊迫する戦況の中、工場拡張や理事公館社宅等の増築建設工事に大活躍でした。十九年春には、飛行場をはさんでの真向かいに新規工場建設も始まり、端から端までが約四粁《キロ》あり、現場を一周視察して来ると三時間かかると云う大きな建設工事でした。それも完成間近に終戦時を迎えてしまったのでした(54)」

この記述から前川事務所の所員三名も、雇用契約の内容は不明だが建設課の職員の立場で設計にかかわっていたことがわかる。作品目録にある前川事務所の「満州（奉天）分室」とは、この仕事のために急遽設立されたものだったにちがいない。また奥田勇とは、前川の大学時代の同級生である。その奥田も次のような証言を書き残している。

「昭和十九年一月初め、私は西村源与茂君のしつこいくどきに負けて、まる十年間勤めていた満州国政府をやめて満州飛行機に入社しました。（…）米軍の爆撃を受けるまでは本業の建設関係に専念して居たのはこれまた当然のことでしょう(55)」

こうして西村、奥田という前川の大学時代の同級生のもとで前川事務所の所員が設計に携わっていたのだ。また、軍需工場なので設計が秘密裏に進められていたことが次の証言からもわかる。

「昭和十八年に第二次建設計画が決定され、満州国政府より奥田勇部長（…）を迎えてスタートした。計画は発動機工場及住宅千五百戸独身寮二棟であり住宅は第一次建設より初めて居り主として発動機工場であった。建設は工場は清水建設、住宅は日産土木、戸田組、辰村組、三田組等九社で突貫工事で進められる。十八年初め工場建設に必要資材集計は辻岡課長を主として前川國男設計事務所員を初め二十名の技術者で進められ、街のホテルで外出禁止の秘密のもとに実施された。厳しい日々で強く印象に残って居る一事である。秋に入って飛行場奥深い発動機工場わきに鉄道が引かれ建設資材が送られ初めた(56)」

さらに関係者が復元した敷地配置図には、「工場予定地」として東西一キロ、南北一・五キロ、面積一五〇万平方メートルの広大な敷地が記されており、そこには「此の地の一部に昭和十九年発動機工場を新築したるも操業に至らず終戦破毀さる」とある(57)。この配置図にはほかにも作品目録にある「花園社宅」なども記載されている。現時点ではこれ以上の邦文資料は見つかってはいないが、複数の証言にもあるようにかなりの規模の仕事であったことがわかる。

しかし、戦争の終結によって工場は操業することなく、アメリカ軍の空爆[58]によって破壊され、すべては無に帰したのである。

海軍の工場、官舎ほか

満州飛行機に次いで作品目録に数多く記載されているのが、海軍横須賀工場や海軍館山安房航空隊施設士官舎など七件にのぼる海軍関係の仕事である。この内容についてはほとんどわかっていない。唯一、所員の大沢と崎谷が次のような証言を残している。

「海軍の仕事は、プランが決まっていた。それに鉄骨の詳細図をつける仕事をしていた[59]」

「食うために軍の仕事もしていた。崎谷と野々口だけでやっていたが、前川は一切口出ししなかった[60]」

別の崎谷の証言[61]によれば、大沢は一九四三年七月二十六日に出征[62]してしまうので、その大半は崎谷と野々口が手がけたのだという。この海軍関係の仕事にどのような経緯で前川がかかわったのかについては資料はなく、不明だ。推測できるのは次のふたつの可能性である。

ひとつは、日本建築士公用団という組織への前川の参加である。この組織は一九四一年四月、日本建築士会の手によって設立された。日中戦争以後の仕事が激減するなかで、建築士としての活路を求めて結成された団体である。その初年度である昭和十六年度の事業報告には、「本年度受嘱設計次の如し」として「東京市建築部十九件」「東京市防衛局防火改修：一般改修四十（千七十二棟）、大規模改修（二万百七十六件）」などとともに「陸軍関係一件」とあり、こうした流れを受けて「昭和十六年十一月及十二月二回に亙り団員技術者及設計能力調査書を海軍施設本部宛提出せり」との報告も出されている[63]。前川の一九四二年六月入会[64]直後の団員数はわずか百名ほどにすぎないが、おそらく事務所の経営難もあって入会したものと思われる。こうした経緯から、この公用団の委嘱の仕事として海軍関係の建物の設計をおこなったのではないかと推定できる。

もうひとつは、帰国後も交友が続いていた坂倉準三の海軍とのつながりによるルートである。当時、坂倉はスメラ学塾の小島威彦を通じて海軍とのつながりを深めていた。スメラ学塾とは「日本的世界原理であるスメラ学体系の普及徹底、日本世界維新の建設的戦士の養成を目的」として一九四〇年五月、元海軍大将・末次信正を塾頭に小島らが結成した思想団体[65]である。坂倉事務所所員の西澤文隆は、後にジャン・プルーヴェのアルミ製組立ハウスを木造で再現した組立建築について「小島氏のルートを通じて、海軍に売込もう」として「海軍の費用で初めて組立建築を事務所の西の空地で造ったのは、四二年の終り」と記している[66]。

この経緯から坂倉の紹介で前川が手がけたとも推測できる。しかし詳細は不明である。それ以外の断片的に判明している仕事に次のような建物がある。

（1）谷口邸、福知山高等商業学校（いずれも案、一九四一年）。

この谷口の名前が記載された二件の建物は、前川の大学時代の同級生で東京工業大学助教授だった谷口吉郎に関係するものだと思われる。前川事務所の所員の崎谷は「前川事務所では、仕事が無いときに、「人減らし」と言って、仕事のある事務所へ手伝いに行っていた。谷口さんの「慶応寄宿舎」の矩計図も自分が描きに行った」と証言している。[67] 後者の学校には、担当者として谷口とともに崎谷の名前も記載されている。おそらくこれらの建物も、同じような形で崎谷が設計を手伝ったのだろう。

（2）中央農具研究所（蘇州、一九四一年）。

この仕事については、田中誠の次の証言が残されている。

「南京政府の農機具の小さい工場を。これは蘇州の郊外だった。（…）ぼくは見てないけど、できたそうですよ。その時分はもう構造屋はいないんです。走行クレーンを通すだけ、少し壁を厚めにして。壁がもつかどうか、怪しかった。（…）南京政府から大使館を通じての依頼です。そんな仕事は前川はほとんど知らないですよ[68]」

この証言からは、前川の知らないなかで上海分室の所員たちは独自に仕事を開拓し、活路を見いだそうとしていたことがわかる。

（3）民豊造紙廠社宅（一九四二年）。

この仕事も同じく田中が次のように証言している。

「（華興商業銀行が）終わってからは、保守のためにぼくらは三人残った。三人残った時代になってからは、杭州へ行く途中の嘉興という町に民豊造紙廠という製紙会社があって、その社宅をやりたいというので、ぼくらが原案を作った。現場へ行かなかったですけど、ずっと小さい規模のもので、それがきちんと建ったか、工事の途中くらいまでで終戦になったかは分かりません[69]」

この建物については前川事務所に原図五枚と簡単な仕様書が残っており、担当した田中誠と道明栄次の印が押してある。図面に記入された日付は「昭和十七年十二月十五日」から「昭和十八年五月二十四日」までとなっている。建物は「社宅」と「錬成道場」からできており、仕様書によれば「社宅」は「甲型：二戸建二棟」「乙型：二戸建五棟」「丙型：二戸建三棟」の三種類があり、一戸あたりの面積は二十四、五坪程度の小さなもので、総延床面積は約五百二十坪だった。一方、「錬成道場」は道場のほかに客室や浴室なども含まれており、床面積は約百三十坪だった。

いずれの構造も壁は煉瓦造一部木造、屋根は木造で、フランス瓦葺となっている。こうした内容から、田中の証言にもあるように華興商業銀行総合社宅を踏襲したデザインだが、ずっと小規模のものであったことがわかる。なおこの建物は「嘉興某工場社宅工事概要」として建築雑誌にも掲載されており、次のように説明されている。

「全敷地が高圧電線を設けた塀に依り囲まれて内部の安全なる場合を以て住宅各戸には牆壁《しょうへき》を設けず、然も平面を開放的となす。気象上の必要より玄関、浴室、台所以外の室は凡て高床二階に設けたり[70]」

こうした記述からも、戦時下の満州が置かれた苛酷な状況が読みとれる。その後、上海分室の田中と寺島ら所員たち六名は、大東亜建設記念営造計画や在盤谷日本文化会館のコンペに応募した後、戦況の悪化を逃れて一九四三年の暮れに日本へ引き揚げている。一方、満州飛行機の仕事で一九四四年一月から満州の奉天分室に移った野々口、道明、佐世の三人は一九四五年八月十五日の敗戦時点まで現地にとどまったため、抑留の憂き目にも遭遇することになる。

ところで、前川に私淑していた浜口隆一は、晩年に前川の戦争末期の姿について次のように証言している。

「前川國男という人は偉かったと思う。彼は、人間の「生きる」ということの本当に深いところから「思想と情報」を把握し、彼の「建築観」も、それに立脚していたと思います。

こういうこともありました。私が昭和二十年八月十五日、つまり「終戦の日」の少し前に北海道へ逃げ出そうとしているとき、前川さんは、「浜口、お前、早とちりになるんじゃないの…」と言われました。多分、前川さんは、すでにあのころ、日本の上層部が極秘裡に降参の交渉を進めていることを「情報的」に知っていたのだと思います。

序でに想いだすのは、前川さんが目黒の自邸を守り通したときの執念です。そのころ、あの辺りはすっかり焼野原になっていて、周りの人たちも逃げてしまっていた。最後の東京空襲の晩、前川さんは唯一人バケツを持って、焼夷弾の落ちてくるなかで、火照で家の壁が焦げそうになるのをバケツの水をかけて、とうとう防ぎ通したのだそうです。凄い執念だった。その執念があったからこそ、敗戦後すぐに、あの自邸を根拠地に設計活動に着手し、例の紀伊國屋書店のような新鮮な作品を発表し、戦後の「近代建築運動のさきがけ」の役割を果たすことができたのだと思います[71]」

ここで浜口が記している「北海道へ逃げ出そうとしているとき」とは、一九四五年六月に全国紙上で「戦災者にひらく北の穀倉」という見出しで募集がおこなわれた「拓北農兵隊」に参加したことを指している。[72] それは本土空襲による都市戦災者の救済と食糧の増産を目的とする五万戸、二十万人の集団帰農計画だった。移住費用の支給、一ヘクタールの農地の無償貸与、主食の配給も確保されると謳われていた。これを見た浜口は東京大空襲で焦土と化した東京に絶望し、ミホ夫人とともに北海道石狩郡当別村へ渡ったのである。結果的に拓北農兵隊として道内に入植したのは約三千四百戸、一万七千人だったという。しかし敗戦によって約束は反故となり、内地への渡航も封鎖されて厳しい生活を強いられてしまう。そんななか浜口は前川から託された「日本の近代建築とその展望」というテーマの原稿をまとめ、それが『ヒューマニズムの建築』（雄鶏社、一九四七年）となって発刊される。

晩年のインタビューによれば、前川は八月十五日の敗戦の日を静岡県の吉原にあった日産の発動機工場で迎えたという。[73] こうして、太平洋戦争下の前川國男と所員たちの仕事は終結を迎える。

結びにかえて

戦前期の思考は戦後の前川國男にどのような意味をもたらしたのだろうか。最後にそのことにふれておきたい。

敗戦直後の一九四五年九月から始められた木造組立住宅プレモスの試みは、戦時下の佐野利器らが企画した戦時動員を至上目的とする住宅の矮小化された極小住宅の正当化にすぎない「国民住居」へ投げかけた根元的な批判をみずから引き受ける形で実践しようとした建築の工業化への模索だった。プレモスに取り組んでいた一九四七年当時の文章のなかで前川は次のように記している。

「敗戦の日本には資材も金も足りないことは分かりきっている。それだからといって壕舎生活や同居生活や身動きならぬ六坪住宅でどうして我々は一人前の生産ができようか？　どうして日本の再建ができようか？　いかに耐乏生活を叫んでみても一合九勺ではしょせん生きてはゆけなかったことは身に沁みてわかったはずだ。われわれはまだ机上の辻褄を合わせることばかり考える前に、必死の知恵をしぼって生活の確立を考えるべきだ。普通の住宅六坪を建てる資材で十坪を建てる方法はないか？　一坪七千円かかるものが五千円ですむ方法はないか？　こうした努力こそ、日本の建築家の社会的責任であり、日本の生産者の国民的責務である(1)」

この文面は、戦前の日誌に書きとめた内容や「神妙の建築」という言葉に託そうとした思いとそのままつながる。また、続く一九五〇年代に日本相互銀行本店（一九五二年）を節目として「テクニカル・アプローチ」と呼ばれた建築の工業化をめざした素材や構法の開発という取り組みも、

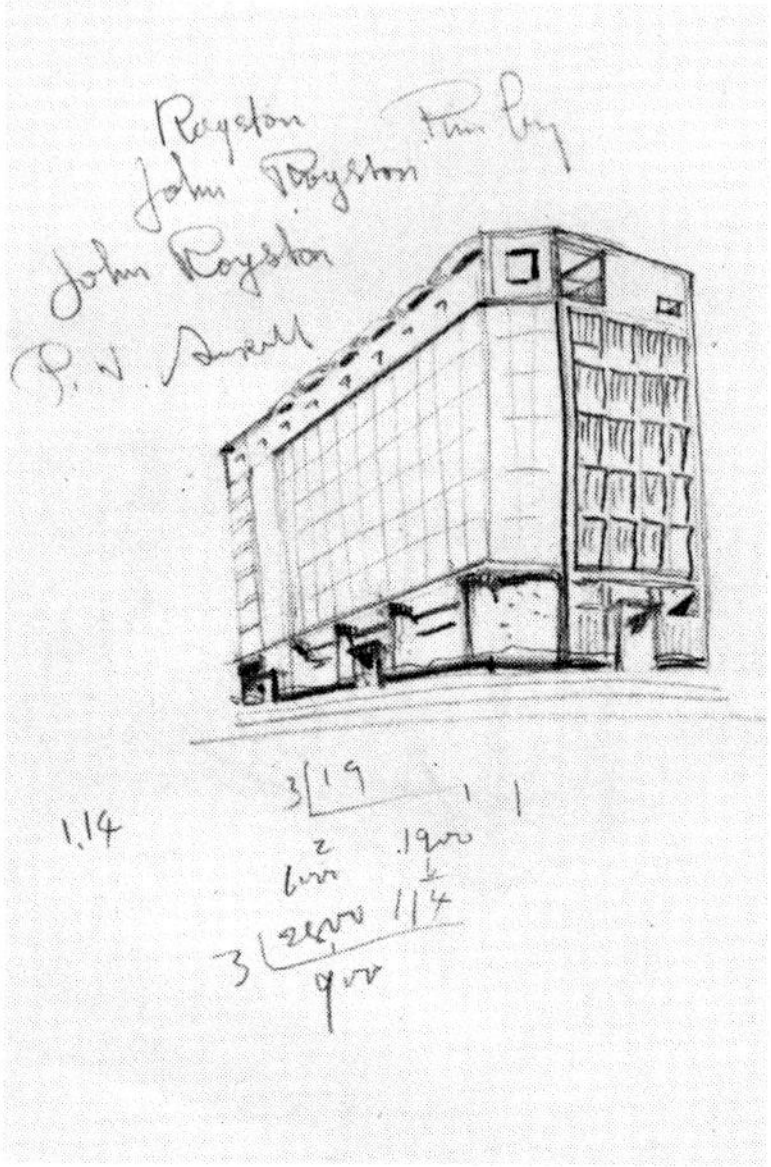
日本相互銀行本店

戦前に繰り返し主張していた「技術的な基盤」を築こうとする考え方から推し進められたものであることもみえてくる。一九五二年におこなわれた誌上座談会における前川の次のような発言が残されている。

「二十年来私の関心は、日本の建築からコンクリートの壁を抹殺してこれを近代建築のスタートラインに立たせたいということでありました。理由はもちろん、平面の流動性と構造の経済性に重点のあったことはいうまでもありません(2)」

ここにも独立後の第一作である森永キャンデーストアー銀座売店（一九三五年）で試みた「自由な平面」と「自由な立面」から続く問題意識を読みとることができる。

さらに、建築が本来「空間構成の芸術」であるとの視点から前川が戦後に「一筆書き」と名づけて所員へ伝えた平面計画の原理も、発想の原点は在盤谷日本文化会館コンペなどで獲得された方法の継続的な模索であることがみえてくる。そのことは、戦後の代表作である神奈川県立図書館・音楽堂（一九五四年）、京都会館（一九六〇年）、埼玉県立博物館（一九七一年）、熊本県立美術館（一九七七年）にみられる建物の配置と流動的な内外空間の構成が明快な形で証明している。一九五三年の指名コンペで一等を獲得して実現した当時最大規模の岡山県庁舎（一九五七年）では、

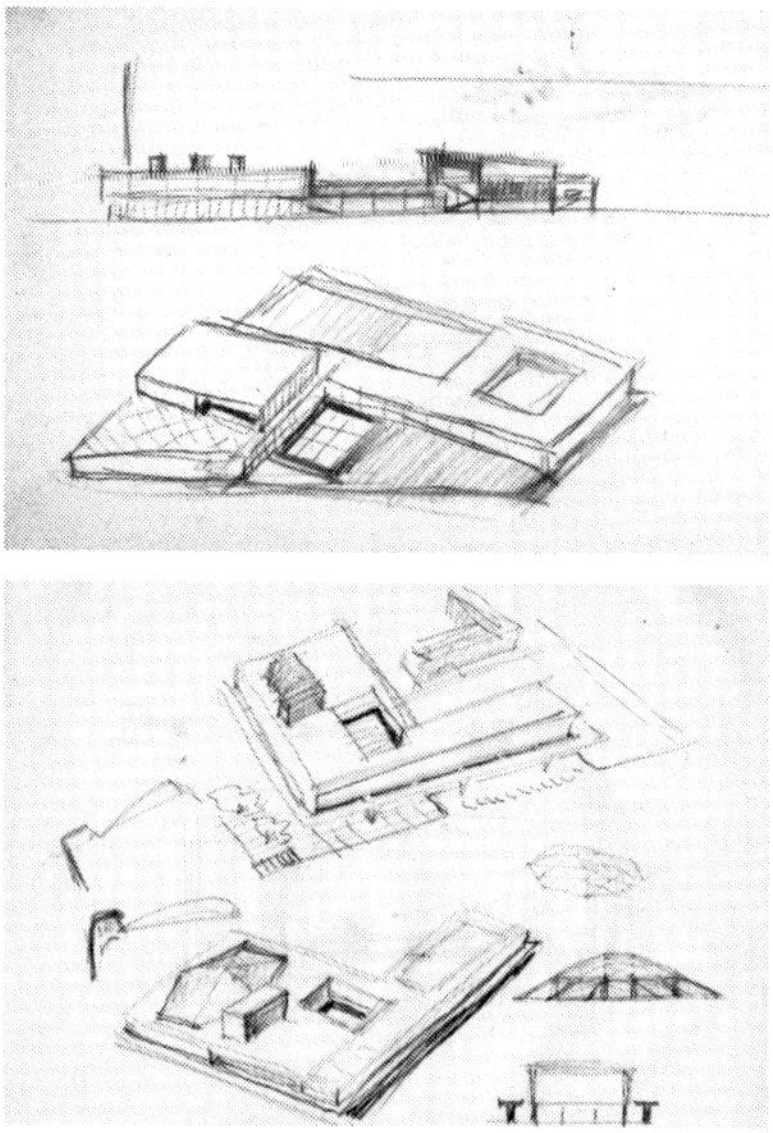
上・神奈川県立図書館・音楽堂。
下・京都会館

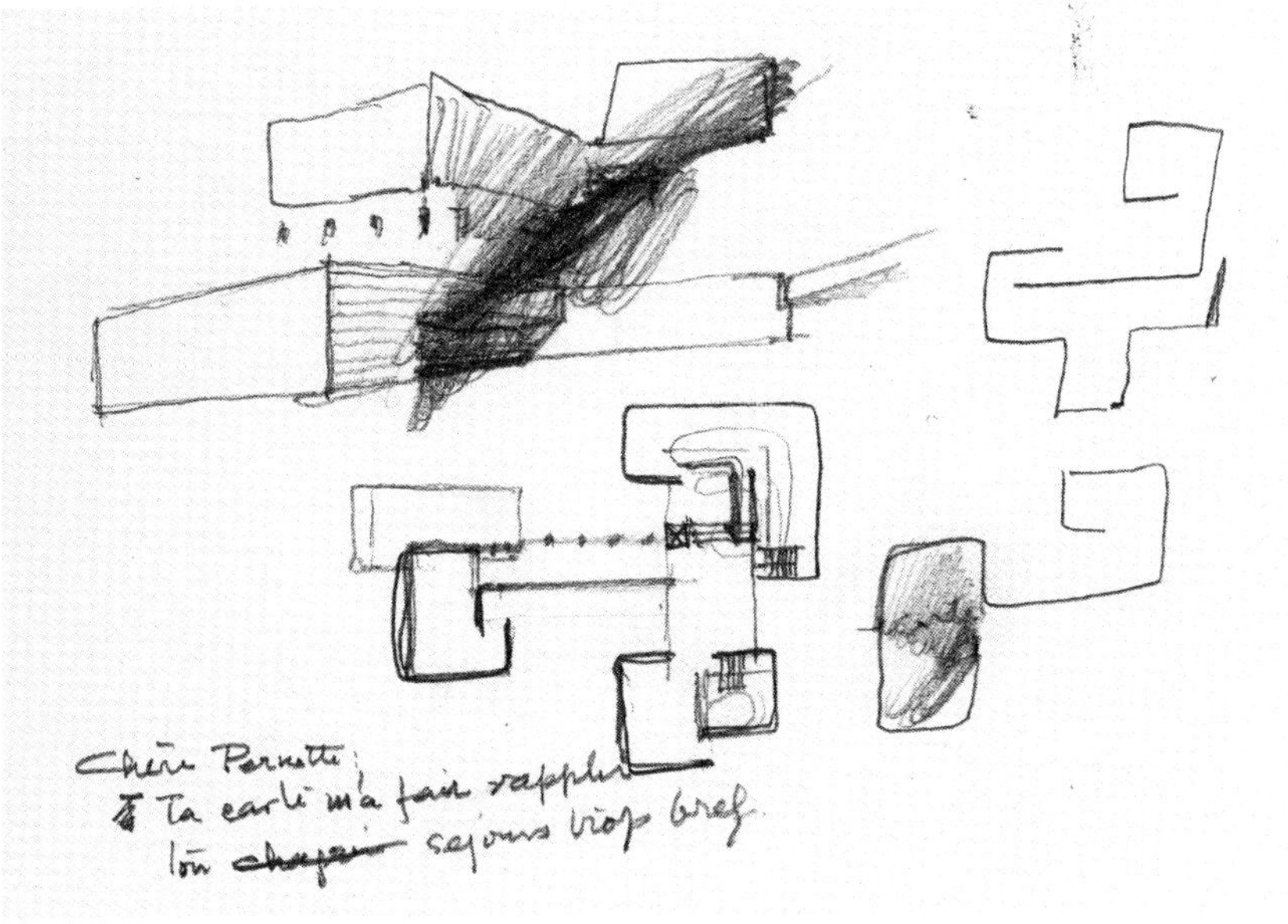

埼玉県立博物館

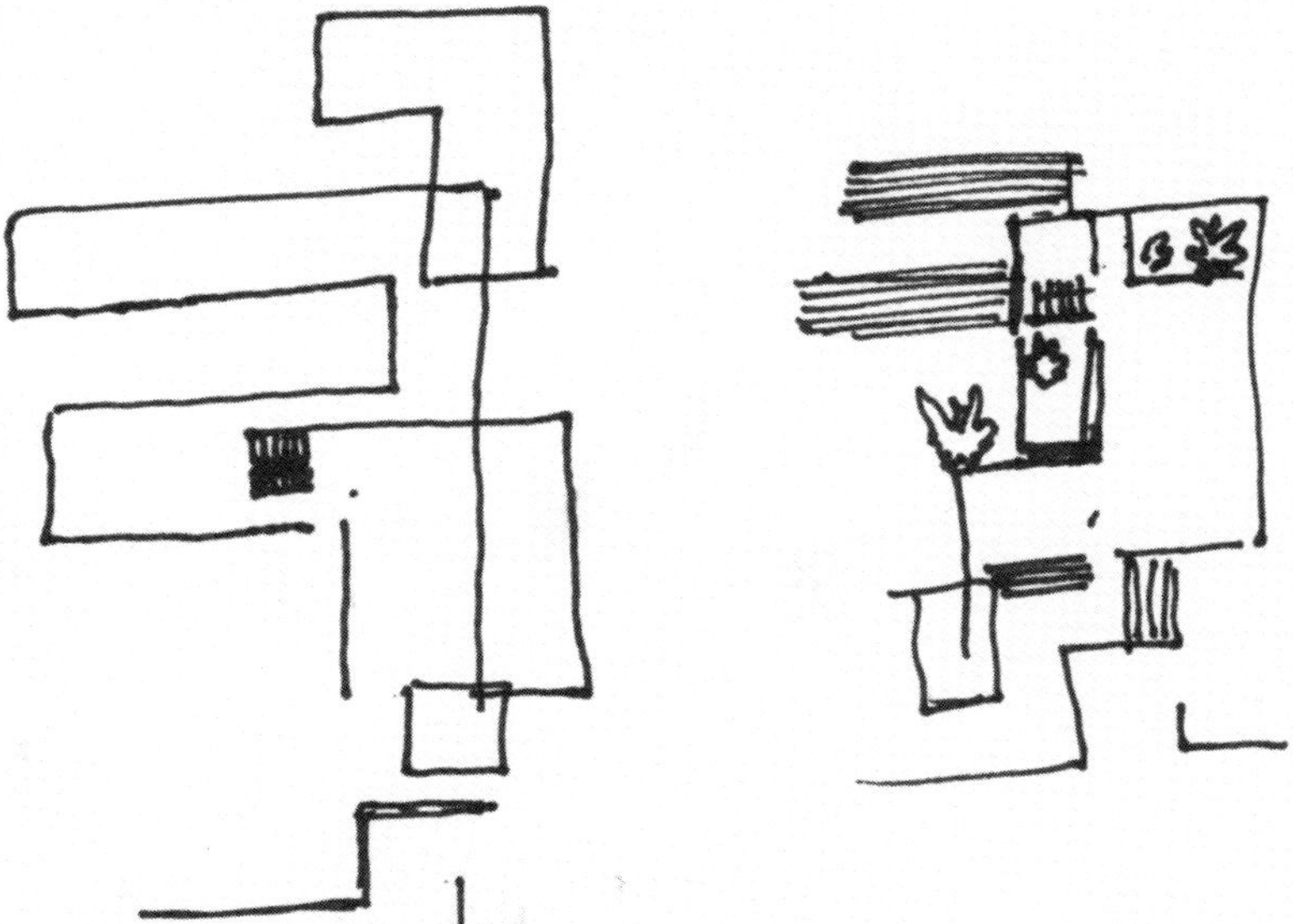

熊本県立美術館（以上いずれも前川國男のスケッチ）

設計主旨の冒頭に次のような言葉が記されていた。

「計画の重点総論として、本敷地の広ぼう、位置、その他環境全体に内在する公共性に基づいて、でき得る限り敷地地表面における歩行者優先の原則を堅持して、県民がくつろいで近づき得る環境の達成につとめ、明朗な県庁舎を企図した。

建築の内と外に造り出される空間については、建築に費やされた財費の高低に拘わりなく、美の可能性を無限に内包する天与の素材である。この無償の素材を最大限に活用した[3]」

文中にある「建築の内と外に造り出される空間」を「美の可能性を無限に内包する天与の素材」、「無償の素材」とする視点や、それを「最大限に活用」して「県民がくつろいで近づき得る環境の達成につとめ、明朗な県庁舎を企図した」とする考え方は、在盤谷日本文化会館で獲得した方法を引き継いだものであることは明らかだと思う。

そして最晩年の弘前市斎場（一九八三年）では、遠く半世紀前の前川の処女作である木村産業研究所（一九三二年）で味わった挫折からの宿題を果たすかのように、風雪に耐える屋根の造形をもちこんだ流れるような平面計画が実現されている。また、ここでも在盤谷日本文化会館コンペで確信した設計方法論である建物によって敷地とその外へと手を広げ、内と外の空間が一体となって展開する流れるような平面計画が、そのままの形で踏襲されている。

こうして、前川國男の戦前における建築思想の形成は、そのまま戦後にいっせいに開花し、多くの実作へと結実する方法の核心部分となる骨格を成していることがわかる。前川にとって戦前と戦後は、みずからが信じて選びとった近代建築に生命を吹き込むという切れ目のない一続きのプロジェクトとして生きられていたのである。

注

序章

（1）伊東豊雄「公共建築の死・前川國男を悼む」、「住宅建築」一九八六年九月号。
（2）丹下健三「積み重ねつつ、高きにのぼる」、「日刊建設通信」一九五九年二月二十日。
（3）丹下健三『一本の鉛筆から』日本図書センター、一九九七年、三七ページ。
（4）東京新聞編『響きあう感動50年　音楽の殿堂　東京文化会館ものがたり』東京新聞、二〇一一年。
（5）「京都会館再整備基本計画」京都市、二〇一一年六月。
（6）『前川國男建築設計事務所作品目録』（所員の高橋重徳が一九七三年に作成）。
（7）前川國男「戦前の設計競技――私の体験から」、「建築雑誌」一九五七年七月号。
（8）前川國男、宮内嘉久『一建築家の信條』晶文社、一九八一年、三五三、三六七ページ。
（9）宮内嘉久「年譜ノート――前川國男小史」宮内嘉久編『前川國男作品集』美術出版社、一九九〇年、一〇九ページ。
（10）稲垣栄三『日本の近代建築』鹿島出版会版、一九七九年、三六九ページ。
（11）村松貞次郎『日本近代建築の歴史』一九七七年、一七五ページ。
（12）井上章一「むすび」『戦時下日本の建築家　アート・キッチュ・ジャパネスク』朝日選書、一九九五年。（13）の改訂版。三一三ページ。
（13）井上章一『アート・キッチュ・ジャパネスク――大東亜のポストモダン』青土社、一九八七年。
（14）布野修司「Mr. 建築家――前川國男というラディカリズム」、『建築の前夜――前川國男文集』而立書房、一九九六年。一八ページ。
（15）藤森照信『日本の近代建築（下）』岩波新書、一九九三年、二四五ページ。
（16）丹下健三、藤森照信『丹下健三』新建築社、二〇〇二年、九二ページ。
（17）藤森照信「戦時下に育まれたものとは何か」、松隈洋編『前川

國男 現代との対話』六耀社、二〇〇六年、九六ページ。
(18)「国際建築」一九三七年十二月号。
(19)八束はじめ『思想としての日本近代建築』岩波書店、二〇〇五年、三九七ページ。
(20)長谷川堯『建築の出自』鹿島出版会、二〇〇八年、六六ページ。
(21)前川國男「私の建築観」、「建築家」一九六八年秋号。

I ル・コルビュジエと出会う

(1)藤井肇男「川の人物誌④」、『にほんのかわ』94、二〇〇一年。
(2)大熊孝『増補洪水と治水の河川史』平凡社ライブラリー、二〇〇七年、一五五ページ。
(3)本間恂一「新潟県会の大河津分水論」、社団法人北陸建設弘済会企画・発行『大河津分水双書資料編』第四巻、二〇〇五年。
(4)松沢寿重「土木家・前川貫一と建築家・前川國男」、『大河津分水双書資料編』第七巻、二〇〇七年。
(5)佐藤尚武『回顧八十年』時事通信社、一九六三年。
(6)(3)に同じ。
(7)「座談会 河川工事の創始当時を語る」、「河川」六巻五号、一九五〇年。
(8)『続・現代建築の再構築』彰国社、一九七八年、四六ページ。
(9)前川國男、宮内嘉久『一建築家の信條』晶文社、一九八一年、二一ページ。
(10)前川貫一「私の河川道中記」、『旧交会員懐古追想録第一輯』一九五五年。『にほんのかわ』94に再録。
(11)前川貫一「水利に就て」、「水利と土木」一九二八年九月号。
(12)前川貫一「中小河川改修に就て」、「水利と土木」一九三四年一月号。
(13)前川國男「人生と趣味」、「学友会雑誌」第八十四号、東京府立第一中学校学友会、大正十年(一九二一年)七月十八日発行。
(14)河上肇『貧乏物語』岩波文庫、一九四七年(改版、二〇〇八年)、四ページ。
(15)(9)に同じ。二四ページ。
(16)日本建築学会編『近代日本建築学発達史』丸善、一九七二年、一八二〇ページ。
(17)谷口吉郎「建築学科」、「日本経済新聞」一九七四年二月十一日、「私の履歴書」。
(18)(16)に同じ。二〇〇八ページ。
(19)西村源与茂「前川君の居る青春時代…」、「日刊建設通信」一九五九年二月二十日。
(20)佐野利器「建築家の覚悟」、「建築雑誌」一九一一年七月号。
(21)「回想のディプロマ 前川國男氏に聞く」、建築知識別冊・増刊号「建築ノート」一九八三年。
(22)市浦健「新建築運動と前川君」、「日刊建設通信」一九五九年二月二十日。
(23)「座談会1」、「建築雑誌」一九六八年八月号。
(24)(9)に同じ。三五ページ。
(25)前川國男、松原秀一「対談 ル・コルビュジエのアトリエで」、「ふらんす」一九七三年一月号。
(26)岸田日出刀『過去の構成』改訂版(相模書房、一九三八年)序文。
(27)前川國男「まえがき」、ル・コルビュジエ『伽藍が白かったとき』生田勉訳、岩波書店、一九五七年。
(28)前川國男談「一九二八年パリ・セーヴル街35番地」、「a+u」一九七四年二月号。
(29)佐藤尚武『回顧八十年』時事通信社、一九六三年、三七九ページ。

(30) 前川國男、曽野綾子「対談　芸術家の歩む道」、『建築夜話』日刊建設通信社、一九六二年、一一四ページ。
(31) 『建築年鑑』建築世界社、一九二八年、三一ページ。
(32) 宮内嘉久『前川國男　賊軍の将』晶文社、二〇〇五年、所収の年譜など。
(33) 豊川斎赫『丹下健三研究室の理論と実践に関する建築学的研究』東京大学博士論文、二〇〇七年。
(34) 岸田日出刀「欧米建築界の趨勢」、『建築年鑑』建築世界社、一九二七年。
(35) ル・コルビュジエ『今日の装飾芸術』前川國男訳、構成社書房、一九三〇年。
(36) ル・コルビュジエ『建築芸術へ』宮崎謙三訳、構成社書房、一九二九年、一〇四ページ。
(37) ル・コルビュジエ『建築をめざして』吉阪隆正訳、鹿島出版会、一九六七年、六二ページ。ル・コルビュジエ－ソーニエ『建築へ』樋口清訳、中央公論美術出版、二〇〇三年、八一ページ。
(38) 「回想のディプロマ＝前川國男氏に聞く」、建築知識別冊・増刊号「建築ノート」一九八三年。
(39) 佐々木宏編『近代建築の目撃者』新建築社、一九七七年、一九七ページ。
(40) 前川國男「建築家としての展望はあるか」、『続・現代建築の再構築』彰国社、一九七八年、五五ページ。
(41) 牧野正巳「ル・コルビュジエ氏のアトリエ」、「国際建築」一九二九年七月号。
(42) 「ル・コルビュジエ自叙伝（前川國男訳）」、「国際建築」一九二九年六月号。
(43) ル・コルビュジエ『住宅と宮殿』井田安弘訳、鹿島出版会ＳＤ選書、一九七九年、巻末資料。
(44) 対談「ル・コルビュジエのアトリエで」、「ふらんす」一九七三年一月号。
(45) 山名善之「ル・コルビュジエ・アトリエにおける同僚たちと担当作品について」、『建築家・前川國男の仕事』美術出版社、二〇〇六年。
(46) 前川國男「コルビュジエとの出会い」、「建築文化」一九八五年一月号。
(47) ル・コルビュジエ『建築十字軍』井田安弘訳、東海大学出版会、一九七八年。一六七ページ。
(48) (9)に同じ。五〇ページ。
(49) ウィリ・ボジガー、オスカル・ストロノフ編『ル・コルビュジエ全作品集』第一巻、吉阪隆正訳、A. D. A. EDITA, Tokyo, 1979.
(50) 前川國男「一九二八年パリ・セーヴル街35番地」、「a＋u」一九七四年二月号。
(51) 前川國男「UIAと私」、「建築家」一九七八年秋号。
(52) 牧野正巳「ル・コルビュジエを語り日本に及ぶ」、「国際建築」一九二九年五月号。
(53) (47)に同じ。一五八ページ。
(54) (9)に同じ。二二四ページ。
(55) 前川國男「建築における《真実・フィクション・永遠性・様式・方法論》をめぐって」、「新建築」一九八四年一月号。
(56) (47)に同じ。二〇〇ページ。
(57) 前川國男「戦前の設計競技——私の体験から」、「建築雑誌」一九五七年七月号。
(58) 佐藤尚武『回顧八十年』時事通信社、一九六三年、三八〇ページ。
(59) 「建築雑誌」一九二九年九月号。
(60) 「名古屋市公報」第六十九号、一九三〇年一月二十七日。

(61)「新愛知新聞」一九三〇年一月十六日夕刊。
(62)『名古屋市庁舎競技設計図集』洪洋社、一九三〇年。
(63)「新愛知新聞」一九三〇年一月二十八日。
(64)佐藤功一「名古屋市庁舎建築意匠設計懸賞図案の審査にたづさはりて」、「建築雑誌」一九三〇年二月号。
(65)「名古屋市庁舎各階配置図」愛知県文化会館資料。
(66)(62)に同じ。
(67)牧野正巳「国粋的建築か国辱的建築か 1」、「国際建築」一九三一年二号。

II レーモンド事務所の時代

(1)長谷川堯(聞き手)『建築をめぐる回想と思索』新建築社、一九七六年、一八七ページ。
(2)前川國男「張り切っていた山口文象君」、『建築家山口文象 人と作品』相模書房、一九八二年、一四ページ。
(3)「建築雑誌」一九二六年三月号。
(4)内田祥三「時代思潮の作品——遜色なき建築」、「建築世界」一九二六年八月号。
(5)佐野利器「太陽の悩み——顧みざりし歴史的作品」、同右。
(6)中村順平「懸賞競技の募集規定を見て——誤れる四次芸術」、同右。
(7)岡村蚊象「神奈川県庁舎応募当選図案漫評——その展覧会を見て」、同右。
(8)「編集後記」、「建築世界」一九二六年七月号。
(9)日本建築協会版『日本趣味を基調とせる最近建築懸賞図集』一九三一年。
(10)「建築雑誌」一九三〇年三月号時報「日本生命館懸賞募集に就て」。
(11)「日本生命館建築図案競技審査報告」、「建築雑誌」一九三〇年六月号。
(12)「建築雑誌」一九三四年一月号。
(13)(9)に同じ。
(14)「京都市美術館建築図案懸賞募集審査報告」、「建築雑誌」一九三〇年九月号。
(15)同右。
(16)「軍人会館建築設計図案懸賞募集規程」東京都公文書館内田祥三資料。
(17)「テレヴィジョン　軍人会館当選案」、「新建築」一九三一年三月号。
(18)「建築世界」一九三一年一月号。
(19)佐藤功一「明治時代の建築」、「解放」特大号、一九二一年十月。
(20)神代雄一郎「日本における近代建築思潮の形成」(『建築学体系六巻　近代建築史』彰国社、一九五八年)における東京帝室博物館コンペの位置づけ。三二二ページ。
(21)『東京帝室博物館建築懸賞設計図集』東京国立博物館蔵。
(22)東京国立博物館編『東京国立博物館百年史資料編』一九七三年。
(23)「第三部特別委員会第一回会議概要(一九二九年十月二十八日)」東京国立博物館蔵。
(24)「第三部特別委員会第二回会議概要(一九二九年十一月十一日)」同上。なお、この審議内容とコンペの審査過程については先行研究として次のものがある。河田健「東京帝室博物館建築設計調査委員会第三部特別委員会について」、『日本建築学会学術講演梗概集』二〇〇一年九月、同「東京帝室博物館の懸賞募集について」、『日本建築学会学術講演梗概集』二〇〇二年八月。
(25)「建築雑誌」一九〇九(明治四十二)年一月号。
(26)「第四部特別委員会第八回議事録(一九三〇年十月二十日)」東

京国立博物館蔵。
(27)「講演会及見学記事」、「建築雑誌」一九三〇年十二月号。なおこの時の前川の講演は、「3＋3＋3＝3×3」、「国際建築」一九三〇年十二月号に掲載された。
(28)「インターナショナル建築」一九三一年二月号。
(29)石本喜久治「帝室博物館の新築に暗い蔭——設計応募の拒否声明」、「建築世界」一九三一年二月号。
(30)伊藤正文「伝統、趣味、意匠」、「インターナショナル建築」一九三一年二月号。
(31)竹内芳太郎「何が何だかわからない」、同右。
(32)「雑談」、同右。
(33)本多昭一『近代日本建築運動史』ドメス出版、二〇〇三年、四九ページ。
(34)竹内芳太郎『年輪の記　ある建築家の自画像』相模書房、一九七八年、五〇八ページ。
(35)(2)に同じ。一三ページ。なお岡村蚊象は山口文象のペンネーム。
(36)東京都公文書館内田祥三資料。
(37)塚本靖「東京帝室博物館建築設計懸賞図案審査報告」、「建築雑誌」一九三一年六月号。
(38)黒田鵬心「帝室博物館の設計図案所感」、「東京朝日新聞」一九三一年六月五日。
(39)「帝室博物館計画説明書暗号朶」東京都公文書館内田祥三資料。
(40)矢島正昭「東京帝室博物館本館新築に就ての希望」、「国際建築」一九三一年一月号。
(41)前川國男「戦前の設計競技——私の体験から」、「建築雑誌」一九五七年七月号。
(42)前川國男「歴史的体験者からみた設計者のための制度」、「建築雑誌」一九七三年十月号。
(43)前川國男「負ければ賊軍」、「国際建築」一九三一年六月号。
(44)(42)に同じ。
(45)ブルーノ・タウト『日本美の再発見』篠田英雄訳、岩波新書、一九三九年。なお続く一九三五年八月五日の日記には、「「ミラテス」軽井沢店で退屈していると、突然英語で「いかがです、タウトさん！」と声をかけた人がいる、建築家のレーモンド氏だ。同氏はコルビュジエの模倣者、模写者であり、在日建築家として成功を収めている。この国の嫌らしいコルビュジエの流行は、レーモンド氏に主たる責があると言ってよい」と記されている（ブルーノ・タウト『日本——タウトの日記　1935—36年』篠田英雄訳、岩波書店、一九七五年）。
(46)木村隆三の甥で現・木村産業研究所理事長の木村文丸が所蔵。
(47)前川國男「建築家としての展望はあるか」、『続・現代建築の再構築』彰国社、一九七八年、五七ページ。
(48)工藤哲彦「財団法人・木村産業研究所語録その1　建築家・前川國男との出会い」、「弘前工芸協会NEWS」11号。
(49)一九三一年四月十五日付で提出され、同年十月十四日付で許可が下りた商工大臣宛の書類。木村文丸氏蔵。
(50)「東奥日報」昭和七年十二月三十日。
(51)『八十年史——青森県立弘前中央高等学校』一九八〇年。
(52)前川國男「弘前市立博物館の完成にあたって」、『弘前市立博物館竣工パンフレット』一九七六年。
(53)『アントニン・レイモンド作品集 1920-1935』城南書院、一九三五年。
(54) *Specifications for the Building of Kimura Industrial Laboratory (A Foundational Juridical Person) in Hirosaki City, Aomori-Ken*, 杉山雅則旧蔵資料。筆者蔵。

(55) 三沢浩『アントニン・レーモンドの建築』鹿島出版会、一九九八年、八〇ページ。
(56) 前川國男、藤井正一郎「対談 建築家の思想」、「建築」一九六一年一月号。
(57) 中川軌太郎「一緒に働いた当時の思い出…レーモンドへ入所から独立まで」、「日刊建設通信」一九五九年二月二十日。
(58) 「建築雑誌」一九三〇年六月号、『明治製菓売店競技設計図集』洪洋社、一九三〇年。
(59) (41)に同じ。
(60) 「国際建築」一九三〇年十一月号。
(61) 「国際建築」一九三一年十一月号。
(62) 『明治製菓銀座売店競技設計図集』洪洋社、一九三一年。
(63) 「明治製菓銀座売店新築工事」、「建築雑誌」一九三三年六月号。
(64) 「建築雑誌」一九三二年八月号。
(65) 佐藤功一「審査に当った者としての感想」、「建築画報」一九三三年一月号。
(66) 前川國男「新建築様式の積極的建設」、「国際建築」一九三三年二月号。
(67) (41)に同じ。
(68) 佐野利器「述懐」、佐野博士追想録編集委員会編『佐野利器——佐野博士追想録』一九五七年、三二ページ。
(69) 『東京市庁舎建築設計懸賞競技入賞図集』東京市役所、一九三四年。
(70) 「座談会1」、「建築雑誌」一九六八年八月号。
(71) 崎谷小三郎の証言。松隈洋によるインタビュー記録(一九九六年三月十二日)。
(72) 同右。藤森照信、松隈洋(一九九六年十二月十三日)およびJ・レイノルズによるインタビュー記録(一九八七年十一月十一日)。
(73) 杉山雅則「高踏的な青春像」、「日刊建設通信」一九五九年二月二十日。
(74) アントニン・レーモンド『自伝アントニン・レーモンド』三沢浩訳、鹿島出版会、一九七〇年、二三二ページ。
(75) (53)に同じ。
(76) 前川國男、宮内嘉久『一建築家の信條』晶文社、一九八一年、五七ページ。
(77) 「建築雑誌」一九三二年八月号。
(78) 杉山雅則「聖母女学院の建築」、「国際建築」一九三八年七月号。
(79) (76)に同じ。五九ページ。
(80) 同右、六一ページ。
(81) 「建築雑誌」一九三四年一月号。
(82) 前川國男「日本鋼材株式会社事務所」、「新建築」一九三二年三月号。
(83) (76)に同じ。六五ページ。
(84) 中川軌太郎「一緒に働いた当時の思い出」、「日刊建設通信」一九五九年二月二十日。
(85) (41)に同じ。
(86) 座談会「一九三三年の建築を回顧する」、「新建築」一九三三年十二月号。
(87) 前川國男「中川軌太郎君追悼」、「日本建築家協会ニュース」二百三十五号、一九六七年。
(88) 前川國男「歴史的体験者からみた設計者のための制度」、「建築雑誌」一九七三年十月号。
(89) (73)に同じ。

Ⅲ 独立後の挑戦

(1) 「東京市京橋区銀座四丁目五ノ六銀座商館五階」と前川がル・

コルビュジエに宛てた手紙の便箋に印刷されている。
(2) 対談「生きた建築を求めて」、前川國男、宮内嘉久『一建築家の信條』晶文社、一九八一年、七〇ページ。
(3) 「東京市本郷区本郷六丁目三十五番地」と前川がル・コルビュジエに宛てた手紙に記されている。また、「日本建築士」一九四〇年十一・十二月号に掲載の会員録にも同じ住所が記載された。
(4) 崎谷小三郎の証言。藤森照信・松隈洋によるインタビュー、一九九六年十二月十三日。
(5) 前川國男「商店建築の改造」、「建築知識」一九三六年五月号。
(6) 前川國男「森永キャンデーストアー銀座売店」、「国際建築」一九三六年一月号。
(7) 田中誠「その折々の前川先生」、『追悼前川國男』前川建築設計事務所、一九八七年、六三ページ
(8) (5)に同じ。
(9) ル・コルビュジエ『建築十字軍』井田安弘訳、東海大学出版会、一九七八年。
(10) 編集者の紹介文、「新建築」一九三六年二月号。
(11) 前川國男「水辺のサンマーハウス」、「建築知識」一九三五年七月号。
(12) 今和次郎「民家研究と民家趣味住宅」、「建築知識」一九三五年六月号。
(13) 前川國男「夏・住宅」、「キャンデー・クラン」第十二号、森永キャンデー・ストアー、一九三六年五月二十五日。
(14) 前川國男「主張」、「建築知識」一九三六年十一月号。
(15) 『一九三七年「近代生活ニ於ケル美術ト工芸」巴里万国博覧会協会事務報告』巴里万国博覧会協会、一九三九年。
(16) 外務省外交資料館資料「外国博覧会関係雑件　巴里万国博覧会(一九三七年)」第三巻。
(17) (15)に同じ。
(18) 「東京朝日新聞」一九三六年六月六日。
(19) 「東京朝日新聞」一九三六年六月二十四日。
(20) 岸田日出刀『第十一回オリンピック大会と競技場』丸善、一九三七年。
(21) (2)に同じ。八四ページ。
(22) 藤木隆男、豊田健太郎「一九三七年パリ万国博覧会日本館の設計経緯について」、『日本建築学会計画系論文集』第五百十四号、一九九八年十二月。
(23) 「ニュース縮刷版　パリ博の日本館設計」、「東京朝日新聞」一九三六年八月八日。
(24) (15)に同じ。
(25) 「〝日本的日本館〟でパリ博参加纏る」、「東京朝日新聞」一九三六年九月二十二日。
(26) 藤木忠善「東京・巴里 1936-37」、「大きな声」刊行会編『大きな声　建築家坂倉準三の生涯』一九七五年。
(27) 太田泰人「パリ国立公文書館で発見した日本館の図面」、新建築臨時増刊号『坂倉準三アソシエイツのかたち』一九九九年九月。
(28) 崎谷小三郎の証言。一九九六年三月十二日、松隈洋によるインタビュー。
(29) 藤島亥治郎「現代の日本建築——巴里博日本館問題に関連して」、「東京朝日新聞」一九三六年九月二十四—二十七日。
(30) 日本万国博覧会協会『紀元二千六百年記念日本万国大博覧会』一九三五年。
(31) 吉田光邦編『図説万国博覧会史』思文閣出版、一九八五年、一五八ページ。
(32) 前川國男「競技設計・建国記念館計画説明書」、「国際建築」一九三七年十二月号。

(33) 森口多里「博覧会の建築」、「東京朝日新聞」一九三六年十月三日、四日。
(34) 橋本一夫『幻の東京オリンピック』日本放送出版協会、一九九四年、八三ページ。
(35) 永井松三編『第十二回オリンピック東京大会組織委員会報告書』一九三九年、八ページ。
(36) 同右、九ページ。
(37) 同右、一〇ページ。
(38) 東京都公文書館内田祥三資料。
(39) 岸田日出刀「岸記念館の建築に就いて」、「オリンピック」一九三七年四月号。
(40) (35)に同じ。
(41) 岸田日出刀「オリンピック大会と競技場」、「改造」一九三七年三月号。
(42) (35)に同じ。二四一ページ。
(43) 同右、四八ページ。
(44) 『オリンピックと東京市』東京市役所、一九三七年、六〇ページ。
(45) 『第十二回オリンピック東京大会東京市報告書』一九三九年、一五三ページ。
(46) 「東京朝日新聞」一九三七年二月二十四日。
(47) 東京都公文書館内田祥三資料に、マル秘と記されたこの意見書が存在する。なお、岸田はベルリン滞在中にすでに「問題は敷地の選定　神宮外苑案は不適当」という意見を「大阪毎日新聞」一九三六年十月十五日に寄稿していた。詳しくは拙稿「繰り返される「競技場問題」」、「世界」二〇一六年二月号。
(48) 田野大輔『魅惑する帝国』名古屋大学出版会、二〇〇七年。
(49) (20)に同じ。一八ページ。
(50) (35)に同じ、二四五ページ。
(51) 『日本体育協会七十五年史』日本体育協会、一九八六年、八八ページ。
(52) (35)に同じ。二四八ページ。
(53) (45)に同じ。一四五ページ。
(54) (35)に同じ。二四七ページ。
(55) 岸田日出刀「日支事変とオリンピック東京大会」、「建築と社会」一九三七年十一月号。
(56) 副島道正「ワルソー会議報告」、「オリンピック」一九三七年九月号。
(57) 田中誠「上海の前川事務所」、「建築雑誌」一九八五年一月号。
(58) (45)に同じ。一五六ページ。
(59) (44)に同じ。一九六ページ。
(60) (55)に同じ。
(61) (20)に同じ。
(62) 岸田日出刀「第十二回オリンピック東京大会会場論」、「建築雑誌」一九三七年五月号。
(63) (44)に同じ。二一〇ページ。
(64) 岸田日出刀「日支事変とオリンピック東京大会」、「建築と社会」一九三七年十一月号。
(65) (44)に同じ。二三二ページ。
(66) (35)に同じ。二六四ページ。
(67) 同右。
(68) 同右、一四八ページ。
(69) (34)に同じ。一八九ページ。
(70) 前川國男、宮内嘉久『一建築家の信條』のために録音された前川國男インタビュー（聞き手・宮内嘉久）の録音テープより未活字化の部分。

(71)(35)に同じ。二七一ページ。
(72)(34)に同じ。二〇四ページ。
(73)同右、二〇六ページ。
(74)(35)に同じ。二七一ページ。
(75)同右、一二〇ページ、二七一ページ。
(76)(45)に同じ。二三三ページ。
(77)同右、二三五ページ。
(78)宇塚幸生「入江雄太郎の足跡を訪ねて」、「建築画報」第四十三巻第二号、二〇〇七年。
(79)(20)に同じ。二四ページ。
(80)(45)に同じ。二三七ページ。
(81)(35)に同じ。三三二ページ。
(82)小野二郎「東京オリムピック大会施設計画と所感」、「新建築」一九三九年二月号。
(83)「日刊建設工業新聞」(一九八五年十月一日)掲載のための前川國男、大谷幸夫の対談の未掲載の速記録(一九八五年八月二十六日付)。
(84)「岸記念体育会館の建設」、『日本体育協会七十五年史』一九八六年、八九ページ。
(85)岸田日出刀、前川國男「岸記念体育会館の建築に就いて」、「建築雑誌」一九四一年五月号。
(86)「体育日本」一九四一年三月号、大日本体育協会。
(87)「建築雑誌」および「新建築」一九四一年五月号。
(88)「新建築」一九四一年五月号。
(89)丹下健三、藤森照信『丹下健三』新建築社、二〇〇二年、六七ページ。
(90)「新建築」一九四一年五月号。
(91)浜口隆一「風雪にもまれつつ近代建築を求めて　前川國男とそのスタッフの記録」、「建築」一九六一年六月号。
(92)「体育日本」一九四〇年十一月号の七四ページに「資金調整局認可八月十六日」と記載されている。
(93)「駿台雑記」、「体育日本」一九四一年三月号。
(94)「座談会　オリンピック施設計画を展望する」、「新建築」一九六四年七月号。
(95)岸田日出刀「オリンピック東京大会とその施設」、「新建築」一九六四年十月号。
(96)「体育日本」一九四〇年一月号。
(97)(95)に同じ。
(98)同右。
(99)岸田のもとで会場計画を担当した東京大学教授の高山英華は晩年に「岸田さんは、ともかく前川さんと坂倉さんがあんまり好きじゃねぇんだ。言うこと聞かねいから。それで丹下君を推したんだよ」とし、札幌では「岸田さんは、おれはあんまり口出さないと言っているから、前川さんと坂倉さんをこっちへ入れたわけで、前川さんはスケート場、坂倉さんはスキー場ね」と証言している。『都市の領域——高山英華の仕事』株式会社建築家会館、一九九七年、八四ページ。
(100)(2)に同じ。七二ページ。
(101)前川國男「岸田先生追悼」、「建築雑誌」一九六六年八月号。
(102)崎谷小三郎インタビューのメモ。中田準一、一九九五年三月三日。
(103)富士通信機製造株式会社社史編纂室編『富士通社史』富士通信機製造株式会社、一九六四年、四二ページ。
(104)「建築」一九六一年六月号。
(105)崎谷小三郎インタビューのメモ。松隈洋、一九九六年三月十二日。

(106) 座談会「現代建築におけるデザインと構造の在り方を語る」、「建築文化」一九五四年五月号。
(107) 前川國男「某通信機製造工場計画」、「新建築」一九三七年三月号。
(108) 前川國男（聞き手・藤井正一郎）「建築における《真実・フィクション・永遠性・様式・方法論》をめぐって」、「新建築」一九八四年一月号。
(109) (107) に同じ。
(110) 「建築雑誌」一九三七年五月号。
(111) 「建築雑誌」一九六九年九月号。
(112) 「建築雑誌」一九三八年七月号。
(113) 田島勝雄「満鉄の懸賞設計」、田島勝雄編『満鉄の建築と技術人』満鉄建築会、一九七六年、二七六ページ。

Ⅳ 日中戦争下の模索

(1) 「建築雑誌」一九三七年九月号。
(2) 古川隆久『皇紀・万博・オリンピック』中公新書、一九九八年。一三〇ページ。
(3) 佐野利器「建国記念館懸賞設計図の審査を終えて」、「建築雑誌」一九三七年十二月号。
(4) 岸田日出刀「新春建築三題」、『壁』相模書房、一九三八年、五ページ。
(5) 「新建築」一九三七年十二月号。
(6) 「昭和十二年十一月十二日」付の審査メモ。東京都公文書館内田祥三資料。
(7) 前川國男「建国記念館設計競技応募所感」、「国際建築」一九三七年十二月号。
(8) 後藤米太郎『戦時建築統制法規の解説』丸善、一九四〇年。
(9) 前川國男「競技設計・建国記念館計画説明書」、「国際建築」一九三七年十二月号。
(10) 『大言海』（冨山房、一九三三年）『大辞典』（平凡社、一九三五年）などによる。
(11) (9) に同じ。
(12) 田中誠「上海の前川事務所」、「建築雑誌」一九八五年一月号。
(13) マルセロ・ピアセンチニ「ローマ総合大学」、「新建築」一九三六年十月号。
(14) ヴィトリオ・M・ランプニャーニ『現代建築の潮流』川向正人訳、鹿島出版会、一九九一年、一九四ページ。
(15) 座談会「転換する日本建築」、「建築知識」一九三八年一月号。
(16) (9) に同じ。
(17) パオロ・ニコローゾ『建築家ムッソリーニ——独裁者が夢見たファシズム都市』桑木野幸司訳、白水社、二〇一〇年、二六ページ。
(18) 『財団法人理化学研究所案内』一九四〇年。
(19) 斎藤憲『新興コンツェルン理研の研究』時潮社、一九八七年。
(20) 『財団法人日満技術員養成所概要』一九四〇年。
(21) 「理化学研究所内工具研究所」、「建築知識」一九三八年八月号。
(22) 菊池武之介「大連市公会堂設計図案懸賞募集に就て」、「満州建築雑誌」一九三八年十二月号。
(23) 「大連市公会堂建築設計図案懸賞募集規程要項」、「建築雑誌」一九三八年七月号。
(24) 岸田日出刀「大連市公会堂審査行」、「国際建築」一九三八年十二月号。
(25) (22) に同じ。
(26) 「満州建築雑誌」一九三八年十二月号。
(27) 佐藤武夫「大連市公会堂懸賞設計競技審査後記」、「国際建築」一九三八年十二月号。

(28) 佐藤武夫「大連市公会堂懸賞設計競技審査報告」、「建築雑誌」および「満州建築雑誌」一九三九年一月号。
(29) 前川國男、丹下健三「対談　現代建築の条件を語る」、「科学読売」一九六〇年五月号。
(30) 前川國男「大連市公会堂計画説明書」、「建築知識」一九三八年十二月号。
(31) (28) に同じ。
(32) (24) に同じ。
(33) (28) に同じ。
(34) 「新建築」一九三九年十月号。
(35) 『忠霊塔図案』大日本忠霊顕彰会、一九四〇年。
(36) 「建築学会昭和十四年事業成績報告」、「建築雑誌」一九四〇年三月号。
(37) 「役員会報告」、「建築雑誌」一九三九年十一月号。
(38) 「役員会報告」、「建築雑誌」一九三九年十二月号。
(39) 「建築雑誌」一九三九年八月号。
(40) 「会員動静」、「建築雑誌」一九三九年九月号。
(41) 「忠霊塔設計図案懸賞募集規程」、「建築雑誌」一九三九年九月号。
(42) 「大阪朝日新聞」一九三九年十月二十日。
(43) (35) に同じ。
(44) 岸田日出刀「忠霊塔私見 (下)」、「東京朝日新聞」一九三九年八月八日。
(45) 岸田日出刀「忠霊塔の造形意匠に就て」、『忠霊塔図案応募指針』一九三九年。
(46) 『昭和十五年度建築年鑑』一九四〇年、三〇ページ。
(47) 岸田日出刀「忠霊塔競技設計入選案をみる」、「現代建築」第九号、一九四〇年。
(48) 井上章一『戦時下日本の建築家』朝日選書、一九九五年、一六八ページ。
(49) (35) に同じ。
(50) 市浦健「忠霊塔の発表に接して」、「現代建築」第九号、一九四〇年。
(51) (48) に同じ。
(52) 「忠霊塔懸賞設計応募図案の誌上展附記」、「国際建築」一九四〇年二月号。
(53) 前川案と坂倉案は暗号のまま掲載されたが、「現代建築」一九四〇年第十号の実名掲載によって当人と特定できる。また佐藤、堀口、蔵田の各案は本人からの申し出によって本名で掲載された。
(54) 薬師寺厚「編集後記」、「現代建築」第十号、一九四〇年四月。
(55) 坂倉準三「忠霊塔建設と建築の紀念性」、「現代建築」第三号、一九三九年八月。
(56) 坂倉準三「忠霊塔応募図案説明書」、「現代建築」第十号、一九四〇年四月。
(57) 岸田日出刀「現代建築」、「現代建築」第一号、一九三九年六月。
(58) 「国史館造営要項案」一九三九年十二月八日、東京都公文書館内田祥三資料。金子淳『博物館の政治学』青弓社、二〇〇一年に詳しい記述がある (七三ページ)。
(59) 「座談会・新日本工作文化建設の為に」、「国際建築」一九三九年二月号。
(60) 「国際建築」一九四〇年二月号。
(61) 前川國男「忠霊塔設計説明書」、「現代建築」第十号、一九四〇年四月。
(62) 『財団法人日満技術員養成所概要』一九四〇年。なお養成所の卒業生らがまとめた記念誌として、秋田日満同流会編『俺たちの学校の軌跡——秋田日満技術工養成所から秋田日満工業学校へ』一九九八年がある。
(63) 太平洋戦争研究会編『満州帝国』河出書房新社、一九九八年、一〇八ページ。
(64)『20世紀日本人名事典』日外アソシエーツ、二〇〇四年。
(65)「財団法人日満技術員養成所役員(昭和十四年十二月末日現在)」、『財団法人日満技術員養成所概要』。
(66) J・レイノルズによるインタビュー(一九八七年十一月十一日)の記録。
(67)『第十二回オリンピック東京大会組織委員会科学施設研究会議事録及研究事項』第一号(一九三七年)。日本体育協会資料室所蔵。なお岸田日出刀「日輪兵舎」(『国際建築』一九三八年八月号)に「隈部一雄博士の照会で秋田県下に現在工事中の日満技術工養成所の建築を前川國男君と協同設計を進める」とある。
(68) (62)に同じ。
(69) 同右。
(70) 同右。
(71) 同右。
(72) 前川國男「新しき徒弟工宿舎の問題――秋田日満技術工養成所」、「都市公論」一九三九年十一月号。
(73) 佐藤武夫「設計意匠」、『昭和十五年度建築年鑑』一九四〇年。
(74) 森田慶一「設計意匠」、『昭和十六年度建築年鑑』一九四一年。
(75) 前川國男「覚え書」、「建築雑誌」一九四二年十二月号。
(76) 立命館五十年史編纂委員会編『立命館五十年史』一九五三年。なお、戦後に前川と協働する彫刻家の流政之(一九二三年―)は立命館創設者中川の子息である。
(77) 立命館百年史編纂委員会編『立命館百年史』一九九九年、六〇八ページ。
(78) 立命館日満高等工科学校『立命館日満高等工科学校報告』一九三九年、一ページ。
(79) 同右。一〇一ページ。
(80)「立命館日満高等工科学校規則」、同右。六三ページ。
(81)『財団法人日満技術員養成所概要』一九四〇年。
(82) (78)に同じ。一〇一ページ。
(83) 東洋拓殖調査課『東洋拓殖株式会社要覧』一九四三年。
(84) 黒瀬郁二『東洋拓殖会社』日本経済評論社、二〇〇三年。
(85)「大陸建築座談会」、「現代建築」第八号、一九四〇年一月。
(86)「大上海都市建設計画」、「新建築」一九三九年八月号。
(87) 田中誠「永き歩みをふりかえる」、「日刊建設通信」一九五九年二月二十日。
(88) 前川國男「上海」、「現代建築」第四号、一九三九年九月。
(89) 岡崎嘉平太伝刊行会編『岡崎嘉平太伝』ぎょうせい、一九九二年、一七八ページ。
(90) 同右。一七九ページ。
(91) 前川國男、宮内嘉久『一建築家の信條』晶文社、一九八一年、一〇二ページ。なお、鷲尾は総裁ではなく副総裁に就任している。
(92) (89)に同じ。一八二ページ。
(93) (12)に同じ。
(94) 大沢三郎「華興商業銀行総合社宅」、「建築」一九六一年六月号。
(95) 大沢三郎インタビューのメモ、一九八七年五月十三日。
(96) (12)に同じ。
(97) (88)に同じ。
(98) (12)に同じ。
(99) (94)に同じ。
(100) (95)に同じ。
(101) 佐藤武夫・武基雄「中支に於ける邦人住宅事情」、「建築雑誌」

一九四三年九月号。
(102) 岡崎嘉平太「華興商業銀行の頃」、『私の記録』東方書店、一九七九年、七六ページ。

V　ナチス・ドイツの影

(1) 「カメラレビュー」第六十号、二〇〇一年。
(2) 『聞き書きデザイン史』六耀社、二〇〇一年、一九ページ。「新建築」一九三六年二月号には「写真壁画は森永広告課及堀野氏共作」と記されている。
(3) 東京市役所文書課編『オリンピックと東京市』一九三八年、二二五ページ。
(4) 今泉武治「報道技術研究会」、日本デザイン小史編集同人編『日本デザイン小史』ダヴィッド社、一九七〇年。
(5) 多川精一『戦争のグラフィズム――『FRONT』を創った人々』平凡社ライブラリー、二〇〇〇年、八六ページ。
(6) 井上祐子「「国家宣伝技術者」の誕生」、『戦時下の宣伝と文化　年報・日本現代史第七号』現代史資料出版、二〇〇一年、一〇五ページ。
(7) 山名文夫、今泉武治、新井静一郎編『戦争と宣伝技術者――報道技術研究会の記録』ダヴィッド社、一九七八年。
(8) 有山輝雄「戦時体制と国民化」、(6) に同じ。
(9) 山名文夫『体験的デザイン史』ダヴィッド社、一九七六年、二七二ページ。
(10) 新井静一郎「報研の結成から解散まで」、(7) に同じ。三九ページ。
(11) 同右。四二ページ。
(12) 村上正夫「報研と私」、(7) に同じ。七五ページ。
(13) 「報道技術研究」第一号、一九四一年。
(14) 新井静一郎「報研の結成から解散まで」、(7) に同じ。四〇ページ。
(15) (13) に同じ。
(16) 同右。
(17) (4) に同じ。二六二ページ。
(18) 同右、二六三ページ。
(19) (7) に同じ。二〇六ページ。
(20) 今泉武治「あとがき」、(7) に同じ。二〇八ページ。
(21) 前川國男「報道媒体としての建築　カペラシスチナと報道建築」、「報道技術研究」第三号、一九四一年。なお難波功士『「撃ちてし止まむ」――太平洋戦争と広告の技術者たち』講談社、一九九八年にこの文章への言及と前川への批判が記されている(二〇四ページ)。
(22) 報道技術研究会編『宣伝技術』生活社、一九四三年、六九ページ。
(23) 『アントニン・レイモンド作品集 1920-1935』城南書院、一九三五年。
(24) 崎谷小三郎インタビュー記録メモ、松隈洋、一九九六年三月十二日。
(25) 佐藤尚武『回顧八十年』時事通信社、一九六三年、三七八ページ。
(26) 同右。
(27) 市浦健、白井晟一、堀口捨己、前川國男、山本学治「座談会1」、「建築雑誌」一九六八年八月号。
(28) 後藤米太郎『戦時建築統制法規の解説』丸善、一九四〇年。
(29) 越沢明『満州国の首都計画』筑摩書房、一九九七年、二四八ページ。
(30) 柳亮「建築統制とドイツの現状」、「新建築」一九三八年一月号。

(31) 嘉門安雄『ナチスの美術機構』アルス社、一九四一年。

(32) 岸田日出刀「建築時感」、「満州建築雑誌」一九三九年一月号。

(33) 岸田日出刀「ナチスの建築」、「改造」一九四一年九月号。

(34) 岸田日出刀「満州建国十周年とその建築」、「満州建築雑誌」一九四二年十一月号。

(35) 岸田日出刀「B. 設計意匠」、『昭和十三年版　建築年鑑』一九三八年、六二ページ。

(36) 「第一生命保険相互会社」、「新建築」一九三八年十一月号。

(37) 伊藤ていじ『谷間の花が見えなかった時』彰国社、一九八二年。

(38) 「座談会　新日本工作文化建設の為に　日本工作文化連盟主催」、「国際建築」一九三九年二月号。

(39) 板垣鷹穂「科学日本の新築三態」、「国際建築」一九三八年十二月号。

(40) 森田茂介「新年に際して」、「国際建築」一九三九年一月号。

(41) 前川國男「無題（続）」、「木葉会雑誌」第三号、一九三七年十二月。

Ⅵ　太平洋戦争と建築学会

(1) 「建築雑誌」一九四〇年四月号、三四九ページ。

(2) 「建築雑誌」一九四〇年七月号、六〇九ページ。役員会報告。

(3) 『日本学術振興会要覧』一九三四年五月二十五日発行。

(4) 廣重徹『科学の社会史（上）戦争と科学』岩波現代文庫、二〇〇二年、一六九ページ。

(5) 『日本学術振興会事業報告昭和十五年度』。

(6) 日本学術振興会編『特別及ビ小委員会ニヨル総合研究ノ概要第六回』一九四一年。

(7) 「建築雑誌」一九四二年三月号、二七八ページ。

(8) 『文部省科学研究費ニヨル研究報告　四』文部省科学局、一九四三年十二月三十一日発行。

(9) 「建築雑誌」一九四二年三月号、二七五ページ。

(10) 神田文人編『昭和・平成現代史年表』小学館、一九九七年。

(11) 「建築雑誌」一九四二年三月号、二七八ページ。一九四二年二月二十七日役員会決議。

(12) 「建築雑誌」一九四三年三月号、二八八ページ。役員会重要決議処理事項。

(13) 「建築雑誌」一九四二年五月号、四二八ページ。役員会報告。なお以下の考察は日本建築学会が所蔵する議事録が出典となる。この議事録については、その一部が丹下健三、藤森照信『丹下健三』（新建築社、二〇〇二年）に引用されている。九三ページ。

(14) 「都市計画・年表」、『近代日本建築学発達史』丸善、一九七二年。

(15) 「建築雑誌」一九四二年八月号、六六三ページ。本会記事七月十三日役員会決議。

(16) 「建築雑誌」一九四二年十月号、八一三ページ。諸委員会報告。

(17) 「建築雑誌」一九四二年七月号、五七八ページ。役員会報告。

(18) 「建築雑誌」一九四一年十一月号。

(19) 「建築雑誌」一九四一年二月号、一四五ページ。時報。

(20) 「建築雑誌」一九四二年七月号。

(21) 佐藤武夫「文化機能の翼賛態勢」、「新建築」一九四一年二月号。

(22) 板垣鷹穂「東亜建築史と南方政策」、「南方経済研究」一九四二年八月号。後に著書『古典精神と造形文化』に所収。

(23) 「建築雑誌」一九四二年九月号、編輯後記。

(24) ブルーノ・タウト『ニッポン』平居均訳、明治書房、一九三四年。

(25) 前川國男「競技設計審査評」、「建築雑誌」一九四二年十二月号。

(26) 「建築雑誌」一九四二年十二月号、一〇〇九ページ。役員会報告。
(27) 座談会「国際性・風土性・国民性――現代建築の造型をめぐって」、「国際建築」一九五三年三月号。
(28) 浜口隆一『ヒューマニズムの建築――日本近代建築の反省と展望』雄鶏社、一九四七年。
(29) 前川國男「覚え書」、「建築雑誌」一九四二年十二月号。
(30) 「建築雑誌」一九四三年八月号。
(31) 吉田裕『アジア・太平洋戦争』岩波新書、二〇〇七年。
(32) 「日本建築士公用団々報」、「日本建築士」一九四二年八月号。
(33) 「建築雑誌」一九四三年二月号、一六六ページ。役員会報告。
(34) 中沢誠一郎「建築連合協議委員会の経過に就て」、「建築雑誌」一九四二年四月号。
(35) (27)に同じ。
(36) 同右。
(37) 「日本建築士」一九四一年一月号。
(38) 中村伝治「戦時建築企画原案の作成」、「建築雑誌」一九四三年三月号。
(39) 森田茂介「学会の「国民住宅」競技設計に関連して」、「建築雑誌」一九四一年十二月号。
(40) 「東京日日新聞」一九四一年五月三十一日。
(41) 「建築雑誌」一九四一年十一月号。
(42) 吉田鉄郎「建築意匠と自抑性」、「建築雑誌」一九七七年十一月号。
(43) 矢作英雄「吉田鉄郎による〈建築意匠と自抑性〉の初校について」、「建築雑誌」一九七七年十一月号。
(44) 「建築雑誌」一九四二年三月号。
(45) 「日本建築士」第二十九巻第四号、一九四一年十二月。
(46) 「日本建築士」第三十二巻第五号、一九四三年五月。
(47) 「建築雑誌」役員会報告などの記事から作成。
(48) 日本学術振興会『日本学術振興会名簿』などをもとに作成。
(49) 日本学術振興会編『日本学術振興会30年史』一九九八年。
(50) 関野克「第一編　建築学研究機関」、日本建築学会編『建築学の概観(1941-1951)』日本学術振興会、一九五五年、六ページ。
(51) 同右、七ページ。
(52) (4)に同じ。二〇五ページ。
(53) 『学術研究会議名簿(昭和十五年三月三十一日現在)』東京都公文書館内田祥三資料、学術研究会議編『学術研究会議要覧』(国立教育研究所教育図書館蔵書)。
(54) 内田祥三「佐野先生還暦記念祝賀会祝辞」、「建築雑誌」一九四〇年五月号。
(55) 村松貞次郎「日本建築家山脈XVI」、「新建築」一九六五年五月号。
(56) 佐野博士追想録編集委員会編『佐野利器――佐野博士追想録』一九五七年、一六一ページ。
(57) 日本建築学会編『建築学の概観(1941-1951)』序。
(58) 「復興情報」一九四六年六月号、戦災復興院。
(59) ジョン・W・ダワー『昭和――戦争と平和の日本』明田川融監訳、みすず書房、二〇一〇年。九ページ。
(60) 前川國男「敗戦後の住宅」、「生活と住居」一九四六年二月創刊号。
(61) 前川國男「一〇〇万人の住宅プレモス」、『明日の住宅』主婦之友社、一九四八年。
(62) 前川國男「佐野先生と私」、(56)に同じ。
(63) 西村源与茂「前川君の居る青春時代」、「日刊建設通信」一九五九年二月二十日。

Ⅶ 思索と日々

(1)『日誌』の一部は下記に紹介されている。鬼頭梓「前川國男における組織への思想」、『前川國男作品集』美術出版社、一九九〇年。
(2) 前川國男「埋もれた伽藍」、「新建築」一九四一年四月号。
(3)「建築雑誌」一九四一年八月号。
(4) 東京都公文書館内田祥三資料。
(5)「国民住居懸賞募集規程」、「建築雑誌」一九四一年二月号。
(6) 金子淳『博物館の政治学』青弓社、二〇〇一年、「現代建築」第一号、一九三九年、九三ページ。
(7) 東京都公文書館内田祥三資料。
(8)「建築雑誌」一九四二年十一月号。
(9) 前川國男「歴史的体験者からみた設計者のための制度」、「建築雑誌」一九七三年十月号。
(10) 中沢誠一郎「建築連合協議委員会の経過に就て」、「建築雑誌」一九四二年四月号、および「日本建築士」第五号、一九四二年。
(11)「建築新体制要綱」、「建築雑誌」一九四二年十一月号。
(12) 前川國男、宮内嘉久『一建築家の信條』晶文社、一九八一年。一〇五ページ。
(13) 朝日新聞「新聞と戦争」取材班『新聞と戦争』朝日新聞社、二〇〇八年。一〇六ページ。
(14) 吉川清『記憶帳』（私家版）一九九九年。
(15) 小林敏明『廣松渉――近代の超克』講談社、二〇〇七年、一二三ページ。廣松渉『〈近代の超克〉論』講談社学術文庫、一九八九年、三七ページ。
(16) 前川蔵書の洋書。いずれも署名や書きこみは入っていない。Lewis Mumford, *Technics and Civilization*, Harcourt, Brace and Company, NewYork, 1934. *Wonder of Italy: The Medici Art Series*, G. Fattorusso, Florence, 1937. Lewis Mumford, *The South in Architecture*, Harcourt, Brace and Company, NewYork, 1941.
(17) 前川國男「文明と建築」、『建築年鑑』一九六四年版、美術出版社。
(18) 前川國男「審査員参考作品／七洋の首都・或る町の忠霊塔」、「建築雑誌」一九四二年十二月号。
(19) 田中誠「上海の前川事務所」、「建築雑誌」一九八五年一月号。
(20) 高坂正顕『歴史哲学と政治哲学』弘文堂書房、一九三九年、二一ページ。
(21)「建築と壁画――建築家と画家の座談会」、「新建築」一九四二年四月号。
(22) この点に関する先行研究に、藤田慶『昭和十年代の建築論――前川國男「覚え書」を中心として』（京都大学二〇〇四年度修士論文）がある。

Ⅷ 自邸とバケツと

(1) 崎谷小三郎の証言、一九九五年六月一日、中田準一のインタビュー記録メモ。
(2) 崎谷小三郎「前川國男邸」、「建築」一九六一年六月号。
(3) 一九九六年十二月十三日、藤森照信のインタビュー記録メモ。
(4) 一九九五年六月一日、中田準一のインタビュー記録メモ。
(5)『江戸東京たてもの園　前川國男邸復元工事報告書』一九九九年。
(6) 藤森照信「木造のサヴォア邸」、「新建築住宅特集」一九九七年三月号。
(7) 一九九五年六月一日、中田準一のインタビュー記録メモ。
(8) 同右。
(9) インタビュー「生きた建築をもとめて」、前川國男、宮内嘉久『一建築家の信條』晶文社、一九八一年。二二六ページ。

(10) 崎谷小三郎インタビューのメモ。一九九七年四月二十二日、松隈の電話での質問への回答。

(11) 前川國男「敗戦後の住宅」、「生活と住居」一九四六年二月号。

(12) この「茫漠とした空間」の意味を戦後の所員たちは「「バホラット」した空間」(仲邑孔一「津軽と前川さん」、「建築文化」一九八一年八月号)、「バフラな空間」(中田準一『前川さん、すべて自邸でやっていたんですね』彰国社、二〇一五年)という言葉として前川から直接聞いたと証言している。

(13) 「本会記事」、「建築雑誌」一九四〇年三月号。

(14) 角田保『忠霊塔図案』大日本忠霊顕彰会、一九四〇年。

(15) 「市政週報」一九四〇年六月十五日、東京都公文書館。

(16) 吉川清『記憶帳2　1942-1948』私家版、一九九九年。

(17) 二〇〇八年五月二十七日付松隈からの質問の手紙に対する返答文。

(18) 岸田日出刀「在盤谷日本文化会館建築の懸賞競技設計図案を審査して」、「新建築」一九四四年一月号。

(19) 柳澤健「日泰文化会館設立の意義並に其の事業」東京都公文書館内田祥三資料。「新建築」一九四四年一月号、「建築世界」一九四四年二・三月号にも掲載。

(20) 柳澤健「泰国と日本文化」(一九四三年)、柳沢健遺稿集刊行委員会編『印度洋の黄昏　柳澤健遺稿集』一九六〇年、所収。

(21) 「在盤谷日本文化会館建築設計図案懸賞募集規定」、「新建築」一九四四年一月号。

(22) 岸田日出刀「左右対称」、『壁』相模書房、一九三八年。

(23) 堀口捨己「建築における日本的なもの」、「思想」一九三六年五月号。

(24) 吉川清『記憶帳』私家版、一九九九年。

(25) 前川國男、藤井正一郎「対談　建築家の思想」、「建築」一九六九年一月号。

(26) 東京都公文書館内田祥三資料に「審査委員長伊東忠太」の文書がある。

(27) (18)に同じ。

(28) 丹下健三談、「朝日新聞」一九四三年十一月二十日。

(29) 丹下健三「在盤谷日本文化会館計画説明」、「建築世界」一九四四年二・三月号。

(30) 佐藤武夫「審査所感――盤谷に建つ日本文化会館の競技設計」、右に同じ。

(31) 生田勉日記刊行会編『杳かなる日の生田勉青春日記 1931–1940』麥書房、一九八三年。なお同書に寄稿された浜口隆一の「建築学科の頃」に、太平洋戦争下の生田との交流が描かれており、生田が「ルイス・マンフォードの著書に傾倒するようになった」、「生田さんにとって、マンフォードの思想はこの暗く辛い時代における心の拠り所であった」とある。前川の蔵書にもマンフォードの二冊の原書が含まれており、交流があった前川とのあいだで共有されたものを知るうえでも興味深い。生田は戦後にそのなかの一冊 *Technics and Civilization* を『技術と文明』(鎌倉書房、一九五三年)として翻訳出版している。

(32) 「紀念性について」、「新建築」一九四四年一月号。

(33) 浜口隆一「日本国民建築様式の問題」、「新建築」一九四四年一月、四月、七・八月、十月号。

(34) シンポジウム「国家と様式――一九四〇年代の建築と文化」、「建築文化」一九八四年九月号。

(35) 浜口がこのコンペで見抜いた丹下と前川の近代建築に求めた志向性の根本的な違いは、そのまま約十年後に丹下の広島平和記念資料館(一九五五年)と前川國男の神奈川県立図書館・音楽堂(一九五四年)としてそれぞれ実現する。

(36) 前川國男「計画説明」、「新建築」一九四四年一月号。
(37) 山口諭助『無の芸術』理想社、三版、一九四一年、二ページ。
(38) 綾村勝次『書の美』全国書房、一九四三年、一五〇ページ。
(39) 高坂正顕『歴史的世界――現象学的試論』岩波書店、一九四〇年、三四九ページ。
(40) 同右、三五五ページ。
(41) 長谷川如是閑『日本的性格』岩波書店、一九三八年、二三八ページ。
(42) 田中浩『日本リベラリズムの系譜――福沢諭吉・長谷川如是閑・丸山真男』朝日選書、二〇〇〇年、二二四ページ。
(43) 横山公男「前川さんの遺したもの」、宮内嘉久『廃墟から』再刊十二号（通算第五十二号）、二〇〇四年三月十八日。
(44) 東京都公文書館内田祥三資料。なおコンペの審査経過とその後の顛末については倉方俊輔「日泰文化会館設計競技の経緯について」、『日本建築学会大会学術講演梗概集（北陸）』二〇〇二年八月に詳述されている。
(45) 前川は岸田が丹下に前川案の平面図を下敷きに一等案の実施設計を描かせていた衝撃の事実を後年語っている（宮内康「ファシズムと空間」、同時代建築研究会編『悲喜劇・一九三〇年代の建築と文化』現代企画室、一九八一年、五三ページ）。
(46) 満州飛行機の思い出編集委員会編『満州飛行機の思い出』一九八二年、四ページ。
(47) 同右。三ページ。
(48) 西村源与茂「前川君の居る青春時代――学生時代と満州時代の彼」、「日刊建設通信」一九五九年二月二十日。
(49) 前川國男、丹下健三「対談　現代建築の条件を語る」、「科学読売」一九六〇年五月号。
(50) 前川國男インタビュー、聞き手・宮内嘉久、テープ未活字化部分。
(51) インタビュー速記録「大澤三郎先生に聞く――レイノルズ氏の研究成果」。
(52) 大沢三郎インタビュー・メモ、一九八七年五月十三日。
(53) (24)に同じ。
(54) 畔上和枝「満州の青春」、『満州飛行機の思い出』一九八二年、二三六ページ。
(55) 奥田勇「私の見た終戦前夜の情況」、同右。二八二ページ。
(56) 荒木外二「満州飛行機在職時の思出」、同右。二〇〇ページ。
(57) 「満州飛行機製造株式会社敷地配置図」、同右。一〇ページ。
(58) アメリカ国立公文書記録管理局（NARA = The National Archives and Records Administration）の太平洋戦争の空爆に関する資料 U. S Strategic Bombing Survey（Pacific）: Japanese Air Target Analyses, Objective Folders, and Aerial Photographs, 1942-1945 には満洲飛行機の奉天（MUKDEN）工場が「MANCHURIA AIRPLANE MFG. CO., PLANT NO. 2」として公表されている。なおこの情報の提供は平井直樹氏による。
(59) 大沢三郎インタビュー・メモ、一九八七年五月十三日。
(60) 崎谷小三郎インタビュー、聞き手・J・レイノルズ、一九八七年十一月十　日。
(61) 崎谷小三郎インタビュー、松隈洋メモ、一九九六年三月十二日。
(62) 前川國男の蔵書、岡本一平『かの子の記』に記された日付による。
(63) 「日本建築士公用団々報」、「日本建築士」一九四二年六月号。
(64) 「日本建築士」一九四二年八月号。
(65) 堀幸雄『最新右翼辞典』柏書房、二〇〇六年。
(66) 西澤文隆「坂倉先生と私の間」、「建築」一九七〇年六月号。
(67) 崎谷小三郎インタビュー、松隈洋メモ、一九九六年三月十二日。

(68) 田中誠「上海の前川事務所」、「建築雑誌」一九八五年一月号。
(69) 同右。
(70)「日本建築士」一九四三年十・十一・十二月号（第三十三巻四号）。
(71) 浜口隆一『ヒューマニズムの建築・再論』建築家会館、一九九四年、五二ページ。
(72) 北海道新聞社編『戦後70年忘れ得ぬ戦禍』二〇一五年、一三二ページ。
(73)（9）に同じ。一一一ページ。この工場とは一九四三年に設置された日産自動車の航空機部吉原工場（静岡県富士市）だと思われる。

結びにかえて

(1) 前川國男「「プレモス」に就いて」、『前川國男建築事務所作品集』工学図書出版、一九四七年。
(2) 座談会「国際性・風土性・国民性」、「国際建築」一九五三年三月号。
(3) 岡山県庁建設誌刊行会編『岡山県庁建設誌（非売品）』一九六七年、二六ページ。

あとがき

今年二〇一六年は、前川國男の没後三十年の節目の年にあたる。遅々とした歩みではあるけれど、こうしてようやくその仕事の一端をまとめることができて個人的にも感慨深い。というのも、前川の姿にはじめて接してから四十年近くの年月が流れたことに気づくからである。

すべては二十歳の学生時代に、在学していた京都大学の学生主催の講演会に招かれた七十二歳の前川の声を直接聴いたことに始まる。一九七七年十二月二十五日のことだった。講演会では晩年にいたってなお建築のあり方を深く問いつづける前川の姿が印象に残った。そこに京都会館（一九六〇年）の存在感のあるたたずまいが重なる。このふたつの出会いがきっかけとなって彼のもとで建築を学びたいと強く思い、一九七九年春、意を決して事務所を訪ねた。さいわいにも希望はかない、一九八〇年四月、事務所へ入所する。それから一九八六年六月二十六日に前川が八十一歳で亡くなるまで、わずか六年間にすぎなかったが、ひとりの所員として製図室で身近に接する貴重な時間をもつことができた。本書は遠くそのような個人的な経験から始まったものである。

当時は前川の作品集の出版企画が進行中だった。そのため若い所員たちが建築資料係として、前川のこれまでの建築活動の基礎資料となる図面リストや年表の作成などを本来の設計業務の間でわけもわからずに担当させられていた。いま思えば、そのときから半ば手習いのようなかたちで前川研究がスタートしたともいえる。作品集は残念ながら生前には発行されず、一九九〇年に刊行された。けれども、前川の没後も断続的にその仕事をまとめる機会に恵まれた。

まず、亡くなった直後にTOTOギャラリー間で小さな追悼展「追悼・前川國男展」が企画され、担当者のひとりとして資料を整理するなかで、所長室に眠っていた大量のスケッチブックを発見し、展示することができた。続いて没後十年の一九九六年には、前川が記した文章を編むかたちで『建築の前夜――前川國男文集』（而立書房）を刊行する企画が立ちあがり、編集作業に携わる。そのなかで埋もれていた原稿や草稿など前川の遺したほぼすべての言説にふれることができた。さらに、二〇〇五年には前川の仕事の全体像を振り返るはじめての展覧会となる「生誕一〇〇年・前川國男建築展」（東京ステーションギャラリーほか）の企画に実行委員会事務局長として携わり、図録の編集と展示の計画を進めるなかで前川の仕事を総体として見直す機会を得た。そしてこれと併行するかたちで連続セミナーとシンポジウムを実現させ、その記録集『前川國男　現代との対話』（六耀社）を編集し、没後二十年の二〇〇六年に出版することができた。

こうした作業を続けるなかから、前川の戦前期の重要性に気づき、断片的に収集してきた資料と新たに発見した一次資料をもとに論文をまとめた。それが二〇〇八年九月に東京大学大学院工学研究科に提出し、十二月十二日付で博士（工学）の学位を取得した博士論文『前川國男の戦前期における建築思想の形成について』である。また、二〇〇九年には前川の卒業論文を入手し、渡仏前のル・コルビュジエ理解の内実を知ることができた。さらに、その後に明らかとなった知見を加えて新たに雑誌連載のかたちで発表する機会を得た（「建築ジャーナル」二〇一二年四月号―二〇一六年八月号）。本書はこの連載をもとに加筆と訂正を施して編集したものである。

この形にまとめるまでには、ほんとうにたくさんの方々のお世話になった。まず、博士論文の主査として研究全体を指導してくださった東京大学大学院教授の故・鈴木博之先生に感謝の言葉をお伝えしたい。鈴木先生には近代建築の保存を提唱する国際組織DOCOMOMOの日本支部の活動が始まった一九九八年以来、二〇一四年に亡くなる直前までさまざまなかたちで指導を受けてきた。先生の励ましの言葉がなかったら、研究を進めることはかなわなかった。論文の出版を強く望まれてもいたので、直接ご報告できないことが残念でならない。副査として審査してくださった藤森照信、難波和彦、伊藤毅、藤井恵介、各先生にもあらためて感謝申しあげたい。また、前川建築設計事務所には設計原図や前川の蔵書、日誌など貴重な資料の閲覧と借用を自由にさせていただいた。所長の橋本功さんは、事務所勤務時代の上司であり、貴重なアドバイスもいただいた。戦前の所員である吉川清さんは何度となく当時のことを聞かせてくださり、手紙での質問にもていねいに答えていただいた。同じく崎谷小三郎さん、大沢三郎さんら元所員の方々の証言もうかがった。前川國男作品集の編集者である宮内嘉久さんは、貴重な前川國男のインタビューテープを快くお貸しくださった。山下和正さんは所有する岸田日出刀資料の閲覧をご許可くださり、井上祐子さんは報道技術研究会の資料についてご教示くださった。さらに、オリンピック関連資料の調査では日本体育協会の佐藤純子さん、建築学会の理事会議事録の閲覧では日本建築学会図書館の中村幹久さん、前川の父・貫一の仕事については新潟市美術館の松沢寿重さん、坂倉準三資料については坂倉建築研究所の萬代恭博さんにそれぞれお世話になった。前川研究の先駆者であるジョナサン・レイノルズさんは、貴重な情報を何度もご教示くださった。木村産業研究所の資料調査についてはケン・タダシ・オオシマさん、前川の日誌の解読にあたっては藤田慶さん、卒業論文の閲覧については豊川斎赫さん、横山公男の文献資料の調査については藤原千晴さん、前川の残した文章の再読は内田祥士さんの協力がなければ実現しなかった。そして鈴木貞美さんと竹村民郎さんは、国際日本文化研究センターの共同研究「日本のモダニズム——関西を中心にした学際研究」（二〇〇〇—二〇〇二年度）で前川について発表する機会を与えてくださり、このときの学際的な議論が得がたい経験となった。その他にもたくさんの人々にお世話になった。吉川さんや宮内さんなどすでに鬼籍に入られた方も多いが、ご協力くださったすべての方々に感謝の言葉を申しあげたい。なお資料調査では、東京国立博物館、日本体育協会、東京都公文書館、外務省外交資料館、立命館大学立命館史資料センターなど多くの関係諸機関にお世話になった。

本書のもととなった「建築ジャーナル」の連載は、当時の編集長の中村文美さんからの依頼で実現し、途中からは現・編集長の西川直子さんと雨宮明日香さんにほぼ四年半にわたる連載を支えていただいた。感謝の言葉もない。また、厳しい状況のなか、本書の出版は、おりしも森まゆみさんらとおこなった新国立競技場問題を問うシンポジウムで出会ったみすず書房の守田省吾さんが実現してくださった。そして遠藤敏之さんは拙文を読みこんで冗長な部分をカットし、章立てや小見出し、書名にいたるまで的確で厳しい編集作業を敢行してくださった。もし本書が少しでも読みやすいものになっているとすれば、すべて遠藤さんの指導による。深く感謝したい。最後に、私事ながら遠くから見守ってくれている母・緑と弟・章、資料調査など舞台裏を支えてくれた妻の森桜の名前を記すことをお許しいただきたい。そして本書を亡き父・義則に捧げたい。

こうして本書をまとめたとはいえ、それは前川國男の長い建築活動のほんの一部にふれただけにすぎない。私自身の力不足でしかないけれど、今後は、できればさらに戦後の前川の仕事へと研究を進め、その全体像の理解に少しでも迫りたいと思う。

文筆家・須賀敦子の文章に「一人の人間を理解するためには、塩一トンを舐めなければならない」というイタリアの諺にふれた「塩一トンの読書」というエッセイがある。前川はみずからのことを多くは語らず、言い訳めいたこともいっさい口にしない建築家だった。本書をまとめる過程で、この言葉を何度思い出したかわからない。それほどに前川の生きた時代を読みとくことの困難さと無知を繰り返し思い知らされた。何よりも怖れるのは、本書が取り扱う戦争の時代を理解するために必要な政治、経済、社会、思想状況への理解不足である。他の研究分野からの指摘と批判を待ちたいと思う。後世の者が過去の人間を理解することのむずかしさを自覚し、ある枠組みにあてはめてしまう間違いを回避する地道な努力の先に、前川の実像がようやく見えてくるのだろう。本書をまとめることで前川が何と闘っていたのかがはじめて実感できたように思えた。「建築の前夜」の前川國男の後ろ姿は、ますます混迷を深める現代にとって希望と勇気を与えてくれる、そう信じている。

二〇一六年十一月

松隈洋

＊　二刷にあたり最小限の訂正にとどめたが、二九五頁の「純洋式の銀行建築」については、関係者のご指摘にしたがい、文章・図版とも変更した（二〇二五年四月）

ヤ行

ラ行

ワ行

ナ行

ハ行

マ行

サ行

タ行

人名索引

ア行

カ行

写真・図版提供
前川建築設計事務所　p.23, p.29-30, p.51-52, p.69, p.99, p.103, p.106下, p.110, p.118下, p.262-265, p.405-409, p.413, p.417-418, p.423, p.460-461
木村文丸　p.100
レーモンド設計事務所　p.120
文化庁国立近現代建築資料館　p.146, p.420-421
桑原吉史（撮影・桑原甲子雄）　p.271

写真・図版出典
Wasmuths Monatshefte fur Baukunst（Juni 1926）　p.32上
L'architecture vivante（hiver 1923）　p.32下
『ル・コルビュジエ全作品集』第 1 巻（吉阪隆正訳，A. D. A. EDITA Tokyo, 1979 年）　p.57
「国際建築」　p.60, p.62下, p.64下（1930 年 11 月号）, p.92（1931 年 6 月号）, p.111（1933 年 2 月号）, p.132下（1936 年 1 月号）, p.149-150（同 9 月号）, p.206-209（1937 年 12 月号）, p.219-220（1938 年 12 月号）, p.227, p.234上, p.237, p.239-240, p.241上（1940 年 2 月号）
『名古屋市庁舎競技設計図集』（洪洋社，1930 年）p.62上, p.64上
『建築の東京』（都市美協会，1935 年）　p.70, p.81, p.84, p.122下, p.135, p.158
「建築雑誌」　p.74上（1926 年 7 月号）, p.170下, p.171下（1937 年 1 月号）, p.175下（1941 年 5 月号）, p.295（1934 年 6 月号）, p.301（1934 年 7 月号）, p.350, p.352（1942 年 12 月号）
『日本趣味を基調とせる最近建築懸賞図集』（日本建築協会，1931 年）　p.74下, p.77
「新建築」　p.82上（1931 年 7 月号）, p.82下, p.129-131（1936 年 2 月号）, p.148（同 5 月号）, p.168, p.170上（1939 年 2 月号）, p.175上, p.176-177, p.178上（1941 年 5 月号）, p.186-187（1937 年 3 月号）, p.198下（同 12 月号）, p.212（1936 年 10 月号）, p.298（1938 年 11 月号）, p.300（1938 年 1 月号）, p.425, p.429, p.430下（1944 年 1 月号）
『東京帝室博物館建築設計図案懸賞募集規程』（1930 年）　p.93
『明治製菓銀座売店競技設計図集』（洪洋社，1931 年）　p.109
『東京市庁舎建築設計懸賞競技入選図集』（洪洋社，1934 年）　p.114
『アントニン・レイモンド作品集 1920-1935』（城南書院，1935 年）　p.121, p.122上, p.123
『幻景の東京——大正・昭和の街と住い』（柏書房，1998 年）　p.132上
『現代住宅 1933-40』（国際建築協会，1941 年）　p.134（第 1 輯）, p.280-284（第 3 輯）, p.365（第 2 輯）
向井覚『建築家吉田鉄郎とその周辺』（相模書房，1981 年）　p.143上
「東京朝日新聞」1936 年 8 月 8 日　p.143下
「オリンピック」1937 年 6 月号　p.161-162
永井松三編『第 12 回オリンピック東京大会組織委員会報告書』（1939 年）　p.171上, p.174
「体育日本」1940 年 4 月号　p.179
『第五回冬季オリンピック札幌大会一般規則及びプログラム』（1940 年）　p.182
「満洲建築雑誌」1937 年 8 月号　p.191-192
「建築知識」　p.215（1938 年 8 月号）, p.223（同 12 月号）, p.285-286（1939 年 1 月号）
「現代建築」　p.234下, p.241下（第 10 号，1940 年）, p.245, p.248（第 3 号，1939 年）, p.249-250（第 11 号，1940 年）, p.257（第 4 号，1939 年）, p.287（第 7 号，1939 年）
山名文夫，今泉武治，新井静一郎編『戦争と宣伝技術者　報道技術研究会の記録』（ダヴィッド社，1978 年）　p.274-275
佐野博士追想録編集員会編『佐野利器——佐野博士追想録』（1957 年）　p.419
「建築世界」1944 年 2・3 月号　p.426上, p.430上, p.431

著者撮影　p.24下, p.106上, p.414

著者略歴

（まつくま・ひろし）

1957年兵庫県生まれ．1980年京都大学工学部建築学科卒業，前川國男建築設計事務所入所．2000年4月京都工芸繊維大学助教授，2008年10月同教授，2023年4月から神奈川大学教授．京都工芸繊維大学名誉教授．工学博士（東京大学）．専門は近代建築史，建築設計論．主な著書に『ル・コルビュジエから遠く離れて』『モダニズム建築紀行』『ルイス・カーン』『近代建築を記憶する』『坂倉準三とはだれか』『建築家・坂倉準三「輝く都市」をめざして』『残すべき建築』など．「生誕100年・前川國男建築展」事務局長，「文化遺産としてのモダニズム建築― DOCOMOMO20選」展と「同100選」展のキュレーションの他に，アントニン・レーモンド，坂倉準三，シャルロット・ペリアン，白井晟一，丹下健三，村野藤吾，谷口吉郎・谷口吉生，吉村順三，大髙正人，増田友也，山本忠司，浦辺鎮太郎，瀧光夫，鬼頭梓など，多くの建築展に携わる．DOCOMOMO Japan代表（2013年5月～2018年9月），文化庁国立近現代建築資料館運営委員（2013年4月～2020年3月）．同志社大学兼任講師（2009年4月～2012年3月，2018年4月～2021年3月），京都芸術大学非常勤講師（2011年～）．2019年本書により日本建築学会賞（論文）受賞．本書の続編として2024年に『未完の建築　前川國男論・戦後編』（みすず書房）を刊行，著者の前川國男論は完結した．

松隈 洋
建築の前夜
前川國男論

2016年12月14日　第1刷発行
2025年 5 月14日　第2刷発行

発行所 株式会社 みすず書房
〒113-0033 東京都文京区本郷2丁目20-7
電話 03-3814-0131(営業) 03-3815-9181(編集)
www.msz.co.jp

本文組版 キャップス
本文印刷所 中央精版印刷
扉・表紙・カバー印刷所 リヒトプランニング
製本所 松岳社

Printed in Japan
ISBN 978-4-622-08546-1
[けんちくのぜんや]